10589 ,

10589

CYDYMAITH BYD AM/

CW01072304

County Council

LLYFRGELLO

Cydymaith
Byd Amaeth

HUW JONES

Cyfrol 2 : chwa – lyri

Golygydd cyffredinol: Gwilym Edwards

Argraffiad cyntaf: Gŵyl Ddewi 2000

ⓟ *Huw Jones/Gwasg Carreg Gwalch*

Rhif Llyfr Safonol Rhyngwladol:
0-86381-571-5

Dyluniadau: Gareth Maelor

Cynllun clawr: Smala, Caernarfon

Argraffwyd a chyhoeddwyd gan Wasg Carreg Gwalch,
12 Iard yr Orsaf, Llanrwst, Dyffryn Conwy, LL26 0EH.
☎ *01492 642031*
📠 *01492 641502*
✆ *llyfrau@carreg-gwalch.co.uk*
Lle ar y we: www.carreg-gwalch.co.uk

Cydnabod

Carwn ddiolch i bawb y cefais eu cymorth a'u cymwynasau wrth gasglu'r geiriau, ayyb, ac wrth eu trin a'u trafod: i Mr Gareth Bevan a'i gydweithwyr diwyd yn Adran Geiriadur Prifysgol Cymru yn Aberystwyth, am eu hynawsedd a'u parodrwydd i gynorthwyo ar bob adeg; Amgueddfa Werin Cymru, Sain Ffagan, yn arbennig Mr Arwyn Lloyd Hughes, y Prif Archifydd, am 'agor eu trysorau' yno, yn eiriau a lluniau, at fy ngwasanaeth; i Mr Gwynn Llywelyn am wneud yn siŵr nad wy'n camarwain wrth ymdrin â heintiau ac afiechydon anifeiliaid; i'r Parch Gareth Maelor Jones am ei gymwynas yn paratoi rhai o'r lluniau; i Eiriadur Prifysgol Cymru am beth wmbredd o ddiffiniadau a dyfyniadau; i bawb arall, yn fyw ac yn farw, am ddyfyniadau o'u gwaith. Os digwydd fy mod heb dadogi unrhyw ddyfyniad, yn anfwriadol a thrwy amryfusedd y bu hynny. Carwn ddiolch hefyd i Myrddin ap Dafydd a'i staff yng Ngwasg Carreg Gwalch am eu hamynedd a'u cwrteisi, ac am gael y gyfrol drwy'r wasg yn wir ddeniadol oddi mewn ac oddi allan. Yn bennaf, diolch i Mr Gwilym Edwards, cynaelod o dîm Geiriadur Prifysgol Cymru yn y Llyfrgell Genedlaethol, am ei gymorth gwerthfawr fel golygydd cyffredinol ac wrth arolygu'r gwaith gosod. Bwrier y bai arnaf fi am bob camgymeriad ffeithiol ac ieithyddol.

I
Sioned a Cemlyn

Rhagair

Cafodd y gyfrol gyntaf o'r 'Cydymaith' dderbyniad caredig a ffafriol ddigon gan ddarllenwyr ac adolygwyr. Wrth ei chyhoeddi, nodwyd mai'r gyfrol gyntaf o bedair oedd hi. Bellach, dyma'r ail. Mae cael dwy gyfrol, â chymaint o waith prosesu arnyn nhw, allan mewn cyfnod o flwyddyn, yn siarad yn dda am Wasg Carreg Gwalch – gwasg sydd wedi cyhoeddi cymaint o bethau eraill defnyddiol a diddorol yn ystod yr un cyfnod. Diolch i Myrddin ap Dafydd, a'i staff i gyd, am waith mor hynod o lân a graenus ar y gyfrol hon eto. Gallaf 'innau honni fy mod yn ddigon croendew i gymryd y bai am unrhyw wallau a brychau.

Gan imi ddibynnu ar gymorth a chymwynasau yr un cyfeillion i bwrpas y gyfrol hon ag i bwrpas y gyntaf, saif fy niolch iddyn nhw, fel y mae yn honno, heb ailbobi na'i ailadrodd ddim.

Carwn fodd bynnag, gydnabod cymwynas Mr Lewis Morris, Nant y Wrach Fawr, Llanrwst, yn anfon imi restr o enwau nodweddiadol ar stalwyni, llawer ohonyn nhw â chysylltiadau Cymreig amlwg â barnu oddi wrth eu henwau.

Dyma ni bellach hanner y ffordd drwy'r cynhaeaf efo dwy das yn niddosrwydd yr ydlan. 'Rwy'n hyderus y cawn weld y ddwy das arall wedi eu cywain i gyfarchwyl cyn bo hir.

Huw Jones

Byrfoddau

a.	ansoddair	Ffig.	ffigurol
adarg.	adargraffiad	Ffr.	Ffrangeg
Alm.	almanac		
amaeth.	amaethyddiaeeth, amaethyddol	Gogl.	Gogledd (Cymru)
amr.	amrywiad	gol.	golygydd, golygwyd gan
arall.	aralleiriad	Gorll.	Gorllewin (Cymru)
arg.	argraffiad	GPC	Geiriadur Prifysgol Cymru
ayyb	ac yn y blaen	gw.	gweler
		Gw.	gweler
bach.	bachigyn		
bardd.	barddoniaeth	HD.	Hen Destament
be.	berfenw	h.y.	hynny yw
bf.	berf		
Beibl.	beiblaidd	ll.	lluosog
Brych.	Brycheiniog	llsgr.	llawysgrif
Caerf.	Caerfyrddin	Maesd.	Maesyfed
Caern.	Caernarfon	Mald.	Maldwyn
Cered.	Ceredigion	Meir.	Meirionnydd
cf.	cymharer	Morg.	Morgannwg
Cyfr.	cyfrol	Myn.	Mynwy
Cymar.	cymariaethol		
cmhr.	cymhariaeth	nod.	nodiadau
		Nod. i AWC	Nodiadau i
De.	y De, Deheudir Cymru		Amgueddfa Werin Cymru
d.g.	dan y gair		
diar.	dihareb	O.C.	Oed Crist
Dinb.	Dinbych		
diw.	diweddarwyd	Penf.	Penfro
Dwyr.	Dwyrain		
dywed.	dywediad	S.	Saesneg
e.e.	er enghraifft	TN.	Testament Newydd
eb.	enw benywaidd	traeth.	traethiad, traethawd
ebg.	enw benywaidd neu wrywaidd	tros.	trosiad, trosiadol
eg.	enw gwrywaidd		
ep.	enw priod	un.	unigol
etf.	enw torfol	un. bach.	unigol bachigol
		ymad.	ymadrodd

chwa *eg.* Gogwydd neu chwant mewn olwyn megis olwyn trol. Byddai'r olwyn wedi ei saernïo yn y fath fodd fel bod yr edyn (sbogau) ar osgo neu'n gogwyddo at allan o'r foth (canol, bogail, bŵl) i'r cant (camogau), i gadw'r drol rhag troi drosodd pan fyddai llwyth arni, disgl olwyn, soser olwyn. Hyn oedd yn gwneud y grefft o 'godi olwyn' yn un arbenigol a chywrain iawn. Ar lafar ym Meirion.

1928 G Roberts: AA 44, Y gamp oedd rhoi'r *chwa* priodol yn yr olwyn a'r echel fel y byddai yr aden yn hollol unionsyth (*perpendicular*) pan o dan y pwysau.

chwaden
1. *eb.* ll. *chwiaid, chwîd.* Ffurf lafar mewn rhai ardaloedd ar y gair 'hwyaden'. Yn Edeirnion ceir y gair lluosog 'chwŷd'. Gw. HWYADEN.

2. *ebg.* Topyn o wellt a wthid i ben y das wrth ei thoi i lenwi pant neu fan gwan, fel ei bod yn dal dŵr fel cefn hwyaden.

chwaer-gadwyn *eb.* ll. *chwaer-gadwyni.* Ymadrodd mewn rhai ardaloedd (e.e. Môn) am y gadwyn a grogai gynt yn y simnai i ddal crochan a thecell uwchben y tân.

Dywed. 'Cyn dduad â '*chwaer-gadwyn*' – wyneb, dwylo, ayyb, heb fod yn lân.

chwain *ell.* un. *chwannen.* Pryfed bychain, diadenydd, parasitig, sy'n byw ar groen anifail, yn sugno ei waed, ac, weithiau, yn achosi afiechyd neu haint.

chwain chwilod gw. CHWAIN ERFIN.

chwain daear gw. CHWAIN ERFIN.

chwain erfin (maip) Pryfed sy'n achosi difrod i blanhigion maip ifanc yn enwedig yn ystod tywydd tesog rhwng Ebrill a chanol Mai. Fe'u gelwir hefyd yn 'chwain chwilod' ac yn 'chwain daear'.

chwain y gof, chwain gefail gof Ymadrodd ffigurol am y gwreichion sy'n tasgu o haearn iasboeth wrth ei forthwylio ar engan efail y gof.

chwâl *a.* Hawdd ei drin, hawdd ei falu (am bridd), brac, brau, pridd *chwâl.*

1770 TG: 2, 31, Yn dywodlyd, yn ysgafn ac yn *chwâl.*

chwalfa *eb.* Gweddillion anifail marw, yn enwedig dafad, wedi i gŵn a brain (cigfrain) wledda arni. Ar lafar yn yr ystyr hwn ym Maldwyn. Diau mai dyma darddiad yr ymadrodd ffigurol 'rhwng y cŵn a'r brain'.

chwalu cloddiau *be.* Ar ôl yr Ail Ryfel Byd (1939-45) aeth ffermwyr ati nerth braich ac ysgwydd i chwalu cloddiau. Roedd y llywodraeth ganolog yn swcro hynny drwy gynnig cymorthdaliadau at y pwrpas. Yn fuan, canfuwyd mai camgymeriad oedd polisi o'r fath o safbwynt cysgod i'r tir a'r anifeiliaid, ac o safbwynt cadwraeth sydd am ddiogelu lloches y bywyd gwyllt. Bu'n rhaid cael deddf i atal chwalu cloddiau. Ar ben

hynny mae'r llywodraeth ganolog ers tro bellach yn cynnig 60 y cant o gymhorthdal i godi a thyfu cloddiau newydd.
Gw. CLAWDD, CLODDIO.

chwalu gwair *be.* Troi ac ysgwyd gwair i'w gynaeafu. Gwneid hyn gynt â phicwarch neu gribin fach ond yn ddiweddarach â pheiriant. Heddiw, oes y silweirio, 'does nemor sôn am chwalu gwair, ac anaml y clywir yr ymadrodd ar wefusau neb.

1976 G Griffiths: BHH 44, Pan oeddwn yn hogyn ysgol, awn yno i *chwalu'r gwaneifiau*. Evan Jones yn torri'r gwair efo'r bladur, a minnau'n ei *chwalu* efo picwarch.
Gw. CHWALWR GWAIR, TROI GWAIR.

chwalu tail *be.* Gwasgaru tail â fforch ar ôl ei gario'n bentyrrau ar y tir. Hwn oedd y dull o deilo'r tir gynt, – ei gario'n llwythi i'r cae a'i dynnu o'r drol yn dylciau neu'n bentyrrau bob rhyw ddegllath dros wyneb y cae. Yna, cyn i'r pentyrrau tail sgaldian croen y cae, eid ati â fforch i chwalu'r pentyrrau mor gyson ag y gellid dros wyneb y tir. Wedi i oes y tractor wawrio caed peiriant i gario'r tail a'i chwalu'r un pryd, ac arbed llawer o amser ac o lafur.
Gw. hefyd CAFF, CARIO TAIL, CHWALWR TAIL, TEILO.

chwalwr bisweildom (*biswail* + *tom*) *eg.* Peiriant at wasgaru bisweildom. Gellir gwneud hyn â phympiau gyda system o bibellau a 'gynnau'. Peiriant chwalu a ddefnyddir amlaf, fodd bynnag, sy'n gallu llwytho, cario a chwalu'r bisweildom. Yn 1989 cafwyd rheolau newydd rhag llygredd oddi wrth fisweildom. Rhaid i waelod a waliau'r carthbwll fod yn dal dŵr, a rhaid cael gwrthglawdd o gwmpas y carthbwll.
Gw. BISWAIL.

chwalwr gwellt (chwal-falwr) *eg.* Offeryn yn y ffurf o droell-ddisg a osodir weithiau wrth safn y dyrnwr medi, lle daw'r gwellt o'i grombil, at falu'r gwellt yn ddarnau byrion a'i chwalu fel y daw allan.

chwalwr gwair *eg.* Peiriant a ddaeth yn sgil y tractor i godi ac ysgwyd gwair newydd ei ladd, sgwydwr (Dyffryn Aeron).
Gw. CHWALU GWAIR.

chwalwr gwlân *eg.* Peiriant y felin wlân i chwalu a glanhau'r gwlân cyn ei nyddu, cythraul melin.

1933 H Evans: CE 86, Digon amherffaith oedd y peiriannau yn fy nghof i – *chwalwr* a adnabyddir wrth ei enw clasurol 'y cythraul', a'r injan neu y rowlars i wneud y gwlân yn rholiau.

chwalwr gwrteithiau *ebg.* Dril at hau gwrtaith anorganig, dril hau giwano, dril hau llwch.

chwalwr tail *eg.* Peiriant a ddaeth yn sgil y tractor at gario a chwalu tail yr un pryd gan arbed yr amser a'r llafur o'i chwalu â fforch.
Gw. CHWALU TAIL.

chwannog (*chwant* + *og*) *a.* Tueddu i dorri cwys rhy lydan neu'n rhy ddwfn (am aradr), gormod o 'chwant' i'r aradr, gormod o 'gymryd'. Ar lafar yng Ngheredigion. Pan fo'r gwys yn rhy lydan neu'n rhy ddofn dywedir bod yr aradr yn rhy *chwannog*.
Gw. CHWANT.

chwanogi *be.* Gosod y fondid wrth glust yr aradr fel bod yr aradr yn torri cwys ddyfnach neu letach, rhoi mwy neu lai o chwant i'r aradr. Ar lafar yn y De.
Gw. CHWANT, DICHWANT.

chwant *eg.* Yn amaethyddol osgo neu ogwydd yr aradr wrth aredig. Yn oes yr aradr geffyl, sonnid am *chwant* a 'dichwant'. Rhoi *chwant* oedd rhoi mwy o led neu o ddyfnder i'r gwys; rhoi 'dichwant' oedd rhoi llai o led neu ddyfnder i'r gwys. Yr un *chwant* sydd yma ag yn rhy*chwant*. Ar lafar yn y Gogledd.
Yn B, Cyfr. 1 (1921-23) dywedir am *dichwant* – 'plygiad blaen y swch at i lawr, fel y tueddo at frathu'n ddwfn'. Yn sir Ddinbych yr oedd hynny. Ond yn Llŷn *chwant* a rydd am yr un peth.
Gw. DICHWANT.

chwap *ebg.* Ennyd fer, fer o amser, byr o dro, yn fuan, fuan, neu'n gyflym, gyflym. Gan amlaf ceir yr arddodiad 'ar' o flaen y gair – 'ar *chwap*'.
'Mae'r doctor wedi cychwyn, mi fydd yma ar *chwap*.'
'Fuom i *chwap* o dro yn troi'r cae sofl na efo arad deircwys.'

chwaren ddu gw. CLWY DU.

chwaren laeth *eb.* ll. *chwarennau llaeth*. Chwarennau mewn anifail benyw sy'n cynhyrchu llaeth yn ei phwrs (cadair, piw).

chwarfan gw. CHWERFAN.

chwart *eg.* ll. *chwartiau*. Mesur sych a gwlyb yn cyfateb i ddau beint neu chwarter galwyn, clywir *chwart* o laeth a *chwart* o bys. Hefyd am y llestr sy'n dal chwart sych neu wlyb.
1545 CM 1, 199, A *chwart* a hanner o sugn.
1780 Twm o'r Nant: CTh 51, Llestri darllaw, peintiau, *chwartiau*.
Dywed. 'chwysu *chwartiau*' – ymadrodd gormodiaethol am rywun wedi cynhyrfu neu ddychryn.
'Mi glywn sŵn traed tu ôl imi, mi chwysais *chwartiau*.'

chwarter
1. (cig) *eg.* ll. *chwarteri, chwarterau*. Yn amaethyddol y bedwaredd ran o fochyn, oen neu eidion wedi ei ladd – '*chwarter* o fochyn', '*chwarter* o biff', ayyb. Sonnir hefyd am y '*chwarter* ôl' a'r '*chwarter* blaen'.
Gw. CHWARTHOR.

2. Un rhan o bedair o bwrs buwch ac yn cynnwys un deth; sonnir am 'un *chwarter* yn galed' neu 'un *chwarter* yn ddrwg', ayyb.

3. (amser) *eg*. ll. *chwarteri*. Tri mis, y bedwaredd ran o flwyddyn. Sonnir am gael bil 'bob *chwarter*' neu am dalu 'bob *chwarter*'. Sonnir hefyd am y '*chwarter* cyntaf' a'r '*chwarter* olaf' o'r flwyddyn a'r lleuad.

1545 CM 1, 3, Ynn y tymor Ar *chwarter* yma or vlwyddyn.
1696 CDD 131, Pedwar *chwarter* y Flwyddyn.

4. (pwysau) Gynt prynid a gwerthid nifer o nwyddau wrth y cant, wrth yr hanner cant, wrth y chwarter cant, wrth y pwys, wrth yr hanner pwys ac wrth y *chwarter*. Ceid *chwarter* (chwarter cant, 28 pwys) o datw, ayyb.

chwarthor *egb*. ll. *chwarthorion, chwarthorau*. Chwarter ôl neu chwarter blaen anifail a laddwyd i gael ei gig. Ceir '*chwarthor* blaen' neu '*chwarthor* rhag' am chwarter blaen, a '*chwarthol* ôl' neu '*chwarthor* dylwr' am chwarter ôl. Ar lafar yng Ngheredigion yn y ffurf 'hwarthol' (o oen) a 'gwarthol'. Clywir hefyd 'warthol o gig maharen' am 'leg of mutton' mewn rhai rhannau o Ddyfed.

13g WM 394, 13, a *chwarthawr* eidon Ieuanc.
1753 TR, *Chwarthawr* or *chwarthor* – a quarter of meat as of beef, mutton, etc.
Gw. CHWARTER[1].

chwechau *ell*. un. *chwechyn*. Stwc ŷd o chwe ysgub wedi eu gosod yn frig-frig ac ar ychydig o osgo gyda thair yn erbyn tair. Byddai'r nifer o ysgubau mewn stwc yn amrywio o ardal i ardal ac yn ôl y tywydd. Ond cyffredin iawn oedd y *chwechau* a'r 'nawiau'.

1988 FfTh 2, 16, Yna daeth y cynhaeaf ŷd. 'Doedd fawr o lun pladurwr arno, ond rhywsut neu'i gilydd torrodd hefo injan wair a'i hel a'i rwymo a chodi *chwecha*, er nad oedd y tywydd yn rhy ffafriol.
1993 FfTh 11, 43, Weithiau cymerai dau neu dri o bartneriaid gae i'w dorri a'i rwymo yn ysgubau a'u gosod ar eu traed – yn *chwechau*, pedeiriau neu deiriau o ysgubau.
Gw. NAWIO, STWC, STYCIO.

chweinllyd *a*. Yn llawn chwain, yn berwi o chwain (am anifeiliaid, yn enwedig anifeiliaid wedi bod i mewn drwy'r gaeaf). Dyma gefndir y dywediad 'glaw Mai i ladd llau'. Wedi troi'r anifeiliaid allan dechrau mis Mai, byddai croeso i dywalltiad o law, gan y tybid ei fod yn dda i ladd y chwain, – y llau ar eu cefnau.
Gw. CHWAIN.

chweitin *eg*. Math o galch neu sialc wedi ei falu'n fân ag a ddefnyddid gynt i wyngalchu'r gegin, y tŷ llaeth, y pantri, ayyb, yn enwedig y nenfwd neu'r seilin (S. *whiting*). Ar lafar yn gyffredinol yn y ffurf 'wheitin'.

chweitwas *eg*. Gwyngalch, wheitwas. Byddai llawer o ddefnyddio ar *chweitwas* cyn dyddiau'r snosem a'r emwlsiwn i wyngalchu'r tu allan i dai byw a'r tu mewn a'r tu allan i rai o'r beudái megis y beudy. Yn y

Gogledd sonnir am *'chweitwas* gwyn', *'chweitwas* coch', *'chweitwas* glas', ayyb.
Gw. WVBD 330, 1913.

chweitwasio *be.* Defnyddio chweitwas neu wyngalch, gwyngalchu.
Gw. CHWETWAS, GWYNGALCHU.

chwelydr *ebg.* ll. *chwelydrau.* Darn o haearn pwrpasol neu blât haearn pwrpasol (pren gynt) ar waelod yr aradr i ddym*chwelyd* y gwys, sef ei throi drosodd wrth aredig, styllen bridd, scyfar, adain, asgell. Ar lafar ym Môn yn y ffurf 'chwelyd'. Sonnir yno am *'chwelyd* y gwŷdd' (aradr) ac am 'wŷdd dwy *chwelyd'* (gwŷdd dwbl, mochyn). Ceir hefyd y ffurfiau 'hoelyd' a 'dihoelyd' mewn rhai ardaloedd.
Yn ôl traddodiad o'r Canol Oesoedd, San Ffraid Leian a ddyfeisiodd y *chwelydr* a'i wneud o'i phastwn neu ei chogail ei hun. Pan oedd y *chwelydr* o bren arferid rhoi hoelion pennau mawr ar wadn a *chwelydr* aradr i arbed y pren rhag gwisgo yn ei waith.
1455-85 Pen 77, 357 (LlGC), Arnodd aradr baladrwaith,/Gwadn o goed gadwynog waith,/*Chwelydr* hoelion ei llonaid/Sy'n ffres o gogail San Ffraid.
Gw. DIHOELYD, SCYFAR, STYLLEN BRIDD.

chwerfan
1. **chwarfan** *eb.* ll. *chwerfannau, chwerfein.* Yn amaethyddol olwyn fechan a rhigol yn ei chant wedi ei gosod mewn ffram i godi pwysau â rhaff neu â chadwyn (S. *pulley, wharve*). Defnyddir *chwarfan* i godi anifail gwachul ar ei draed neu i lwytho anifail marw i drol neu wagen, ayyb. Yn Nyfed ceir y ffurfiau llafar 'werwen' a 'hwerfan'. Yn Arfon defnyddir 'chwarwan' am wraig fywiog, egniol, *'chwarwan* o ddynas'. GPC.

2. *eb.* Olwyn neu chwylolwyn ar werthyd troell nyddu i reoli'r cyflymder.
1933 H Evans: CE 88, Yna gwneid strap neu felt o edau wlân wedi ei gordeddu i fyned o amgylch y cylch a'r *chwarfan.* Troid y cant â'r llaw trwy roddi bys rhwng yr edyn. Gan fod y cylch tua thair troedfedd neu ragor ar ei draws, a'r *chwarfan* yn ddim ond tua modfedd a hanner, yr oedd y werthyd yn mynd yn gyflym iawn.

chwetston *egb.* Carreg hogi, hogfaen, calen hogi (S. *whetstone*). Yr unig le y ceir y gair yw yn yr ymadrodd 'chwedl *chwetston',* sydd yn cyfeirio at yr arfer gynt o hongian carreg hogi wrth wddf celwyddgi, – 'chwedl *chwetston'* = stori gelwydd. Gw. GPC.
1620 Mos. 204, 42, Chwedl chwersda neu *chwedston.*

chweuo *be.* Troi'n sur, suro, egru, siarpio (am laeth, ayyb). Ar lafar yng Ngheredigion yn y ffurf 'wheuo'.

chwibanu *be.* Gwneud swn llafar, hyglyw â chwisl (chwibanogl) neu â'r geg drwy grychu'r gwefusau a chwythu, e.e. bugail yn galw ar ei gi, neu wraig y tŷ yn galw ar y dynion at eu bwyd, neu'r injan stêm gynt yn galw'r cymdogion diwrnod dyrnu. Ar lafar ym Môn, Arfon, Meirion, Ceredigion. 'Chwislo' a glywir amlaf yn sir Ddinbych, Fflint a Maldwyn,

gyda 'whislo' yn amrywiad yng Ngogledd Maldwyn. Clywir 'chwislan' yng Ngheredigion a Gorllewin Maldwyn, a 'w(h)islan' ym Mrycheiniog, Morgannwg a Gwent. 'Whiban' yw'r gair amlaf yn sir Benfro.
Gw. CLOCH GINIO, CORN DYRNU, CHWISLEN[2].

chwiblo *be*. Suro, troi'n sur, egru (am laeth, ayyb), chweuo, suro.
1688 TJ, *Chwiblo* – to grow sharp or sour.
Ffig. Person yn suro neu'n chwerwi.
1787 Twm o'r Nant: PG 42, Mae'r wlad wedi *chwiblo* gan lid a chabledd.

chwiblsur (*chwibl* + *sur*) *a*. Sur iawn, egr iawn, llymsur (am laeth, cwrw cartre, ayyb). Ar lafar yng Ngheredigion yn y ffurf 'whipsur'.
1757 ML 1, 461, Ni cheir yma ddim bwdran llygadog na diod fain *chwibsur*.

chwîd, chwïed, chwïaid *ell*. un. *chwiaden, hwyaden*. Ffurf lafar dafodieithol ar 'hwyaid'.
Gw. HWYADEN, HWYAID.

chwidlin
1. *eg*. Sglodion, naddion neu siafins pren wrth ei naddu.
2. *eg*. Mymryn, tipyn neu ychydig o rywbeth. Fe'i defnyddid gynt gan borthmyn moch am y darn arian (pres) lleiaf. Gynt ceid ffyrling, hatling a *chwidlin*. Arferai ffyrling fod yn un rhan o bedair o geiniog, hatling yn hanner hynny, sef un rhan o wyth, a *chwidlin* yn hanner hynny wedyn, sef un rhan o un ar bymtheg o geiniog.
'Rydan ni o fewn *chwidlin* i daro bargen' – o fewn dim, neu o fewn 'chydig bach.

chwig *eg*. Math o ddiod a wneid gynt o haidd wedi egru a'i gyflasu â llysiau. Ym Morgannwg ceir '*chwig* dan yr hufen' am finegr.

chwilcar Ffurf ar 'whilcar' (S. *wheel-cart*).
Gw. WHILCAR.

chwildro mecanyddol
Gw. MECANEIDDIO.

chwim *egb*. Dyfais neu fath o graen a ddefnyddid lawer iawn gynt, yn enwedig lle byddai simdde fawr, i ddal y tecell uwchben y tân fel y gellid tywallt dŵr berwedig ohono'n ddiogel a'i godi a'i ostwng yn ôl yr angen. Gwaith y gof lleol fyddai'r *chwim* fel arfer. Ar lafar ym Maldwyn a Brycheiniog.
Gw. hefyd CHWIMSI.

chwimsi *egb*. Dyfais uwchben pydew neu siafft at godi dŵr; hefyd y peiriant neu'r capstan a weithid gan geffylau yn cerdded mewn cylch, at godi dŵr, mwyn, ayyb, o siafftiau neu byllau mwyn, fel ar Fynydd Parys ym Môn; dirwynai, dirwynlath.
1967 G W Griffith: CBG 14, Dyletswydd y cymydog oedd gweithio'r *chwimsi* ar ben uchaf y siafft . . .
Gw. DIRWYNAI.

chwip

1. *eb.* ll. *chwipiau.* Yn amaethyddol fflangell neu ffrewyll wedi ei gwneud fel rheol o ffon neu wialen a charrai o ledr neu o chwipgord ar ei blaen. Gynt fe'i defnyddid gan y geilwad neu'r gwastrawd i annog yr ychen yn eu blaenau wrth aredig, ac yn ddiweddarach gan y certmon neu'r wagner a'r joci gyda'r ceffylau. Ar y cyfan cynnil iawn oedd y certmon yn ei ddefnydd o'r chwip. Roedd magu perthynas radlon â'i geffylau yn bwysig iddo. Tuedd y chwip oedd gwneud ceffyl yn ofnus a nerfus. Y joci wrth dorri ceffyl i mewn a ddefnyddiai fwyaf ar y chwip.

Ffig. Aelod Seneddol sy'n gyfrifol am ddisgyblaeth ymhlith aelodau ei blaid yn y Senedd.

2. *ebg.* Y rhan o asgell neu hwyl melin wynt sy'n ffurfio asgwrn cefn y fframwaith ac a sicrheir wrth y stoc (S. *sail-shaft*). Ar lafar ym Môn.

chwip garrai glymog *eb.* Chwip a chlymau ar ei charrai, ac felly'n brifo mwy pan y'i defnyddid.

chwip o dro Mewn dim amser, mewn chwinciad, ymhen dim.

1710 T Jones: Alm 6, Bugeiliaid o'r meusydd aeth *chwyp* i dref Ddafydd.

chwip y dydd Toriad gwawr, yn blygeiniol, ar godiad haul. 'Gyda *chwip y dydd*' a glywir fel arfer, fel 'gyda'r wawr'. Ar lafar ym Maldwyn.

chwip yn y rhesel Fel rheol y dywediad yn llawn yw 'rhoi'r *chwip yn y rhesel*', ac yn golygu addewid am fwyd gwell yn y bol yn hytrach na chwip ar y crwmp.

'Mae'r ail wedd wedi mynd yn ddiraen braidd, wedi bod ar y goler yn 'redig bob dydd ers mis, rhaid inni roi'r *chwip yn y rhesel*.'

chwipgord (*chwip* + *cord* [cordyn]) *eg.* Llinyn neu gortyn cryf wedi ei blethu'n dynn at wneud chwip.

1567 TN Ioan 2.15, A wnaeth ffrewyll o reffynnae [:- yscwrs o dennynod, o *chwipgord*]. (Chwip o gordenni. BCN.)

chwipio *be.* Defnyddio chwip.
Gw. CHWIP[1].

chwipio cath Ymadrodd gwlad am waith y teiliwr a âi o gwmpas ffermydd, a chartrefi eraill gynt, i deilwrio dillad yn ôl y galw.

1959 D J Williams: YChO 17, . . . heb odid neb yn galw ond cymdogion weithiau ac ambell grefftwr fel Dafydd sa'r a Dafydd Teilwr yn *whipo'r gath* fel y dywedid.

chwipio chwain Ymadrodd i ddisgrifio cae mor llwm fel y gellir *chwipio chwain* arno. Hefyd stafell mor fach fel na ellir *chwipio chwannen* ynddi. Priodoldeb y ddelwedd yw bod y cae mor llwm fel nad oes gan chwain le i guddio.

1996 T J Davies: YOW 32, Roedd llethrau Pumlumon yn noeth. Gallech *chwipio chwain* arnynt.

chwipio rhewi Rhewi'n galed, rhewi'n ffyrnig. Ar lafar yn y Gogledd.

(ei) chwipio hi Carlamu mynd, mynd ar galap neu ar garlam.

chwipsych *a*. Rhewllyd, sychlyd, caled (am y tywydd), tywydd *chwipsych* ac o'r Dwyrain fel rheol.

chwislen
1. *eb*. Ffurf lafar ar 'heuslen', 'hislen', sef unigol heuslau neu hislau, lleuen defaid. Ar lafar ym Mhenllyn.
Gw. HEUSLAU, LLAU.

2. *eb*. Ffliwt, pib, chwistl, chwisl. Gelwid y 'corn dyrnu' yn ffliwt neu'n chwisl ddyrnu, a'r 'corn cinio' yn ffliwt neu chwisl ginio mewn rhai ardaloedd, e.e. Môn.
1988 FfTh 2, 16, *Chwislen* yn mynd 8 o'r gloch, a'r dyrnwrs yn cyrraedd.
1990 FfTh 5, 4, Byddai llanciau o ffermydd eraill wedi dod i ffeirio, pawb â'i bicwarch a phob fferm yn helpu ei gilydd. Y *chwisl* ar y tracsion fyddai'n galw i'w waith.

chwislo
Gw. CHWIBANU.

chwistrellu *be*. Rhoi gwrtaith, chwynleiddiad, plaleiddiad, ayyb yn y ffurf o hylif, i gnydau drwy gyfrwng chwistrellydd mecanyddol pwrpasol.

chwistrellydd *eg*. ll. *chwistrellyddion, chwistrelli*. Offeryn pwrpasol at chwistrellu cnydau, coed, planhigion, llysiau â phlaleiddiad, chwynleiddiad detholus. Cyn dyddiau'r chwistrellydd mecanyddol soffistigedig cyfoes, ceid y chwistrellydd llaw oddi ar y drol. Byddai casgen a phwmp llaw arni ar y drol a phibellau ohoni dros gaead (tincart) y drol i chwistrellu *copper sulphate* ayyb, at ladd maip gwylltion neu fresych mewn cae ŷd.
Gw. FfTh 6, 14 (1990) a FfTh 15, 8 (1995).

chwithnod (*chwith + nod*) *eg*. ll. *chwithnodau*. Nod clust defaid un fferm sydd o chwith neu'n groes i nod clust defaid fferm gyfagos. Ar lafar ym Meirion.
GPC, *Chwithnod* i Frynllin ydi nod clust Tyddyn Mawr.

chwiw
Gw. CHWIWGI.

chwiwgi *eg*. ll. *chwiwgwn, chwiwgwns*. Math o gryman trymach na'r cryman cam cyffredin â choes hir iddo a llai o gamedd yn ei lafn, at docio gwrych sydd wedi gordyfu. Ar lafar yn y De yn y ffurf 'whiwgi', ac yn Nyffryn Aeron am 'gryman medi'. Clywir hefyd 'chwiw' yn enw ar yr un offeryn.

chwiws *ell*. Gair rhai rhannau o'r wlad (e.e. Môn) am 'biwied' (Dinbych) neu 'wybed', sef y pryfed mân pigog sydd allan wrth y miloedd ar noson desog o haf.
Gw. PIWIAID.

chwyaden
Gw. HWYADEN.

chwydd y boten
Gw. CLWY'R BOTEN.

chwyn *ell.* ac *etf.* un. *chwynyn.* Pob planhigyn gwyllt (diwerth gan mwyaf) sy'n tyfu mewn gardd, tir pori, tir âr, ayyb, gan niweidio'r cnydau yn aml drwy eu tagu a'u llwgu o faethynnau. Fel arfer dosberthir *chwyn* yn ddau brif ddosbarth, sef *chwyn* tir glas (tir pori, tir gwair) a *chwyn* tir coch (tir âr), er bod y ddau ddosbarth yn gorgyffwrdd cryn lawer. Ymhlith *chwyn* tir glas y mae ysgall, llysiau gingron, y bengaled *(knapweed)*, y benfelen fawr, blodyn menyn (blodyn llo bach), blodyn llo mawr, milddail (llysiau gwaedling) *(yarrow)*, cecs, tafol, danadl poethion, crafanc y frân, cawnen ddu *(reed-grass)*, pwrs y bugail, cedor y wrach, brwyn, eithin. Yna mewn tir coch (âr) ceir *chwyn* megis ysgall, y benboeth, chwyndom, camameil gwyllt, llygad tarw, cacimwnci, dail carn yr ebol, gold yr ŷd, maip gwylltion (bresych yr ŷd), pabi coch yr ŷd, moron gwylltion. Mae *chwyn* yn cystadlu â chnydau am faethynnau a dŵr, ac yn gallu tlodi ansawdd y cnwd. Ceir hefyd rai *chwyn* o'u bwyta gan y buchod, sy'n cyflasu'r llaeth a rhai yn wenwynig, e.e. cegid. Ffig. Rhywbeth gwael, salw, heb lawer o rinwedd. 'Mae ganddo ambell i flodyn o delyneg yn ei gyfrol, ond ar y cyfan, *chwyn* yw'r gweddill.' Gw. CHWYNGAIB, CHWYNLEIDDIAD, CHWYNNU.

chwynadflas *(chwyn + adflas) eg.* Blas arbennig rhai chwyn yn llaeth y fuwch, cyflas chwyn ar y llaeth ac ar y menyn, yn enwedig pan droir y buchod allan ddechrau'r haf neu pan fônt yn pori ambell i borfa.

chwynfforch *(chwyn + fforch) eb.* ll. *chwynffyrch.* Fel rheol cangen o goeden yn fforchi at ei blaen a ddefnyddir i gadw dail poethion, mieri, brigau drain, ayyb, draw ag un llaw i'w torri â chryman yn y llaw arall, fforch eithin. Hefyd yr erfyn a ddefnyddir gyda'r chwynnogl wrth chwynnu caeau ŷd, mae'n plygu coes y chwynnyn ac yn ei gwneud yn bosibl i godi'r chwynnyn o'r gwraidd â'r chwynnogl. Ceir y ffurf 'whynfforch' yn Nyfed.
1938 T J Jenkin: AIHA AWC, Yn gyffredin, bulwg gyda *chwynfforch* a ddefnyddid i dorri yr eithin. Darn o bren (collen fynychaf) gyda fforch ar ei flaen oedd y *chwynfforch* gyda choes o tua dwy droedfedd a phigau o tua chwe modfedd.
1989 D Jones: OHW 253, Fel rheol gadawn y cryman a'r *chwynfforch* a'r garreg hogi ym mola'r clawdd wrth ollwng . . .

chwyngaib *(chwyn + caib) eb.* ll. *chwyngeibiau.* Erfyn i chwynnu, batog fechan, chwynnogl, hof. Fe'i defnyddid lawer iawn i lanhau caeau ŷd o ysgall cyn i'r ŷd fynd yn rhy fawr. Byddai *chwyngaib* (chwynnogl) yn un llaw a'r chwynfforch yn y llall. Plygid coes yr asgellyn â'r chwynfforch a'i godi o'r gwraidd â'r *chwyngaib* neu'r chwynnogl, hwmlog

(Ceredigion).
1975 R Phillips: DAW 52, Rwy'n cofio chwynnu ysgall yn yr ŷd â'r *hwmlog* ym mis Mehefin.

chwynleiddiad (*chwyn* + *lleiddiad* [lladdwr]) *eg.* ll. *chwynleiddiaid.*
Gwenwyn chwyn cemegol, detholus, sy'n lladd y chwyn heb amharu ar y cnwd. Gwnaed defnydd helaeth (gorhelaeth yn ôl rhai mudiadau cadwriaethol) o chwynleiddiaid fel ag o blaleiddiaid ar ôl yr Ail Ryfel Byd (1939-45) mewn ymdrech i gael y mwyafswm posibl o gynnyrch o'r tir. Yn ddiweddar sylweddolwyd fod hyn wedi cyfrannu llawer at ddifa rhywogaethau o blanhigion ac o adar gwylltion. Daeth galwad daer oddi wrth fudiadau cadwriaethol ac amgylcheddol am i amaethwyr gynilo ar eu defnydd o chwynleiddiaid a phlaleiddiaid yn enwedig yn nyddiau'r gorgynhyrchu a'r cwotâu.

chwynleiddiad hormonaidd *eg.* Hormon synthetig i'w chwistrellu ar gnydau ag sy'n gweithio'n ddetholus drwy ladd y chwyn heb amharu ar y cnwd e.e. MCPA (2 methyl-4-chloro-phenoxy-asetic acid).

chwynleiddiad trawsleoledig *eg.* Y math o chwynleiddiad ar ôl i'r planhigyn ei amsugno drwy ei ddail (lle'i chwistrellir) neu drwy ei wreiddau (lle'i rhoir yn y pridd), sydd yn cerdded y planhigyn yn gyfan drwy gyfrwng ei nodd ac yn ei ladd yn llwyr.

chwyn rhestredig *ell.* Rhai chwyn a restrwyd dan y Ddeddf Chwyn 1959 megis ysgall, dail tafol, llysiau'r gingron (Creulys Iago) y gall y Weinyddiaeth Amaeth, drwy rybudd ysgrifenedig, orfodi ffermwr i'w difa a'u cadw dan reolaeth.

chwynnogl
Gw. CHWYNGAIB.

chwynogli
Gw. CHWYNNU.

chwynnu *be.* Tynnu chwyn, difa chwyn, *chwynnu* tatws, *chwynnu* maip ayyb. Mewn rhai ardaloedd defnyddir y gair hefyd yn gyfystyr â 'theneuo' neu 'singlo' rwdins neu swêds. Gwneid hyn gynt mewn rhai rhannau o Gymru â hof neu chwyngaib, ond mewn rhannau eraill â'r llaw drwy gropian rhwng y rhesi gyda bacsiau sachau llawn gwellt wedi eu clymu am y pengliniau a'r coesau i'w hamddiffyn rhag gwlybaniaeth yn ogystal â cherrig a lympiau caled o bridd.
1963 Hen Was: RC 27, Llawer gwaith yr es i i fy ngwely yn y llofft stabal ac wedi blino cymaint nes methu'n lân a chysgu'r un winc, ar ôl bod wrthi drwy'r dydd ar fy ngliniau'n *chwynnu* rwdins, ac wedyn gorfod rhoi awr neu ddwy i'r hen Fargiad yn y tŷ.
1963 I Gruffydd: GOB 18, Yn y cae main fel y'i gelwid ar bnawn tesog ar *chwynnu* maip, penliniais tu ôl iddo a chropian ar ei ôl a'i efelychu ym mhob ystum.
Gw. TENEUO RWDINS.

chwynnu sweds
Gw. CHWYNNU, SINGLO, TENEUO RWDINS.

chwynnu'r ŷd *be.* Gynt, byddai llawer, yn ôl y galw, yn chwynnu'r ŷd er mwyn difa'r ysgall yn fwy na dim. Gyda golwg ar y gorchwyl o rwymo'r cnwd yn ysgubau pan ddôi'r cynhaeaf y gwneid hyn. Gwaith ciaidd i ddwylo fyddai rhwymo lle'r oedd llawer o ysgall. Y dull mwyaf cyffredin o chwynnu'r ŷd oedd cerdded y cnwd â chwynfforch ac â chwyngaib. Plygid yr ysgellyn â'r chwynfforch a'i dynnu o'r gwraidd â'r chwyngaib. Arferai rhai chwynnu ysgall o'r ŷd ar ôl ei ladd hefyd. Yn ddiweddarach, ac erbyn hyn, â chwynleiddiad detholus, y rheolir ysgall. Ac, wrth gwrs, daeth y beinder a'r dyrnwr medi i ddileu'r angen am rwymo'r ŷd â llaw.
15g B 2, 13, Par *chwynnu dy yt* gwedy gwyl Ieuan.
1696 CDD 194, Pan oedd amser *chwynnu ydau.*
Gw. CHWYNFFORCH, CHWYNGAIB.

da (y) *eg.* Yn amaethyddol, holl eiddo neu feddiannau ffermwr mewn anifeiliaid a dofednod, y da byw yn ei gyfanrwydd; yn aml hefyd am y gwartheg yn unig, ac, yn wir, am y gwartheg godro'n unig.
1567 1 Cor 9.7, Pwy a borth *dda* ac ny vwyty o laeth y *da.*
1740 Th Evans: DPO 37, *Da* a defaid.
1992 DYFED-Baeth 49, . . . a mi silwodd ar e *da* wrth fwlch e Parc yn breifad isio'i godro. Dywed. 'Fel bo dyn y bydd ei *dda'* (hefyd 'ei lwdn; neu 'ei faes').
'Ni cheir *da* heb lafur' – rhaid gweithio i lwyddo.
'Rhad ar y *da'* – dymuniad pan fo buwch yn bwrw llo.

da bach Gwartheg ifanc, dynewaid. Ar lafar yng Ngheredigion.
1989 D Jones: OHW 245, Trefn arferol ffermydd ein hardal ni fyddai cadw hyn a hyn o wartheg godro ac o gwmpas hanner hynny o *dda bach* a lloi . . .
Gw. DYNEWAID.

da blewog Gwartheg mewn cyferbyniad i ddefaid, sef y da gwlanog.

da blith (blithion) Gwartheg llaeth, gwartheg godro.
1620 1 Sam 6.7, Gnewch fen newydd a chymerwch ddwy *fuwch flith.*

da blwyddiaid Ŵyn tua blwydd oed, blwyddiaid, blwydd oed neu drosodd ond dan ddwyflwydd. Ar lafar yn Nyfed. Yn y De clywir hefyd 'da blwyddi'.
1620 Lef 23.18, Ac offrymwch gyda'r bara saith *oen blwyddiad.*
1958 T J Jenkin: YPLl AWC, Un tro pan y cawsom golledion trwm trwy biso gwaed yn y *da blwyddiad.*

da byrgorn gw. GWARTHEG BYRGORN.

da byw Stoc neu boblogaeth fferm mewn gwartheg, defaid, moch, dofednod, a cheffylau gynt.

da cadw Gwartheg stôr, gwartheg a gedwir i fagu neu i'w pesgi; anifeiliaid a gedwir dros y gaeaf ond yn perthyn i berchennog arall.
Gw. DEFAID CADW.

da carnol Anifeiliaid â charnau neu â charnau traed – ceffyl, buwch, dafad, mochyn, gafr.
1620 Act 10.12, Yn yr hon yr oedd pob rhyw bedwar-carnolion ac ymlusgiaid y ddaear.

da corniog Gwartheg neu ddefaid â chyrn, neu yn wreiddiol â chyrn, anifeiliaid bannog.
1620 Salm 69.31, Nag ych neu fustach *corniog*, carnol.
Hwiangerdd. 'Mae gen i ddafad *gorniog* / Ac arni bwys o wlân.'
Gw. BANNOG.

da cyrnig gw. DA CORNIOG.

da a cheffylau Gwartheg a cheffylau, neu'r anifeiliaid eraill i gyd a'r ceffylau.

da a defaid Gwartheg a defaid.
1740 Th Evans: DPO 37, *Da a defaid.*

da duon Gwartheg duon Cymreig.
Gw. GWARTHEG DUON.

da godro Gwartheg godro, buchod, y fuches, gwartheg llaeth, gwartheg blithion.

da gwartheg Y gwartheg mewn cyferbyniad i'r anifeiliaid eraill neu'r da yn gyffredinol. Ar lafar yn sir Gaerfyrddin.
1959 D J Williams: YChO 20, Ac arbenigwyr oeddem ni'n dau yn cyfyngu ein diddordeb yn bennaf i geffylau a *da gwartheg.*

da gwlanog Defaid, ac mewn cyferbyniad i'r da blewog, sef gwartheg.

da hesbion Buchod, neu wartheg llaeth, heb fod yn godro, gwartheg sychion, gwartheg hysb (Môn).

da pluog Y dofednod, y ffowls – ieir, hwyaid, gwyddau, tyrcwn.
Gw. DOFEDNOD.

da stôr Gwartheg a gedwir i'w pesgi am eu cig.

da sychion gw. DA HESBION.

da tewion Gwartheg wedi eu pesgi (tewychu), biff.

da wâr Gwartheg stôr (S. *ware*) a brynid gynt gan borthmyn i'w gwerthu yn ffeiriau Lloegr. Ar lafar yn sir Gaerfyrddin.

dabal (y) ll. *dablau, dablod.* Ymyl to tas neu adeilad lle mae'n cyrraedd y talcen, '*tabal* y das', '*tabal* y sgubor', ayyb. Fel rheol mae'n hawlio'r fannod o'i flaen – *y dabal.*
1963 LlLlM 103, Ymyl to tas neu adeilad yn y talcenni.
'Mae gen i bum gwana' i'w toi eto, mi fyddaf wedi troi'r *dabal* yn hwylus cyn noswylio.'
Gw. TABAL.

dad *eb.* ll. *dadau.* Cywasgiad o'r gair 'duad' yn golygu llain hirgul o dir, sling, rhyddid, slang, hirwaun, dryll, ysgwthr. Mae'n elfen mewn enwau ffermydd a chaeau yn ardal Treuddyn, Clwyd: 'Tyddyn *Dadau*' '*Dadau* bach', '*Dadau* isaf', a cheir '*Dadau* ucha' a '*Dadau* isa' yn ardal yr Hob (Clwyd)

dadannudd *eg.* ll. *dadanhuddiau.* Adfeddiant neu adferiad eiddo neu dreftadaeth, yr hawl a symboleiddid gan y ddefod o ddadorchuddio neu agor y tân ar aelwyd y rhieni i feddiannu tir a fuasai'n eiddo iddynt, neu 'cyngaws' (achos llys) i adfer meddiant oddi ar drawsfeddiannwr honedig.
13g WML 49, Ny dyly heb *datanhud* namyn o'r tir avo yn llaw y tat yny vyw a hyt y varw.

dadansoddi *be.* Astudio rhywbeth mewn manylder, dadelfennu rhywbeth i'w wahanol gyfansoddion – gwaith a wneir yn arferol mewn labordy. Yn amaethyddol dadansoddi pridd i ganfod ei ansawdd a gweld a yw'n ddiffygiol mewn rhyw elfen neu'i gilydd; dadansoddi dŵr i weld a yw'n bur; penderfynu pa haint sydd ar anifail, ayyb.

dadfachu *be.* Yn amaethyddol gollwng y wedd (ychen a cheffylau) ar ôl daliad o waith, rhyddhau'r ceffylau, dadieuo, dadgyplysu. Sonnid gynt am 'amser bachu' (cychwyn daliad) ac am 'amser *dadfachu*' (diwedd daliad), yn union fel y sonnid mewn rhannau eraill am 'amser dal' ac am 'amser gollwng'. Wedi i'r tractor gyrraedd deil y ffermwr i *fachu* a *dadfachu* hwnnw hefyd.
1995 FfTh 15.36, *Dadfachu* unwaith eto, a rhoi'r ceffylau yn y stabl.
Gw. AMSER DAL, AMSER GOLLWNG.

dadfraenaru *be.* Aredig tir yn groes i'r arddiad cyntaf, troi neu aredig ar draws y cefnau a'r rhychau cyntaf.

dadgerio *be.* Dadwisgo ceffyl, tynnu harnais (gêr, trecs), ceffyl wedi daliad o waith.
1995 FfTh 15, 36, Dadfachu unwaith eto, a rhoi'r ceffylau yn y stabl. Wedi eu *dadgerio* a'u trin a'u bwydo am y noson, dyma ninnau'n cael ein galw at y bwrdd i'n swper.

dadlaith *be.* Dadmer, meirioli (am rew ac eira), toddi, datod (Gwent). Yn y De ceir y ffurfiau 'dadleth' a 'dadledd'.
Ffig. 1769 W Williams: FfW 55, *Dadleithia*'m calon galed, gas,/A hynny maes o law.

dadlwytho *be.* Gwagio trol o'i llwyth, taflu llwyth (gwair neu ŷd) oddi ar y cart neu'r trelar, sef fforchio'r gwair rhydd gynt o'r llwyth i'r das, neu'r sgubau ŷd o'r drol i'r das. Hefyd gwagio trol o unrhyw beth a allai fod ynddi, *dadlwytho* tail, *dadlwytho* swêds, maip, mangls, ayyb.
16g LLEG 158, A'r gertwain yn 'i *dadlwytho* o fewn yr ysgubor.
Ffig. Cael gwared â baich o unrhyw fath.
1762-69 W Williams: P 614, Yn *dadlwytho* deiliaid o bob taliadau a threthi.

dadlyncu *be.* Galw'n ôl, o'r flaen-gyllau (y stumog gyntaf) y borfa a lyncwyd gan anifail cnoi cil (cilfil) i'w ail-gnoi, codi cil, adlifo (TAM 1994).

dadmer gw. DADLAITH.

dadnatureiddio *be.* Trin grawn gwenith er mwyn ei wneud yn anaddas i'w fwyta gan bersonau dynol, y naill ai drwy ei lifo â lliw addas neu drwy roi olew pysgod am ei ben i beri iddo arogleuo. Gellir defnyddio gwenith wedi ei *ddadnatureiddio* mewn bwyd anifeiliaid ond nid i'w falu'n flawd. Mae'r gwarged o laeth powdwr a werthir fel bwyd anifeiliaid (ag eithrio lloi ifanc) yn y Gymuned Ewropeaidd wedi ei *ddadnatureiddio*'n debyg i rwystro ei ailwerthu ar gyfer pobl.

dadbribiwr gw. DYN HYSBYS.

dadrwymo
1. *be.* Gollwng y buchod ar ôl eu godro dan y drefn o'u aerwyo, dadaerwyo. Am 'rwymo'r gwartheg' y sonnid wrth roi'r aerwyon am eu gyddfau mewn rhai ardaloedd, e.e. Môn, ac felly ceid '*dadrwymo*'r gwartheg' am ddatod yr aerwyon oddi am eu gyddfau.
'Wnei di *ddadrwymo*'r buchod tra bydda' i'n hidlo'r llaeth?'

2. *be.* Datod traed y ddafad ar ôl gorffen ei chneifio a'i gollwng yn rhydd.

daear
1. *eb.* Y pridd neu'r gweryd ar wyneb y ddaear, haen uchaf y ddaear, gyda malurion creigiau yn gymysg â gweddillion organig, yn ffurfio ei chyfansoddiad; y tir y tyf planhigion, llysiau a chnydau ohono. Defnyddir y gair *daear* yn gyfystyr â gweryd a phridd.
1620 Marc 4.5, A pheth a syrthiodd ar greigle, lle ni chafodd fawr *ddaear*, ac yn y fan yr eginodd am nad oedd iddo ddyfnder *daear*.
'Mae yma *ddaear* dda, gnydiog.'
Ffig. Bywyd bro, cymdeithas, cenedl, lle mae person yn bwrw'i wreiddiau.
1953 D J Williams: HDFf (Rhagymadrodd), Ni all awdur, mwy na'r Creawdwr, greu ei wryw a'i fenyw ond o bridd ei *ddaear* ei hun.
daear fras – pridd neu weryd cnydiog, toreithiog.
1620 Neh 9.25, A hwy a enillasant ddinasoedd cedyrn a *daear fras*.
daear fyw – tir heb ei droi, gwndwn, tyndir. Bu ar lafar yng Ngheredigion.
daear lom – tir di-borfa, didwf, tir wedi ei bori hyd groen y baw.
Dywed. 'Mae'r hen *ddaear* am fagu ei phlant' – tir yn prysur fynd yn ôl i'r gwyllt, sef ei dyfiant gwreiddiol, cynhenid.

2. *eb.* ll. *daearau.* Lloches creaduriaid gwyllt, gwâl cwningod, llwynogod, carlymod, ayyb. Yn y de ceir y ffurf 'dâr', 'daera', 'daerydd'.
1567 Math 8.20, I'r llwynogot y mae *dayerydd* [:-ffaue]

daeardwrch *eg.* ll. *daeardyrchod.* Twrch daear, gwadd.
Ffig. Person haerllug, hyf.
1659 GIA 107, . . . bod i'r fath *ddaiar-dwrch* gwirionffol ddywedyd yn erbyn ei wneuthurwr.

daeargi *eg.* ll. *daeargwn.* Ci bychan at hela llwynog, yn aml yn gallu mynd i ffau neu ddaear y llwynog.

daered *eb.* Amrywiad ar y gair 'daear' ac yn golygu pridd, gweryd.
14-15g IGE 276, A'i gorsedd yn *ddaered* ddu,/A'i rhidens wedi rhydu.

dafad *eb.* ll. *defaid.* ll. dwbl *defeidiau.* bach. *dafaden.* Anifail bychan yn cnoi cil (cilfil), yn fforchi'r ewin, yn pori mewn amrywiaeth mawr o amgylchiadau amgylcheddol ac a gedwir am ei gig a'i wlân (*Ovis Aries*). Ceir dros hanner cant o fridiau o ddefaid yng ngwledydd Prydain, a rhyw saith o'r rhain yn frodorol i Gymru. Mae tua naw miliwn o ddefaid yng Nghymru, gyda'r Defaid Mynydd Cymreig yn y mwyafrif llethol. Y bridiau eraill sy'n hannu o Gymru yw Defaid Beulah, Defaid Ceri, Defaid Duon, Defaid Llŷn, Defaid Radnor, Defaid Llanwennog, Defaid Nelson. Yn gyffredinol rhennir defaid yn dri dosbarth: bridiau gwlân hir; bridiau gwlân cwta a'r bridiau mynydd. Hyd yn lled ddiweddar ceid y syniad cyffredin mai ffordd o wneud defnydd o dir nad yw'n dda i ddim arall yw cadw defaid! Ceir hefyd y ffurfiau 'dafod' (Môn) ll. 'dafadnau', 'dafadnod'.
Am ragor o wybodaeth gweler dan DEFAID a than enwau'r gwahanol fridiau.
Ffig. a Cymar. 'Mor ddof â *dafad*' – diniwed.
'Gwisgo croen y *ddafad* farw' – gwisgo dillad ar ôl rhywun sydd wedi marw.
'Cnu y *ddafad* farw' – yr hyn a etifeddir mewn ewyllys.
'Meirionnan o *ddafad* farus' – dafad fynydd nad oes na ffens na chlawdd a'i ceidw rhag crwydro.
Diar. 'Yr oen yn dysgu'r *ddafad* bori' – rhywun ifanc, dibrofiad am ddysgu hen law.
'Adwaen pob *dafad* lais ei hoen.'
'Gorwedd gyda'r *ddafad*, codi gyda'r frân.' cf. 'Yn y bore mae dal diwrnod.'
'Pryn *ddafad*, pryn ful' – dafad yn talu'n ddigon da i brynu moddion teithio.
'Mae cyn amled yn y farchnad groen yr oen â chroen y *ddafad*' – yr ifanc yn marw cyn amled â'r hen.

dafad bedwar dant Dafad rhwng 16 a 24 mis oed.
Gw. DAFAD DDEUDDANT.

dafad Beulah gw. BEULAH.

dafad cymortha Dafad (Defaid) a roir yn rhodd i rywun mewn angen neu'n dechrau ffarmio i ffurfio cnewyllyn diadell.

dafad chwedant Dafad oddeutu 24 i 27 mis oed.
Gw. DAFAD DDEUDDANT.

dafad ddeuddant Dafad rhwng 12 a 15 mis oed. Ceir hefyd dafad bedwar dant (16-24 mis oed); dafad chwedant (24-27 mis oed) a dafad geglawn neu gyflawn geg.

dafad ddeuoen Dafad â dau oen, mewn cyferbyniad i ddafad unoen, dafad ag efeilliaid.

21

dafad ddidol Dafad fagu a werthir o ddiadell pan fo'n dal yn ddigon ifanc i wyna, dafad ar ôl tri thymor o wyna ar dir uchel a werthir i ffermydd llawr gwlad, dafad ddrafft.

dafad ddrafft gw. DAFAD DDIDOL.

dafad ddrwg gw. DAFAD FARUS.

dafad ddu gw. DEFAID DUON.

dafad fantach Hen ddafad wedi colli rhai o'i dannedd ac felly'n anabl i bori a chnoi porfa fel sy'n ofynnol i'w chynnal ei hun, dafad fylchog ei dannedd.
Gw. MANTACH.

dafad farus Dafad grwydr, dafad anodd ei chadw o fewn terfynnau, dafad ddrwg.
1933 H Evans: CE 174, Ffordd arall o gael gwlân oedd hel tuswau gwlân a geid wedi bachu yng ngrug y mynydd ac ar hyd y gwrychoedd. Un o gyfeillion pennaf y tlawd oedd y *ddafad farus*. Fe wyddai hi sut i wneud drwg fel y delai daioni, a haedda gofiant.

dafad flaen Y ddafad â chloch wrth ei gwddf ar y tiroedd uchel agored er mwyn ei gwneud yn haws i'r bugail wybod lle'n hollol y mae ei ddiadell.

dafad froc Dafad frech, dafad frogla, dafad â llwydlesni yn ei gwlân. Ar lafar yng Ngheredigion.

dafad frogla gw. DAFAD FROC.

dafad gaeaf Dafad wintro, defaid mynydd y telir hyn a hyn y pen am eu lle ar lawr gwlad dros y gaeaf, defaid tac, defaid tro, defaid gaeafa.
Gw. DEFAID CADW, TAC, WINTRO.

dafad gaeafa gw. DAFAD GAEAF.

dafad geglawn Dafad wedi cael ei dannedd i gyd ac ar ei gorau, dafad gyflawn geg.
Gw. DAFAD DDEUDDANT, DAFAD GYFLAWN GEG.

dafad gloff Fel rheol, dafad yn dioddef o fraenedd y traed.
Ffig. Un yn byw'n afradlon.
W J Gruffydd: Sionyn, Rhaid im dy gario dithau/Fel pob rhyw *ddafad gloff*.

dafad gorniog Dafad â chyrn.
Hwiangerdd. 'Mae gen i *ddafad gorniog*/Ac arni bwys o wlân.'

dafad grwydr dafad farus, dafad ar ddisberod.
Gw. DAFAD FARUS.

dafad gyflawn geg Dafad deirblwydd ac wedi cael ei dannedd i gyd, dafad geglawn.
Gw. DAFAD DDEUDDANT, DAFAD GEGLAWN.

dafad gyfoen Dafad gyfeb, dafad drom o oen.

dafad gymorth gw. DAFAD CYMORTHA.

dafad Gymreig Dafad fynydd, dafad fach.
1982 R J Evans: LlFf 32, Mae hwnnw sy'n ymwneud â systemau amaethyddol y byd yn dangos nad yw'r ddafad yn ei hanfod yn wreiddiol o Gymru, ac mai brodores yw o'r Dwyrain Canol, . . . a minnau'n meddwl mai Cymraes bur ydoedd hi, yn byw a bod er dechrau amser ar fryniau gwlad y gân.
Gw. DAFAD FYNYDD.

dafad gymwyn gw. DAFAD GYFOEN.

dafad llygad gwyn Dafad afiach, dafad yn dioddef o fraenedd yr iau (afu). Ar lafar ym Mhenllyn.

dafad pori gw. DAFAD GAEAF.

dafad tir Diadell o ddefaid a werthir gan denant fferm fynydd (neu berchenog) pan yn mudo, i'r sawl sy'n dod i weithio'r fferm ar ei ôl. Gwneir hyn yn aml er mwyn diogelu'r reddf o gynefino a berthyn i ddefaid.

dafad tro Dafad gaeaf, dafad wintro, dafad tac. Mae'n debyg mai cywasgiad o win*tro* yw 'tro' yn yr enw *dafad tro.*

dafad unoen Dafad ag un oen, yn aml mewn cyferbyniad i ddafad ddeuoen.

dafad wag Dafad heb oen ynddi, dafad anghyfeb, dafad anghyfoen.

dafad y fagad Dafad y praidd.
1567 Math 26.31, Tarawaf y bugail a *defaid y fagad* a wasgerir (defaid y praidd BCN).

dafadaidd *a.* Ansoddair a ddefnyddir yn ffigurol am berson braidd yn bŵl ei feddwl ac yn araf ei ymateb.

dafad-lwdn (*dafad* + *llwdn*) *eg.* ll. *dafad-lydnod.* Llwdn dafad, un o'r praidd.
1620 Deut 14.4, Dyma'r anifeiliaid a fwytewch : eidion, *llwdn dafad* . . .

dafates (*dafad* + *es*) *eb.* ll. *dafadesau.* Gyr neu ddiadell o ddefaid. cf. buches (buch-es, buwch-es), sef gyr o wartheg godro heddiw.

dafaty (*dafad* + *tŷ*) *eg.* ll. *dafatai, defeitai.* Corlan defaid, lloc, ffald, lle i gorlannu defaid, defeity. Ceir 'Dyfaty' yn enw ar ran o Abertawe.

dafedyn *egb.* Hwrdd, dafad, neu oen. Ar lafar yn y Gogledd.

dafod bren (y) *eg.* Afiechyd gwartheg yn bennaf, ond fe'i ceir ar foch a defaid hefyd, ac yn anaml ac anghyffredin ar ddyn, llyffandafod, llyffanwst, llyffanws, llyffant melyn, tafodwst. Fe'i achosir gan y bacteria

Actinobacillosis lingieresi yn y tafod yn peri iddo chwyddo a chaledu, neu stiffio, ac felly'n cael yr enw *y dafod bren* yn Gymraeg.

Dai Sion Coch Dawns i ddynion ar ôl swper y Gaseg Fedi (*Whipod*). Ceid dau ddyn yn dawnsio gydag ysgub o ŷd. Digwyddai hyn ar derfyn diwrnod o gymhortha, sef cymdogion yn cynorthwyo'i gilydd i fedi'r cynhaeaf.
Gw. CASEG FEDI, WHIPOD.

dail cawl *ell.* un. *deilen cawl.* Ymadrodd yn Nyfed (Cwm Gwaun) am y S. *rape.* Rêp a ddefnyddir yn gyffredinol ond yn TAM (1994) ceir *deilcawl* yn ddewis gyda rêp.
1989 P Williams: GYG 42, Câi'r tir oedd ar gyfer *dail-cawl* (rape), mangels, erfin neu swêds ei frunari (braenaru) ar ôl cywain y llafur.
1958 T J Jenkin: YPL1 AWC, Ond pan hauasom *ddail-cawl* (rape) am y tro cyntaf yn Budloy . . .

dail iorwg *ell.* un. *deilen iorwg.* Dail eiddew (Gwynedd) neu eiddiorwg, y credid gynt bod iddynt rin iachusol at ddellni anifail, o'u cnoi a phoeri'r poer neu'r sudd i lygaid anifail dall.
1938 T J Jenkin: AIHA AWC, Gwelais gnoi *dail iorwg* a phoeri'r sudd i lygaid defaid dall, ond nid oedd yn effeithiol iawn.

dail carn yr ebol *ell.* Chwyn lluosflwydd cyffredin (*Tussilago farfara*) Yn y De ceir 'dail troed (trwed) yr ebol' a 'trebel' – cywasgiad o 'dail troed yr ebol'.

dail poethion *ell.* Chwyn lluosflwydd cyffredin. Ar lafar yn gyffredinol gydag amrywiaeth llafar a thafodieithol: 'dalan (dalen) poethion' (Môn, Dinbych), *dail poethion* (Arfon, Ceredigion), 'dannedd poethion' (Meirionnydd), 'Dynad, dyned, dynod, dynid poethion' (Dyfed), 'dynent' (Brycheiniog a Morgannwg), 'dryned', 'drynent' (Morgannwg). Ceir hefyd 'danadl poethion' yn enw cyffredin (*Urtica dioica*).

dail tafol gw. TAFOL.

Daimler *ep.* Y cwmni a fu'n enwocach am ei geir nag am ei dractorau. Cynhyrchodd y tractor cyntaf yn 1911 – peiriant anferthol ac yn ddigon nerthol, mae'n ymddangos, i dynnu aradr un gwys ar hugain. Roedd yn beiriant addasach i beithdiroedd Canada, ayyb, nag i ofynion ffermydd gwledydd Prydain. Mae'n werth sylwi, er hynny, ei fod yn un o'r rhai cyntaf o'i fath i fod yn hunanysgogedig heb y chwyl-olwyn fawr.

Dairy Short Horn *ep.* Brîd deuddiben o wartheg (llaeth a biff) y bu lleihad mawr yn eu niferoedd. Gall eu lliw fod yn goch, gwyn, coch a gwyn neu winau, â'u cyrn byr nodweddiadol â'u camedd at ymlaen.

daisis *ell.* un. *das.* Ffurf dafodieithol ar 'deisi' sef lluosog 'das' – pentwr o wair neu ŷd, teisi bach. Ar lafar yn y De.
Gw. DAS, TAS.

dal *be.* Bachu ceffyl neu geffylau wrth yr aradr, yr og, y drol, ayyb, am ddaliad o waith. Yn ystod oes y ceffyl gwedd, aeth *dal* yn air hanner technegol am harneisio'r wedd a'i bachu wrth offer i bwrpas daliad o waith. Sonnid am 'amser *dal*' fel ag am 'amser gollwng', yn golygu amser bachu a dadfachu. Yn y De ceir 'mae'n bryd dala'.
'Mi fyddwn yn arfer *dal* yn brydlon am wyth a gollwng tua un ar ddeg.'
Diau bod *dal* yn yr ystyr hwn wedi llwyr ddiflannu ar ôl i'r tractor ddod yn gyffredin. Sôn am fachu a wneir bellach.

dal aradr, dal gwŷdd *be.* Y gorchwyl caled o reoli'r aradr geffyl gynt, yn enwedig yr aradr fain (ddi-olwyn), a ddibynai'n llwyr ar nerth a medr yr arddwr i reoli dyfnder a lled y gwys. Roedd 'dal' honno'n golygu fod person â'i holl feddwl a holl nerth ei gorff ar waith.
1958 I Jones: HAG 46, Yr oedd dau fath o waith fferm tu hwnt i'm gallu, – yr oeddwn yn rhy ysgafn a rhy wan i *ddal yr aradr* ac i ladd gwair â phladur.
1992 FfTh 9, 19, *Dal* mae Glyn yn gyndyn ddigon,/Caled oedd y tir ac erch,/Ond y wedd a weithiai'n hwylus,/Y berthynas, mam a merch.

dala aradr Ffurf yng Ngheredigion ar yr ymadrodd 'dal aradr'.
1998 Bethan Phillips: RhDF 201, Dim ond Daniel Lloyd ag un crwt bach yr hwn nas gall *ddala yr arad* . . .
Gw. DAL ARADR.

dal ar y britsyn *be.* Cadw'r llwyth yn ôl, bonio trol. Y britsyn (tindres) yw'r strap lledr cryf am bedrain ceffyl pan fo yn siafftiau'r drol ac yn ei alluogi i ddefnyddio holl nerth ei gorff i gadw'r drol rhag rhedeg ar oriwaered.
Ffig. Dyn yn arafu'i gamre ar lechwedd.
1975 T J Davies: NBB 27, Ond wedi gadael ffald lethrog Tanllan, *dal ar y britshyn* â ni at Felin Tanllan.
Gw. BONIO, BRITSIN, TINDRES.

dal ceffyl *be.* Torri ceffyl i mewn (neu i lawr), ei hyfforddi i gymryd y ffrwyn neu'r enfa neu'r byt ar gyfer gweithio, hyweddu ceffyl. Golygai hynny ei gael i weithio a thynnu wrth ochr ceffyl arall (gwedd ddwbl); ei gael i dynnu o flaen ceffyl arall (gwedd fain); ei gael i facio yn ogystal â mynd yn ei flaen; ei gael i arfer â bod yn siafftiau'r drol yn ogystal a'i thynnu a'i bonio. Byddai dynion a elwid yn 'jocis' yn cerdded y wlad yn ôl y galw i dorri ceffylau i mewn. Mewn rhannau o'r wlad gelwid hyn yn *dal ceffyl*, e.e. Môn.
1975 R Phillips: DAW 69, Cryn fusnes oedd eu *dal* a'u dofi (merlynod).
Gw. BONIO, JOCI.

dal cwningod *be.* Hyd at ganol yr 20g roedd cwningod yn bla ar ffermydd ac yn peri colledion mawr ar y cnydau. Cyn i'r afiechyd *micsomatosis* gyrraedd yn y pumdegau cynnar, ceid llawer o ddynion yn ennill eu bywoliaeth o *ddal cwningod*. Byddent yn cymryd ffermydd yn gontract gan dalu hyn a hyn i'r ffermwyr am yr hawl i ddal y cwningod. Yr adeg honno roedd marchnad barod i gwningod yn y trefi mawr. Wedi eu dal fe'u diberfeddid a'u hanfon yn gyplau mewn hamperi i leoedd fel Manceinion. Gwnai aml un fywoliaeth dda o ddal cwningod.

1979 W Owen: RRL 45, Wedi'r cwbl yr oedd *dal cwningod* yn ystod y blynyddoedd cynnar ar ôl yr Ail Ryfel yn alwedigaeth o bwys, yn un broffidiol dros ben . . .

1983 E Richards: YAW 23-4, Mae'n anodd credu heddiw fod *dal cwningod* yn ddiwydiant pwysig yng nghefn gwlad Cymru tan 1954 pan ddaeth yr anfadwch heintus a'u difa . . . rhoddodd waith i rai cannoedd i'w dal; cafodd y ffermwr help mawr ganddi i dalu'r rhent a chafodd y werin wledd flasus ar y Sul.

Gw. DYN DAL CWNINGOD, TRAPIWR.

dal der Ymadrodd am loitran o gwmpas gyda gwaith neu orchwyl yn lle gafael ynddi neu ganlyn arni. Ar lafar ym Môn.

1979 W Owen: RRL 79, Doedd dim hen *ddal der* yn perthyn i Miss Parry . . .

dal diwrnod Ymadrodd am gael y dydd o'i gwr neu o'i gychwyn, gafael ynddi'n fore, peidio colli'r darn gorau o'r dydd (yn ôl y dybiaeth gyffredin).

Dywed. 'Yn y bore mae *dal diwrnod*.'

dal dŵr Ymadrodd cyffredin am das, mwdwl, cocyn gwair ayyb, heb wlychu, heb gymryd dŵr glaw; hefyd am lestr, seston, ayyb, heb fod yn gollwng.

1620 Jer 2.13, . . . ac a gloddiasant iddynt eu hunain bydewau . . . ni *ddaliant ddwfr*.

'Mae'r cilcyn tas 'ma fel hyn er llynedd ac wedi *dal dŵr* yn iawn.'

Ffig. Am osodiad neu ddatganiad neu gasgliad, ayyb, sy'n wir, yn gywir, yn ddibynadwy, yn iawn.

'Mae ei gasgliadau am y sefyllfa yn *dal dŵr* bob un yn fy marn i.'

dal dwylo Ymadrodd cyffredin am segura, diogi neu wneud dim, neu dim i'w wneud.

1933 H Evans: CE 172, Ystyriai'r hen bobl nad oedd dim mwy niweidiol i ferch newydd briodi na dechrau *dal ei dwylo*.

dal gafael Yr hyn a waeddai'r sawl a dywysai'r ceffyl ar y llwythwr, yn y cae gwair neu'r cae ŷd, cyn symud o un cocyn (neu fwdwl) i'r llall, neu cyn symud o un stwc ŷd i'r llall, er mwyn iddo (y llwythwr) ei wneud ei hun yn ddiogel. Yn Nyfed ceid 'hold-fast'.

1989 P Williams: GYG 44, Cyn cymell y ceffyl i symud roedd yn bwysig i'r arweinydd roi arwydd ei fod ar symud a gwnai hyn trwy waeddi '*hold-fast*'– er mwyn i'r llwythwr fod yn barod am y symudiad . . .

dal gwŷdd gw. DAL ARADR.

dal penna' ceffyla' *be.* Disgrifiad pobl Môn gynt o rywun heb waith cyson ac yn ennill ceiniog neu ddwy wrth ddal pen ceffyl i ffermwr mewn marchnad a ffair.

1923 Tegla Davies: *Gŵr Pen y Bryn* 106, Safai eraill hefyd yn eu tro, . . . y rhai nad oedd ddim i'w wneuthur ond . . . *dal pen ceffyl* neu ryw swydd ddwygeiniog arall . . .

dal penffestr *be.* Dal aradr. Bu ansicrwydd ynglŷn ag ystyr 'penffestr'. Weithiau fe'i defnyddid am ran o'r aradr, ac weithiau am yr aradr gyfan. Ond mae'n weddol amlwg bod *dal penffestr* yn gyfystyr â 'dal aradr'.

1726 Sion Rhydderch: Alm 3, Neu *ddal penffestr* gwasgarbridd mewn mynydd-dir cownwellt.
1959 Ecclus 38.25, . . . yr hwn sydd yn *dal y penffestr*, ac sydd â'i hoffter yn yr irai, ac sydd yn gyrru'r ychen.
Gw. DAL ARADR.

dal y slac yn dynn *be.* Ymadrodd ym Môn am ddiogi neu am rhywun heb fod yn tynnu ei bwysau, un yn cymryd arno weithio ond yn gwneud nemor ddim. Diau mai ceffyl gwedd heb fod yn tynnu ei bwysau mewn gwedd ddwbl neu wedd fain yw cefndir y dywediad, *dal y slac yn dynn* ac yn goleuo'i ystyr.

dal tir *be.* Cymryd tir ar rent, cytundeb i bori tir am dâl neu rent penodedig.
'Mae yma ar y mwya' o stoc er fy mod i'n *dal* deunaw acer yn y Caerau.'

dal tyrchod *be.* Dal y wadd neu dyrchod daear â thrapiau. Gynt, ceid dynion ymhob ardal yn gwneud rhyw fath o fywoliaeth wrth ddal tyrchod daear drwy werthu eu crwyn a chael rhyw gymaint o dâl gan y ffermwyr am eu dal.
1985 W H Jones: HOGM 17, . . . *dal tyrchod* oedd gwaith Robert Roberts yn ystod y gaeaf a'r gwanwyn nes y deuai'r cnydau a'r porfeydd yn rhy fawr, . . . byddai'n cael gwell pris am groen twrch gwyn – rhyw ddwy geiniog a dimai i dair a gâi am groen twrch cyffredin. Byddai'n cael swllt am un gwyn.
Gw. GWADDOTA, GWADDOTWR.

dala *eg.* Ffurf yng Ngheredigion a'r De ar 'daliad', sef stem o waith gyda gwedd o geffylau.
Gw. DALIAD[1].

dalan poethion gw. DAIL POETHION, DANADL.

dalar gw. TALAR.

dalfa gwartheg *ebg.* ll. *dalfeydd gwartheg.* Lle pwrpasol i gorlannu gwartheg i wahanol ddibenion megis trin eu carnau, eu brechu, eu harchwilio, ayyb, crysh gwartheg.

daliad
1. *eg.* ll. *daleidiau.* Ysbaid neu stem o waith gyda cheffylau o amser 'dal' hyd amser 'gollwng'. Gwelir y cysylltiad rhwng *dal*iad a 'dal', sef rhoi harnes ar y wedd a'i bachu wrth yr aradr, yr og, y drol, ayyb ar gyfer sbel o weithio. Arferai *daliad* y bore fod o wyth hyd hanner awr wedi un ar ddeg a *daliad* y pnawn o hanner awr wedi un hyd tua hanner awr wedi pedwar. Ar lafar yn y Gogledd. Yng Ngheredigion a'r De ceir y ffurf 'dala' am *daliad.*
1913 WVBD 73, The two *daliad* are from 7 to 11 am and from 1 to 5 pm.
1938 T J Jenkin: AIHA AWC, Anodd, oherwydd bod y dydd yn fyr, oedd cael diwrnod dau *ddala.*
Gw. DAL, GOLLWNG Y WEDD.

2. *eg. ll. daliadau.* Tyddyn neu fferm fach yn cael ei dal ar rent, y weithred o ddal tir trwy gytundeb. Rhwng y ddau ryfel (1914-18 a 1939-45) prynwyd nifer o ffermydd mawr gan y cynghorau sir a'u rhannu'n ffermydd llai gan ddarparu tai a beudái ar gyfer pob un. Gelwir y rhain yn 'fân ddaliadau'. Fe'u gosodir ar rent i denantiaid, yn enwedig pobl ifainc yn cychwyn ffermio.

daliwr
1. *eg. ll. dalwyr, daliwrs.* Un medrús wrth y gwaith o ddal aradr neu handlo gwŷdd (Môn), arddwr deheuig cydnabyddedig. Ceir *daliwr* ar lafar ym Mhenllyn am 'aradrwr medrus'.
1715-1728 PRB 2, *Daliwr* – arddwr neu *ddaliwr* aradr.
Gw. GPC.

2. *eg. ll. dalwyr, daliwrs.* Y sawl sy'n dal y defaid diwrnod cneifio ac yn eu hestyn i'r cneifwyr, neu'r sawl sy'n dal defaid diwrnod eu golchi. Ar lafar ym Mhenllyn.

daliwr corn gw. SOCED CORN.

daliwr cwningod gw. DAL CWNINGOD, DYN DAL CWNINGOD.

daliwr swch gw. BLAEN Y SLIDE, PENLLE.

daliwr tyrchod gw. DAL TYRCHOD, GWADDOTWR, TYRCHWR.

dalyn, delyn *eg.* Rhwymyn, rheffyn, cortyn, yn aml dyrnaid o wair neu wellt wedi ei gordeddu'n gortyn i rwymo rhywbeth neu'i gilydd. Ar lafar yn sir Benfro.
1958 T J Jenkin: YPLl AWC, Cydid y naill dusw wrth y llall gyda *dalyn* o wellt . . .

damblu, domblu *(down + plu ?) ell.* Plu mân, manblu, gorblu, plu llai na'r rhelyw o'r plu wrth bluo gwyddau ayyb. Fe'u defnyddid gynt i wneud gwlâu plu, cobenyddion, clusgotau, ayyb. Ar lafar ym Môn yn y ffurf *domblu.*
1967 G W Griffith:CBG 23, Ceid digonedd o blu a *damblu* ar y fferm i wneud gwelyau plu, cobenyddion a chlustogau esmwyth.

dan Arddodiad a geir yn gyffredin mewn ymadroddion amaethyddol, gyda'r 'd' yn dreiglad o 't' yn 'tan' (gw. hefyd TAN). Sylwer ar yr enghreifftiau a ganlyn.
dan ei bai, dan ei fai – ymadrodd ansoddeiriol a ddefnyddid gynt wrth brynu a gwerthu ceffylau pan fyddai rhyw fai arnyn nhw, megis tuedd i gicio dros y tresi, moeli clustiau (tymer afrywiog) neu wrthod bacio i siafftiau'r drol, ayyb. Rhaid fyddai cydnabod y bai, ac felly, rhaid oedd ei werthu *dan ei fai.* Am geffyl onest, di-fai, dibynadwy defnyddir yr ymadrodd Saesneg 'working in all gears'.
Gw. WORKING IN ALL GEARS.
dan gnwd – ymadrodd ansoddeiriol cyffredin i ddisgrifio cae neu fesur o dir lle tyfir rhyw gnwd neu'i gilydd. Fel rheol enwir y cnwd ar ôl yr

arddodiad *dan*, e.e. *'dan ŷd'*, *'dan* wair', *'dan* rep', *'dan* datws', ayyb.
'Mae yma bymtheng acar *dan ŷd* 'leni.'
'Mi fydd yma fwy o dir *dan rêp* y tymor nesa'.'
Gw. DAN YR OG.

dan law (dan llaw) – *a.* ymadrodd am y ceffyl ar y cefn neu ar y glas mewn gwedd ddwbl wrth aredig, mewn cyferbyniad i'r ceffyl yn y rhych. Daeth 'ceffyl *dan law*' yn ymadrodd am y ceffyl cefn o'r adeg pan fyddai'n cael ei dywys neu ei arwain. Ar lafar yng Ngheredigion a sir Gaerfyrddin.
Ffig. Dau'n cydweithio er gwaethaf gwahaniaethau.
1966 D J Williams: ST 55-6, Er eu bod, ar y cyfan, yn cyd-dynnu'n rhyfeddol o dda, Ifan yn y rhych, ac Esther *dan law* . . .
Gw. CEFFYL CEFN, GWELLTOR.

dan y morthwyl – ymadrodd am werthu anifeiliaid mewn arwerthiant cyhoeddus, mewn cyferbyniad yn aml i werthu law yn llaw, ar y buarth.
1853 G Hiraethog: AFR 418, Myned *dan y morthwyl* . . .
Gw. hefyd LLAW YN LLAW.

dan yr og – *a.* tir âr, tir yn tyfu cnydau o wenith, haidd neu geirch, ymadrodd am y cyfryw dir.
'Roedd mwy na hanner y lle 'ma *dan yr og* yn ystod y rhyfel.'
1992 E Wiliam: HAFf 7, Tua chanol y ganrif ddiwethaf yr oedd rhwng 40 a 50 y cant o dir Cymru *dan yr og*, a pharhaodd tyfu cnydau yn bwysig hyd tua 1870.
Gw. DAN GNWD.

danadl *ell.* un. *danhadlen.* Planhigion gwyllt, pigog, mân flewog o dylwyth yr *Urtica*. Ceir dwy brif rywogaeth, sef y fechan a'r fawr. Fel rheol mae'n ffynnu mewn tir diffaith ac, yn aml, yng nghysgod beudái a murddunod. Clywir hefyd y ffurfiau 'danad', 'dynad', 'danadl poethion', 'dail poethion', 'dalan poethion' (Môn) (*Urtica dioica*).

danfon yr injan *be.* Yn y mwyafrif o ardaloedd yng Nghymru yn ystod oes y dyrnwr mawr neu'r injan ddyrnu byddai dealltwriaeth a threfn ynglŷn â symud y peiriannau o un fferm i'r llall. Y fferm yr âi'r dyrnwr iddi nesaf oedd yn gyfrifol am nôl y dyrnwr, ond y fferm yr oedd y dyrnwr ynddi ddiwethaf oedd i *ddanfon yr injan* stêm.
1995 FfTh 2, 16, Ac yn ôl yr arferiad rhaid oedd nôl y dyrnwr o'r lle agosaf, sef Pen Isa, a rhaid oedd i Pen Isa *ddanfon y boelar.*
Gw. TREFN SYMUD DYRNWR.

dannedd *ell.* ll. dwbl. *danheddau.* un. *dant.* Yr organau caled o ifori yng ngheg dyn ac anifail at gnoi a malu bwyd ac yng ngheg anifail rheibus at ladd ei ysglyfaeth, ond a ddefnyddir yn ffigurol am bethau tebyg i ddannedd megis *dannedd* cribin, og, cocos olwyn, *dannedd* lli, *dannedd* crib a sgrafell, ayyb.
1445-75 GGI 216, Yn troi megis *daint* yr og.
'Fedri di osod *dant* neu ddau yn y gribin fach 'na imi?'

dannedd anifeiliaid *ell.* un. *dant anifail.* Mae i anifeiliaid bedwar math o ddannedd: y blaenddannedd (S. *incisors*), tu ôl i'r rheini y dannedd cŵn (S. *canines*), tu ôl i'r rheini wedyn y blaen-gilddannedd (S. *premolars*), ac yna y cilddannedd (S. *molars*). Amrywia nifer y dannedd hyn o rywogaeth i rywogaeth. Weithiau y mae'n nhw'n gwbl absennol. Gw. DANT BLAIDD, DANT CI, DANT LLYGAD, EDRYCH Y DANNEDD.

dannedd yr ellyll *ell.* un. *dant yr ellyll.* Dannedd neu bigau offeryn a ddefnyddid gynt i gardio llin.

1933 H Evans: CE 89, Yn lle'r cribau dannedd mân, mân, defnyddid darn o fwrdd derw, a gosodid nifer o ddannedd hirion tua naw modfedd o hyd. Gelwid hwynt yn *dannedd yr ellyll.* Gafaelid mewn tusw o lin a thynnid ef ôl a blaen trwy'r dannedd hyd nes y deuai'n garth parod i'w nyddu.

dannedd llaeth *ell.* un. *dant llaeth.* Dannedd cyntaf anifeiliaid ifainc a gollir yn ddiweddarach yn ffafr dannedd parhaol.

dannedd llawn, danne llawn (Dyfed) gw. CEG LAWN.

dannedd yr og *Ymad.* Ymadrodd cyffredin am roi gwrtaith neu galch i dir wrth fynd ati i'w lyfnu. Ffurf lawn yr ymadrodd yw ei roi (gwrtaith, calch) yn *nannedd yr og*.

1928 G Roberts: AA 16, Byddai eraill eto'n rhoi'r calch yn boeth yn *nannedd yr og* pan yn rhoi'r tir i sefyll.
Dywed. 'Yn bwrw glaw fel *dannedd yr og*.'

dannedd y tywydd *Ymad.* Ymadrodd ffigurol am fod yn rhuthr a gerwinder gwynt a glaw, neu am fod yn ddigysgod ar dywydd mawr. Sonnir am fod *yn nannedd y tywydd* neu *yn nannedd y ddrycin* (am adeilad, anifeiliaid, ayyb).

'Mae'r tŷ 'ma *yn nannedd y tywydd* o'r Gogledd 'ma.

dant blaidd (S. *wolf-tooth*) Dant ci gweddilliol (S. *vestigial*) sydd i'w weld yn union o flaen y blaen-gilddannedd yng ngên uchaf ceffyl (yn anghyffredin yn yr ên isaf). Y mae'n ddant cwbl ddiwerth i bwrpas cnoi bwyd, a chan ei fod yn peri trafferth gyda'r enfa (byt), fe'i tynnir gan amlaf.

dant ci (S. *canine tooth*) Dant ychydig tu ôl i'r blaenddannedd yng ngên uchaf ac isaf ceffyl. Yn TAM (1994) ceir 'dant llygad' a 'dant ysgithr' yn enwau hefyd. Ond gan mai mewn anifail cigfwytol (cigfil, cigfwytwr, cigysydd (TAM), S. *carnivore*) y ceir 'dant llygad' neu 'dant ysgithr' mae'n edrych yn enw anaddas as *ddant ci* mewn ceffyl. Gw. DANT LLYGAD.

dant y llew *eg.* Chwyn y mae'n rhaid i arddwr, beth bynnag am ffarmwr, ymgodymu â nhw (*Taraxacum*).

Crwys: Y Border Bach, Hen estron gwyllt o *ddant y llew*/A dirmyg lond ei wedd,/ Sut gwyddai'r hen droseddwr hyf/Fod mam yn mynd yn hen?

dant llygad Yr ysgithr-ddant, neu'r dant rhwygo (S. *carnassial tooth*) a geir yng ngên y cigfil. Dyma'r cyntaf o'r blaen-gilddannedd, wedi ei leoli dan y llygaid. O'i gymharu â'r 'dant blaidd' y mae'n ddant pwysicach, fel

yr awgryma'r dywediad Saesneg 'I'd give my eye-tooth for . . . '
Gw. DANT CI.

darfodedigaeth gw. BUCHES ARDYST, TICÂU, TIWBERCIWLIN.

darnio *be*. Ail-ddurio swch neu gwlltwr aradr gan y gof lleol, tymheru erfyn neu offeryn o'r newydd. Ar lafar yn Llŷn.
1994 FfTh 13, 39, Cofiaf yn dda fel y byddem yn *darnio* – durio neu finiogi sychod neu gylltyrod – fin nos, pan fyddai amaethwyr yn dod â swch a chwlltwr mewn sach ar eu cefnau ar ôl gollwng.

Dartmoor *ep*. Enw brîd o ddefaid â gwlân hir, cyrliog, wyneb gwyn ac o'r un dras â'r South Down a'r Devon Longwool.

das *eb*. ll. *dasau, deisiau, deise, deisi, deisydd, deis*. Y *ddas* (Maldwyn). Mae 'das' a 'tas' yn ffufiau cysefin oherwydd mae'n debyg mai o'r Wyddeleg y cafwyd y gair.
Tas, pentwr, mwdwl (o wair, ŷd, mawn, ayyb), fel rheol, pentwr cymesur, crwn neu hirsgwar, o wair, ŷd, gwellt. Gwneid y das draddodiadol nodweddiadol, boed grwn neu hirsgwar, fel ei bod yn lledu o'i sawdl hyd at ei bargod, yna 'troi pen', fel y dywedid, sef culhau o'r bargod hyd at y brig a gweithio'r brig mor feingrwn ag y gellid. Rhaid hefyd fyddai gofalu bod digon o lanw i'r das, sef digon yn ei chanol fel bod rhediad ei hochrau at allan er mwyn iddi ddal dŵr. Ystyrid gwneud tas i sefyll ar ei thraed ac i ddal tywydd, yn grefft arbennig.
1937 T J Jenkin: AIHA AWC, Rhic wair:- haystack (rectangular); das wair:- haystack (circular); helem – corn stack (circular).
Gw. GWNEUD TAS, TAS, TOI.

das benglin *eb*. ll. *dasau* neu *deisi penglin*. Y das ŷd lle byddai'r taswr yn gwasgu'r sgubau i'w lle â'i benglin. Digwyddai hyn yn lled gyffredinol, ond mae'n ymddangos mai Dyfed biau'r enw *das benglin*. Clywir hefyd 'das glun', eto yn Nyfed.
1958 T J Jenkin: YPLl AWC, Byddai *das clun* felly yn hollol ddiddos . . . a dim ond ysgubau y pen fyddai ar eu gwaeth gyda'r tywydd gwaethaf.
LlG 3, 6, Yn ystod y cynhaeaf llafur, yn ardal Cwm Gwaun, Penfro, arferid gwneud '*deise pen-lin*' . . .
Gw. hefyd DAS LLAW.

das eithin Y pentwr eithin a gesglid i'w falu'n fwyd anifeiliaid, yn enwedig ceffylau.
Gw. EITHIN, MALU EITHIN.

das fawn Mawn wedi ei ladd, ei sychu, ei gario o'r fawnog, a'i dasu'n danwydd wrth y tŷ.
1907 O M Edwards: TDG 10, Gydag ambell *das mawn* du rhyngddo â'r golau.

das glun gw. DAS BENGLIN.

das llaw Tas ŷd heb fod yn fawr, y gosodid yr ysgubau ynddi â'r dwylo oddi ar lawr. Ar lafar yn Nyfed.

1958 T J Jenkin: YPLl AWC, Os na fyddai y llafur yn hollol sych rhaid oedd gwneud *deise llaw* o tua 50 ysgub yr un. Gwneid y rhai hyn llawer mwy llac er mwyn i'r gwynt fynd trwyddynt, ac ni osodid clun arnynt o'r dechrau i'r diwedd.

Gw. hefyd DAS PENGLIN.

das penglin gw. DAS BENGLIN.

das redyn Y rhedyn a dorrid a'i hel gynt yn wely dan anifeiliaid.

das wair Y gwair, prif borthiant gaeaf, wedi ei gasglu i ddiddosrwydd.

1896 O M Edwards: CC 26, Y mae *das o hen wair* yn y gadlas yn ymyl.

das ŷd Y llafur neu'r ŷd wedi ei gywain i'r ydlan i ddisgwyl cael ei ddyrnu.

1620 Barn 15.5, . . . ac a losgodd hyd yn nôd y *dasau*, a'r ŷd ar ei droed.
1800 Twm o'r Nant: PCG 41, Mi gadwa'r *ddas lafur* hyd Ŵyl Ifan.

dasu, deisio *be.* Gwneud tas, adeiladu tas o wair, ŷd, gwellt, crefft a hawliai cryn fedr.

1787 J Roberts: CU, 9, I gael . . . /Gwair a'i *ddasu*.

Gw. hefyd TASU.

daswr *eg.* ll. *daswyr*. Un yn gwneud das, un yn dasu (gwair, gwellt, ŷd) un yn medru'r grefft o wneud tas, taswr. Amr. 'taeswr', 'deisiwr'. Ar lafar ym Mhenllyn.

Gw. TASWR.

daswrn *eg.* ll. *dasyrnau*. Pentwr, cludair, mwdwl, tas (o goed tân neu gynnud), *daswrn* o goed, *daswrn* o gynnud. Hefyd mwdwl neu das o wair, ŷd, ayyb. Pentwr o unrhyw beth.

16g W Salesbury: LlM 120, Mal *daswrn* o grympoge.

dasylu (*dy* + *syl*, fel yn *syl*faen)
1. *be.* Pentyrru, cludeirio, mydylu, dasyrnu (am wair ayyb). Amr. 'dysylu'.

1688 TJ, Dasyrnu, *dasylu*, dasu – to make into ricks.

2. *be.* Sylfaenu, seilio, grwndwalu, ategu.

dasyrnu *be.* Pentyrru, mydylu, tasu (dasu), cludeirio, dasylu.

1688 TJ, *Dasyrnu*, dasylu, dasu – to make into ricks.

Gw. DASWRN, DASYLU.

datod *be.* Meiriol, dadmer, dadlaith (am rew ac eira), toddi. Ar lafar yng Ngwent.

1595 H Lewys: PA 157-8, Yr haul sy'n meddalhau, yn *dattod* . . . y ddayar.

Gw. DADLAITH.

David Brown *ep.* Un o'r enwau mawr o blith arloeswyr mewn cynhyrchu tractorau. Yn 1937 ymunodd â Harry Ferguson a chaed y 'Cwmni

Ferguson-Brown Tractor Ltd'. Bu'r tractor *David Brown* yn un cyffredin a hynod o boblogaidd.

dau felynwy *eg.* Ŵy a dau felyn ynddo, 'ŵy dau f'lynwy' (Môn). Gw. hefyd WY.

dauerydd gw. DAEAR².

day olds *ell.* Cywion ieir, cywion tyrcwn, ayyb, diwrnod oed, cywion newydd ddeor a werthir mewn canolfannau deor. Fe'u prynir yn ddiwrnod oed neu'n fuan wedyn, i'w magu. 'Cywion undydd' a geir yn TAM 1994.

1991 FfTh 8, 7, Diwrnod pwysig oedd diwrnod nôl y *'day-olds'* (tyrcwn). Cychwyn ben bore gyda'r fan a dychwelyd cyn gynted ag oedd modd rhag iddyn nhw gael oerfel neu fygu ar y ffordd. Eu rhoi mewn brwder cynnes pwrpasol lle cedwid hwy am y mis cyntaf o'u hoes, a chyda gofal byddai'r rhan fwyaf yn goroesi peryglon yr wythnosau cyntaf.

deche *a.* Ffurf lafar ar 'dehau' neu 'deheu' neu 'deau', yn golygu deheuig neu fedrus gydag unrhyw waith neu orchwyl. Y syniad traddodiadol yw bod y llaw dde yn fedrusach llaw (yn fwy celfydd) na'r llaw chwith. Y syniad hwnnw yw tarddiad 'deche' yn ei ystyr o ddeheuig (deheuig, yntau hefyd o'r un tarddiad ac yn gyfystyr â 'deche'). Ar lafar ym Maldwyn, Ceredigion a'r De. Yn y gogledd ceir y ffurfiau 'detha' a 'dethe'.

14g GDG 301, Ond rhadau y *deau* Dad.
1630 R Llwyd: LlH 99, Hwn yw'r erfyn *deheuaf* a gymmer Satan i osod arnom.
'Un *deche*'n gwneud popeth ydi'r hen Robin.'
Ffig. Bywyd trefnus, diafrad, sobr, cymhedrol.
1981 GEM 32, Mâ' o'n ddyn reit *ddeche* rŵan ers blynyddoedd.

dechrau ennill *be.* Dechrau gweithio am gyflog, dechrau ennill bywoliaeth. Byddai'n ymadrodd cyffredin iawn gynt am un yn troi allan i weini a bellach yn ei gadw ei hun yn hytrach na'i fod yn dibynnu ar ei deulu.

1963 Hen Was: RC 9, Roeddwn i, dachi'n gweld, eisio mynd i *ddechra ennill* fel dyn.

dedwyn *eg.* Ffurf lafar ar 'cardydwyn'. Gw. CARDYDWYN.

Deddf Afiechydon Anifeiliaid 1950 *eb.* Deddf yn cadarnhau deddfwriaeth flaenorol yn darparu mesurau ar gyfer rheoli afiechydon anifeiliaid penodedig, yn enwedig y rhai hysbysadwy. Mae'n delio ag arwahanu anifeiliaid heintiedig a rhai y mae amheuaeth yn eu cylch, ayyb; y lleoedd a'r ffermydd heintiedig, gwaharddiadau ar symud anifeiliaid, diheintio adeiladau, a beth i'w wneud pan ganfyddir afiechyd ar anifail mewn marchnadoedd, ffeiriau, ayyb.

Deddf Anifeiliaid 1971 Deddf ar gyfer Cymru a Lloegr yn ymwneud â'r cyfrifoldeb am ddifrod a wneir gan anifeiliaid, carcharu a gwerthu anifeiliaid crwydr, anifeiliaid crwydr ar ffyrdd cyhoeddus, ac amddiffyn anifeiliaid rhag cŵn.

Deddfau Bywyd Gwyllt a'r Cefn Gwlad Deddf a basiwyd yn 1981 a'i diwygio yn 1985 fel ymdrech i gymodi diddordebau cadwraethwyr, ffermwyr a thirfeddianwyr drwy reoli'n ofalus rai datblygiadau amaethyddol. Er ei bod yn dibynnu ar gydweithrediad gwirfoddol y ffermwr, er hynny fe'i cymhellir fel rheol i gydymffurfio. Lle bo tir o ddiddordeb cadwraethol arbennig yn debyg o gael ei sychu a'i ddiwyllio, gall y Cyngor Gwarchod Natur ei brynu neu gynnig iawndal i'r perchennog am beidio ei sychu a'i drin. Telir iawndal i ffermwyr sy'n dod i gytundeb â'r Awdurdod Cynllunio i beidio trin tir arbennig.

Deddf Daliadau Amaethyddol Deddf a fwriadwyd i atal lleihad yn y sector denantiaid. Dan y Ddeddf hon mae rhenti i'w pennu, nid yn ôl safonau'r farchnad agored, ond ar ôl ystyried potensial cynhyrchu y daliad a'r enillion posibl. I'r rhai oedd yn denantiaid ar 12 Gorffennaf, 1984, mae i'r denantiaeth olyniaeth hyd y drydedd genhedlaeth (dan Ddeddf Daliadaeth 1976). Ond i'r rhai a gafodd denantiaeth ar ôl hynny (12 Gorffennaf, 1984), am oes y tenant yn unig y pery. Gellir hefyd cael tenantiaeth tymor byr o bum mlynedd.

Deddfau Iechyd a Diogelwch Cyfres o ddeddfau'n gosod i lawr reolau diogelwch cyflogwyr, gweithwyr ac aelodau'r cyhoedd rhag peryglon, yn cynnwys peryglon ar ffermydd. Gweinyddir y rhain gan y Comisiwn Iechyd a Diogelwch a'i arolygwyr.

Deddf Rhenti Amaethyddol *eb.* Deddf a ddaeth i rym yn 1976 i ddiogelu rhai gweision amaethyddol sy'n byw mewn tŷ gweithglwm (*tied cottage*) ac yn rhoi'r gorau i weithio mewn amaethyddiaeth. Dan y Ddeddf ceir Pwyllgorau Tai Byw Amaethyddol Ymgynghorol.
Gw. PWYLLGOR YMGYNGHOROL TAI BYW AMAETHYDDOL.

Deering *ep.* Enw gwneuthuriad peiriant lladd gwair Americanaidd ac yn un o'r rhai cyntaf at bwrpas lladd gwair.
1967 G W Griffith: CBG 105, O America y daeth y peiriant lladd gwair. *Deering* oedd enw'r peiriant cyntaf o'r math a gofiaf fi (g. 1881). Yna daeth y 'Bamford', peiriant trymach . . . a gynhyrchid yn y wlad hon.

defaid
1. *ell.* un. *dafad.*
Gw. DAFAD.

2. **defaid (y)** *ell.* Gyda'r fannod o'i flaen golyga'r gair 'ddiadell' neu 'braidd' – *y defaid* = y praidd.
'Rhaid inni fynd ati i hel *y defaid* 'fory', h.y. hel y praidd, y ddiadell.
Ffig. a Cmhr.
1620 Salm 100.3, Ei bobl ef ydym a *defaid* ei borfa.
1620 Ioan 10.9, *Defaid* eraill sydd gennyf y rhai nid ŷnt o'r gorlan hon.
'*Defaid* Dafydd Jôs' – tonnau ewynnog y môr.
'*Defaid* Jacob yn mynd i'r dŵr' – cymylau gwynion, arwydd glaw.
'Fel *defaid* trwy adwy' – heidio, dilyn ffasiwn neu'r farn gyhoeddus boblogaidd.
'Mynd yn draed *defaid*' – mynd yn flêr. Cf. 'mynd yn draed moch'.

'*Defaid* yn brefu' – arwydd glaw neu storm.
'*Defaid* yn pori â'u pennau'n groes i'r gwynt' – arwydd glaw.
'Aros i'r *defaid* godi eu hŵyn' – rhoi amser i'r defaid a'r ŵyn adnabod ei gilydd ar ôl cneifio.

defaid Beulah gw. BEULAH.

defaid cadw Defaid a gedwir i fagu ŵyn. Hefyd, defaid wintro (tac) sy'n pori dros y gaeaf ar dir llawr gwlad, defaid drafft, defaid tac. Ar lafar yn y gogledd.

defaid Ceri gw. KERRY HILLS.

defaid cochion Y defaid wintro neu'r defaid tac a ddôi'n ôl ddechrau Ebrill o'r llawr gwlad, yna, ar ôl eu marcio o'r newydd eu hanfon i'r mynydd. Y nodi neu'r marcio hwn o'r newydd a roes yr enw *defaid cochion* iddynt.

defaid Cymreig pedigri Cangen o'r ddafad fynydd.
1984 J Bryn Owen: *Defaid* 8, Brîd arall yw'r defaid Cymreig pedigri, cangen a ffurfiwyd yn 1905, ac a ddatblygwyd dan amgylchiadau mwy ffafriol na'r adrannau mynydd.

defaid Dafydd Jôs Yn ffigurol am donnau'r môr, gwenyg, ewyn tonnau'r môr ac yn debyg i wlân dafad. 'White horses' a ddywedir yn Saesneg, ac weithiau yn Gymraeg clywir 'cesyg gwynion' a 'ceffylau gwynion'. Ar lafar yn y gogledd.
Gw. 'ceffylau gwynion' dan Ffig. CEFFYL.

defaid drafft Defaid cadw, defaid at fagu.
Gw. DEFAID CADW.

defaid duon Dafad fynydd Gymreig a'i gwlân yn ddu ei liw. Yn draddodiadol yn llai o werth (y gwlân) ond bellach â gwerth arbennig iddo, i bwrpas cynhyrchu rhai brethynnau.
1989 H Jones: BB 82-3, Tan yn ddiweddar nid oedd neb eisiau'r defaid hyn oherwydd lliw eu gwlân gan bobl sy'n nyddu. Mae'r defaid duon yn boblogaidd hefyd am eu bod yn famau da, yn llai tueddol o gael afiechydon a'u cig yn eithriadol o flasus.
1995 FfTh 15, 29-30, Rhoddwyd hwb i'r brîd gyda sefydliad y 'Black Welsh Mountain Sheep Breeders' Association' yn 1920, ond er hynny bu yn gyfyng ar y ddafad ddu am flynyddoedd/ Yn 1971 roedd 13 o breiddiau wedi'u cofrestru gan y Gymdeithas. Erbyn 1975 cynyddodd eu nifer i 135, a pharhaodd y cynnydd, ac yn 1992 roedd 226 o breiddiau ar lyfrau'r Gymdeithas.
Ffig. Rhywun sy'n anghydffurfio mewn teulu, eglwys, ayyb.
'Tipyn o *ddafad ddu*'r teulu oedd Morus.'
Diar. 'Mae *llwdn du* ym mhob diadell' – dafad ddu ym mhob teulu.

defaid Llanwenog gw. LLANWENOG.

defaid llymion Defaid wedi eu cneifio, defaid heb wlân, defaid llwm o wlân. Sonnir hefyd am 'ddafad lom' yn yr un ystyr. Ar lafar yn Arfon.
Gw. WVBD 354.
1959 I Williams: IDdA 48, Ar lasiad y dydd, cyn gynted ag y medrid gwahaniaethu rhwng defaid gwlanog a *defaid llymion* – sef rhai eisioes wedi eu cneifio.

defaid Llŷn gw. LLŶN.

defaid magu
1998 E Richards: PM 339, Mae hanesyn amdano yn mynd â John Hughes, Rhosesmor, Tŷ Croes i'w ganlyn i Ddolgellau i brynu *defaid magu.*

defaid mawr Defaid mwy eu maint na'r defaid mynydd, sef y rhai cysefin Cymreig, ac mewn cyferbyniad i'r rheini'n aml. I'r dosbarth hwn y perthyn defaid Llŷn, defaid Leicester, defaid Shropshire, ayyb.
1928 G Roberts: AA 8, Bu i rai o'r ffermwyr ddechrau magu yr hyn a elwid yn *ddefaid mawr,* sef defaid o rywogaeth y Leicester a'r Shropshire.

defaid mynydd Y math pwysicaf o'r defaid Cymreig, yn un o'r bridiau lleiaf yng ngwledydd Prydain, ac yn pori wrth eu miloedd ar ucheldiroedd Cymru. Mae'n frîd caled, gwydn, yn medru dal hinsawdd a thywydd garw ac yn llwyddo i ymgynnal ar borfa o ansawdd gwael. Mae iddynt wynebau a choesau llwyd-wyn, a'u gwlân yn feddal-esmwyth gydag ambell i flewyn coch. Fe'u defnyddiwyd cryn lawer at groesi, yn enwedig â'r Border Leicester i gael yr hanner brîd Cymreig, ac â'r Leicester Penlas i gael y Mul Cymreig (Welsh Mule).

defaid Nelson Defaid mynydd Cymreig de Cymru. Defaid Nelson yw'r enw ar lafar gwlad. Maent ychydig yn fwy na'r defaid mynydd nodweddiadol gyda chochni yn eu gwlân. Oherwydd y gwahaniaethau fe'u trinnir fel brîd ar wahân.

defaid pennau gwynion Defaid sy'n groesiad o'r ddafad fynydd Gymreig a'r Cheviot.

defaid y plwyf Y defaid cyfeiliorn gynt na fyddai neb yn eu hawlio. Pan ddigwyddai hynny 'doedd gan y ffermwr ddim hawl i'w gwerthu. Hawliai'r plwyf y defaid cyfeiliorn.
Gw. DEFAID Y SET.
1933 H Evans: CE 143, Pan oeddwn i'n hogyn yr oedd hel *defaid plwyf* yn rhan o fywyd gwledig . . . Hawliai'r plwyf (Y Festri, mae'n debyg) y defaid cyfeiliorn. Gosodid yr hawl i ffarmwr am swm penodedig o arian i gerdded yr holl blwyf a chymryd pob dafad ddieithr i ffwrdd. Ar ddiwrnod penodedig gwerthid hwy bob un oni ddeuai'r perchennog i'w hawlio, a thorrid eu clustiau fel na allai neb eu hawlio oddi ar y prynwr.

defaid Radnor gw. RADNOR.

defaid y set (Defaid sied, neu ddefaid dieithr wedi eu carcharu neu eu powndio.) Y defaid crwydr nad oes neb wedi eu hawlio, a werthir mewn lle ac ar ddyddiad penodedig.
Gw. DEFAID Y PLWYF, SET.

defaid stôr Defaid i'w tewychu a'u pesgi am eu cig.

defaid swci Defaid wedi eu magu'n llywaeth.

defaid tac Ymadrodd ym Maldwyn, Ceredigion a Dyfed am ddefaid cadw neu ddefaid wintro. Ym Maldwyn clywir 'defaid tro' – 'tro' mae'n debyg yn dalfyriad o 'wintro'.

1975 R Phillips: DAW 65, Mae amryw o ffermwyr Llangwyryfon yn para i gadw *defaid tac* neu 'ddefaid cadw' dros y gaeaf. O dan y cynllun mae lluestwyr Brycheiniog yn anfon ŵyn benyw bob hydref i sir Aberteifi.

Gw. DEFAID CADW, TAC, WINTRO.

defaid tir Defaid cynefin, defaid mynydd, defaid wedi cynefino neu ymhinsoddi.

1981 Ll Phillips: HAD 16, Ond yr oedd yn rhaid wrth *ddefaid tir* yn Nantrhys, hynny yw, defaid wedi eu geni a'u magu yno, ac wedi ymhinsoddi pob un i'w ddarn bach o fynydd

Gw. CYNEFIN, YMHINSODDI.

defaid troi Cyfeiriad at yr arfer lle byddai un ffermwr yn cymryd defaid fferm arall i bori ar ei ran ef o'r mynydd. Gelwid y rheini yn 'ddefaid troi'.

1926-27 B, Cyfr. 3, 202, *Defaid troi* – y ffermydd sydd heb fod yn cadw defaid eu hunain yn cymryd defaid i bori dros y gaeaf.

defaid wintro gw. DEFAID CADW, DEFAID TAC.

defaid yn ôl eu hoed a'u rhyw
Ŵyn newydd eni, ŵyn sugno (gwryw a benyw) – 'ŵyn bach'.
Ŵyn gwrw (gyrwod, gyrfod, gyfrod) hyd yn flwydd oed – 'llwdn dafad', 'hesbwrn' (ll. hesbyrniaid, sbyrniaid).
Ŵyn benyw, yn flwydd oed a heb fod yn magu – 'hesbin', 'llydnes' (ll. hesbinod, sbinod, llydnesod).
Ŵyn hen neu ddefaid ifainc dros flwydd ond dan ddwyflwydd (gwryw a benyw) – 'wyn blwyddiaid', blwyddiaid'.
Llwdn dafad, hwrdd neu faharen ifanc – 'oen hwrdd' (ll. ŵyn hyrddod).
Llydnes neu hesbin ar ôl bwrw ei hoen cyntaf – 'dafad'.
Llwdn dafad, hesbwrn wedi cyrraedd oed cyfebu dafad – 'hwrdd', 'maharen' (ll. hyrddod, meheryn).
Gw. dan y geiriau am ragor o wybodaeth.

defeidfa (*defaid* + *fa*)
1. *eb. ll. defeidfeydd, defeidfaoedd.* Lle i brynu a gwerthu defaid, marchnad ddefaid, mart ddefaid.
1567 Luc 7.32, Tebyg ydynt i blant yn eistedd yn y farchnad [:- deveidiawc, *deveidva*, varchnad ddeveid]
2. *ebg.* Cynefin defaid, ffridd ddefaid, rhosfa ddefaid, defeidiog.

defeidiog
1. *eb. ll. defeidiogau, defeidiogydd.* Marchnad ddefaid, lle i brynu a gwerthu defaid.
2. *eb.* Cynefin defaid mynydd, tir pori defaid, rhosfa, defeidfa. Ceir *'Defeidiog* Ucha' yn enw ar fferm yn Nhrawsfynydd – 'Y Feidiog' ar lafar.

37

3. *a.* Yn llawn defaid, yn frith o ddefaid, yn doreithiog o ddefaid (am ffridd, rhosfa ddefaid).

defeidle (*defaid* + *lle*)

1. *eg.* ll. *defeidleoedd.* Porfa ddefaid, cynefin defaid, defeidiog.

1768 Risiart ap Robert: CB 113, Dafad . . . wedi gwibio oddi wrth y praidd, a thu allan i'r *defeidle.*

2. *ebg.* Corlan, ffald, lloc, caeor. Ar lafar ym Meirionnydd ac Arfon.

defeidiwr, defeidydd *eg.* ll. *defeidyddion.* Bugail defaid, un yn gofalu am ddefaid.

1769 D Rowland: CG 15, Y mae'r *defeidiwr* yn ddiwyd am wybod cyflwr ei ddefaid.

defeitgail (*defaid* + *cail* = corlan)

1. *eb.* Corlan ddefaid, ffald, lloc, caeor.

2. Praidd neu ddiadell o ddefaid.

1544-1623 E Prys: Salm 34 (ar gân), Ac a'i dug ef (Dafydd) i maes yn lân,/O'i gorlan a'i *ddefeid-gail.*

defeitgi Ci defaid.
Gw. CI DEFAID.

defeitia

1. *bf.* Hel neu gasglu defaid, bugeilio defaid, dilyn ei waith fel bugail defaid (am fugail).

2. *bf.* Ysglyfaethu defaid (am lwynog, cŵn ayyb).

15-16g Gwyn. 3 169, dy fettel ar gam yw *defeitia.*

defeitir (*defaid* + *tir*) *eg.* ll. *defeitiroedd.* Tir defaid, tir pori defaid, porfa ddefaid, cynefin defaid, tir at fagu defaid.

1771 W, *Defeitir* – breeding . . . land for breeding sheep.

defeity (*defaid* + *tŷ*) *eg.* ll. *defeitai.* Corlan ddefaid, ffald, lloc, cail. Ceir 'Defeity' yn enw ar fferm yng Nghwmtirmynach ger Y Bala, a 'Bwlch Defeity' i'r de o Dregarth ger Bangor.
Gw. hefyd DAFATY.

defnydd *eg.* ll. *defnyddion, defnyddiau.* Yn amaethyddol, offeryn, erfyn, gêr neu ddarn anhepgorol o beiriant, ayyb.

15g LHDd 105, Pawb bieu ddwyn *defnyddyon* i eredic.
1546 YLlH 9, Gwna *ddefnyddyon* dy aradyr.
16g WLB 10, I dyny daint o benn Dŷn heb *ddeunydd.*

defnyddiau llaithgadw *ell.* Defnyddiau megis gwellt, dail, llwch llif, torion glaswellt, pridd rhydd, a roir ar wyneb tir i gadw'r pridd yn llaith a rhag effeithiau glaw trwm, rhew, ayyb (S. *mulch*).

defnyddiwr *eg.* ll. *defnyddwyr.* Y sawl sy'n prynu'r nwyddau a gynhyrchir i'w bwyta (cig, llath, grawn ayyb); i'w gwisgo (dillad, esgidiau); i'w defnyddio (offer, peiriannau ayyb); y cwsmer, y prynwr, y defnyddiwr (S. *consumer*).

defnynnu gw. DIHIDLO[1], DISTYLLIO.

degwm *eg.* ll. *degymau.* Y ddegfed ran o gynnyrch blynyddol tir, da byw, ayyb. a delid yn wreiddiol mewn nwyddau ond yn ddiweddarach mewn arian, i gynnal yr offeiriaid a'r eglwys yng ngwledydd Prydain (a gwledydd Cred). Tarddodd o Gyfraith Moses a hawliai ddegymu pob cynnyrch at gynnal yr offeiriadaeth a'r sefydliad crefyddol Iddewig. Wedi i Ymneilltuaeth ymsefydlu yng Nghymru cynheuwyd gwrthwynebiad i'r drefn ddegwm. Arweiniodd hynny i'r hyn a elwir yn 'rhyfel y *degwm*' yn hanner olaf y 19g ac, yn anuniongyrchol, i ddatgysylltiad Eglwys Loegr yng Nghymru.
Ceid '*degwm* blith' (gwartheg); '*degwm* wyau'; '*degwm* yr ŷd'; '*degwm* crefft' (talu mewn gwaith); '*degwm* gwyn' (a gesglid dydd Iau yr wythnos yn dilyn Alban Hefin).
1620 Num 18.21, Mi a roddais i feibion Lefi bob *degwm* yn Israel yn dreftadaeth.
1445-75 GGI 89, Nedwch iddo'ch hudo chwi/Am wlân *degwm* yleni.
1884 Catrawd: *Cyfaill yr Aelwyd,* Bu galed y bygylu ar lwyfan ac ar ddu a gwyn, a'r teimladau'n llifo i erthyglau a rhigymau, fel y dengys y triban hwn . . . Wel dyma wenith gwrol/Yn dod i'r lan yn raddol,/A'r ddegfed ran yn mynd i mâs/I gadw gwas y diafol.
Gw. GŴYDD DDEGWM, RHYFEL Y DEGWM, TREF DDEGWM, YSGUBOR DDEGWM.

degymadwy *a.* Yn agored i'w ddegymu, yr hyn yr oedd yn rhaid talu degwm arno.
Gw. DEGWM.

degymiad, degymad *eg.* ll. *degymiadau.* Y weithred o ddegymu, degwm.
1588 Es 6.13 (Degwm 1620), Etto bydd ynddi *ddegymmiad.*

degymol *a.* I'w ddegymu, yn ddegymadwy.
1794 E Jones: CP 59, Sefydlwyd fod pysgod yn *ddegymol* drwy hen arfer.

degymu *be.* Talu degwm neu roi'r ddegfed ran o gynnyrch.
1620 1 Sam 8.15, Eich gwinllanoedd a *ddegyma* efe.
1620 Math 23.23, *Degymu*'r mintys a'r anis a'r cwmin.
1801-08 MA 2 477, Efe a berys *degymu* ei holl gyfoeth.
Gw. DEGWM.

degymwr *eg.* ll. *degymwyr.* Un yn talu degwm neu un yn derbyn degwm, neu gasglwr degwm.
1672 R Prichard: Gwaith 100, Stoppi'r nef a'r ddaer a'r llafyr,/Y mae pawb o'r cam-*ddegymwyr.*
1751 ML 173, Oes dim gobaith cael mynd yn *ddegymwr?*

deheuig (*deau, deheu* + *ig*) *a.* Medrus, hylaw, graenus, hyfedr. Byddai rhai yn dadlau mai o'r syniad bod y llaw ddeau yn well llaw na'r un chwith y cafwyd *deheuig.* Cf. 'deheulaw' yn yr un ystyr o fedrus a deheuig. Fel rheol am berson dynol y defnyddir y gair, sef dyn da, deche, medrus ei waith neu ei grefft. Sonnir am 'arddwr *deheuig*', 'pladurwr *deheuig*', 'töwr

deheuig', ayyb. Cf. y dywediad 'Llaw chwith, lletchwith', am un anfedrus ac anheuig.
1939 D J Williams: HW 10, 'Llaw whith, lletwhith' meddai 'nhad gynt wrth hyfforddi ei blentyn ym mhen ffordd y gaib a'r rhaw.

deheulaw (*deheu* + *llaw*) *a.* Medrus, deheuig. Ar lafar yn sir Gaerfyrddin.
1939 D J Williams: HW 12, Pe gadawsai Dafydd y gaib a'r rhaw . . . collasai'r wlad un o'i weithwyr mwyaf *deheulaw.*
Gw. hefyd DECHE, DEHEUIG.

dchorfa, dcorfa *cb.* ll. *dcorfcydd.* Lle pwrpasol i ddeor ac i feithrin cywion adar dof (ieir, tyrcwn, ayyb), lle i ddeor wyau drwy wres artiffisial. Nid newydd y dull hwn o ddeor fel y gwelir oddi wrth flwyddyn y dyfyniad sy'n dilyn.
1728 T Baddy: DDG 2, Gwelais ddirgelwch rhyfeddol i *ddeor cywion* trwy wres celfyddydol.

dehori gw. DEOR[1].

dehoriad, deoriad, deoraid
1. *eg.* ll. *deoreidiau.* Nythiad neu hatsied o gywion newydd ddeor.

2. *eg.* Y weithred o ddeor, gori, eistedd ar wyau, goriad.

deorllyd *a.* Ysu am ori neu am eistedd ar wyau (am iâr, ayyb), chwannog i ori, aderyn dan y clwy gori.

deifio *be.* Yn gyffredinol, blaenlosgi bara, teisen, ayyb wrth eu crasu, neu ddilledyn wrth ei sychu o flaen tân, neu wrth ei smwddio. Ond, yn amaethyddol, effaith y tywydd, yn enwedig gwynt y dwyrain, ar gnydau, planhigion, ayyb, y gwynt rhewllyd yn *deifio* ac yn gwywo'r tyfiant. Hefyd, effaith gwres yr haf ar y borfa, yr haul, ar adeg o sychder, yn *deifio'r* borfa.
'Ma' gwynt y dwyrain 'ma'n *deifio* popeth.'

deilbridd *eg.* Hiwmws, sef mater organig megis dail coed, gwlydd, tail, ayyb, wedi pydru a dod yn rhan amlwg o gyfansoddiad pridd, mater organig wedi troi'n bridd. Bathwyd y gair gan Banel Bathu Geiriau, Urdd Graddedigion Prifysgol Cymru.
1981 Ll Phillips: HAD 32, O'u hir arfer efallai nad oes neb bellach yn cofio'u tarddiad . . . a'r gwaith caled o'u rhoi at ei gilydd. Geiriau megis ehedbridd am 'blown-soil', *deilbridd* am 'humus', erydu am 'erode' . . .
Gw. HIWMWS, LLUFADRON.

deilcawl (*dail* + *cawl*) *eg.* Math o blanhigion o dylwyth y bresych (*Brassica*) ac yn debyg i fresych a dyfir yn fwyd i ddefaid, rêp. Ar lafar yn Nyfed am rêp. Mae'r gair yn ddewis gyda'r gair rêp yn TAM 1994.
16g WLB 65, deilie bresech cawl.

deiliad
1. *eg.* ll. *deiliaid, deiliadon.* (b. *deiliades*, ll. *deiliadesau*). Un yn dal tir neu fferm am rent, tenant, un â hawl i bori ac amaethu tir trwy gytundeb a

thrwy dalu ardreth i berchennog y tir neu'r fferm.

1561 B 6 46, Na vydd di ry drwm ar dy *ddeiliaid*.
1606 E James: Hom 3 243, Y *deiliaid* goreu sydd gadarnaf a dianwadalaf mewn ufydd-dod.

2. *eg.* Gwas fferm yn byw mewn tŷ yn perthyn i'w feistr a hynny'n rhan o'i gyflog. Yn aml ceid ychydig o dir gyda'r tŷ a hwnnw fel rheol ar gwr y fferm. Gelwid y math hwn o was yn 'ddeiliad rhwym' am ei fod at alwad ei feistr ac yn gweithio iddo drwy'r flwyddyn.

3. *eg.* ll. *deiliaid.* Un sydd ag anifail crwydr yn y ddalfa neu yn y ffald, carcharwr anifeiliaid cyfeiliorn.

13g WML 85, Perchennawc yr ysgrybyl bieu talu y llwdyn a lather a'r *deilyat* a vydd rydd.
15g LHDd 34, Yn dayru rwg y *deiliad* a'r perchennawc..

4. *eg.* Amrywiad neu ffurf ar y gair *daliad,* sef stem o waith gyda cheffylau. Ar lafar yn yr ystyr hwn ym Môn.

GPC, Mae arna'i ofn ych bod yn rhoi gormod o *ddeiliad* i'r ceffyla.

Gw. DALIAD[1].

deiliadaeth
1. *eb.* ll. *deiliadaethau.* Tenantiaeth, cytundeb amodol rhwng tenant a pherchennog tir, ayyb, tenantiaeth ardrethol neu brydlesol.

1455-85 LGC 496, Gwag gwladau lydan heb *ddeiliadaeth.*

2. *eb.* Perchenogaeth, deiliadaeth rydd-ddaliadol, deiliadaeth rydd (mewn cyferbyniad i denantiaeth).

deilw *eg.* ll. *deilwau, deilwon.* Meilwng, egwyd, meinedd coes lle gynt y gosodid llyffethair (cloffrwym) ar anifail. Mae'n bosibl mai ffurf ar 'delw' yw 'deilw' gyda meinedd coes anifail yn debyg i gledren beudy, sef, 'buddelw'.

16g WLl (Geir.) 273, Deilw = egwyd, meinedd coes.

deilwair (*dail* + *gwair*) *eg.* ll. *deilweiriau.* Gwair deiliog, meillionog, gwair llawn meillion.

1674 Mos 96.51, A *deilwair* dolydd.

deintrod (*daint* + *rhod*) *eb.* ll. *deintrodau.* Olwyn gocos, olwyn ag iddi ddannedd fel ei bod yn troi olwyn arall gyfatebol.

deintur *egb.* ll. *deinturiau.* Ffram bren i ddal gwlanen ar dynn ar ôl ei phannu fel ei bod yn sychu drwyddi'n wastad.

1661 E Lewis: Drex 215, Yn ymestyn eu hunain i eithaf eu cyrraedd, fel ped fai ar y *deintur.*
1933 H Evans: CE 91, Ar ôl bod yn y cyff am nifer o oriau tynnid y brethyn neu y wlanen allan a chymerid hi a'i rhoddi i sychu ar y *dentur.*

Gw. CORN[2].

deiri *eb.* Ffurf lafar, dafodieithol ar y S. *dairy*; llaethdy, tŷ llaeth. Ceir hefyd y ffurf 'deri'. Ar lafar yn sir Benfro.

Gw. LLAETHDY.

deise gw. DAS, TAS.

deisio *be.* Gwneud pentyrrau o ŷd yn y cae llafur, stycio neu stacanu ŷd, tasu ŷd yn y cae. Ar lafar yn Nyfed.

1962 Pict. Davies: ADPN 27, Cyn dyfod oes y peiriannau nid âi dim ŷd i'r ydlan heb yn gyntaf ei *ddeisio* yn y cae.
1989 P Williams: GYG 48, Roedd cario ŷd i'w *ddeisio* yn saith gwaeth.

deisiwr *eg.* ll. *deiswyr.* Un yn dasu neu *ddeisio* ŷd. Ar lafar yn Nyfed.

1776 W, *Deisiwr* – mower, or maker of mows.
1989 P Williams: GYG 48, Roedd gofyn i'r *deiswyr* fod yn ddynion cyfrifol am fod codi tas lafur i 'ddala tewy' yn grefft.

delar, deler *eg.* ll. *delars, delers.* Porthmon, un yn prynu a gwerthu anifeiliaid, un yn delio mewn anifeiliaid. Ceir y ffurfiau 'deliwr' a 'deiler' hefyd.

18g L Hopkin: FG 75, Minnau gaf yn ddiwarafun,/I'r *delar* mwyn dalu am hyn.
1981 W H Roberts: AG 127, Rhywbeth yn debyg a ddigwyddai gyda'r gwartheg. Yr oedd y fasnach honno yn llaw'r *delars* fel y'i gelwid.

delffaidd, delffedd *a.* Cleiog, trwm (am bridd neu dir), pridd anodd ei droi a'i drin. Ar lafar ym Maldwyn.

1981 GEM 32, *Delffedd* – cleiog. Tir *delffedd* – anodd ei balu.

dellt *ell.* un. *dellten.* ll. dwbl. *delltennau, delltenni.*
1. Ffenestr rwyllog, ffenestr â choed neu fetel wedi eu gosod ar ei thraws.

1620 Barn 5.28, Mam Sisera a edrychodd trwy ffenestr ac a waeddodd trwy y *dellt*.
1725 T Baddy: CS 14, A thrwy'r *delltennau* yn ddios/Mae yn ymddangos inni.

2. Ysgafell, silff, lle i roi rhywbeth o'i law mewn stabal, beudy, sgubor neu unrhyw adeilad arall, *dellt* ffenestr – sgafell ffenestr.

1775 W, *Dellt* – a ledge.

3. Croen neu blisgyn pren collen at glymu ysgubelli ac at wneud basgedi. Ar lafar ym Morgannwg.
Gw. B 16, 97 a GPC.

dellt ceffyl *eb.* Chwip ceffyl. Ar lafar yn Nantgarw. (GPC)

dellten *eb.* ll. *delltennau, delltenni.* Gaing, cŷn, lletem (S. *wedge*) a roir i sicrhau colsiant y llafn wrth fôn coes pladur, neu i sicrhau'r cwlltwr yn ei fortais ar arnodd yr aradr geffyl.

dellteniad *eg.* Y weithred o ddelltio.
Gw. DELLTIO.

delltennog *a.* Wedi eu delltennu neu eu hollti'n ysgyrion (am goed a cherrig); wedi eu ffurfio o haenau (am gerrig).

1794 P, *Delltenawg* – laminated, flaky, splintered, latticed. Cerrig *delltenawg* – flaky stones.

delltio, delltennu, delltu *be.* Gosod dellt ar draws ffenestr, cledru, eisio; plethu dellt neu wiail yn fasgedi, ayyb; plisgio neu bilio'n haenau neu'n fflochennau

1722 Llst 189, *Delltennu* – to split, splinter.

delltu gw. DELLTIO.

delltwr *eg.* ll. *delltwyr.* Un yn hollti, holltwr, ysgyriwr.

delltyn *egb.* Delltlestr, llestr, megis basged neu gawell, wedi eu delltu, sef eu plethu o wiail.

dent *eg.* ll. *dentau.* Gair o'r un bôn â dant, e.e. dant crib at gribo gwlân (S. *dent*).

dentur gw. DEINTUR.

deor, dehori, deori
1. *be.* Dwyn cyw allan o ŵy, eistedd ar wyau i bwrpas eu deor (am adar). Amrywia cyfnod y deor o aderyn i aderyn: wyau gwyddau – 29-31 diwrnod; wyau hwyaid – 28 diwrnod; wyau ieir – 21 diwrnod; wyau tyrcwn – 28 diwrnod.
1620 Es 34.15, Yno y nytha y dylluan, ac y dodwa, ac y *dëora.*
1620 Jer 17.11, fel pettris yn eistedd ac heb *ddeor.*
Ffig. Cynhyrchu syniadau, cynlluniau, ayyb.
1658 R Vaughan: PS 375, Cynnwys hwynt (meddyliau) a hwy a *ddeorant,* ant yn bluog.
'Mae'r pensaer wedi *deor* cynllun da o'r diwedd.'

2. *be.* Tynnu ffa a phys, ayyb o'u callod (codau, mashgal), *deor* ffa, *deor* pys, ayyb at eu bwyta. Ar lafar ym Môn ac Arfon.
1794 P, *Deor* – deor ffa – to shell beans.

deordy gw. DEORFA, DEHORFA.

deorif *eg.* Nythiad o wyau neu hefyd nythiad (deoriad, hatsied) o gywion wedi eu deor.

deorydd *eg.* ll. *deoryddion.* Dyfais neu aparatws at ddeor cywion o wyau drwy ddarparu gwres artiffisial 37.2°C (99°F), a'i gadw felly'n gyson drwy gydol cyfnod y deoriad ag eithro'r ddau ddiwrnod olaf pan ostyngir y gwres i 36.1°C (97°F). Ceir amrywiaeth o ddeoryddion o rai'n dal 50-100 o wyau hyd at rai mawr yn dal 80,000, sef y math a ddefnyddir mewn deorfeydd mawr.
Gw. DEORFA.

dera, y ddera *eb.* Math o afiechyd sy'n peri'r bendro neu fadrondod ym mhen ceffyl, ayyb, y gysb, y bendro, penddaredd. Roedd yr hen gyfreithiau wedi darparu ar gyfer achos o'r *ddera.*
13g WML 72, Y neb a wertho eidon yn gyfreithawl, bit y danaw rac y *dera* tridieu.
1632 D, *Dera* – rhyw glefyd pen ar feirch neu foch.
Gw. DERA'R BORFA.

dera'r borfa *egb.* Math o afiechyd anifeiliaid sy'n peri madrondod yn eu pennau, y gysb, penddaredd, y gipys (Penfro), clwy'r borfa, y ddera (*Hypomagnesaemia*). Achosir yr afiechyd gan ddiffyg magnesiwm yn y gwaed. Digwydd yn aml wedi troi'r anifeiliaid allan yn y gwanwyn i borfa ffres, wedi iddyn nhw fod i mewn drwy'r gaeaf. Yr unig ateb yw gofalu am ddigon o fagnesiwm yn y bwyd neu'r dŵr, neu, erbyn hyn, yn y ffurf o dabledi (S. *Staggers disease*). Roedd yr hen gyfreithiau yn amlwg wedi darparu ar gyfer achosion o *ddera'r borfa*. Cyfyd y cwestiwn, fodd bynnag, ai yr un afiechyd oedd y 'ddera' yn y 13g â heddiw, gan fod a wnelo'r afiechyd â phorfa newydd, ffres. Gw. y dyfyniad isod.

13g WML 72, Y neb a wertho eidion yn gyfreithawl, bit y danaw rac *y dera* tridieu.
1632 D, *Dera* – rhyw glefyd pen ar feirch neu foch.
Gw. DERA, Y DDERA.

derbyn *be.* Gynt, y gwaith o gymryd y fforcheidiau gwair neu'r ysgubau ŷd a deflid o'r llwyth i'r das a'u cyrraedd neu eu taflu i'r taswr. Hefyd 'derbyn' yr ysgubau a deflid o'r das ŷd i ben y dyrnwr a'u hestyn i'r sawl fyddai'n torri llinyn y sgubau. Yn ei gysylltiadau amaethyddol byddai'r gair *derbyn* yn golygu 'derbyn' ar ben y das neu ar ben y dyrnwr. Fyddai dim angen dweud 'derbyn beth'. Ar lafar yn lled gyffredinol.

'Roedd y das wedi mynd yn uchel. Mi gefais bnawn calad o *dderbyn* heddiw.'
1969 D Parry-Jones: Nod. i AWC, Roedd pedwar neu bump ar ben y rhic, ac yn *derbyn* y gwair yn eu gwahanol rannau . . .

derbyniad
1. *eg.* ll. *derbyniadau*. Y ddyfais i dderbyn tafod y glicied a'r clo ar bostyn drws neu ar gilbost giât pan fônt ynghau, yn aml y twll pwrpasol mewn pentan adwy neu gilbost i dderbyn bollt y giât neu'r ddôr. Hefyd, mewn rhai ardaloedd, bwcl neu waeg tordres ceffyl.

2. *eg.* Y twll mewn aerwy bren i dderbyn yr wden neu'r wialen gollen fyddai gynt yn ffurfio math o glo ar yr aerwy.

Derbyshire Gritstone *eg.* Brîd caled o ddefaid tir uchel, wyneb brych (du a gwyn), cnu o ansawdd da, ac yn wreiddiol o'r Peak District yn Lloegr.

dergoed gw. DERWGOED.

deri gw. LLAETHDY, TŶ LLAETH (S. *Dairy*).

derwgoed *ell.* ac *etf.* un. *derwgoeden*. Llwyn neu goedwig fechan o dderi (coed derw). Ceir y gair yn enw ar fferm ym mhlwyf Llandderfel ger y Bala.

1480 Huw Cae Llwyd: Gwaith 78, Mae'r *derwgoed* ym mro Dairgwent/Yn bwrw ffrwyth yn braff ar Went.
Ffig. Dynion neu wŷr cadarn, diysgog.
1522-1602 Sion Tudur: Cywydd moliant Sion Salsbri o'r Rhug, *Derwen* braff gadarn ei brig,/Draw y'th welwyd wrth helyg.
1620 Amos 2.9, Ac efe oedd gryf fel *derw*.

derwlwyn gw. DERWGOED.

derwreinyn, derwreinen *egb.* ll. *derwraint*. Afiechyd croen heintus ar anifail a dyn, yn enwedig ar loi a dynewaid, ac yn ymddangos yn gylchoedd crachaidd o ryw fodfedd ar eu traws. Yr hen syniad oedd mai pryf bychan iawn oedd yn achosi'r afiechyd, sef y 'derweinyn', neu ar lafar, 'y gwreinyn'. Ceir cyfeiriad at fychander y pryf bychan tybiedig yn y dywediad: 'Gweld y gwreinyn yn y gwrych' – disgrifiad o rywun llygadog a chraff. Ond mae'n ymddangos mai nid pryf sy'n achosi'r afiechyd ond yn hytrach ffwng – *Trichophyton verrucosum*. Ceir sawl ffurf ar yr enw o ranbarth i ranbarth yng Nghymru, – ffurfiau llafar a thafodieithol yn aml. Clywir 'derwinan', 'dyrweinan', 'drwinan', 'drywinod', 'trywingan' (Llŷn), 'rhwden', 'rwten' (Sir Benfro), 'darwden' (dyffryn Aeron), 'darwyden', 'tarwden', 'dartwan' (ar draws y De). Ym Môn yr enw yw 'y grwn' neu 'y gron' – cyfeiriad at ffurf y crachod ar y croen (cf. y S. *ring-worm*).

detholiad *eg*. ll. *detholiadau, detholion*. Dewisiad o anifeiliaid a phlanhigion i bwrpas bridio, ar sail rhyw nodwedd benodol a dymunol. Ceir '*Detholiad* Genoptig', '*Detholiad* Llinachol' a '*Detholiad* Ffenoptig'.

deuad *gw*. COWLAS, CWPL³, DUAD, GOLAU.

deuben *eg*. Pâr, gwedd (am geffylau), deulun (Môn), deuben o 'ffyle (Maldwyn).
Gw. DEULUN, GWEDD.

deucorn, deucorniog *gw*. DEUGORN.

deuddiben (*dau + diben*) *a*. At ddau bwrpas, yn ateb dau bwrpas neu'n addas at fwy nag un diben (am fridiau o anifeiliaid a dofednod), e.e. gwartheg a gedwir am eu llaeth ac am eu cig, ffowls a gedwir am eu wyau ac am eu cig.

deuddwrn (*dau + dwrn* [carn]) *eg*. ac *a*. Â dau ddwrn neu â dau gorn (am efryn, offeryn, ayyb), e.e. y bladur a'r aradr, sef offer y mae'n rhaid wrth y ddwy law i'w trafod a'u defnyddio, dau ddwrn y bladur, dau gorn yr aradr.

deufin (*dau + min*) *a*. Unrhyw offeryn neu erfyn y mae iddo fin y ddwy ochr i'r llafn, megis llafnau cyllell peiriant lladd gwair a yrrir ar gyflymder mawr rhwng bysedd (ffingars) y bwrdd neu'r bar.

deugorn, deucorn (*dau + corn*) *eg*. ac *a*. Â dau gorn (am anifail neu offeryn amaethyddol) megis hwrdd, tarw, aradr, pladur.
1620 Dan 8.3, Ac wele ryw hwrdd . . . a *deugorn* iddo.
1722 Llst 189, Rhwng *deucorn* yr aradr.
(*a*.) 1620 Dan 8.6, Ac efe a ddaeth hyd at yr hwrdd *deugorn* (deugorniog, deucorniog).

deulaeth (*dau + llaeth*) *eg*. ac *a*. Dau fath o laeth yn gymysg â'i gilydd, yn enwedig llaeth ffres neu lefrith yn gymysg â llaeth enwyn, cymysgedd o ddau laeth. Sonnid gynt am 'lastwr *deulaeth*' ac am 'bosel *deulaeth*'.
1750 LlM 17, Cymer bosel *deulaeth*.
1753 Gron 191, Yn iach weithian i lefrith a phosel *deulaeth*.

deulin *gw*. DEULUN.

deulun (*dau* + *llun*) *eg.* ac *a.* Dau o'r un peth, pâr o geffylau, gwedd o geffylau, deupen o geffylau (Maldwyn), *deulun* o geffylau (Môn). Ceir hefyd y ffurf 'deulin'.
1794 E Jones: CP 88, Menn *deulun* o geffylau ac un dyn.
Gw. DEUPEN, GWEDD.

deuoedd *ell.* Gair cyffredin amaethwyr am efeilliaid yn nhymor wyna, mewn cyferbyniad i unoen.
'Mae yma beth wmbredd o *ddeuoedd* 'leni, ac ma' nhw'n magu'n iawn.'

deupen *ell.* ac *eb.* Pâr o geffylau, gwedd o geffylau, deulun o geffylau. Ym Maldwyn clywir '*deupen* o 'ffyle' (GEM 32, 1981).
1955 Llwyd o'r Bryn: YP 107-8, A oes olygfa harddach na *deupen* o geffylau porthiannus wedi diwrnod caled o droi, yn chwarae'n braf, pan fo gobaith mansiar o'u blaen.
Gw. DEULUN, GWEDD.

Devon *ep.* Brîd o wartheg deuddiben yn wreiddiol ond a ystyrir bellach fel gwartheg biff. Maent yn gymharol fach o ran maint ac o liw coch llachar. Fe'u ceir fwyaf yn Nyfnaint yn ne-orllewin Lloegr.

Devon Closewool *ep.* Brîd o ddefaid canolig o faint ac yn gynnyrch croesfridio Devon Longwool ac Exmoor Horn. Fe'i nodweddir gan wyneb gwyn, gwyn. Mae eu cnu yn drwchus ac yn ganolig o ran ei hyd.

Devon Longwool *ep.* Brîd o ddefaid gwlanog, y gwlân yn hir a'r cnu yn drwm ac o ansawdd da a'r ŵyn gyda gwlân mân, gwyn. Y brîd hwn bellach yw'r brîd 'Devon and Cornwall Longwool' ar ôl ei ymuno â'r brîd South Devon.

diadell, diadall *eb.* ll. *diadelloedd, diadellydd, diadellau, diedyll*. Haid o anifeiliaid (ac adar) o'r un rhywogaeth gyda'i gilydd, yn enwedig defaid; praidd, gyr, haid, rhawd, parri. Yn arferol am '*ddiadell* o ddefaid' y soniwn, er y ceir '*diadell* o eifr' a '*diadell* o wyddau'. Amr. 'diadall'.
1620 Jer 6.3, Ati hi y daw y bugeiliaid a'u *diadellau*.
1756 Gron 16, O mor dirion, y Fôn fau,/Dillad dy *ddiadellau*.
1964 T Richards: CDEE, Hel a didol *diadell*/Yw camp hwn yn y cwm pell. (Ci defaid.)
1988 Gen 29.2, Gwelodd bydew yn y maes a thair *diadell* o ddefaid yn gorwedd wrtho.
Ffig. Eglwys neu gymdeithas o Gristnogion dan ofal bugail.
'Ma'r *ddiadall* wedi mynd yn fach iawn yn Seion acw.'
Diar. 'Mae llwdn du ym mhob *diadell*' – dafad ddu ym mhob teulu.

diadellog
1. *a.* Drwy reddf, yr haid anifeiliaid yn ymgasglu'n ddiadell neu'n fintai.
2. *a.* Yn meddu llawer o ddefaid, yn berchen defaid lawer.
'Ma' John y ffermwr mwya' *diadellog* yn y Sir i gyd.'

diadellu
1. *be.* Hel at ei gilydd, heidio, ymgasglu'n haid (ohonynt eu hunain, am ddefaid, ayyb).
2. *be.* Hel defaid, casglu defaid at ei gilydd, corlannu neu locio defaid.

3. *be.* Stocio tir neu fferm ag anifeiliaid, yn enwedig defaid.

diadellwr *eg.* ll. *diadellwyr.* Un yn gofalu am anifeiliaid, yn enwedig defaid, bugail defaid, heusor.
Gw. BUGAIL, HEUSOR.

diarffordd (*di* + *arffordd*) *a.* Pell o bobman, anhygyrch, anghysbell, o'r neilltu, dinad-man.
1488-9 B 4 196, Lle *diarffordd* kyfrinachol.
1704 E Samuel· BA 13, F'au gwahoddodd hwynt i le anial *diarffordd* o'r nailltu.
1766 CD 33, Mewn tywyllgoed *diarffordd*.

diarlloes (*di* + *arlloes*) *a.* Cyfan, difwlch, diadwy, clos yn ei gilydd, yn enwedig am wrych, perth, sietin, er, yn anamlach, am bethau eraill hefyd.

diasgellu (*di* + *asgellu*) *be.* Pluo adain aderyn, plycio asgell, tocio asgell, neu dorri asgell.

dibenwast (*di* + llygriad o *penffestr*) gw. DIFFRWYN.

dibl, dible *eg.* ll. *diblau.* Yn gyffredinol, ymyl, godre neu gwr (dilledyn). Yn amaethyddol ôl baw neu laid ar odrau côt neu drowsus (Arfon – gw. WVBD 531), cudyn gwlyb, budr o wlân dan fol dafad (Rhyd-y-main), tu allan neu grwst mwdwl o wair wedi gwlychu gan gawod neu wlith (Penllyn). Ar lafar yng Ngwynedd clywir y ffurfiau 'tibil' a ll. 'tibla'.
GPC, Odd i drowsus yn *ddibla* o faw.
GPC, Gad i mi fynd ar y blaen i dynnu'r *dible* gan iddi wlitho mor drwm (Penllyn).

dible gw. DIBL.

diblisgwr *eg.* Peiriant symudol, yn gweithio'n debyg i beiriant dyrnu, a ddefnyddir i wahanu'r had o bennau'r meillion, ayyb (S. *huller*).

diblo
1. *be.* Caglu, maeddu'r pen ôl a'r gynffon (am anifeiliaid, yn enwedig defaid); caglu godre trowsus, ayyb â llaid neu â thail, difwyno â chagl. Ar lafar yn y gogledd yn y ffurf 'tiblo' (gw. WVBD 531). Yn ardal Abergeirw, Dolgellau, dywedir fod dafad wedi *tiblo* pan fo gwlân y tor wedi baeddu.
1675 R Jones: HCh 54, Megis y mae siaced laes neu gôt hir mewn mwy perygl o *ddiblo*, nag un gwtta.

2. *be.* Gosod had yn y ddaear mewn rhesi (rhychau), drwy dyllu ar eu cyfer ag offeryn pwrpasol, a'u gosod yn y tyllau â bys a bawd. Plannu neu hau had drwy *ddiblo* yn hytrach na thrwy ddrilio, bodio had i'r pridd.
1975 I C Peate: DGC 116, Gellir hau mewn tair ffordd: taenu ar led (â'r llaw fel rheol), plannu neu *ddiblo*, a drilio.

diblog
1. *a.* Yn fudr (brwnt) gan ddiblau (caglau), caglog (am wlân dafad, godre trowsus, ayyb).

2. *a*. Yn baeddu neu wlychu, wedi ei ddifwyno, yn wlyb. Ym Meirion sonnir am 'dywydd diblog', sef gwlithlaw trwm, ac am 'lwybr diblog' pan fo gwlith neu ddafnau manlaw yn drwm ar y borfa oddeutu iddo. Gw. GPC.

dibr *eg*. Cyfrwy, gobell, ystarn.
Gw. CYFRWY, GOBELL, YSTARN.

dical, dicial gw. TICAL.

dico-dico, jico (S. *chick*) Gair neu sŵn i alw ieir at eu bwyd ayyb. Ar lafar yn y de. Yn y gogledd clywir *tsic-tsic-tsic*, ac yng Ngheredigion, *Jic-Jic* ayyb. Yn iaith plant ceir *Jicos* hefyd.
1996 Cofio Leslie Richards 17, I alw ffowls y gair fydde *Dîc, dîc, dîc, dîc*, – Dic hir a phwyslais arno fe i ddechre, ac wedyn faint fynnoch chi o 'dics' bach clou ar 'i ôl e.

diciâe Ffurf ar 'dicâu' (ticâu). Ar lafar ym Maldwyn.
Gw. TICÂU.

dichlynnu *be*. Yn gyffredinol, dethol, dewis, didol, pigo, graddio, dosbarthu. Yn amaethyddol didol defaid, ŵyn ayyb, dethol neu raddio defaid ac ŵyn; graddio neu bigo tatws yn datws bwyta, tatws plannu, tatws mân neu datws moch. Ar lafar yng Ngheredigion a Dyfed clywir peth fel hyn: 'gwaith deir (araf) yw *dichlyn* tato' (GPC). Cawn hefyd y cyfuniadau '*dichlyn* ffordd' – gwylio pa ffordd i'w chymryd, dewis ffordd; a 'mynd ar *ddichlyn*' – dewis a phigo (GPC).

dichwant *eg*. Swch neu flaen aradr wedi ei ogwyddo i dorri cwys ddyfnach a lletach. Dyma'r ystyr sydd i'r gair yn sir Ddinbych. Ym Môn ceir 'chwant' a 'dichwant', y naill am gŵys ddyfnach neu letach a'r llall am gŵys fasach neu gulach. Yn sir Ddinbych dywedid: 'rhaid rhoi mwy o *ddichwant*, ond ym Môn: 'rhaid rhoi mwy o *chwant*' i olygu'r un peth.
1794 P, *chwant* a *dichwant*, inclination and declination, terms applied to the regulating of the plough.
Gw. CHWANNOG, CHWANT.

did, diden *eb*. ll. *didau, didiau*. Teth anifail neu flaen teth anifail. Hefyd, yn amlach, y deth wneud neu deth lwgu neu'r ddymi. Y 'diti' neu'r 'didi' i roi llaeth i anifail (oen, llo, mochyn) pan fo angen am hynny lle nad oes gan y fam ddigon o laeth neu'n dioddef o ryw afiechyd neu wedi marw. Ceir hefyd y ffurfiau 'diteu', 'ditau'. Ar lafar yn gyffredinol.

diden gw. DID.

didi, diti gw. DID.

didol
1. *a*. Detholedig, y gorau ar ôl eu didol, dichlynedig (am unrhyw bethau, yn enwedig am anifeiliaid a dofednod).
16g Morus Dwyfrech: Gwaith 127, *Didol* un heb dŷ ydwyf,/Dan y sawd oer dyn sied wyf.
'Mae'r cratsiad ŵyn 'na'n edrych yn rhai *didol* iawn.'

48

2. *be.* Gwahanu'r gwych oddi wrth y gwachul, dosbarthu, graddoli (am anifeiliaid, tatws, ayyb), dichlynu.

1620 Gen 30.40, Yna Jacob a *ddidolodd* yr ŵyn.
1964 T Richards: CDEE, Hel a *didol* diadell,/Yw camp hwn yn y cwm pell. (Ci defaid.)
Ffig. Dosbarthu pobl neu bethau cwbl haniaethol, megis syniadau, meddyliau ayyb.
1620 Es 56.3, Yr Arglwydd gan *ddidoli* a'm *didolodd* oddi wrth ei bobl.

didolbori *be.* Dull o bori sy'n caniatáu i ŵyn fynd i bori i ddarn o dir y naill ai o flaen eu mamau, neu drwy atal y mamau'n gyfangwbl.

didolborthi *be.* Bwydo anifeiliaid ifainc (ŵyn, moch, lloi) â bwyd neu â dwysfwyd o werth maethynol uchel, mewn cratiau rhwyllog lle gall yr epil fynd ond nid y fam, bwydo drwy gyfrwng didolborthwr. Gw. DIDOLBORTHWR.

didolborthwr *eg.* Hyrdlen, ffens rwyllog neu grats rhwyllog, a'r gwagle rhwng eu ffyn yn ddigon mawr i anifail ifanc fynd drwodd, ond nid ei fam, fel bod yr anifail ifanc yn cael chwarae teg i fwyta bwyd o werth maethynol arbennig a osodir ar ei gyfer. Gw. DIDOLBORTHI.

didoledig *a.* Wedi eu didoli, wedi eu dosbarthu, wedi eu gwahanu (am anifeiliaid ayyb). Gw. DIDOL².

didoliad *eg.* ll. *didoliadau.* Y weithred o ddidoli, y dosbarthiad, y gwahaniad.
1903 O M Edwards (gol.): B.B. (1700-50) 23, *Didoliad* rhwng dau deulu.

didolydd tatws *eg.* Peiriant codi tatws sy'n didoli neu'n dosbarthu'r tatws yn ôl eu maint wrth eu codi.

didon
1. *a.* Wedi ei ddidonni neu wedi ei ddigroeni, wedi tynnu'r croen (am dir wrth ei lanhau neu wrth dorri mawn), didonedig, wedi ei fatingo.

2. *eb.* Y dywarchen a dynnir oddi ar wyneb y tir wrth ei ddidonni i bwrpas ei lanhau neu i bwrpas lladd mawn, tafell uchaf y tir, bating.
1700 E Lhuyd: Par 1 82, *Didon* yw'r Dywarchen ycha wrth Ladd mawn.

didonennu gw. DIDONNI.

didonni *be.* Digroeni (tir), batingo, betingo, blingo tir, tynnu'r dywarchen uchaf oddi ar wyneb y tir i'w losgi'n wrtaith neu i glirio mawnog i bwrpas lladd mawn. Gwneid hyn â'r haearn didonni neu'r haearn gwthio. Ym Meirionnydd ceir y gair yn y ffurf 'donni'.
1800 W O Pughe: CP 19, Yr holl dir wedi ei *ddidonni* ac ei losgi.
1928 G Roberts: AA 2, Yr oedd rhannau helaeth o diroedd cyffredin neu gomins . . . wedi cael eu dwyn dan driniaeth tua dechrau'r ganrif (19g) drwy gael eu *didonni* eu llosgi, a'u calchu.

1975 W J Thomas: CM 31, Dechreuid gyda'r haearn *didonni*, – math ar gyllell a ddefnyddid i dorri'r dywarchen ryw dair neu bedair modfedd o drwch.
Gw. HAEARN DIDONNI, HAEARN GWTHIO.

didonnwr *eg.* ll. *didonnwyr.* Erfyn a ddefnyddid gynt i ddidonni tir, haearn didonni, haearn gwthio, aradr frest.
Gw. HAEARN DIDONNI, HAEARN GWTHIO.

didoreth
1. *a.* Meddal, anodd ei drin, anodd gwneud dim ohono (am fenyn meddal ar dywydd tesog), anodd ei ffurfio'n bwysi. Ar lafar ym Mhenllyn.

2. *a.* Di-sut, lletchwith, anabl i drefnu gwaith; hefyd anwadal, gwirion, afradus, gwastraffus. Yng Ngheredigion clywir 'menyw *ddidoreth*' – un wirion, anwadal. Gw. GPC.

didoriad *a.* Gwyllt, heb ei ddofi, heb ei dorri i mewn, (yn enwedig am geffyl), anhydrin, anystywallt, afreolus, gwrthod y byt (Môn).
1740 L Annwyl: CA 102, Ebolion gwylltion a *didoriad.*
1778 J Hughes: BB 226, Nid gwiw gyrru ôg nag arad,/I dir *didoriad* difudd dyfiad.
Ffig. Ambell i lencyn neu lodes ifanc afreolus a gwyllt.
'Ma hi'n llances *ddidoriad* iawn yn ôl pob hanes.'

didwf, didyfu *a.* Tyfiant yn araf (am y ddaear, porfa), y ddaear yn ddidwf, dim twf yn y ddaear.
1982 R J Evans: LlFf 31, Petaem yn gallu, fe gadwem y cwbl i'w pesgi dros yr haf, ond mae'n mynd yn drech na ni ar dro, yn enwedig pan fo hi'n *ddidyfu* yn y gwanwyn.

diddanu *be.* Adfywio tir, ffrwythloni tir, dyfrio tir, rhoi calon mewn tir.
1667 C Edwards: FfDd 80, Ordeiniodd (Duw) bibellau i ddwyn dwfr o'r môr i *ddiddanu*'r tir.

diddosi
1. *eg.* Yn amaethyddol diogelu (tas, mwdwl, ayyb) rhag y tywydd, cau pen y mwdwl, cau pen y das. Yn aml, rhoi nithlen neu garthen dros y das rhag iddi wlychu, diddosi'r das.

2. *be.* Dwyn i ddiddosrwydd neu i gyfarchwyl (gwair, ŷd, ayyb), cywain llafur i'r ydlan, cario'r gwair i'r gadlas.
1683 T Jones: Alm 23, Na esgeulused neb gynill a *diddosi* mwya ag allo oi ŷd.

diddosrwydd *eg.* Diogelwch, cyfarchwyl, cyflwr diddos, diogel, diogelwch rhag y tywydd (yn enwedig gwair, ŷd, anifeiliaid). Cael y cynhaeaf i ddiddosrwydd yw ei gael i'r gadlas, yr ydlan, y tŷ gwair.
1620 Job: 24.8, Ac o eisieu *diddosrwydd*, y cofleidiant graig.

diddwyn, diddwn gw. DIDDYFNU.

diddyfnu *(di* + *dyfnu* [sugno]) *be.* Tynnu llo, ebol neu oen oddi wrth ei fam, anghynefino epil â sugno llaeth ei fam, ei wahanu a'i rwystro i sugno wedi iddo gyrraedd oed priodol. Clywir hefyd y ffurfiau 'diddwn' – 'diddwn plentyn', 'diddwn llo' (Morgannwg); 'dyfnu' (Môn) a 'diddymu' (Meirionnydd).

'Rhaid inni *ddiddyfnu*'r ŵyn y cyfle cyntaf.'
Ffig. Amddifadu neu ddifuddio o rywbeth.
1588 Preg 4.8, I bwy yr wyf yn llafurio ac yn *diddyfnu* fy enaid oddi wrth hyfrydwch.
1676 W Jones: GB 55, *Diddyfnu* y meddwyn oddi wrth y dafarn.
Dywed. 'Anodd *diddyfnu* yr hen' – anodd rhoi'r gorau i hen arferiad (Cf. 'Anodd tynnu cast o hen geffyl').

dieithr, diarth *a.* Estron, perthyn i rywun arall (am anifeiliaid) yn enwedig defaid), defaid *diarth* yng nghanol y ddiadell.
'Mae 'na bedair dafad *ddiarth* yng nghanol y rhain.'

Dieldrin *eg.* Pryfleiddiad neu blaleiddiad dengwaith cryfach na DDT; Hydrocarbon Clorinedig sy'n arbennig o wenwynig i adar a physgod. Gwaharddwyd ei ddefnyddio mewn trochdrwyth (dip) defaid yn 1966, ac fel triniaeth i wenith yn 1975. Fe'i cyfyngir bellach i amgylchiadau penodedig lle nad oes dim arall a wna'r tro.

dien
1. *a.* Teg, hardd, ir, ffres, tirf (am borfa).
1455-85 LGC 321, Dan lwyn mewn *dien* lannerch.

2. *eg.* Glaswellt, gwair, porfa, tyfiant ir a ffres.
14-15g B 1, 299-300, Fflwr-di-lis medd llyfr dilis da,/Fal *dien* a flodeua.

difa *be.* Lladd chwyn, parasitiaid, pryfed, pla, ayyb. Sonnir am '*ddifa* cwningod', '*difa* llwynogod', '*difa* llygod', '*difa* chwyn', ayyb.

difalc, di-falc *a.* Cwysi neu dir âr heb doriadau neu heb falciau, cae âr gwastad didoriadau.
Ffig. Rhywun heb fai neu ddiffyg amlwg, rhywun cyflawn.
1587 E Prys: Gwaith 22, Cerddor gwiw, cu arddwr gwawd,/Cŵyraidd *difalc*, cerdd dafawd.
Gw. BALC, MALC.

difasglu *be.* Deor, disbeinio, diblisgio (ffa, pys). Ar lafar ym Morgannwg yn y ffurf *diflasglu* – '*diflasgu*'r ffa', '*diflasgu* pys'.

difîn (*di* [neg.] + *min*) *a.* Pŵl, di-awch, heb fin, am offer ac erfynau yn dibynnu ar eu min i fod yn effeithlon, – cryman, pladur, cyllell wair, cyllell peiriant lladd gwair, swch, cwlltwr, ayyb.
'Ma'r cryman ma'n *ddi-fin* sobor.'

difitin, difetin *eg.* Tywyrch wedi eu didonni a'u llosgi. Ar lafar ym Morgannwg: 'llosgi *difitin*', 'tynnu *difitin*'. Hefyd mewn enwau caeau: 'Cae *Difeting*', ayyb.

diflith (*di* [neg.] + *blith* [llaeth]) *a.* Di-laeth, hysb, hesb (am fuwch) neu am fod heb fuwch odro neu fuwch flith. Ar lafar yn Nyfed ceir 'tethe *diflith*' am y tethau bach y tu ôl i bwrs buwch nad oes llaeth ynddyn nhw, 'tethau difli' (Dyfed).

diffaith (*di* + *ffaeth* [ffrwyth]) *a.* Gwyllt, heb ei ddiwyllio, heb ei drin (am dir), tir *diffaith*, tir llawn mieri a thyfiant gwyllt, dryslwyn ayyb. Ar lafar yn gyffredinol.

51

1620 Luc 4.42, Efe a aeth allan ac a gychwynodd i le *diffaeth*.
1700 E Lhuyd: Par 1, 58, Creigiau *diffaeth* uwchben y môr.

diffeithlwyn (*diffaith* + *llwyn*) *eg*. ll. *diffeithlwyni*. Prysglwyn, dryslwyn, lle llawn drain, mieri a thyfiant gwyllt.
14g GDG 74, Deholwraig, arfynaig fwyn,/Da ffithlen (offeryn cerdd) mewn *diffeithlwyn* (am yr eos).

diffeithlyd *a*. Llwm, diffrwyth, didyfiant (am dir).

differyn *eg*. Y ddyfais ar dractor neu gar, ayyb, sy'n galluogi'r ddwy olwyn ôl i droi ar raddfa wahanol ar droadau neu gorneli gyda'r pwrpas o gadw'r cerbyd rhag llithro neu sgidio, gwahaniaethydd (S. *differential*). *Differyn* a rydd TA (R J Edwards) 1991 ond ceir *differyn* a 'gwahaniaethydd' gan GT 1973.

diffrwyn, di-ffrwyn *a*. Heb ffrwyn, heb reolaeth, penrhydd (am geffyl), afreolus, anystywallt.
Ffig. Pobl a phlant anystywallt, aflywodraethus.
1800 W Richards: PA 2, 11, Bechgyn difwgl (*diffrwyn*, dibenwast).

diffrwyno *be*. Tynnu ffrwyn ceffyl, datffrwyno, gollwng ceffyl yn rhydd o'i ffrwyn neu o'i benffyst; dadwisgo neu ddadharneisio ceffyl, tynnu gêr neu harnais ceffyl oddi arno.

diffrwyth, di-ffrwyth *a*. Anffrwythlon, diffaith, anghynhyrchiol, anhoreithiog, dignwd (am dir, planhigion, ayyb).
1620 Salm 107.34, Efe a wna . . . a thir ffrwythlawn yn *ddiffrwyth*.
Ffig. Cyflwr eneidiol neu ysbrydol diffaith.
1620 2 Pedr 1.8, Y maent yn peri na byddoch na segur, na *diffrwyth* yng ngwybodaeth ein Harglwydd Iesu Grist.

diffrwythdir *eg*. ll. *diffrwythdiroedd*. Tir digynnyrch, anffrwythlon, dignwd.
Gw. DIFFRWYTH.

difftheria lloi *eg*. Afiechyd heintus difrifol pan geir pilen yn casglu yn nhagell anifail megis llo.

diffwys
1. *eg*. ll. *diffwysau, diffwysydd, diffwysoedd*. Llechwedd serth, ochr neu lethr mynydd serth, gwaered, clogwyn, dibyn. Ym Meirionnydd cawn 'y *Diffwys*' yn enw ar fynydd ger Blaenau Ffestiniog ac yn enw ar graig uchel uwchben Llanaber, y Bermo.
13g WM 180 18-19, Kymeu a welei a *diffwys* a cherric uchel.

2. *eg*. Tir garw, diffaith, diffrwyth.
13g HGC 144, elltydd a *diffwysseu* a chorsydd.

3. *eg*. Agendor, hollt, daeardor.
1631 O Thomas: CC 60, Descyn ir *diffwys*.

4. *eg.* Glaw trwm, curin, tywalltiad anarferol drwm o law, *diffwys* o law. Ar lafar ym Môn.
'Ma' hi'n *ddiffwys.*'

diffwyster *eg.* Tywalltiad trwm o law, curin o law, glaw fel o grwc.
16g LLEG Mos 158, 595a, Pan ddelai *diffwyster* o law i'r llawr.

diffyg *eg.* ll. *diffygion, diffygiau.* Prinder unrhyw beth angenrheidiol (am y tir a'r anifeiliaid); '*diffyg* calch', '*diffyg* potas' (tir); '*diffyg* calsiwm', '*diffyg* fitaminau' (anifeiliaid), e.e. achosir dihoenedd mewn defaid a gwartheg gan *ddiffyg* cobalt yn y borfa.

diffyg calsiwm Prinder neu ddiffyg calsiwm yn ffrydlif gwaed anifeiliaid. Yn achos buchod godro (a defaid) mae'n gallu achosi'r clwy llaeth.
Gw. CALSIWM.

diffyg cobalt Diffyg sy'n arwain i ddiffyg fitamin B12. Mae gofyn i anifeiliaid cnoi cil (cilfilod) gael digon o gobalt fel bod y meicrobau yn y boten fawr (rwmen) yn syntheseiddio'r fitamin B12. Gellir ei roi i'r anifeiliaid drwy gyfrwng y borfa neu drwy ddosio'r anifail. Gellir hefyd yrru bolsen o gobalt i'r boten fawr lle mae'n araf fwydo'r cyfansoddiad â chobalt.

diffyg copr Diffyg elfen sy'n hollbwysig i famogiaid yn enwedig defaid cyfoen, rhag i'r oen ddioddef o ddiffyg datblygiad yn ei system nerfol ac i hynny beri'r dindro (cefn gwan, sigl y cefn (S. *sway-back*).
1984 John Bryn Owen: *Defaid* 89, Lle mae'r clefyd yn digwydd, gellir cynnwys *copr* gyda'r gwrtaith ar y tir neu gellir chwistrellu *copr* i'r famog yn ystod ei beichiogrwydd er mwyn ei reoli.

diffyg lleithder pridd Pridd sych nad yw'n medru cadw lleithder.

diffyg nitrogen Prinder nitrogen yn y tir lle mae prinder mater organig a hynny i'w weld yn amlwg yn eiddilwch tyfiant planhigion, yn enwedig gwair, ŷd, cêl a bresych.
Gw. NITROGEN.

digaglu *be.* Symud caglau, sef gwlân tomog a phisweiliog oddi ar gynffon a rhannau ôl defaid, ayyb.
Gw. CAGL.

digaregu (*di* [neg.] + *caregu*) *be.* Cael gwared â cherrig o dir, codi a chlirio cerrig mawr sy'n brigo i'r wyneb mewn tir er mwyn medru ei droi a'i drin, symud meini tramgwydd neu gerrig rhwystr o dir.
1620 Es 5.2, Efe a'i cloddiodd hi (gwinllan) ac a'i *digaregodd.*
Ffig. Symud rhwystrau neu feini tramgwydd.
'Mae'r bachgen 'ma am fynd yn ddoctor. Mae ganddo lawer o ffordd i fynd. Ond mi wnaf fy ngora'i *ddigaregu*'i lwybr o.'

digerigo gw. DIGAREGU.

digibo *be.* Difasglu, disbeinio, deor, tynnu o'r codau (pys, ffa, ayyb), glanhau o'r us (ŷd), dirisglo (coed).
1547 W Salesbury: (Geir), *Digibo* pys.
1699 T Jones: Alm 4, A thair ewin o arlleg wedi eu *digibo* a'u sigo.
1772 W, *Digibo* – to cleanse from chaff, to unhusk.

digolreg, digolraig, digolydd *eb.* Teclyn a ddefnyddid gynt i dynnu'r colion oddi ar haidd wrth ddyrnu â ffust, colier. Ar lafar gynt yn sir Ddinbych.
Gw. COLIER¹.

digolydd *gw.* DIGOLREG.

digornio *(di* [neg.] + *cornio) be.* Amddifadu anifail o'i gyrn fel na all niweidio anifail arall. Lladd neu atal twf y cyrn yw'r dull arferol, a hynny gyda gwres neu driniaeth gawstig pan fo'r anifail yn ifanc. Gydag anifeiliaid hŷn llifio'r cyrn a wneir gan ddefnyddio anaesthetig i ladd unrhyw deimlad.

digrain *(di* + *crain) eg.* ac *a.* Gan amlaf gyda'r arddodiad 'ar' o'i flaen – 'ar *ddigrain'* ac yn golygu ar grwydr, ar ddisberod, ar dreigl neu ar gyfeiliorn (am anifeiliaid, yn enwedig defaid).
1567 Math 18.12, A myned o un ohonynt ar *ddisperot* [:- ar ddidro, ar goll, ar *ddigren*].
1633 LlGC 731, 183, Myfi yw'r ddafad honno/Ar *ddigre* sydd yn rhodio.
Gw. DISBEROD.

digroeni
1. *be.* Tynnu croen tir, blingo tir, didonni tir, gwthio croen tir neu groen mawnog wrth ladd mawn, batingo. Gwneid hyn gynt ag offeryn pwrpasol dan yr enw haearn gwthio neu haearn digroeni.
1958 FfFfPh 30, Y peth cyntaf i'w wneud ar ôl cyrraedd fyddai *digroeni*'r ddaear ddiwerth oddi ar wyneb y mawn a'i throi i'r naill ochr.
Gw. BATINGO, DIDONNI, HAEARN GWTHIO.

2. Plicio, pario, pilio (tatws, wyau, ayyb), masglu.
16g Gr Hiraethog: GGH 56, Graen a wyr *digroeni* ŷd.
Ffig. Ysbeilio eraill.
1700 TDP 114, Arall sydd gybyddaidd . . . fe a bilia ac a *ddigroena*, ac ni thrugarha wrth y tlawd.

digynnyrch *(di* [neg.] + *cynnyrch) a.* Dignwd, digrop, diffaith (am dir, fferm, ayyb), anghynhyrchiol.

digyplu *(di* [neg.] + *cyplu* [bachu]) *be.* Dadfachu, dadgyplysu, dadieuo, gynt am ychen gwaith, yn ddiweddarach ceffylau a bellach y tractor, y landrofer neu'r car.

dihadu *(di* [neg.] + *hadu) be.* Ysbeilio tir o had gan adar, ayyb.
16g HG 20, A'r adar sy, ny *dihady*/Drwg ysbrydion sy'n troi'r galon.

dihaeddwlan *eg.* ac *a.* Wedi ei blicio neu ei gardio neu ei gribo (am wlân), a'i wlân wedi ei blicio.

54

diheintio (*di* [neg.] + *heintio*) *be.*
1. Glanhau adeiladau, llestri, ac offer, ayyb, wedi i haint anifeiliaid fod ar fferm. Gwneir hynny â darpariaeth gemegol gydnabyddedig, ag ager neu drwy fygdarthu.
Gw. MWGDARTHU.
2. Glanhau offer a llestri (e.e. llestri ac unedau godro) gan ddefnyddio glanedydd a diheintydd at y pwrpas megis sodiwm hypoclorid, er mwyn gwrthweithio unrhyw facteria.
3. Rhoi triniaeth gemegol i had cyn ei hau, yn enwedig ŷd, fel ffordd o reoli afiechyd ffwngaidd.

diheintydd *eg.* ll. *diheintyddion.* Cyffur neu ddarpariaeth gemegol at ddiheintio.
Gw. DIHEINTIO.

dihidl *eg.* ll. *dihidlon.* Us, rhuddion, gwehilion, eisin, gwaelodion. Sonnir am '*dihidl* ŷd', ayyb, sef us neu eisin grawn ŷd ar ôl ei ddyrnu.
1783 W, *Dihidlon* – the refuse of corn.

dihidlo, dihiddlo
1. *be.* Tywallt hylif drwy hidl, defnynnu, distyllio, llifo, diferu, yr hyn a wneid gynt â'r llaeth ar ôl ei odro, wrth ei roi yn y 'pot cadw' ac, yn ddiweddarach, wrth ei roi yn y 'can llaeth' (siyrn laeth, cansen laeth) pan ddaeth gwerthu llaeth yn gyffredin ar ôl sefydlu'r Bwrdd Llaeth yn 1933.
Ffig. Gyrru cawodydd bendith.
1620 Salm 68.9, *Dihidlaist* wlaw graslon, O, Dduw, ar dy etifeddiaeth.
1929 W Williams: LlEM 146, O tyred, Arglwydd mawr,/*Dihidla* o'r nef i lawr/Gawodydd pur.
2. *be.* Hau, gwasgaru, taenu, colli neu fwrw eu ffrwyth (am goed, ŷd, ayyb). Sonnir am yr ŷd yn *dihidlo*, sef yn colli ei frig (disbeinio) pan yn oraeddfed. Yn y de clywir y ffurf 'dihilo'.
GPC, Ma' brig y cyrch wedi *dihilo* i gyd.
1620 Deut 28.40, Oherwydd dy olewydden a *ddihidla.*
1672 R Prichard: Gwaith 372, Nes iddo *ddihidlo,* mallu, egino (am y llafur).
Gw. DIRONI, DISBEINIO.

dihirio, dihiro
1. *be.* Mynd yn ddiraen ei gyflwr, dihoeni, nychu, dirywio, curio, edwino, llipáu (am anifail). Ar lafar yn y gogledd.
'Ma'r hen gaseg wedi *dihiro*'n enbyd.'
2. *be.* Mynd yn ddiwerth, yn ddim gwerth ei hel a'i gywain (am wair neu ŷd). Ar lafar yn y gogledd.
'Mi fydd yn ddrwg y gaea' efo'r gwair wedi *dihiro* cymaint.'

dihoelyd *eg.* (yr un gair a 'dymchwelyd') Chwelydr aradr, darn o haearn (pren gynt) ar waelod yr aradr i helpu troi'r gwys drosodd, ystyllen bridd. Ym Môn ceir y ffurf 'chwelyd', a sonnir am 'chwelyd y gwŷdd' ac am 'wŷdd (aradr) dwy chwelyd'. Yn ardal yr Efailwen, Morgannwg *'dihoilid* y gert' a ddywedir am droi (dymchwelyd) y drol (cert).

dihoenedd *eg.* Afiechyd sy'n peri i anifeiliaid (yn enwedig defaid) ddihoeni, neu nychu a chrebachu ac a achosir gan ddiffyg neu brinder cobalt yn y borfa.
Gw. hefyd DIFFYG.

dihufennu *(di* [neg.] + *hufennu) be.* Hel hufen oddi ar wyneb y llaeth, codi'r hufen wedi i'r llaeth waelodi.
1796 T Jones: CCA, Y mae llaeth yn aros wedi iddo gael ei *ddihufennu.*

dihwsmonaeth *(di* [neg.] + *hwsmonaeth) eg.* Ddiffyg ffermwriaeth, diffyg amaethiad, ffermio sal, diffyg diwylliaeth.
'Fferm wedi 'i rhedeg ydi hi, wedi bod yn ddifrifol o *ddihwsmonaeth,* ac heb gael dim yn ei bol ers blynyddoedd.'

disbaddu *be.* Torri ar anifail rhag iddo adgenhedlu, cyweirio anifail, anffrwythlonni anifail.
Gw. CYWEIRIO, YSBADDU.

dihysbyddu, dyhysbyddu, disbyddu *be.* Yn amaethyddol gwagio pwll, nant, ffynnon, o ddŵr, *disbyddu* ffynnon. Ceir hefyd y ffurfiau 'sbyddu' a 'sbydu'. Sôn am 'sbydu'r ffynnon' a wneir ym Môn.
'Mi *sbydwn* ni'r ffynnon y peth cynta 'fory, ma' hi'n slafan drosti.'
1620 Salm 74.15, Ti a *ddiyspyddaist* afonydd cedyrn.
Ffig. Gwagio unrhyw beth, megis cronfa ariannol.
'Ma'r gronfa wedi'i *dihysbyddu* bron yn llwyr.'

dihysbyddiad, disbyddiad
1. *eg.* ll. *dihysbyddiadau.* Y weithred o wagio neu sychu ffynnon ayyb, gwacâd.
Gw. DIHYSBYDDU.

2. *eg.* ll. *dihysbyddiadau.* Y weithred o sychu tir drwy gyfrwng traeniau neu ddyfrffosydd, traenio tir, hefyd y traeniau neu'r ffosydd.
1774 CAWA 5, *Dihysbyddiadau* (drains) i dynnu dwfr o'r Prif-ffyrdd.

dihysbyddiaeth *eg.* Dyfrffosiaeth, treiniaeth tir, sychiant tir.

dihysbyddol
1. *a.* Yn dihysbyddu tir o'i nerth, yn tlodi tir, llwgu tir (cnydau arbennig).

2. Dihysbydd, diderfyn ei stôr, cyflawnder adnoddau.

dil
1. *eg.* ll. *diliau.* Crwybr gwenyn, yr adeiladwaith cellog a wneir gan wenyn yn y cwch i gynnwys y mêl a'u hwyau.
1620 Can 5.1, Bwytêais fy *nil* gyda â'm mêl.

2. *eg.* Blwch i gadw canhwyllau brwyn. Ar lafar yn y gogledd.
1933 H Evans: CE 158, Gwneid llond *dil* ohonynt (canhwyllau brwyn) ar unwaith fel rheol.

di-lêr, diler (*di* + *llêr* [chwyn]) *a.* Di-chwyn, yn rhydd oddi wrth efrau (am gnwd o ŷd), neu disothach, o ansawdd dda.
Ffig. Bonheddig, o dras dda.
16g WLl 258, Mae *diler* gloew hyder gwlad, O gar yt am gyrr attad.

diler, dilar *eg.* Ffurf lafar ar 'delar' (S. *dealer*), porthmon.
Gw. DELAR, PORTHMON.

diliau (y) *eb.* Yr hen enw yn Gymraeg ar ail stumog (reticwlwm) anifail cnoi-cil (cilfil), y rhan o'r stumog sy'n trin y bwyd caletaf sy'n cael ei drosglwyddo o'r stumog gyntaf (rwmen). Ceir hefyd yr enwau 'stumog y cŵyr gwenyn' oherwydd tebygrwydd y patrwm, a 'poten rwydog' a 'rhwyden'.
Gw. RETICWLWM.

dilyn ceffylau *be.* Gweithio gyda cheffylau, canlyn y wedd (gogledd), dilyn y wedd, certmona, wagnera. Ar lafar yng Ngheredigion.
Gw. CANLYN Y WEDD.

dilyn march *be.* Canlyn stalwyn (gogledd), yng ngofal march (stalwyn) fyddai'n crwydro'r wlad yn oes y ceffyl gwedd, dilynwr march. Ar lafar yng Ngheredigion.
Gw. CANLYN STALWYN.

dilyn yr injan *be.* Gwaith y ddau fyddai'n gyfrifol am yr injan ddyrnu, canlyn y dyrnwr (Môn ac Arfon), canlyn y bocs (sir Ddinbych). Ar lafar yng Ngheredigion.
1988 FfTh 2, 21, Bu'n *dilyn yr injan*, heblaw amaethu, cyn ymuno â Phwyllgor Amaeth Meirion yn ystod yr Ail Ryfel Byd.
Gw. CANLYN DYRNWR.

dilyniad *eg.* Cylchdro cnydau, yr arfer o dyfu dilyniant o gnydau sydd angen bwyd gwahanol fel na bo'r tir yn cael ei dlodi'n ormodol a rhag afiechydon planhigion. 'Cylchdro cnydau' yw'r term a ddefnyddir fwyaf erbyn hyn. Dyma ddewis-derm TA (R J Edwards) 1991 a TAM 1994.
Gw. hefyd CYLCHDRO CNYDAU.

dilynwr march Dyn canlyn stalwyn (march). Ar lafar yn sir Gaerfyrddin.
1939 D J Williams: HW 65, Ac uwchlaw pob peth, adwaenwn bob *dilynwr march* (stud) a ddeffroai'r wlad â'i weryru . . .
Gw. CANLYN STALWYN.

dim ŵy *eg.* Y bilen neu'r croenyn y tu mewn i blisgyn ŵy. (S. *membrane, pellicle*).

dinad-man *a.* Anghysbell, anhygyrch, pell o bobman. Dichon mai ffurf ar 'dinod' yw 'dinad'. Ceir hefyd y ffurf 'dinab-man' (Môn) ac felly gellir 'dineb-man' yn ystyr ym marn rhai pobl.

dinawed, diniawed gw. DYNIAWED.

dinllan *eb.* ll. *dinllannau.* Tir caeëdig, parc.
18g AL 2 532, lleidyr anivel gwyllt o dir *dinllan.*

diod fain *eg.* Cwrw cartre ysgafn neu wan, cwrw melyn bach, cwrw neu ddiod llysiau neu de. Ar lafar yn Nyfed.

diogi *be.* Yn segur, yn sefyll, ddim ar waith, ddim ar iws (am offer, peiriannau, ceffylau).
'Ydi'r gribin yn digwydd bod yn *diogi* tybed?' 'Ydi neno'r tad, ma hi'n *sefyll* ers dyddia.'
'Ma'r gasag yn *diogi* heddiw hefyd. Cymerwch y ddau efo'i gilydd.'

dior *gw.* DEOR.

diorfynydd *a.* Gwastad, fflat, llawr gwlad, anfynyddig.
14g R 1188 16-17, Maenawr deivi (Deifi) *diorfynydd.*

dip *eg.* Trochdrwyth, sef dŵr ac ynddo fesur arbennig o hylif cemegol, mewn cafn pwrpasol, at drochdrwytho defaid.
Gw. DIPIO, TROCHDRWYTHO.

dipio *be.* Yn amaethyddol trochi defaid mewn dip, sef dŵr ag ynddo fesur arbennig o hylif cemegol, i'w cadw rhag y clafr (yn bennaf), rhag cynrhon a rhag llau, trochdrwytho, dwbio. Delir y defaid yn y cafn dipio am ddigon o amser i'r trwyth cemegol dreiddio hyd at eu crwyn. Gynt byddai nifer o ffermwyr yn dod â'u defaid i'r un lle i'w dipio, ac felly rhaid oedd wrth ddyddiad arbennig i bob fferm. Talai ffermwyr rhyw swllt (5c heddiw) am bob ugain dafad i berchennog y cafn dipio. Bu dipio yn rheidrwydd dan gyfraith gwlad am flynyddoedd, gyda'r plisman lleol, fel gŵr y gyfraith, yn bresennol i weld bod y gorchwyl yn digwydd yn unol â gofynion y gyfraith. Nid yw'n gyfraith ar hyn o bryd fodd bynnag (2000), ond mae galw o rai cyfeiriadau am hynny wedi ychydig o achosion o'r clafr hwnt ac yma.
1989 P Williams: GYG 29, Yn ôl y gyfraith 'roedd yn rhaid *dipio*'r defaid i'w rhwystro rhag cael clefyd a elwid yn 'scab'. 'Roedd y broses yn help i gadw'r cylion glas bant hefyd. Roedd yn ofynnol trefnu amser penodol gyda'r 'Bobby' er mwyn iddo fod yn bresennol i weld bod y gwaith yn cael ei wneud yn iawn.
Gw. RHYBUDD DIPIO, TROCHDRWYTHO.

diploid *a.* Term am gelloedd byw â dwy set o gromosonau yn y cnewyllyn ac yn bresennol mewn parau. Mae'n nodweddiadol o'r mwyafrif o anifeiliaid a phlanhigion.

dipo Ffurf ar dipio.
Gw. DIPIO.

dirawn (*di* + *grawn*) *a.* Heb frig, heb ben (am ŷd), heb rawn.
Gw. DIRONI.

dirddwys (*dir* + *dwys*) *a.* Gair a fathwyd gan Bwyllgor Bathu Geiriau, Urdd Graddedigion Prifysgol Cymru am y S. *intensive*, ffermio *dirddwys*

(intensive farming).
1981 Ll Phillips: HAD 31, Ni wnâi *dwys* mo'r tro yn y cyd-destun hwn, ond megis ag y mae'r geiryn *dir* yn dra effeithiol mewn geiriau fel 'dirboen' a 'dirdynnu' ac ati, felly hefyd *dirddwys* i'r pwrpas amaethyddol.

dironi *(dirawn = dirawni = dironi) be.* Colli ei rawn, dihidlo (am ŷd), neu beri colli grawn, neu ddihidlo, colli ei frig, ŷd yn *dironi* neu'n cael ei *ddironi*, disbeinio. Ar lafar ym Môn ac Arfon. Gw. WVBD 102.
Ceir *'dironi ŷd'* yn ymadrodd hefyd am golli ŷd o lestr neu o sach. Ym Morgannwg clywir 'draenu' am lanhau ŷd â'r llaw o'i gynffonnau.
'Ma'r ŷd mae'n *droni* na fuo 'rioed y fath beth.'
Gw. DIHIDLO², DISBEINIO.

dirwyn *be.* Weindio, lapio yn bellen neu'n rholyn (am edafedd neu linyn neu raff), cersio, *'dirwyn* edafedd', *'dirwyn* rhaff', *'dirwyn* y cortyn toi', *'dirwyn* y rhaff wellt', ayyb.
Ffig. Dwyn i ben anerchiad, taith, gorchwyl. Sonnir am *'ddirwyn* y sylwadau i ben' ac am 'y siwrnai yn *dirwyn* i ben'.
Gw. CERSIO.

dirwynai *eg.* Dyfais neu declyn i godi dŵr o bydew â phwced, dirwynlath, winsh.
1794 W, *Dirwynai* – windlass or wind-lace.
Gw. CHWIMSI, DRIWC.

dirwynlath gw. DIRWYNAI.

disbadd gw. DISBAIDD.

disbaddedig *a.* Wedi ei sbaddu, wedi ei gyweirio, wedi torri arno (anifail).

disbaddiad *eg.* Y weithred o ddisbaddu.
Gw. DISBADDU.

disbaddu *be.* Cyweirio anifail, sbaddu anifail, torri ar anifail fel na all adgenhedlu.
1958 T J Jenkin: YPLl AWC, Cofiaf yr hyrddod cernig rheini ar y Preselau cyn iddynt oll gael eu *dispaddu* bron mewn un noson.
Gw. CYWEIRIO, GELDINGO,YSBADDU.

disbaddwr *eg.* ll. *disbaddwyr.* Un sy'n disbaddu, ysbaddwr, cyweiriwr (Môn).
Gw. CYWEIRIWR, GELDINGWR.

disbaidd *a.* Anifail wedi ei sbaddu, wedi ei gyweirio. Sonnir am 'geiliog *disbaidd*' (capon), 'ceffyl *disbaidd*', 'march *disbaidd*' (gelding), 'ych *disbaidd*' (bustach).

disbeinio, disbinio
1. *be.* Deor (pys, ffa, ayyb), tynnu o'r codau, masglu, plisgio, pilio. Ar

lafar yn y gogledd yn y ffurf 'sbinio'.
Gw. hefyd DEOR², MASGLU, PLISGIO.

2. *be.* Colli neu ddisgyn pan fo'n aeddfed (am ben neu frig ŷd), y brig yn colli, y grawn yn colli, dihidlo, dironi.
Gw. DIHIDLO², DIRONI.

disberod *eg.* ac *a.* Yn aml fe'i ceir yn yr ymadrodd 'ar *ddisberod'*, sef ar grwydr, ar gyfeiliorn. Gwneir defnydd ansoddeiriol o'r gair hefyd fel pan sonnir am 'anifail *disberod'* (anifail crwydr). Hefyd, y rhai sydd ar gyfeiliorn.
1567 Luc 15.4, a myned o un o honynt (defaid) ar *ddisperot.*
1620 Math 18.13, y rhai nid aethant ar *ddisberod.*
1672 R Prichard: Gwaith 553, Trowch i'r gorlan,/Y *ddisperod* aeth i straglan.

disbinio gw. DISBEINIO.

disbyddu
1. **disbyddo** *be.* Gwagio tir o ddŵr drwy gyfrwng traeniau, sychu tir, draenio tir.

2. Gwagio ffynnon er mwyn ei glanhau, dihysbyddu, gwehynnu ffynnon yn llwyr. Ar lafar yn y gogledd yn y ffurf 'sbyddu' a 'sbydu'. Sonnir am 'sbydu'r ffynnon'. Sonia pobl môr am 'sbydu'r cwch' pan fo dŵr ynddo (WVBD 477).
1700 E Lhuyd: Par 1 37, Mae'n rhaid y chwi *ddyspyddu'*r ffynnon dair gwaith dros vy mhlentyn, mae yn glav.

disentri ŵyn gw. SGOTH WAEDLYD.

disg
1. *egb.* ll. *disgiau.* Yr olwyn finiog ar aradr, yn lle'r cwlltwr a chyda'r cwlltwr, i dorri croen y tir glas wrth aredig er mwyn medru troi'r gwys drosodd yn llwyrach ac yn lanach. Ar lafar ym Môn.
Gw. CWLLTWR DISG.
2. *egb.* Offeryn neu beiriant ar ffurf og, sy'n gyfuniad neu'n system o nifer o ddisgiau dur crwn, miniog a ddefnyddir i falu'r cwysi mewn tir âr. Fe'i llusgid gynt gan geffylau ond bellach gan dractor.
'Fydda'i ddim yn fodlon heb roi *disg* ar yr âr 'na.'

disgynfaen *egb.* ll. *disgynfeini.* Carreg bwrpasol i gael arni wrth ddisgyn oddi ar gefn ceffyl, ac i gael ar gefn ceffyl oddi arni, carreg farch, esgynfaen..
14g HMSS 1 237, A disgynnu a oruc (a wnaeth) ef ar y *disgynvaen.*

disgyniad, disgynfa Lle mae'r dŵr yn disgyn i olwyn ddŵr (rhod ddŵr), lle syrth y dŵr o gafn neu sianel i lwyau neu gwpanau olwyn ddŵr.

Dishley *ep.* Brîd o wartheg a ddatblygwyd gan yr arloeswr Robert Bakewell yn y 18g, yn wartheg stôr a bîff.
1998 E Richards: PM 82, Aeth Robert Bakewell (1726-95) mor bell a'u gosod yn ail i'w wartheg ei hun – y *Dishleys.*

Dishley Leicester *ep.* Brîd o ddefaid a ystyrir yn welliant ar ddefaid Leicester. Defnyddiwyd y brîd gan Bakewell yn y 18g wrth arloesi gyda bridio da byw.

1988 E Richards: PM 17, . . . daeth rhyw frawd â hwrdd (maharen) *Dishley* i'w groesi â defaid Môn.

distyllio, distyllu, distyll *be.* Diferu, defnynnu, llifo'n ddafnau neu'n ddiferion, dihidlo (am unrhyw hylif, gwlybwr, trwyth, ayyb).

di-us, dius (*di* + *us* [eisin]) *a.* Yn ffigurol gan amlaf am difai, dinam, heb ddim salw neu heb salwedd, yn dda drwodd a thro (am gymeriad da).

16g Huw Arwystl: Gwaith 35, dwys a ffel, *di-us* a phur/Di wann wyt yn y natur.
eto, Duw sy ŵr *di-us* ei waith.

diweddar *a.* Yn amaethyddol, yn hwyrach nag arferol, yn hwyrach na'r llynedd neu'r tymhorau cynt (am dymor, cnwd, cynhaeaf); mewn cyferbyniad i gynnar ac ail gynnar (am datws, ayyb).

'Chawson ni ddim tymor mor *ddiweddar* ers blynyddoedd.'
'Canol mis Hydref yw'r amser i godi tatws *diweddar*.'
'Roedd acw tua 50 o ŵyn *diweddar* llynedd' (ŵyn ar ôl tymor wyna).
'Mae'r gwenith yn *ddiweddar* yn aeddfedu 'leni.'
1620 Ecs 9.32, A'r gwenith a'r rhyg ni churwyd, oherwydd *diweddar* oeddynt hwy.

diwel
1. *be.* Yn amaethyddol, troi drosodd, dymchwel, troi wyneb i waered, moelyd (am drol, cart), *'diwel* y cart' = troi'r drol. Ar lafar yn gyffredinol yn y de ac yn amrywiad ar 'dichwel', sef dymchwel.

2. *be.* Tywallt, arllwys.

'Ma' hi'n *diwel* y glaw' (y de). 'Mae hi'n tywallt (arllwys) y glaw' (gogledd).

diwelfa *eb.* Y bryn neu'r trum neu'r cefn lle mae rhaniad y dŵr, gwahanfa'r dŵr, cefndeuddwr, y pwynt daearyddol lle rhed y dŵr oddi yno i ddau gyfeiriad gwahanol.

GPC, Mae'r ddwy *ddiwelfa* yn y golwg.

diwrnod *eg.* ll. *diwrnodiau, diwrnodau.* Weithiau yn golygu dydd a nos, ac weithiau oriau'r goleuni'n unig.

'Mae yna 24 awr mewn *diwrnod*.'
'Mi fedrodd Twm gneifio 500 o ddefaid mewn *diwrnod*' (oriau'r goleuni).
Ceir hefyd y ffurfiau 'dwarnod' (de), 'dwrnod' (gogledd), 'dyrnodie' (Maldwyn) a 'diernod' – (ffurf wneud gan W Salisbury). Yn amaethyddol gynt, ceir rhai diwrnodiau mwy neilltuol na'i gilydd fel y gwelir oddi wrth y cyfuniadau a ddilyn

Dywed. 'Yn y bore mae dal *diwrnod*.'

diwrnod armerth Diwrnod pobi. Ar lafar gynt ym Morgannwg a Gwent. Mae'n siŵr mai 'diwrnod ameth' yw'r ffurf i fod, – ameth (*an* + *meth*) yn golygu 'eisiau' neu 'diffyg'.
Gw. DIWRNOD POBI.

diwrnod cneifio Achlysur cneifio defaid yn enwedig pan gneifid â'r gwieill a chyn dyddiau'r peiriant cneifio, pan fyddai nifer o gymdogion yn ffeirio neu'n cynorthwyo'i gilydd. Fel rheol trefnid cylchdaith gneifio mewn cymdogaeth gyda'r un dyddiad penodedig yn flynyddol, fel bod pawb yn barod. Fel y diwrnod dyrnu byddai'r diwrnod cneifio yntau, yn achlysur cymdeithasol.

1944 T Gwynn Jones: B 39, Amser cneifio defaid, byddai hefyd gydweithio rhwng yr amaethwyr â'i gilydd, dôi ambell wraig i gneifio a'r plant i ddal traed y defaid. Caent gnuf o wlân am y dydd yn gydnabyddiaeth ac ymborth.

1981 Ll Phillips: HAD 27, Yr oedd cneifio yn ddigwyddiad cymdeithasol a nifer y cneifwyr yn amrywio yn ôl maint y ddiadell. Pob un yn cneifio â gwellaif deulafn dur, ac nid peiriant. Heddiw peiriant sydd wrthi a'r gwaith yn cael ei gyflawni gan nifer bychan o arbenigwyr yn mynd o le i le ac yn codi hyn a hyn y ddafad. Amcanem gael rhyw chwech ugain o wŷr cyhyrog i gneifio Nantrhys.

1994 FfTh 14, 32, Roedd y fferm yn ymdrechu i gneifio ar yr un dyddiad yn flynyddol gan fod angen help cymdogion a'u gweision, a byddai cael trefn ar y dyddiadau yn hwyluso'r ffeirio cymorth a sicrhau tegwch.

Gw. DIWRNOD DYRNU, DIWRNOD MEDI.

diwrnod corddi *eg.* Cyn iddi ddod yn arfer i werthu llaeth i'r Bwrdd Llaeth ar ôl ei sefydlu yn 1933, byddai un *diwrnod corddi* ar ffermydd bach a dau *ddiwrnod corddi* bob wythnos yn aml ar y ffermydd mawr.

Gw. hefyd BUDDAI, CORDDI, CORDDWR.

diwrnod dyrnu *eg.* Diwrnod cymdogol a chymdeithasol pan geid nifer o gymdogion yn ffeirio neu gyfnewid llafur i bwrpas dyrnu'r ŷd yn yr hydref ac yn y gwanwyn (i raddau llai). Ar lafar yn gyffredinol. Ceid rhai ardaloedd fodd bynnag yn sôn am 'ddiwrnod yr injan'.

1981 W H Roberts: AG 61-2, Fe ddeuai'r dyrnwr ar ei daith ddwywaith y flwyddyn, yn yr hydref ar gyfer porthiant y gaeaf ac yn y gwanwyn er mwyn cael hadyd . . . Byddai raid wrth ddwsin o leiaf a gellid rhoi gwaith i bedwar-ar-ddeg neu bymtheg yn hawdd . . . Ar ddiwrnod tawel, 'roedd hi'n ardderchog ond ar dywydd gwyntog blin, 'roedd hi'n anghysurus iawn. Chwyrlïai llwch a baw o'r us i bob man. Llygaid pawb fel penwaig, ond yr oedd yn rhaid dal ati os na fyddai'n glawio, oherwydd yr oedd gan ddynion y dyrnwr eu hamserlen, a rhaid cadw at honno doed a ddelo . . .

1989 P Williams: GWG 18, Âi diwrnod cyfan i bobi ar gyfer *diwrnod dyrnu* – bara, cace berem, a chêc, oherwydd disgwylid tua phymtheg o ddynion i helpu, a'r rheini'n cael cinio, te a swper. Prynid darn mawr o gig eidion, a'r noson cynt fe'i rhoid i ferw. Rhoid pys yn wlych a glanheid llawn bwyler o erfin a chrafu llond bwyler arall o dato. I bwdin paratoid llond padell o bwdin reis neu wneud dwy neu dair tarten afalau fore'r dyrnu. 'Roedd bwyd *diwrnod dyrnu* yn foethyn, ac yn newid o'r cawl a geid bob dydd o'r wythnos.

1990 FfTh 6, 24, Byddai gryn gystadlu rhwng ffermydd â'i gilydd ynglŷn â bwyd *diwrnod dyrnu*. Cig eidion, cig mollyn yn fwyaf cyffredin, a chryn lawer o fraster . . . 'roedd y gwaith yn gofyn am fwyd a thipyn o gic ynddo. Hefyd tatws a moron . . . Yna deuai'r 'pwdin plwm' yn llawn ffrwythau, siwat eidion i'w ysgafnhau, ac wedi bod yn berwi am oriau, a saws gwyn. Neu bwdin reis wedi bod yn ffrwtian yn araf yn yr hen bopty mawr, ar ôl tynnu'r bara allan, a llefrith wedi twchu'n dew.

Gw. CANLYN DYRNWR.

diwrnod ffair *eg.* Gynt, y diwrnod i werthu a phrynu anifeiliaid a chynnyrch amaethyddol, diwrnod i ddangos stalwyni, diwrnod cyflogi

gweision ayyb, a diwrnod y byddai pob gwas a morwyn yn edrych ymlaen ato.
Gw. FFAIR ayyb.

diwrnod golchi defaid *eg.* Y diwrnod i olchi'r defaid ar gyfer eu cneifio ychydig ddyddiau'n ddiweddarach.
Gw. GOLCHI DEFAID.

diwrnod gwaith *eg.* Yn amaethyddol yr oriau a weithir mewn diwrnod. Gynt, byddai'r oriau gwaith neu'r diwrnod gwaith yn faith iawn ar ffermydd, yn enwedig ar rai adegau. Byddai'r certmyn neu'r wagneriaid yn codi 5.30 i roi dwy awr o fwyd i'r ceffylau cyn daliad y bore am 8, ac yna, y pen arall i'r diwrnod, yn y stabl tan 8 o'r gloch yn glanhau, bwydo, cribo a sgrafellu'r wedd. Ac wrth gwrs byddai pawb yn gweithio oriau mawr yn ystod tymor y ddau gynhaeaf.
1928 G Roberts: AA 22, Oriau arferol gwaith oedd 14, sef o 6 o'r gloch y bore hyd 8 yr hwyr, ond byddai'r *diwrnod* yn llawer mwy pan fyddai raid mynd 'i'r glo', neu i gario calch, cario gwair neu ŷd a diwrnod dyrnu gyda'r injan.

diwrnod hel defaid *eg.* Y diwrnod pan helir y defaid o'r mynydd i lawr i'w didol, i'w golchi a'u cneifio ayyb.
Gw. CI HEL.

diwrnod yr injan gw. DIWRNOD DYRNU.

diwrnod lladd mochyn *eg.* Y diwrnod y byddai ffermwyr, tyddynwyr a gweithwyr yn lladd mochyn i gael ei gig wedi ei halltu. Yn ffigurol a chymariaethol am ddiwrnod o brysurdeb ffwdanus.
'Roedd hi fel *diwrnod lladd mochyn* acw ddoe, ond fe gawsom y gwair i gyd cyn y glaw neithiwr.'
Gw. LLADD MOCHYN.

diwrnod marchnad *eg.* Yn amaethyddol gynt y diwrnod i werthu cynnyrch fferm mewn canolfannau – menyn, wyau, ffowls, tatws, ayyb. Peidiodd hyn yn fuan, a bron yn llwyr, pan ddaeth gwerthu'r llaeth i'r Bwrdd Marchnata Llaeth o ganol y tridegau, yn beth cyffredin, a phan newidiodd y dulliau o gadw ieir ac o gynhyrchu wyau a ffowls. Diwrnod prynu a gwerthu anifeiliaid yw'r *diwrnod marchnad* bellach o'r safbwynt amaethyddol, ac fe ddigwydd hynny'n bennaf yn y trefi gwledig. Peidiodd yr arfer o 'daro bargen' ar fuarth y fferm bron yn llwyr yn ffafr 'gwerthu a phrynu dan y morthwyl' yn y mart.
Gw. GWERTHU DAN Y MORTHWYL, GWERTHU LAW YN LLAW.

diwrnod medi *eg.* Y diwrnod pan ddoi ffermwyr ardal ac eraill at ei gilydd i fferm i fedi'r llafur â phladuriau (neu grymanau cyn hynny), diwrnod y fedel wenith. Âi'r fedel o fferm i fferm yn y modd hwn.
Gw. MEDEL.

diwrnod pobi *eg.* Peth cymharol ddiweddar yw 'bara pryn'. Yn nhridegau'r 20g y daeth prynu bara yn beth cyffredin, yn enwedig yn y

cefn gwlad. Pobi bara cartref fyddai'r arfer gynt ac o fewn cof llaweroedd sy'n fyw. Byddai gan bawb ei ddiwrnod pobi, a lle byddai teulu mawr neu nifer o weision ceid dau ddiwrnod pobi bob wythnos.
Gw. CRASU, DIWRNOD ARMERTH, POBI.

diwrnod pluo *eg.* Arferai'r mwyafrif mawr o ffermydd fagu gwyddau, tyrcwn a chywion ieir gynt, i'w gwerthu adeg y Nadolig. Ar drothwy'r Nadolig ceid diwrnod lladd a phluo'r adar hyn.
Gw. ADEN BOBI, PLUO.

diwrnod pwyso moch *eg.* Ymadrodd ym Môn am ddiwrnod marchnad foch, moch stôr a moch tewion. Rhaid fyddai pwyso moch tewion i bwrpas eu gwerthu i'w lladd.
1963 I Griffith: GOB 20, Deallais ar ôl hynny mai unwaith yn y flwyddyn y cai Huw Robaits sbri, a hynny ar *ddiwrnod pwyso moch*..

diwrnod rhent *eg.* Y diwrnod penodedig blynyddol neu hanner-blynyddol pan ddanfonai'r tenantiaid ardreth eu fferm i'r meistr tir.
Gw. hefyd CYMOWTA.

diwrnod sist *eg.* Diwrnod derbyn cyflog am y tymor (gwas a morwyn), adeg pentymor. Ar lafar ym Môn.

diwrnodio *be.* Gweithio wrth y dydd o'i gyferbynnu â gweithio wrth yr wythnos neu wrth y tymor.

diwrnodiwr *eg.* ll. *diwrnodwyr*. Un yn gweithio wrth y dydd, ac nid wrth yr wythnos neu wrth y tymor.
Gw. DIWRNODIO.

diwrtaith (*di + gwrtaith*) *a.* Heb ei wrteithio (am dir), heb ei achlesu, heb ei amaethu, mewn graen sâl, heb galon (am dir).

diwŷg, di-wŷg, diwyg (*di + gwŷg* [efrau]) *a.* Heb wŷg, heb efrau, yn glir o chwyn neu o efrau (am gnwd o ŷd, ayyb).
Ffig. Glendid, purdeb, disothach.
1609 CC 391, A bro Rhug *di-wŷg* da iawn.

diwyll
1. (*di + gwyllt*) *eg.* ac *a.* ll. *diwylliau, diwyllion*. Yn amaethyddol arddwriaeth, amaethyddiaeth, triniaeth tir, amaethiad, diwylliad tir, hwsmonaeth.
1552 Pen 403 4, Ysmonaeth a *diwyll* y ddaiar i geisio kyvoeth.

2. *a.* Cyflwr triniedig neu amaethiedig y tir, tir diwyll.

diwylliad *eg.* ll. *diwylliadau*. Triniaeth tir, arddwriaeth, amaethiad, llafur.
1711 M Williams: LlLl 19, Mae'n wir nad oes yma ddim drain, *diwylliad* y tir a'u rhwystrodd hwynt rhag tyfu.

diwyllio, diwyllo *be.* Yn amaethyddol trin tir, diwylltio tir, amaethu, gwrteithio, llafurio, mesora, mesori tir.
1480-1527 Lewis Môn: Gwaith 405, Llew coch yn *diwylliaw* cwys.
Gw. GWRTEITHIO, MESORA.

diwylliadwr, diwyllawdr, diwyllwr *eg.* ll. *diwylliadwyr.* Un yn amaethu, un yn diwyllio a gwrteithio tir, un yn aredig a thrin tir, ffermwr, amaethwr.

diwylliedig *a.* Wedi ei ddiwyllio (am dir), wedi ei wrteithio, wedi ei droi a'i drin.
1568-74 LlGC 4581 54b, Mewn tir *diwylliedic.*

diwyllodraeth, diwyllrwydd gw. DIWYLLIAD.

DNOC Llythrennau talfyriad o di-nitro-ortho-cresol, sef chwynleiddiad sy'n gwenwyno chwyn drwy'r dail o'i chwistrellu arnynt.

dob *eg.* Offeryn pwrpasol ar ffurf morthwyl pren i ysigo a malu eithin yn fwyd i anifeiliaid, haearn dob. Ar lafar yn Llŷn.
Gw. EITHIN, MALU EITHIN.

dobio *be.* Malu eithin â dob, curo neu bwnio eithin.
Gw. DOB.

docio
1. *be.* Cwtogi cynffon, torri cynffon, byrhau cynffon neu gloren ceffyl neu gynffon oen, ayyb. Ar lafar yn gyffredinol yn yr ystyr hwn.
Gw. hefyd TOCIO.

2. *be.* Blaendorri, barbro planhigion, gwrych, perth, ayyb.
1795 J Thomas: AIC 355, Pan fwya y *doccir* arnynt (planhigion) mwyaf oll a dyfant hwythau.

dod â *be.* Bwrw epil (anifail), deor cyw (ieir, ayyb).
dod â chywion – deor cywion (am iâr, gŵydd, ayyb)
dod â chyw – bwrw ebol (am gaseg)
dod â llo – am fuwch
dod ag oen – am ddafad
dod â moch – am hwch
dod â chŵn – am ast.

dodi, dodyd *be.* Gair yn y de sy'n cyfateb o ran ystyr i 'gosod' yn y gogledd ac a ddefnyddir am hau, plannu. Sonnir am '*ddodi* tato' (plannu tatws), '*dodi* llafur' (hau ŷd, ayyb). Ceir hefyd ymadroddion megis '*dodi*'r ardd'.
1724 T William: OL 67, Nid oeddent yn cael hamdden i *ddodi* llafur.
1788 M Williams: BM 9, Parattowch eich tir at *ddodi* pys a ffa.
1962 Pict Davies: ADPN 17, Ebrill 1880. Cyfartaledd presenoldeb, un ar ddeg; plant yn *dodi* tato.

dodwy

1. *be.* Cynhyrchu wyau, ac fel rheol mewn nyth neu bellach mewn gwasarn hefyd (am iâr, hwyaden, gŵydd, tyrcen). Sonnir am 'iâr *ddodwy*'. Ceir hefyd y dywediad cymhariaethol 'fel iâr *ddodwy*' – rhywun cyfrwys, slei, neu rywun yn clochdar am ei orchestion ei hun.

14g WML 78, Teithi iâr yw *dodwi* a gori.
Hen Bennill. 'Yr iâr yn *dodwy* ŵy bob dydd / A'r ceiliog yn *dodwy* dau.'
Gw. IÂR, IÂR DDODWY.

2. *be.* Dod â moch, bwrw perchyll. Bu'r gair *dodwy* ar waith yn yr ystyr hwn – '*dodwy* perchyll'.

13g AL 2 194, A'r hwch a *dotwes* ar deudec parchell.
Ffig. Peri i arian ddodwy llogau mewn banc, ayyb, a chynhyrchu syniadau, meddyliau ayyb.
'Mae'r iâr sy geni yn y Gymdeithas Adeiladu yn *dodwy* llog reit ddel.'
'Roedd 'na'r fath stumiau ar ei wyneb yn pregethu, gallech feddwl ei fod yn *dodwy*'r meddyliau mwyaf ddaeth o ben neb erioed.'

dodwyreg, dodreg *eb.* ll. *dodwrs.* Un yn dodwy yn dda (iâr), un dda am ddodwy, *dodreg* dda, iâr yn talu am ei bwyd.
'*Dodreg* benigamp ydi'r hen iâr wen 'na.'
'Fuo gen i 'rioed well *dodwrs* na'r ieir Wiandot 'ma.'

dof *a.* Hywedd, hydrin (am anifail) wedi ei hyweddu, wedi ei ddofi (am anifeiliaid ac adar fferm), wedi ei ddwyn dan reolaeth dyn, wedi ei dorri i mewn (ceffyl), hyfforddedig, gynt, wedi ei ddwyn dan yr iau (ych).
T Gwynn Jones: *Gwlad y Bryniau*, A fyddo *ddof*, hawdd ei ddal.
14g MM 36, Iachaf kic llwdyn *dof* yw kic twrch (mochyn).
Gw. HYWEDD.

Ceir nifer o gyfuniadau amaethyddol yn cynnwys y gair *dof*:
adar dof – ieir, hwyaid, gwyddau, tyrcwn, adar fferm.
anifeiliaid dof – ceffylau, gwartheg, defaid, moch, anifeiliaid fferm.
1755-85 LGC, Mor ddof im â'r ddafad.
tir dof – wedi ei ddiwyllio (di-wylltio, dofi).
dŵr dof – dŵr tawel, araf, llonydd.
llysiau dof, planhigion dof – llysiau bwrdd.
16g W Salisbury: LlM 184, Y moron *dofion* yn y Gardde.

dofadwy *a.* Y gellir ei ddofi neu ei hyweddu a'i ddwyn dan reolaeth (am anifail), y gellir ei ddiwyllio a'i drin (am dir).

dofedn, dofednod (*dof + edn*) *ell* Adar dof, edn dof, adar fferm, ffowls, da pluog – ieir, gwyddau, hwyaid, tyrcwn.

dofhawr gw. DOFI, DOFWR.

dofi *be.* Hyweddu, torri i mewn (am geffylau), ffrwyno, dwyn dan yr iau (ychen, gynt), gwarhau, llywethu.
1455 LGC 180, Mae'n *dofi* gwylliaid llonaid pob llwyn.
1988 Jer 31.18, Disgyblaist fi fel llo heb ei *ddofi* (BCN) (heb gynefino â'r iau, 1620).
Ffig. Lleddfu poen.

1771 PDPhH 12, Y mae diferu sudd Cucwmerau gwylltion i'r clust dolurus yn *dofi*'r poen.
Gw. DAL CEFFYL, LLYWETHU, TORRI I MEWN.

dog biswail *eg.* Offeryn pren pwrpasol i chwalu tail gwartheg ar gaeau, yn enwedig caeau i'w cadw'n wair.

dogn cydbwys *eg.* Dogn o fwyd cydbwys ei gyfansoddion maethynol ar gyfer y math o anifail sy'n ei gael.
Gw. DOGN CYNHYRCHU, DOGN CYNNAL.

dogn cynhyrchu *eg.* Y bwyd a roir i anifail dros ben dogn cynnal, at ei besgi (tewychu) neu at gael mwy o laeth, ayyb.
Gw. DOGN CYNNAL.

dogn cynnal *eg.* Y swm o fwyd y mae ar anifail ei angen i gadw ei raen a'i bwysau a heb ennill na cholli.
Gw. DOGN CYNHYRCHU.

dôl
1. *eb.* ll. *dolydd, dolau*. Darn o dir gwastad ar lan afon (yn aml) ac, fel rheol, tir lle mae afon yn dolennu, tir ym mhlygiad afon, gweirglodd, maes, maenoldir, porfeldir. Mae'n elfen mewn enwau lleoedd yn gyffredinol: 'Y Ddôl', 'Dol*b*achog', 'Dolau Cothi', 'Dol*h*endre', ayyb.
1620 Salm 65.13, Y *dolydd* a wiscir â defaid.
1620 Job 39.10, A lyfna efe y *dolydd* ar dy ôl di?
Anad. 'Daeth y gwanwyn glas, eginog,/Dail i'r llwyn a *dôl* feillionog.'
Anad. '*Dôl* a gollir yw Dolgelle,/Daear a'i llwnc, dŵr yn ei lle.'
Dywed. 'Os ym Mawrth y tyf y ddôl/Gwelir llawnder ar ei ôl.'
Gw. DOLDIR, GWEIRGLODD.

2. *ebg.* Pren ar ffurf bwa a roid am wddf ych o dan yr iau, yn gysylltiedig â'r iau ac i gadw'r iau yn ei lle. Ceir '*dôl* iau' a '*dôl* ych'.
1759 H Jones: DG 49, Gwneud *dolau* ag ieuau gwedd.
1488-9 B 4 203, Ac ef yn gwasgu y *ddôl* arno yn dynnach noc oedd.
1975 Ff Payne: YAG 144, Cedwid yr iau yn ei lle ar war yr ych gan *ddôl* a fyddai'n cau am wddf yr anifail.
Gw. FFOD[2].

3. Dolau, magl, hand (Môn). Magl i ddal cwningod, ayyb. Ceir hefyd 'cwlwm *dolen*' am 'cwlwm rhedeg' – yr un egwyddor ag sydd yn *dôl* (magl).
16-17g T Prys: Bardd 4, a dal gida *dôl* gadwyn/Ysgyfarnog fywiog fwyn.
Gw. MAGL.

doldir *eg.* ll. *doldiroedd*. Tir isel, tir ar lan afon, gweirglodd, tir ffrwythlon, tir gwastad, tir pori, porfeldir.
1620 1 Bren 10.27, A'r cedrwydd a wnaeth efe fel sycarmorwydd yn y *doldir*.
1746 G Jones: HWI 5 33, Gwneir y glennydd sychion yn *ddoldir* ffrwythlon.
Hen Bennill. 'Anodd torri gwair mewn *doldir*,/Os bydd bwlch ym min y bladur.'
Gw. DÔL, GWEIRGLODD.

dolen afon *eb.* Y tro yng ngwely afon ar lawr gwlad, afon yn dolenu, plygiad afon.
Gw. DÔL, DOLDIR.

dolen bwced *eb.* Clust y bwced, handlen y bwced, yr hyn y gafaelir ynddo i gario'r bwced, neu unrhyw lestr handlenog arall megis piser, cwpan, ayyb.

dolen drws *eg.* Handlen drws, yr hyn y gafaelir ynddo i agor a chau drws.
1582 Rhyddiaeth Gymraeg 2, 50, ac ameylyd a wnaeth yn *nolen y drws.*

dolen cadwyn *be.* Un o'r modrwyau sy'n ffurfio cadwyn, *dolen cadwyn*, linc, ling (Môn).

dolen rhaff *eb.* Y ddolen a wneir ar un pen i raff (cortyn, ayyb) i fedru tynnu'r pen arall drwyddi i wneud cwlwm rhedeg at ei thynhau am lwyth, baich, bwndel, ayyb.
Gw. CWLWM DOLEN, CWLWM RHEDEG.

doli *eb.* Addurn o wellt a osodid gynt ar ben neu ar goryn helm (tas gron), copsi. Ar lafar yn Nyfed.
Gw. COPSI.

dolio *be.* Rhannu, siario. Ar lafar yn Nyfed a Cheredigion.
1992 FfTh 9, 10, Cyllell wair a sgubell sgubor,/A del wraig i *dolio'r* ogor.

dolur byr gw. CLWY BYR, CLWY DU.

dolur rhydd (y) gw. SGOTHI.

dolwair *eg.* ll. *dolweiriau.* Gwair dôl, gwair gweirglodd, gwair doldir, gwair da.
17g E Morris: Gwaith 39, *Dolwair* a manwair mynydd.

dom gw. TAIL, TOM.

domblu Ffurf lafar ar 'damblu'. Ar lafar ym Môn.
Gw. DAMBLU.

domendod *eg.* Baw anifeiliaid ac adar, tail defaid, cwningod a ieir (S. *droppins*). Gw. TAM (1994). Mewn ambell i gwt ieir ceir 'llawr *domendod*' o dan y clwydi i ddal domendod yr ieir pan font yn clwydo.

donnen gw. TONNEN.

dôr *eb.* ll. *dorau.* bach. *dorig.* Drws neu gaead coed sgwar neu hirsgwar, ac weithiau'n ddeuddarn, yn cau ar agoriad i adeilad neu ardd, *dôr y tŷ, dôr y beudy, dôr yr ardd.* Fel rheol, croga ar golynau. Mae dôr yn hen air yn y Gymraeg, ac yn cyfateb i'r S. *door*, er nad yn gyfieithiad nag yn llygriad ohono. Mewn hen fythynnod hen ffasiwn *dôr* oedd y nesaf i mewn o ddau ddrws, y 'rhag*ddôr*' oedd y nesaf allan.

1620 Gen 19.6, Yna y daeth Lot attynt hwy allan i'r drws, ac a gaeodd y *ddôr* ar ei ôl.
1620 Es 41.24, A dwy *ddôr* i'r drysau, . . . dwy *ddôr* i'r naill ddrws a dwy *ddôr* i'r llall.
1959 Cynan: CC 32, Mi brynaf fwthyn unig,/Heb ddim o flaen ei *ddôr*/Ond creigiau Aberdaron/A thonnau gwyllt y môr.
Ffig. Cyfle, agoriad, concwest, nodded, amddiffyn (moesol ac ysbrydol).
Elfed: *Y Drws Cauedig*, Hawl y dewr yw agor *dorau*/Ac wynebu'r wawr.
1435-70 Hywel Cilan: Gwaith 1, *Dôr*-enwog wyd i'r ynys.
1721 J P Prys: DC 49, I'r galon *ddôr*-galed er ystyr a gweled,/Druaned och waeled ei chyflwr.
Dywed. 'Cefn fel *dôr*' neu 'cefn fel *dôr* melin' – cefn llydan, soled (am ambell i berson).
Gw. RHAGDDOR, RHAGDDRWS.

dôr blyg *eb*. ll. *dorau plyg*. Dôr blygedig (yn fertigol), dôr yn plygu neu'n colynnu yn ei chanol o'r pen i'r gwaelod fel ei bod yn agor rownd cornel. Dyma'r math o ddôr a geid amlaf ar ddrws stabal rhag i harnais y ceffylau fachu yn y ddôr wrth fynd a dod.

dôr dau hanner *eb*. ll. *dorau dau hanner*. Dôr ddeuddarn, top a gwaelod, dôr y gellir cau ei rhan isaf heb gau'r rhan uchaf. Mantais y dorau dau hanner gynt oedd cau'r ieir allan o'r tŷ drwy gau'r rhan isaf tra'n gadael awyr iach i'r tŷ drwy beidio cau'r rhan uchaf.
Gw. hefyd RHAGDDOR.

dorgain *ebg*. Ffurf lafar ar 'torgain', sef tordres neu gengel. Ar lafar yng Ngheredigion a sir Benfro, y *dorgain*.
Gw. CENGEL, TORDRES.

dorglwyd *eb*. ll. *dorglwydi, dorglwydau*. Dor rwyllog ar ffurf clwyd neu lidiart a welir weithiau ar fynedfa i adeilad, gardd, ayyb. Fel rheol, mae iddi goed traws cryfion ac ystyllenod ysgafnach gyda gwagle rhyngddyn nhw, o'r pen i'r gwaelod. Yn aml, ceir plethiad closiach yn y rhan isaf i gadw'r ieir, yr hwyaid, ayyb, rhag mynd drwodd.
13g Al 1 720, Dwy keiniawc kyfreith yw gwerth *dorglwyt*.
Ffig. Amddiffyn, nodded.
14g IGE 94, Nid Arglwydd neb, na *dorglwyd*,/Onid tydi ein tad wyd.

dorig *eb*. Bachigyn dôr.
Gw. DÔR.

Dorking *ep*. Brîd o ieir, sgwâr o gorff, yn amrywio mewn lliw gan gynnwys coch, gwyn a llwyd, crib sengal, coesau gwynion a thraed pumewinog. Yn dodwy wyau gwynion.

dormach *eg*. ll. *dormachau*. Baich, gormes, pwn. Ar lafar ym Môn. Sonia'r gyfraith am 'ddydd *tormach*', sef y dydd i ymddangos mewn llys barn.
1691 T Williams: YB 110, Er cymaint o *ddormach* ac o flinder y mae'r dynion anwireddus yn eu gwneuthur i'r duwiol.
WVBD 99, Rwyt ti'n *dormach* arna'i.
'Cer i nôl swrna' o ddŵr o'r ffynnon, fydd o ddim yn *dormach* arnat ti.'

dorr (Dyfed) gw. TOR.

Dorset Down *ep.* Brîd o ddefaid â wyneb brown a'u gwlân yn tyfu dros eu llygaid. Mae iddynt gnu o ansawdd dda, a'u hŵyn yn lladd yn dda.

Dorset Horn *ep.* Defaid wedi tarddu'n rhannol o'r brîd 'Merino', ac a geir yn ne-orllewin Lloegr. Mae gan yr hyrddod a'r defaid gyrn hir cyrliog. Fe'u nodweddir gan wlân gwyn, wyneb gwyn a ffroenau a gwefusau pinc. Mae'n gallu epilio unrhyw adeg o'r flwyddyn. Defnyddir y brîd gyda'r 'Finnish Landrace' i gynhyrchu'r 'Finn-Dorset' croesryw.

dôs *ebg.* Y mesur neu'r dogn gofynnol o foddion (ffisig), drens, yr hyn a gornir i lawr llwnc anifail yn y ffurf o hylif.
1722 Llst 189, Dôs – dose of physick.
Gw. DRENS, DRENSIO.

dosbarthiad ffermydd *eg.* Y gwaith o ddosbarthu ffermydd yn unol â chriteria arbennig sy'n diffinio mathau o ffermydd. Dibynna'r diffiniad ar bwrpas y dosbarthiad ac ar nodweddion arbennig y fferm mewn cylch arbennig. Mae'r criteria'n cynnwys allbwn, dydd gwaith safonol ac elw grôs, e.e. diffinir fferm laeth ar lawr gwlad fel un y mae 50% o'r llafur angenrheidiol i'w briodoli i'r fuches odro.

dosbarthydd *eg.* Y rhan o system danio peiriant mewndanio sy'n peri i'r trydan neu'r tân lamu o blwg i blwg yn y drefn briodol (S. *distributor*).

dosio *be.* Rhoi dôs o feddyginiaeth i anifail drwy ei orfodi i lawr ei lwnc â 'chorn drensio'. Heddiw ceir y 'gwn drensio' i ddosio defaid, gwartheg, ayyb.
Gw. DRENSIO.

dosraniad tir Y dosbarthu ar dir, neu raddoli tir yn ôl ei ansawdd, a'i allu i gynhyrchu a'i botensial i bwrpas amaethyddol. Mae gan y Weinyddiaeth Amaeth fap sy'n graddoli a dosrannu'r tir yng Ngwledydd Prydain yn y modd hwn. Nodir pum gradd o dir o radd 1, sy'n dir o ansawdd uchel, ac yn gnydiog a thoreithiog, i radd 5 lle mae ansawdd y tir, y tirwedd na'r hinsawdd yn llai ffafriol.

dot *eb.* Pendro, penysgafnder, penysgafndod. Ar lafar ar draws y de, ac yn Nyfed 'y *ddot*' yw'r ffurf arferol.
Gw. PENDRO.

Double Tom *eb.* Yr enw yn Nyfed (Cwm Gwaun) ar aradr ddwbl, aradr agor rhesi (rhychau), mochyn (Meirionnydd a Dinbych), a gwŷdd dwbl (Môn).
1958 T J Jenkins: YPLl AWC, Nid oedd aradr rhychio (*double-Tom*) yn Budloy yn fy nghof cynnar . . .

dowcer, dowcar *eg.* ll. *dowcs, dowciau.* Teclyn neu offeryn ar ffurf cribin fach, ond heb ddannedd, i wthio defaid dan y dŵr wrth eu golchi ar gyfer eu cneifio. Dichon mai'r aderyn 'bilidowcer' a roes yr enw oddi wrth ei arfer o fynd dan y dŵr yn gyfan bob hyn a hyn. Ar lafar yn sir Drefaldwyn.

dowdwst gw. DYFODWST.

dowlod, dowlad
1. *eb. ll. dowlodydd.* Ffurf lafar ar *taflod,* sef y llofft uwchben y beudy, y sgubor, y stabal, ayyb. Ar lafar yng Ngheredigion a Dyfed.
1980 J Davies: PM 64, Fy mrawd yn derbyn y gwellt a gâi ei chwydu o fol y dyrnwr a'i godi'n bigeidiau i'r *dowlod* uwchben y beudy.
1989 P Williams: GYG 19, *Dowlad* a gwellt sarn arno oedd uwchben y glowty fach.
1992 DYFED-Baeth 32, Cysgu ar y *dowlad* oedd e'n neud.
Gw. TAFLOD.

2. *eb. ll. dowlodydd.* Croglofft mewn tŷ byw, uwchben un neu fwy o'r ystafelloedd gydag ysgol i ddringo iddi o'r llawr. Ar lafar yn yr ystyr hwn yn sir Benfro.
1938 T J Jenkin: AIHA AWC, *Dowlad* – Mewn tŷ byw golygai ystafell a oedd uwchben un o ystafelloedd y llawr, ond eid iddi dros ysgol yn hytrach nag ar hyd grisiau . . . defnyddid hi fel ystafell wely er mai un ffenestr fechan iawn yn nhalcen y tŷ oedd iddi.

down gw. BRIDIAU DOWN.

dowyddu Ffurf lafar ar 'dywyddu'.
Gw. DYWYDDU.

drabio *be.* Malu neu dorri rhywbeth yn ddarnau. Ar lafar yn Arfon am rwygo cnu gwlân wrth gneifio'n flêr a di-lun.

draen
1. *eg. ll. draeniau.* Sianel dan wyneb y ddaear wedi ei wneud yn bwrpasol i gymryd y dŵr oddi ar wyneb y tir, a'i redeg i ffosydd ac afonydd, er mwyn sychu'r tir. Yn aml ceir rhwydwaith o draeniau yn ôl rhediad y tir. Gynt fe'u gwneid â cherrig fflat wedi eu gosod yn erbyn ei gilydd ar ffurf to brig. Yn ddiweddarach daeth y pibellau pridd, ac erbyn hyn pibellau plastig neu alcathin rhwyllog pwrpasol.

2. *eg.* Sianel ar yr wyneb neu dan yr wyneb, neu'r ddau, i redeg dŵr beudy a buarth fferm, cyfrwng i sianelu'r biswail neu'r carthddŵr i'r carthbwll. Mae'n rheidrwydd cyfreithiol erbyn hyn i gael system o draeniau a charthbwll i dderbyn y carthddŵr, sudd silwair, ayyb, fel nad yw'n mynd i ffrydiau dyfroedd.

3. *eg.* Hidl wedi ei wneud o wiail drain wedi eu plethu i'w osod wrth y tap (dwsel) mewn stond (cerwyn, llestr i ddarllaw) i ddal y soeg a'i rwystro i redeg allan gyda'r ddiod. Ar lafar yn sir Benfro, yn y ffurf 'drân'.
1938 T J Jenkin: AIHA AWC, Yr oedd twll yn agos i'r gwaelod (stond, cerwyn), ac o'r tu mewn i hwn y gosodid y drân.
Gw. DRÂN, STOND.

draenen *eb. ll. drain. bach. dreiniog, dreinos.* Planhigyn pigog, planhigyn â thyfiant o bigau blaenllym ar ei frigau ac yn perthyn i rywogaeth y *Crataegus.* Yn gyffredinol, dosberthir drain yn 'ddrain gwynion' a 'drain duon'. Gan fod eu pigau'n fwgan i anifeiliaid fe'u defnyddir i godi cloddiau neu wrychoedd yn gaead ar gaeau neu ar derfynau ffermydd. Drain hefyd a ddefnyddir fwyaf i ferdio a chau mannau gwan mewn clawdd neu wrych. Yn y de clywir 'drân'.

1620 Es 55.13, Yn lle *drain* y cyfyd ffinid-wydd.
1778 Ieuan Brydydd Hir: Gwaith 51, *Drain* ac ysgall mall a'i medd,/Mieri lle bu mawredd.
Ffig. Dan ddylanwad y Beibl, 'draen yn ystlys' – sef unrhyw beth neu unrhyw un sy'n boendod parhaus.
'Mi fu'n *ddraen yn f ystlys* tra bum i yno.'
Diar. 'Cwsg y gwir ar *ddrain,* ni chwsg anwir ar blu.'
Dywed. 'Ar bigau'r drain' – anniddig, aflonydd. 'Roeddwn i *ar biga'r drain* gan ofn colli'r trên.'
'Tynnu trwy ddrain' – bod yn bigog a chrafog wrth feirniadu rhywun er nad bob amser yn faleisus, ond yn hytrach yn ddireidus.
1997 D Wyn Wiliam: *Cofiant Lewis Morris* 92, Nid annisgwyl oedd ymateb 'Cadeirfardd' Môn: mewn chwe englyn fe *dynnodd* yr offeiriad o Arfon *drwy'r drain.*
Gw. DRAIN GWYNION, DRAIN DUON.

draenen blannu Y math o ddrain a blennir at wneud gwrych neu glawdd, draenen wen (S. *quick-set*).

draenen ddu *Prunus spinosa.* Y ddraenen y bu dyn erioed yn hoff o ddefnyddio'i changhennau i wneud ffyn, – ffyn llaw, ffyn bugail, ayyb. Mae'n bren cryf a chaled i'r pwrpas ac, yn aml, gellir cael rhan o fforch fôn y gangen at wneud bagl.
1923 Tegla Davies: *Gŵr Pen y Bryn* 36, Rhoddid gwybodaeth ryfedd yn y pamffledyn . . . ac anogid pob un i chwilio a oedd ganddo ryw bethau fel pigau *drain duon* yng nghroen ei wyneb.
1963 Hen Was: RC 22, "Twm", medda fo, "mi rydw'i am wneud y ffon ora wnes i 'rioed, ffon *ddraenen ddu,* wsti. Rydw'i wedi cadw fy llygaid ar y rhain ers talwm iawn, a dyma nhw iti." A dyma fo'n dangos y *drain duon* imi'n ofalus . . . Roedd 'na ddeunydd ffyn campus yn y dair *ddraenen ddu* . . . a digon o le i gerfio clamp o fagal crand ar ddwy ohonyn nhw.

draenen wen *eb.* Drain â'u blodau gwynion yn rhoi'r enw Cymraeg iddyn nhw, ac o deulu'r rhosyn, ysbaddaden (*Crataegus monogyna*).
Hen Bennill. 'Mae nghariad i'n Fenws/Mae nghariad i'n fain,/Mae nghariad yn dlysach/Na *blodau y drain.*'
Dywed. '*Drain* yn ei gap' – melltith arno.
'*Drain* wyneb' – plorod ar yr wyneb.
'Ar *ddrain*' neu 'ar bigau'r *drain*' – ar binau, yn nerfau'i gyd, cynhyrfu wrth ddisgwyl ayyb.
Ffig. Rhywbeth neu rywun sy'n achosi gofid neu ddolur.
1620 Barn 2.3, Ond byddant i chwi *ddrain* yn eich ystlysau.
Ioan Brothen: *Bywyd* (di-Dduw), Buchedd ddrwg fel baich o *ddrain,*/Sy'n achos inni ochain.
Gw. hefyd CLAWDD DRAIN, DRAENGLWYD, LLIDIART DDRAIN.

draenglwyd (*draen* + *clwyd*) *eb. ll. draenglwydi.* Og ddrain i lyfnu tir glas (tir gwair, tir pori). Rhoid clwyd neu lidiart ar ei gorwedd a thynnu brigau drain duon rhwng ei bariau mor glos ag y gellid, a'u rhwymo yma ac acw wrth fariau'r glwyd. Yn aml, rhoid pwysau arni i'w gwneud yn drymach ac yn effeithlonach. Gwneid yr ogau hyn hyd at ganol yr 20g ac o fewn cof llaweroedd sy'n fyw, cyn i'r og gadwyn haearn ddod yn gyffredin gyda gwawr dyddiau'r tractor.

1632 D, (diar) Tra retto'r ôd y rhêd y *ddraenglwyd*.
1847 Traeth 3 437, Y *ddraenglwyd* a arferir mewn rhai parthau i lyfnu wrth hau meillion.
1975 I C Peate: DGC 115, Y ffurf fwyaf cyntefig (o oged) yw'r *ddraenglwyd* a enwir yn y cyfreithiau, ac a erys yn boblogaidd mewn rhai ardaloedd o hyd (1942). Nid yw hon yn ddim ond canghenau drain a rwymir weithiau ar glwyd neu ffram bren.

Gw. DRAENEN, OG DDRAIN.

draenio *be.* Gwneud draeniau (traeniau) i sychu tir.
Gw. DRAEN, TRAENIO.

draenllwyn *(draen* [drain] + *llwyn)* ll. *draenllwyni.* Llwyn drain, llwyn o ddrain, twmpath drain.

1604-7 TW: Pen 228, Cryman pennphonn i scythru mieiri a *draenllwyni*.
1753 Gron 82, Pwy na char ei Ros Saron,/Lili a *draenllwyni* llon.

drafft *ebg.* ll. *drafftiau.* Braich trol, llorp trol, siafft trol. Yn S. gelwir ceffyl tynnu (tynfarch) yn *draught horse.* Yn Gymraeg fe'i gelwir yn 'geffyl siafft' neu'n 'geffyl bôn'. Mae'n ymddangos mai benthyciad o'r S *draught* yw 'drafft' ond bod y gair wedi mynd i gynrychioli'r llorp (siafft) yn hytrach na'r ceffyl. Ar lafar yn sir Ddinbych.

drag *eb.* ll. *dragiau.* Og, oged, yr offeryn a ddefnyddir i falu ac i lyfnu tir âr, ac i lyfnu tir glas.

1993 FfTh 11, 35, Wedyn rowlio'r ddau gae a mynd drostynt efo oga bigau, ac wedyn efo *drag* i falu'r tir i fyny.

dragio *be.* Llyfnu tir âr, rhoi'r drag ar dir âr.
Gw. DRAG.

dragon *eb.* Un o'r nifer o enwau ar gribin delyn. Ar lafar yng Ngheredigion.

1992 FfTh 10.47, Wedi mi symud i Geredigion i fyw aeth y 'gribin delyn' yn 'rhaca sofl' neu *dragon*.

drân *eg.* Tusw neu fwndel o eithin gwyrdd a roid am geg tap ar stond facsu, rhag i'r brâg fynd drwyddo pan fyddid yn bacsu (macsu) cwrw cartref. Ar lafar yng Nghwm Gwaun.

1989 P Williams: GYG 18, â *drân* (tusw o eithin gwyrdd) wedi'i angori dros dwll y tap (ar y stond facsu) rhag i'r brag fynd drwyddo.

Gw. DRAEN³.

drecs *ell.* Ffurf lafar ar *trecs,* sef harnais neu gêr ceffyl, isbel. Ar lafar ym Môn. Rhoi'r *drecs* ar y ceffylau a wneid ym Môn gan amlaf ac nid rhoi'r 'trecs' na'r harnais, na'r gêr.

1983 E Richards: YAW 14, Golygfa i'w rhyfeddu oedd y wedd yn troi allan, y gynffon a'r mwng wedi eu plethu a'r *drecs* yn sgleinio.
1983 T D Roberts: BLlIF 34, Roedd y ddau yn y stabal un bore glawog oer, ac wedi rhoi'r *drecs* ar y ceffyla'n barod i fynd allan i aredig.

73

1992 T D Roberts: BBD 65, Mi fyddai ei ymweliad o (sadler) â fferm i drin y *drecs* mor bwysig â neges yr haul i'r cynhaeaf.
Gw. GÊR, HARNAIS.

drefa *eb*. ll. *drefau*. Tas fechan o bedair ysgub ar hugain, neu ddau stwc o ŷd, cylch (sir Benfro). Yn ôl Geiriadur W O Pughe arferai'r nifer o sgubau amrywio o 24 yng Ngheredigion. i 30 yn sir Ddinbych. Yn ôl rhai, nifer arbennig o fatingau gwellt gwenith yw *drefa* (gw. T Gwynn Jones, B, Cyfr. 1 (1921-23). Mae'n amlwg ei fod yn air am y ddau, nifer o sgubau a nifer o fatingau. Ar lafar yn gyffredinol.
1759 BC 526, Ac ymaith oll/yr aethant a darfuant *Drefa* fawr.
1688 TJ, *Drefa* – a threave, 24 sheaves of corn.

drenglo *be*. Ymrowlio, ymgreinio, ymdreiglo (am anifail yn enwedig ceffyl), ceffyl, ar ôl ei droi allan dechrau haf, yn ymdreiglo ac yn ymrwyfo ar ei gefn ar y cae.
Diar. 'Lle'r *ymgreinia* march y gedy peth o'i flew.'
Gw. YMDREIGLO.

dreindir (*drain* + *tir*) *eg*. ll. *dreindiroedd*. Tir llawn drain, tir llawn drysi, dryslwyn.

dreinio
1. *be*. Cau bylchau neu fannau gwan mewn clawdd â drain, berdio.
1796 T Jones: CCA 271, Mae'r garddwr yn *dreinio* o gylch ei blanhigion ieuainc i gadw'r anifeiliaid draw.
Gw. BERDIO.
2. Sychu tir.
Gw. DRAENIO, TRAENIO.

dreiniog *a*. Pigog, llawn pigau, llawn drain.
17g LBS 4 395, perth ddreiniog.
1630 R Vaughan: YDd 391, Yn debyg i'r tir *dreiniog*.

drens *eg*. Ffisig neu feddyginiaeth neu donic i anifail yn y ffurf o hylif ac a gornir i lawr ei lwnc. Yn y de ceir y ffurf 'dransh'.
1771 PDPhH 73, Diod neu *drens* i geffyl a fo gwan a lluddedig.
Gw. DRENSIO.

drensio *be*. Gorfodi meddyginiaeth i lawr llwnc anifail, cornio ffisig i wddf anifail. Yn y de ceir hefyd y ffurf 'dranshio'.
GPC, Dal ben y ceffyl lan i fi gâl i *ddranshio* fe.
Gw. DRENS.

dresu *be*. Clochdar, clwcian (iâr wedi dodwy). Ar lafar ym Môn.
GPC, Mae'r iâr yn *dresu*'n arw heddiw fel pe bai'n hwylio i ddodwy.

drewc *eg*. Math o wellt sy'n tyfu mewn cnwd o ŷd, efrau, ller, bulwg.
1567 Math 13.25, Ac a heuawdd efrae [:- ller, *drewc*] ymplith y gwenith.

dribe *eb.* Ffurf dafodieithol ar 'trybedd', sef yr haearn taironglog trithroed i ddal pethau ar y tân i'w coginio. Ar lafar yn Nyfed.

1937 T J Jenkin: AIHA AWC, *Dribe* = drybedd, 'trivet'. Rhaid cael hon i ddal y badell bres dros y tân tanwent.

1989 P Williams: GYG 30, Erbyn hyn roedd llond y badell bres o ddŵr yn berwi ar *dribe* ar lawr aelwyd y simne fawr.

Gw. TRYBEDD.

drifl *eg.* ll. *driflau.* Y glafoerion o geg anifail, poer neu lysnafedd anifail, slefr, drefl, drewl (Dyfed). Sonnir am '*drifl* y gwynt' ac am '*drifl* yr ych'.

1762 E Powell, HEI 50, Chwi ellwch ei adnabod wrth *ddriflau* llinynnog yr anifail.

Gw. GWYNT FFROEN YR YCH.

dringol *eg.* Chwyn, suran y coed, dail surion, suran yr ŷd (*Rumex acetosella*).

dril, drul

1. **trul** *eb.* ll. *driliau.* Rhigol neu gwys fechan yr heuir had ynddi mewn cae âr neu ar ben rhesi neu rychau.

2. *eb.* Y peiriant a ddefnyddir i wneud rhigol ac i hau'r had yr un pryd. Ceir rhai o'r driliau hyn yn rhai sengl i hau (hadau mân, swêds, ayyb) mewn un rhes ar y tro, ond ceir rhai eraill â nifer o sychau i hau ŷd, llwch gwrtaith, ayyb.

1807 *Eurgrawn Cymraeg* 46, Heuwch yr had â'r *drul.*

1933 H Evans: CE 128, Hyd y gwn i, mae gwaith fferm yng Nghymru yn bur debyg heddiw i'r hyn oedd pan oeddwn i'n hogyn, ond fod y peiriannau a'r celfi at y gwaith wedi gwella llawer. Yr adeg honno heuid y cwbl â llaw, heddiw mae'r *drill* i hau, a nifer o offerynau i lanhau'r tir ac i hel a difa gwreiddiau.

Gw. HAU.

dril berfa gw. BERFA HAU.

dril dra-chywir *eb.* Dril gymharol ddiweddar sy'n medru gosod un hedyn yn y pridd ar y tro ac felly wedi dileu'r angen am deneuo (singlo) neu chwynnu swêds, ayyb (S. *precision drill*).

dril gombein Dril yn hau grawn ŷd a gwrtaith yr un pryd, disgyn yr hadyd a'r llwch drwy binnau'r dril gyda'i gilydd.

dril gosod Y dril sy'n gallu gosod gwrtaith wrth ochr rhesi o blanhigion, ac ychydig islaw iddynt, fel bod y planhigion yn manteisio'n llawn ac yn effeithlon ar y gwrtaith, drwy'u gwreiddiau.

drill plough *eb.* Aradr â dwy aden at agor rhesi (rhychau) ar gyfer tatws, erfin, ayyb, mewn cae âr, aradr ddwbl, gwŷdd dwbl (Môn), mochyn (Meirionnydd). Ar lafar yn Nyfed lle'i gelwir hefyd yn 'double tom' neu 'dwbl tom'.

1989 P Williams: GYG 42, Cyrchid y rhan fwyaf o'r dom o'r clos i dir coch, i'w roi mewn rhychiau a wneid gan y *drill plough* neu'r 'dwbl tom' ar gyfer codi tato, ffa, pys, swêds a mangls.

drilio uniongyrchol *be.* Hau had gyda dril yn uniongyrchol i dir nad yw wedi ei droi a'i drin, ac, fel arfer, ar ôl chwistrellu'r tir hwnnw â chwynleiddiad.

dripyn *eg.* Y saim neu'r toddion a geir o rostio cig, toddion cig rhost. Cedwid y dripyn gynt at wahanol ddibenion wrth goginio bwyd, e.e. i'w roi ar fara yn hytrach na menyn.
1923 Tegla Davies: *Gŵr Pen y Bryn* 61, Mynd i Ben y Bryn, Syr, i edrych a oes gan Mrs Williams dipyn o *dripin*.

driwc *egb.* Handlen i droi offer megis buddai, wins y ffynnon, injan falu gwellt, ayyb, *driwc* y fuddai, *driwc* y ffynnon, cranc, dirwynlath. Ar lafar yn Nyfed.
Gw. CHWIMSI, DIRWYNAI.

driwco *be.* Troi'r handlen (driwc) uwchben y ffynnon wrth godi dŵr. Ar lafar yn Nyfed.
Gw. DRIWC, WINSH.

drôf gw. DROFIE.

drofer, drofar *ll.* *drofars, droferiaid.* Gyrrwr gwartheg, un yn cerdded gwartheg, porthmon, cymeriad cyffredin ar y ffyrdd gynt, cyn dyddiau'r trên a'r lori wartheg.
Gw. GYRRU GWARTHEG, PORTHMYN LLOEGR.

drofie *ell.* un. *drôf.* Nifer mawr (o anifeiliaid), haid niferus, diadell helaeth. Ar lafar ym Maldwyn.
1981 GEM 34, *Drofie* o ddefed.

droge, drogod Ffurf lafar ar torogen a torogod.
Gw. TOROGEN, TOROGOD.

drowser rib *egb.* Y math o drowsus o ddefnydd rhesog, rhibiog a fyddai'n boblogaidd gyda gweision ffermydd gynt, trowsus rib, trowsus rhesog, trowsus cordroi, trowsus melfared, trowsus 'redig. Ar lafar yn sir Gaerfyrddin.
1939 D J Williams: HW 16, Gwelaf ef yn awr . . . yn ei *drowser rib* melynaidd.
Gw. TROWSUS CORDROI, TROWSUS MELFARED.

drum gw. TRUM.

drwi, drwi, drw bach, drw boch Y sŵn a wneir wrth alw'r buchod godro, dull o waeddi ar y gwartheg godro. Ceir hefyd y ffurfiau drywbach, drw-bach, drw-boch, drw-boch (Môn).

drwm gw. DRYM².

drws
1. *eg.* *ll.* *drysau.* Y bwlch neu'r adwy ym mur adeilad yr eir i mewn ac allan drwyddo; hefyd y gwaith coed neu fetel sy'n cau ar y bwlch, neu ar

unrhyw agoriad megis drws cwpwrdd, drws popty, ayyb.

13g WM 31 34, Agori y *drws* a oruc (a wnaeth) ef.

1620 Gen 19.6, Daeth Lot . . . allan i'r *drws* ac a gaeodd y ddôr ar ei ôl.

Ffig. 1567 Ioan 10.7, Mi yw *drws* y deveit.

1588 Hos 2.15, a Dyffryn Achor yn *ddrws* gobaith.

'Mi fydd 'i droed drwy'r *drws* wedi cael y swydd yna.'

2. Tramwyfa rhwng y bryniau a mynyddoedd, megis *'Drws* Ardudwy', 'Yr Oer*ddrws*', *'Drws* y Nant', *'Drws* y Coed'.

drws allan Y drws mwyaf allanol o ddau ddrws, drws y tywydd, ac, fel rheol gynt, yn ddrws deuddarn, fel bod modd gadael y darn uchaf ar agor ar dywydd tesog.

drws dau hanner Drws deuddarn lle mae'r hanner uchaf a'r hanner isaf yn agor ac yn cau yn annibynnol ar ei gilydd. Gellir cau yr hanner isaf i gadw'r ieir, ayyb, allan a gadael yr hanner uchaf ar agor i wahodd awel o wynt ar dywydd poeth. *Drws dau hanner* a welid yn ddrws cefn ar y mwyafrif o dai ffermydd gynt yn ogystal ag ar y sgubor, y beudy a'r cytiau lloeau a'r siediau.

drws deuddarn gw. DRWS DAU HANNER.

drws dwyddor Drws yn plygu neu'n colynu'n fertigol yn ei ganol. Dyma'r math o ddrws a geid gan amlaf ar stablau – drws lletach na'r cyffredin yn ddau hanner o'r pen i'r gwaelod fel ei fod yn agor am gornel yr adeilad rhag digwydd i gêr y ceffylau fachu ynddo wrth fynd i mewn ac allan.

drycar (*drwg* + *âr*) *eg.* Âr drwg, aredig gwael, diraen, balciog, ayyb.

1975 Ff Payne: YAG 94, Gwelsom fod safon gydnabyddedig i aredig cyn belled yn ôl â chyfnod Cyfraith Hywel. Y mae sôn am *ddrycar* – âr drwg – yn y Gyfraith mor arwyddocaol yno ag ydyw yn y Cyfieithiad Cymraeg diweddarach o Hwsmonaeth.

drycin (*drwg* + *hin*) *egb.* ll. *drycinoedd*. Storm, tymestl, tywydd mawr o wynt a glaw, tywydd anffafriol a niweidiol, yn aml, mewn cyferbyniad i hindda, hinon, sychin, yn enwedig amser cynhaeaf.

13g DB 71, Os e bore y cocha (yr awyr), *drykhin* a arwyddha.

1620 Math 16.3, Heddiw *dryccin* canys y mae yr wybr yn goch ac yn bruddaidd.

Ffig. Amgylchiadau cythryblus, adfydus.

1691 T Williams: YB 229, Na ad i'r *ddrycin* o hirbell ddigalonni mo'not.

dryctir (*drwg* + *tir*) *eg.* ll. *dryctiroedd*. Tir gwael, diffaith, tir anffrwythlon.

1620 Mos 204 114, Ni chel *dryctir* ei egin.

dryll gw. HIRWAUN, SLANG, SLANGEN.

drym, drwm

1. *egb.* ll. *drymiau*. Yn amaethyddol, y silendr ar ben y dyrnwr mawr, wedi ei arfogi â chledrau gwrymiog (bitars) ac yn troi gyda chyflymder mawr, at wahanu'r grawn oddi wrth y gwellt wrth ddyrnu. Gyrrid yr ysgubau y, brig gyntaf, i'r drym fel ei bod yn cael y cyfle gorau i stripio'r

grawn.

1992 T D Roberts: BBD 14, Arferai Wil Drym ganlyn peiriannau dyrnu, ac mi gafodd ei enw oddi wrth *ddrym* y dyrnwr.
Gw. FFIDER, FFIDIO.

2. *eg.* Y dyrnwr yn ei grynswth, y dyrnwr mawr fel y cyfryw. Fe'i gelwid 'y drym' neu 'y drwm' yng ngogledd ddwyrain Cymru.
1991 FfTh 7, 37, Hefyd yr oedd gennym injan ddyrnu Marshall a *drwm* Marshall.

drym begiau Math o silendr neu ddrym a geid mewn ambell i ddyrnwr mawr gynt, â phegiau yn hytrach na chledrau (bitars) i wahanu'r grawn oddi wrth y gwellt.

drynolbren gw. DYRNOLBREN.

drys gw. DRYSI, DRYSLWYN.

drysberth (*dyrys* + *perth*) *eb.* ll. *drysberthi.* Draenllwyn, drysi, llwyn o ddrain.
16g Huw Arwystl: Gwaiti 357, Fab dirasbarch, fab *drysberth.*
1798 W Jones: LlG 39, Codi'r yspail o'r *dyrysberth.*

drysgoed, dyrysgoed (*dyrys* + *coed*) *eg.* ll. *drysgoedydd.* Tewgoed, prysglwyn.
1620 Salm 74.5, fel y codasai fwyill mewn *dyrys-goed.*
17g E Morris: B 85, Ei ddiwedd yn drwsgwl mewn *drysgoed.*
Gw. PRYSGLWYN.

drysi
1. *eg.* Drain hir a ddefnyddid, mewn rhai ardaloedd, yn lle rhaffau i gadw to gwellt yn ei le

2. **drys** *ell.* bach. *drysien.* Llwyni pigog, twmpathau o fieri a drain.
1546 YLlH 9, Diwreidda y koedach ar *dyryssi* o'th weirglodd.

drysien gw. DRYSI.

dryslwyn, dyryslwyn (*dyrys* + *llwyn*) *eg.* ll. *dryslwyni.* Prysglwyn, llwyn mieri, lle llawn o ddrysi, drysle, llwyn dyrys, gwrychell.

drywinen gw. DERWEINYN.

duad *eg.* ll *duadau.* Yn amaethyddol cowlas, golau, cwpl (mewn sgubor neu dŷ gwair), y gofod rhwng pedwar piler a dau gwpl to mewn tŷ gwair. Clywir '*duad* o wair' a '*duad* o ŷd'. Ar lafar yn Nyffryn Mawddach. Ym Morgannwg 'diad' yw'r ffurf; yng Ngheredigion 'gole'; ym Mhenllyn 'gole'; ym Môn 'piler o wair', neu 'gola o wair'.

duar *eb.* ll. *duarau.* Ffurf lafar mewn rhai ardaloedd ar 'daear', yn enwedig mewn ymadroddion a dywediadau megis 'twrch *duar*', 'llyngyren *dduar*', 'wn i ar y *dduar*', 'bobol y *dduar*' ayyb. Ar lafar yn y gogledd.

duddrain (*du* + *drain*) *ell.* un. *duddraenen.* Drain duon (*Prunus spinosa*).
15g GTP 42, Sud bwa *duddrain* y sydd/Ar annel ym Meirionnydd.
1550 B 6 49, Gosod goed *duddrain* o Wyl Vihangel hyd Galan Gayaf.
Gw. DRAENEN DDU.

durdor (*dur* + *tor* [bwlch]) *eg.* Nam neu fwlch ar lafn pladur newydd. Ar lafar ym Maldwyn.
Gw. hefyd BWLCH[4].

Durham *ep.* Gwartheg mawr, byrgorn a ddatblygwyd yn Nyffryn Tees yn Swydd Durham. O'r brîd hwn y tarddodd y prif fridiau o wartheg byrgorn.

durio
1. *be.* Tymheru neu galedu haearn neu offeryn, yn enwedig llafn pladur neu ddannedd og. Byddai hyn yn holl bwysig wrth brynu pladur newydd. Dull rhai ffermwyr o weld a oedd y llafn wedi ei ddurio neu ei dymheru'n iawn ai peidio oedd mynd â blodyn melyn efo nhw wrth brynu pladur, ac os oedd y llafn yn adlewyrchu lliw y blodyn, roedd popeth yn iawn.
Gw. hefyd GARLLODI.

2. *be.* Rhoi hoelion pennau mawr dan bedolau ceffyl, i roi gafael i'w draed ar rew, ayyb. Ar lafar ym Mhenllyn.

Duroc *ep.* Brîd o fochyn a fewnforiwyd i wledydd Prydain o Ogledd America, coch ei liw ac a ddefnyddir yn helaeth i bwrpas croesfridio.

durol, duriol *a.* Parhaol (fel dur), yn dal traul yn dda, yn gwisgo'n dda (am ddillad); yn para'n dda, yn mynd ymhell (am fenyn, bara, cig ayyb). Sonnir am 'fenyn *durol*', a 'throwsus *durol*'.
'Ma' hwn wedi bod yn drowsus *durol*, wedi gwisgo'n dda.'
'Ma' bara cartra' yn llawer mwy *durol* na bara siop.'

duryn
1. *eg.* ll. *durynnau, durynnod.* Trwyn anifail sy'n turio, e.e. mochyn.
Ffig. Yn gellweirus, trwyn person dynol.
17g Huw Morus: EC 1 333, Gwell na merch yn cynnyg cusan,/Ar *dduryn* oer, ryw ddarn o arian.

2. *eg.* Swch aradr, blaen y gwŷdd (Môn).
17g Huw Morus: EC 1 303, I rwygo gwraidd rhedyn â'r *duryn* oer dig.
1581-1609 Roger Kyffin: *Gofyn Aradr, Durun* twrch yw drin aed tay,/Draig koeshir a dyr cwysau.

Dutch Barn *eg.* Adeilad amaethyddol mawr at storio gwair a gwellt. Fe'i ceir â tho brig neu â tho bwaog, strwythur o goed neu o ddur, ochrau agored neu'n gaeëdig, ac wedi ei rannu'n gowlasau yn amrywio o ran eu nifer.

du-ysgyfaint, dusgyfaint *eg.* Math o annwyd pen neu ormwyth heintus ar geffyl ac asyn. Rhydd GPC dri enw Saesneg ar yr afiechyd: '*the*

79

strangles', *'black strangles'*, *'glanders'*. I ni heddiw mae *'strangles'* a *'glanders'* yn afiechydon gwahanol, ac nid yw TAM (1994) yn eu cysylltu o gwbl. Yno ceir *'ysgyfeinwst'* am *'strangles'* a *'clafri mawr'* am *'glanders'*. Dichon, fodd bynnag, fod yr ansoddair *'black'* o flaen *'strangles'* yn gwneud gwahaniaeth.

1401 AL 2 324, Ac dyvot ydaw (march) y dera, a'r llynmeirch a'r *du ysgefeint*.
1725 SR, *Du-ysgyfaint* – consumption.

dwbin *eg.*

1. Saim neu irad – saim gŵydd fel rheol – a roid gynt gan ffermwyr a'u gweision ar sgidiau a chlogsiau i'w cadw'n ystwyth ac i rwystro gwlith a dŵr fynd drwy'r lledr.

'Paid a mynd i'r gwlith efo'r sgidia newydd 'na cyn rhoi dôs iawn o *ddwbin* iddyn nhw.'

2. Pâst o flawd ac irad i lenwi'r rhigolau ar ôl cau'r fuddai cyn dechrau corddi. Ar lafar ym Maldwyn.

Gw. GEM 34 (1981).

3. Y clai (weithiau baw gwartheg, ayyb) a ddefnyddid gynt i ddwbio neu selio o gwmpas y popty mawr (ffwrn wal) cyn dechrau pobi, cymrwd.

dwbio *be.* Dipio (defaid), trochdrwytho. Ar lafar yn sir Frycheiniog.
Gw. DIPIO, TROCHDRWYTHO.

dwbl, dwbwl *a.* Dau o unrhyw beth, rhywbeth wedi ei ddyblu, dwywaith cymaint o rywbeth.

aradr ddwbl – aradr â dwy styllen bridd, un bob ochr, at agor rhesi, cau rhesi, priddo tatws, ayyb, gŵydd dwbwl (Môn), mochyn, dwbwl Tom (Dyfed).
Gw. DOUBLE TOM, GWŶDD DWBL.

gwedd ddwbl – gwedd o geffylau ochr yn ochr, yn aml, mewn cyferbyniad i 'gwedd fain' lle mae un o flaen y llall.

gweithio'n ddwbl – gw. GWEDD DDWBL.

gwŷdd dwbwl – gw. ARADR DDWBWL.

rhaff ddwbl – Dwy raff sengal (fain) wedi eu heilio'n neu eu cordeddu'n un raff ddwygainc (rhaffau gwellt), rhaffau traws at doi tas.
Gw. EILIO RHAFF, RHAFFAU TRAWS.

dwbwl Tom – aradr ddwbl â dwy styllen bridd, un o boptu.
Gw. DOUBLE TOM, GWŶDD DWBL, MOCHYN[1].

dwddu gw. DYWYDDU.

dwfn, dyfn

1. *a. b. dofn.* Yn cyrraedd i lawr ymhell oddi ar y wyneb (y ddaear), heb fod yn fas. Ceir hefyd y ffurf *'dwfwn'*.

'Ma'r swch yn rhy *ddwfn* o ddim rheswm.'
'Mae'r ffynnon 'ma'n *ddofn* iawn.'
1620 Salm 69.2, Soddais mewn tom *dwfn*.
Ffig. Meddyliau, syniadau astrus, pregeth neu draethiad anodd i'w ddilyn.

80

'Roedd y pregethwr 'na lawer rhy *ddwfn* i mi.'
'Rhoi 'i swch braidd yn *ddwfn* mae'n gweinidog ni.'

2. *eg.* Dyfnder (daear, môr), yn gyfystyr â dyfnder. Sonnir am *'ddwfn* o bridd'* (dyfn o bridd) yn gyfystyr â 'dyfnder o bridd', ac am *'ddwfn* y gwys'* yn gyfystyr â 'dyfnder y gwys'.

1632 J Davies: LlR 352, . . . creigleoedd, lle nid yw'r had yn parhau o eisiau *dwfn* i wreiddio.
'Chewch chi ddim cnwd heb *ddwfn* o bridd.'
'Dyro fymryn mwy o *ddyfn* i'r gwys.'

dwnsiwn, dwnjwn, dyfnsiwn, dwynsiwn, dwnjwr *eg.* Dibyn, ceunant, dyfnder. Ar lafar yn gyffredinol ond bod y ffurf yn amrywio o ardal i ardal: 'dyfnjwn' (Arfon) WVBD 115; 'dwnshwn' (Dyfed); 'dwnshwr' (Ceredigion) ynghyd â 'dwnshwn' a 'dwnjwr'; 'dymshiwn', 'dymjwn' (Môn).

1759 BC 483, Dawnsio ar fin y *Dwnsiwn*.

dŵr, dwfr *eg.* ll. *dyfroedd*. Y gwlybwr sy'n disgyn o'r cymylau yn y ffurf o law gan lifo ac ymgronni'n nentydd, afonydd, llynnoedd a moroedd a tharddu o'r ddaear yn ffynhonnau. Un o hanfodion bywyd ac un o anhepgorion amaethyddiaeth.

Codwyd y mwyafrif o ffermdai mor agos ag y gellid at ffynnon ac afon. Yn aml ceisid ffynnon neu gronfa ddŵr uwchlaw lefel y tŷ fel bod y dŵr o'i sianelu yn rhedeg yn ei bwysau at y tŷ. Cyffredin iawn hefyd oedd pydew neu siafft yn ymyl y tŷ gyda winsh (dirwynai) ar ei ben, neu bwmp llaw yn ddiweddarach, i godi dŵr. Caffaeliad mawr i amaethyddiaeth yng Nghymru oedd cael y cyflenwad dŵr cyhoeddus ar ôl yr Ail Ryfel Byd (1939-45).

Diar. 'Nac ymryson â chadarn galluog nac â *dŵr* rhedegog' – peidio anturio'r anfuddiol a'r amhosibl.
'Gloywach *dŵr* ffynnon na *dŵr* ffrwd' – y tarddiad yn lân.
Ymad. Ffig.
'*Dŵr* y gynnen ' – anghydfod. Ymadrodd Beiblaidd.
1620 Num 27.14, Dyma *ddwfr cynnen* Cades.
'Mewn *dyfroedd* dyfnion' – mewn helynt, mewn trwbl.
'Mewn *dŵr* poeth' – mewn anhawster neu drafferth (ariannol yn aml).
'Dan *ddŵr'* – isel ysbryd, neu mewn dyled ariannol.
'Pen uwchlaw'r *dŵr'* – yn ddi-ddyled, ymdopi'n ariannol.
'Troi'r *dŵr* i'w felin ei hun' – gwneud popeth er hunanfantais neu hunanles.

dŵr bargod Y dŵr glaw oddi ar do'r tŷ a'r beudái a gronnid gynt mewn tanciau neu sestonau llechfaen at bwrpas cyffredinol fferm. Pan nad oedd cyflenwad o ddŵr, a phan oedd yn ofynnol ei gario o ffynnon, roedd gwerth mawr ar y *dŵr bargod*.

dŵr beudy Dŵr tail, biswail.
Gw. BISWAIL.

dŵr byw Dŵr rhedegog, mewn cyferbyniad i 'ddŵr llonydd'.
1620 Can 4.15, Ffynnon y Gerddi, ffynnon y *dyfroedd byw*.

dŵr caled Dŵr a mwy na'r cyffredin o galch ynddo, dŵr prin ei laddar.

dŵr coch (rhudd) Enw arall ar y 'clwy coch' ar anifail, yn enwedig defaid. Ceir gwaed yn nŵr yr anifail dan y clwyf. Hynny a roes yr enw 'clwy coch' ar yr anhwylder. Ar lafar yng Ngheredigion.
Gw. CLWY COCH, PISO GWAED.

dŵr codi Dŵr ffynnon, dŵr pydew, dŵr spring. Ar lafar yn Arfon.
Gw. WVBD 107.

dŵr crai Dŵr ffres, dŵr glân, dŵr croyw. Ar lafar yng Ngheredigion.

dŵr croyw gw. DŴR CRAI.

dŵr dof Dŵr yn llifo'n dawel ac yn araf.

dŵr du Enw arall ar y 'clwy du', afiechyd gwartheg, clwy byr, y fwren ddu, y chwaren ddu.
Gw. CLWY DU.

dŵr echwyd gw. DŴR CRAI.

dŵr ffynnon Dŵr codi, dŵr spring, dŵr glân.

dŵr ffynhonwys Dŵr o spring cryf, ffynnon yn byrlymu.

dŵr gefail gof Y dŵr a ddefnyddia'r gof i oeri haearn poeth ac a ddefnyddid weithiau fel meddyginiaeth at rai anhwylderau.

dŵr glân Dŵr yfed, dŵr ffynnon, y dŵr a yfir gan bobl.

dŵr gwair Trwyth gwair, llith a wneid i loi gynt o wair wedi ei drwytho mewn dŵr berwedig, breci.
Dywed. 'Te cry fel *dŵr gwair*' (Môn). cf. 'te cry fel *breci*' (Ceredigion).
Gw. BRECI, TRWYTH GWAIR.

dŵr gwyry' Dŵr croyw, dŵr crai.

dŵr llonydd Dŵr sefyll, dŵr marw, merddwr, dŵr mewn pant heb fedru llifo allan.
Gw. MARWDDWR, MERDDWR.

dŵr llwyd Lliw dŵr afon ar ôl glaw trwm.

dŵr marw gw. DŴR LLONYDD, MARDDWR (*marw* + *dŵr*), MERDDWR.

dŵr mawnog Dŵr sur yn llifo o dir mawnoglyd.

dŵr pwmp Dŵr a godid gynt â phwmp llaw o bydew neu siafft.

dŵr rhedegog Dŵr byw, dŵr yn llifo mewn cyferbyniad i ddŵr llonydd neu ferddwr.

dŵr safedig Dŵr sefyll.
Gw. DŴR LLONYDD, MERDDWR.

dŵr yfed gw. DŴR GLÂN.

dwrn *eg.* ll. *dyrnau.* Y rhan o offeryn y gafaelir ynddi wrth ei ddefnyddio, carn, said, gafaelgarn, menybr; *dwrn* y bladur, dyrnau'r bladur, y ddau ddwrn, yr uchaf a'r isaf, ar goes pladur i fedru ei thrafod â'r ddwy law. Weithiau mae'n air am 'garn y cryman' – *'dwrn* y cryman', ac am 'garn y llif' – *'dwrn* y llif', ac am 'gyrn yr aradr' – *'dyrnau'*r gwŷdd' (gw. CORN ARADR). Ar lafar yn y Gogledd a Cheredigion a Dyfed yn yr ystyr hwn.

1958 T J Jenkin: YPLl AWC, Codai yr arnod ac ymestynnai yn ôl i wneud un o'r eiddolion, tra y cydid yr eiddol arall yn ei blaen wrth y lanseid, a gorffennai yr eiddolion tuag yn ôl yn y *dyrnau* yn y rhai y cydiai'r arddwr.

Gw. CARN.

dwrn blaenaf *eg.* Y dwrn ar goes y bladur y gafaelir ynddo â'r llaw dde, y dwrn isaf o'r ddau, y dwrn nesaf at y llafn.

Gw. DWRN UCHAF.

dwrn uchaf *eg.* Dwrn y llaw chwith ar goes pladur, y dwrn pellaf o'r llafn, ac weithiau'n cael ei osod at yn ôl i ateb y gofyn.

Gw. DWRN BLAENAF.

dwrnfedi *(dwrn + medi)* *be.* Medi ŷd â chryman neu sicl mesul dyrnaid, gafaelid mewn dyrnaid o wenith, ayyb, ag un llaw a'i dorri â'r cryman yn y llaw arall. Gwneid hyn yn arbennig pan fyddai'r cnwd yn denau a'r gwellt yn gwta, bawdfedi. Ar lafar yn y de ac mewn rhannau o'r gogledd.

Gw. BAWDFEDI, CRYMAN, SICL.

dwrnod Ffurf lafar ar 'diwrnod'.

Gw. DIWRNOD.

dws brag *eg.* Ffurf lafar ar 'dwst brag' (S. *malt-dust*). Ar lafar ym Maldwyn.

1981 GEM 35, Dws Brag – egin haidd wedi crasu yn y bragdy; cesglir ef yn sacheidiau yn fwyd moch.

dws lli *eg.* Ffurf lafar ar 'dwst lli', blawd lli, llwch lli. Ar lafar ym Maldwyn GEM 35 (1981) (S. *saw-dust*).

Gw. BLAWD LLIF, LLWCH LLIF.

dwsel *eg.* Lle neu dwll yng ngwaelod casgen neu fuddai i'w gwagio, fel rheol, twll crwn a phlwg pren ynddo i'w dynnu a'i roi.

1989 FfTh 3, 30, Delid y gogor (menyn) dan dwll y *dwsel* i ddal y menyn mân.

dwsin *eg.* ll. *dwsinau, dwsenni, dwsingau.* Deuddeg, criw o ddeuddeg o bobl, neu dwr o ddeuddeg o bethau. Yn amaethyddol, *dwsin* o wyau, *dwsin* o gywion bach, *dwsin* o ieir. Sonnir am 'dri *dwsin*', 'deuddeg *dwsin*', 'ugain *dwsin*', 'hanner can *dwsin*', ayyb (yn enwedig o wyau). Ceir hefyd 'hanner *dwsin*' am chwech o bobl neu o bethau e.e. hanner *dwsin* o wyau. Ar lafar yn gyffredinol mewn rhyw ffurf neu'i gilydd: 'dwsing', 'dwsen',

'dwsain', 'dysen' (y de), 'dosen', 'drwsan' (Morgannwg), 'dwsingau', 'dwsenni', 'dysenni'.
16g WLB 79, Hanner *dosen* o wye.
1762-79 W Williams: P 43, Dywedant fod y seirph hyn . . . yn myned i'w Teiau wrth yr *hanner dwsin*.
Dywed. '*Dwsin* pobydd' – tri ar ddeg, un dros ben, i wneud yn siŵr fod ei bwysau yn gywir.
'Pymtheg yn y *dwsin*' – am rywun parablus, mae'n siarad pymtheg yn y dwsin.

dwygwys (*dwy* + *cwys*) *a.* Yn torri dwy gwys ar y tro (am aradr, aradr dwygwys).
Gw. ARADR AMLGWYS.

dwylo *ell.* Gair yn cynrychioli'r cymdogion a'u llanciau a ddôi ynghyd gynt dan yr hen drefn gymdogol o 'ffeirio' neu 'gyfnewid lafur' diwrnod dyrnu, diwrnod cneifio, ayyb, y giang dyrnu, y criw cneifio.
'Gorau po fwyaf o *ddwylo* a gawn ni i gneifio.'
'Mae yma ddigon o *ddwylo*, diolch byth.'

dwylo menyn *ell.* Pâr o brennau a ddefnyddir wrth drin menyn (*Scotch Hands*), fe'i defnyddir i hacio a thrimio'r pwysi menyn.
Gw. SCOTCH HANDS.

dwymyn laeth (y) *egb.* Clwy llaeth, clefyd llaeth. Ar lafar yng Ngheredigion.
Gw. CLWY LLAETH.

dwyn ŷd *be.* Cyfeiriad at ddyfeisgarwch certmyn i gael rhagor o ŷd, yn enwedig ceirch, o'r llofft storws at borthi'r ceffylau yn y gaeaf. Y drefn arferol oedd y mistar yn estyn dogn diwrnod neu ddogn wythnos iddo. Ond byddai'r dogn bob amser ar yr ochr brin o safbwynt y certmon a oedd am fynnu cael graen da ar ei geffylau. Roedd y certmon yn ymwybodol iawn o'r ffaith fod y graen da neu sâl fyddai ar ei geffylau yn adlewyrchu'n ffafriol neu'n anffafriol arno 'fo. Mewn canlyniad ceid ei holl ddyfeisgarwch ar waith i gael rhagor o geirch. Weithiau gwnâi gopi o allwedd y storws mewn lwmp o sebon, yna cael y gof lleol i wneud allwedd oddi wrth y patrwm. Dro arall byddai'n llwyddo i dynnu cainc o lawr y llofft ŷd yn union dan y crewyn a'i ddihidlo drwodd i lestr neu sach. Gallai hefyd ddod i ddealltwriaeth â'r sawl fyddai'n cario'r ceirch o'r dyrnwr i'r graner diwrnod dyrnu i gadw a chuddio ambell i gydaid o geirch.
1990 FfTh 5, 17, Fe'i perswadiwyd gan gertmon Hirdre Ucha, . . . i gadw tipyn o ŷd yn ôl, er mwyn iddo ef ei gael i roi mwy o borthiant i'r ceffylau yn ystod y gaeaf, . . . bob hyn a hyn pan nad oedd neb yn gwylio rhoddid tipyn o ŷd mewn sachau bach a'u cuddio dan wellt yn y sgubor . . . Yn ardal Llaniestyn byddid yn cuddio'r ŷd mewn beddgist yn y fynwent hyd yn oed.

dwysfwyd *eg.* ll. *dwysfwydydd*. Bwyd anifeiliaid sydd a gwerth porthiannol uchel iddo mewn swm bychan, bwyd cyflawn. Ceir ynddo gynhwysiad uchel o brotin, ynni a braster, neu gyfuniad o'r rhain. Bwyd mewn swm bychan ac mewn cyferbyniad i fwyd swmpus megis mangls, cêl, gwair, ayyb, sy'n cynnwys cymaint o ddŵr heb gymaint o les. Gelwir y bwyd cyfansawdd sy'n gymysgedd cydbwys o faethynnau yn *ddwysfwyd*. Gellir prynu dwysfwyd wedi ei gymysgu'n barod, neu brynu'r elfennau arwahan a'u cymysgu ar y fferm.

dwysfwydo cynyddol *be.* Rhoi bwyd maethlon yn gynyddol i fuwch drom o lo, pan fo'n hysb, er mwyn ei chael i laetha'n dda wedi iddi ddod â llo. Credir bod meithrin y cyflwr corfforol hwn yn raddol cyn i'r fuwch fwrw llo yn well na'i dwysfwydo ar ôl hynny.

dwysgynhyrchu da byw a da pluog *be.* Cadw gwartheg, moch, dofednod, ayyb i fewn, yn aml mewn niferoedd mawr, gyda'r amcan o gael y mwyafswm posibl o gynnyrch drwy leihau costau (llafur, offer, bwyd, ayyb) a'r lle neu'r gofod, e.e. mochfeydd, ieir batri, ayyb.

dyblau
1. *ell.* Dau oen, efeilliaid, deuoedd (o ŵyn).
'Mae yma beth wmbredd o *ddyblau* 'leni.'
2. *ell.* Dafad ag oen yn y farchnad, gwerthu dyblau = gwerthu dafad ag oen, cyplau.
Gw. CWPL.

dyddiau cŵn *ell.* Yn wreiddiol, y dyddiau yn yr haf (mis Gorffennaf) pan mae'r wybren dan ddylanwad y grwp o sêr a elwir 'y Cŵn'. Mewn ambell i ardal, fodd bynnag (e.e. Llanuwchllyn) mae'n ymadrodd am yr adeg o'r flwyddyn pan fo'r cŵn pac yn lladd defaid ac ŵyn.
1975 R Phillips: DAW 69, Byddai'r ebol gwryw . . . yn cael ei sbaddu ym mis Mai neu Fehefin yn ei flwydd cyn dyfod *dyddiau'r cŵn* fis Gorffennaf.

dyddiau duon bach *ell.* Cefn gaeaf, perfedd gaeaf, y dyddiau oddeutu'r Nadolig pan mae'r dydd ar ei fyrraf ac, fel rheol, ar ei dduaf, a'i drymaf. Ar lafar yn Arfon.
Gw. WVBD 109.

dyddiau rhwystr *ell.* Y dyddiau yn y gaeaf pan fo eira a rhew yn gwneud symud o gwmpas a theithio yn anodd, dyddiau heth. Ar lafar yn sir Gaerfyrddin.
1939 D J Williams: HW 19, Dôi *dyddiau rhwystr* yn fynych ym misoedd y gaeaf.

dyfaden gw. DAFAD, DAFADEN.

dyfn gw. DWFN [1,2].

dyfnder *eg.* ll. *dyfnderau, dyfnderoedd.* Mesur tuag i lawr, isder, trwch, haen (am ddaear, pridd neu ddŵr).
'Mae yma hen ddigon o *ddyfnder* o bridd i dyfu unrhyw beth.'
1620 Math 13.5, Peth arall a syrthiodd ar greigleoedd lle ni chawsant fawr ddaear, ac yn y man yr eginasant, am nad oedd iddynt *ddyfnder* daear.
1768 J Roberts: R 99, Tri mesur, sef hyd, lled a *dyfnder.*
Ffig. '*Dyfnder* gaeaf' – cefn gaeaf, trymder gaeaf.

'*Dyfnder* nos' – trymder nos, perfedd nos.
1923 Tegla Davies: *Gŵr Pen y Bryn* 176, Aeth i'w wely rywbryd yn *nyfnder* nos . . .
'*Dyfnder* calon' – dwfn y galon, eigion calon, gwaelod calon.

dyfndwr gw. DWFN[2], DYFNDER.

dyfnu
1. *be.* Cael y sugno, cael i arfer â sugno, cynefino â sugno (am lo, oen, ebol, ayyb), mewn cyferbyniad i 'diddyfnu', sef cael i arfer â pheidio sugno. Gan fod *dyfnu* yn ffurf gywasgedig ar 'diddyfnu' mewn rhai ardaloedd gall fod yn gamarweiniol.
1632 D, O enau meibion a rhai yn *dyfnu* y gwnaethost foliant.
1750 LlM, Cig perchyll ac ŵyn tra fwynt yn *dyfnu*, i ddyn ieuangc y mae da.
Ffig. Yn haniaethol.
1651 Sion Teredyn: MDD 226, Hyd onid yw ffydd yn sugno, ac yn *dyfnu* . . . cyfoeth y rhadau oll.
Gw. DIDDYFNU.

2. *be.* Ffurf lafar gywasgedig ar 'diddyfnu', sef cynefino epil â pheidio sugno'i fam. Gan fod *dyfnu*, sef bôn y gair 'diddyfnu' (*di* + *dyfnu*) yn golygu cael epil i sugno'i fam, mae'r cywasgiad llafar *dyfnu* o 'diddyfnu' yn gallu peri dryswch.

dyfnaid gw. DYFNU[1].

dyfodwst *eg.*
1. Afiechyd anifail (e.e. buwch) sy'n peri iddo chwyddo mewn canlyniad i fwyta porfa rhy fras o feillion. Ceir cemegyn yn y feillionen o'r enw 'saponin' sy'n creu effaith tebyg i sebon. Wrth i'r bwyd gael ei dreulio yn y gôd fawr (blaengyllau, rwmen) cynhyrchir llawer iawn o'r nwy 'methane', ac mae'r saponin yn cloi'r nwy hwnnw mewn ewyn, fel na all y cilfil dorri gwynt ac felly'n chwyddo. Pwysa'r gwynt ar y llengig ac achosa hynny fygtod neu asfficsia (S. *bloat*). 'Chwyddwynt y boten fawr' yw'r enw yn TAM 1994. Clywir nifer o ffufiau llafar i'r enw megis 'dyfndwst', 'dowdwst', 'dyfrdwst', 'dwdwst' (Môn), 'defeitws' (Meirionnydd), 'dyfowdwst' (Maldwyn).
2. Math o bryfed neu gynrhon (larfa) bychain, gwynion a geir weithiau mewn dŵr, ac yn wenwyn i'r creaduriaid sy'n eu llyncu. Sonnir am 'gael pry y ddyfowdwst' (gw. GPC). Byddai rhai, fodd bynnag, yn mynnu nad oes y fath bryfed ac mai coel gwrach yw'r cyfan.

dyfr gw. DŴR, DWFR.

dyfrdir *eg.* ll. *dyfrdiroedd*. Tir wedi ei ddyfrhau neu ei ddyfrio, hefyd tir gwlyb.

dyfrfa *eb.* Llecyn ar lan llyn neu afon lle daw'r anifeiliaid i yfed.

dyfrffos (*dwfr* + *ffos*)
1. *eb.* ll. *dyfrffosydd*. Carthffos, ceuffos, ffos neu sianel i redeg dŵr y

beudy a'r buarth.
1798 WR, *Dyfrffos* – sewer.
Gw. CARTHBWLL.

2. *eb.* Sianel i redeg dŵr o afon neu lyn i droi rhod melin, ffrwd melin, pynfarch, ffrwd y fâl.
1722 Llst 189, *Dyfrffos* – a trench, watercourse, mill-leat.
1728 T Baddy: DDG 42, *Dyfrffos*, yr hon sydd yn porthi Caersalem â dwfr.
Gw. PYNFARCH[2].

dyfrgi *(dŵr + ci) eg.* ll. *dyfrgwn.* Anifail cigysol o deulu'r *Lutra* sy'n byw yn y dŵr, llwydfrown ei liw, traed gweog at nofio a chynffon lydan yn 'llyw' wrth nofio. Ceir y ffurf 'dwrgi' yn y de, a 'dyrgi' yn y gogledd.
13g WML 131, Teir hela rydd yssydd ym pop gwlat, hela iwrch, a hela kadno, a hela *dyfyrgi.*

dyfrgist *(dwfr + cist) eb.* ll. *dyfrgistiau.* Tanc dŵr o fetel neu o lechen (o blastig heddiw) i ddal dŵr, ac fel arfer yn uchel i fyny, fel bod y dŵr yn rhedeg yn ei bwysau i'r lle mae ei angen, seston.
Gw. SESTON.

dyfrhau *(dwfr + hau) be.* Sianelu dŵr i dir er mwyn ei ffrwythloni a diogelu cnydau ar adeg o sychder, dyfrio tir, dyfru tir. Arwahan i'r gerddi, anaml yng Nghymru y mae'n rhaid '*dyfrhau*'r tir'. Er hynny, y mae erbyn hyn ddarpariaeth o chwistrelli pwerus i wneud hynny pan gyfyd yr angen.
1620 Salm 65.9, Yr wyt yn ymweld â'r ddaear ac yn ei *dyfrhau* hi.
Ffig. Llwyddo twf a lledaeniad yr Efengyl.
1620 1 Cor 3.6, Myfi a blennais, Apolos a *ddyfrhaodd* . . .
Gw. DYFRIO.

dyfrio *be.* Rhoi dŵr i unrhyw beth byw, anifeiliaid, planhigion, llysiau, cnydau, blodau, ayyb, yn gyfystyr â dyfrhau. Sonnir am ddyfrio'r peth yma a'r peth acw, dyfrio'r ffa dringo, dyfrio'r pys, dyfrio'r blodau. Mewn rhai ardaloedd mae'n air am droi'r anifeiliaid i'r dŵr, gollwng y buchod allan i'r dŵr (cyn bod cwpanau o'u blaenau yn y beudy), troi mas i'r dŵr. Ym Meirionnydd datblygodd y gair 'dyfrio gwartheg' o fod yn golygu troi'r gwartheg i'r dŵr i gynnwys hefyd carthu'r beudy tra'u bod yn yfed, rhoi bwyd yn eu presebi, cael y gwartheg yn ôl i mewn a'u rhwymo (gw. GPC).
Gw. DYFRHAU.

dyfrwreinyn *(dwfr + gwreinyn) eg.* ll. *dyfrwreinaint.* Amrywiad ar 'derwreinyn', 'tarddwreinyn'. Afiechyd heintus o grachod crynion, rhyw fodfedd ar eu traws, ar groen anifail (a dyn) yn enwedig gwartheg stôr a dynewaid. Ar lafar yn y Gogledd mewn amrywiol ffurfiau: 'drywinen', 'derwinau', 'derwinan', 'trywingan' a lluosog 'derweinod' 'drywinod'. Hefyd 'y grwn' neu 'y gron' (Môn) oddi wrth ffurf y crach mae'n debyg.
Cf. hefyd y S *ring-worm.*
Gw. DERWREINYN.

dyffryn, dyffrynt (*dyfr* + *hynt*) *eg*. ll. *dyffrynnoedd, dyffrynnau, dyffrynnedd*. Pantle hir neu wastadedd yn gorwedd rhwng bryniau neu fynydd-dir ac, fel rheol, yn lletach na chwm ac na glyn, gydag afon yn llifo drwyddo. Yno hefyd ceir tir cnydiog, toreithiog. Cf. 'Dyffryn Clwyd', 'Dyffryn Conwy', 'Dyffryn Hafren', 'Dyffryn y Ddyfrdwy', 'Dyffryn Teifi', 'Dyffryn Tywi', ayyb.

1620 Salm 104.8, Ar hyd y *dyffrynoedd* y disgynant i'r lle a seiliaist iddynt (dyfroedd).
1620 Num 24.6, Fel *dyffrynoedd* ac fel gerddi wrth afon.
Ffig. Cyflwr o dristwch, trueni a marwolaeth.
1632 J Davies: LlR 386, *Dyffryn* trueni ac annhrefn yr ydym ni yma yn byw ynddo.
Sonnir am 'Ddyffryn Cysgod Angau' – ar farw; 'Dyffryn Darostyngiad' – y trueni eithaf; 'Dyffryn Wylofain' – cyflwr dagreuol, trist.

dyffryndir *eg*. ll. *dyffryndiroedd*. Tir ar lawr dyffryn, tir da, cnydiog, toreithiog.

1620 Deut 11.11, Y tir yr ydych yn myned trosodd iddo i'w feddiannu sydd fynydd-dir a *dyffryndir* yn yfed dwfr o law y nefoedd.
1620 2 Cron 26.10, Yr oedd ganddo lawer o anifeiliaid yn y *dyffryndir* ac yn y gwastadedd.
Gw. DYFFRYN.

dyffrynt gw. DYFFRYN.

dyhefod *be*. Ffurf ar y gair 'dyheu', sef ymladd am anadl. Fe'i defnyddir am ddafad neu gi yn 'dyheu' am anadl ar ôl rhedeg, ayyb.

1620 Salm 119.131, Agorais fy ngenau a *dyheais*.

dyhuddo *be*. Cuddio, gorchuddio (yn enwedig am dân), enhuddo, rhoi glo mân neu ludw dros y tân wrth fynd i'r gwely er mwyn iddo fudlosgi a phara drwy'r nos. Ceir 'enhuddo', a 'huddo', a 'rhuddo', yn y gogledd a Cheredigion, 'nyddo', 'nyddu' ym Mrycheiniog a Morgannwg.

1776 Ieuan Brydydd Hir: P 1 128, Megis tân wedi ei *ddyhuddo* mewn lludw.
Gw. ENHUDDO, STWMLO, STWMO.

dyle gw. TYLE.

dyled cynhaeaf *eb*. Dyled cymdogion a gweithwyr i ffermwr ar ôl cael rhyw gymwynas neu'i gilydd ac yn ad-dalu drwy gynorthwyo yn y cynhaeaf (gwair ac ŷd). Pan ddôi'r adeg i ladd yr ŷd ceid 'corn y fedel', neu 'corn y cynhaeaf' i rybuddio'r medelwyr a'u galw ynghyd.

1958 I Jones: HAG 68, Yn y rhan fwyaf o ffermydd yr oedd 'corn y cynhaeaf' . . . Byddai'r ffermwr yn rhybuddio'r rhai a oedd a *dyled cynhaeaf* arnynt ag ef.
Gw. BWRW DYLED, TÂL CYNHAEAF², TODDI DYLED.

dyled dato *eb*. Trefn draddodiadol lle byddai gweithwyr neu 'bobl y tai bach' (pobl heb dir) yn cynorthwyo ffermwyr yn y cynhaeaf fel ad-daliad am gael rhoi rhes (rhych) o datws yn y cae tatws ar y fferm. Ar lafar yn Nyfed a godre Ceredigion.

dylif *eg*. ll. *dylifoedd*. Llif, dilyw, llifddwr, gorlif, llif mawr, llifeiriant.

1567 LlGG Salm 29.10, Yr Arglwydd yn eistedd ar y *dilif* [:- llifddwr, llifeiriant].
1567 Luc 17.27, Yna y ddeuth y *diliw* [:- llif] a ei cymeryd wy oll y ffordd.

dilyw *bf.* Llifo, gorlifo, ffrydio, gorchuddio â dŵr (am diroedd).
1588 Salm 105.41, Efe a holltodd y graig, a'r dwfr a *ddelifodd*.
Ffig. Dylifiad pobl, mewnlifiad.
1620 Es 2.2, Yr holl genhedloedd a *ddylifant* ato.
'Mae dieithriaid wedi *dylifo* wrth y degau i gefn gwlad Cymru.'

dylofi *be.* Cardio gwlân, trin gwlân; hefyd heislanu llin.
1722 Llst 189, *Dylofi* . . . to hatchel or try flax.

dyludo *bf.* Curo, gorddio, dyrnu, mathru. 'Dyludo' a wnai'r colier gynt wrth guro'r colion oddi ar yr haidd, *'dyludo'r* col', *'dyludo'r* haidd', 'colio'. Enw arall ar y colier yw 'haearn *dyludo'.*
1992 E Wiliam: HAFf 42, Rhaid oedd rhidyllio'r grawn (ar ôl dyrnu â ffust) er mwyn cael gwared o unrhyw wellt rhydd neu faw, ac yr oedd gofyn *dyludo'r* haidd i gael gwared â'r colion.
Gw. COLIER, COLIO, HAEARN DYLUDO.

dylwyf
1. **dylwf** *eg.* Tusw, bwndel, pecyn, dyrnaid, cudyn (yn enwedig o wlân).
1725 SR, *Dylwyf* – a lock of wool, a packett.

2. Priciau tân, briwydd i gynnau tân, cynnud, gosgymon, tewyn.
1753 TR, *Dylwyf* – small dry sticks, chips or any matter which is easily set on fire . . .

dymchwel
1. **dymchwal, dowchal** *be.* Troi drosodd, troi rhywbeth a'i wyneb i waered, dymchwel y llwyth, ymoelyd.
1620 Job 28.9, Y mae efe yn *dymchwelyd* mynyddoedd o'r gwraidd.
1620 Math 21.12, Ac a *ddymchwelodd* i lawr fyrddau y newidwyr arian.

2. *bf.* Tywallt y glaw, pistillio bwrw. Ar lafar yn y gogledd.
'Ma' hi'n *dymchwal* fel o grwc.'
GPC, Ma' hi'n ei *dymchwel* hi.

dymchwelydr gw. CHWELYDR.

dyn biau'r drol *eg.* Enw cyffredin gynt a rôi'r gweision ar y meistr, ond nid llawn mor barchus a 'gaffer' (giaffer). Fe'i defnyddid yn aml pan na fyddai perthynas y gwas a'r meistr ar y pryd yn rhy loyw.
'Ma'r *dyn bia'r drol* mewn hwyl ddrwg heddiw.'
1954 *Cerddi William Oerddwr*, FfTh 17,16, A'r *gŵr* oedd biau'r *troliau*/Ddaeth heibio hefo'r gwas.

dyn caled *eg.* Y dyn neu'r gwas a gyflogid yn achlysurol ac wrth y dydd neu wrth yr wythnos, i wneud pethau fel agor ffosydd a chau cloddiau. Dyn, fel rheol, o ddymuniad, heb unrhyw waith sefydlog a phenodol, ond ar yr un pryd yn cael digonedd o waith. Ar lafar ym Môn, 'dyn rhydd' (Llŷn), 'dyn achlysurol' (Dinbych). Mae'n anodd gwybod pa arwyddocad sydd i'r gair 'caled' yn yr ymadrodd *dyn caled*, os nad 'gwydn' neu 'gryf' ac yn medru dal tywydd. Does dim sôn am yr ymadrodd yn *Iaith Sir Fôn*, Bedwyr Lewis Jones, a dim ond disgrifiad fel uchod sydd yn *Llên a Llafar Môn* (gol. J E Caerwyn Williams). Yng

Ngeiriadur Prifysgol Cymru dim ond disgrifiad a geir: *'dyn caled* – one hired to do odd jobs on the farm, e.g. cutting hedges (lit. hard man).'

1983 E Richards: YAW 13, Yn agosaf at yr hwsmon roedd yr eilwas neu'r *dyn caled*, neu yn Llŷn, 'y dyn rhydd'. Fel arfer fyddai'r *dyn caled* ddim wedi cyflogi i un lle ond symudai o ffarm i ffarm yn yr ardal.

dyn canlyn dyrnwr *eg. ll. dynion canlyn dyrnwr.* Un o ddau ddyn, fel rheol, a âi o gwmpas efo'r dyrnwr mawr neu'r injan ddyrnu gynt. Perchennog y peiriannau fyddai un yn arferol, a'r llall yn was cyflog. Byddai'r ddau yn gwylio'r injan stêm ac yn ffidio'r dyrnwr bob yn ail.

1976 G Griffiths: BHH 114, Wedi cyrraedd y gadlas byddai'n rhaid gosod y ddau beiriant i gydredeg yn deg a'i gilydd. *'Dyn y dyrnwr'* a wnai hynny . . . Roedd y gosod yn bwysig oherwydd . . . petai'r peiriannau wedi eu camosod byddai hynny'n amharu ar rediad y strap.

Gw. CANLYN DYRNWR.

dyn canlyn stalwyn *eg.* Dyn a gerddai'r wlad efo stalwyn yn nhymor cyfebu cesig, 'dyn dilyn march' (Ceredigion a'r de). Âi o fferm i fferm yn ôl y galw gan wneud ambell i fferm yn ganolfan ac yn lle i gysgu.

1976 G Griffiths: BHH 79, Bob blwyddyn yn nechrau'r haf byddai'r stalwyn yn cerdded y wlad. Byddai gan y *dyn a'i canlynai* ferlen fach a chyfrwy arni i'w gario a byddai'r stalwyn yn cerdded yn hamddenol wrth ei hochr.

1975 T J Davies: NBB 60, Un o'r elfennau gwerthfawr yn y gymdeithas yng nghefen gwlad oedd y *dyn dilyn march.* Teithiai o ardal i ardal, o fferm i fferm.

Gw. CANLYN STALWYN, DILYN MARCH.

dyn canol cae *eg.* Ymadrodd am was fferm fyddai wrth ei fodd yn aredig yn y cae ond yn anfodlon gafael yn y rhaw i balu'r ardd. Ffidlan dibwys yw trin yr ardd i'r *dyn canol cae.* Cred mai'r caeau yw priod faes ffermwr ac nid gerddi. Dirmyg arno yw ei anfon i balu'r ardd – rhywbeth islaw ei statws. Ar lafar yn Edeirnion.

1985 W H Jones: HOGM 31, *Dyn canol cae* oedd John Davies yn ôl trefn y Brenin Mawr; dyna a gredai ef ei hun beth bynnag.

dyn dal cwningod *eg.* Y dyn a enillai ei fywoliaeth wrth ddal cwningod pan fyddai'r rheini'n bla ar y ffermydd cyn i'r haint cwningod, 'micsomatosis' gyrraedd yn y pumdegau cynnar (20g).

Gw. DAL CWNINGOD.

dyn dal tyrchod gw. GWADDOTWR, TYRCHWR.

dyn 'ffyla *eg.* Certmon, wagner, dyn y ceffylau. Talfyriad ar lafar ym Môn ac Arfon ar 'ceffylau' yw *'ffyla.*

1963 Hen Was: RC 28, Hwda Twm, dos a Hwntw a Cymro i'w cadw, gael imi weld oes 'na siap *dyn 'ffyla* arnat ti.

Gw. CERTMON, WAGNER.

dyn y gynffon *eg. ll. dynion y gynffon.* Cowmon, porthwr, dyn sy'n edrych ar ôl y gwartheg. Ym Môn, yn aml, gelwir y gwartheg 'y gynffon' a *dyn y gynffon* yw'r sawl sy'n gofalu amdanyn nhw.

'Rydw 'i wedi cytuno i fynd yn *ddyn y gynffon* yn Tŷ Coch at y gaea' ma.'

Gw. COWMON, PORTHWR.

dyn hysbys *eg.* Y math o ddyn y credid gynt fod ganddo wybodaeth a doniau dewinol ac yr ymgynghorid ag o mewn achosion afiechydon (dyn ac anifail), 'dadribiwr' (Ceredigion), 'cwac', 'abracadabrwr'.
1975 R Phillips: DAW 68, A phan fydai'r colledion yn waeth nag arfer rhaid oedd mynd i Langurig at y *dyn hysbys* neu'r dadribiwr i gael gwared o'r 'llygad drwg'. Roedd 'abracadabra' yn barchus ofnadwy.

dyn rhydd gw. DYN CALED.

dynad Ffurf lafar ar danadl, danad.
Gw. DANADL.

dyned *eg.* Cywasgiad llafar o 'odyned', sef y mesur o ŷd a gresid mewn odyn ar y tro. Ar lafar yng Ngheredigion.
Gw. ODYN, ODYNAID.

dyniawed *eg.* ll. *dynewaid, dynewid, dynawaid, dyniewyd.* Gwartheg ifanc (gwryw a benyw) o flwydd i flwydd a hanner, weithiau hyd at ddwyflwydd. Ar lafar yn y gogledd. Ceir hefyd y ffurfiau 'dynawed', 'dyniewed', 'dynewad'. Hefyd clywir 'deunawiad' – amrywiad drwy gamdybio mai deunaw (deunaw mis) yw bôn y gair ar lun a delw'r gair blwyddiad.
13g WML 29, Yr aneired, ar enderiged ar *dinewyt.*
14g (LlCH) WM 202, 31, Croen *dinawet* melyn.
1620 Mic 6.6, A ddeuaf fi ger ei fron ef â phoeth-offrymau ac â *dyniewaid?*
1933 H Evans: CE 214, . . . soniais am *ddeunawiaid.* Dywaid fy nghyfaill 'Bodfan' mai *dyniawed, dyniewaid* y dylai fod, ac nad yw *deunawiaid* yn air llafar gwlad o gwbl. Galwodd fy sylw at y ffaith fod y gair *dyniawed* i'w gael yn 'Breuddwyd Rhonabwy', yn Llyfr Coch Hergest, yn y 14g, ac yn y Beibl. Dylaswn gofio fy Meibl yn well a bod Mica wedi ei ddefnyddio.
Dywed. 'Ni char hen fuwch *ddyniawed'* – agendor oed!

dynjwn, dynsiwn *eg.* Dyfnder erchyll, dibyn anaele. Ar lafar yn gyffredinol.
'Ma 'na *ddynjwn* enbyd i'r môr oddi ar y trwyn acw.'
Gw. DWNSIWN.

dyodwf, deodwf, doodwf *eg.* Ffurf anarferol ar 'dodw' = 'dodwy' yw 'dyodwf'. Magodd 'f' ar ddiwedd y gair drwy gamdybio mai 'twf' oedd ei elfen olaf. Golyga gynnydd cyson ym mhris gwartheg o dymor i dymor nes eu bod wedi cyrraedd eu llawn werth, arian dyodwyf (arian yn dodwy).

dyre *(dy + re) eg.* ac *a.* Chwant cnawdol caseg neu stalwyn, caseg ddyre, sef caseg yn gofyn stalwyn.
1480-1525 TA 404, Gweryru y bu heb wedd/Gan *ddyre* neu gynddaredd (march, stalwyn).
1674 Mos 96.59, Myned ei dwrch criniwrch crôg/Gan ei *ddyre'*n gynddeiriog.

dyrgi Ffurf lafar ar 'dyfrgi' (S. *otter*). Ar lafar ym Maldwyn.
Gw. DYFRGI.

dyrnadwr *eg.* ll. *dyrnadwyr*. Un yn dyrnu â ffust, ffustiwr.
1750 W Morgan: VH 29, rhaid iddo gael *dyrnadwr* a chadw hwn ar waith.
Gw. FFUST, FFUSTIO.

dyrnaid, dyrned *eg.* ll. *dyrneidiau*. Yr hyn a ddeil llaw ar y tro. Sonnir am ddyrnaid o wellt, o wair, o haidd, o flawd moch, o belenni lloi, ayyb. Clywir hefyd y ffurfiau 'dyrned' a 'dyrnad'. Ar lafar yn gyffredinol. Hefyd swm rhesymol o unrhyw beth, ychydig, swm neu nifer bychan.
'Dyro'r golchion 'na i'r moch a rho *ddyrnad* o flawd ynddo fo.'
'Does yma ddim llawer ar ôl ond mi gei *ddyrnad* gen i.'

dyrnfedi gw. DWRNFEDI.

dyrnfedd (*dwrn* + *medd* [mesur]) *eg.* ll. *dyrnfeddi*. Mesur dwrn, lled llaw (pedair modfedd) a ddefnyddir wrth fesur taldra ceffyl. Yn draddodiadol, hyn a hyn o *ddyrnfeddi* yw ceffyl, er na ddefnyddir yr union air ym mhob rhan o Gymru, e.e. clywir 'pedwar *dyrnfedd* ar ddeg', 'pedair llaw ar ddeg', 'pedwar dwrn ar ddeg' a 'phedwar bys ar ddeg'.
1928 G Roberts: AA 5, Nid oedd y ceffylau gwedd a fegid agos gymaint . . . O ran maint amrywient o 14½ i 15½ *dyrnfedd* o uchder.
1985 W H Jones: HOGM 79, Croesiad oedd Dic o ferlen gymharol gref a cheffyl gwedd, . . . ond ni thyfodd i fod yn fwy na phymtheg *dyrnfedd* o uchder.
Ffig. Bach, byr, cyfyng.
1620 Salm 39.5, Wele gwnaethost fy nyddiau fel *dyrnfedd*.

dyrnfedd bica gw. DYRNFEDD GORNIOG.

dyrnfedd foel Mesur dwrn neu led llaw gyffredin, rhyw bedair modfedd.

dyrnfedd gorniog Mesur lled llaw gyda'r fawd ar i fyny – rhyw chwe modfedd.

dyrnfeddu *be.* Rhychwantu, croesi, spanio.
1588 Es 48.13, a'm deheulaw a *ddyrnfeddodd* y nefoedd.

dyrnfol, dyrnol (*dwrn* + *bol* [cod]) *egb.* ll. *dyrnfolau, dyrnfyl, dyrnfwyl*. Maneg gau (o ledr fel rheol) lle mae'r pedwar bys gyda'i gilydd a'r fawd arwahan. Fe'i defnyddir i gau cloddiau, plygu gwrychoedd, berdio, torri a thrafod eithin ayyb, mwff. Yn sir Ddinbych ceir y ffurfiau 'dyrnolen', 'dyrnwil'. Ceir hefyd yr amrywiadau 'dyrnwil', 'dyrnil', 'dyrnolau', 'dyrnfyl'.
1971 I Gruffydd: C 73, Oherwydd bu raid rhoi'r *dyrnol* a'r cryman eithin heibio fel hen greiriau . . . ac aeth torri a malu eithin allan o fodolaeth yng Nghoed Hywel.

dyrniad
1. *eg.* ll. *dyrneidiau*. Yr hyn a ddyrnid ar y tro, swm yr hyn a ddyrnid ar y tro (â'r ffust neu â'r dyrnwr mawr). Yn y ffermydd mawr byddai dau *ddyrniad* fel rheol, un dechrau gaeaf i gael porthiant at y gaeaf, a'r llall yn y gwanwyn i gael hadyd i'w hau.
1620 Es 21.10, O fy *nyrniad*, a chnwd fy llawr-dyrnu.

1989 D Jones: OHW 163, Paratoid dau *ddyrniad* – *dyrniad* yn yr Hydref ar gyfer darparu i fwydo'r stoc wedi iddynt ddod dan do tuag adeg Glangaeaf, a *dyrniad* gwanwyn ar gyfer cael llafur had.
1991 FfTh 8.23, Byddai tri *dyrniad* yn arferol yn y Fedw a'r ffermydd cyfagos; y cyntaf adeg Diolchgarwch i gael bwyd i'r gwartheg; yna yr ail yn gynnar yn y flwyddyn newydd, Ionawr os yn bosibl, i ffidio yn y gaeaf, a'r trydydd, sef y *dyrniad* mwyaf a'r pwysicaf ym Mawrth neu Ebrill i gael ceirch hadyd at y tymor i ddod.

2. eg. ll. dyrniaid. Un yn dyrnu (â'r ffust), ffustiwr, dyrnwr, curwr, dyrnadwr.

15g H 35a 4, Metgyrn dyrn *dyrnyad* (Cynddelw).

dyrnod cyllell *eg.* Ymadrodd neu enw ym Meirionnydd ar nod clust dafad. Yn Nhir Iarll gelwir yr un nod clust yn 'cwt cyllath'.

dyrnol *gw.* DYRNFOL.

dyrnolenbren (*dyrnolen* + *pren*) *eb.* Maneg bren a ddefnyddid gynt i drafod eithin a felid yn fwyd i anifeiliaid. Ceir y ffurf 'drynolenbren' a 'drynolbren' yn sir Ddinbych.
Gw. DYRNFOL.

dyrnu *be.* Gwahanu'r grawn neu'r brig oddi wrth y gwellt, stripio'r grawn. Gwneid hyn am ganrifoedd drwy guro'r ŷd â ffust (ffustio) ar y llawr dyrnu yn y sgubor neu drwy ei ffustio neu ei sathru ar y llorfaes allan yn y cae. Yn ystod hanner olaf y 19g daeth y dyrnwr mawr (injan ddyrnu, y bocs) yn gyffredin. Yna yng nghanol yr 20g cafwyd y dyrnwr medi, sy'n lladd a dyrnu'r ŷd yr un pryd. Ar lafar yn gyffredinol.

1620 Barn 6.11, A Gideon, ei fab ef, oedd yn *dyrnu* gwenith wrth y gwinwryf.
1620 2 Bren 13.7, Ac a'u gwnaethai hwynt fel llwch wrth *ddyrnu*.
1928 G Roberts: AA 18, Yr oedd dyn o'r enw John Ellis yng Nghroesoswallt ers rhai blynyddoedd yn gwneud peiriannau *dyrnu* yn cael eu gweithio ag ager, ac yr oedd y rhai hyn yn prysur ddod i arferiad cyffredinol o 1860 ymlaen . . . erbyn canol y cyfnod o 1870 i 1880 yr oedd *dyrnu* â ffust wedi dod yn beth eithriadol.
Ymad. Ffig.
'*Dyrnu* arni' neu '*dyrnu* iddi' – gafael ynddi neu bydru arni gydag unrhyw orchwyl. Ar lafar ym Maldwyn.
'*Dyrnu* ar' – dweud y drefn am rywun neu rywbeth.
'*Dyrnu* twmpathau' – ymateb i rywbeth gyda llawer o sŵn ond dim llawer o synnwyr.
Gw. DYRNWR, FFUST, LLAWR DYRNU, LLORFAES.

dyrnu clofer *be.* Tynnu'r had meillion oddi ar y gwellt. Gwneid hyn â'r dyrnwr ŷd wedi iddo ddod yn gyffredin. Yr anfantais oedd bod yn rhaid ei nithio wedyn. Yn ddiweddarach, dechrau'r 20g, daeth y dyrnwr meillion pwrpasol, yr 'huller' gyda dwy ddrwm ac yn nithio'r un pryd.

1990 FfTh 5, 5, Os byddai y clofer yn bwrw i lawr yn dda, byddai'r tractor yn gorfod gweithio'n galetach i droi yr 'Huller' gan fod dwy ddrwm iddi. Os na byddai'n bwrw i lawr cystal, hawdd oedd dweud o sŵn y tractor.

dyrnu ffa *be.* Deor ffa a'u gwahanu oddi wrth y gwlydd a'r codau â pheiriant i'r pwrpas.

1990 FfTh 5, 5, Byddid yn *dyrnu ffa* yn yr ardal hefyd, a'r rheiny yn beryg bywyd – yn pledu fel bwledi o'r drwm.

dyrnu iâr *be*. Cystadleuaeth ffustio iâr i rai â mwgwd dros eu llygaid y nos cyn dydd Mawrth yr Ynyd, a'r sawl a drawai'r iâr gyntaf â ffust i gael yr iâr yn wobr.

dyrnu llorfaes (*llawr* + *maes*) *be*. Dyrnu ŷd drwy ei sathru neu ei ffustio ar lawr dyrnu allan yn y cae, mewn cyferbyniad i'r llawr dyrnu yn y sgubor. Ar lafar ym Morgannwg. Yn ôl Iolo Morgannwg yr oedd y dull hwn yn darfod o'r tir yn 1800.
Gw. FFUSTIO, LLAWR DYRNU.

dyrnwil gw. DYRNFOL.

dyrnwr
1. *eg*. Peiriant dyrnu ŷd a olynodd ac a ddisodlodd y ffust, injan ddyrnu, masîn ddyrnu. Ceid peiriannau dyrnu o ryw fath o ddechrau'r 17g, ond yn ystod y 19g daeth y *dyrnwr* yn beth cyffredin. Daeth mathau syml ohonynt i aml i fferm. Â'r llaw y gweithid hwy ar y dechrau, ond yn ddiweddarach ag olwyn ddŵr neu â phŵar ceffyl.
Er bod dyrnwr neu beiriant i ddyrnu yn bod ers hanner olaf y 18g, yr hen ddull o ffustio a fu ar waith yng Nghymru yn gyffredinol am ganrif a mwy arall. Diau fod a wnelo tlodi â hynny. Ond roedd gwrthwynebiad ffyrnig o du'r gweision ffermydd hefyd a welai'r peiriannau'n fygythiad i'w swyddi. Mewn rhai ardaloedd gwelwyd llosgi sguboriau a gosod cerrig yn nannedd y peiriannau gan weision fel rhan o'u brwydr yn erbyn y datblygiad.

2. *eg*. ll. *dyrnwyr*. Dyn wrth grefft a gyflogid gynt i ddyrnu ŷd â ffust cyn dyddiau'r peiriannau dyrnu, ac, yn wir, yng Nghymru'n cydoesi â'r peiriannau hyd ddiwedd y 19g a dechrau'r 20g. Ar y ffermydd mawr cyflogid *dyrnwr* neu 'ffustiwr' i wneud dim arall drwy'r gaeaf ond ffustio ŷd.
1620 Es 28.28, Ŷd bara a felir, ond gan ddyrnu ni ddyrn y *dyrnwr* ef yn wastadol (yn llwyr).
1928 G Roberts: AA 18, Fel yr oedd yr hen *ddyrnwyr* yn marw . . . yr oedd 'cymryd yr injan' yn dod fwy-fwy i arferiad.
1933 H Evans: CE 115, Cedwid *dyrnwr* trwy'r gaeaf yn y ffermydd mawr, oherwydd dyrnid y cyfan â ffust, yn fy nghof cyntaf.
1988 1 Cor 9.10, Dylai'r arddwr aredig a'r *dyrnwr* ddyrnu mewn gobaith am gael cyfran o'r cnwd.

dyrnwr bach *eg*. Olynydd y ffust a rhagflaenydd y dyrnwr mawr, a gafodd ei enw 'dyrnwr mawr' mewn cyferbyniad i'r *dyrnwr bach*. Fe'i ceid mewn sgubor, ac wedi cyfnod o'i droi â llaw, câi'n ddiweddarach ei droi ag olwyn ddŵr neu bŵar ceffyl. Glynodd rhai ffermydd anhygyrch ac anodd cael atynt at y *dyrnwr bach* sefydlog ymhell i'r 20g, er bod y 'dyrnwr mawr' wedi dod yn gyffredin erbyn hynny.
Fel gyda chorddi a malu gwellt, ayyb, ceffyl yn cerdded mewn cylch fyddai'n troi'r *dyrnwr bach*, neu'r 'dyrnwr sgubor', sef y 'pŵar' ('gwaith ceffyl', 'part màs', 'hewl'). Gwelir o hyd yn waliau hen sguboriau dwll

Diwrnod Dyrnu

pwrpasol lle'r âi'r echel neu'r werthyd drwodd o'r pŵar i'r peiriant dyrnu.

1988 FfTh 2, 17, Rhwysg beiriant yr ysguboriau – dyfais/Gwell na defod ffustiau;/A gras hon ar gorsennau/Blisga o hyd heb lesghau.

1989 P Williams: GYG 49-50, Wedi gorffen y cynhaeaf medi a rhoi'r beinder yn ôl yn y sied, rhoid y *dyrnwr bach* a oedd yn y sgubor ar waith i ddyrnu ysgubau ceirch i gael gwellt ar gyfer toi'r helmi. Wedi taflu llond sgubor o ysgubau i mewn . . . roedd pawb yn ei le yn barod i ddechrau dyrnu. Codid plwg y llyn a chyn gynted ag y dechreuai'r rhod droi, roedd y sŵn yn fyddarol, rhwng sŵn y dŵr, y rhod, yr echel, a'r dyrnwr fel petai am dorri allan o'r sgubor.

dyrnwr mawr *eg.* Injan ddyrnu, masîn ddyrnu, y bocs, y peiriant dyrnu symudol, y drym, a âi ar gylchdaith o ffermydd, yn cael ei dynnu'n gyntaf gan geffylau ac yn ddiweddarach gan dracsion, a chael ei droi gan injan stêm hyd nes daeth y tracsion i'w droi a'i dynnu. Cafodd ei enw *dyrnwr mawr* mewn cyferbyniad i'r 'dyrnwr bach' neu'r 'dyrnwr sgubor'. Fel rheol byddai dau ddyn yn ei 'ganlyn' neu ei 'ddilyn', sef ei berchennog a gwas cyflog. Canrif gwta fu oes y *dyrnwr mawr* yng Nghymru, o 60au'r 19g i 60au'r 20g. Eithriad oedd ei weld ar waith ar ôl tua 1970.

1928 G Roberts: AA 18, Câi perchennog y *dyrnwr mawr* ei dalu yn ôl hyn a hyn am osod y peiriannau a hyn a hyn yr awr am ddyrnu, ayyb. 'Llogid y peiriannau dyrnu ar y telerau canlynol, sef 13 swllt (65c heddiw) am osodiad yn cynnwys dyrnu am 4 awr, a 3 swllt (15c heddiw) am bob awr wedyn. Y perchennog a dalai gyflog y ddau ddyn oedd yn gofalu am y peiriannau, a'r ffermwr i ofalu am y glo â'r dŵr ac am fwyd a llety i'r ddau ddyn. Y ffermwr hefyd oedd yn gyfrifol am anfon y cwbl i'r lle nesaf y gelwid am eu gwasanaeth. Golygai hynny fod yn rhaid iddo gael . . . help gweddoedd ei gymdogion, gan fod angen 6 i 8 o geffylau i symud yr injan.

1981 W H Roberts: AG 63, Daeth y tracsion . . . a gallai hwnnw ei hun symud y *dyrnwr* a'i droi.

1991 FfTh 7, 20, Bu *dyrnwr* Bugeilys Bach yn dal i weithio tan 1979. Ef oedd y diwethaf i weithio cylchdaith ddyrnu yn Llŷn.

1998 E Richards: PM 23, Cymeriad arall y cyfnod yma oedd y *dyrnwr mawr* . . . Mae'n debyg mai dyn o'r enw Atkinson ddaeth â'r dyrnwr cyntaf i'w ddangos i Fôn yn 1857.

dyrnwr medi *eg.* Y peiriant cymharol ddiweddar (canol yr 20g) sy'n lladd ŷd, ei ddyrnu a'i nithio'r un pryd, combein. Disodlodd y dyrnwr mawr yn ystod yr Ail Ryfel Byd (1939-45), ac ychydig o flynyddoedd ar ôl hynny. Daeth i arbed llawer o lafur – arbed stycio'r sgubau ŷd, arbed eu cario i'r ydlan a'u tasu, arbed y diwrnod dyrnu. Gellir hefyd fyrnu'r gwellt yn y cae yn syth ar ôl y dyrnu. Oherwydd ei ddrudaniaeth dim ond ffermydd mawr (ar y cyfan) a fedrodd fforddio'i brynu. Oherwydd hynny ysgogodd yr arfer o osod dyrnu ŷd ar dasg (contract).

1969 D Jones: CC 14, Lle cyrcha'r wlad un adeg – i'w faes aur/Fis Awst, ni ddont chwanneg/I gywain twf ei gnwd teg,/Dau heddiw lle bu deuddeg.

1975 R Phillips: DAW 54, Ymhen ugain mlynedd wedyn daeth y *dyrnwr medi* neu'r 'Combine Harvester' . . . mae hwn yn torri'r ŷd a'i ddyrnu a'i nithio yr un pryd, a'i roi mewn sachau neu ar lori, gan adael y gwellt a'r chwyn a'r us a'r mân ŷd yn rhibynau ar y llawr.

dyrnwr sgubor gw. DYRNWR BACH.

dyrnwyl gw. DYRNFOL.

dyrys (*drys* gydag 'y' ymwthiol yn y rhan gyntaf, cf. drysu, dryswch) *a.* ac *eg.* Gwyllt, garw, heb ei arloesi neu heb ei ddiwyllio (am dir), llawn mangoed a drysi, dreiniog, diffeithle.
13g WM 420 29-30, Byrgoed pendew *dyrys*.
1588 2 Sam 18.9, A'r mul a aeth dan dderwen fawr *ddyrus*.

dysgl *eb.* ll. *dysglau*. Enw ar sawl math o lestr, yn arferol heb gaead neu glawr, ac o wahanol faint a dyfnder, ac at wahanol ddibenion, sonnir am '*ddysgl* molchi', '*dysgl* golchi llestri', '*dysgl* gawl', '*dysgl* bwdin', '*dysgl* de', ayyb. Yn y de ceir y ffurf 'dishgil' ac yn y gogledd 'desgil'.
13g WM 130 26-8, llyma dwy vorwyn yn dyvot ymywn a *dyscyl* vawr y rygthunt.
1480-1525 TA 210, Seigiau ar *ddysglau* oedd ynn.
1938 T J Jenkin: AIHA AWC, *Dishgil* – defnyddid yr enw am lawer o ffurfiau, ond nid am un a chlawr iddi – 'R wtish (Hotdish) oedd honno. Gallai y *ddishgil* fod yn fâs iawn fel yr hen 'Willow Pattern', neu fe allai fod yn gymharol ddwfn, ond nid mor gul yn ei genau â basin.

dysgl bren *eb.* ll. *dysglau pren*. Plat neu lestr pren tenau wedi ei durnio a ddefnyddid gynt i fwyta ohono yn enwedig yng nghegin y gweision ac yn y cae gwair neu'r cae ŷd, treinsiwrn, treinsiwr.
Gw. TREINSIWR.

dysgl bwdin *eb.* Plat dwfn i ddal pwdin. Yr un math o ddysgl, os nad yr un ddysgl, ag a ddefnyddir i ddal cawl.

dishgil de *eb.* Cwpan de, yr hyn yr yfir te ohoni. Ar lafar yn y de.

dysgl fenyn *eb.* ll. *dysglau menyn*. Math o lestr pren yn dal pwys (neu hanner pwys fel bo'r achos) o fenyn. Fe'i llenwid â menyn hyd yr ymyl, yna ei throi a'i wyneb i waered ar fwrdd llechen i gael y menyn allan yn ffurf y llestr.

dysgl gawl gw. DYSGL BWDIN.

dysgliad, dysglaid *eg.* ll. *dysgleidiau*. Llond dysgl. Yn aml hefyd, dysgl gymharol lawn o gawl, pwdin, te, ayyb; cyfran o fwyd neu o ddiod mewn dysgl. Yn y de ceir 'dishgliad o de' yn cyfateb i 'gwpaned o de' yn y gogledd.
1653 MLl 1 140, *Dyscled* o fwyd.
1762-79 W Williams: P 171-2, *disgleidiau* llawnion o laeth a siwgwr.

dysgub *ebg.* ll. *dysgubau, dysgubion*. Llond llaw, dyrnaid, hynny y gall llaw afael ynddo ar y tro (o ŷd).
1722 Llst 189, *Dy-ysgub* . . . a handful, gripe, grasp, ledge of corn.

dywydd
1. **dowydd** *eg.* ac *a.* Llenwad llaeth ym mhwrs buwch pan ar fin dod â llo, chwyddiad pwrs buwch gan lenwad o laeth. Hefyd caseg ar fwrw ebol, dafad ar fwrw oen, pan fo'r pwrs yn chwyddo gan laeth. Sonnir am 'fuwch *dowydd*'.

2. *eg.* Gwewyr esgor, esgoriad, epiliad (am unrhyw anifail).

dywyddu

1. **dowyddu, dwddu** *be.* Dangos arwyddion dod â llo, megis pan fo maneg y fuwch yn llacio, yr esgyrn yn disgyn, y pwrs yn llenwi a llaeth, y tethau'n ystwytho at eu sugno neu eu godro ar ôl bod yn hesb am chwech wythnos i ddeufis, piwo. Hefyd am hwch ar ddod â moch. Ar lafar yn y ffurf *dwddu*.

1971 I Gruffydd: C 17, . . . a'r hwch yn dal i brifio a thrymhau, nes dyfod dyddiau *dwddu* pan oedd raid ei gwylio ddydd a nos.

2. *be.* Esgor, llydnu, epilio, neu bod mewn gwewyr esgor (am anifail).

ddera (y) gw. DERA'R BORFA.

ddueg (y) gw. ANTHRACS.

ddyfodwst (y) gw. DYFODWST.

East Friesland *ep.* Yn wreiddiol, defaid llaeth o'r Iseldiroedd. Mae i'r brîd gorff mawr, main a hir. Mae'n epilio'n dda ac yn llaetha'n dda gyda lefel uchel o hufen yn y llaeth.

ebawl gw. EBOL.

ebediw gw. ABEDIW.

ebilon *eb.* Diod wedi ei wneud o sudd grawn yr ysgawen, rhosmari a llysiau eraill. Fe'i rhoid yn gynnes gynt i'r rhai a fyddai'n bresennol mewn angladdau, mewn rhai rhannau o'r de.

ebodn, ebod (yr un *cb* ac yn *ebol* ac yn *ebran*) *ebg.* Tail neu dom ceffyl, baw ceffylau.

14g ChO 5, Tommen o *ebodn* meirch a bissweil gwartheg.

ebodni, ebodi *bf.* Bawa, ymgarthu, gollwng tail (am geffyl), ceffyl yn *ebodni* neu'n *ebodi*.

ebol (yr un *eb* ag yn *ebran* ac yn *ebodn* a cyfebu) *eg.* ll. *ebolion*, b. *eboles*, ll. *ebolesod, ebolesi, ebolesau.* Epil caseg, cyw caseg, cnyw, ceffyl ifanc. Yn draddodiadol *ebol* yw ceffyl ifanc nes ei fod yn codi'n bedair oed. Ar lafar ceir y ffurfiau talfyredig 'boles' a 'poles' (Môn), a 'polesod'. Ym Mrycheiniog gelwir 'sofren felen' yn *'ebol* melyn' a hanner sofren yn *'eboles'.*

Hen Bennill. 'Mae gen i *ebol* melyn/Yn codi'n bedair oed.'

1989 FfTh 3, 26, Ef oedd piau'r gaseg ddu a minnau'r gaseg las pan oedd yn *'bolas* ddyflwydd oed.

Ymad. Ffig.
'Fel *ebol* dyflwydd' – person oedrannus ond yn heini.
'Edrych fel *'boles'* – gwraig oedrannus yn edrych yn ifanc.
1979 W Owen: RRL 24, Mewn llai nag wyth mis . . . fe gaed dathliad cofiadwy arall, a bu raid prynu ffrog o Preis Jôs y tro hwnnw, canys roedd hi'n benderfynol o edrych fel *polas* i ddathlu 'i phedwar ugain.
Clywir hefyd – *'eboles* o eneth dal heini'.
Dywed. 'Edrych fel *ebol* Mai' – edrych yn dda ac yn llond ei groen.
'Fel *ebol* blwydd' – rhywun mewn oed yn chwareus fel plentyn.
Diar. *'Ebol* gwyllt a wna farch gwych.'
'Hir y bydd march bach yn *ebol'* – yn dair oed y torrir ebol i mewn.

ebol farch gw. EBOL.

ebol llywaeth *eg.* Cyw caseg neu ebol wedi ei fagu'n anifail swci neu anwes (cade).

ebola *be.* Caseg yn dod ag ebol, caseg yn esgor neu'n llydnu.

ebolaidd, ebolig *a.* Yn debyg i ebol, sionc, chwareus, nwyfus, heini.
1755 ML 1 386, Gresyn ei fod mor *ebolaidd*.

eboliog *a.* Cyfeb, â chyw ynddi (am gaseg), beichiog, ar y ffordd i epilio, cyfebol.

ebran (yr un *eb* ac yn *ebol*, *ebodn* a *cyfeb*) *eg.* ll. *ebrannau*. Porthiant neu fwyd sych anifail megis gwair, ceirch, gwellt, gogor, ffoder, bwyd anifeiliaid (anaml am fwyd dyn).
1620 Gen 24.25, Y mae gwellt ac *ebran* ddigon gennym ni, a lle i letya.
1620 Es 30.24, Dy ychain . . . y rhai a lafuriant y tir, a borant *ebran* pur.
Yn Nantgarw, Morgannwg mae *ebran* yn golygu 'ffrwythlon', 'bras'.
GPC, Mae tir *ebran* ar waelod y dyffryn.

ebrangeirch (*ebran* + *ceirch*) *eg.* Ceirch i borthi ceffylau.
14g IGE 92, A'r gŵr a ran *ebrangeirch*,/A'r gwair mân, i'r gwŷr a'r meirch.

ebrannu *be.* Porthi neu fwydo ceffylau, gwartheg, ayyb. rhoi ebran i anifail.
14g HMSS 2.10, a gwrteithiaw eu meirch ac eu *hebrannu* yn ddiwall ehelaeth.

ebrannwr (*ebran* + *gŵr*) *eg.* ll. *ebranwyr*. Un yn rhoi ebran i geffyl, certmon, wagner, un yn porthi ceffyl.

Ebrill *eg.* Yn amaethyddol mis prysur a phwysig, mis trin y tir a hau'r had, mis wyna (gynt), mis glasu a thyfu (am y ddaear), yn draddodiadol, mis y cawodydd. Weithiau, fodd bynnag, mis yr hirlwm pan fo'r porthiant yn brin yn y tŷ gwair, a'r borfa yn brin yn y tir pori.
Dywed. Diar.
'Mawrth a ladd, *Ebrill* a fling.'
'Saif eira yn *Ebrill* ddim mwy nag ŵy ar ben ebill.'
'Saif eira yn *Ebrill* ddim mwy na rhynion mewn rhidyll.'
'Ebrill fwyn, sych lwyn, gwlych lwyn.'
'Ebrill glas, Mai bras.'

'*Ebrill* oer a leinw'r sgubor,/*Ebrill* sych, pob peth yn nych.'

ebwch *eg.* Naid sydyn (am geffyl), plwc sydyn, ymdrech sydyn.
'Roeddwn i'n meddwl yn siŵr fod Major am nogio, ond wir i chi, mi roth un *ebwch* ac i fyny â ni.'

eclog *ebg.* ll. *eclogau.* Cân (ar ffurf deialog) yn portreadu'r bywyd bugeiliol a gwledig yn null Fersil, bugeilgerdd (S. *eclogue*). Gw. hefyd EIDYL.

ecob *eg.* Llestr bychan i ddal ŵy i bwrpas ei fwyta ar ôl ei ferwi. Ar lafar ym Môn. Yn Nyfed ceir 'ecwb' (S. *egg-cup*).

ecoleg *eb.* Gwyddor sy'n ymdrin â phlanhigion, adar ac anifeiliaid yn eu cynefin, yn eu perthynas â'u gilydd ac â'u hamgylchedd. Daeth y wyddor hon i'w hoed yn ystod chwarter olaf yr 20g, wedi i ddyn sylweddoli fod degau o rywogaethau o blanhigion, adar a chreaduriaid gwyllt wedi diflannu neu mewn perygl o ddiflannu mewn canlyniad i ddefnyddio plaleiddiaid, chwynleiddiaid, chwalu cloddiau, ayyb gan ffermwyr, garddwyr a'r awdurdodau cyhoeddus.

economeg maint *eb.* Yr athroniaeth a ddaeth yn ffasiynol mewn sawl cylch o fywyd yn ystod hanner olaf yr 20g a pheri i'r cylchoedd hynny ogoneddu 'mawrdra' neu 'faint', – awdurdodau lleol mawr, heddluoedd mawr, ysgolion mawr, ffermydd mawr, ayyb. Dadleuwyd fod y 'mawr' yn fwy economaidd na'r 'bach'. Mewn adwaith i'r athroniaeth hon yr ysgrifennwyd llyfrau fel *Small is Beautiful* (Schumacher). Dylanwadodd yr athroniaeth yn drwm ar agwedd llywodraeth gwledydd Prydain ar ôl yr Ail Ryfel Byd (1939-45) tuag at ffermydd bychain. Yn ei system cymorthdaliadau nid yw cais fferm dan ugain acer yn cael ei ystyried, ac yn ei Chynllun Fferm Fach, bu'n cynnig cymhorthdal hael at uno ac am uno ffermydd.
1982 R J Evans: LlFf 21-2, Erbyn heddiw, mae'n barchus i ychwanegu cynifer o ffermydd at ei gilydd ag y bo modd gan ddadlau economeg maint. Efallai bod modd cyfiawnhau'r peth o safbwynt ariannol ac y mae hynny'n cael ei bregethu o bob cyfeiriad – swyddogol ac fel arall.

ecosystem *eb.* ll. *ecosystemau.* Y drefn neu'r system naturiol sy'n cynnwys holl organebau cylch ac amgylchedd lle y maent yn byw. Gall yr ecosystem fod o unrhyw faint, o flaguryn blodyn i'r holl fyd byw. Defnyddiwyd y term gyntaf yn nhridegau'r 20g i ddisgrifio cyd-ddibyniaeth organau ymhlith ei gilydd a chyda'r byd byw ac anfyw.

ecs, ecstri *eb.* ll. *ecsau.* Echel trol neu gert neu wagen. Yn y de ceir 'ecs cart' ar lafar yn cyfateb i 'echel trol' yn y gogledd (S. *axle-tree*). Ar lafar mewn rhannau o'r de.
GPC, Odd gimeint o lwyth gita ni, eithon ni lawr i'r *ecstris* (hyd yr echel, gogledd).
1722 Llst 189, *Ecs* – pl *ecsau*, axle-tree.
Gw. ECHEL.

ecsoparasit gw. ECTOPARASIT.

ecstri gw. ECS.

ecstro

1. *eb.* ll. *ecstroeon.* Echel, gwerthyd, yn aml echel trol (cart) ac yn gyfystyr ag 'ecstri'. Mae'n bosibl bod 'ecstri' wedi mynd yn 'ecstro' dan ddylanwad y gair 'tro'. Ceir 'pegwn *ecstro*' sef pen yr echel lle try'r olwyn.
16g WLl: Gwaith 212, Mae *ecstro* yn gwichio'n gau/Chwerw o fewn ei chwarfannau.
Gw. ECSTRI.

2. *eg.* Bwylltid, bwlltid (Môn), pendro, swifl, y ddyfais ar gadwyn sy'n ei galluogi i'w hunioni ei hun pan fo tro'n datblygu arni. Fe'i gwelir e.e. ar dresi (tidiau) ceffyl gwedd, aerwy buwch, ayyb. Ar lafar yn yr ystyr hwn yng Ngheredigion.
Gw. BWYLLTID.

3. *eb.* Math o aerwy buwch sy'n troi ar golynnau, aerwy buwch ag iddi fwylltid. Ar lafar mewn rhannau o Ddyfed ac yn Arfon.
Gw. AERWY.

4. *eg.* Carn tro, brês, yr offeryn a ddefnyddir i dyllu pren ag iddo ebillion y gellir eu hamrywio i dorri tyllau o wahanol drawsfesur. Ar lafar ym Môn, Arfon a Cheredigion.

ectoparasit *eg.* ll. *ectoparasitiau.* Y parasit sy'n byw ar y tu allan i'w gyfrwng lletyol, e.e. lleuen, ac mewn cyferbyniad i 'endoparasit' sy'n byw yr ochr i fewn i'w gyfrwng lletyol. Fe'i gelwir hefyd yn 'ecsoparasit'.
Gw. ENDOPARASIT.

ecwb gw. ECOB.

echel *eb.* ll. *echelau, echelydd, echeli, echyl.* Y bar haearn a'i ddeuben yn grwn o dan y drol, y cart, ayyb, y try'r olwynion arno, gwerthyd, rhodell, ecstri, ecstro, ecs.
1620 1 Bren 7.32, A phlatiau *echel* yr olwynion yn y ffrâm.
Ffig. 'Y byd yn troi ar ei *echel.*'
'Ei daflu oddi ar ei *echel*' – un yn cael drysu rhediad ei feddwl gan gwestiwn sydyn ac amherthnasol, weithiau'n fwriadol ddireidus, a pheri i rywun golli ei dymer.
'Mi ofynnais i'r ymgeisydd Torïaidd 'na am cabaits Canada. Mi taflwyd o oddi ar ei *echel* yn lân.'
1952 R Williams Parry: 'Ymson Ynghylch Amser' CG 64, Ow! Fory-a-ddilyn-Heddiw-a-ddilyn-Ddoe:/Pa hyd y pery *echelydd* chwil y sioe?
Gw. ECS.

echelbin *eg.* ll. *echelbinnau.* Y pin a roid gynt drwy dwll ym mlaen echel trol, ayyb, i ddal yr olwyn yn ei lle, limpin, gwarbin (S. *lynch-pin*).
Gw. LIMPIN.

echelu *bf.* Gosod echel dan gerbyd, rhoi echel (ecstri) dan drol neu gert newydd, ayyb. Ar lafar yn y gogledd. Gw. WVBD 121 (1913).
'Ma'r hen saer yn gwybod sut i *echelu*, 'fethodd o 'rioed.'

echrau *ell.* Beichiau o danwydd, sypiau o friwydd, bwndeli o goed tân, ffagodau.
Gw. FFAGODAU.

echwydd
1. *eg.*
i) Gorffwysfa anifeiliaid rhag haul canol dydd (GPC), gwerfa.
Gw. GWERFA.
ii) Naw o'r gloch y bore neu'r amser rhwng naw a hanner dydd, canol dydd, 'awr *echwydd*'.
13g Pen 14, 28, en pregethu diwsul am bryt *echwydd*.
14g HMSS 2, 249, beunyd yrwng *echwydd* a hanner dydd.
iii) Canol p'nawn, hwyr b'nawn, hwyr y dydd, hydref.
13g LlB 69, A chossyn . . . o holl laeth y neb a'e talho bore ac *echwydd*.
17g CRC 226, o'r bore glas hyd *echwydd*.
1700 E Lhuyd: Par 2, 83, *Echwydd* ydïw amser godro sev day o'r gloch.
1770 W, *Echwydd* – afternoon, evening, even-tide.

2. *a.* Croyw, dŵr croyw (mewn cyferbyniad i ddŵr hallt), dŵr rhaeadr.
15g Pen 50, 165, *Echwydd* – croyw.
1604-7 TW: Pen 228, Dŵr *Echwydd* – fresh water.

echwyn melin *eg.* Y rhan o'r maliad a gadwai'r melinydd yn dâl am falu. Ceid sôn y byddai'n cymryd mwy nag a ddylai, ac yn ei werthu.
Hen Bennill. 'Peth da 'mhob lle yw melin,/Os bydd hi'n malu'n ddiflin,/Ond drwg yw'r dyn a ddwg y blawd/Oddi ar y tlawd yn *echwyn*.'

edau *ebg.* Y teneuwch brau ar ymyl llafn miniog, e.e. llafn pladur wedi ei hogi.
1991 FfTh 8, 9, "Tynnu'i heda hi" – wrth hogi cyllell neu bladur newydd.

edau ddur *eb.* Weiren (gwifren) fain.

edau ungorn *eb.* Edafedd ungainc at weu sannau, ayyb. Ar lafar yn sir Ddinbych. Ceir hefyd 'edau deugorn', 'edau deirgorn', ayyb.
1933 H Evans: CE 171, Isel iawn oedd pris sanau gwerthu . . . felly ni ellid fforddio rhoddi llawer o edau nac o lafur ynddynt. *Edau ungorn* a ddefnyddid fel rheol, a gweill breision, a'u gweu yn llac.. I wneud sanau cartre defnyddid *edau ddwygorn*, neu dair cainc, a gweill meinion fel y gellid eu gweu yn glos.

edeinfarch (*adain* + *march*) *eg.* ll. *edeinfeirch*. March sionc, cyflym, carlamus, yn symud fel ar adain, fel wennol.

edin *ell.* un. *aden*. Ffurf lafar ar 'edyn'.
Gw. ADAIN³.

edlych *eg.* ll. *edlychod, edlychiaid.* bach. *edlychyn.* Anifail (neu ddyn) eiddil, egwan, tila; ewach, eiddilyn. Yng Ngheredigion clywir 'edlych o ddyn', 'edlychod o blant' ac 'edlychod o foch'.

GPC, Rhyw *edlych* o lo ddath y fuwch.

1975 T J Davies: NBB 124, Ac *edlych* llwydaidd iawn oedd yr ŵyn: fe'u clemiwyd yn gynnar am nad oedd fawr o ddim llaeth gan eu mamau.

Ffig. Unrhyw beth salw neu wael.

1958 I Jones: HAG 57, Yr oeddwn wedi anfon a dybiwn i a oedd yn englyn i'r gystadleuaeth . . . Dywedodd Carolan y beirniad nad oedd cynghanedd yn yr *edlych*.

edn

1. *egb.* ll. *ednod*. Aderyn, ffowl, creadur adeiniog, pluog. Cmhr. 'dof*ednod*' (*dof* + *ednod*) am adar fferm.

1620 1 Bren 4.23, . . . a chant o ddefaid, heb law ceirw, ac iyrchod, a buail, ac *ednod* breision.

Diar. 'Pob *edn* a edwyn ei gymar.'

2. *egb.* ll. *ednod*. Gwybedyn, pryf adeiniog, e.e. gwenynen, cacynen. Ar lafar yn Arfon am wyau pryfed ar gig neu euddon ar flawd.

WVBD 118, bwrw *ednod* – to lay eggs (of insects).

ednog (*edn* + *og*)

1. *etf.* ll. *ednogiaid*. bach. *ednogyn*. Gwybed, pryfed, piwiaid, cylion; hefyd am adar.

15g DB 108, Megys *ednogyn* (musca) yn olwyn . . . melin.

Diar. 'Ni ddeil yr eryr *ednog*.'

2. *a.* Ynglŷn ag adar neu bryfed, yn perthyn i adar neu bryfed, adeiniog, hedegog.

ednog y meirch *eg.* Gwenyn meirch, cacwn, cacynen farch, picynen, piffgi, cachgi bwn. Clywir hefyd yr enwau: 'gwenyn gormes', 'marchgacwn' a 'begegyr'.

ednu *be.* Gwiddoni, euddoni, sef llwch gwyn yn magu ar flawd pan fo ar fin cynrhoni.

Gw. EUDDON, EUDDONI.

ednydd *eg.* ll. *ednyddau, ednyddion*. Postyn llidiart, cilbost giât.

1632 D, *Ednydd* yw post llidiart.

edrych y dannedd *Ymad.* Oddi wrth eu dannedd (eu nifer a'u cyflwr) y sefydlir oed anifeiliaid, yn enwedig defaid a cheffylau. Sonnir am 'ddefaid ceglawn' – defaid ar eu gorau, ac am 'ddefaid mantach', sef defaid a dannedd bylchog. I bwrpas didoli defaid i'w cadw neu eu gwerthu, ac i bwrpas prynu defaid, pwysig yw *edrych eu dannedd*. Yn Nyfed clywir 'drych i danne'.

edyn olwyn gw. ADAIN OLWYN, ESGYLL OLWYN.

efail gw. GEFAIL.

efeilliaid *ell.* un. *gefell, efell*. Yn amaethyddol dau oen gan yr un ddafad, deuoen, deuoedd. Ar lafar yn gyffredinol.

1982 R J Evans: LlFf 76, Erbyn hyn 'roedd yr hen ddefaid yn bwrw 'deuoedd' ar draws ac ar hyd, a phob man yn llenwi'n brysur . . . Rhai o'r *efeilliaid* yn weiniaid, cario llaeth iddynt, a'u cario hwythau o dan y lamp infra goch.

efer gw. EFRAU.

efrau, efre, efr *etf.* a *ll.* un. *efryn.* bach. ll. *efrach.* Chwyn sy'n tyfu mewn rhai gwledydd ymysg ŷd, sef math o rygwellt (*Lolium temulentum*) a'i rawn, o'i fwyta, yn peri penysgafndod. Mae'n ymddangos mai'r hyn a adwaenwn ni fel 'ller', neu 'ŷd meddw' (S. *darnel*) yw'r efrau yn y ddameg yn Mathew 13.25-30. Ar y cyntaf anodd yw gwahaniaethu rhwng efrau a haidd neu wenith. Wedi i'r tywysennau ddatblygu y gwelir y gwahaniaeth gyda thywysennau'r *efrau*'n wag a dirawn. Yn y de ceir y ffurf 'efer' ac 'efr'.

1620 Math 13.30, Gadewch i'r ddau (*efrau* a gwenith) gyd-dyfu hyd y cynhaeaf.
1740 Th Evans: DPO 212, Anhyfryd yw trin *efrach*/Wedi'r hyfryd bur-yd bach.
1791 Sion Llywelyn: DD 31, Mae'n anodd 'nabod *efer*/Ymhlith y gwenith glas.
Ffig. Yn y de clywir '(h)efer o beth' neu '(h)efer o lwyth' am rywbeth enfawr, am glamp o rywbeth.

efryn coliog – efrau a chol tebyg i wenith.

efryn di-gol – efrau heb gol neu heb farf.

efryn parhaus – efrau'n tyfu o flwyddyn i flwyddyn (*Lolium perenne*).

efrith *eg.* Talfyriad haplolegol o'r gair 'llefrith' a glywir fel rheol yn yr ymadrodd 'llaeth *efrith*' (llaeth llefrith). Yng Ngheredigion ystyr *efrith* yw llefrith (llaeth ffres) a cheir 'lla'th *efrith*' mewn cyferbyniad i 'laeth enwyn'. Yn Nyfed, yr ystyr yw 'sgim' neu 'laeth sgim'. Gw. GDD.

efrllys (*efr* + *llys* = yr un *llys* ag yn *llys*ieuyn) *eg.* Efrau, gwyg, efwr (*Heracleum sphondylium*), math o efrau ond rhai gwahanol i 'ller' neu 'ŷd meddw'. Gw. EFRAU, EFWR.

efwr, ewr *eg.* ac *etf.* Planhigyn cryf, weithiau tua chwe throedfedd o uchder, a dyf ar gloddiau ac ar dir wâst, ac mewn coedlannau agored. Y mae'r gwreiddyn o ansawdd melys a'r blodau yn glystyrau gwynion (*Heracleum sphondylium*) (S. *cow-parsnip, hog-weed*). Mae'n debyg mai dyma'r *efwr* yn yr enw 'Din*efwr*' ger Llandeilo. 'It grows profusely about Dinefwr, where it is the name of the plant' (P. 1832). Yn y gogledd ceir y ffurf *ewr*, ac mae'n ymddangos y credid bod i'r planhigyn rin meddyginiaethol at rai afiechydon ar anifeiliaid. Clywir hefyd 'panas y fuwch' yn enw ar y planhigyn.

1981 W H Roberts: AG 42, Y clwy nad oedd wella arno a darawai geffyl neu gaseg weithiau oedd 'pryfed mud'. Yr oedd coel ar *ewr*, beth bynnag oedd hwnnw, fel meddyginiaeth.
Gw. EFRLLYS.

efyrnig *eb.* Gafr flwydd ac yn llaetha. Trwy gamddeall fe'i defnyddir hefyd am y cyferbyniol, sef gafr hesb.

1730 Leg. Wall. 569, *Efyrnig* – capra sterilis (gafr hesb).
1795 P, *Efyrnig* – a young goat, or that is with young the first time.

egalen gw. CALEN HOGI, HOGALEN.

egin *egb.* ac *ell.* ùn. *eginyn, eginen.* ll. dwbl. *eginoedd, eginau.* Blagur, blaendardd, yn enwedig cynnyrch y meysydd neu'r caeau, egin ŷd, egin haidd, ayyb.

1620 Marc 4.28, Canys y ddaear a ddwg ffrwyth ohoni ei hun, yn gyntaf yr *eginyn*, ar ôl hynny y dywysen . . .
'Ma'r defaid yn yr *egin*, gollwng Mot allan.'
Ffig. Bardd ifanc, pregethwr ifanc, llenor ifanc, ayyb. Cawn egin-fardd, egin-bregethwr, egin-frenin, egin-offeiriad, un yn prentisio mewn unrhyw waith neu broffesiwn.
Hefyd achosion, cychwyniadau, heuad (yn grefyddol).

egin grawn Egin ŷd, blagur ŷd.
1929 W Williams: LlEM 339, Tyred â'r cawodydd hyfryd/Sy'n cynyddu'r *egin grawn.*
1929 Glanystwyth: LlEM 262, Mwyda'r ddaear sech a chaled,/A bywha yr *egin grawn.*

egin tatws Tatws hadyd wedi magu egin cyn eu plannu, neu pan yn torri allan o'r pridd ar ôl eu plannu.
'Rhaid imi briddo'r *egin tatws* rhag ofn rhew.'
'Mi fydd y 'King Edward' 'ma ag *egin* da erbyn amser eu plannu.'

egin ŷd Ŷd wedi blaendarddu ar ôl ei hau.

eginblanhigion *ell.* un. *eginblanhigyn.* Planhigion ifainc newydd egino o had, mewn cyferbyniad, yn aml, i blanhigion o doriadau.

egino
1. *be.* Blaguro, blaendarddu, ymwthio allan o'r pridd ac o'r had, planhigion yn ffurfio o had.
1620 Gen 1.11, *Egined* y ddaear egin, sef llysiau yn hadu had.
Ffig. Rhywbeth neu rywun yn dechrau datblygu a thyfu.
1584-90 G Roberts: GC 142, Pan *egino* berf allan o henw.
16-17g T Prys: Bardd 365, Di *eginaist* y gynnen/I dynnu byd yn dy ben.

2. *bf.* Ŷd yn ei sgubau, ar dywydd mwll a gwlyb, yn *egino* ar ei orwedd neu yn ei stwc.
1958 FfFfPh 54, Byddai'r ceirch a'r barlys . . . ar y ddaear am tua tair wythnos . . . byddem yn gorfod ei symud yn aml er mwyn ei gadw rhag *egino.*
1972 E Williams: TT 38, Cynhaeaf digon gwael oedd i'r ŷd hefyd, a bu rhaid agor aml i ysgub oedd wedi *egino* o dan y rhwymyn.

egor Ffurf lafar, dafodieithiol ar 'agor'. Ar lafar ym Maldwyn. Gw. AGOR.

egr
1. *a.* Gerwin, gwyntog, ysgythrog, stormus, am y tywydd neu am le megis tŷ ffferm, mewn llecyn *egr* ac yn nannedd pob tywydd. Sonia'r ffermwr am 'ddiwrnod *egar*' neu am dywydd *'hegar* (gogledd) neu am 'le *egar*'. Ym Meirionnydd clywir 'Mae hin go *eger* heddiw,' neu 'Lle *eger* ofnadwy ydi Tyn-y-bryn (GPC). Amr. 'egar', 'eger', 'hegar'.

2. *a.* Gweithgar, diwyd, diddiogi (am berson dyfal, diwyd), 'Un *egar* wrth 'i waith ydi Wil'. Ym Maldwyn ceir y ffurf lafar 'ieger'. 'Mae golwg *ieger* iawn arnat ti.' Yn Arfon clywir 'dyrnod *egar*' a 'siarad yn *egar*' (sorllyd), WVBD 119. Ym Mhenllyn clywir ymadrodd fel 'roedd o'n *eger*

am fynd er gwaetha'r tywydd' a 'caseg *eger* iawn' (GPC).
Yn Nyfed golyga 'siarp' ac yng Ngheredigion a'r de yr ystyr gyffredinol
yw 'digywilydd', 'haerllug'. 'Un fach *eger* (ecar) iawn yw hi' (GPC).

egraidd, ecraidd, egrol *a.* Tueddu i fod yn sur, blas surni, braidd yn
chwerw (am laeth, menyn, ayyb).
Ffig. Geiriau garw, agwedd meddwl sur.
16-17g E Prys: Gwaith 205, Dy gerdd a'i sudd *egraidd* sal.

egras *eg.* Porfa flwydd oed, tir glas a chroen blwydd arno, croen blwydd
(am dir), hadyd, gwair ifanc (Môn). Yn Arfon ceir 'cae o *egras* blwydd'
neu 'defaid yn pori'r *egras*' (WVBD 119). Clywir hefyd 'clofer *egras*' (S.
eegrass neu *rye-grass*).

egredd, egri *eg.* Surni, egrwydd, mysni, llwydni, y cyflwr o fod yn egr
neu'n sur.

egriad *eg.* ll. *egriadau*. Suriad, diflasiad, mysniad (am laeth, ayyb).

egroes *eg.* Cwlwm neu gymal gwelltyn ŷd ar ei draed.
16g WLl 275, *Egroes* = cwlwm gwelltyn ŷd.
1688 TJ, *Egroes* = cwlm, cwlwm gwelltyn ŷd. The knot or joynt of standing corn.

egru *be.* Suro, chwiblo, mynd yn ddiflas, llwydo (am laeth, menyn, finegr,
ayyb), llaeth wedi *egru*, menyn wedi *egru*, ayyb.
'Dydi'r menyn 'ma ddim ffit, mae o wedi hen *egru*.'
Ffig. Gwylltio, ffromi, ffyrnigo, suro (am ddyn).
1677 C Edwards: FfDd 364, Nid rhyfedd ei fod (y byd) wedi *egru* a chwerwi cymmaint.
'Mae Mair wedi *egru* fel tasa neb erioed wedi colli i fam ond y hi.'
Gw. CHWEUO, CHWIBIO, SURO.

Egryn *eg.* Llinach o wartheg a ddatblygwyd gan Moses Griffith ym 40au
yr 20g drwy fewnfridio. Llwyddodd i fagu tarw o 'Escuan Stamp' ac
'Escuen Blacen' gyda'r tarw 'Stamp' yn fab i 'Blacen' y fuwch.
1994 FfTh 13, 12, Sefydlwyd buches o wartheg duon Cymreig allan o nifer o fuchod dethol
a'u hepil o'r enwog Egryn Buddugol, tarw a fagwyd gan Moses Griffith allan o Escuan
Stamp ac Escuan Blacen. Mewnfridio beiddgar, yn nodweddiadol o'r gŵr amryddawn ac
anturiaethus hwn, oedd tu ôl i linach dylanwadol *Egryn*, oherwydd yr oedd Stamp yn fab i
Blacen.

egwal (*e* + *gwâl* [lloches]) *eg.* Lluest, caban, bwthyn, yn enwedig lloches
bugail ar y mynydd. 'Ar lafar yn ardal Nantgarw yn y ffurf 'agwal' am
fwth bugail ar y mynydd' (GPC).

egwd Ffurf ar 'egwyd'. Ar lafar yng Ngheredigion.
Gw. EGWYD².

egweryd gw GWERYD.

egwyd
1. *egb.* ll. *egwydydd, egwydedd, egwydau, egwydledd, egwydlau*. ll. dwbl.
egwydleddau. Cloffrwym, llyffethair, hual, troedog.

13g WML 83, Dodet hagen y dwy *egwyt* am yr un troet.
1620 2 Sam 3 34, Ac nid oedd dy draed wedi eu rhoddi mewn *egwydydd*.

2. eg. ll. *egwydydd, egwydedd, egwydau, egwydledd, egwydlau.* ll. dwbl. *egwydleddau.* Ỳ rhan agosaf i'r troed yng nghoes ceffyl, meilwng, meinedd y goes, swrn, ffêr; y twddf neu'r chwydd lle mae'r bacsiau tu ôl i goes ceffyl yn union uwchben y carn. Weithiau defnyddir *egwyd* am y bacsiau.
14g RM 305 26-7, Dodi hualau aur am eu *hegwydledd*.
1913 WVBD 119, *Egwyd* – 'fetlock'.

egwydbraff, egwydffrom (*egwyd* + *praff* [cryf]) *a.* Cryf a bacsiog ei egwydydd (am geffyl).

egwydlaes (*egwyd* + *llaes*) *a.* Hir ei facsiau, bacsiog, llaes ei facsiau (am geffyl).
15g GTP 29, Llew *egwydlaes* (am farch).

egwydd Ffurf lafar ar egwyd (Dyffryn Tanat). Gw. EGWYD.

egwyl
1. ebg. Ysbaid fer o orffwys oddi wrth waith neu lafurwaith, cymryd hoe, cymryd gwynt, cymryd munud, cael saib.

2. egb. Hindda rhwng cawodydd ar dywydd cawodog.
GPC, Wnaeth hi ddim *egwyl* o hindda heddiw i wneud dim.

engan, engion gw. EINGION.

English Leicester gw. LEICESTER.

ehed, hed *ell.* ac *etf.* Tywysennau gweigion, plisg grawn ŷd, us, peiswyn, gwehilion ŷd, ehedion ŷd.
Ffig. Geiriau ac arferion salw, dynion salw, tywyllodrus, diwerth.
1480-1525 TA 178, O'r hadyd nid o'r *ehedion,*/O dywys ieirll y doi Siôn.
17g Huw Morus EC 131, Nid yw rhai drwg gerbron Duw Tad, ond *hedion*.
eto, 181, Peth yn hadyd, peth yn *hedion*.

ehedeg, hedeg
1. be. Planhigion a llysiau'n gordyfu ac yn tyfu hadau, tyfu'n wyllt, y cabaits yn *hedeg*, y letus yn *hedeg*.

2. be. Ŷd (ceirch, haidd, gwenith) yn magu pen, neu'n brigo, yr ŷd yn *hedeg*, sef yn magu brig, yr ŷd yn hodi, yr ŷd yn cadeirio.
1620 Ecs 9.31, Canys yr haidd oedd wedi *hedeg* a'r llin wedi hadu.
1759 BC 423, Fel yr ŷd mewn hŷd yn *hedeg*.
Gw. HEDEG, HODI.

eidion, eidon *eg.* ll. *eidionnau.* Gwryw gwartheg, anifail gwryw dof o rywogaeth y gwartheg, ac wedi ei ddisbaddu, bustach neu ych, ac yn aml wedi ei besgi am ei gig.
1620 Hab 3.17, Torrir ymaith y praidd o'r gorlan, ac ni bydd *eidion* yn eu beudai.
1938 T J Jenkin: AIHA AWC, Anfynych iawn y clywid y gair *eidion* ar lafar gwlad ond mewn un cysylltiad – 'cig *eidion*' = beef. ('Cig *eidion*' was the term always used for beef

whether from bull, cow, bullock or heifer.)
Dywed. 'Cyn dewed â chlust *eidion*.'
'Bydd fyw *eidion*, bydd fyw, wele'r filfriw': – Byddai'n arferiad gan ffermwyr gynt i gyfarch eu da corniog ddechrau'r gwanwyn a'r geiriau uchod. Roedd ymddangosiad y planhigyn 'milfriw' yn profi bod twf yn y ddaear o'r diwedd ac yn addewid am borfa rhag llaw. Gw. M Fardd, LlGSG 39 a GPC.

Yn 1799 rhoed Banc yr *Eidion* Du yn enw ar fanc ariannol a sefydlwyd yn Llanymddyfri gyda llun eidion du ar ei nodau. Cf. Banc y Ddafad Ddu.

Ffig. 'Llwyth neu faich *eidion* llog' – byddai anifail a logid yn agored i gael ei orweithio, ac felly hefyd was cyflog.

Gw. BUSTACH, YCH.

eidiondid (*eidion* + *tid* [tres]) *eb*. ll. *eidiondidiau*. Tres eidion neu ych, rhan o harnais ych gwaith gynt.

1561-2 Rhyddiaeth Gymraeg 1 64, Plethu *eidiondid* a marchdres.
1995 FfTh, 15, 9, *Eidion* du a dynn ei *did*/Ond odid, i ddyn dedwydd,/I dorri ei gwys ar dir ac âr,/A braenar yn y bronnydd.

eidiongig (*eidion* + *cig*) *eg*. ll. *eidiongigoedd*. Cig eidion, biff.

1763 ML 2 538, Golwythau o *eidiongig*.

eidon gw. EIDION.

eidyl *eb*. ll. *eidyliau*. Canig syml yn ymdrin braidd yn rhamantus â golygfeydd gwledig ac â'r bywyd gwledig o ddydd i ddydd, bugeilgerdd.

Gw. hefyd ECLOG.

eiddew gw. DAIL IORWG.

eiddo sefydlog (ansymudol) *eg*. Unrhyw eiddo ar fferm, ag eithrio cnydau heb eu cywain, na ellir yn hawdd eu symud, pan werthir fferm, neu pan fo tenantiaeth yn dod i ben. Pan yn prisio ar achlysuron o'r fath mae'r prisiwr yn gorfod gwahaniaethu rhwng eiddo symudol ac eiddo ansymudol yn unol â Deddf Amaeth 1947.

eiddolion *ell*. un. *eiddol, haeddol*. Ffurf ar 'haeddelion', sef breichiau aradr neu heglau aradr geffyl. Ar lafar yn Nyfed.

1958 T J Jenkin, YPLL AWC, O gydiad y lanseid a'r arnodd codai yr arnodd ac ymestynai yn ôl i wneud un o'r *eiddolion*, tra y cydiai'r *eiddol* arall yn ei blaen wrth y lanseid, a gorffennai yr *eiddolion* tuag yn ôl yn y dyrnau yn y rhai y cydiai'r arddwr.

Gw. BREICHIAU ARADR, HAEDDEL, HEGL.

eifed Ffurf lafar ar aeddfed. Ar lafar yn sir Gaerfyrddin.

Gw. AEDDFED.

eingion, einion, engan *ebg*. ll. *eingionau*. Blocyn haearn a dur a ddefnyddir gan y gof i drin metel gwynias ac i'w siapio yn ôl y galw. Ceir un pen yn graddol feinhau hyd at fod yn bigfain i siapio pethau bwaog neu led grwn fel pedolau ceffyl. Fel rheol, hirsgwar yw'r pen arall a fflat i fedru curo haearn arno, gyda thwll i ddal offer yn hwylus ac wrth law. Fe'i gosodir, fel arfer, ar foncyff trwm a chadarn sef, cyff eingion.

Amr. 'engan' (gogledd), 'ingon' (y de).
Dywed. 'Mor galed ag *engan*.'
'Mae'r cyflath 'ma cyn g'leted ag *engan* gof.'
1966 D J Williams: ST 49, Ond yr oedd Moc fel *eingion* gof, po galetaf y'i trewid, caletaf yr âi.
Gw. CYFF EINGION.

eingion cyriog Eingion â dau ben main, yn ei gwneud yn debyg i ben ych â dau gorn, eingion daugorniog.

eingion loyw Eingion â digon o waith yn cael ei wneud arni fel na chaiff gyfle i rydu.
1958 FfFfPh 72-3, Yr oedd yna fachgen go ifanc o of newydd ddod i efail y pentre a dyma hwnnw'n gofyn cwestiwn . . . Dyma Dafydd ar ei draed a meddai "Machgen i, newydd ddod yma ych chi . . . cymerwch gyngor gen i, cadwch chi'ch *eingion yn loyw* a pheidiwch a rhoi'ch trwyn ym musnes dynion eraill".

eil *eb.* ll. *eilion.* Sied, adeilad yn pwyso ar adeilad arall, pentis, *eil*-sied (Meirionnydd). Weithiau yn adeilad lled agored i gadw'r celfi a'r offer (Arfon a Meirionnydd). Yng Ngheredigion lle i gadw mawn – *eil* fawn. Hefyd yng Ngheredigion cegin gefn a ychwanegwyd at y tŷ. Yn Uwchaled 'tŷ'r gwŷdd' (gwehydd). Ar lafar yn Arfon. Gw. WVBD 120.
1933 H Evans: CE 90, Yr oedd tŷ'r gwŷdd yn perthyn bron i bob ffarm. Fel rheol *eil* (lean-to) wedi ei chodi wrth ochr rhyw adeilad arall a fyddai.
1990 Erwyd Howells: DOPG 9, *Eil* – 'lean to' ar dŷ.

eiland *eb.* Doldir ar lan afon neu ym mhlygiad afon, neu ynys (tir ynys) mewn tir corsiog, siglennog, gwerddon.
1696 Fenton Tours of Wales, They call here hills, 'Glennydd' and plains '*Eiland*'.

eilar (*ail*+ *âr*) *eg.* Ail âr, ail arddiad, ail aredig, ail driniad (am dir).

eilflawd, eilion (*ail* + *blawd*) *eg.* Blawd bras, peilliad garw, cwrs, blawd eilradd, eilion, peilliad rhwng rhuddion a blawd, eilion blawd. Ar lafar yn gyffredinol.

eilflwyddiad (*ail* + *blwyddiad*) *eg.* ll. *eilflwyddiaid.* Planhigyn megis betys siwgr, moron, erfin, ayyb, sy'n cwblhau eu cylchred bywyd mewn dau dymor tyfu. Yn ystod y tymor cyntaf cronna'r planhigion hyn gynnyrch ffotosynthesis yn eu gwreiddiau chwyddedig, sef cyfuno carbondiocsid o'r awyr â dŵr i gynhyrchu carboheidrad sy'n angenrheidiol i'w tyfiant a'u datblygiad. Ond yn ystod yr ail dymor y ceir blodau a had. Gw. LLUOSFLWYDD, UNFLWYDDIAD.

eilgnwd (*ail* + *cnwd*) *eg.* Ail gnwd o'r un tir yr un flwyddyn, e.e. ail gnwd o silwair.

eilgnydio (*ail* + *cnydio*) *be.* Rhoi ail gnwd, cynhyrchu ail gnwd (am dir).

eilio *be.* Plethu, cydblethu, cordeddu, nyddu ynghyd (am raff, tas, mawn, ayyb), eilio rhaff (ei phlethu), eilio tas (gwneud tas).

eilio mawn Plethu y blociau neu'r tywyrch mawn yn das gymen, gwneud tas fawn. Ar lafar ym Meirionnydd.

1975 W J Thomas: CM 31, Gwaith celfydd oedd *eilio'r das fawn*, fel y gwneid â thas ŷd a chadwent (yn sych) am amser hir.

eilio rhaff *be.* Plethu dwy raff fain (o wellt, gwair gwaun neu lafrwyn) yn rhaff ddwbl i bwrpas toi tas, cordeddu rhaff draws. Byddai tri ar waith yn gwneud rhaffau, – gwneud dwy raff fain i ddechrau, yna eu heilio yn rhaff ddwbl neu ddwygainc. Byddai un â chortyn gwellt ynghlwm am ei ganol a dau bren rhaffau yn sownd wrtho. Âi wysg i gefn yn araf fel y byddai'r ddau arall yn bwydo'r rhaffau o swp unfon o wellt, ayyb, wrth eu hochr. Wedi i'r tröwr gyrraedd marc arbennig a'r rhaffau'n ddigon o hyd, byddai un o'r ddau oedd yn eu bwydo yn clymu'r ddwy raff yn ei gilydd yn eu pen hwy a bachu pren rhaffau arall wrth y cwlwm. Byddai hwnnw wedyn yn cael ei droi, a'r tröwr yn troi'r ddwy raff yn ei ben yntau, gyda'r trydydd person yn cerdded wysg i gefn rhwng y ddwy raff i'w cadw arwahan ac i ofalu bod yr eiliad yn glos. Wedi cyrraedd pen y tröwr dôi allan o'r rhaff gan glymu'r ddau ben rheini yn ei gilydd ar ôl eu tynnu'n rhydd oddi wrth y prennau rhaffau.

Gwaith diwrnod glawog ar y cyfan fyddai gwneud rhaffau, gwaith dan do pan na ellid gwneud dim allan. Gwaith dihoenllyd a swrth hefyd na chwenychai neb mohono oedd gwaith y trowr – gwaith i'r 'hogyn' neu'r 'gwas bach'.

1981 W H Roberts: AG 60, Wel am waith diflas a blinedig hefyd oedd 'troi rhaffau', yn enwedig os mai chi'ch hun fyddai'n troi dau bren efo cat o raff wellt ddwygainc am eich canol i ddal y prennau. Fedrech chi byth symud yn ôl ar yr union amseriad a blesiai'r ddau fyddai'n gweithio'r rhaffau – ar eu heistedd wrth gwrs.

eilio tas *be.* Gwneid tas (ŷd, gwair, gwellt, mawn) yn bentwr celfydd, siapus, gyda digon o lanw, fel ei bod yn dal dŵr, yn ogystal â bodloni llygaid. Ystyrid eilio tas yn grefft gelfydd o'i chael i gydymffurfio â'r patrwm traddodiadol oedd yn bod i das gron a thas hirsgwar. Rhaid oedd i'r ddwy ledu rhwng y sawdl a'r bargod a hynny yn yr ochrau ac yn y talcenni yn achos y das hirsgwar, yna 'tynnu pen' (culhau) o'r bargod i'r brig. Byddai'r das gron yn ffurf ŵy. Gyda'r das wair pwysig oedd ysgwyd pob fforchiad rhag bod rhai mannau caled a rhai mannau meddal. Y gamp oedd ei gwneud yn gyson galed. A chyda'r teisi ŷd rhaid oedd rhoi pob ysgub yn ei lle a gofalu fod brig pob un at ganol y das a'i phwyso i'w le â'r penglin. Pwysig iawn hefyd oedd cael digon o 'lanw', sef cael canol neu fol y das fymryn yn uwch na'r ochrau fel bod gogwydd y gwair a'r gwellt at allan gyda golwg ar ei chael i ddal dŵr.

1975 W J Thomas: CM 31, Gwaith celfydd oedd *eilio'r das* fawn fel y gwneid â thas ŷd.

Ffig. 'Eilio cân' neu 'eilio cerdd', h.y. adeiladu cân. Yr un *eil* sydd yn adeiladu ag yn *eilio*.

Gw. GWELY, STOL⁴, TAS, TASU.

eilion sil *ell.* ac *etf.* Term a ddefnyddir am wehilion gwenith ar ôl ei falu, blawd coch bach (gw. TAM 323 1994). Heddiw defnyddir pob eilion

gwenith i baratoi bwydydd anifeiliaid.
Gw. BLAWD COCH BACH.

einioes mochyn *ebg.* Gwaed mochyn. Ymadrodd a ddatblygodd yn sicr o waedu mochyn i'w ladd, wrth golli ei waed yn colli ei einioes.

einion gw. EINGION.

eira *eg.* ll. *eiraoedd, eirïoedd.* Lleithder neu law yn yr awyr wedi rhewi'n fân risial neu'n fân blu pan fo'r tymheredd yn isel. Dywedir ei fod yn dda i lacio ac i fracio'r tir, a haera rhai fod iddo werth gwrteithiol fel yr awgryma'r enw 'maeth Ionawr' ar *eira* Ionawr. Ond nid yw ffermwr yn gyfaill mawr i *eira,* wrth ystyried y drafferth a'r colledion a achosa, yn enwedig gyda defaid.
Dywed. '*Eira,* cnydau da, gwlyb, cadlas lawn.'
'Eira bach call/Yn disgwyl am y llall' – yn aml lle bo esgyrn eira yn y ceseiliau daw rhagor ato.

eirin *ell.* un. *eiren, eirinen.* Math o aeron neu ffrwythau glasddu eu croen, ac iddynt gnawd bwytadwy melys a mwydionog yn amgau'r garreg letgron yn y canol, sy'n tyfu mewn gerddi ac ar wrychoedd, plwmwns, gw. GPC. Yn y gogledd, *eirin* yw'r gair am bob math o blwmwns, o'r rhai mwyaf yn yr ardd i'r rhai lleiaf ar y perthi. Y rhai cyffredin yw '*eirin* duon bach' (*eirin* perthi, *eirin* tagu, *eirin* surion); '*eirin* bwlas' – eirin gwyllt ychydig yn fwy nag '*eirin* duon bach'. Ar lafar yn Arfon (Gw. WVBD 60); '*eirin* dansus' – eirin damsons. Ar lafar yn Arfon. Clywir hefyd '*eirin* gwlanog' am y S. *peaches*; '*eirin* Mair' am gwsberis; '*eirin* gwyrddion' am y S. *green-gages.*

eirw *eb.* Ffurf lafar ar 'aerwy' yn Nyfed, sir Gaerfyrddin a Cheredigion.
Gw. AERWY.

eisin *etf.* ac *ell.* ll. dwbl. *eisiniaid* un. *eisinyn, eisinen.* Plisgyn grawn, sil, y plisg a dynnir oddi am y grawn wrth ei grasu a'i silio a'i falu'n flawd, us, cibau, rhuddion, rhuchion. Ar lafar yn gyffredinol.
Gw. hefyd CIBAU, RHUDDION, US.

2. *etf.* a *ll.* Plisg mewnol gwenith, ayyb a wahenir oddi wrth y grawn a'i falu'n flawd bras, us, bran, rhuddion.
Ffig. Rhywbeth salw a diwerth.
17g Huw Morus: EC 1 310, Sionyn *eisinyn* o'r felin yw fo.
1790 Twm o'r Nant: GG 143, *Eisin* gwagedd sŵn gogan.
Diar. 'Gwell pryd o *eisin* na phryd o eisiau.'
'A bryn flawd a bryn *eisin.*'

eisin sil *etf.* a *ll.* Plisgyn ceirch a wahenir oddi wrth y grawn drwy ei silio. Ar lafar yn gyffredinol.
Gw. WVBD 121.

eisin topyn *eg.* Cynnyrch eilardd y felin wedi silio. Ar lafar yn sir Ddinbych a sir Feirionnydd.

eisinbridd (*eisin* + *pridd*) *eg.* ll. *eisinbriddoedd*. Pridd melyn gwael a llawn o gerrig mân. Ar lafar yng Ngheredigion yn y ffurf 'shimbridd'.

eisingraig (*eisin* + *craig*) *eg.* Malurion craig, siâl craig. Ar lafar ym Mawddwy a Chyfeiliog yn y ffurf 'singraig', ac ym Môn yn y ffurf 'singrig'.

eisingrug, singrug (*eisin* + *grug*) *eg.* Y domen eisin a welid yn aml gynt gerllaw melin lle y nithid yr eisin oddi wrth y grawn ar ôl ei silio (S. *millbank*). Fe'i ceir mewn enwau tai a chaeau yn gyffredinol yn y ffurf '*Singrug*'.
1722 Llst 189, *Eisingrug* – a chaff heap, mill-bank, . . . a winowing bank.

eisino *be.* Silio grawn, hel eisin, casglu rhuchion.

eistedd *be.* Gori, eistedd ar wyau am gyfnod i'w deor (am adar dof a gwyllt). Sonnir am 'iâr *eistedd*' yn gyfystyr â 'iâr ori', ac am 'roi'r iâr i *eistedd*' yn gyfystyr â 'rhoi'r iâr i ori'.
14g ChO 21, *Eistedd* a wna yr ederyn hwnnw ar wy y gethlyd . . . a chreu ederyn ohonaw.
1620 Jer 17.11, Fel petris yn *eistedd* ac heb ddeor.
Ffig. Cymryd amser i ddod i benderfyniad ar syniad, cynllun, ayyb.
'Mae'r swyddog cynllunio yn *eistedd* ar y cais ers blwyddyn gron.'

eisyddyn *gw.* SYDDYN, TYDDYN.

eithen *gw.* EITHIN.

eithin *ell.* ac *etf.* un. *eithinen, eithen, ethen*. Planhigyn gwyllt bytholwyrdd, pigog a blodau melyn. Yn aml, tyf ar dir diffaith, ar rostir, cloddiau pridd, ayyb. Gynt, fe'i tyfid o had i'w ladd a'i falu yn fwyd anifeiliaid, yn enwedig ceffylau. Fel arfer, eithin teirblwydd a dorrid yn borthiant. Yn sir Ddinbych gelwid tir *eithin* yn 'tarren'. Gwneid llawer o ddefnydd o *eithin* hefyd i ferdio cloddiau a gwrychoedd ac i wneud gwely'r das wair a'r das ŷd. Ceir hefyd y ffurfiau 'ethen', 'ithen' (Dyfed), 'eithen' 'ithin' (sir Gaerfyrddin),
1938 T J Jenkin: AIHA AWC, Ar dir cysgodol da, gellid cael cnwd o *eithin* i'w torri bob blwyddyn, yr oeddynt yn fwyd rhagorol iawn. Ond yn yr ardal hon (sir Benfro) bwyd i geffylau bron yn unig oedd *eithin*, ond ambell aeaf a'r bwyd yn brin defnyddid hwy hefyd yn fwyd i wartheg, yn enwedig ar ffermydd bychain. Fynychaf, efallai, *eithin* dwyflwydd a ddefnyddid, ac yr oedd y coesau erbyn hyn yn tueddu i fod yn goediog neu fonog.
1933 H Evans: CE 141, Yr oeddynt yn fwyd maethlon iawn a'r anifeiliaid yn awchys amdanynt. Ond dywedid eu bod yn rhy boeth i geffylau. Curai ein hen 'Gaptyn' ni lawer ar ei draed ar eu holau. Ond gallai 'Leion' y mul eu bwyta heb eu malu, y pigau a'r cwbl.
1976 G Griffiths: BHH 65, Roedd llain hir o dir yn perthyn i Dŷ Hen yng nghanol tir yr Erw, yn llawn o *eithin* porthiant ar gyfer yr anifeiliaid.
1992 E Wiliam: HAFf 34, Yn ogystal â'r bwydydd mwy arferol câi'r ceffylau eu porthi ar *eithin*. Bu teithwyr a sylwebyddion amaethyddol mor gynnar â George Owen o Sir Benfro, yn 1603 yn sôn am yr arfer o dyfu *eithin* at fwydo anifeiliaid. Bwyd arferol y ceffylau a'r gwartheg ym mhlwyf Llangian, Llŷn tua 1810 oedd tatws ac *eithin* yn gymysg, ac ym mhlwyf Bangor tua'r un adeg, prif fwyd y gaeaf a'r gwanwyn oedd gwair ac *eithin*. Honnwyd fod pedwar allan o bob pump ffermwr yn siroedd Môn, Arfon, Dinbych yn

defnyddio *eithin* yn helaeth i fwydo ceffylau yn 1847 ac yr oedd yr un peth yn wir am Dde Cymru.
eto, Mae dau brif fath o *eithin* yn tyfu yng Nghymru, un yn llwyn tal sydd yn ei flodau yn y gwanwyn fel arfer, ac un byrrach sy'n blodeuo ym misoedd Awst a Medi. Gelwir yr olaf hwn yn '*eithin* mân', '*eithin* mynydd' neu '*eithin* marlas', ond y cyntaf oedd y mwyaf arferol ei ddefnydd. Tyfid ef yn aml o had wedi ei gyrchu o Ffrainc, a'r enwau llafar arno oedd '*eithin* Ffrengig', '*eithin* cnocio', '*eithin* pwno' neu '*eithin* porthi'.
1972 E Williams: TT 44, Ymhen blynyddoedd, wedi i'w torri fynd yn ormod o drafferth (eithin), y clywais gan un o hogiau'r coleg eu bod cystal â'r gwair gwndwn gorau.
Hen Ddoethineb. 'Aur dan y rhedyn,/ Arian dan yr *eithin*/ Newyn dan y grug.'
'Pan fo'r *eithin* felynaf/ Y bydd yr haf sychaf' (Dyffryn Teifi).
Ymad. 'Silod *eithin*' – eithin mân heb dyfu llawer, mân eithin crebachlyd.
'Llwyn *eithin*' – twmpath eithin, – yn dwmpathau neu'n llwyni y tyf eithin fel rheol.
Ffig. Lledaenu'n gyflym (am newyddion, sibrydion, ayyb).
1966 D J Williams: ST 134, A roedd y stori ar gynnydd fel *ithin* ar dân.

eithin cnocio gw. EITHIN FFRENGIG, EITHIN PWNIO.

eithin Ffrengig *etf. ac eg.* Eithin i'w falu'n fwyd i anifeiliaid. Prynid ei had o Ffrainc, ac felly ei enw *eithin Ffrengig*. Ceid hefyd enwau mwy gwerinol arno megis 'eithin pwnio (pwno)'; 'eithin cnocio'; 'eithin porthi' ac 'eithin malu'.
1938 T J Jenkin: AIHA AWC, Dau fath o eithin a gydnabyddid, Eithin Mân ac *Eithin Ffrengig*, – ond dim ond *Eithin Ffrengig* a ddefnyddid yn fwyd anifeiliaid am y cyfrifid yr Eithin Mân yn raddol wenwynig.
Gw. EITHIN, MALU EITHIN.

eithin gwâr Eithin mynydd brodorol.
1990 Erwyd Howells: DOPG 9, *Eithin gwâr* – eithin mynydd cynhenid, gwahanol i eithin coes hir.

eithin malu gw. EITHIN FFRENGIG.

eithin mân Math o eithin brodorol ond a ystyrid yn wenwynig, eithin yn lles i anifail dros dro, ond y gwenwyn yn cronni yn y cyfansoddiad ac, yn y diwedd, yn lladd.

eithin porthi gw. EITHIN FFRENGIG, EITHIN PWNIO.

eithin pwnio (pwno) Eithin Ffrengig ond yn cyfeirio at y dull o'i falu neu o'i ysigo'n fwyd i anifeiliaid. Fe'i gosodid mewn cafn carreg a'i 'bwnio' neu ei orddio â gordd bwrpasol i ysigo'r brigau a'r pigau.

eithindir (*eithin* + *tir*) *eg.* ll. *eithindiroedd*. Tir dan eithin, tir tyfu eithin, rhosdir, diffeithdir. Gynt byddai eithin wedi ei falu yn rhan o borthiant anifeiliaid a thyfid caeau ohono.
Gw. EITHIN.

eithino *be.* Berdio ag eithin, cau mannau gwan mewn clawdd ag eithin, gosod eithin yn ferdin ar glawdd rhag i'r defaid dorri drwodd.
Gw. BERDIO.

eithinog *a.* Yn llawn eithin (am dir), wedi ei orchuddio ag eithin, cnwd o eithin. Ceir y gair mewn enwau lleoedd fel 'Bryn *Eithinog*' (Bangor) a dwy fferm ym mhlwyf Llanllyfni (Gwynedd) yn dwyn yr enw '*Eithinog*'.
1455-85 LGC 52, Mal taran a thân tir *eithinog*.

eleni, yleni, leni *adf.* Y flwyddyn hon, y flwyddyn bresennol, o fewn i'r flwyddyn bresennol. Yn aml mewn cyferbyniad i'r 'llynedd' (y flwyddyn ddiwethaf) ac i'r flwyddyn nesaf. Mae'n air sy'n aml ar wefusau ffermwr. Clywir – 'mae hi'n wanwyn cynnar *leni*'; 'fydd yna ddim llawer o wair *leni*'; 'beth ydi dyddiad y preimin *leni*?'; 'mae pris yr ŵyn i lawr *leni*'.
14g R 1031 25, 'hen hi, *eleni* y ganet' (am ddeilen).

elfennau prin *ell.* un. *elfen brin.* Elfen gemegol y mae'n rhaid i blanhigion ac anifeiliaid wrth ychydig ohoni (S. *trace elements*). Mae cyfran fach ohoni yn hanfodol i sicrhau bod yr ensymau, yr hormonau a'r fitaminau yn gweithio'n iawn. Yr elfennau prin yw haearn, sinc, boron, manganîs, cobalt, molybdenwm, copr. Gall diffyg y rhain achosi clefyd diffygiant. Clywir hefyd yr enw 'microfaethyn' (micronutrient).

eli *eg.* ll. *elïoedd, elïau, elïon.* Cymysgedd meddyginiaethol i'w roi ar friwiau neu ddoluriau (dyn ac anifail), cymysgedd o saim (lard, cŵyr, ayyb) a rhyw sylwedd neu sylweddau meddyginiaethol, balm, iraid, wylment.
13g WM 156 1-2, Ac adodes *eli* gwerthvawr arnaw.
14g Gwneuthur *eli* o lysseu ac emenyn a gwer.
1588 Ecs 30.25, *Eli* cymmyscadwy o waith yr apothecari.
Ffig. Yr hyn sy'n llonni'r galon neu ysbrydoli. Sonnir am '*eli*'r galon', sef te i rai, cwrw i eraill. Cawn hefyd '*eli* cil-dwrn' am lwgrwobr, neu ernes, neu lwc dda, ac '*eli* penelin' am lanhau addurniadau pres, ayyb.
Dywed. '*Eli* pen clawdd' – gwialen, ffon a ystyrir y feddyginiaeth orau i anifeiliaid (a phlant) sy'n camymddwyn!

elor feirch *eb.* Elor, fframwaith bren i gludo eirch a llorpiau i'w thynnu gan geffyl a ddefnyddid gynt hyd ffyrdd geirwon ac anhygyrch.

elwlen *eb.* ll. *elwlod.* Un o ddwy organ chwarennol gleinfil (anifail ag asgwrn cefn), ag sy'n glanhau'r gwaed. Caiff ei chyfri yn rhan o'r 'cig mân' sy'n cael ei fwyta ar ôl lladd anifail.

emasciwladur, cyweirydd *eg.* Offeryn neu erfyn at ddisbaddu neu gyweirio anifail gwryw.
Gw. CYWEIRIWR, DISBADDWR.

emenyn gw. MENYN, YMENYN.

emys *ell.* un. (anaml) *amws.* Meirch, stalwyni.
Gw. MARCH, STALWYN.

encyd *egb.* O ran ystyr gall encyd fod yn ysbaid o amser neu'n ofod rhwng pethau, neu'n bellter. Mewn rhai ardaloedd defnyddid y gair am y pellter rhwng y tatws plannu wrth eu gosod yn y rhes ac am y pellter rhwng y planhigion a adewid wrth deneuo neu singlo swêds, mangls, ayyb. Ar lafar yn sir Gaerfyrddin.

1620 1 Sam 26.13, Yna Dafydd . . . a safodd ar ben y mynydd o hirbell (ac *encyd* fawr rhyngddynt).

1923 T Davies: *Gŵr Pen y Bryn* 68, . . . anghofiodd siarad â Dafydd Huws am *encyd* o'r ffordd.

endemig
1. *a.* Gair disgrifiadol am blanhigion ac anifeiliaid sy'n perthyn yn naturiol i le neilltuol neu gynefin neilltuol, – planhigion ac anifeiliaid cysefin neu frodorol yn hytrach na rhai wedi eu trosglwyddo o le arall.
2. *a.* Gair yn disgrifio afiechyd a geir yn gyffredin neu'n gyffredinol mewn darn o wlad, er nad yw'n ei ddangos ei hun ar bob adeg.

endoparasit *eg.* ll. *endoparasitiau.* Parasit yn byw ar yr ochr i mewn i'w gyfrwng lletyol, e.e. y llyngyren lydan (S. *tape-worm*)
Gw. hefyd ECTOPARASIT.

endrin *eg.* Plaleiddiad arbennig o wenwynig.

enhadu *be.* Beichiogi benyw drwy drosglwyddo semen (*spermatozoa*) gan y gwryw, semenu, llofhadu.
Gw. TARW POTEL.

enhuddo *be.* Anhuddo, gorchuddio, pentyrru ar (yn enwedig tân). Pentyrru tanwydd ar y tân fel ei fod yn cadw ac yn dal i farwlosgi am oriau neu drwy'r nos. I rai'n llosgi mawn, *enhuddo* oedd rhoi dwy fawnen i ogwyddo ar ei gilydd a chodi lludw drostynt. Ceir hefyd y ffurfiau 'dyhuddo', 'huddo', 'rhuddo'.

1547 W Salisbury: KLl (Rhuf 12.20), Ti a *anhuddi* farwor tanllyd am ei ben.
'Cofia *enhuddo*'r tân cyn mynd i dy wely.'
Gw. ANHUDDO, DYHUDDO, STWMLO.

enifail Amrywiad ar 'anifail'.
Gw. ANIFAIL.

enigl, enygl *egb.* ll. *eniglau.* Magl, helm, trap.
Gw. HELM, MAGL.

enllyn *eg.* Unrhyw beth blasus a fwyteir gyda bara, yn enwedig caws, cig, menyn, pysgod, tamaid amheuthun, sgram.

14g GDG 364, Nid ar un bwyd ac *enllyn*/Y mae Duw yn porthi dyn.
WVBD 122, Does gen i ddim *enllyn* – dim ond bara sych.
1938 T J Jenkin: AIHA AWC, Cyfrifid cig, ymenyn, caws, jam, mêl a thriagl yn *enllyn*, a'r rheol ydoedd na ddylid bwyta dau *enllyn* gyda'i gilydd. Felly ni ddylid bwyta jam ar fara menyn na chaws na chig chwaith gyda bara menyn.
Hen Bennill. 'Pe byddai'r Wyddfa i gyd yn gaws,/Mi fyddai'n haws cael *enllyn*.'
1800 P, Tri *enllyn* iechyd, mel, ymenyn a llaeth.
Diar. 'Gorau *enllyn, enllyn* llaeth.' 'Gorau un *enllyn*, halen.' 'Rhaid *enllyn* da efo bara llwyd.'

ennill *be.* Manteisio mewn tâl neu gyflog am weithio. Gynt 'dechrau *ennill'* oedd troi allan i weini ar fferm.

'Ma'r bachgen ienga' 'cw wedi *dechra' ennill* o'r diwedd.'

ennill bywoliaeth Ennill bara beunyddiol wrth weithio.

ennill ei bedolau (ennill yn yr ystyr o godi neu ddyrchafu). Ceffyl yn ymdreiglo ar ei gefn ar ôl cael ei ollwng allan ac yn cicio'r awyr â'i draed, dangos ei garnau, dangos ei bedolau.

ennill hur *be.* Ennill cyflog, cael tâl am weithio. Un ystyr i *hur* yw tâl am wasanaeth (S. *hire* a Hen Saesneg *hyr*) Ar lafar yng Ngheredigion.

1958 I Jones: HAG 90, Blinai'r crudcymalau ef yn dost yn hanner olaf ei oes, ac ni allai *ennill hur* fel dyn iach.

ennill i fara Ennill ei fara beunyddiol, ennill ei fywoliaeth.

ennill i damaid Ennill ei fara neu ei fywoliaeth.

ennill i gyflog Un yn gwneud gwerth ei gyflog, gweithiwr diwyd, cydwybodol.

ennill tir *be.* Diwyllio a gwrteithio tir diffaith neu dir gwyllt, troi a thrin rhostir, ayyb, ei hadu a'i gael yn dir porfa. Gwnaed llawer o hyn yn ystod yr Ail Ryfel Byd (1939-45), ac ar ôl hynny dan y Cynllun Tir Ymylol. Wedi profiad blynyddoedd y rhyfel bu'n bolisi'r llywodraeth am rai blynyddoedd i wneud gwledydd Prydain yn fwy hunan gynhaliol mewn bwyd. Câi ffermwyr gymorthdaliadau at *ennill tir* drwy droi a diwyllio tir ymyl.

1985 W H Jones: HOGM 1, Ffarm ddigon tenau ei phriddyn oedd Cae-poeth a'r rhan fwyaf ohoni yn *dir wedi ei ennill* o'r mynydd.

Ffig. Llwyddo, mynd ar gynnydd, tyfu, am unrhyw achos neu genhadaeth.

'Mae o'n fudiad sy'n *ennill tir* yn gyflym.'

ennill y blaen Gadael rhai ar ôl mewn gwaith, ym mhell ar y blaen i'r rhai sy'n dilyn, e.e. pladurwr ar y blaen wrth ladd ŷd, neu'r hwsmon ar y blaen wrth deneuo maip.

'Ma Robin wedi *ennill y blaen* yn go arw y tro yma.'

ensym *eg. ll. ensymau.* Protiniau mewn organau byw sy'n gweithio'n gatalyctaidd i hyrwyddo newidiadau cemegol, ac yn aros eu hunain heb newid, e.e. 'alffa amylcase'.

entrio, entro *be.* Taro ochr fewnol yr egwyd â phedol neu â charn y troed gyferbyn (am geffyl), taro'r naill goes yn erbyn y llall.

1547 WS, *entrio* val march, entrefyer.

enwau anifeiliaid Bu'n arfer i roi enwau ar yr ychen gwaith, y ceffylau, y gwartheg godro a'r cŵn. Saesneg fyddai'r mwyafrif o enwau'r ceffylau, Cymraeg y mwyafrif o'r buchod godro. Byddai llawer o'r enwau yn adlewyrchu rhyw nodwedd arbennig a berthynai i'r buchod, yn enwedig eu lliw. Cymraeg hefyd fyddai'r enwau, ar y cyfan, ar yr ychen gwaith hefyd. Enwau Saesneg blodeuog a chwyddedig a geid ar y stalwyni (meirch).

enwau nodweddiadol ar deirw: Brithyn, Bwlcyn, Cochyn, Crindu.

enwau nodweddiadol ar geffylau: Beauty, Bell, Bess, Blac, Bocser, Bowlar, Bute, Capten, Captyn, Chester, Cymro, Cyrnol, Darling, Dei, Deiamwnd, Diament, Dic, Docsi, Dol, Dot, Duches, Duke, Ffafret, Hwntw, Jewel, Joli, Ladi, Liws, Loc, Loffti, Major, Prins, Seren, Shamroc, Star.

enwau nodweddiadol ar gŵn: Carlo, Cymro. Del, Del Bach, Fflei, Juno, Moc, Mot, Pero, Roi, Scot, Spot, Teiger, Wag.

enwau nodweddiadol ar stalwyni: Eiddwen Flyer, Welsh Flyer, Messenger, Ceitho Welsh Comet (1975 R Phillips: DAW, 75), Cribyn Flyer (1939 D J Williams: HW 65), Gwaun Forest King (1989 P Williams: GYG 21), Chanticleer (FfTh 16, 18), Edingdale Mimic (FfTh 19, 20), Mount Royal, Money Spinner, Sanzibar (FfTh 19, 31), Ebbw Lad, Elian Grey King, Elian Grey Prince, Gronant President, Tremoelgoch Oscar, Trem yr Wyddfa Dylan, Trem yr Wyddfa Snowdon Jim, Arfon Prince (Pwllheli), Bodernog Baron (Môn), Bodernog Master (Môn), Caerberllan Buskot (Tywyn), Caerberllan Gold Sovereign (Tywyn), Gronant Ace Card (Treffynnon), Moorfield Dafydd (Treffynnon), Moorfield Edward (Treffynnon), Tan y Ffordd Caradog (Cerrigydrudion), Trofarth Cymro (Abergele), Walton Supreme (Môn).

enwau nodweddiadol ar wartheg godro: Belo, Benwen Goch, Biwti, Blacen, Bolwen, Brecen, Breithen, Brithan, Brocen, Cochan, Daisy, Glasen, Gwenno, Llwyden, Moelan, Pati, Pensgwar, Penwen, Pincen, Seren.

Ym Maesygarnedd, Cwm Nantcol yn wythdegau'r 19g ceid Benwen Ddu, Benwen Goch, Beti Bach, Brechan, Cadi, Cefngwyn, Cicer, Cyrn Mawr, Heiphar, Hephar Fach, Lleti Fach, Malen, Mari Corn Felen, Moelen, Morwyn, Nansi, Susan, Susan Fach, Tair Teth, Voelen Gorniog (Gw. FfTh 2, 20, 1988).

Yn Amgueddfa Werin Cymru ceir rhestrau byrion o enwau gwartheg allan o ewyllysiau a brofwyd yn ystod y 18g: Cefnwen, Ceiros, Gwine, Pengron, Rossi, Tali, Twbi (ewyllys a brofwyd 1730); Ceyros Fach, Seran (ewyllys a brofwyd 1734); Bronwy, Cefnwen, Hoywen, Pinkan, Taly (ewyllys 1773) (gw. Amgueddfa Werin Cymru 37, 37/99).

Enwau ar wartheg (buchod) sy'n fwy o ddisgrifiadau nac o enwau, ac wedi eu codi o ewyllysiau: yr heffer frech (Huw ap Dafydd ap Sion, Llansannan 1567); y fuwch dalog (Thomas Salbri, Tyddyndicws, Gwytherin 1595); y fuwch gornwen fwyaf, y fuwch gornwen fechan, y fuwch â'r bluen wen, y fuwch â'r ewinedd hirion, y fuwch ddu a'r cyrn meinion, y fuwch â'r cnap ar ei bol (Edwart Dafydd ap Ithel, Llandrillo yn Rhos 1643-4); yr heffer winau, y fuwch gwta, y fuwch dynwnwen (Wiliam Llwyd, Chwilbren, Llansannan 1700). Gw. FfTh 2, 30.

enwau nodweddiadol ar ychen gwaith: Carlwm, Corniog, Moelyn, Mwynyn,

Siencyn, Silc, Sowin, Spark, Spedwell, Swan, Sweet. Yn llyfr D Rhys Phillips ar hanes Cwm Nedd ceir rhestr o enwau nodweddiadol gan y Geilwad a'r Arddwr ar eu hychen: Moelyn, Mab y Fall, Seincyn, Mwynyn, Carlwm, Trwyncoch, Hirgorn, Corniog (*The History of the Vale of Neath*, D Rhys Phillips, 592-4). Ceid hefyd benillion a thribanau yn clodfori'r ychen gwaith wrth eu henwau:
'Lliw blodau gwyn Mehefin/Ne eira ydyw 'Mwynyn',/Ni cheir yn unlle dan y nen/Ail 'Mwynyn', Penrhiw Menyn.'
'Dau ych yw 'Silc' a 'Sowin',/Un yn goch a'r llall yn felyn,/Pan yn aredig yn eu chwys,/Hwy doran gwys i'r blewyn.'

enwau caeau Ar ôl amgau'r tir yn gaeau â chloddiau o ddechrau'r 18g, bu'n arfer cyson i roi enw ar bob cae, – enwau, fel rheol, sy'n adlewyrchu maint y cae, ffurf y cae, lleoliad y cae yn ddaearyddol a'i bellter oddi wrth y tŷ fferm, ayyb. Nodweddiadol o un pen i Gymru i'r llall yw Cae-dan-tŷ, Cae Cefn Tŷ, Cae o Flaen Tŷ, Cae Pella, Cae Canol, Cae Pant, Cae Bach, Cae Mawr, Cae Sgubor, Cae Sgwâr, Cae Main, Cae Hir, Cae Dan Ffordd, Cae Pig, Ffridd Ganol, Ffridd Bella. Lle mae'r gair 'parc' yn arferedig am 'gae' ceir enwau fel Parc Hwnt, Parc-y-lan, Parc-y-pant. Ar ddiwedd yr 20g enynnwyd diddordeb newydd mewn enwau caeau. Diau y ceir casgliad maes o law (Gw. LlG Tach-Chwef 1984-85).

enwyn *eg.* Llaeth ar ôl ei gorddi ac wedi tyrru'r menyn, llaeth enwyn. Byddai defnydd helaeth yn cael ei wneud o laeth enwyn gynt, – ei yfed drwyddo neu fel posel (llaeth a dŵr am ei ben) yn ogystal â'i ddefnyddio at wneud llymru, siot, bara llaeth a thatws llaeth.
17g Huw Morus EC 1 82, Un da'i farn yn dafarnwr,/Un nad yf *enwyn* na dŵr.
Gw. BARA LLAETH, LLYMRU, POSEL, SIOT.

enwyn a dropas *eg.* Cymysgedd o laeth enwyn a hiddig(l) a ddefnyddid gynt i ladd cynrhon ar ddefaid.

enygl gw. ENIGL, MAGL, TELM.

epil *eg.* ll. *epilod.* Hiliogaeth anifeiliaid, adar a dyn, rhai bach neu rai ifainc anifeiliaid. Ar lafar, ceir y gair yn yr ystyr o haid neu ciwed (Gw. WVBD 203).
1200 LlDW 132 22-3, a meythryn o honey *epyl* (am hwch).
1620 Jer 31.12, A hwy a redant at ddaioni yr Arglwydd, am wenith, am win, ac am olew ac am *epil* y defaid a'r gwartheg.
1620 Math 12.34, O *epil* gwiberod, pa fodd y gallwch lefaru pethau da a chwi yn ddrwg.

epilgarwch *eg.* Gallu anifail benyw i fod yn doreithiog neu ffrwythlon mewn cynhyrchu epil, aml ei hepil, hiliogrwydd, ffrwythlonder.
1984 John Bryn Owen: *Defaid* 26, Mae moddion hefyd i ddylanwadu ar *epilgarwch* y ddafad.

epilio *be.* Beichiogi neu gyfebru a bwrw epil (am anifail), bridio, cenhedlu. Ceir hefyd y ffurf lafar 'hepilio'.
1588 Gen 31.8, Yna yr holl braidd a *eppilient* fân-frithion.

eples *eg.* Burum, lefain, yr hyn a gymysgir â blawd wrth ei dylino i beri i'r toes godi ac i'r bara ysgafnu.

eplesiad *eg.* Maluriad sylwedd organig gan ensymau, yn aml, o facteria. Dyma egwyddor gwneud silwair.

erbyn yr ais *a.* Ymadrodd am bladuro yn erbyn gogwydd neu rediad y tir, ac felly'n galetach a mwy llafurus.

erchlas *(erch* [brith] + *glas) a.* Brithlas, brithlwyd, llwydlas, lliw glas tywyll (am geffyl).
13g WM 2 10-12, Marchawc yn dyvot . . . y ar varch *erchlas* mawr.
1707 AB 235, *erchlas*, a sort of blew.
1772 W, *erchlas* – dark blue.

erchlyfn *(erch* [brith] + *llyfn) a.* Brith a llyfn, brith a graenus a phorthiannus yr olwg (am geffyl).

eredig *gw.* AREDIG.

erfin *etf.* ac *ell.* un. *erfinen.* Maip, llysiau o dylwyth y *Brassica* gyda gwreiddiau cryndew bwytadwy (i ddyn ac anifail), llysiau deiliog o'r un tylwyth a dyfir yn fwyd i ddefaid, rêp, nep. Gynt, gwneid llawer o gawl maip (erfin) a stwns maip. Yn y de ceir 'cawl *erfin*', yn y gogledd 'potes maip'.
14g MM 82, Rhag y sefnig, kymer wraidd yr *ervin* a chwys Arthur.
Hen Rigwm. 'Twmi bach Caerfyrddin/A lyncodd gant o *erfin*.'
Diar. 'Esmwyth cwsg cawl *erfin*' (y de); 'Melys cwsg potes maip' (y gogledd).
erfin cabaets – swêds, rwdins.
erfin comon – cyffredin.
erfin gwynion – maip gwynion.
erfin Sweden – swêds.

erfina *be.* Casglu neu dynnu erfin, pigo erfin, tynnu rwdins (Môn).

erfyn *eg.* ll. *erfynau, arfau.* Offeryn i weithio ag o, teclyn, twlsyn – rhaw, batog, caib, picwarch, fforch, cryman, pladur, bwyell, gwiallen, ayyb (gw. dan eu henwau).

ergid pladur *ebg.* Y trawiad a roid i'r cnwd llafur â'r bladur wrth dorri arfod ohono. Am 'daro'r llafur' (ŷd) y sonnid mewn rhai ardaloedd yn ystod oes y bladur ac nid am 'dorri'r llafur' nac am 'ladd llafur'. Ar lafar yn Nyfed.
1958 T J Jenkin: YPLl AWC, Yr oedd 'ergid' cader yn hollol wahanol i *ergid pladur*.

erlid (ci erlid) *be.* Y gair a ddefnyddir mewn rhai ardaloedd am gŵn sy'n poeni defaid a da byw arall, yn enwedig amser wyna – cŵn erlid defaid. Gw. hefyd CI LLADD DEFAID, DYDDIAU CŴN.

ermig

1. *ebg. ermigion, ermigau, ermigiaid.* Yn y lluosog, gan amlaf, am organau'r corff yn enwedig anifail.

1816 J Edwards: YMA 242, Mae hon yn *ermig* bwysig iawn, wedi ei darparu er didoli y gwlybwr chwerw a elwir bustl o'r gwaed' (am yr iau [afu]).

2. **ermyg** *ebg.* ll. *ermigion, ermigau.* Offeryn, peiriant, teclyn, dyfais.

15g BB 11 30, Colli . . . ei grwth, neu ei bib a'i dabwr neu ei *ermygion* eraill yn phorphet i arglwydd y tir.

3. **ermyg** *ebg.* ll. *ermigau, ermigion.* Moddion neu gyfrwng i gyrraedd diben, moddion, cyfrwng.

17g LlGC 29a, Ni all neb fyned dros avon fawr, heb bont neu ryw *ermig* arall.

ermig bwyso – clorian fawr fel a geid gynt mewn granar neu lofft storws i bwyso grawn.

ermig dân – injan dân.

ermig ddŵr – cwymp dŵr, rhaeadr.

ermig ddyrnu – dyrnwr, peiriant i ddyrnu.

ermigol, ermygol *a.* Organaidd, yn meddu organau, aelodau neu rannau wedi eu cydgymhwyso i ffurfio corff (anifail, planhigyn, ayyb).

ern, ernes, ernest, earn, ernis *eb.* ll. *erns, ernau, ernesau.* Yn amaethyddol blaendâl (swm bach o ryw swllt, 5c heddiw) o gyflog a roid i was neu forwyn wrth eu cyflogi neu wrth 'gytuno', i gadarnhau'r cytundeb. Weithiau hefyd, y blaendal gan borthmon wrth brynu anifeiliaid i gadarnhau'r fargen. Ar y cyfan *ern* a glywir yn y de ac *ernes* yn y gogledd, er y ceir *ernes* hefyd ar lafar yn Nyfed. (S. *earnest*, er nad oedd 't' yn y gair Saesneg gwreiddiol.)

1928 G Roberts: AA 2, Yn hon (Ffair Fawrth, Corwen) y pryd hwnnw y byddai pob cyflogiad yn cael ei selio gyda swllt o *ernes*.

1975 W J Thomas: CM 60, Cyflogi am hanner blwyddyn a derbyn swllt neu lai o *ernes* i sicrhau'r fargen.

1989 P Williams: GYG 15, A rhoddid *ernes* o swllt (5c) neu hanner coron (12½c) yn arwydd o'r cytundeb.

1995 FfTh 15, 10, . . . fe brynodd taid lawer i geffyl ganddynt. Cofiaf un yn reit dda, sef yr hen Liws, caseg wen, a welsoch chi erioed y fath fargeinio a gwaeddi ac yna rhyw chwechyn bach ar law taid fel rhyw *ernest* fach.

ernes gw. ERN.

erthyl *eg.* ll. *erthylod.* bach. *erthylyn.* Yn amaethyddol epil anifail wedi ei fwrw cyn ei amser.

Ffig. Unrhyw waith brysiog ac anorffenedig.

'Dyma beth ydi *erthyl* o gynllun.'

Gw. ERTHYLU.

erthyliad *eg.* ll. *erthyliadau.* Y weithred o fwrw epil cyn ei amser. Weithiau defnyddir y gair 'bwrw' yn gyfystyr ag erthylu drwy ei gysylltu â'r epil a fwrir, bwrw llo, bwrw oen, ayyb. Ar lafar yn yr ystyr hwn yn sir Benfro. Gall erthyliad ddilyn gwendid neu wenwyn, neu afiechyd neu haint. Y mae nifer o achosion heintus hefyd i erthyliad megis Erthyliad Cyhyrddiadol (*Contagious Abortion*), Erthyliad Enswotig (*Toxoplasmosis*), Erthyliad Feibronig, Listeriosis, Salmonellosis ac eraill.

erthyliad enswotig gw. ERTHYLIAD.

erthylu *be*. Bwrw epil yn gynamserol, esgor yn anhymig ac anaeddfed, 'taflu llo' (Dinbych), 'twlu llo' (Dyffryn Tywi), 'twlu marllo' (Dyffryn Llwchwr, Cwm Tawe), 'picio llo' (Maldwyn), 'bwrw llo' (Penfro, Caerfyrddin).

1567 LlGG Salm 29.9, Llef yr Arglwydd a wna i'r ewigod *erthylu*.

1620 Gen 31.38, Dy ddefaid a'th eifr ni *erthylasant*.

1975 R Phillips: DAW 66, Yn ei dro fe ddeuai'r pla colledus, yr *erthylu* heintus, i'r fuches er mawr golled i bawb.

Ffig. Gwneud rhywbeth cyn pryd neu'n rhy frysiog ac heb roi digon o feddwl i'r peth.

'*Erthylu* fu hanes y bwriad o gael y Brifwyl i'r Cylch 'ma.'

Clywir hefyd 'y gaeaf yn *erthylu*' a'r 'eira'n *erthylu*', sef yr eira'n dod yn gynnar ym mis Hydref – Tachwedd.

1982 R J Evans: LlFf 42, A glywaist ti'r ymadrodd '*erthylu*'r gaeaf', sef os dôi'r gaeaf yn gynnar neu cyn pryd (*erthylu*) na ddôi o ddim wedyn yn rhan olaf y tymor.

erw *eb*. ll. *erwau*. Enw cyffredin ar gae bychan, llain o dir (cmhr. '*Erw* Duw' am fynwent). Gynt cynrychiolai fesur o dir Cymreig a amrywiai o ran maint o ranbarth i ranbarth. Roedd maint *erw* yn seiliedig ar wialen Hywel Dda, neu ar hiriau (*hir* + *iau*) ychen, a ddefnyddid i ieuo pedwar o ychain ochr yn ochr wrth aredig. Bellach darn o dir yw *erw* yn cyfateb i acer neu gyfair, sef 4840 o lathenni sgwâr. Heddiw, fodd bynnag, hectar a hecterau, yw'r mesur derbyniol.

Ceir *erw* yn aml mewn enwau ffermydd a thyddynnod – '*Erw* Fair', '*Erw* Wen', *Erw*'r Gog', 'Yr *Erw*, ayyb.)

Diar. 'Gorau câr, *erw* o dir.'

Anad. 'Daw'r had aur rhywdro i dw'/O droi'r arad i'r *erw*.'

Gw. ACER, CYFAIR.

erw ddiffoddedig Mesur o dir a roid i'r brenin pan na fo etifedd, meddiant tir yn dod i ben, sef yn diffodd.

erw gwŷdd Y tir a erddid ar ôl dosrannu'r tir y cytunwyd i'w aredig ar y cyd; hefyd y mesur o dir a roid yn gydnabyddiaeth am gynnal a chadw aradr (gwŷdd).

erw gyfraith Acer gyfreithio, acer swyddogol.

erw rydd Tir a hawl gan unrhyw un i fynd arno ac i'w bori.

erw'r ych du Acer o dir a roid i gydarddwr pe digwyddai i'w ych farw yn ystod y gwaith o gydaredig.

erydiad pridd gw. ERYDU.

erydu *be*. (Bathwyd gan PBG PC 1958.) Golchi tir i ffwrdd gan afon, llifogydd a gwyntoedd, colli tir gan ddŵr neu wynt, yn enwedig oddi ar

lechweddau a cheulannau. Mae'r erydu hwn ar diroedd yn fater sy'n peri pryder mewn rhai rhannau o wledydd Prydain fel yn America. Nid peth anghyffredin yn nwyrain Lloegr yw colli 50 tunnell yr hectar o bridd bob blwyddyn. Dywedir mai'r prif achos yw defnyddio'r un tir, flwyddyn ar ôl blwyddyn, i dyfu gwenith neu gnwd arall, a'r gorwrteithio a'r gorddefnyddio ar chwynleiddiaid yn sgil hynny.
Ffig. Colli unrhyw beth yn enwedig awdurdod neu bwerau.
'Mae pwerau'r Awdurdodau Lleol wedi eu *herydu*'n ddifrifol.'

erydr gw. ARADR.

erydd *eg.* ll. *eryddion.* Un yn aredig, un yn arddu neu'n trin tir, arddwr, aradrwr, diwylliwr, amaethwr.

erysipelas *eg.* Afiechyd heintus sy'n taro moch (fel rheol), ond weithiau'n taro tyrcwn hefyd, tân eiddew, tân iddwf, fflamwydden, manwynion. Ar foch, fe'i nodweddir gan enyniadau cochion ar y croen a thwymyn neu wres uchel. Gall achosi erthyliad ac anffrwythlonder. Cymer dair ffurf: gwyllt (llym), is-lym a hirfaith (cronig).

esben *eb.* ll. *esbennod.* Ffurf dafodieithol ar 'hesben', 'hesbin', 'hesbinod', sef dafad flwydd oed ac heb fod yn magu. Ar lafar yn sir Frycheiniog. Gw. HESBIN.

esborth, ysborth *eg.* ll. *esborthion.* Porthiant anifeiliaid, gogor, ffoder, ebran.
Gw. EBRAN, GOGOR².

esborthiad, ysborthiad *eg.* ll. *esborthiaid.* Un yn gofalu am borthiant i anifeiliaid, maethydd, porfelwr, porthwr.
1688 TJ, *Esborthiad* = maethyddion. Nourishers or bringers up.

esborthiant gw. ESBORTH.

esgair, ysgair *eb.* ll. *esgeiriau, esgeiredd, ysgeiredd.* Trum, cefnen hir o fynydd, hirfryn.
13g WM 51, 2-3, ac *eskeir* aruchel ar ymynydd, a llyn o bop parth yr *eskeir.*
14g GDG 107, A thros ddwy *esgair* a thrum.
Digwydd dros Gymru fel elfen mewn enwau ardaloedd, mynyddoedd, ffermydd ayyb, 'Esgair Dawe', 'Esgair Ddu', 'Esgairgeiliog', 'Esgairweddau', 'Ysgeiriau'.

esgeirbren (*esgair* [coes] + *pren*) *eg.* Ystyllen bridd aradr, sef aradr gyntefig ar ffurf coes a throed, pren ar lun esgair aradr. Gw. Ff Payne, *Yr Aradr Gymreig* 18 [1975])
14g IGE 90, Gwas pwrffil aneiddil nen,/Gwasgarbridd gwiw *esgeirbren.*
Gw. CHWELYDR, STYLLEN BRIDD.

esgeirlwm (*esgair* + *llwm*) *a.* Agored, digysgod, noeth, yn nannedd y tywydd, noethlwm (am dir uchel). Ar lafar yn Nyfed.
Gw. GDD 258.

esgor
1. *be.* Casglu i gorlan, hel i fuarth neu loches (am anifeiliaid), corlannu, buarthu, llochesu.

2. *be.* Geni epil, bwrw epil (am anifeiliaid benyw). Yn aml ceir yr arddodiad 'ar' yn dilyn *esgor*, sef *'esgor* ar', a cheir enwau gwahanol ar y weithred o *esgor* o anifail i anifail: 'llydnu', 'lloi', 'dod â llo', 'bwrw llo', 'alu' (buwch); 'mocha', 'dod â moch' (hwch); 'llydnu', 'bwrw ebol', 'dod â chyw' (caseg); 'wyna', 'dod ag ŵyn', 'bwrw ŵyn' (defaid); 'bwrw myn' (gafr).

esgub Ffurf lafar ar 'ysgub' (Caerfyrddin).
Gw. YSGUB.

esgyll gw. ASGELL.

esgynbren gw. CLWYD³, RHWST².

esgyndir *(esgyn + tir) eg.* ll. *esgyndiroedd.* Codiad tir, llethr, llechwedd, gorifyny.

esgynfaen *(esgyn + maen) eb.* Carreg farch, llwyfan carreg i gael ar gefn ceffyl oddi arno ac i gael oddi ar gefn ceffyl arno, disgynfaen, stanc, gorsin, hosbloc, hosbins.
Gw. hefyd CARREG FARCH, DISGYNFAEN, GORSIN, HOSBINS.

esgyrn eira *ell.* Yr olion neu'r gweddillion eira sy'n lingro gyda'r cloddiau ac yn y ceseiliau wedi i grynswth y cnwd eira feiriol a diflannu. Clywir hefyd 'sgerbwd eira' am yr un peth. Wrth ei roi'n deitl ar un o'i lyfrau cydnebydd Robin Williams mai cyfieithiad o'r Saesneg *'snowbones'* yw *esgyrn eira.*
1972 Robin Williams: *Esgyrn Eira* 14, Ac yno lle bu'r storm fawr, lle bu cnwd y cnawd gwyn yn treisio'r wlad, doedd dim ar ôl bellach ond *esgyrn eira.*

Essex Saddleback *ep.* Brîd deuddiben o fochyn a amunwyd â'r brîd 'Wessex Saddleback' i gael y 'British Saddleback'. Mochyn du, ond ei goesau, ei ysgwyddau a'i gynffon yn wyn. Ar y cyfan defnyddiwyd y brîd i groesfridio er mwyn cael hychod a gedwir allan.

esto Ffurf lafar ar 'ystod' (sir Benfro).
Gw. GWANAF, YSTOD.

estyllen gw. STYLLEN, YSTYLLEN.

estyniad gw. BAWD Y DROL.

ethi, ethy, eddi *egb.* ll. *ethiau, ethyau.* Ysbardun, offeryn ar sawdl marchog i sbardynnu ceffyl yn ei flaen, calcar, gotoyw, barrog.
15g Pen 51 119, *ethi* – yspartuneu.
15g WLl (Geir) 276, *Ethy* – ysbardyn.
Gw. BARROG, SBARDUN.

euddon *ell* bach. *euddonyn*. Iddon, gwiddon, mân gynrhon sy'n magu mewn blawd, caws, ayyb, meisgyn. Math o lwch gwyn a welir ar flawd ceirch pan fo ar fin cynrhoni, neu fath o haint llwyd a daenir gan bryfed ar gnwd gwenith.
Gw. hefyd GWIDDON, MEISGYN.

euddoni *be*. Magu euddon neu widdon, gwiddoni, ednu, euodi (am flawd, caws, ayyb), ar fin cynrhonni.

eugras gw. RHYGWELLT.

euod, yr euod
1. *ell*. un. bach. *euodyn*. Clefyd yr iau (afu) ar ddefaid. Y cyflwr a achosir gan gynrhon parasitaidd yn ymborthi ar iau anifail, braenedd yr iau, e.e. mewn defaid, ffliwc.
1677 C Edwards: FfDd 31, A bydd afiechyd yn y defaid o'r un ffunyd â'r *euod* a'i magodd.
Gw. BRAENEDD YR IAU (AFU), FFLIWC, LLEDERW.

2. *ell*. Yn enw yn sir Feirionnydd ar y gwiddon neu'r euddon sy'n magu ar flawd pan fo ar fin cynrhoni.

euon *ell*. Math o bryfed neu lyngyr sy'n magu yn ymysgaroedd ceffylau a gwartheg, perfigedd, pryfed mud (*Gastrophilus intestinus*).

ewer, ewr *eg*. ac *eb*. Llestr i gario dŵr, piser dŵr, ystên, jwg; hefyd y sawl sy'n cario'r cyfryw lestri (S. *ewer*).
1550-1600 Rhyddiaeth Gymraeg 1 119, Yr hwnn a ddewch ag *ewer* a dŵr i mi olchi vy nwylo.

ewingarn (*ewin* + *carn*) *eg*. ll. *ewingarnau*. Carn yn fforchi, carn fforchog, fel sydd gan y fuwch, y ddafad, y mochyn.

ewinor (*carn* + *gôr*) *eg*. Math o gasgliad llidys yn y carn mewn ceffyl (S. *quitter, quittor*). Gynt arferid *ewinor* am farchegwyd (*ring-bone*). Ond mae'n ymddangos mai clefyd hollol wahanol yw hwnnw.
1783 W, *Ewinor* – Ring-bone in Farriery.
1798 W Richards, *Ewinor* – ring-bone.
Gw. MARCHEGWYD.

ewl Ffurf dafodieithol ar 'hewl'. Ar lafar yng Nghwm Tawe.
Gw. HEOL.

ewr gw. EFWR.

ewthanasia *eg*. Rhoi i gysgu, peri marwolaeth yn fwriadol ond mewn trugaredd. Gwneir hyn yn aml ag anifail sy'n dioddef o afiechyd anfeddyginiaethol neu henaint a thu hwnt i wella.

ewyllys da *eg*. Rhodd wirfoddol, mewn arian neu mewn nwydd, gan un person i berson arall am ffafr, cymwynas, tro da, cymorth o unrhyw fath, ernes, cildwrn, perej (Môn). Yn amaethyddol cildwrn ffermwr i lanciau

ffermydd eraill diwrnod dyrnu, diwrnod cneifio, ayyb; ernes meistr wrth gyflogi gwas; ewyllys da'r gwerthwr anifeiliaid i'r prynwr.
Gw. CILDWRN, ERNES.

Exmoor Horn *ep.* Brîd o ddefaid o grynswth trwchus, pen llydan, pen cyrliog a chnu trwchus o wlân hynod o felfedaidd, ac wedi ei groesfridio â'r 'Devon Long-wool' i gynhyrchu'r 'Devon Closewool'. Ceir y brîd mwyaf ar rostiroedd Exmoor.

fainc (y) *eb.* ll. *meinciau.* Darn hir o lechfaen fflat, trwchus ar bileri cerrig yn y tŷ llaeth i ddal y pot llaeth, y crochan hufen, ayyb, neu allan wrth y drws i ddal y pwcedi dŵr, y llestri godro, ayyb. Ar lafar yn gyffredinol.
Gw. hefyd MAINC[2].

falf *eb.* ll. *falfiau.* Dyfais i reoli hylif a nwy, ayyb, sy'n llifo drwy bibell.
Gw. hefyd DWSEL, TAP.

falio *be.* (S. *to value*) Prisio, asesio gwerth (am dir, stoc, eiddo). Yn amaethyddol yr hyn a wneir pan yn gwerthu fferm neu'n newid fferm, cael prisiad ar yr eiddo symudol ac ansymudol a adewir ar ôl. Ar lafar ym Morgannwg yn y ffurf *'falio* tir'.
Pennill Telyn. "'R ddau ych sydd wedi'u *falio.'*

fanws *eb.* Sied weddol agored i gadw cerbydau ac offer fferm, megis y drol, lle i'r certi a'r menni. Yn ôl *Gwerin Eiriau Maldwyn* (1981) daw *fanws* o'r S. *van-house.* Onid yw'n bosibl, fodd bynnag, mai o *'wain-house'* y daeth *fanws,* – *'wain'* yn golygu cert neu gerbyd – a'r 'w' ar y dechrau yn troi'n 'f'.
Gw. GEM 99.

farnod (*bar* + *nod*) *eg.* ll. *farnodau.* Nod coch (*red-lead*), yn y ffurf o lythyren, ayyb, yr arferid ei roi ar ddafad i ddiogelu ei pherchenogaeth. Ar lafar yn Nyfed.

Faverolle *ep.* Brîd trwm o ieir a fegir am eu cig, crib sengal, coesau cymharol ddi-blu a thraed pum ewin, ac yn amrywio o ran lliw gan gynnwys glas, llwydfelyn, gwyn a lliw'r eog. Yn dodwy wyau gwynion.

fedel (y) gw. MEDEL.

feidir (y) gw. MEIDIR, MEIDR.

feis
1. *eb.* ll. *feisiau, feisys.* Tap dŵr (tu allan i'r tŷ neu yn y beudái, fel rheol), feis ddŵr (gogledd). Ers blynyddoedd bellach ceir hefyd y *'feis* oel' a *'feis* y tanc diesel' a *'feis* y tanc petrol', ayyb. Weithiau fe'i defnyddir hefyd am unrhyw ddapariaeth i gael dŵr yn hwylus, megis slaban o garreg neu bibell, ac am bistyll.

2. *eb.* Y ddyfais neu'r offeryn sy'n cau ac yn agor drwy droi cogwrn i roi pren ynddo i'w lifio neu i'w blaenio, hefyd i roi haearn ynddo i'w lifio, ei ffeilio, ei weldio, ayyb, cogwrn tro, gafaelor. Ar lafar yn gyffredinol.

feis gaws *eb.* Peis (pwysau), gwasg gaws. Cyfarpar ar gyfer gwasgu'r ceulfraen wrth wneud caws. Ar lafar yn Nyfed a de Ceredigion, a rhannau o sir Gaerfyrddin a Brycheiniog.
1722 Llst 189, *Pais:-* a cheese press.
Gw. GWNEUD CAWS, PEIS.

Ferguson *ep.* Enw cwmni gwneud tractorau a pheiriannau amaethyddol eraill, cyn iddo uno â Massey Harris yn 1953 i ffurfio cwmni Massey-Ferguson. Gwyddel a pheiriannydd dyfeisgar oedd Harry Ferguson a roes enw i'r cwmni. Yn ei ddydd, dyfeisiodd feic modur, car ac awyren. Yn ystod y Rhyfel Byd Cyntaf (1914-18) fodd bynnag, datblygodd dractorau. Y 'Ffergi bach' oedd ei gynnyrch mwyaf cyffredin a phoblogaidd yn ei ddydd. Bu'n arloeswr hefyd mewn gwneud erydr. Cynlluniodd aradr gymharol ysgafn y gellid ei thrin a'i thrafod o ben y tractor.
Gw. FFERGI, hefyd H Jones: BB 20 (1989).

fet *eg.* ll. *fetiaid, fets.* Milfeddyg, ffarier, meddyg anifeiliaid.
Gw. FFARIER.

fili fawr (y) gw. FFELI, CAMOG, CANT.

fintag (y) gw. MINTAG.

firws *eg.* ll. *firwsiau.* Cell fach, fach wedi ei ffurfio o sylwedd genetig a phrotin yn datblygu mewn celloedd eraill, ac, yn aml, yn eu dinistrio. Mae pob firws yn barasitig. Gellir trosglwyddo firws o un anifail i'r llall gan ad-gynhyrchu yr un afiechyd. Ni ellir trin firws â gwrthfiotig. Lladd bacteria'n unig y mae gwrthfiotigiau.

fitamin *eg.* ll. *fitaminau.* Un o'r sylweddau organig, na wyddys nemor ddim am eu natur, a geir mewn bwydydd yn eu ffurf naturiol, ac sy'n angenrheidiol i iechyd corff a meddwl.
1975 R Phillips: DAW 68, Y gwirionedd oedd fod y porthiant yn yr hirlwm yn brin iawn o'r *fitaminiau* angenrheidiol, sef rhai A B C D ac eraill, heblaw'r sylweddau llaeth prin eraill mewn porthiant, am hynny gwanhau wnâi anifeiliaid nes deuai'r blewyn blas i'w hatgyfnerthu a chawodydd Mai i ladd y llau ar eu crwyn.

flash *eg.* Afiechyd ŷd. Ar lafar yn ne Ceredigion.

fluke gw. BRAENEDD YR IAU, FFLIWC.

F.M.C. gw. CORFFORAETH DA TEWION.

fodrag (y), bodrag, *eb.* ll. *bodragedd.* Ffurf gywasgedig ar hafodwraig, sef gwraig fferm neu forwyn laeth.
1954 J H Roberts: *Môn, Bodrag* – llaethwraig (hafod + gwraig), hafodwraig.
Gw. BODRAG.

foeder *eb.* ll. *foederau.* Basged i ddal a chario llestri budron wrth glirio'r bwrdd ar ôl pryd bwyd. Ar lafar ym Maldwyn.
Gw. hefyd BWYDIAR.

fòl *eb.* Dysgl fawr a dolen neu glust iddi. Dichon mai ffurf ar 'ffiol' yw'r gair. Ar lafar yn Nyfed.
Gw. GDD 127.

Ford *ep.* Enw cwmni Americanaidd yn wreiddiol a arloesodd gyda gwneud cerbydau, tractorau a pheiriannau. Cafodd ei enw oddi wrth ei sylfaenydd Henry Ford. Arwahan i foduron, enwogwyd y cwmni'n fydeang hefyd gan y tractor 'Fordson' – tractor a boblogeiddiodd y tractor ar ffermydd yn fwy na'r un arall.
Gw. FORDSON.

Fordson *eg.* ac *ep.* Gwneuthuriad o dractor, un o'r rhai cyntaf i ymddangos ar ffermydd, ac yn rhan o gynnyrch y cwmni Ford. Bu'r Fordson bach llwyd a dygn yn gymaint o foddion â dim arall i berswadio ffermwyr i fabwysiadu'r tractor yn lle'r ceffyl, a'r holl fanteision mewn llafur ac amser a ddilynodd hynny. Ar ddiwedd yr Ail Ryfel Byd (1939-45), *Fordson* oedd 80% o dractorau ar ffermydd gwledydd Prydain.
1990 FfTh 5, 25, Disodlwyd yr injan stêm gan dractor Titan yn mynd efo 'oil' paraffin mae'n debyg. Tua dechrau'r Ail Ryfel Byd (1939-45) cafwyd tractor *Fordson* i droi'r peiriant (peiriant dyrnu).
1990 FfTh 5, 5, *Fordson* 1936, glas gyda 'tyres' oedd hwn.
Gw. *Fferm a Thyddyn* 23, 38-40 (1999).

Fordson bach *eg.* Y tractor, yn anad yr un arall, a wnaeth y tractor fel y cyfryw yn rhywbeth cyffredin a disodli'r ceffyl mewn ychydig o flynyddoedd yn ystod yr Ail Ryfel Byd (1939-45) ac yn union ar ôl hynny.
1990 FfTh 6, 28, Y *Fordson bach* oedd y tractor mwya' poblogaidd yn y Sir ar ddechrau'r rhyfel (1939-45), gyda'i olwynion haearn a'r 'lugs'. I symud (y dyrnwr) o fferm i fferm rhaid oedd gwisgo'r olwynion gyda choed hanner cylch a 'nuts' a 'bolts' i'w cadw yn eu lle. Yn ddiweddarach daeth olwynion gyda 'tyres'. Fe aeth aml i *Fordson bach* i ebargofiant am nad oedd y 'brakes' yn gant y cant.

Fordson Major *eg.* Tractor oedd yn ddatblygiad ac yn welliant ar y Fordson bach, nad oedd yn rhy ddiogel ei frêc.
1990 FfTh 6, 28, Yn dilyn hyn fe bwyswyd ar Henry Ford i ddod â thractor mwy effeithiol, gyda 'hand-brake' a gwell 'foot-brake'. . . . Daeth Ford â 'transmission' o'r math gwahanol. Dyna pryd y ganwyd y *Fordson Major*.
1995 FfTh 15, 17, Tractor *Fordson Power Major* . . . ac yn fy marn bach i mae'r tractor hwn gyda'r gorau mae Ford wedi ei wneud.
Gw. FORDSON BACH.

Foty Cywasgiad o 'Hafoty'.
Gw. HAFOTY.

fothell (y) gw. CLWY LLYFFANT, LLYFFANNWST, TAFOD PREN.

Fowler *eg.* Gwneuthuriad o dracsion a ddefnyddid i droi a symud y dyrnwr yn ystod hanner cyntaf yr 20g.

1992 FfTh 9, 17, Dyrnwr William Jones, y Nant, Prion oedd hwn, yn fuan ar ôl iddo gael y tracsion yn lle y boiler portabl. Credaf mai *Fowler* oedd y tracsion, a'r dyrnwr yn Clayton a Shuttleworth.

fraen (y) gw. BRÂN TROL.

Free on Board (F.O.B.) F.O.B. yw'r llythrennau a roir ar nwyddau, yn cynnwys anifeiliaid, a allforir ar long lle mae'r gwerthwr yn gyfrifol am eu cael ar y llong a'r prynwr yn gyfrifol am bob cost ar ôl hynny.

Free on Rail (F.O.R.) Lle bo F.O.R. ar anifeiliaid a gludir ar drên, cyfrifoldeb ariannol y gwerthwr yw'r anifeiliaid hyd at yr orsaf reilffordd agosaf, ond o'r fan honno ymlaen maent yn gyfrifoldeb y prynwr.

Friesians *ep.* Y brîd o wartheg sy'n ffurfio oddeutu 90% o wartheg godro gwledydd Prydain, a hynny yn rhinwedd swm eu cynnyrch llaeth. O liw du a gwyn ac o'r Iseldiroedd yn wreiddiol. Mae'n frîd poblogaidd dros y byd i gyd. Am eu llaeth y'u cedwir fwyaf er eu bod yn wartheg biff da hefyd. Mewnforiwyd llawer i wledydd Prydain yn ddiweddar i bwrpas cynyddu cynnyrch.

fuddai dwmp (y) gw. BUDDAI, BUDDAI GNOC.

fŵel *a.* ac *eb.* Ffurf dafodieithol yn Nyfed ar 'Foel', sef mynydd noeth neu fryn di-goed.
Gw. MOEL.

fwren ddu (y), fwran (y) gw. CLWY BYR, CLWY DU.

ffa *ell.* un. *ffeuen, ffuen, ffäen.* Hadau maethlon, bwytadwy ar ffurf arennau yn tyfu mewn codau ar blanhigion gardd, codlysiau, ac a ferwir yn fwyd, *Vicia faba* neu *Faba vulgaris*. Bu llawer o dyfu ar ffa hefyd fel bwyd anifeiliaid. Fe'u tyfir hefyd lle mae llawer o dyfu grawn fel rhyng-gnwd mewn cylchdro grawn, yn enwedig ar dir trwm. Mae'r bacteria ar wraidd cnydau ffa yn cynhyrchu nitrogen ac felly o fantais fawr i'r cnwd grawn dilynnol. Y prif fath o ffa porthiant yw *Vivia faba*.

1400 ChO 19, Hitheu a dywawt mae *ffa* calety weithieu a gaffei.

1547 YLIH 10, Ardd dy wndwn a heya dy *ffa* ath bys.

1620 2 Sam 17.28, A hwy a ddygasant . . . a haidd a blawd a chras-yd, a *ffa* a ffacbys, a chras-bys.

Ffig. Rhywbeth diwerth neu o ychydig werth, yn enwedig mewn ymadroddion fel: 'Dydw' i'n malio yr un *ffuen* ynddo' neu "Rown i ddim *ffuen* am eich holl grefydd chi' (GPC).

ffa bwyta, ffa Ffrengig *ell.* Y math cyffredin o godlysiau a dyfir i'w bwyta (gan bobl); i'w gwerthu'n iraidd neu i'w canio a'u rhewi. Yn aml, fe'u berwir gyda thatws i gael 'stwns ffa' (*Phaseolus vulgaris*).

ffa dringo *ell.* Planhigion neu godlysiau sy'n tyfu'n dal drwy ddringo ar ffyn a osodir wrth eu hochr i'r pwrpas (*Phaseolus coccineus*) (S. *kidney beans*), gidna bêns (Maldwyn).

ffacbys *ell.* un. *ffacbysen.* Planhigyn a dyfir yn borthiant anifail. Mae'n dringo fel pys a chanddo flodau cochion fel pys a chodau main ar draws dwy fodfedd o hyd ac yn llawn had. Perthyn i deulu'r *Pabilionaceae.* Ei enw llysiol – *Vicia sativa.* Ceir 'efrau' yn enw arno hefyd. Ar lafar yn Ngheredigion yn y ffurf 'fatsbys'.
1620 Gen 25.34, A Jacob a roddes i Esau fara a chawl *ffacbys*.
1620 2 Sam 23.11, Yr oedd yno ran o'r maes yn llawn *ffacbys*.
1672 R Prichard: Gwaith 206, Daniel bach a fydde foddlon,/Fwyta *ffa* a *ffacpys* duon.

ffadin, ffading *a.* Gwael, salw, siabi, anffafriol (am dir, tywydd, cnwd, ayyb).
'Mi wnaeth hen dro *ffadin* efo mi.'
'Ma hi'n dywydd *ffadin* i'r gwair.'
1913 WVBD 128, Un go *ffadin* ydi o.

ffaeth
1. *a.* Wedi ei drin a'i ddiwyllio (am dir), tir brac, hyfriw, brau.
15g B 2 12, Brynar Ebrill yssyd da or bydd *ffaeth* y tir.
1959 Ecclus 26.30, Wedi it geisio y rhan *ffaethaf* o'r maes oll, haua dy haidd dy hun.
Gw. BRAC.

2. *a.* Ffrwythlon, toreithiog, bras, ir (am dir).
1763 W Salesbury: LlM 126, Hoff gan yr Onion dir *ffaeth*.
1795 J Thomas: AIC 349, Maip a ellir eu hau mewn gardd, mewn pridd *ffaeth*.

3. *a.* Aeddfed, wedi aeddfedu, parod i'w gynaeafu (am unrhyw fath o gnwd, yn enwedig ffrwythau).
1547 W Salesbury (Geir), *ffaeth* val afal.

ffaethu *be.* Amaethu tir, trin neu ddiwyllio tir, ffrwythlonni tir drwy ei wrteithio.
1595 H Lewys: PA 48, Ef a dry ac a eirdd y tir, gan i *ffaethu* ai raglyfnu.
Llyfr Colan 73 (GPC), Ar lafar yng Ngheredigion am drin tir, yn enwedig tir tatws, lle mae gofyn cael pridd manach nag i hau ŷd.

ffafr bori *be.* Yr ymadrodd a fathwyd gan Banel Bathu Geiriau, Prifysgol Cymru am *selective grazing*, sef y dull o bori sy'n caniatau i ŵyn fynd i bori i ddarn o dir, y naill ai o flaen eu mamau, neu drwy atal y mamau'n gyfangwbl, didolbori. 'Pori detholiadol' yw term *Termau Amaeth*, R J Edwards 114 (1991).
Gw. hefyd DIDOLBORI.

ffagal Ffurf lafar ar 'ffagl'.
Gw. FFAGL.

ffagio

1. *be.* Sathru, mathru, bagio (am gnwd o wair neu ŷd), hefyd stompio, potsio, stablan (am dir) pan fo'n wlyb.
Gw. hefyd SATHAR, STABLAN, STOMP.

2. *be.* Blino, ymlâdd, fflarbio'n lân (dyn ac anifail), e.e. ceffyl wedi llwyr ymlâdd ar ôl daliad o ladd gwair ym mhoethder haf, ayyb.
'Roedd yr hen Ddarbi wedi *fflagio*'n lân, mi orweddodd gynted â'i bod yn y stabal.'

ffagl

1. *eb.* ll. *ffaglau.* bach. *ffaglen.* Bwndel o goed tân, sypyn o danwydd, pentwr o briciau tân, bonion eithin, goddaith. Ar lafar yng Ngheredigion.
1966 D J Williams: ST 49, Marged Ifans . . . wedi bod wrthi'n golchi'n galed drwy'r bore, gan rannu ei meddwl rhwng cadw *ffagl* o goed ac eithin dan y cawl ar gyfer cinio, ac amryw o fân oruchwylion teuluol eraill.
Gw. FFAGOD, GODDAITH.

2. *eb.* Coelcerth, goddaith, eithin ar dân.

3. *eb.* Ffagoden neu sypyn o wellt, brwyn, hesg, rhedyn. Ar lafar yn yr ystyr hwn yn Arfon.
16g AP 8, *ffagl* o wellt haidd myglyd.
Ffig. Dyn byr neu wyllt ei dymer.
1913 WVBD 128, Hen *ffagal* gwyllt ydi o.

ffaglu *be.* Rhoi ar dân, tanio, fflamio (am eithin), goddeithio, yr hyn a wneid yn y gwanwyn cynnar. Cesglid y goddaith (bonion eithin) i'w llosgi'n danwydd i bobi, ayyb.
1620 Deut 32.22, Efe a wna i sylfaeni y mynyddoedd *ffaglu*.
'Ma'r bonc i gyd yn *ffaglu*.'
Ffig. Mynd yn wyllt, mynd nerth ei draed a dioedi.
'Roedd o'n ei *ffaglu* am adre nerth i draed.' (GPC)
Yn sir Drefaldwyn bu ystyr arbennig i *ffaglu* sef 'pysgota efo golau wedi nos' (GPC).
Gw. GODDAITH, GODDEITHIO.

ffagod *eb.* ll. *ffagodau.* bach. *ffagoden.* Sypyn o goed tân, pentwr o brysgwydd neu o friwydd, bwndel o briciau tân (brigau wedi disgyn neu wedi eu torri), echrau, gosbwrn. Ym Môn mae'n air am swp o ddrain neu eithin a ddefnyddir i gau adwy neu fwlch mewn clawdd.
Gynt defnyddid y gair *ffagod* am y gosb i ferthyron y ffydd. Yn y dyddiau pan losgid hereticiaid wrth yr ystanc, fe roid llun o ffagoden ar fraich y rhai a fyddai'n tynnu'n ôl neu'n datgyffesu, i'w hatgoffa o'r hyn a haeddent ond wedi ei osgoi o drwch y blewyn.
16g LlEG Mos. 158, 220, Arlwy mawr o *ffagode* i lenwi'r clawdd.
1954 J H Roberts: Môn, *Ffagod* – Eithin neu ddrain a osodir yn gaead ar borth neu adwy.
Gw. ECHRAU, GOSBWRN.

ffagodi *be.* Rhwymo ffagodau o friwydd neu brysgwydd, sypynnu coed tân, bwndelu tanwydd. Byddai llawer o hyn yn digwydd yn nhlodi a chaledi'r dyddiau gynt, er o fewn cof digon sy'n dal ar dir y byw. Llosgid eithin ar y ponciau, eu llifio'n fonion hylaw, a'u gwneud yn ffagodau i'w dwyn dan do i bwrpas pobi, ayyb.

ffair *eb.* ll. *ffeiriau.* Math o farchnad a gynhelir fel rheol yn yr awyr agored mewn lleoedd arbennig ac ar ddyddiadau penodedig a bennwyd gan siarter, deddf neu arferiad, i werthu a phrynu cynnyrch amaethyddol mewn anifeiliaid, menyn, wyau, ayyb. Er y perthyn i rai o'r ffeiriau hyn farchnad anifeiliaid o hyd, aeth y ffair fel y cyfryw yn llawer mwy o stondinau dillad, llestri, teganau a fferins. Byddai i'r ffeiriau le pwysig yn y cylchoedd amaethyddol gynt. Fe'u croniclid yn fanwl mewn almanaciau a'u dyddiadau fyddai'n pennu rhaglen waith y ffermwyr lawer iawn.

1962 T J Davies: G 6, *Ffair Garon*, unfed-ar-bymtheg o Fawrth, amser hau ceirch; *Ffair Dalis*, chweched o Fai, amser troi'r anifeiliaid i'r borfa; *Ffair Rhos*, wythfed-ar-hugain o Fedi, amser tynnu tatw; a *Ffair Glangaea*, amser clymu'r anifeiliaid.

1971 W J Thomas: FfCH 118, Gwyddem ni'r plant yn burion pa ffermydd a fyddai'n dechrau lladd gwair drannoeth *Ffair Wyl Ifan*, Cricieth.

Ffig. Yn gyffredinol am ffwdan, helynt, trafferth, prysurdeb.

'Ma hi'n *ffair* yma heddiw, galwch eto.'

1989 D Jones: OHW 195, Roedd peiriant godro yn yr Hendre, peth nad oedd gennym yn Nhan'reglwys, a bu'n *ffair* ofnadwy i gael y gwartheg i gyfarwyddo â hwnnw.

Yng Ngheredigion clywir yr ymadrodd *'ffair* a ffwndwr' am brysurdeb hefyd.

ffair anifeiliaid *eb.* ll. *ffeiriau anifeiliaid.* Defnyddir 'ffair' yn aml a chyffredin am farchnad anifeiliaid a gynhelir, fel rheol, yn rheolaidd bob mis, gyda rhyw ddwy mewn blwyddyn yn brysurach na'r gweddill, pryd y ceir hefyd stondinau o bob math ac, yn aml, ffair wagedd, mart.

ffair ben-ben gw. FFAIR NEWID.

ffair bentymor Yr enw yn y gogledd ar y ddwy ffair gyflogi – Calan Mai a Chalan Gaeaf – sef y ddwy ffair lle cyflogai gweision a morynion yn rhannau o'r wlad lle byddai tymor o chwe mis. Gelwid diwedd tymor o flwyddyn hefyd yn bentymor. Ffair Glangaeaf oedd y *ffair bentymor* i rai'n cyflogi am flwyddyn.

1976 G Griffiths: BHH 131, Byddai *ffeiriau pentymor* yn boblogaidd iawn ers talwm. Ffeiriau cyflogi gweision ffermydd oeddynt, ac fe'u cynhelid ddwywaith y flwyddyn ym mis Mai ac ym mis Tachwedd.

Hen Bennill. 'Mae Ffair y Borth yn nesu,/Caf deisen wedi'i chrasu,/A chwrw poeth o flaen y tân,/A genath lân i'w charu.'

Dywed. 'Trannoeth y ffair' – pen mawr ar ôl rhialtwch y noson cynt.

Gw. FFAIR GYFLOGI.

ffair famogiaid *eb.* ll. *ffeiriau mamogiaid.* Marchnad ddefaid mewn pentrefi a chanolfannau yn ystod mis Medi, cyn cael y marchnadoedd defaid swyddogol mewn canolfannau mwy, ac wedi parhau'n gyfochrog â'r rhai mwy.

1985 W H Jones: HOGM 82, Cyn sefydlu'r gwahanol ganolfannau gwerthu fel Corwen a'r Bala a Cherrigydrudion, cynhelid ffeiriau yn y llannau – Llanuwchllyn, Llandrillo, Cynwyd, Betws Gwerful Goch a Llangwm. Ffeiriau tymhorol oedd y rhain fel *ffeiriau mamogiaid*, ac ŵyn a myllt; gwerthid rhwng llaw a llaw a deuai ffermwyr o iseldiroedd Lloegr i brynu mamogiaid yn y ffeiriau hyn ym mis Medi.

Ffair Fedi Ffair famogiaid, ffair ddefaid. Hefyd, ffair prynu a gwerthu gwlân.
Gw. FFAIR FAMOGIAID.

ffair fêl Ffair prynu a gwerthu mêl. Ar lafar yn Arfon.
Gw. WVBD 128.

Ffair Galangaeaf *eb.* ll. *Ffeiriau Galangaeaf.* Yn Nhachwedd y cynhelir y *ffair galangaeaf* a hynny mor agos ag y gellir i'r hen galangaeaf, sef y 13eg o Dachwedd. Lle cyflogid gweision a morynion wrth y tymor o flwyddyn, hon oedd y ffair gyflogi. Fe'i gelwir yn 'ffair gaeaf' mewn ambell i ardal, yn union fel y gelwir Ffair G'lanmai yn 'ffair haf'. Yn y gogledd gelwid y ddwy yn 'ffair bentymor', yn enwedig lle cyflogai gwas a morwyn am dymor o chwe mis yn hytrach nag am flwyddyn.

Ffair Galan Mai *eb.* ll. *Ffeiriau Calan Mai.* Ffair a gynhelid o gwmpas yr hen Galan Mai, sef y 13eg o Fai. Lle cyflogid gweision a morynion wrth y tymor o chwe mis, byddai'r ffair hon, yn ogystal â Ffair Galangaeaf yn ffair gyflogi, ac yn ffair bentymor yn y gogledd. Ym Meirionnydd fe'i gelwir yn 'Ffair Ganol', ac mewn rhai ardaloedd yn 'ffair haf' yn cyfateb i 'ffair gaeaf', sef Ffair Galangaeaf.
Gw. CALAN GAEAF, CALAN MAI, FFAIR BEN TYMOR, FFAIR GYFLOGI.

ffair geffylau *eb.* ll. *ffeiriau ceffylau.* Ffair a ddaeth yn achlysur cyffredin a phoblogaidd yn ystod canrif y ceffylau gwedd, neu'r ceffylau trwm, oedd y *ffair geffylau.* Byddai mwy o fri ar y ffair hon na'r un arall ond odid. Fe'u cynhelid i brynu a gwerthu a dangos ceffylau.
1962 T J Davies: G 7, Roedd Ffair Dalis ar amser manteisiol i ffermwyr, ar ôl gorffen hau, ac felly gallent hebgor ceffyl neu ddau. I Ffair Dalis y deuai'r ceffyle trwm gore oherwydd deuai porthmyn yno i brynu rhai i gerdded strydoedd Lloegr.
1983 E Richards: YAW 21, Golygfa i'w rhyfeddu yn y ffeiriau hyn fyddai'r stalwyni. Deuai eu perchenogion â nhw i'w dangos, a châi'r ffermwyr ddewis eu ceffyl, oherwydd roedd yn bwysig iawn i gael o'r gorau i fridio.

ffair gyflogi *eb.* ll. *ffeiriau cyflogi.* I'r gweision fyddai heb 'gytuno' at y tymor i ddod, y *ffair gyflogi* oedd eu cyfle hwy i gael 'bachiad' (gwaith). Safai rhes o lanciau mewn lle penodedig yn y ffair, rhai am oriau lawer, a rhai i ddim pwrpas. Dôi ambell i ffermwr heibio a'u llygadu bob yn un o un pen i'r rhes i'r llall. Yna dechrau holi un neu ddau. Ple roedden nhw'r tymor dwaetha? Pam gadael y lle hwnnw? Be oedd eu gwaith, certmon, cowmon? Ac wrth gwrs, beth oedd ei gyflog yno? O gael ei fodloni yn yr atebion cynnig rhyw ychydig – punt neu ddwy – yn fwy. Ond weithiau'n manteisio ar y ffaith bod llanc bron marw eisiau gwaith, a chynnig yr un faint ag a gâi o'r blaen. Yna rhoi iddo swllt (5c heddiw) yn ernes. Gw. hefyd *Fferm a Thyddyn* Rhif 21, t. 24 (1998).

1958 FfFfPh 36, Arwahan i ffeiriau at werthu anifeiliaid, byddai ffeiriau cyflogi yn cael eu cynnal tua Chalangaeaf yn Llangeitho ac ym mhob tref yn y cylch. Peth cyffredin y pryd hwnnw fyddai gweld bechgyn a merched ifainc yn aros yn rhesi yn y ffair i ddisgwyl i rywun ddod i'w cyflogi. Olion o fath ar gaethwasanaeth, yn ôl safonau'r oes hon, oedd y peth yma. Erbyn hyn y mae wedi diflannu, a diolch am hynny . . . '

1963 I Gruffydd: GOB 82, Gosodais fy hun 'ar y farchnad' megis, o flaen y Bull Hotel ymhlith ugeiniau o laslanciau'r Sir, yn ôl yr arfer mewn *ffair gyflogi* . . . Cerddai'r amaethwyr bach a mawr yn hamddenol drwy'r rhengau, gan fesur a phwyso maint a nerth yr ymgeiswyr yn ôl y galw. Os hwsmon fyddai dyn eisiau yr oedd yn rhaid cael dyn medrus a gloyw gyda'i waith, oedd yn barod i godi'n fore a mynd yn hwyr i gysgu – un a allai drefnu gwaith a chymryd diddordeb dwfn ym mhethau'r meistr. Os ceffylwr, wel, dyn ifanc, ysgwyddau llydain, cap ar ochr ei ben a blewyn yn ei geg. Yr un cymwysterau, fwy neu lai, oedd yn angenrheidiol mewn porthwr a gwas bach, sef bod yn barod i wneud tipyn o bopeth .– rhai pethau fuasai'n diraddio hwsmon a chertmon efallai, ond yr oedd yn rhaid eu cael hwythau i wneud y tim . . . '

1975 W J Thomas: CM 81, Erys Mai 13, 1920 yn un o ddyddiau pwysig fy mywyd. Diwrnod Ffair Bentymor, Pwllheli, a minnau'n newid fy lle ac yn mynd yno i gyflogi. Sefyll yng nghanol nifer o rai tebyg imi, a gwrthod cynnig neu ddau, a chyfarfod yn weddol gynnar yn y prynhawn ŵr a adwaenwn, oherwydd ei gysylltiad â'r teulu y bum yn gweini gyda hwynt ar gyrion Cwm Pennant. Wedi peth siarad, cyflogi i fynd i Groesor Fawr, Croesor, am £27 y tymor . . . '

ffair hadyd Ffair prynu a gwerthu grawn ŷd a had gwair ar gyfer eu hau.

ffair haf gw. FFAIR BENTYMOR, FFAIR GALAN MAI.

ffair Nadolig Ffair prynu a gwerthu adar – tyrcwn, gwyddau, ayyb – ar drothwy'r Nadolig.

ffair newid Ffair cyfnewid un nwydd am un arall heb fod arian yn y fargen, ffair ben-ben (Môn). Dïau mai dyma gefndir y term 'ffeirio', ac a ddaeth yn air am gyfnewid llafur diwrnod dyrnu, diwrnod cneifio, ayyb. Gw. FFEIRIA, FFEIRIO.

ffair wlân Ffair Fedi, ffair prynu a gwerthu gwlân.
1998 Bethan Phillips: Rhwng Dau Fyd 50, Cafodd well elw o'i ddefaid, oherwydd yn *Ffair Wlân* Pontrhydfendigaid gwerthodd '71-2 stone of wool for 13/- per stone'.

ffair wyddau gw. FFAIR NADOLIG.

ffald, ffalt
1. *eb*. ll. *ffaldau, ffaldiau*. Buarth fferm, iard fferm, clos, cowrt, rhewl – yr iard gaeëdig ynghlwm wrth ffermdy a'r beudái, ac, yn aml, wedi ei hamgau gan y ffermdy a'r beudái.
1991 G Angharad: CSB 8, Y 'clos' yw hwn yn y dwyrain (sir Benfro), y *'ffald'* yn y gorllewin ac mae'r trydydd gair, sef 'hiol' ar gael yng nghyffiniau Cwm Gwaun.

2. *eb*. ll. *ffaldiau*. Corlan defaid (weithiau gwartheg), defeity, lloc, caeor. Mae'n enw cyffredin hefyd ar 'pownd', sef lle i gau defaid crwydr.
1300 LIB 96, Buarth a thalgell a chreu moch a *ffalt* deveit.
1722 Llst 189, 'ffald, ffaldau – a fold for cattle, pound, pin-fold.
GPC, Yn ei ffurf luosog ceir 'Ffalda' yn enw ar fferm rhwng y Maerdy a Ferndale.
Dywed. 'Cyn llymed â'r ffald' – yn llwm iawn, dim blewyn.

ffaldaid, ffaldiaid, ffaldiad *eg.* ll. *ffaldeidiau.* Llond ffald, corlannaid, llociad.

Ffig. Cynulliad crefyddol, cynulleidfa eglwysig.
'Faint oedd yn y capel bore 'ma? "Wel wir, roedd 'na *ffaldiad* reit dda a deud y gwir".'

ffaldio, ffaldo *be.* Rhoi mewn corlan, corlannu, llocio, carcharu, cau mewn pitffold neu bitwel (defaid a gwartheg). Ar lafar yn y de.
GPC, Pan fydde 'nyfilod yn tresbasu, odd e'n *ffaldo* miwn minad.

ffaldiwr *eg.* ll. *ffaldwyr.* Dyn sy'n gwarchod corlan at garcharu (powndio) defaid a gwartheg crwydr, corlannwr defaid y pownd, powndiwr. Ar lafar yn y de.
1722 Llst 189, *Ffaldwr* – a pound keeper.
Gw. POWNDIWR.

ffan *eb.* ll. *ffaniau.* Gair rhai ardaloedd gynt am wyntyll nithio. Ar lafar yn Edeirnion.
1928 G Roberts: AA 12, . . . gwelid ar rai ffermydd mawr beiriant nithio Thomas Windsor, Croesoswallt, yr hwn a dra ragorai ar yr hen wyntyll, neu'r *ffan*, gan ei fod yn rhannu'r ŷd yn ben gronyn, ail ronyn a thinion.

ffarier *eg.* ll. *ffariers.* Yn wreiddiol, pedolwr a doctor ceffylau'n unig oedd y *ffarier.* Yng nghwrs amser y daeth yn feddyg anifeiliaid yn gyffredinol, dof, anwes a gwyllt. Ceir ambell i gyfeiriad ysgrifenedig at y gof fel *ffarier* a'r *ffarier* fel gof. Heddiw, meddyg anifeiliaid yn unig ac arbenigol iawn yw *ffarier.*
1711 PDPh 62, Nid yw ein *ffariers* ni ond ei ddiystyrru (am gloffni).
1988 FfTh 2, 9, Yn y cyfnod hwnnw (dechrau'r 20g) byddai'r gof yn cael ei gyfri'n dipyn o *ffariar*, tynnu dannedd y ceffyl pan fyddent yn rhydd ac yn rhwystr iddo fwyta, ceisio mendio llaid a 'foot-lever' a phethau o'r fath.
'Mae'r *ffarier* wedi bod yn brysur iawn 'leni, – yr ŵyn yn fawr.'
Gw. FFARIER GWLAD, *Llafar Gwlad*, Medi 1985.

ffariera, ffario *bf.* Gwneud gwaith ffarier, doctora anifeiliaid, meddyginiaethu anifeiliaid.
1959 D J Williams: YChO 39, Roedd fy nhad yn ŵr bach glew a pharod ei law a'i galon at ryw fân swyddi nas cyflawnid gan bawb, – *ffariera* tipyn pan fyddai creadur yn sâl yn rhywle . . .; sbaddu lloi neu ŵyn neu foch bach yn eu tro.

ffarm gw. FFERM.

ffarmers gw. FFARMWRS.

ffarmio gw. FFERMIO.

ffarmwr gw. FFERMWR.

ffarmwrs *ell.* Amaethwyr fel dosbarth a'u nodweddion (da a drwg!), ffermwyr fel y cyfryw, gair a ddefnyddir yn aml gan eraill wrth gyfeirio at ffermwyr. Gynt, 'gweini *ffarmwrs*' y byddai gweision a morynion ar ffermydd. Yn Nyffryn Aeron clywir 'ffarmers'.
'Rhai garw am gwyno ydi *ffarmwrs*.'

ffarsi (y) gw. LLYNMEIRCH.

ffasno *be.* Cau, cliciadu (am lidiart, dôr, drws, ayyb). Ar lafar ym Maldwyn.
1981 GEM 38, *Ffasna'r* wicied ar d'ôl.

ffatri laeth gw. HUFENFA.

ffatri wlân gw. MELIN WLÂN.

ffau *eb.* ll. *ffeuau, ffeuod.* Lloches anifail gwyllt, daear, gwâl – e.e. ffau llwynogod. Gan amlaf, am 'ddaearau' gwningod y sonir, ond *'ffeuau'* llwynogod.
1567 Math 8.20, Y mae *ffauae* [:- dayrydd] gan y llwynogod.

ffawlys *ell.* ac *eg.* Planhigion neu godlysiau o deulu'r pys a dyfir yn gnydau, y godog, gwyran bendigaid (S. *sainfroin*). Ar lafar ym Morgannwg. Gw. B 16 97.

Ffederasiwn Dofednod Prydeinig Cymdeithas fasnach a sefydlwyd i gyfuno diddordeb ac arbenigedd yn y diwydiant wyau a chig dofednod ac i drafod gyda'r Llywodraeth, y Gymuned Ewropeaidd, Aelodau Seneddol, Awdurdodau Lleol, ayyb, faterion yn ymwneud â'u bywoliaeth. Aelodau'r Ffederasiwn yw y Gymdeithas Wyau Prydeinig, Cymdeithas Bridwyr a Deorfeydd Prydeinig, Cymdeithas Cig Dofednod Prydeinig, Ffederasiwn Twrcïod Prydeinig, Cymdeithas Cynhyrchwyr Hwyaid.

Ffederasiwn Ryngwladol Cynhyrchwyr Amaethyddol *ep.* Corff cydwladol sy'n cynrychioli cynhyrchwyr amaethyddol, a ffurfiwyd yn 1946 ac a gydnabyddir gan y Cenhedloedd Unedig fel corff i ymgynghori ag o ar holl faterion cynhyrchu amaethyddol a masnach cynnyrch fferm. Mae'n cynnwys 56 o Undebau Amaethyddol ac Undebau Cydweithredol o 48 o wledydd. Llunir polisi mewn cynhadledd a gynhelir bob dwy flynedd a chyda phwyllgorau sefydlog yn ymwneud â'r gwahanol nwyddau a gynhyrchir.

ffedog fras *eb.* ll. *ffedogau bras.* Y barclod neu'r ffedog a wneid gynt o sach wedi ei agor a'i olchi, yna ei hemio y pedair ochr a rhoi darn o ruban yng nghlwm wrth ei ddwy gornel uchaf i'w glymu am y canol, ffedog ganfas (Caerfyrddin). Byddai'n arfer bod yn rhan o'r olygfa ddyddiol am ganol morwyn a meistres ar y ffermydd mawr a bach. Lle byddai'n rhan o waith y gwas bach i olchi lloriau, ayyb, gwisgai yntau hefyd farclod bras. Amr. 'ffedog ganfas' (sir Gaerfyrddin), 'barclod bras' (Môn, Arfon).
1966 D J Williams: ST 14, Yna dilynodd gymhelliad bron mor anesboniadwy â hynny i fynd yn ôl i'r tŷ i wisgo'i chlocs a'i *ffedog ganfas*.
1980 J Davies: PM 29, Fe ddisgwylid i mi olchi llawr carreg y gegin fyw a'r eil . . . byddai'n rhaid imi wisgo *ffedog fras*, ffedog sach fy mam, at y gwaith . . .
1993 FfTh 12, 22, Ar gyfer y gwaith rhaid oedd cael y gêr pwrpasol, sef tair *ffedog fras*, sef sach wedi ei ferwi a'i agor, a thâp i gau o gwmpas y canol i gadw'r pengliniau pan yn sgwrio'r lloriau.

135

ffedog drws *eb.* ll. *ffedogau drws.* Yr 'ystyllen ddŵr' ar waelod drws allan tŷ i daflu'r dŵr glaw a red i lawr y drws, i'r ochr allan i'r rhiniog. Ar lafar yn lled gyffredinol.

1937 T J Jenkin: AIHA AWC, *Ffedog drws* – astell ar draws y gwaelod i daflu'r dŵr allan dros y trothwy.

ffedog mochyn *ebg.* ll. *ffedogau mochyn.* Y bilen neu'r croenyn tenau sydd am goluddion mochyn, yn mesur tua llathen wrth ddwy droedfedd, ac a ddefnyddir lawer iawn i gadw cig yn ei rowlyn wrth wneud ffagodau.

ffedog mochyn, ffedog oen *eb.* Y bilen neu'r croenyn tenau am ymysgaroedd mochyn ac oen a dynnid oddi am y perfedd wedi lladd ac agor yr anifail a'i ddefnyddio'n aml i'w roi drosto ar y cambren.

1989 P Williams: GYG 31, Tynnid y *ffedog* oddi wrth y perfedd main a'i golchi mewn dŵr claear, cyn ei thaenu dros agoriad y mochyn ac edrych fel lês drosto.

ffeg
1. *eg.* Gwair hir, bras, cwrs, neu hirwellt wedi ei adael i grino ar ei draed. Yr unig werth sydd iddo yw ar gyfnod o heth pan na fedr defaid drwyno drwy'r eira i gael cynhaliaeth amgenach.

GPC d.g., Mi wneith y defed yn burion ar y *ffeg* nes clirith yr eira.

1981 GEM 38, Oes na ddim byd ar y ciae ond rhyw hen *ffeg* a fytith y gwartheg mo hwnnw.

2. *eg.* Sgrwff, sef brwyn a rhawcwellt yn gymysg a dorrid i'w roi'n wely dan anifeiliaid.

1975 W J Thomas: CM 63, Gair Eifionydd am ryw gymysgedd o frwyn, mwsog a rhawcwellt yw *sgrwff*, fe'i torrid . . . i fod yn wely i'r anifeiliaid yn y gaeaf. *Ffeg* ydyw gair Sir Feirionnydd amdano.

Gw. FFOG.

ffein(d) *a.* Braf, teg (am y tywydd); gwastad, heb lawer o ddringo (am ffordd); brac, hawdd ei drin (am dir).

'Ma hi'n dywydd *ffein(d)*.' 'Mi awn ni'r ffordd hyn, mae hi'n *ffeindiach* ffordd efo llwyth.' 'Mae 'na briddyn *ffein(d)* yn y Cae Pella, mae o'n trin fel pupur.'

ffeirio, ffeiria *be.* Yn wreiddiol, golygai *ffeirio* brynu a gwerthu mewn ffair, marchnata neu gyfnewid nwyddau mewn ffair heb fod arian yn y fargen. Mae'n ymddangos mai marchnata yw'r unig ystyr i *ffeirio* neu *ffeiria* yng Ngheredigion. Mewn rhannau helaeth o Gymru fodd bynnag, yn enwedig y gogledd, datblygodd yn air am 'gyfnewid dwylo' neu 'gyfnewid llafur' neu 'ffeirio cymorth', i bwrpas y diwrnod dyrnu a'r diwrnod cneifio, cydgynorthwyo (Ceredigion). Dôi dynion o nifer o ffermydd yn yr un ardal, deuddeg i bymtheg ohonyn nhw, i gynorthwyo'i gilydd gyda'r gorchwyl o ddyrnu, cneifio ac yn y cynhaeaf. Traddodiad a benderfynai â pha ffermydd y byddid yn *ffeirio*. Dilynid yr un patrwm yn flynyddol yn union fel y dilynid yr un gylchdaith ddyrnu gan y dyrnwr.

1958 I Jones: HAG 66, Yr oedd ffermwyr y pryd hwnnw yn cyd-weithio yn amser cynhaeaf, . . . byddai gweithwyr un neu ddau o'i gymdogion yn ei helpu, a'i weithwyr yntau yn mynd i dalu'r pwyth yn ôl i'r rheiny, . . . ond pan ddaeth peiriannau i wneud y gwaith, peidiodd y frawdoldeb gydweithredol hynny i raddau mawr.

1981 W H Roberts: AG 54, Yr oedd Edward Owen yn un o'r rheini y byddai fy nhad yn *ffeirio* gyda hwy ar adegau cynhaeaf.
1981 W H Roberts: AG 61, Galw'r giang a wnâi'r ffliwt. *Ffeirio* oedd ein gair ni ar y gymdogaeth dda honno.
1982 R J Evans: LlFf 11, Gyda'r mecaneiddio a fu ar amaethyddiaeth a dyfodiad y belar gwair a gwellt a'r dyrnwr medi, diflannodd yr angen am *ffeirio* neu gydgynorthwyo.
. . . cymortha a *ffeirio* yn eiriau amlwg iawn yn ein iaith.
Gw. CYLCHDAITH DDYRNU, NEWID DWYLO[1].

ffeirio cymorth *Ymad.* Ymadrodd am gyfnewid llafur neu ffeirio ar ffermydd, sef cynorthwyo'i gilydd i bwrpas cneifio, dyrnu, cynhaeaf, ayyb.
1994 FfTh 14, 34, Roedd y fferm yn ymdrechu i gneifio ar yr un dyddiad yn flynyddol gan fod angen help cymdogion a'u gweision, a byddai cael trefn ar y dyddiadau yn hwyluso'r *ffeirio cymorth* a sicrhau tegwch.

ffeli *eb.* ll. *ffelis, ffelys.* Camog olwyn trol neu gert, y coed â chamedd ynddyn nhw wedi eu hasio i'w gilydd ac yn ffurfio cylch allanol neu gant olwyn bren, ag y morteisiwyd edyn yr olwyn iddyn nhw, cwrbyn, cyrbau (Ceredigion). Ar lafar ym Maldwyn.
Gw. CAMOG, CANT[1], CWRBYN, Y FILI FAWR.

ffeltiwr *eg.* ll. *ffeltwyr, ffeltiwrs.* Gwneuthurwr hetiau. Fel y teiliwr, y crydd, y cowper, y tincer, y saer coed a'r gof, ceid hefyd y *ffeltiwr* yn bur gyffredin gynt.
1933 H Evans: CE 99, Yr oedd Robert Roberts yn cofio dau frawd . . . yn gwneuthur 'hetiau ffelt' yn y tŷ uchod. Âi William a'i briod i'r ffeiriau a'r marchnadoedd i'w gwerthu. Gan y *ffeltiwr* uchod y cafodd yr het gyntaf a fu ganddo, un gron, lwyd oedd . . . .

ffendar, ffender *eb.* Math o ffram fetel a roir ar lawr o flaen y lle tân i rwystro cols neu farwor o'r tân ddisgyn ar yr aelwyd.

ffens, ffensing *eb.* ll. *ffensys, ffensiau.* Yn amaethyddol, rhes o bolion wedi eu gosod yn y ddaear neu ar ben clawdd a gwifrau pigog neu wifrau plaen o bolyn i bolyn ac wedi eu tynhau. Fel rheol, mae'r ffens yn ffurfio caead ar gae neu ar fferm. Weithiau fe'i defnyddir yn air am wrych, sietin, ac unrhyw fath arall o gaead. Ar lafar yn gyffredinol.
Dywed. 'Mae *ffens* yn gymydog da' – terfyn neu gaead da ar fferm yn hyrwyddo cymdogaeth dda.

ffens drydan *eb.* Gwifrau wedi eu gosod ar bolion ffensio symudol, yn y ffurf o ffens, a cherrynt trydan yn rhedlifo drwyddynt, a'r rheini'n gweithredu fel 'sa draw' i anifeiliaid. Fel arfer, un weiren a geir i gadw gwartheg draw a dwy i ddafad a mochyn. Daw'r cerrynt o fatri neu o'r prif gyflenwad wedi ei rydwytho ac mewn curiadau o 60 y munud. Ei mantais fel ffens yw y gellir ei symud o gwmpas yn hawdd yn ôl y galw. Fe'i defnyddir yn gyffredinol i bwrpas llain-bori.
Gw. LLAINBORI

ffensin gw. FFENS.

ffensio *be.* Cau neu amgau â ffens (am dir, cae, gardd, ayyb) i gadw anifeiliaid o fewn terfynau ac i ddiogelu cnydau. Meistri'r grefft o ffensio yw ffermwyr defaid.
Gw. CAEAD, FFENS, WEIER, WEIER BIGOG.

ffêr *egb.* ll. *fferau.* Y cymal rhwng y troed a'r goes, egwyd, y darn o'r goes sy'n union uwchben carn troed anifail, meilwng, migwrn, meinedd coes anifail. Ar lafar yn y gogledd.
'Roedd y bustych at i *ffera*' yn y tail.'

Ffergi *ep.* ac *eg.* Enw llafar cywasgedig ar 'Ferguson', – enw, oddi wrth enw ei ddatblygwr, Harry Ferguson, ar wneuthuriad o dractor a ddaeth yn gyffredin ac yn boblogaidd yn ystod yr Ail Ryfel Byd (1939-45) ac yn union ar ôl hynny.
Gw. FERGUSON, MASSEY-FERGUSON.

fferins, ffeirins
1. *ell.* Y cildwrn (weithiau chwe cheiniog, 2½ heddiw, ac weithiau swllt, 5c heddiw) a roid gan ffermwyr i weision ffermydd cyfagos a ddôi i helpu dyrnu dan yr hen drefn o 'ffeirio' neu 'gyfnewid llafur'.
Gw. FFEIRIO, PERAJ.

2. *ell.* un. *fferen.* Petheuach ffair, y math o bethau a brynir mewn ffair yn cynnwys melysion. Ceid gynt, os nad o hyd, yr ymadrodd '*ffeirins* ffair'. *Fferins* yw gair Meirionnydd am losin neu felysion.

fferm, ffarm *eb.* ll. *ffermydd, ffermau, ffermoedd.* Y tir, y tŷ a'r beudái sy'n eiddo amaethwr neu'n cael eu dal (rhentio) ganddo. Arwynebedd o dir a amaethir i godi cnydau a magu anifeiliaid am eu cig a'u llaeth ac, fel rheol, yn cael ei weithio fel un uned a than yr un oruchwyliaeth. Yn y gogledd ceir y ffurfiau 'fferam' a 'fferem', a'r rheini'n rhan o enw swyddogol ffermydd. Ym Môn ceir 'Fferam Goch', 'Fferam Uchaf', 'Fferam Isaf', 'Fferam Gyd' ym mhlwyfi Llantrisant a Llanbabo.
Hen Bennill. 'Mi fum yn gweini tymor/Yn *fferam* Tyn y Coed.'
1718 Llsg. R Morris 215, 1702, y flwyddyn i'm aned yn y *fferem* yn Mhlwy Llanfihangel Tre'r Bardd ym Môn.
Ffig. 1762-79 W Williams: P 448, Nid yw'n holl deyrnas ond un *fferem* fawr i'r Brenin!

fferm deuluol Fferm ganolig ei maint a ffermir gan y teulu ac heb fod â gweision cyflogedig. Yn aml ceir mab neu ddau neu'r ferch gartref. Dyma'r math o fferm sy'n draddodiadol yng Nghymru.

fferm ddefaid Fferm fynydd, fferm â defaid yn brif stoc.

fferm fach *eb.* ll. *ffermydd bach.* Fferm a mesur bach o dir, tyddyn, crofft, weithiau yn lle un fuwch ac yn rhy fach i gadw ceffyl. Gall *fferm fach* fodd bynnag fod hyd at hanner can acer a mwy. Mae hynny heddiw'n edrych yn fach wedi cymaint o gydio maes wrth faes.
1972 E Williams: TT 7, Cariai fy nhad gryn dipyn o lo o'r stesion, i dai mawr, a *ffermydd bach* di-geffyl.

fferm frithyll Y math cymharol newydd o fferm, sy'n manteisio ar lynnoedd naturiol neu'n cronni llynnoedd ar nentydd a mân afonydd, i fagu pysgod, yn enwedig brithyll, ac yn codi tâl am yr hawl i bysgota yno. Edrychir ar hyn fel rhan o'r polisi arallgyfeirio mewn amaethyddiaeth yn nawdegau'r 20g a dechrau'r 21g.
Gw. hefyd ARALLGYFEIRIO.

fferm fynydd Fferm ddefaid.
Gw. FFERM DDEFAID.

fferm gymysg Fferm yn cynhyrchu tipyn o bopeth, cnydau, llaeth, gwartheg tewion, ŵyn ayyb, ffermio heb arbenigo mewn unrhyw agwedd yn fwy na'i gilydd.
Gw. FFERMIO CYMYSG.

fferm helaethdirol Fferm neu stâd anferth ei maint ac yn magu niferoedd mawr o anifeiliaid, yn enwedig gwartheg, ransh.

fferm laeth *eb.* ll. *ffermydd llaeth.* Fferm yn canolbwyntio ar gynhyrchu llaeth, fferm â llaeth yn brif gynnyrch arni.

fferm organig Fferm nad yw ei thir yn cael gwrtaith celfyddydol na chwynleiddiaid na phlaleiddiaid, fel mater o bolisi bwriadol, mewn dyddiau pan y mae amheuon am ddrwg effeithiau'r math hwnnw o ddwysffermio ar iechyd ac ar yr amgylchedd.
Gw. FFERMIO ORGANIG.

fferm ymylol Fferm ar dir uchel ac heb nemor ddim tir isel, ac yn gymwys i dderbyn cymorthdaliadau dan y Cynllun Ardaloedd Llai Ffafredig, ayyb.

ffermdy *eg.* ll. *ffermdai.* Tŷ fferm, amaethdy, y tŷ fel rheol, y preswylia'r ffermwr a'i deulu ynddo, yn amrywio'n fawr mewn oed, maint a chynllun, ac wedi eu codi'n aml mewn llecynnau cysgodol yn y pant, ac yn agos i ffynhonnell ddŵr. Dywedir mai'r 'tŷ hir' gyda'r beudy (ac weithiau y stabl a'r sgubor) dan yr un to â'r tŷ, yw'r ffermdy mwyaf nodweddiadol o Gymru. Yn aml, fodd bynnag, gwelir y tŷ yn annibynnol ar y beudái, ac ar un ochr i'r buarth, gyda'r beudái yn ffurfio dwy ochr neu dair ochr eraill y buarth. Dan ddylanwad stadau ceir, mewn rhai ardaloedd, dai ffermydd unffurf eu cynllun ac yn sylweddol iawn eu hadeiladwaith.

ffermio *be.* Dilyn galwedigaeth ffermwr, amaethu, trin a gwrteithio tir, codi cnydau a magu anifeiliaid am eu llaeth, eu cig a'u gwlân.
Ffig. Trin arian mewn ffordd y ceir y gorau allan ohonyn nhw.
Soniai pregethwyr y dyddiau gynt am '*ffermio* pregethau', h.y. peidio defnyddio'r rhai gorau ar Suliau cyffredin ond eu cadw ar gyfer cyfarfodydd pregethu!
Dywed. '*Ffermio* i fyw, a byw i *ffermio*' – ennill bywoliaeth drwy ffermio yw'r naill, bod heb ddiddordeb arall ond ffermio yw'r llall.

Ffermio a Grwpiau Bywyd Gwyllt Ymgynghorol Fforwm a sefydlwyd yn ystod saithdegau'r 20g i drafod materion amgylcheddol sy'n berthnasol i amaethyddiaeth. Yn wahanol i fudiadau amgylcheddol eraill, mae'r Weinyddiaeth Amaeth yn hwn. Ceir hefyd gynrychiolwyr o'r Comisiwn Coedwigaeth, y Comisiwn Cefn Gwlad, yr Undebau Amaethyddol, Cymdeithas y Tirfeddiannwyr, Undeb y Gweithwyr Amaethyddol ac amrywiol fudiadau cadwriaethol. Caiff gefnogaeth ariannol gan y Comisiwn Cefn Gwlad, ac fe gynnig gynghorion i ffermwyr ar faterion amgylcheddol.

ffermio arlas *be.* Trefn o ffermio lle mae'r caeau yn eu tro yn tyfu cnydau fel ceirch ac erfin, ac yna eu hadu i gael porfa neu dir pori am rai tymhorau, ffermio tir glas.

ffermio bugeiliol *be.* Dull o ffermio lle nad oes ond ychydig o godi cnydau llafur, dull o ennill bywoliaeth drwy gadw defaid a gwartheg i bori'r tir yn hytrach na'i aredig i dyfu llafur. Hwn, oherwydd natur y tir a'r tywydd, oedd yr hen ddull o amaethu yng Nghymru am ganrifoedd (gw. *Hafodydd Brithion*, R Alun Roberts).
1975 R Phillips: DAW 58, Yn ôl hen hanes y *dull bugeiliol o ffermio*, gyda'r pwyslais ar dir glas a gwartheg a defaid, oedd dull amaethwyr Cymru o ennill bywoliaeth ar hyd y canrifoedd.

ffermio cydran *be.* Trefniant cymharol newydd rhwng tirfeddiannwr a chydrannwr (ffermwr) ac yn osgoi gofynion Deddf Daliadau Amaethyddol 1984. Dan y trefniant hwn mae'r tirfeddiannwr a'r cydrannwr yn rhedeg eu busnes eu hunain, yn wahanol i bartneriaeth. Mae gan y ddau eu cyfrif banc eu hunain ac yn cyflwyno eu cyfrifon treth incwm eu hunain. Y tirfeddiannwr sy'n rhoi'r tir, y rhan fwyaf o'r offer neu'r cyfarpar sefydlog, y rhan y cytunir arni o'r da byw, a'r cyfalaf. Perthyn y cnydau i'r tirfeddiannwr, ond y cydrannwr sy'n ffermio'r tir ac yn cywain y cnydau. Rhennir elw'r cynnyrch yn ôl y mewnbwn a gyfrennir. Y cydrannwr sy'n gofalu am beiriannau'r fferm. Nid yw'r cydrannwr yn talu rhent ac nid oes ganddo hawl perchenogaeth.

ffermio cydweithredol *be.* Busnes amaethyddol a berchenogir ac a reolir gan aelodau cymdeithas amaethyddol; dau neu fwy yn ffermio fferm neu ffermydd ar y cyd ac yn rhannu'r enillion neu'r elw.

ffermio cymysg *be.* Y math o ffermio sy'n rhoi'r wyau mewn mwy nag un fasged, neu'n godro mwy nag un fuwch, ffermio nad yw'n arbenigo mewn dim ond yn gwneud tipyn o bopeth – tyfu cnydau, cadw buches odro, cadw defaid, cadw gwartheg stôr, cadw moch, ayyb.
Gw. FFERM GYMYSG.

ffermio dirddwys *be.* Y math o amaethu sy'n rhoi llawer i'r tir, ayyb. er mwyn cael y mwyafswm o'r tir, ayyb, ffermio lle mae'r mewnbwn a'r allbwn yn uchel, e.e. i gael y mwyafswm posibl o rawn o dir, heuir yn drwm, gwrteithir yn drwm, a defnyddir plaleiddiaid a chwynleiddiaid yn drwm. Yr un modd gyda'r da byw, mewn ffermio dirddwys, mae'r stocio a'r bwydo'n drwm, fe'u cedwir i mewn, a gellir cychwyn ar y system hon unrhyw adeg o'r flwyddyn.

ffermio helaethol, eangffermio *be.* Ffermio arwynebedd eang o dir lle bridir gwartheg mewn niferoedd mawr, ransio.
Gw. FFERM HELAETHDIROL, RANSIO.

ffermio organig *be.* Y math o ffermio sy'n ymwrthod â gwrteithiau celfyddydol, chwynleiddiaid a phla leiddiaid, yn ffafr ffermio mwy cysefin, drwy wrteithio â thail a gadael i natur ei hun gadw'r chwyn a'r plâu dan reolaeth. Mae'r dull hwn o ffermio ar gynnydd heddiw, a galwad gynyddol am y cynnyrch, mewn canlyniad i amheuon am effaith y dull dwys a chyfoes o ffermio ar iechyd ac ar yr amgylchedd.
Gw. FFERM ORGANIG.

ffermio prin gynnal *be.* Y math o ffermio lle mae'r ffermwr ei hun a'i deulu yn bwyta rhan helaeth o gynnyrch y fferm, gan adael cyfran lai i'w masnachu.

ffermio ymestynnol *be.* Y dull o ffermio sy'n ymwrthod â ffermio dirddwys, ac yn defnyddio llawer mwy o dir i gael yr un swm o gynnyrch ag a geid o ffermio dirddwys. Sonnid, ar ddiwedd yr 20g, am 'Gynllun *Ffermio Ymestynnol*' fel un ateb i'r gorgynhyrchu a arweiniodd i'r mynyddoedd grawn, menyn a chaws, a'r llynnoedd o laeth, sef y cynnyrch dros ben y galw yng ngwledydd y Gymuned Ewropeaidd.

ffermwr, ffarmwr *eg.* ll. *ffermwyr, ffarmwrs, ffarmers.* Amaethwr, diwylliwr tir, gwrteithiwr a thriniwr tir, un yn dilyn y grefft o ffermio, sef codi cnydau a magu anifeiliaid am eu llaeth, eu cig, eu gwlân a'u crwyn.
1774 H Jones: CH 49, Gofalu am ŷd a'i dda mae'r *ffermwr.*
Dywed. '*Ffermwyr* mawr' – yn aml, ffordd y ffermwyr bach o gyfeirio at y ffermwyr mwy ac mewn cyferbyniad i 'ni y *ffermwyr* bach'.
'*Ffermwr* tractor' – ymadrodd braidd yn ddychanol am y ffermwr cyfoes sydd ar ei dractor i bob diben, ac mewn cyferbyniad i ffermwr oes y ceffyl pan gerddai tu ôl i'r aradr, yr og, ayyb. Cmhr. 'Bugail beic'.

ffermwas gw. GWAS FFERM.

ffermwraig *eb.* ll. *ffermwragedd.* Gwraig fferm, y ferch gynt na chafodd lawer o gredyd am y caledwaith a gyflawnai, troi a mydylu gwair, lladd ŷd â'r cryman a'r sicl, ayyb, godro, corddi, cario dŵr, bwydo'r moch, llaetho'r lloiau, ayyb. Yn raddol, yn ystod hanner cyntaf yr 20g, y rhyddhawyd y wraig fferm o lawer o'r caledwaith.

ffermydd mawr Ffermydd â mwy na'r cyffredin o dir, ac, o safbwynt pobl y ffermydd bach, yn bobl dda eu byd hefyd – pobol fawr. Clywir dywediadau fel 'pobol y *ffermydd mawr*' neu 'ni ar y ffermydd bach'. Yn

Llŷn sonnir am *'ffermydd mawr* glannau Soch'* – pobl braidd yn ffroenuchel.

1928 G Roberts: AA 2, Yn Edeyrnion gelwid fferm dros 150 acer o faint yn *fawr*, a phob un dan 30 acer yn fechan.

fferru

1. *be.* Cywasgiad llafar o 'diferu' ac yn golygu sychu, caledu tewychu (am dir), tir gwlyb, meddal wedi sychu a sadio.

'Mi fedrwn fynd ati i deilo 'fory, mae'r cae sgwâr wedi *fferru* digon.'

2. Oeri, sythu, starfio, rhynnu, rhewi – y gwaed yn caledu a cheulo gan oerni.

1547 WS, *Ferry – ferry* rhac anwyd, starve for cold.

1606 E James: Hom 2, 209, *fferu* gan anwyd.

ffesant *ebg.* ll. *ffesants, ffesantau, ffesynt*. Aderyn hela a fegir gan dirfeddianwyr ar ffermydd eu stadau i'w saethu yn ystod cyfnod penodol o'r flwyddyn, sef rhwng mis Hydref a mis Chwefror, coediar. Adwaenir y ceiliog ffesant oddi wrth ei blu lliwgar a'i gynffon laes.

15g Llawdden: Gwaith 11, Iechyd corff yw o cheid cig/*Ffesant* gwell yw na ffisig.

ffetan *eb.* ll. *ffetanau*. Sach bras, cwdyn mawr o ddefnydd bras a ddefnyddid gynt i wahanol ddibenion megis cario grawn, ayyb. Ar lafar yn y de, Powys, a rhannau o'r gogledd.

1620 Gen 42.27, Ac un a agorodd ei sach, ar fedr rhoddi ebran i'w asyn . . . , ac a ganfu ei arian; canys wele hwynt yng ngenau ei *ffetan* ef.

1933 H Evans: CE 166, Cofiaf wraig y clochydd . . . yn mynd o gwmpas i hel 'blawd y gloch'. Bum yn llygad dyst o'm mam o'i phrinder yn rhoddi llond bowlen o flawd ceirch yn ei *ffetan*.

1955 J Dalis Davies: *Tafodiaith Dihewyd*, Yng Ngheredigion yr oedd iddo ystyr arbennig yn yr hen amser, e.e. cwdyn yn dal 112 pwys, sach yn dal 224 pwys, *ffetan* yn dal wyth winshyn o had.

ffetanu *be.* Llenwi ffetanau (sachau bras) â grawn, rhoi grawn ŷd mewn ffetanau, cydu, sachu, llenwi sachau.

1770 W, *Ffetanu* – to bag.

ffibr *eg.* ll. *ffibrau*. Un o gyfansoddion bwyd anifeiliaid, yn bennaf o celwlos a lignin, sy'n hyrwyddo treuliad y bwyd drwy symbylu cyhyrau'r llwybr treulio. Rhaid i anifeiliaid (ag eithrio'r rhai ifanc ar laeth) wrth rhyw gymaint o ffibr (yn union fel personau dynol). Y cilfilod sydd angen fwyaf, a chânt egni ohono drwy dreuliad bacteraidd yn y blaengyllau (rwmen). Rhaid hefyd i fuchod godro wrth ffibr os am gynhyrchu llaeth â braster menyn uchel. Gwna defaid a cheffylau y tro ar lai, a llai fyth i foch. Mae gormod o ffibr, er hynny, yn gallu rhwystro anifail rhag bwyta digon a'i dlodi o faethynnau angenrheidiol. Nodweddir gwair a gwellt gan gynnwys uchel o ffibr.

ffîd *ebg.* bach. *ffiden, ffidan*. Ymborth anifeiliaid, porthiant, gogor. Fel rheol golyga *ffîd* fwy na gwair a gwellt. Gynt golygai rawn ŷd wedi ei gywasgu neu ei falu yn ychwanegol at y gwair. Bellach golyga fwydydd cydbwys parod yn y ffurf o flawdiau neu deisfwyd. Sonnir am roi *'ffîd* i'r gwartheg', *'ffîd* i'r defaid' – rhoi blawd neu deisfwyd.

ffider, ffidar
1. *eg.* Offeryn pwrpasol ar ben y felin, y crysiar, y dyrnwr, i ffidio'r peiriant pan yn malu, crysio, dyrnu; hopran, ceg. Gw. HOPRAN.

2. *eg.* Y dyn, fyddai gynt yn 'bwydo' neu 'ffidio' drym y dyrnwr mawr. Gw. FFIDIO DYRNWR.

ffidil hau *eb.* Dyfais neu offeryn i hau hadau mân megis had gwair, meillion, rep, cêl, ayyb. Byddai i'r 'ffidil' ei blwch i ddal y cyflenwad o had. Yna ceid cansen, fel cansen ffidil, i'w thynnu'n ôl a blaen ar ei ben blaen, a charrai ledr sydd, o symud y gansen, yn troi math o bropelar bach, ac adenydd hwnnw'n gwasgaru'r had fel y disgyn allan. Perthyn i'r offeryn hefyd strap lledr i'w roi dros yr ysgwydd i'w chario, fel bod y ddwy law yn rhydd, un i afael yn yr offeryn, a'r llall i symud y gansen, yn union fel y gwneir â'r offeryn cerdd – ffidil. Gellir hefyd reoli ac amrywio'r swm o had a heuir yn ôl y gofyn.

ffidio, ffido *be.* Rhoi'r bwyd angenrheidiol a phriodol i anifeiliaid – i'r buchod i gael llaeth, i'r gwartheg tewion i gael cig, i'r ceffylau i gael gwaith, a'u cadw yn y cywair a fyddai'n bodlonni balchder y certmon. Ar y cyfan y mae *ffidio* a 'bwydo' yn gymharol gyfystyr, e.e. mae sôn am *'ffidio'*r moch' a 'bwydo'r moch' yn gyfystyr. Yn y de y ffurf 'ffido' a glywir ac ym Maldwyn ceir 'ffidio'r 'ffyle', ayyb.

ffidio'r dyrnwr *be.* Gyrru'r ŷd drwy'r dyrnwr, rhoi'r ysgubau ŷd, ar ôl torri eu cortyn, brig gyntaf, yng ngafael drym y dyrnwr a fyddai'n troi â chyflymder erchyll, ac â'i bitars (stripiau rhychiog o ddur) yn stripio'r grawn oddi ar y gwellt. Fel arfer, un o'r ddau a fyddai'n canlyn y dyrnwr a fyddai'n 'ffidio'. Safai mewn bocs dwfn y drws nesaf i'r drym. Gafaelai yn yr ysgubau, fel y torrid eu cortynnau, a gyrru'r ŷd mor wastad ag y gallai i afael y drym, gan ofalu nad âi gormod ar unwaith er mwyn i'r drym gael ei chyfle i stripio'r grawn yn lân a llwyr oddi ar y gwelltyn. Ystyrid *ffidio'r dyrnwr* yn gryn dipyn o grefft.
1981 W H Roberts: AG 61, Roedd yna ddau o ddynion efo'r dyrnwr bob amser, a rhannent eu hamser yn cadw golwg ar yr injan ac ar ben y dyrnwr yn *ffidio*.
1990 FfTh 5, 39, Edward Roberts yn gyrru, Edward Hughes yn *feedio*.
Gw. hefyd DRWM, DYN CANLYN DYRNWR.

ffinger, ffingar *eg. ll. ffingers, ffingars.* Un o'r bysedd blaenfain ar fwrdd neu far peiriant lladd gwair a pheiriant lladd ŷd y rhed llafnau'r gyllell yn ôl a blaen drwyddynt ar gyflymder tra chyflym pan ar waith, bysedd y bar torri. Yn anffodus, chydiodd yr enw 'bysedd' ddim.
'Rhaid imi roi *ffingar* ne' ddau newydd cyn dechra' lladd.'

ffiled

1. *eb.* ll. *ffiledi, ffiledau.* Llestr i ddal caws yn un lwmp hyd nes iddo fagu croen, *ffiled* gaws.
1928 G Roberts: AA 15, Cawsellt i'w roi dan y wasg (press) i gwblhau'r oruchwyliaeth honno; *ffiled* i ddal y caws wrth ei gilydd hyd nes y magai groen.

2. *eb.* Darn cigog o gig o goes ôl anifail wedi tynnu'r asgwrn ohono ac wedi ei glymu'n rolyn. Hefyd am ddarn o bysgodyn.

ffiledu *be.* Torri darn cigog o goes ôl anifail ar ôl ei ladd a'i glymu'n rolyn crwn wedi tynnu'r asgwrn ohono.

ffilog

1. *eb.* ll. *ffilogau, ffilogod, logod.* Eboles, caseg ifanc (S. *fillock*).
1722 Llst 189, *Ffilog* – a filley, a mare colt.
1795 P, *Filawg* – a young mare o'r filley.

2. *eb.* Adain neu sbocsen olwyn.
1688 T J, *Ffilog* – the spoke of a wheel, the wing of a foul.

3. *eb.* Asgell neu adain aderyn.
14g GDG 163, Dwy *ffilog* y taeog tew (cyffylog).
1722 Llst 189, *Ffilog* – the wing of a bird.

ffilltith, ffulltith *eg.* Mynd ar drot (am geffyl), mynd ar *ffilltith* (Arfon), mynd ar dith, tithio, tuthio mynd, trotian.
Ffig. 'Mae Nel wedi mynd ar *ffilltith* gwyllt am y dre.'
Gw.TITHIAN, TUTHIO.

ffin

1. *eb.* ll. *ffiniau, ffinion.* Terfyn, goror, pendraw fferm, ardal neu wlad.
13g WML 55, Maen ffin neu pren ffin neu peth arall enwedic a vo yn kadw *ffin.*
1606 E James: Hom 3, 157, *ffiniau* a therfynau eu trefydd.

2. Llinellau neu linynnau toeslyd mewn bara heb grasu'n briodol, e.e. mewn bara haidd (barlys) ar ôl tymor a chynhaeaf drwg.
1958 I Jones: HAG 51, Bwyteid cryn dipyn o fara barlys gan y tlodion bedwar ugain mlynedd yn ôl. Ar y gorau nid oedd mor flasus o'r hanner â bara gwenith eilradd, ond ar ôl tymor gwael, byddai toes o flawd barlys yn pallu â chodi, a gwelid *ffiniau* cleiog trwy'r torthau.

ffinion Ffurf dafodieithol ar 'ffynnon'. Ar lafar yn Nyfed.
Gw. FFYNNON.

ffiol

1. *eg.* ll. *ffiolau, ffiole.* Mesur sych o bum chwart. Ar lafar yn Edeirnion.
1928 G Roberts: AA 24, Mesur pec oedd 20 chwart, a chynhwysai *ffiol* bum chwart.

2. *eg.* ll. *ffiolau.* Llestr i fwyta ohono, dysgl, cawg, y math o lestr y bwyteid uwd, llymru, brywes, ayyb ohono, ac yn aml yn llestr pren. Ar lafar yn sir Gaerfyrddin a sir Benfro.
1962 Pict Davies: ADPN 37, Gwaith crefftwyr gwlad oedd llawer o'r llestri ac o offer a pheiriannau fferm . . . lletwad, llwyau pren a phob *ffiol* gawl a thrensiwn.
1966 D J Williams: ST 37, Disgwyl amdano fe (Williams, Pantycelyn) am bron hanner awr, am wn i, a'r uwd yn oeri yn y *ffiole* o'n blaen ni.

3. *eb.* ll. *ffiolau.* Dysgl i ddal dŵr i olchi dwylo, ayyb. Ar lafar yn yr ystyr hwn ym Maldwyn.

ffiol laeth *eb.* ll. *ffiolau llaeth.* Pot llaeth, padell laeth, crochan llaeth, llestr pridd, pren neu fetel at ddal llaeth, hufen, ayyb. Ar lafar yn sir Gaerfyrddin.

ffislin *eg.* ll. *ffislinau, ffislinod.* Cagl, baw anifail wedi caglu neu galedu ar ei gorff, ei gynffon neu ei wlân. Ar lafar yn Nyfed.
1989 P Williams: GYG 28, . . . wedi gorffen eid â'r cneifiau i ben ucha'r sgubor, ei daenu ar lywanen wyneb i waered a thorri unrhyw faw neu *ffishlin* i ffwrdd cyn ei rolio lan yn dynn.

fflachdar *gw.* SEITEN.

fflag *eb.* ll. *fflags, fflagiau.* bach. *fflagen, fflagsen.* ll. *fflasgenni.* Un o'r cerrig sgwâr neu hirsgwar a geir ar lawr cegin neu'n wyneb ar balmant (pafin), olynydd y llawr pridd.
Gw. CARREG AELWYD.

fflagio *be.* Gosod cerrig sgwâr neu hirsgwar mawr fflat ar lawr ystafell, cowrt bach neu balmant, llechlorio, llechenu, peimio (Ceredigion), fflagsio. Gynt, ceid cegin yn aml wedi ei llorio'n rhannol neu'n gyfangwbl â fflags. Byddai'n llawr oeraidd yr olwg ond yn lân ac yn hardd ac yn welliant dybryd ar y llawr pridd a'i rhagflaenai. Fe'i golchid ddwywaith neu dair yr wythnos, ac mewn llawer cartref gwneid patrwm ar y cerrig â dail tafol, ayyb.
1958 I Jones: HAG 59, Nodwedd arbennig bwthyn o'r fath oedd mantell simnai eang, a thân ar y llawr, a'r aelwyd wedi ei *peimio* neu'i *fflagio.*

fflaim *eb.* ll. *ffleimiau, fflemiau.* Cyllell fain, finiog at ollwng gwaed o anifail, erfyn miniog milfeddyg i waedu anifail, lansed, sgalper. Ceir hefyd y ffurfiau 'ffleim', 'fflem'.
Gw. GWAEDU ANIFAIL.

fflamsiwn, fflamasiwn *ebg.* Cywasgiad llafar o 'infflamasiwn', llid. Ar lafar yng Ngheredigion.

fflamwydden *ebg.* Afiechyd heintus ar foch yn cael ei achosi gan facteria. Fe'i nodweddir gan enynfa a phothelli cochion ar y croen yn ffurf diamwndiau. Digwydd, gan amlaf, mewn tywydd mwll, ac yn ei ffurf wylltaf yn gallu bod yn farwol, erysipelas moch, tân iddwf.

fflarbio *be.* Blino, diffygio, ymlâdd. Sonnid gynt am y wedd wedi *fflarbio* – ymlâdd – ar ôl daliad hir, ym mhoethder haf, yn lladd gwair, ayyb. Yn anamlach ceir person dynol yn *fflarbio* hefyd. Ar lafar ym Môn.
Dywed. 'Fel iâr wedi *fflarbio*' – wrth ei herlid i'w dal.

fflawrio'r llawr *gw.* ADDURNO'R LLAWR.

fflêc mês *eg.* Creision Indrawn, Indrawn yn y ffurf o greision tenau. 'Creision Indrawn' yw'r term Cymraeg a rydd TAM (1994) am *fflêc mês.*

145

fflegan, fflegain *eb.* ll. *fflegennod.* Iâr o rywogaeth neilltuol a'i phlu'n tyfu o chwith rywfodd, neu o leiaf yn cyrlio'n ôl at eu bonau, yn lle eu bod yn gorwedd yn drefnus a destlus ar ei gilydd. Mewn canlyniad mae'n edrych yn flêr, diraen a di-lun. Ym Mhenllyn fe'i gelwir yn 'iâr Ffrainc'. Ym Môn clywir yr ymadrodd 'iâr *fflegan*' am iâr ddiraen yr olwg. Cf. 'iâr ar y glaw'. Yn Arfon. ceir 'hen *fflegan* o hen iâr' eto am iâr flêr, ddi-lun. Gw. WVBD 133.
Ffig. Rhywun blêr, anhrefnus.
'O wraig falch, welais i 'rioed mo Jane Wilias yn edrach mor *fflegan*.'

fflêm *gw.* FFLAIM.

ffleim *gw.* FFLAIM.

ffleimio *be.* Gollwng gwaed o wythïen drwy ddefnyddio fflaim, lansio. Gw. FFLAIM.

fflether *be.* Cywasgiad llafar o 'llyffethair' gyda 'l' ymwthiol. Ar lafar ym Môn.
Gw. LLYFFETHAIR.

fflithod *ell.* Tatws mân, briblins (Môn), rhithod, bribis, tatws moch, tatws rhy fân i'w plannu na'i bwyta. Defnyddir *fflithod* hefyd am y tatws pan font yn dechrau tyfu o'r famog yn y pridd.
Gw. BRIBLINS, RHITHOD.

ffliwc *eg.* Afiechyd anifeiliaid, e.e. defaid a gwartheg, yn cael ei achosi gan lyngyr parasitig yn yr iau (braenedd yr iau), yn yr ymysgaroedd ac yn yr ysgyfaint, braenedd, braenedd yr iau, adfach, llwg (*Fasciola hepatica*). Mae'r ffliwc yn dodwy ac mae'r wyau'n disgyn ar y borfa, yna'n datblygu ac yn goroesi mewn malwod (*Lymnia truncatula*) sydd yn byw mewn lleoedd gwlyb. Wedi torri allan o'r falwen mae'r *metacercaria* yn glynu ar y borfa, a'r anifail yn eu llyncu wrth bori.
Gynt, un ffordd o osgoi hyn oedd troi'r gwyddau i bori dan draed defaid ayyb. Mae gwyddau'n sgut am y malwod. Bathiad TAM 1994 am y S. *fluke* (y parasit) yw euod, yr euod, fflasbryfyn; ac am *liver fluke*, braenedd yr afu (iau), clefyd yr euod.

ffliwt *eb.* ll. *ffliwtiau.* Yr offeryn a ddefnyddir ar fferm, yn enwedig fferm ddefaid, i weithio a rheoli ci defaid, neu hefyd i alw'r dynion at eu bwyd. Gynt, ceid hefyd '*ffliwt* yr injan ddyrnu' i alw'r gang dyrnu at ei gilydd o'r ffermydd cyfagos.
1976 G Griffiths: BHH 114, Yna cenid y *ffliwt* a oedd ar ochr y peiriant i alw'r ardalwyr ynghyd.
Gw. hefyd CORN CINIO, CORN DYRNU.

ffloc
1. *eb.* ll. *fflocau, fflocys, fflociau.* Praidd, gyr, diadell, mintai, haid (yn enwedig o ddefaid, er yn cael ei ddefnyddio am haid o wartheg ac adar

hefyd), *ffloc* o ddefaid.
1784 M Williams: S 1 166, *Ffloccau* mawrion o golommennod.
GPC, Yn ardal Ystumtuen, Gogl. Cered., defnyddir *ffloc* am 'gorlan dros dro'.

2. Cudyn o wlân, gwlân wedi ei daflu o'r neilltu ac yn aml yr hyn a roir mewn matras gwely.
16g WLB 18, Kymer *fflocs* or pandu or brethyn.
1722 Llst 189, Fflocsyn . . . ffloccys, – a lock of wool.
1794 W, *Ffloc* – a stuffing . . . the stuffing of a bed.

fflodiart *eb.* ll. *fflodiardau.* Dôr i'r chodi a'i gostwng (fel bo'r galw) i reoli dŵr drwy gafn neu sianel fel mewn melin, llifddor.
1768 W Williams: HTS 18, Ei geg oedd fel *fflodiad* y felin.

fflons *a.* Yn gyffredinol heini, bywiog, llawn bywyd, ysbrydol (am berson ac anifail). Ar lafar ym Môn, am geffyl â bywyd ynddo, ceffyl *fflons* = ceffyl llawn bywyd, yn codi ei draed blaen wrth fynd o'r stabl yn y bore, ayyb.
'Ma' Prins, er gwaetha'i oed, yn *fflons* iawn o hyd.'
1939 D J Williams: HW 45, "Ci *fflonsh* iawn" fyddai'r disgrifiad ohono yn yr Hen Ardal.

fflonsio *be.* Ymadfer neu ymadfywio o wendid (dyn ac anifail).
'Mae'r hen fuwch wedi *fflonsio*'n arw o fel 'roedd hi neithiwr.'

fflôt, fflôd *eb.* ll. *fflotiau.* Cerbyd ceffyl isel i gario llaeth o gwmpas tai yn y trefi gynt, neu ar y fferm i gario moch, ŵyn, ayyb; cludair, hefyd ysgraff neu gar ar ddŵr.
1994 FfTh 13, 6, Roedd hi'n daith ddigon difyr yn y *float*, cerbyd tebyg i'r rhai cario llefrith hyd y trefi, a digon o le i dri a dau gi.
1996 FfTh 18, 10, Ladi y ceffyl gwyn . . . oedd yn un rhwng siaffts y *fflôt laeth* bob bore o'r wythnos.

fflwcs
1. *ell.* un. *fflwcsyn.* Fflocs, manflew, casnach, y defnydd a roid gynt mewn clustogau a matresi gwely.
Gw. FFLOC.

2. *ell.* Chwyn, manion bethau, ysbwriel, sothach. Yn y de fe'i defnyddir am gnwd o ŷd sal.
GPC d.g., 'Dyw'r llafur 'ma'n ddim ond *fflwcs* (Ceredigion).

fflworid *eg.* Unrhyw gyfansoddyn cemegol o fflworin a geir, fel rheol, gyda sodiwm a photasiwm.

fflworosis *eg.* Cyflwr a achosir gan ormod o fflworid yn y dŵr yfed neu yn y bwyd llysieuol, ac yn dweud yn ddrwg ar gynnyrch llaeth buchod.

fflud, fflyd *eb.* ll. *fflydoedd.* Haid, nifer mawr (o adar), *fflyd* o frain, *fflyd* o betris, ayyb.
'Roedd 'na *fflyd* o frain yn ysu'r haidd. Dyma fi allan efo'r gwn a'u medi nhw.'

fflŵr *eg.* Blawd i wneud bara, peilliad, grawn gwenith wedi ei falu'n fân at bobi bara, can, blawd can. Ar lafar yng Ngheredigion, sir Gaerfyrddin a sir Benfro. Ym Maldwyn clywir 'bwyd *fflŵr*' a '*fflŵr* brwmstan' a *fflŵr* (peilliad). Gw. GEM 39 1981.

1989 P Williams: GYG 22, . . . a sachaid 112 pwys o *fflŵr* gwyn bob pythefnos ar gyfer gwneud bara.

fflŵr (fflwar) brwmstan *eg.* Powdwr sulffur, fflŵr sulffur. Fe'i defnyddid yn helaeth yn oes y ceffyl yn gymysg â halen y graig (saltpitar) a chrêm tartar i iachau gwaed y ceffylau. Credai'r certmyn ei fod hefyd yn dda at gael 'blewyn da' ar y wedd.

fflwrio
1. *be.* Chwalu a malu'n hawdd (am bridd) wrth ei drin. Ar lafar yn ne Ceredigion a sir Gaerfyrddin.
GPC d.g., Ma'r pridd yn *fflwro* wrth 'i lyfnu.

2. *be.* Gwahanu'r bran oddi wrth y blawd ar ôl malu.
GPC d.g., Rhaid *fflwro*'r blawd yn y felin.

ffod
1. *eg.* ll. *ffodau.* Darn o bren neu o haearn symudol a geid gynt ar flaen yr aradr i reoli dyfnder a lled y gwys, cyn bod aradr olwynion, hefyd cwlltwr (S. *plow-foot*).

2. *eg.* ll. *ffodau.* Darn o bren ar ffurf bwa fyddai'n rhan o'r iau ac yn gweithredu fel coler i'r ychen (S. *ox-bow*).
Gw. DOL².

ffodr, ffoder, ffodor (S. *fodder*) *eg.* ll. *ffodrau.* Bwyd anifeiliaid, ebran, gogor, porthiant.
15g B 2 15, Dyro iddynt wair bras neu *ffodyr.*
Gw. EBRAN, GOGOR.

ffodrwm, ffotrwm *eg.* Bing beudy, lle cymharol gul am y cefngor â'r buchod yn y beudy i gadw cyflenwad o ffodr (porthiant) i'w roi ym mhreseb neu resel y buchod, ransh (Brycheiniog a Morgannwg), pasetsh (Dyfed). Ar lafar yn Arfon ceir y ffurf 'fodrwm' (WVBD 133).

ffodyr gw. FFODR.

ffog *eg.* Porfa lwyd, grin ar rostir a welir yn y gaeaf, gwair crinsych wrth fôn y gwair ir, ffeg. Yng Ngheredigion a Chwmtawe clywir 'Dos dim shwd beth â lladd y gwair 'ma, – ma'r hen ffogen 'ma'n tagu'r cyllyll.' Yn Nyffryn Aeron ceir 'ffog wen' am borfa yn y gaeaf sydd yno er yr haf (GPC).
Gw. hefyd FFEG.

ffogieth, ffogeth *be.* Ffurf lafar gywasgedig ar 'marchogaeth' – '*ffogieth* y ferlen', sef marchogaeth y ferlen. Ar lafar ym Maldwyn.
Gw. GEM 39 (1981).

ffogreg *eb.* Ffurf lafar ar 'marchogwraig'. Ar lafar ym Maldwyn.
1981 GEM 39, Odd hi'n ciâl i recno'r *ffogreg* ore'n y wlad.

148

ffold, ffolt
1. *ebg.* ll. *ffoldiau.* Ffald defaid, corlan, caeor. Ar y cyfan *ffold* a geir yn y gogledd a *ffald* yn y de. Sonnir hefyd am y '*ffold* moch bach', sef y cowrt sy'n rhan o dwlc mochyn, ffranc, ffronc. Yng Nghwm Stradllyn, Eifionydd ceir lle o'r enw '*Ffolt*-fawr'.

1567 TN, Ioan 10.16, Y mae i mi ddefait eraill yr ei nid ynt or gorlan [:- *ffold*, buarth, cayor] hon.

2. *eb.* Lle i garcharu defaid crwydr, pownd. Ar lafar ym Mhenllyn.

ffolen gw. PEDRAIN.

ffolwer *eg.* Ebol ifanc yn dilyn ei fam (S. *follower*).

ffollt gw. FFOLD, FFALD.

ffon *eb.* ll. *ffyn, ffonnau* (y de, weithiau). Fel rheol, cangen hir ac union o goeden a bagl iddi, i'w rhoi dan y llaw wrth gerdded. Bu gwneud ffyn yn ddiddordeb cyffredin iawn yn y Gymru wledig. Arferai rhaglenni eisteddfodau adlewyrchu hynny drwy osod cystadleuaeth gwneud ffon, yn union fel y ceid cystadleuaeth gwneud pren rhaffau. Ers blynyddoedd bellach ceir Cymdeithas Gwneud Ffyn, Gogledd Cymru ac o leiaf 35 yn perthyn iddi. Yr amcan yw hyrwyddo'r hen grefft o wneud ffon.

Dywed. 'Rhaid torri *ffon* pan fo'r oen yng nghroth ei fam' – o Hydref hyd Fawrth.
'Rhaid torri *ffon* pan welir hi' – peidio colli cyfle.
Gw. hefyd FFYN.

ffon aradr Padlen neu raw fach i lanhau aden a chwlltwr aradr yn ôl yr angen.

ffon badl Rhaw fach neu badlen bwrpasol i ddal y wadd neu dyrchod ac i durio i ddaearau gwningod wrth eu ffereta, padlen.

ffon bengam Ffon â bagl. Ar lafar ym Maldwyn. (GEM 132 1981).

ffon bugail Ffon hwy na'r cyffredin ag iddi fagl mwy na'r cyffredin a ddefnyddir gan fugail defaid i ddal dafad neu oen fel bo'r angen, ac i gorlannu defaid, ffon heusor. Ar lafar yn gyffredinol.
Dywed. '*Ffon bugail* at gesail y gwas' – ffon hir.

ffon draws gw. CAMFFON, FFYN CROESION, STAI GANOL.

ffon ddwbl gw. CAMFFON, STAI GAM.

ffon ddwybig Ffon ag un pen iddi'n fforchog. Gellir defnyddio'r fforch fel bagl i gerdded neu i'w rhoi dros yr ysgwydd i gario baich fel y gwna'r pedlar a'r tramp.

ffon fagl Ffon â bagl.
Gw. FFON BENGAM.

ffon glwpa Ffon â dwrn (cnap, baglyn, bwlyn) yn hytrach na bagl, pastwn, pastwn bugail.

ffon gorddi Cordd neu ordd buddai gnoc gynt, ffon a phen fel gordd arni a'i choes yn cyrraedd allan drwy dwll pwrpasol yng nghaead y fuddai i guro, gorddio neu gorddi'r llaeth â'r dwylo. Gw. BUDDAI GNOC.

ffon grât Un o'r bariau haearn ar ffrynt grât neu le tân, ffon y grât.

ffon gwaddwr Padlen neu raw fach y daliwr tyrchod, ffon y tyrchwr.

ffon gyfri Ffon y rhoid marciau arni wrth gyfri defaid. Yn aml, cyfrid defaid bob yn ugain a rhoid marc ar y ffon am bob ugain a gyfrid. Yng Ngheredigion fe'i gelwid yn 'gwialen gownt'. Ar lafar yn y gogledd gynt. Gw. hefyd GWIALEN GOWNT.

ffon gyswllt gw. GWIALEN YR ARADR.

ffon heusor gw. FFON BUGAIL.

ffon olwyn gw. FFYN OLWYN.

ffon preseb / rhesel Un o'r ffyn ar ffrynt rhesel (rhastl) y tynnir gwair rhyngddynt o'r rhesel gan anifail.

ffon wastad Ffon fesur saer coed, pren mesur.

ffon wen Cangen o gollen wedi ei rhisglo i ddangos y coesyn gwyn a anfonnid gynt yn ddienw i fab neu ferch ifanc diwrnod priodas y sawl oedd wedi eu siomi. Ar lafar yn Nyfed, Ceredigion a rhannau o'r gogledd.

ffon ysgol (ystol) Un o'r ffyn ar ysgol (S. *rung*).
'Mae un o *ffyn* yr ysgol (ystol) wedi torri.'
Ffig. Dringo'n addysgol, ayyb. Ceir yr ymadrodd 'ar ffon isa'r ysgol' – yn cychwyn ar yrfa.
'Mae ganddo dipyn o waith dringo, ond mae 'i droed o *ar ffon isa'r ysgol* o'r diwedd.'
Gw. GWERTHYD[4].

fforch *eb.* ll. *ffyrch, fforchau.* bach. *fforchen, fforchig.* Offeryn gwaith, coes o bren a phen o fetel yn cynnwys (fel rheol) pedwar neu bump o bigau, a ddefnyddir i balu, carthu, llwytho tail, chwalu tail, ayyb. Gan amlaf ar fferm mae pigau'r *fforch* yn lled grwn a blaenfain fel y gellir ei gwthio'n gymharol ddiymdrech i'r hyn a fforchir, e.e. tail. Ym Maldwyn yn aml clywir pigfforch am *fforch*, er bod 'pigfforch', 'pigau' a 'pigeiau' ar lafar yno. Yng Ngheredigion gelwir y *fforch* yn 'bicwarch bedair pig'.
1996 T J Davies: YOW 76, . . . a minne â phicwarched o ddom ar flaen y *bicwarch bedair pig* yn barod i'w wasgaru . . .
Ffig. Yr ymadrodd 'ar y *fforch*' am rywun dan y lach neu dan yr ordd. Ar lafar ym Morgannwg.
Dywed. 'Cario mwg efo *fforch*' – ceisio gwneud y gwrthun.
Gw. GEM 100 (1981).

fforch afon Y man lle mae dwy afon yn cyfarfod ac yn dod yn un.

fforch balu Fforch â phedwar (weithiau bump) o bigau a'r rheini'n sgwâr yn hytrach na chrwn fel rhai'r fforch dail.

fforch bren Cangen fforchog o goeden a ddefnyddir i wthio mieri, drain, dail poethion draw ag un llaw i'w torri â chryman â'r llaw arall.

fforch dail Gan amlaf, fforch garthu neu fforch i drin a thrafod tail (dom), fforch deilo (Arfon). Ym Meirionnydd fodd bynnag, gelwir y caff (crwc, offeryn i dynnu tail o'r drol) yn 'fforch dail'.

1996 E D Hughes: *Tair Bro a Rownd y Byd* 62, . . . ond nid oeddynt (merched y fyddin dir) yn ddigon cryfion i drafod bagiau mawrion o datws . . . na charthu'r cytiau lloi. Oes y *fforch deilo* oedd hi.

Gw. CAFF, GWARLOC.

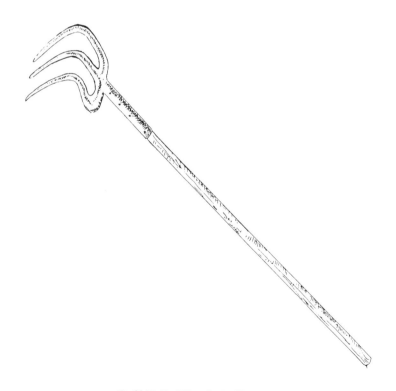

Caff Tail / Fforch Dail

fforch dractor *eb.* ll. *ffyrch tractor.* Y ddyfais fecanyddol yn y ffurf o fforch a osodir ar flaen tractor i lwytho tail, ayyb, (S. *fork-lift*).

fforch deuddant Fforch wedi ei llunio'n bwrpasol i drafod gwair a gwellt, pigfforch. Gyda'i dau bigyn crwn, blaenfain mae'n hawdd ei gwthio i fforchiad neu dringlen o wair a chyda ffurf disgynedig ei hysgwyddau mae'n hawdd ei thynnu allan o dringlen hefyd. Mae iddi hefyd goes llawer hwy na'r fforch dail oherwydd y gofyn a fu arni i godi'r gwair i ben y llwyth yn y cae ac i ben y das yn y gadlas, pigau, pigeiau (Ceredigion).
Gw. hefyd PIGAI, PIGFFORCH.

fforch ddwbl Nod clust dafad, sef toriad ar ffurf 'V'.

fforch garthu gw. FFORCH DAIL.

fforch godi tatws Fforch a phen ychydig yn gulach na fforch dail ac iddi bedwar pigyn sgwâr pigfain, a llai o ofod rhwng ei phigau nag sydd rhwng rhai'r fforch dail fel ei bod yn medru hel y tatws at ei gilydd ar ôl eu codi i'r wyneb.

fforch stwmp Nod clust dafad, sef toriad byr.

fforch wair, fforch wellt gw. FFORCH DDEUDDANT, PIGFFORCH.

fforchaid, fforchiad *eb.* ll. *fforcheidiau.* Llond fforch, cymaint a ellir ei godi â fforch ar y tro. Defnyddir *fforchaid* am lond *pigfforch* (picwarch) yn ogystal â llond fforch. 'F*forchiad* o wair' a ddywedir ac nid pigfforchiad.
'Mi fydd rhyw dair neu bedair *fforchiad* yn ddigon i gau 'i phen hi reit ddiddos' (am das wair).

fforchdroed (*fforch* + *troed*) *eg.* ll. *fforchdraed.* Troed â'r ewin yn fforchi, troed fforchog, troed â charn fforchog, fel troed buwch, dafad, mochyn.
1988 Deut 14.7, Am eu bod yn cnoi cil ond heb *fforchi'r ewin* y maent yn aflan i chwi (camel, ysgafarnog, gwningen).

fforchdroediog, fforchog *a.* Ewinholltog, yn fforchi'r ewin.
1620 Deut 14.7, Ond hyn ni fwytewch, o'r rhai a gnöant eu cil neu a holltant yr ewin yn *fforchog.*

fforchi, fforchio
1. *be.* Defnyddio fforch i balu, carthu, llwytho, ayyb. Trin â fforch, codi â fforch, palu â fforch.
'Cyn dyddiau'r fforch fecanyddol 'roedd yn rhaid *fforchio* pob mymryn o'r tail o'r siediau.'

2. *be.* Ymrannu'n ddau neu'n ddwy (am garn troed anifail, ffordd, ayyb).
1773 John Roberts: GY (Camelod), Cnoant eu cil ond ni *fforchant* ewin (camelod).
1988 Deut 14,7, Am eu bod yn cnoi cil ond heb *fforchi'r* ewin y maent yn aflan i chwi.
'Mae'r ffordd yn *fforchi* i ddau gyfeiriad ymhen rhyw filltir.'

fforchog
1. *a.* Ar ffurf fforch, deubig, corniog, yn fforchi, yn holltog (am garn anifail, ayyb), anifail *fforchog.*

1620 Deut 14.7, . . . ni fwytewch o'r rhai a gnöant eu cil, neu a holltant yr ewin yn *fforchog*.
1725 T Baddy: CS 58, Ei chreulon golyn *fforchog* (sarff).

2. *egb.* Gafl flaen anifail yn enwedig ceffyl. Bôn y coesau lle cydiant wrth y corff, ffwrch.
1966 D J Williams: ST 55, O'i phen a'i *fforchog* disgynai ambell dalp bychan o ffroth ar y braenar coch.

fforchwain *eb.* ll. *fforchweiniau.* Trol neu gert wledig, gyntefig a wneid o fforch bren, neu o goeden yn fforchi, i'w thynnu â llaw neu gan geffyl. Gorffwysai ei thrwmbal (cist) ar y fforch a honno'n ei thro yn gorffwys ar yr echel. Ceir y ffurf 'fforchwan' yn sir Gaerfyrddin am y polyn yr ieuid yr ychen wrtho i dynnu'r *fforchwain.*

fforchwr (*fforch* + *gŵr*) *eg.* ll. *fforchwyr.* Un yn defnyddio fforch neu bigfforch, fforchiwr gwair (codwr gwair), un yn fforchio'r gwair o'r mwdwl i'r llwyth yn y cae gwair. Hyd yn oed gyda'r bigfforch, *fforchio* a wneir ac nid pigfforchio.

ffordd *eb.* ll. *ffyrdd.* Moddion tramwyo cyfreithlon o un lle i'r llall, tramwyfa, lôn (Môn, Arfon, Llŷn); ffor(dd) (Dinbych, Fflint, Meironnydd, Maldwyn, gogledd Ceredigion); heol, hewl, ewl, (de Ceredigion, Dyfed, Caerfyrddin, Morgannwg, Brycheiniog, Gwent).

ffordd barsel gw. FFORDD BLWY.

ffordd blwy Ar lafar yn sir Benfro am ffordd gyhoeddus, y ffordd fawr, ffordd y gall pawb ei thramwyo'n gwbl gyfreithlon.

ffordd bôst Enw pobl Môn ar y ffordd dyrpeg o Gaergybi i Lundain, yr A5. Yn amlach na 'ffordd bôst' clywir 'lôn bôst'.

ffordd drol Yr enw yn y gogledd sy'n cyfateb i 'ffordd gart' neu 'ffordd gert' yn y de. Fel rheol, ffordd gymharol gul a'i hwyneb wedi ei garegu ond nid yn or-lyfn, ffordd at fferm neu at bwrpas fferm. Gw. FFORDD GART.

ffordd dyrpeg Y ffordd fawr, y briffordd, y lôn bôst (Môn), y ffordd y ceid arni gynt dollbyrth i gasglu'r tollau am ddefnyddio'r ffordd (S. *turnpike road*). Ym Maldwyn clywir 'ffor dyrpeg', ac yn Uwchaled 'y dyrpeg' (am yr A5).
1933 H Evans: CE 123, Yn ystod y cynhaeaf gwair gwelid y gwyddau yn pasio ar hyd y tyrpeg, trwy Gwm Eithin.

ffordd ddŵr Cafn, sianel, pibell, ffos, ayyb, at redeg dŵr.

ffordd eglwys Ffordd, gynt, yr oedd gan angladdau hawl i'w thramwyo ac ar yr un pryd yn rhwym i gadw ati diwrnod angladd. Ar lafar yn Nyfed.

ffordd fain Y lôn fach at fferm o'r ffordd fawr, wtra (Maldwyn); meidr, meidir (Dyfed), stryd (Penllyn), hwylfa (Llanegryn). Ar lafar yn Uwchaled.

ffordd fen gw. FFORDD DROL, FFORDD GART.

ffordd gart Ffordd at bwrpas cart neu drol, yn aml yn rhowtiog ac anwastad ei hwyneb, ffordd drol (gogledd).
1992 DYFED-Baeth 39, *Ffordd gart* yn drafale (rhowtiau) i gyd yn arwen ato . . .
Gw. FFORDD DROL.

ffordd geffyl Llwybr ceffyl, llwybr y mae hawl i farchogaeth ceffyl ar hyd-ddo (S. *bridle-way*).

ffordd gennad Ffordd a hawl tramwy arni. Un ystyr i'r gair 'cennad' yw caniatad, rhyddid, trwydded. Daeth 'ffordd cennad' yn ymadrodd am y S. *right of way*.

ffordd goch Y llwnc, y ffordd yr â'r bwyd o'r genau i'r cyllau, lôn goch (Môn). Ar lafar ym Maldwyn.
1981 GEM 39, *Ffor goch* – y ffordd y bydd y bwyd yn mynd.

ffordd goed *Ymad.* Enw llafar, gwerinol ar risiau (staeriau) tŷ, grisiau llofft, a grym ystyr yr ansoddair coed yn amlwg gan mai o goed y mae grisiau mewn tŷ bron yn ddi-eithriad. Ar lafar ym Meirionnydd.
1972 E Williams: TT 13, Mae'n wyth ar yr amser, dwedai mam, Beth am fynd i fyny'r *ffordd goed* 'na.

ffordd haearn Y rheilffordd, y relwê.

ffordd men gw. FFORDD DROL, FFORDD GART.

ffordd wen Y briffordd, y ffordd fawr. Daw'r enw o'r cyfnod cyn bod tario a tharmacio a'r llwch gwyn yn codi oddi wrth draed y ceffylau, ayyb a'i tramwyai. Ceir enw lle Penffordd-wen yn ardal Nantglyn, sir Ddinbych. Ar lafar yng ngogledd-ddwyrain Cymru.

fforest
1. *eb. ll. fforestydd, fforestau, fforesti.* Coedwig, darn helaeth, eang o dir dan goed, coetir.
14g RB 2 199, O'r parth arall gweirglodyeu a *foresti* yn ei theckhau.
1588 2 Esd 11.37, A llew yn dyfod allan o'r *fforest*.

2. *ebg. ll. fforestydd.* Tir diffaith gwyllt, heb ei gau a heb ei drin, a neilltuid gan frenin neu arglwydd i bwrpas hela.
16g Lleg Mos 158 11a, gwneuthud *fforesd* i veithring niveiliaid gwylltion.

fforestiaeth *ebg.* Coedwigaeth, y diwydiant coed, plannu, tyfu a thorri coed. Ar un adeg ar ôl yr Ail Ryfel Byd (1939-45) pan aeth y llywodraeth ati i geisio gwneud gwledydd Prydain yn fwy hunangynhaliol mewn coed, bu llawer o dyndra rhwng amaethyddiaeth a choedwigaeth, yn enwedig yng Nghymru lle plannwyd coedwigoedd anferth. Natur gwrthwynebiad y ffermwyr oedd eu bod yn dwyn llawer gormod o dir pori defaid, ac yn creu lloches i lwynogod. Erbyn hyn dan y polisi o arallgyfeirio ceir llawer o'r ffermwyr eu hunain yn plannu coed.

fforestir *eg.* Tir dan goed, coetir, tir lle tyf coed.
13g WML 117, Y gweirgloddyeu a *fforestir.*
1527 B 2 207, Pren perffrwyth sydd mewn *fforestir* yn Fraink.

fforestog *a.* Coediog, llawn coed (am dir), dan goed.
'Lle *fforestog* iawn ydi Betws-y-coed.'

fforestwr *eg.* ll. *fforestwyr.* Coedwigwr, coedwr, un â'i waith yn ymwneud â choed, swyddog yn gofalu am goedwigoedd.
1480-1525 TA 329, *Fforestwr* a choedwr chwyrn,/A gyr coed, a gwŷr cedyrn.

fforol *a.* Ffurf lafar dafodieithol ar *corfforol* yn yr ystyr o gryf, praff, trwchus. Ar lafar ym Maldwyn.
1981 GEM 39, Ma'r gwair yn tyfu'n *fforol.*

fforsio, fforso *be.* Yn amaethyddol mynnu cynnyrch ychwanegol mewn cnwd, llaeth, wyau, ayyb, drwy wrteithio neu fwydo dwysach. Dwyswrteithio'r tir i gael cnwd trymach, dwysfwydo'r buchod i gael y mwyafswm o laeth, cadw ieir mewn cewyll a'u dwysfwydo i gael mwy o wyau. Cadw wyau mewn gwres artiffisial i ddeor cywion.

ffos
1. *eb.* ll. *ffosydd.* bach. *ffosig.* Y rhigol a wneir o boptu i glawdd pridd wrth ei adeiladu, ac wrth ei sgwrio a'i gymenu o dro i dro, ffos glawdd, ffos y clawdd.
2. *eb.* ll. *ffosydd.* Traen neu draen, sianel a gloddiwyd dan wyneb y tir i'w draenio a'i sychu, ffos gaeëdig, ffos gudd, gwyth, clais (Dyffryn Aeron). Gw. GWYTH, SIANEL[1].

ffos ddyfrio Ffos wneud i gludo dŵr, i ddyfrio tir neu i droi rhod melin, ayyb.

ffos gaeëdig Traeniau dan wyneb y tir i'w sychu.

ffos gudd gw. FFOS[2], FFOS GAEËDIG.

ffos melin Ffos sy'n cludo dŵr o afon neu lyn i droi rhod melin, ysgwd melin, cyt, pynfarch, ffrwd y felin.

ffos wâst Y ffos sy'n cludo'r dŵr, wedi iddo droi olwyn y felin, yn ôl i'r afon. Ar lafar yn y gogledd.

ffosfad *eg.* Elfen gemegol sy'n hanfodol i dwf a datblygiad planhigion ac anifeiliaid. Fe'i rhoir i'r tir yn y ffurf o wrtaith ffosfadig fel y gall y planhigion ei gymhathu â hwy eu hunain. Mae'n gwbl angenrheidiol i ddatblygiad gwreiddiau planhigion ac i'r broses o'u haeddfedu'n ddiweddarach. Mae hefyd yn angenrheidiol i ddatblygiad anifail ac yn meithrin esgyrn a dannedd iach. Fe'i ceir yn helaeth mewn blawd esgyrn ac mewn grawnfwyd. Mae'n un o'r tri phrif faethyn i ddatblygiad planhigion, sef potas, nitrogen a ffosfad.

ffosfad craig *eg.* Ffosfad neu wrtaith a geir o ffosfad craig fwynol o ogledd Affrica a gwledydd eraill, wedi ei falu'n llwch fel y gall planhigion fanteisio arno'n gyflym.

ffosfforws *eg.* Elfen gemegol y ceir ei chyfansoddion bron ym mhob tir, ac yn hollol angenrheidiol i anifeiliaid a phlanhigion.

ffosgae (*ffos* + *cae*) *ebg.* ll. *ffosgaeau.* Math o ffos sych, moelglawdd, ffens neu glawdd yn y ffurf o ffos o gwmpas parc neu ardd, gwrthglawdd.
1774 W d.g., *Ffosgae* – haugh-haugh, or haw-haw (particular sort of dry ditch).

ffosglawdd *ebg.* ll. *ffosgloddiau.* Ffos; gwrthglawdd, môt.

ffosiad, ffosaid *egb.* ll. *ffosiadau, ffoseidiau.* Llain o dir rhwng dwy ffos gyfochrog. Ar lafar ym Meirionnydd.
Gw. B 14, 208, 284.

ffosiwr gw. FFOSWR.

ffosle (*ffos* + *lle*) *eg.* ll. *ffosleoedd, ffoslefydd.* Ffos, cwter, carthffos; hefyd pwll a rhych.
1722 Llst 189, *Ffosle* – a gutter.
GPC d.g., Ma'n nhw wedi clirio'r cloddie ac mae'r cae'n wlyb achos bod *ffosleifydd* yn arfer bod'no (sir Gaerfyrddin).

ffoslen *eb.* Siglen, mignen, lle gwlyb, corsiog.
GPC d.g., Ar lafar yng Nghwmrheidiol, 'Mi golles gaseg ac ebol yn y *ffoslen* las'.

ffosog *a.* Llawn ffosydd (am dir), tir â rhigolau neu rychau ynddo, rhychiog.
1722 Llst 189, *Ffosog* – chamfered, furrowed.

ffoswr *eg.* ll. *ffoswyr.* Torrwr ffosydd, ffosiwr (Môn).

ffotosynthesis *egb.* Y broses ryfeddol o droi carbondiocsid, yn yr awyr, a'r pridd a'r dŵr, yn garbohydrad gan blanhigion gyda chymorth goleuni, cymathiad carbon.

ffotrwm gw. FFODRWM.

ffowlyn, ffowlsyn *eg.* ll. *ffowls.* Fel rheol, cyw iâr wedi ei ladd, ei bluo a'i drin yn barod i'w goginio. Hefyd, defnyddir y lluosog *ffowls* am y dofednod yn gyfan, – ieir, hwyaid, gwyddau, tyrcwn. Ar lafar yn gyffredinol.

ffrael *eg.* Llestr pridd i biclo llysiau (S. *frail*). Ar lafar yn sir Frycheiniog.
1707 E Lhuyd: AB 216, *frael* – a little vessel or Jar to pickle herbs.

ffraeth
1. *a.* Aeddfed, ffrwythlon, toreithiog, parod (am dir, cnydau, ffrwythau).
14g R 1303 14-15, ti awnaeth yn *ffraeth* yr holl ffrwythau.
2. *a.* Sydyn, cyflym, parod. Sonnid gynt am geffyl *ffraeth* (cyflym), afon *ffraeth* (yn llifo'n gyflym), a llaw *ffraeth* (llaw barod i roi, i estyn). Cawn hefyd dafod *ffraeth* (parod ei ateb, sydyn ei sylw). Dyma gefndir y gair ffraethineb.
Gw. Ifor Williams, *I Ddifyrru'r Amser*, 13.

ffraethlawr (*ffraeth* [toreithiog] + *llawr* [daear]) *eg.* Tir neu ddaear gnydiog, ffrwythlon, tir toreithiog.

ffraethlon (*ffraeth* + *llawn*) Aeddfed, toreithiog, cnydiog.
17g Huw Morus EC 1 131, Cusanau swynion *ffraethlon* ffrwythau.
Gw. FFRAETH.

ffraethwlad (*ffraeth* [toreithiog] + *gwlad* [ardal]) *eb.* Ardal, rhanbarth neu ran o wlad gnydiog, doreithiog.

ffraethwych (*ffraeth* [cnydiog] + *gwych* [gwych]) *a.* Tra thoreithiog, tra ffrwythlon, tra chnydiog (am dir, coed ffrwythau, ayyb).
17g Huw Morus EC 1 285, Impyn iraidd, peraidd purwych,/Ar wreiddyn da a ffrwythau'n *ffraethwych*.

ffram buddai *eb.* Stand corddwr, y ffram bren y try'r fuddai arni i gorddi, stand y fuddai gasgen. Ar lafar ym Maldwyn.
Gw. GEM 39 (1981).

ffram cario dŵr *eb.* Y ffram ysgafn o bren a roid ar y ddwy bwced wrth gario dŵr o'r ffynnon. Byddai'r ffram yn erbyn clust neu handlen y ddwy bwced a'r cariwr, o gerdded y tu mewn i'r ffram, ac wrth dynnu'r clustiau yn erbyn y 'ffram', yn ysgafnhau'r baich.

ffram y drol (cart) *eb.* ll. *fframiau.*
1. Carfan trol (Môn), ofergarfannau (Meirionnydd), y ffram goed gref a roid gynt dros wyneb y drol i'w helaethu at ymlaen ac at yn ôl yn ogystal ag i'r ochrau, at gario gwair, ŷd, ayyb. Ar lafar ym Maldwyn.
Gw. CARFAN, OFERGARFANNAU.
2. Fframwaith trol (cart) heb y trwmbel (cist, bocs), strwythur y drol heb y gist.

ffranc, ffronc *eb.* ll. *ffroncau.* Y ffald neu'r buarth fach gaeëdig o flaen cwt neu dwlc mochyn, rhyddid cut mochyn, libart cwt mochyn. Ar lafar yn Nyfed yn y ffurf 'ffronc' neu 'ffrongc'.
1938 T J Jenkin: AIHA AWC, *Ffrongc* – yn debyg, llygriad o'r Saesneg 'front'. Yn fynych – bron bob amser – yr oedd drws twlc y moch yn agored, ac yna o'i flaen yr oedd amgae gyda chlawdd o gerrig, a drws i fynd i mewn. Dyma'r *ffrongc*.
1981 G Angharad: CSB 11, *ffranc* yw'r darn agored o flaen twlc moch.
1992 E Wiliam: HAFf 9, Adeiladau sgwâr yw'r rhan fwyaf o'r cytiau moch a welir heddiw, gyda chafn llechen neu garreg fel rhan o wal y buarth neu'r *ffronc* (gair sir Benfro).

ffras *eb.* ll. *ffrasau.* (S. *phrase*) Pennill neu rigwm a adroddid neu a genid ar garreg drws cartrefi wrth hel calennig Dydd Calan; e.e. 'Rhowch galennig yn galonnog/I ddyn gwan sydd heb un geiniog;/Ac wrth roddi rhowch yn ddiddig,/Peidiwch grwgnach am ryw 'chydig'. Ar lafar yng Ngheredigion.
1958 I Jones: HAG 7, Gofynasom am *ffrasau*, . . . buom yn ddiwyd yn ceisio eu dysgu.

ffrei *eg.* Y cig blasus a geir o dan asgwrn cefn mochyn ar ôl ei ladd. Ar lafar yng Ngheredigion.

ffreipan *eb.* Gair rhai ardaloedd am 'badell ffrio', e.e. Dyfed.
Gw. PADELL FFRIO.

ffrewyll, ffrowyll *ebg.* ll. *ffrewyllau.* Chwip, fflangell. Gwneid defnydd o'r *ffrewyll* yn bennaf gan y sawl fyddai'n dal ceffyl neu yn torri ceffyl i mewn, a byddai hynny am ei chlec yn fwy nag am ei blas.
1567 Ioan 2.15, Efe a wnaeth *ffrewyll* o reffynau.
1620 1 Bren 12.11, Fy nhad a'ch cospodd chwi â *ffrewyllau.*
1620 Ecclus 28.17, Dyrnod *ffrewyll* a wna glais.
Ffig. Dan y lach, dan yr ordd, yn cael ei geryddu.
1714 D Lewys: CN 28, A'r swyddog dan ei *ffrewyll.*
'Mae'r Cyfryngau dan *ffrewyll* y Prif Weinidog yn go arw.'

ffridd, ffrith *eb.* ll. *ffriddoedd.* Rhos, gwaun, porfa fynyddig gaeëdig, y tir agosaf at glawdd y mynydd. Weithiau mae iddo'r ystyr o 'goetir' neu 'goedwig'. Sonnir am 'ffriddgoed'. Ceir *ffridd* yn elfen aml mewn enwau ffermydd, e.e. 'Pen-y-*ffridd*', 'F*fridd*-wen', 'Y F*fridd*', ayyb. Clywir hefyd y ffurf *ffrith* (e.e. Dyffryn Conwy).
1790 Twm o'r Nant: GG 145, Doeth yw ef, gwrteithio i hau,/Y *ffriddoedd* yn aur ffrwythau.
1928 G Roberts: AA 2, Yr enw cyffredin ar y tiroedd hyn oedd *ffriddoedd.*
1996 FfTh 17, 19, Yn perthyn i Drecastell roedd *ffrith* gaeedig ar lechwedd Tal y Fan.

ffridd grywc (growc) Tir gwyllt, tir garw heb ei ddiwyllio.

ffroenfa *eb.* ll. *ffronfeydd, ffronfâu.* Y rhan fetel o ffrwyn sydd yng ngheg y ceffyl, y byt, yr enfa, genfa ffrwyn.
1783 W, *Ffronfa* – a sort of bit for a briddle.
Gw. BIT, BYT, GENFA.

ffroen-ffrydio gw. YSNODI.

ffroeni, ffroenio *be.* Chwythu anadl yn ffyrnig drwy'r ffroenau, gweryru'n dymherus (am geffyl), ffroenochi. Ymateb ceffyl pan wneir rhywbeth iddo yn ddirybudd ac yn annerbyniol, e.e. rhoi llaw yn drwm ar ei grwmp yn sydyn. Fel arfer, mae *ffroeni*'n cydfynd â 'moeli clustiau'.
Ffig. Un brochus, bygythiol ei sŵn (am berson).
'Bobol y ddaear mi *ffroenodd* pan ddwedes i wrtho.'
1567 Act 9.1, A Saul eto yn *chwythu* [:- *ffroeni*] bygythiau a chelanedd.
Gw. MOELI CLUSTIAU.

ffroga *eg.* Bywyn carn ceffyl, y rhan feddal o droed ceffyl y tu mewn i'r carn, y bywyn. Ar lafar yn y de. Llyffant carn ceffyl (y gogledd). Gw. BYWYN, LLYFFANT[2].

ffrwcs *ell.* ll. dwbl. *ffrwcsach.* Chwyn neu dyfiant gwyllt yn y cnwd ŷd a'r cnwd gwair ac wedi ei dorri i'w daflu a'i losgi. Ar lafar yn Nyfed. Gw. GDD 135-6.

ffrwcsan *be.* Cerdded drwy wair gwlyb neu laid. Ar lafar yn Nyfed. Gw. GDD 136.

ffrwcslyd *a.* Llawn chwyn, chwynnog. Hefyd dryslyd, bob sut, anhrefnus. Ar lafar yng Ngheredigion.
GPC d.g., Mae'r ardd wedi mynd yn *ffrwcslyd.*

ffrwd *eb.* ll. *ffrydiau, ffrydoedd.* Afonig neu nant fechan lifeiriol, gofer rhedegog, ffrydlif. Ar lafar yn Nyfed am raeadr. Digwydd mewn enwau lleoedd megis 'Ffrydiau Caswennan' ger Ynys Enlli a '*Ffrydan*' sef nant ar gwr Y Bala.
1620 Amos 5.24, Rheded barn fel dyfroedd a chyfiawnder fel *ffrwd* gref.
Ffig. Ffrydlif o fendith ac o bethau haniaethol.
1762-1834 D Charles: LLEM 701, Mae *ffrydiau* 'ngorfoledd yn tarddu/O ddisglair orseddfainc y ne'.

ffrwd y felin *eb.* Y ffrwd a red o lyn neu o gronfa ddŵr ar hyd cafn (sianel, pynfarch) i droi rhod y felin, ffrwd y fâl, ysgwd melin, pŵant, cyt. Gw. dan yr enwau.

ffrwdel (*ffrwd* + *hel?*) *eg.* Dail a brigau, ayyb, wedi hel yn bentwr mewn afon ar lif. Ar lafar ym Maldwyn. Gw. GEM 120 (1981).

ffrwtian *be.* Cynnwrf a sŵn berwi (am uwd, ayyb), cynnwrf drwy'r uwd i gyd wrth ferwi a lledferwi, *ffrwtian* berwi.
1975 W J Thomas: CM 31, Hongid y crochan uwch ei ben (tân mawn) i *ffrwtian* am oriau.

ffrwyn *ebg.* ll. *ffrwyni.* bach. *ffrwynig.* Fel rheol, pan ddefnyddir *ffrwyn* ar ei ben ei hun, cyfeiria at ran o harnais ceffyl a roir am ei ben fel moddion i'w reoli pan fo mewn gwaith neu wrth ei farchogaeth, masg (Dinbych), cap (Meirionnydd), atalfa.
1455-85 LGC 180, Ym mhenau rhai ffrom y mae'n rhoi *ffrwyn.*
Ffig. Rheolaeth neu atalfa ar ymddygiad, tafod, ayyb.
1620 Salm 39.1, Cadwaf *ffrwyn* yn fy ngenau (ar fy ngenau, BCN).
1701 E Wynne: RBS 58, Sobrwydd yw *ffrwyn* trachwant.
Dywed. 'Â'i *ffrwyn* ar ei war' – rhywun heb reolaeth, yn mynd yn ôl ei fympwy ei hun.
'Rhoi'r ffrwyn arno', – cymedroli rhywun direol neu dueddiadau gormodol.
'Ma'r llywodraeth yn ceisio *ffrwyno* gwariant cyhoeddus.'

ffrwyn aradr *eg.* Y rhan ar flaen yr aradr y bechir y bonbren wrthi, ac wedi ei llunio yn y fath fodd fel y gellir symud y fondid (gw. BONDID) o'r naill ochr i'r llall i reoli lled y gwys, a'i chodi a'i gostwng i reoli

dyfnder y gwys, ceiliog aradr, clust aradr, copstol.
1400 Bedo Brwynllys, Mae aradr im ar ei dro,/A phren oedd heb *ffrwyn* iddo.
Gw. CEILIOG, CLUST, COPSTOL.

ffrwyn cyfrwy Ffrwyn olau, ffrwyn agored, ffrwyn heb fasgiau (mygydau), ffrwyn singl. Ar lafar yn sir Ddinbych.

ffrwyn dywyll *ebg.* ll. *ffrwyni tywyll*. Ffrwyn â mwgwd y ddwy ochr iddi fel na wêl y ceffyl ond o'i flaen, ffrwyn â masg o bobtu iddi. Amcan *ffrwyn dywyll* yw rhwystro'r ceffyl weld i'r ochrau ar y dybiaeth nad oes cymaint o bethau i'w ddychryn pan mewn gwaith o wneud hynny, masg (Dinbych), cap (Meirionnydd). Ar lafar ym Môn a Cheredigion.
1958 T J Jenkin: YPLL AWC, Yn awr mae'r ceffylau'n barod ond gwisgo'r ffrwyni – *ffrwyn dywyll* (with blinkers) bob tro at waith cyffredin ffarm.
Gw. CAP, FFRWYN OLAU, MASG.

ffrwyn ddall gw. FFRWYN DYWYLL.

ffrwyn fer *ebg.* Strap neu gadwyn a roir dan ên ceffyl ac wedi ei gysylltu â'r enfa neu'r byt (yr haearn yng ngheg y ceffyl o un ochr i'r llall) fel bod y rheolaeth ar y ceffyl yn ddiogelach ac yn effeithiolach.

ffrwyn olau *ebg.* ll. *ffrwyni golau*. Ffrwyn heb fasgiau (mygydau), penffrwyn, penffyst, ffrwyn a roir ar geffyl i'w farchogaeth ond nid pan fo mewn gwaith.
1958 T J Jenkin: YPLL AWC, . . . ffrwyn dywyll bob tro at waith cyffredin ffarm a *ffrwyn olau* at frychgau (marchogaeth).
Gw. FFRWYN CYFRWY, FFRWYN DYWYLL.

ffrwyn pladur *eg.* Y roden fain neu'r werien ffyrf a osodir o fôn llafn y bladur i fôn ei choes i gadw'r llafn rhag symud yn ei waith, y cyswllt o'r llafn i'r goes ar bladur, carchar, rheffyn, worm, weiren. Gw. dan yr enwau. Ar lafar yn Llŷn.
1989 FfTh 3, 32, Byddai'r bladur yn barod i'w rhoi wrth ei gilydd rwan . . . Yna gosod y llafn, . . . wedyn gyrru'r cŷn yn dynn i'w le a rhoi'r *ffrwyn* o fôn y llafn i'r goes.

ffrwyn singl gw. FFRWYN OLAU.

ffrwynadwy *a.* Yn barod i'w harneisio (am geffyl),yn cymryd y byt, yn cymryd y ffrwyn, hawdd ei drin, hyffrwyn, hyweddog.
1771 W, *Ffrwynadwy* – to be bridled, or that may be bridled.

ffrwynddof, ffrwynedig (*ffrwyn* + *dof*) *a.* Wedi ei ddal (am geffyl), wedi ei dorri i mewn (i waith), wedi dysgu cymryd y ffrwyn ac yn gweithio ym mhob safle, ceffyl wedi ei hyweddu.
15g H 31a 39, *frwyndof* agwedawl vydant byth (am feirch ac ychen).
1722 Llst 189, *ffrwynddof*, – tame, tender mouthed.

ffrwyno *be.* Rhoi ffrwyn ym mhen ceffyl fel moddion rheolaeth arno mewn gwaith, gwisgo ceffyl â'r moddion i'w arwain a'i dywysu yn ei waith.
Ffig. 1. Harneisio pethau i ddibenion arbennig: *ffrwyno'r* afon i droi'r felin, *ffrwyno'r* dŵr

neu'r gwynt i gynhyrchu pŵer, *ffrwyno* athrylith i bwrpas neilltuol.
'Mae nhw'n brysur ym Môn yn *ffrwyno*'r gwynt i gynhyrchu pŵer.'
Ffig. 2. Cadw rheolaeth ac atalfa ar dueddiadau, drwg arferion, y tafod, ayyb.
1400 Llst 27 27a, gwylltineb meddwl heb ei *ffrwynaw.*
1620 Iago 3.2, Gŵr perffaith yw hwnnw yn gallu *ffrwyno* yr holl gorph hefyd.
1966 D J Williams: ST 35, Welais i neb erioed yn gallu *ffrwyno* pob rhewyn i'r felin cystal â thi Wil. (Yn draddodiadol geiriau Howell Harris wrth Williams, Pantycelyn.)
'Rydw'i wedi dysgu *ffrwyno* fy mlys ers blynyddoedd.'

ffrwynfarch (*ffrwyn* + *march*) *eg.* ll. *ffrwynfeirch.* Wedi ei ffrwyno (am geffyl), wedi ei ddal, wedi ei dorri i mewn, wedi ei hyweddu a'i gael i weithio ym mhob harnais, ac ym mhob safle.

ffrwynfawr (*ffrwyn* + *mawr*) *a.* Hawdd ei ffrwyno (am geffyl), hawdd ei drin.
14g IGE 59, A hwn yw'r march blaenbarch blawr/Ffroenfoll olwyngarn *ffrwynfawr.*
1795 P, *frwynvawr* – easily restrained.

ffrwynglymu *be.* Sicrhau ceffyl drwy ei glymu wrth y ffrwyn, neu ei glymu wrth unrhyw beth arall oddi wrth y ffrwyn.
14-15g SDR 63-4, A *ffrwynglymu* y varch a oruc (wnaeth) ef wrth porth y vynnwent.

ffrwyth *eg.* ll. *ffrwythau, ffrwythydd, ffrwythoedd.* Yn amaethyddol cynnyrch y tir, ffrwyth y ddaear mewn cnydau a phorthiant ac anifeiliaid.
1620 Salm 67.6, Yna y ddaear a rydd ei *ffrwyth.*
1620 Gen 4.3, A bu . . . i Cain ddwyn o *ffrwyth* y ddaear yn offrwm i'r Arglwydd.
Ffig. Canlyniad ymdrech neu ymgyrch neu weithgarwch.
'Chwarae teg, mae Gwilym yn gweld o *ffrwyth* ei lafur erbyn hyn.'

ffrwyth yr heidden *eg.* Ymadrodd ym Môn am gwrw neu'r ddiod gadarn.
1963 I Gruffydd: GOB 37, A *ffrwyth yr heidden* wedi dweud yn drwm ar eu hystum a'u hymadrodd.

ffrwythdir *eg.* ll. *ffrwythdiroedd.* Tir cnydiog, ffrwythlon, toreithiog, cynhyrchiol.

ffrwythlonder *eg.* Y gallu i ffrwythloni neu i ddwyn ffrwyth (am anifeiliaid a thir), mesur gallu y fenyw i feichiogi ac epilio; mesur gallu tir neu bridd i dyfu cnwd arbennig; gallu ŵy, dan amodau arbennig, i ddatblygu cyw.
1975 R Phillips: DAW 26, Mae'r tir yn uchel, y tywydd yn anodd o wlyb a *ffrwythlonder* y tir yn isel.

ffrwytho *be.* Dwyn ffrwyth, esgor ar gnwd, cnydio (am y ddaear ac am yr hyn a blennir neu a heuir ynddi).
14g YCM 31, Duw a'e gwna (gronyn gwenith) i dyvu ac y *ffrwythaw* yn vyw drachefyn.
Ffig. Llwyddo, tycio, cael canlyniadau.
1620 Salm 92.14, *Ffrwythant* eto yn eu henaint.
1696 CDD 57, Ni *phrwythodd* un gelyn i godi'n eu herbyn.

ffulet *eg.* ll. *ffuleti, ffuletau.* Y cylch o haearn tyllog a roir am y cosyn fel ei fod yn ffitio'r cawsellt. Ar lafar ym Maldwyn.
Gw. GEM 39 (1981).

ffull gw. FFILLTITH, FFULLTITH, TITHIAN, TROTIAN.

ffunegl *eb.* ll. *ffuneglau.* Cwys, sef y rhimyn tir a dorrir ac a droir wrth aredig ag aradr, rhych.
1688 TJ, *Ffunegl* – cŵys, a furrow.

ffured, ffuret *eb.* ll. *ffuredau, ffuredi.* Creadur meingorff, melynwyn ei liw, lled ddof, o dylwyth y ffwlbart a'r wenci, a ddefnyddir i ffereta neu hela gwningod. Fe'u defnyddid lawer iawn gan y 'dyn dal cwningod' pan oedd y cwningod yn bla hyd at 50au cynnar yr 20g.
Ffig. Chwilotwr neu ymchwilydd di-ildio, un â thrwyn am stori.
'Mae gan rai o'r papurau tabloid andros o *ffuredi* da. Mae ganddyn nhw drwyn am stori.'
Gw. CWNINGOD, DAL CWNINGOD, DYN DAL CWNINGOD.

ffuredu, ffureta *be.* Hela cwningod â fferet neu ffured. Ceir hefyd y ffurfiau 'ffereta' a 'ffreta' (Môn).
Ffig. Chwilio neu browla am rywbeth, e.e. am wybodaeth neu stori, fel y gwna ymchwilydd neu ddyn papur newydd.
'Un da yn *ffuredu* am stori ydi'r gohebydd 'na.'
Gw. DAL CWNINGOD, FFURED.

ffurel, fferul *eg.* ll. *ffurelau.* Y cylch metel (fel rheol) a roir ar flaen ffon ac ambarel i'w cadw rhag gwisgo a hollti, hefyd y dorch a roir am garn pren ambell i offeryn megis y cryman rhag iddo hollti yn ei waith, amgarn, amgorn (Môn). Ceir hefyd y ffurfiau 'ffural' (gogledd) 'fferel' (Ceredigion), 'ffyrol' (Dyffryn Wysg).
Gw. AMGARN.

ffureta gw. FFUREDU.

ffurflen *eb.* ll. *ffurflenni.* Dogfen swyddogol i roi gwybodaeth i awdurdodau'r dreth incwm, a'r Weinyddiaeth Amaeth, ayyb. pan wneir cais am gymorthdaliadau, ayyb, fform. Ceir rhai ffermwyr yn achwyn eu bod yn gorfod fformio mwy nag y maen nhw'n ffarmio.

ffust *eb.* ll. *ffustiau.* Offeryn a ddefnyddid gynt i ddyrnu'r ŷd â llaw ar y llawr dyrnu, cyn bod unrhyw beiriant dyrnu yn gyffredin. Hwn oedd y dull arferol o ddyrnu hyd at chwarter olaf y 19g. Dau bastwn oedd y ffust wedi eu cysylltu â'i gilydd â charrai neu gwplws o ledr ystwyth. Gelwid y pastwn y gafaelid ynddo (oddeutu 5 troedfedd o hyd) yn droedffust (neu bonffust), a'r pastwn a chwifid i daro'r ŷd (oddeutu llathen o hyd) yn ffustwial (neu lemffust a stual ar lafar).
1620 2 Sam 24.22, Wele'r ychain yn boethoffrwm a'r *ffustiau* ac offer yr ychain yn gynnud.
1672 R Prichard: Gwaith 428, *Ffust* i ddyrnu ffwrdd dy ffwlach (sothach).
1933 H Evans: CE 115, Pa faint o bobl a ŵyr y dyddiau hyn (1933) fod *ffust* yn ddau ddarn – troedffust a lemffust.
eto, Nis gwn pa faint o bobl y dyddiau hyn (1933) a ŵyr y gwahaniaeth rhwng *ffust* a choes

Ffust

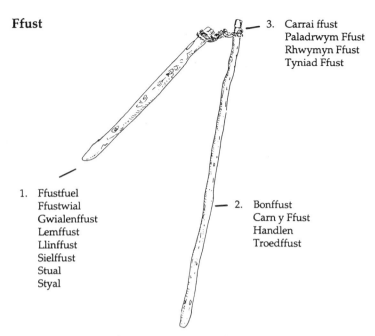

3. Carrai ffust
   Paladrwym Ffust
   Rhwymyn Ffust
   Tyniad Ffust

1. Ffustfuel
   Ffustwial
   Gwialenffust
   Lemffust
   Llinffust
   Sielffust
   Stual
   Styal

2. Bonffust
   Carn y Ffust
   Handlen
   Troedffust

brws. . . . Yr oedd eisiau cryn arferiad i ddefnyddio'r *ffust*, neu fe gâi'r dyrnwr (ffustiwr) lempan drom yn ei ben.
1958 FfFfPh 55, Trwy gyfrwng y *ffust* y byddent yn dyrnu ychydig cyn f'amser i (g. 1885).
eto, Gwaith caled iawn oedd dyrnu â'r *ffust*. Erbyn hyn y mae ei hangladd wedi pasio ers llawer dydd, ac, mor bell ag y gwelaf fi, ni bu fawr o alar ar ei hôl.
1975 R Phillips: DAW 57, Gwelais un yn dyrnu â *ffust* fin nos, sef Tomos, Pant-y-gors, ar ei lawr dyrnu ar y lle bach deg cyfer, ac yntau'n weithiwr ar fferm yn ystod y dydd.
1976 W J Thomas: FfCH 124, Cofiaf weled dyrnu ŷd â *ffust* – cryn orchest (g. 1900).
Gw. CARRAI, FFUSTWIAL, TRECYN, TROEDFFUST.

ffustfuel, ffustfel gw. FFUSTWIAL.

ffustio, ffusto *be.* Taro a churo drosodd a throsodd â'r ffust, dyrnu â ffust, ergydio'r ŷd ar y llawr dyrnu i wahanu'r grawn oddi wrth y gwellt. Gafaelid yn y troedffust (neu'r bonffust) a tharo'r ŷd â'r lemffust (neu'r ffustwial).
1774 H Jones: CH 43, Er iddo ei *ffustio* (ŷd) a'i gnoccio'n ddwys dros ychydig . . . fe gymer ofal rhag gwneuthur niwed iddo.
1943 I C Peate: DGC 119-20, Gosodid ysgubau ŷd ar y llawr dyrnu a'u curo â ffust i dynnu'r grawn a'r us o'r gwellt . . . I weithio ffust, cydir yn y goes, ei chodi a'i throi'n sydyn uwchben, fel bod y lemffust yn chwirlio o gwmpas pen y gweithiwr a'i dwyn i lawr yn sydyn ar y tywysennau o'i flaen, . . . Byddai'r dyrnu yn parhau trwy'r gaeaf, ac ar rai o ffermydd mawrion yr iseldir, gofelid am gael llafurwyr a roddai eu holl amser i'r gwaith. Yr oedd yn waith caled ac undonnog, ond yn waith a ofynai am lawer o fedr.
1988 Ff Th 2, 11, Cofiaf fy nhaid, William Morris, Penbraich yn *ffustio* ar dir Tyn Drwbl a oedd 'ramser hynny yn furddyn wrth giât y mynydd.
Ffig. Cystwyo, chwipio, curo, cael y trechaf ar rywun neu rywbeth.
'Cer o'ngolwg i ne mi *ffustia*'i di.'

163

1567 Math 7.7, Curwch [:-*ffustiwch*] ac ef agorir ychwy.

1989 P Williams: GYG 7, Y gof yn rhoi'r pedolau yn y tân coch, a'u *ffusto* wedyn ar yr einion i siap carn y ceffyl.

1991 G Angharad: CSB 29, A phan girhaeddodd e, 'rwedd (roedd) i galon e'n *ffusto* i chalon hi, ac inte'n crini fel dalen.

Dywed. '*Ffustio* perthi' – hir yn dod at y pwynt mewn araith, pregeth ayyb, neu un ansicr o'i lwybr drwy ei draethiad.

Gw. DYRNWR, FFUST, FFUSTWIAL, TROEDFFUST.

ffustiwr *eg*. ll. *ffustwyr, ffustiwrs*. Dyn yn dyrnu ŷd â ffust, dyn yn medru'r grefft o ffustio, yn symud o un fferm i'r llall yn ôl y galw, ac yn gwneud dim arall ond dyrnu â'r ffust, y rhan helaethaf o'r flwyddyn, cyn dyddiau'r peiriannau dyrnu ac yn cydoesi â'r rheini hyd ddechrau'r 20 ganrif.

Gw. DYRNWR[2], FFUST, FFUSTIO.

ffusto Ffurf y de ar ffustio.

Gw. FFUSTIO.

ffustwial (*ffust* + *gwial*) *eb*. ll. *ffustwiail*. Y darn o'r ffust y dyrnir yr ŷd ag o ar y llawr dyrnu, lemffust, lenffust, gwialenffust. Ceir hefyd y ffurfiau llafar talfyredig, sef 'stual' a 'styal' (Môn ac Arfon). Gw. WVBD 507. Ar draws de Cymru ceir 'gielffust' a 'ielffust'. Ym Meirionnydd a Maldwyn 'lemffust' a glywir.

Diar. 'Ni phery'r *wialenffust* cyhyd â'r llawr dyrnu.'

Gw. GWIALENFFUST, LEMFFUST, TROEDFFUST.

ffwgws, ffwg, ffeg *eg*. Gwair hir a bras sydd ar ôl yn y cae a heb ei ladd, ac yno dros y gaeaf. Hefyd unrhyw hen weiriach a chwyn sychlyd a chaled, yr hyn a geir yn aml o gwmpas hen gloddiau. Ar y cyfan 'ffog', 'ffwg' neu 'ffeg' a glywir yn y gogledd. Yn y de ceir y ffurfiau 'ffwgws' a 'ffwg', a'r bachigyn 'ffwgyn' a 'ffwgen'. Gw. GPC.

ffwng *eg*. ll. *ffyngau*. Un o grwp lluosog o blanhigion yn cynnwys llwydni, cawsydd a burumiau, a nodweddir gan ddiffyg cloroffyl. Parasitaidd yw rhai o'r rhain, a rhai yn peri clefydau ar gnydau, e.e. malltod tatws, y gawod lwyd, mallryg, rhwd. Ceir eraill yn saproffytau ac yn bwysig mewn rhyddhau maethynnau o blanhigion, ayyb i'r pridd. Hyffâu edefog yw eu cyfansoddiad a cheir tri dosbarth: (a) *Ascomycetes*; (b) *Basidiomycetes*; (c) *Ffycomycetes*.

ffwng ray *eg*. Y bacteriwm sy'n ffurfio edefau neu hyffâu mewn gweiriau a grawngnydau ac yn gallu achosi *Actinomycosis* mewn anifeiliaid o'i fwyta (*Actinomyces bovis*).

ffwlach (S. '*foul*' + *ach*) *egb*. Ysbwriel, sorod, sothach, ŷd salw, gwagyd.

1672 R Prichard: Gwaith 428, Ffust i ddyrnu ffwrdd dy *ffwlach* (ŷd salw).

Ffig. '*Ffwlach* o ddyn' – dyn diffaith, da i ddim.

ffwlcrwm *eg.* Blocyn o bren neu dalp o garreg, a osodir dan drosol yn lled agos i'w flaen, i hyrwyddo codi neu symud rhywbeth trwm, ateg, pris. Gw. PRIS.

ffwrian *be.* Gwthio neu bwnio bwyd â'r trwyn ond heb ei fwyta (am anifail, yn enwedig mochyn). Ar lafar ym Maldwyn.
1981 GEM 40, *Ffwrian* – 'Ma'r hen hwch 'na'n *ffwrian* 'i bwyd.'

ffwrn *eb.* ll. *ffyrnau.* bach. *ffyrneu.* Math o gell o fetel neu o friciau (cyn hynny, o glai neu gerrig) fyddai'n ffurfio rhan o'r lle tân, neu'n annibynnol wrth ochr y lle tân ag a dwymid yn eirias i bobi bara a choginio bwyd, cyn dyddiau'r bara pryn, popty, ffwrnais. Hyd ar ôl yr Ail Ryfel Byd (1939-45), byddai'r math hwn o ffwrn yn y mwyafrif o gartrefi, ac yn arbennig mewn tai ffermydd.
1400 Haf 16 85, Dot wynt i grassu mywn *ffwrn.*
1620 Lef 26.26, Yna deg o wragedd a bobant eich bara mewn un *ffwrn.*

ffwrn dân Math o grochan a chaead arno a roid yn y tân i bobi bara.

ffwrn fach Popty sy'n rhan o'r grât neu'r lle tân. Ar lafar yn y de.

ffwrn fawr Popty mawr yn y wal, ffwrn wal, wrth ochr y lle tân.

ffwrn frics Popty mawr, annibynnol ar y grât, ac a dwymid, fel rheol, â choed.

ffwrn gawl Crochan uwchben y tân i ferwi cawl. Ar lafar yng Ngheredigion.

ffwrn goed Popty a dwymid â choed, yn debyg i 'ffwrn wal'. Ar lafar gynt yn y de.

ffwrn grochan Crochan yn y cwt allan (Môn), 'briws' (Dinbych), 'tŷ pair' (Ceredigion), at ferwi amrywiaeth o bethau megis dŵr golchi, pwdinau Nadolig, bwyd moch, ayyb.
1980 J Davies: PM 40, Plwm pwdin yr oedd wedi cymryd . . . diwrnod cyfan i'w ferwi yn y *ffwrn* ar dân coed yn y tŷ pair.

ffwrn wal Popty yn y wal yn ymyl y lle tân, wedi ei wneud o friciau neu o gerrig, ffwrn fawr.

ffwrna *be.* Pobi bara yn cynnwys y tylino, rhoi tân dan y popty a chrasu'r bara. Ar lafar yn yr ystyr hwn yn Nyfed.
1937 T J Jenkin: AIHA AWC, *Ffwrna* – often used as a general term for the whole process of making bread.

ffwrwm, ffwrm *eb.* ll. *ffyrymau, ffyrmau.* Mainc eistedd yn y gegin (fel rheol). Ar lafar yng Ngheredigion a Dyfed.
1605-10 IICRC 3 47, Ni bydd un *ffwrwm* dan ei glun/Nac yr un i bwysso.
1958 FfFfPh 28, Byddai dwy *ffwrwm* yn cael eu gosod, un o bob ochr i'r gegin.

ffwrwm eistedd Mainc i eistedd arni wrth y bwrdd. Ar lafar yn y de. Ym Machen, Gwent ceir tafarn o'r enw '*Ffwrwm* Ista'.

ffwrwm gneifio Mainc gneifio, y math o fainc a ddefnyddir i arbed y cefn wrth gneifio.
1989 P Williams: GYG 28, Byddai hon wedi ei chlirio a'i sgubo'n lân, a meinciau pren, *ffwrwme*, wedi eu gosod yn barod erbyn i'r cymdogion ddod i helpu (cneifio).

ffwrwm ladd mochyn Mainc i drin a thrafod mochyn wrth ei ladd
1989 P Williams: GYG 30, Yn y cartws wrth y tŷ y lleddid y moch . . . Clymid pwli wrth y trawst a gosod *ffwrwm* ladd mochyn yn ei lle.

ffwrwm olchi Mainc at ddal y twb neu'r crwc golchi. Ar lafar yn y de.

ffwrwm waith Mainc saer coed. Ar lafar yn y de.

ffwt gw. BWT.

ffwtog *eb.* Crwper, rhan ôl anifail, crwmp; cloren, cynffon.
17g Huw Morus: EC 1 293, Yn galedion ei garnau,/Yn union ei arrau/I ddiodde rhai ffatiau ar ei *ffwtog*.

ffwyn *eg.* Gwair newydd ei ladd ac, yn aml, yn cael ei roi i'r anifeiliaid yn las. Gair wedi ei lunio gan W Owen Pughe o'r Lladin *Fenum*.
1795 P, *Fwyn* – hay newly cut given to cattle when it is green.

ffwyneg, ffwynog *eb.* Dôl, tir gwair, gweirdir.
1795 P, *Ffwynog* – a meadow or hay-land.

ffwynwair, ffwynwellt (*ffwyn* + *gwair* [gwellt]) *eg.* Gwair i'w ladd, ei gynaeafu a'i gywain.

ffyll *a.* Naturiol, gwyllt ei dyfiant (am dir), tir wedi cadw ei gymeriad gwyllt gwreiddiol. Ceir 'Nant *Fyllon*' yn enw lle ym Maldwyn.

ffyn gw. hefyd FFON.

ffyn breichiau *ell.* un. *ffon breichiau*. Ffyn traws breichiau (heglau, cyrn) aradr geffyl, y ffyn (cam fel arfer – gw. CAMFFON) sy'n croesi o un fraich i'r llall ac yn rhoi cryfder i freichiau'r aradr, camffyn. Ar lafar yng Ngheredigion.
Gw. CAMFFON, FFYN CROESION.

ffyn croesion *ell.* un. *ffôn groes*. Un enw ar y rodiau haearn sy'n croesi o'r naill fraich (haeddel, hegl) i'r llall ar aradr geffyl, ffyn traws, ffyn y breichiau (Ceredigion).
Gw. CAMFFON, STAI GANOL.

ffyn olwyn *ell.* un. *ffon olwyn*. Edyn olwyn (yn enwedig olwyn bren, olwyn trol), breichiau olwyn, sbogau (sbôcs) olwyn, adenydd olwyn. Ar lafar yn y gogledd.
1786 Twm o'r Nant: PCG 38, Fel cocys melin wedi rhoi,/Rhwng *ffyn* y droell i'w phwnio i droi.

ffyn ysgol (ystol) *ell.* un. *ffon ysgol.* Grisiau ysgol, coed neu fariau traws ysgol y cemir arnyn nhw wrth fynd i fyny neu i lawr ysgol (S. *rungs*).
'Cymer yr ysgol yma, ma'i *ffyn* hi'n iachach.'

ffynnon *eb.* ll. *ffynhonnau.* Tarddle neu darddiad dŵr neu afon, spring, lle mae dŵr yn codi, yn tarddu neu'n ffynhonni, yn aml wedi ei ddal a'i gronni mewn math o bydew cymharol fas, gyda gwaith cerrig o'i fewn, a charreg fflat (carreg y ffynnon) y tu allan i godi dŵr, 'ffinnon' (Dyfed). Cyn dyddiau'r cyflenwad dŵr neu'r dŵr tap, byddai *ffynnon* o werth amrhisiadwy ar fferm i ddiodi dyn ac anifail ac i ddibenion eraill. Yn aml, codid ffermdy yn agos i *ffynnon* (tarddle dŵr, spring), a gwelid *ffynnon* ar y mwyafrif mawr o ffermydd a thyddynod.
Diar. 'Ni welir gwerth y *ffynnon* nes elo'n hesb.'
Dywed. 'Mynd i lygad y *ffynnon*' – tarddiad stori neu newyddion, ayyb.
Ffig. Tarddiad rhinweddau neu briodweddau.
1620 Diar 14.27, ofn yr Arglwydd yw *ffynnon* y bywyd.

ffynnonddwr (*ffynnon* + *dŵr*) *eg.* Dŵr ffynnon, dŵr rhedegog, dŵr croyw, dŵr yfed, dŵr glân.
17g Cy 23 400, *Ffynhonddwr* hoff unionddawn/Gwen Frewy a ddyru ddawn.

ffynhonni, ffynhonna *be.* Tarddu, ffrydio, byrlymu, llifo drosodd.
'Mae tair afon yn *ffynhonni* ym Mhumlumon, y Gwy, y Rheidiol a'r Hafren.'

ffynhonnog *a.* Llawn ffynhonnau, â nifer o springs (am fferm neu gae neu ddarn o wlad).
'Y mae hon yn fferm *ffynhonnog* iawn.'

Ffyrgi (Ferguson) *eg.* Gwneuthuriad tractor bach ysgafn a oedd yn boblogaidd yn y 50au a'r 60au (20g), y *Ffyrgi* bach. Am ragor o wybodaeth gw. *Fferm a Thyddyn*, Rhif 18, 8-9 (1996).

ffyrna, ffyrnu *be.* Gair rhai cylchoedd am bobi. Ar lafar ym Maldwyn. Gw. GEM 40 (1981).
'Mae mam yn *ffyrna* heddiw.'

gadawon, gadawion *ell.* Yr hyn a adewir ar ôl gan anifeiliaid yn y preseb, y mansier neu'r cafn bwyd, sbarion, gweddillion. Yn Nyfed clywir 'gadawon y da', sef sbarion anifeiliaid.
Gw. GDD 138.

gader gw. CADAIR, CADER.

gadlas (y) gw. CADLAS.

gaeaf *eg.* ll. *gaeafau.* Y pedwerydd tymor o'r flwyddyn a'r oeraf a'r caletaf o'r pedwar (yn arferol). Ymestyn yn swyddogol o'r 22 o Ragfyr i'r 21 o Fawrth yn hemisffer y Gogledd. Yn amaethyddol, fodd bynnag, Rhagfyr, Ionawr a Chwefror yw'r gaeaf. Mae'r Hen Galan Gaeaf (Tachwedd 13) yn awgrymu bod y gaeaf i'r hen Gymry yn cychwyn yn Nhachwedd, ac mae hynny'n gwneud synnwyr. Dyma'r tymor pan fo'r gwartheg i mewn ac yn dibynnu am gynhaliaeth ar y porthiant (gwair, silwair, gwellt, ayyb) a heliwyd yn ystod yr haf.

14g RB 2, 93, Bu Ulkesar y *gaeaf* hwnnw yn ynys brydain.

Waldo Williams, *Gaeaf* ni bydd tragyfyth,/Daw'r wennol yn ôl i'w nyth.

Dywed. 'Bwrw'r *gaeaf* – treulio'r gaeaf, byw dros y gaeaf, gaeafu.

'Cefn *gaeaf* – canol gaeaf, perfedd gaeaf, pan fo'r dydd fyrraf.

'Perfedd *gaeaf* – gw. CEFN GAEAF.

'Trymder *gaeaf* – gw. CEFN GAEAF.

'Twll (pwll) y *gaeaf* – gw. CEFN GAEAF.

Diar. '*Gaeaf* cynnar, hir y pery'.

Dengys y gaeaf beth a wnaeth yr haf – yn swm y porthiant.

gaeafar (*gaeaf* + *âr*) *eg*. Tir a arddwyd yn y gaeaf, tir wedi ei aredig yn y gaeaf, braenar gaeaf.

15g B 2, 11, Rann dy dir yn dair rann, *gayafar*, a gwanhwynar, a brynar.

gaeafdy *eg*. ll. *gaeafdai*. Lle i fwrw'r gaeaf (am ddyn ac anifail), hendref (dyn), beudy (anifail).

1588 Amos 3.15, A mi a darawaf y *gaiaf-dy* a'r hafodty.

1588 Jer 36.22, A'r brenin oedd yn eistedd yn y *gaiafdy*, ar y nawfed mis, a thân wedi ei gynneu ger ei fron.

Gw. HAFOD, HENDRE.

gaeafgnu (*gaeaf* + *cnu*) *eg*. ll. *gaeafgnufau*. Cnu gaeaf, gwlân gaeaf.

Ffig. 14-15g IGE 207, Dros ei gadw'n draws geden/I dyfu *gaeafgnu* gên (Llewelyn ap y Moel i'r farf).

gaeafod (*gaeaf* + *bod*) *eg*. Lle i fwrw'r gaeaf (hendre) ac mewn cyferbyniad i 'hafod', sef lle i fwrw'r haf, gaeafdy, gaeafle.

Gw. HAFOD, HENDRE.

gaeafu, gaeafa *be*. Bwrw'r gaeaf, treulio'r gaeaf, yn enwedig am ddefaid mynydd neu ddefaid cadw a symudir i bori dros y gaeaf ar lawr gwlad, wintro. Mae'n hen arfer i 'aeafu' defaid yn y modd hwn drwy dalu am eu lle, yn ôl hyn a hyn y pen, ar ffermydd llawr gwlad. Fel rheol, ymestyn tymor gaeafu o ddiwedd Medi i ddechrau Ebrill. Cytunir ar y nifer o ddefaid y gellir eu cadw ar fesur arbennig o dir, ac, fel arfer, cytuna perchennog y tir i gadw llygaid ar y defaid. Weithiau defnyddir 'gaeafu' hefyd am siedio gwartheg, neu roi'r gwartheg i fewn dros y gaeaf. Ceir hefyd y ffurfiau 'gaefa' (Morgannwg), 'gifa' (Cwm Tawe) – 'buwch yn *gifa*'n dda' – cadw ei graen drwy'r gaeaf (GPC).

1981 Ll Phillips: HAD 25-6, Dyma'r dydd i setlo'r tac â ffermwyr llawr gwlad, gan ei bod yn ofynnol i bob lle mynydd anfon rhywfaint o'r ŵyn benyw i borfa well dros y gaeaf cyntaf . . . Y *gaeafu* hwn yw'r oll a erys o'r hen hafod a hendre.

1993 FfTh 11, 45, Yno yn y gwanwyn y deuai'r bustych o'r siediau lle y buont yn *gaeafu* . . .

Gw. TAC, WINTRO.

gafael

1. *ebg.* ll. *gafeilion, gafeiliau.* Daliad o dir dan y gyfundrefn lwythol Gymreig, yn amrywio o ran mesur o le i le, ac yn aml yn barseli o dir ar wasgar, ac yn ffurfio rhan o'r 'gwely', 'is-wely' neu 'ddeiliadaeth', *gafael* o dir. Ym Morgannwg ceir y ffurf 'gafal' a'r lluosog 'gyfeilion', weithiau yn yr ystyr o 'dreflan'. Sonnir ym Môn am adael tir 'yng *ngafael* yr haf' – ei adael yn ddi-gnwd, braenar, brynardir. Yn ardal y Parc, ger y Bala ceir fferm o'r enw 'Rafael' (yr afael).

1200 LlDW 65 13-14, Pedeyr randyr ympob *gavael*, pedeyr *gavael* yn pob trew.

1620 Jos 17.14, Paham y rhoddaist i mi yn etifeddiaeth, un *afael* ac un rhan, a minne yn bobl aml.

1672 R Prichard: Gwaith 265, Esau gas y cwylydd mwya,/Am roi i Jacob ei hoff *afel*/Dros ffiolaid o gawl gruel.

2. *eg.* Cydio, bachu, rhoi ar waith, rhoi yn yr afael, rhoi mewn gêr (am beiriant), cydiad, crafangiad, gafaeliad. Gynt sonnid am roi'r injan ladd gwair 'mewn *gafael*' neu 'yn yr *afael*' neu 'allan o'r *afael*'. Yr un modd gyda'r peiriant malu gwair, gwellt, eithin, fe'i rhoid 'yn yr *afael*' neu 'allan o'r *afael*'. Ar lafar yn yr ystyr hwn ym Môn.

Ffig. 'Ma hi'n *gafael* heddiw' – yn oer iawn.

'Mae o wedi *gafael*' – tân yn dwad, tân yn cydio.

'*Gafael* ynddi' – torchi llewys, bwrw iddi.

Dywed. 'Dim *gafael* arni' – dim hwyl ar ganu, pregethu, ayyb.

'Mynd i'r *afael* â' – ymgodymu â phwnc, â pheiriant, ayyb.

3. *eg.* Lled neu ddyfnder yng nghyd-destun aredig. Cymryd mwy o *afael* oedd lledu neu ddyfnhau'r gwys. Cymryd llai o *afael* oedd culhau neu fasáu'r gwys. Ar lafar yn y gogledd.

'Bâs braidd ydi'r gwys gen ti. Dyro fwy o *afael*.'

Gw. CYMRYD YR ARADR.

gafaeledd *eg.* Trefn dal neu etifeddu tir a oedd gynt yng Nghymru. Rhennid y tir yn gyfartal rhwng y meibion ar farwolaeth y tad (S. *gavelkind*).

gafaelgarn (*gafael* + *carn*) *eg.* ll. *gafaelgarnau.* Carn, said, dwrn, y darn o offeryn neu erfyn y gafaelir ynddo wrth ei ddefnyddio, carn gafael (am gryman, llif, sgrafell ayyb.

14g DGG² 146, Bach haearn *gafaelgarn* gŵr,/A throediog i'r athrodwr' (Gruffydd Gryg).

gafaelgi *eg.* ll. *gafaelgwn.* Ci a ddefnyddid gynt i sodlu neu i frathu sodlau teirw, ci tarw, costowci (*bull-dog*), mastiff.

15g GTP 57, Beth a dalan, deucan ci/O filgwn heb *afaelgi*?

Ffig. Dyn styfnig, di-ildio, unwaith y rhydd ei ddannedd mewn rhywbeth neu rywun.

'Chafodd y gwleidydd 'na mo'i ffordd 'i hun. Aeth Sion Jôs amdano fel *gafaelgi*.'

gafaelydd *eg.* ll. *gafaelyddion.* Rhan o gerbyd neu beiriant sy'n rhoi'r peiriant yn yr afael ac allan o'r afael yn ôl yr angen, clyts, cydiwr, clwts (S. *clutch*). *Gafaelydd* a rydd TAM 1994, ond ochri gyda'r gair *clyts* wna TA (R J Edwards) 1991.

gafaelydd dwy fan Clyts dwy fan (S. *two stage-clutch*).

gafaelydd deuol Clyts deuol (S. *dual-clutch*).

gafaelydd gor-redeg Clyts gor-redeg (S. *over-run clutch*).

gafaelydd llithr Llithr-glyts (S. *slip-clutch*).

gafaelydd olwyn *eg*. ll. *gafaelion olwyn*. Yr hyn a osodir ar olwynion, e.e. tractor, i roi gafael i'r olwynion ar le meddal neu ar dir llechweddog, crafangwyr olwyn, grip olwyn.

gafod (y) gw. MASTITIS.

gafr
1. *eb*. ll. *geifr, gafrod, gefrig*. bach. *gafran*. Anifail hirflew o rywogaeth y *Capra*, yn cnoi cil (cilfil), ac yn crwydro a phori ar y mynyddoedd. Nodweddir y gwryw (bwch gafr) gan ei gyrn, ei farf a'i ddrewdod. Yn aml cedwir y fenyw yn ddof am ei llaeth, arfer sydd ar gynnydd. Heddiw sonnir mwy a mwy am gadw geifr sy'n cynhyrchu'r gwlân Cashmere ar yr ucheldiroedd, gwlân y gweneir dillad drud ohono, yn ogystal â chael y cig. Bu Cymdeithas Ymchwil yr Ucheldir yn argymell hyn fel un ffordd o arallgyfeirio ac o ennill incwm ychwanegol. Ceir gyrroedd o eifr ar ucheldiroedd yr Alban, Cymru a Lloegr.
Ffig. Merch anllad, anniwair.
'Hen *afr* o ferch.' Hefyd 'dyn yn taflu llygad *gafr*' – dyn anllad.
Dywed. 'Fel *gafr* ar d'ranau' – yn cynhyrfu neu'n arswydo.
'*Gafr* a'm cipio i' neu '*gafr* a'm sgubo'i', neu 'myn *gafr*' – ebychiadau. Ar lafar yn y Gogledd.
1963 I Gruffydd: GOB 18, Wedi cyrraedd y pen arall i'r rhes, trodd a gwelodd fy mod wedi tynnu pob un feipen ar hyd y ffordd. Braidd nad wyf n cofio'r olwg a gefais pan ddywedodd "Wel *gafr* a dy gipio di".
'Gweryru fel *gafr* y gors' – rhywun yn chwerthin yn ffôl ac aflafar.
Diar. 'Ni cheir gwlân rhywiog ar glun *gafr*.'
Gw. BWCH, CIG GAFR, ERNIG, GITEN, LLWDN, MYN.
Gw. hefyd GEIFR ARFON.

2. *ebg*. ll. *gafrau, gafrod, geifir*. Ŷd wedi ei glymu'n ysgubau, hefyd pedair neu chwech o sgubau wedi eu bychu (stycio, stacanu) yn frig-frig ac wedi eu gordoi ag ysgub neu ddwy arall. Ar lafar mewn rhannau o'r Gogledd. Hefyd am ysgub o lafrwyn wedi ei dynnu'n unfon at doi tas. Yn Nyfed tas fechan o ŷd yw *gafr*, ac ym Mryncir, Gwynedd, yr ysgub olaf mewn ystod oedd 'yr *afr*'. Sonia pobl Ceredigion am roi *gafr* o geirch i'r ceffyl, sef ysgub o geirch. Ceir hefyd y ffurfiau 'gafar', 'geifir' (Dyfed).
1958 T J Jenkin: YPLl AWC, Credaf mai dim ond pedair ysgub wedi eu gosod ar eu bonau oedd mewn *gafar*, gydag un arall wedi ei rhannu'n ddwy o'r rheffyn i'r brig a'i throi a'i bôn i fyny i ddod dros frigau yr ysgubau eraill a'u cadw yn sych.
1981 W H Roberts: AG 63, Tynnu to yn unfon wedyn a'i rwymo yn *afrau* bychain yn barod i'r towr.
1985 W H Jones: HOGM 37, Y gwaith y byddai'n ei gael ar y cynhaeaf ŷd oedd codi'r *geifir* yn sypiau.
Gw. hefyd BWCH.

gafr felen gw. GWENYN MEIRCH.

gafra, gafrio,
1. **gafro** *be.* Bugeilio geifr, hel geifr, corlannu geifr.
15-16g Dafydd Trefor: Gwaith 128, Efrydd yn mynd i *afra/Geifr* blithion, gwynion a ga'.

2. *be.* Cynnull a chlymu ŷd yn sgubau (yn *eifr*). Yn Arfon clywir y ffurf *gafrio* (WVBD 145), ac ym Meirion 'gafra', 'gafru'. Yn sir Ddinbych rhwymo tair ysgub ynghyd yw *gafra*. Ceir hefyd 'geifra'. Gw. GAFR².

gafrdarw *eg.* ll. *gafrdeirw.* Bwch gafr, gwryw gafr.
14g R 1346, 34-5,.Garw ffroenarw *gafyrdarw* geyfyrdyf.
Gw. GAFR¹, GAFRWCH.

gafrdroed *eg.* ll. *gafrdraed.* Troed gafr, â throed fel gafr, – yn fforchogi.
1722 Llst 189, *Gafrdroed* = cloven-footed.

gafrdy *eg.* Corlan geifr, ffald geifr, lle i gorlannu geifr.
1722 Llst 189, *Gafrdy* – a goat-house.

gafrfwch *eg.* ll. *gafrfychod.* Bwch gafr, gwryw gafr.
Gw. GAFRDARW.

gafrlam *eg.* ll. *gafrlamau.* Naid neu lam gafr, fel rheol, naid at i fyny, ehedlam, carlam.

gafro gw. GAFRIO¹,².

gafrod gw. GAFR², GAFRIO².

gafrwr
1. *eg.* Bwch gafr, gwryw gafr.
Gw. hefyd GAFRDARW, GAFRFWCH.

2. **gafrwr, gafreg** *eg.* ll. *gafrwyr, gafrwrs.* Un yn clymu ŷd yn ysgubau, clymwr, rhwymwr. Ar lafar mewn rhannau o'r gogledd.
Gw. GAFRA, GAFRIO.

gaff gw. CAFF.

gaffer, giaffer *eg.* ll. *giaffars, giaffraid.* Y meistr, y cyflogwr, y bos, gaffyr (Ceredigion). Yn amaethyddol y ffermwr, ac ar ffermydd teuluol, y tad. I weision ffermydd cyfystyr *giaffar* â 'mistar', ac â'r teitl mwy direidus 'y dyn bia'r drol'. Cyfeirid at y mistar fel 'y *giaffar*' ac fe'i cyferchid fel *giaffer*. Yn aml iawn cyfeiria meibion ffermydd at eu tad fel 'y *giaffer*'.
'Welaist ti'r *giaffer* yn rhywle?'
'Fyddai dim gwell inni ddechra' ar y gwair 'fory *giaffar?*'
'Ma'r *giaffar* acw (tad) yn sôn am roi'r gorau iddi ac ildio'r lle i mi.'
1975 T J Davies: NBB 18, Defis Glanystwyth y'i galwem, a *gaffyr* i'r llu bechgyn a merched a fu'n gwasanaethu yno.

gag *eg.* Offeryn i agor ceg ceffyl i bwrpas ei ddosio neu ei ddrensio.
Gw. DOSIO, DRENSIO.

gang, giang *eb.* ll. *giangau, giangiau.* Nifer neu fintai o ddynion wedi casglu ynghyd. Gynt, gelwid y fintai a ddôi ynghyd o ffermydd cyfagos ddiwrnod dyrnu, a diwrnod cneifio, 'y *gang*' neu'r '*giang* ddyrnu'. Hefyd 'y *giang* gneifio'. Ar lafar ym Môn.

1981 W H Roberts: AG 61, Tua saith y bore clywid y ffliwt yn diasbedain trwy'r ardaloedd, . . . Galw'r *giang* a wnai'r ffliwt.

1992 T D Roberts: BBD 22, Ni fu Mrs Morgan, Fferam Fawr, . . . yn uchel yng ngolwg y dynion a fyddai'n gweithio yno. Ac nid oedd gan y *giang ddyrnu* air da iddi chwaith.

gaing *eg.* ll. *geingiau, geingion.* Y cŷn neu'r lletem a roid o dan y dorch neu'r amgorn ar fôn coes y bladur i gadw'r llafn yn ei le, neu a roir yn ei soced i gadw'r cwlltwr yn ei le ar aradr. Ceir hefyd y ffurf 'gain'. Ar lafar ar draws y de.

1722 Llst 189, *Gaing* – a wedge, plug, chisel.

1688 TJ, *gaing* – cun, a 'wedge'.

1958 T J Jenkin: YPLl AWC, Dipyn tu ôl i'r teibo elai y cwlltwr drwy yr arnod i gyrraedd i lawr hyd yn agos i flaen y swch, a sicrheid ef yn yr arnod â dwy *aing* (wedge) haearn . . .

Gw. CŶN, LLAFNBIN, LLETEM.

gain *ell.* Y pryfed neu'r gwybed melyn sy'n magu ar dail gwartheg fel bo'r tywydd yn cynhesu yn y gwanwyn. Clywir ym Mhenllyn 'welis i mo'r *gain* eto 'leni', h.y. mae'n dal dipyn yn oer (GPC).

galampo *be.* Carlamu, symud yn gyflym ac yn fras fel pan gwyd ceffyl ei draed gyda'i gilydd wrth redeg. Ar lafar yng Ngheredigion. Sonnir yno am 'geffyl da am *galampo*'. Yng Nghwmtawe ceir y ffurf 'galompo' (S. *to gallop*).

galw *be.* Annog, symbylu, yn enwedig gwedd o ychen yn aredig, ac, i raddau llawer llai, y ceffylau ar ôl hynny. O *galw* y caed 'geilwad', sef y sawl a fyddai'n *galw* neu'n annog y wedd.

1894 Y Genhinen 12, 253, Cadw'r gwartheg ar hyd y caeau y byddwn yn yr haf; a *galw*, sef gyrru ceffylau i aredig yn y gaeaf.

1975 Ff Payne: YAG 198, Dirywiad eithaf hen swydd y 'geilwad' oedd y 'plough-boy system', chwedl y Comisiwn. Er mai arwain y ceffylau a wnai'r plant hyn, fe'i gelwid yr hen enw *galw*.

Gw. GEILWAD.

galw anifeiliaid gw. SŴN GALW ANIFEILIAID FFERM.

galwyn *eg.* ll. *galwyni, galwynau.* Mesur gwlyb a sych yn cyfateb i bedwar chwart neu wyth peint. Ceid gynt '*alwyn* o wenith' yn union fel y ceid '*galwyn* o laeth'. Soniwn o hyd am 'beint o bys', ac am 'beint o ffa'.

14-15g IGE 295, Na dwyn un *galwyn* o'i gwin.

1543 Pen 163, Wyth o'r *galwynau* hynny gwedy eu llenwi o wenith a wna bwysel llyndain.

1963 LlLlM 93, 4 chwarter = 1 *galwyn*; 4 *galwyn* = 1 cibyn; 2 gibyn = 1 bwshel.

gallt
1. *eb.* ll. *gelltydd, geillt.* Llethr, llechwedd, ochr. Yn aml, llechwedd coediog, gallt o goed, coedlan ar lechwedd.

1696 R Fenton: *Tours in Wales* 343, They call here 'hills' Glennydd . . . and *Gallt* 'a wood'.

1876 D Havhesb: *Oriau'r Awen* 103, Mae holl ogoniant natur/Ar fron pob bryn a *gallt*/A'r llyn fel drych o arian/I'r Aran drin ei gwallt.
Ffig. Ym Mhenllyn defnyddir *gallt bren* yn ddireidus am risiau llofft.
'Rhaid imi drio mynd i fyny'r *allt bren* yn gynharach heno.'

2. (*allt* + 'g' ymwthiol) *eb.* ll. *gelltydd, geillt.* Rhiw, tyle, dringo.
1693 HC 52-53, Wedi dyfod i fyny i ben yr *allt.*
'Un digon serth ydi *gallt* Cadar Bwgan.'
'Byddai'n rhaid wrth wyth o geffylau i fynd â'r dyrnwr i fyny'r *Allt* Goch.'

gam (y) Enw braidd yn ddifrïol ar y bladur, er yn bur gywir gyda chamedd (pwrpasol) y llafn a'r coes.
Gw. PLADUR.

gambo, gamboyd *ebg.* ll. *gambos, gamboau.* Cerbyd pren dwy olwyn hir ac isel, i gario gwair neu ŷd. Ceir postyn tynnu-a-rhoi ar ei phedair cornel a chlwydi'r ddwy ochr rhag i'r llwyth bwyso ar yr olwynion. Ar y cyfan, ar lafar yn ne Cymru.
1980 J Davies: PM 16, Byddwn wrth fy modd yn cael mynd gydag ef i'w helpu drwy godi'r ysgubau iddo i'w llwytho ar y *gambo.*
1994 FfTh 13, 25, I Pentrecanol y daeth y *gambo* cyntaf i'r ardal yma, y cerbyd lled isel hwnnw i gario gwair.

gamboaid, gamboiad *eg.* ll. *gambeidiau.* Llond gambo, llwyth gambo. Ar lafar yng Ngheredigion yn y ffurf 'gambòed, 'camboed'.

gamwn *eg.* ll. *gamynau.* Ysgwydd mochyn wedi ei halltu, neu y glun (morddwyd) a'r rhannau cysylltiol o hanner mochyn, gamon.

gân (y) gw. LLINDAG.

gansi, garnsi, cansi Math o siaced liain ysgafn, frown neu las, a wisgid gynt gan weision ffermydd gyda throwsus melfared. Yn y gaeaf gwisgid côt drymach drosti, ond yn yr haf y *gansi* yn unig a wisgid. Ym Môn sonnir am '*gansi* lian'. Yn y de 'camsi' yw 'Jersi', – y dilledyn gweu o wlân a'r math o ddilledyn a wisgir gan forwyr. Ar lafar o Fôn i Fynwy.

gar *ebg.* ll. *garrau.* Coes, clun, morddwyd, croth y goes, gomach, y rhan uchaf o goes ôl anifail, y cymal rhwng y penglin a'r egwyd yng nghoes ceffyl. Sonnir am 'gymal *gar*' neu 'gymal y *gar*'.
'Fe gafodd Star gic gan Darbi yn ei *gar.*'
1996 FfTh 18, 6, *Gar* – plygiad y goes – weithiau byddai chwydd caled (spafin) arno.

garan, garran *eb.* Coes, gwerthyd, echel. Dichon mai coesau hirion yr aderyn 'garan' a roes yr ystyr o 'werthyd' neu 'echel' i'r gair.

garanu *be.* Gosod coes neu droed neu garn ar erfyn, carnio neu droedio erfyn. Hefyd gosod gwerthyd neu echel, echelu.
Gw. hefyd GARAN.

gard *eg.* ll. *gardiau.* Crib gwlân, offeryn ar ffurf crib neu frws caled at drin gwlân (S. *card*).
Gw. CARD.

gardenni *ell.* *un.* *garden.* Gwaneifiau gwair, tanfeiau. Ar lafar yng Ngheredigion.
Gw. GWANAIF, TANFEIAU.

gardd
1. *eb.* *ll.* *gerddi.* Tir caeëdig a gwrteithiedig, yn ymyl y tŷ fel rheol, i dyfu blodau, ffrwythau a llysiau, lluarth. Sonnir am *'gardd* fawr' (yr ardd datws, llysiau, ayyb), a *'gardd* fach' (yr ardd flodau o flaen y drws).
Ffig. Casgliad o farddoniaeth, dan deitlau megis *'Gardd* o Gerddi' (Twm o'r Nant) neu *'Gardd* y Caniadau'. Hefyd casgliad o gynhyrchion llenyddol ambell i eisteddfod megis *'Gardd* Aberdar', *'Gardd* Glyncorrwg', *'Gardd* Margam'. Defnyddir y gair yn drosiadol hefyd am ambell i ddarn o wlad doreithiog. Gelwir Bro Morgannwg yn *'Gardd* Cymru'.
Diar. 'Cadw di dy *ardd* ac fe geidw d'*ardd* dithau.'

2. Yng Ngwent defnyddir *gardd* am y padog neu'r cae-bach-dan-tŷ y troir y lloiau iddo am y tro cyntaf. Fel arfer, mae'n gae a chaead da arno ac yn hwylus i fedru cadw llygaid ar yr anifeiliaid a droir iddo. Yno hefyd yn aml y cwympid ychen i'w pedoli.
Gw. hefyd GPC.

gardd ffrwythau *eb.* *ll.* *gerddi ffrwythau.* Perllan, darn o dir caeëdig lle tyfir coed ffrwythau, yn enwedig coed afalau, gellyg ac eirin.

gardd gynnud *eb.* Lle caeëdig i gadw tanwydd megis coed tân a mawn, iard gynnud.

gardd gywarch *eb.* Darn o dir caeëdig i dyfu cywarch, sef y planhigyn llysieuol, yn wreiddiol o deulu'r 'morwydden' ac o Asia, ag a dyfid gryn lawer yn lleol gynt i gael ei ffeibrau at wneud llinyn, rhaffau, hwyliau ayyb, ac i gael ei olew at gynhyrchu paent, farnis a sebon.

gardd lin *eb.* Darn o dir caeëdig i dyfu llin, sef y planhigyn y gweir lliain neu frethyn o'i ffeibrau, ac olew o'i hadau. Ceir lle o'r enw *'Arddlin'* (Arddleen) yn sir Drefaldwyn.
1933 H Evans: CE 39, Yr oedd llawer o *lin* yn cael ei dyfu gan ffermwyr yr adeg honno, a defnyddid peth ohono i wneud brethyn dillad – brethyn cartre – ac yn enwedig i wneud brethyn a elwid 'nerpan', a gwerthid llawer o hwnnw yng Ngwrescsam, Caer a mannau eraill i wneud dillad milwyr.
Gw. LLIN.

garddlan (*gardd* + *llan*) *eb.* *ll.* *garddlannau.* Coedlan, planhigfa neu nyrs o goed.
16-17g PhA 407, Gwrddlwyn yw *garddlan* wiail,/Gard lan deg Iw'r gwrddlwyn dail.

gardd wair, ardd wair, ardd ŷd *eb.* Lle caeëdig i gadw teisi gwair ac ŷd dan y drefn oedd yn bod hyd chwedegau'r 20g, cadlas, ydlan, gweirllan. Ar lafar ym Môn ac Arfon.
E Grace Roberts (Llangefni) Nod. i AWC, Roedd ym mhob *ardd ŷd* gribin fach bren a choes hir iddi at gribinio a thwtio o gwmpas y teisi.
Gw. CADLAS, YDLAN.

garddwriaeth *ebg.* Gwyddor trin gardd, y gelfyddyd o arddio. Yn ôl Deddf Amaethyddiaeth 1947, y mae amaethyddiaeth yn cynnwys garddwriaeth. Fe'i hystyrir fel cangen o amaethyddiaeth. Amr. 'garddoriaeth'.
1734 S Rhydderch: Alm, Hwsmonaeth a *garddwriaeth.*

gardd ŷd, ar ŷd gw. GARDD WAIR.

garetsh, garets, garaets *ell.* un. *garetshen, garatsen.* Ffurf lafar ar draws deheudir Cymru ar y S. *carrots;* 'caraints' (Môn), 'moron' (y gogledd).
1790 M Williams: BM 9, Hauwch Radish, Morion neu *Arets.*
1991 G Angharad: CSB 12, Barlish yn hytrach na haidd a glywir ym mhob rhan o'r de, a *garetsh* yn hytrach na moron.

garged (y), garget, gargud, gargut *eg.* Math o haint ar anifeiliaid, llid ym mhen a cheg mochyn a buwch. Hefyd llid ym mhwrs buwch neu unrhyw famog (mastitis). Ar lafar ym Meirionnydd yn y ffurf *garged, garget.*
1771 PDPh 94, Y *gargut* neu glefyd y gwaed ar fochyn.
Gw. MASTITIS.

garglwm (*gar* + *clwm*) *eg.* ll. *garglymau.* Y math o gloffrwym neu lyffethair a roid gynt (yn anghyfreithlon bellach) am arrau neu goesau defaid i'w cadw rhag crwydro, hefyd am goesau ci. Ar lafar yng Ngheredigion a sir Benfro.
1938 T J Jenkin: AIHA AWC, Ar ddefaid y gwelais osod y *garglwm* – hynny wrth symud defaid ar hyd y ffordd. Clymid un goes ôl yn lled dynn uwchlaw yr arr, fel na allai'r ddafad wneud ond ychydig ddefnydd o'r goes honno.
1990 Erwyd Howells: DOPG 9, *Garglwm* – llinyn a roid am goes ci i'w arafu.
Ffig. Un difoes, aflednais. Awgrym Myrddin Fardd yw mai estyniad ystyr ar 'gargam' (dyn cam ei goesau) yw *garglwm* yn yr ystyr ddifriol hwn, sef dyn cam ei foesau.
1908 M Fardd: LlGSG 298, Yr hen *garglwm* budr, brwnt, i ti.

gargud gw. GARGED.

garlleg *ell.* un. *garllegen.* Llysiau o rywogaeth yr *Allium* ag iddynt wraidd oddfog ac a ddefnyddid gynt i wneud amrywiol feddyginiaethau i anifeiliaid.
1400 Haf 16 84, Mortera *arlleg* a wynwyn.
1620 Num 11.5, a'r cenhin, a'r winwyn a'r *garlleg.*

garllodi *be.* Blaenllymu neu ddurio dannedd og, tymheru a hogi pigau oged, golymu dannedd og. Ar lafar yn Nyffryn Tywi yn yr ymadrodd 'garllodi (gwarllodi) oged'.

garnedd felen (y) gw. GINGROEN, GRISWYL.

garnesh flawd *eb.* Garnais flawd, cist flawd, bin blawd, fel arfer o bren derw a welid ym mhob ffermdy gynt, ac mewn lle cynnes, sych, fel y llofft uwchben y gegin fyw. Ar lafar yn sir Benfro.
Gw. GDD 139.

garro *be.* Berf o'r gair 'gar', sef coes neu forddwyd, ac yn golygu gwyro, plygu neu bendrymu, yn enwedig cnwd o ŷd. Yng Nghanolbarth Cymru sonnir am 'yr ŷd yn *garro*', h.y. yn mynd yn bendrwm ac yn tueddu i wyro.
GPC, Os na ddaw tywydd i'w dorri fe fydd y llafur yn *garro*.

garro cwningen *bf.* Rhoi un goes (gar) ôl cwningen, ar ôl ei dal, a'i lladd, drwy hollt yn y goes ôl arall i bwrpas ei hongian neu ei chyplu â cwningen arall. Ar lafar yng Ngheredigion.

garth
1. *eg.* ll. *garthau, geirth.* Gair amrywiol ei ystyr ac yn gallu golygu cefnen o dir, pentir o fryn neu o fynydd, penrhyn, ucheldir. Hefyd, gallt, coedwig, prysglwyn, tir gwyllt. Mae'n enw aml ar leoedd a llecynnau dros Gymru. Weithiau ei hun gyda'r fannod o'i flaen 'Y *Garth*', ac weithiau yn elfen mewn enwau, e.e. '*Garth*beibio' (Maldwyn), '*Garth*ewin' (Dinbych), 'Cen*arth*' (Ceredigion), 'Llwyd*iarth*' (Maldwyn a Môn). Er mai gwrywaidd yw'r gair, yn ei ffurf fenywaidd y'i harferir yn achos y '*Garth*-goch' (Y Bala) a'r '*Garth*-lwyd' (Llandderfel). Ar lafar yn Arfon gynt am 'drwyn mynydd'.
13g WM 479, 36, A wely di y *garth* mawr draw?
17g Huw Morus: EC 1, 197, A gyrru'r llwynog gwyllt i'r *garth*.
Gw. WVBD 143.

2. *eg.* ll. *garthau.* Cae, tir wedi ei amgau, tir amgaedig; hefyd lle amgaedig megis iard, cowrt, corlan, buarth. Dyma'r *garth* sydd yn 'bu*arth*' a 'llu*arth*'.
Gw. BUARTH, LLUARTH.

garw *a.* ll. *geirw.* ll. dwbl. *geirwon.*
1. Heb ei drin, heb ei falu, heb ei lyfnu ar ôl ei aredig (am dir âr), anwastad, cwysog, gwrymiog, ac yn arw i'w gerdded. Diau mai dyma darddiad yr ymadrodd ffigurol, 'torri'r *garw*'.
Gw. TORRI'R GARW.

2. Bras, cwrs, garw (am wlân, brethyn cartref, ayyb). Yn sir Frycheiniog sonnir am dri math o wlân, 'gwlân teg', 'gwlân sythflew' a 'gwlân *garw*'.

3. Caled, gerwin, drycinog (am y tywydd neu'r tymor). Sonnir am 'dywydd *garw*' ac am 'aeaf *garw*'.

4. Gyda'r fannod o'i flaen am y bilen denau sydd am epil anifail hyd ei eni, brych, y gwared, gwisgen, y placenta, 'y *garw*'.
1770 W, *Garw* – the after birth.
Gw. BRYCH, GWARED, GWISGEN.

5. *a.* Caled, cynnil, tynn (am berson '*garw* amdani', cybyddlyd, anodd cael dim o'i groen).
'Rhaid bod Dafydd yn bur ariannog, mae o wedi byw yn *arw* ar hyd i oes.'

garwden gw. CARWDEN, STRODUR.

garwdir gw. GARW[1].

garwduth *eg.* Tuthio caled, cyson, tuthio'n arw (am geffyl), tuthio'n galed neu'n erwin.
1794 W, *Garwduth* – trotting, a hard trotting horse.

gasged *eb.* ll. *gasgedi.* Fel rheol, dau blat copr tenau a phlyg tenau o asbestos rhynddynt a ddefnyddir fel wasier i wneud cysylltiad nwyglos rhwng y silendr a phen y silendr ar beiriant mewndanio car, tractor, ayyb.

gast *eb.* ll. *geist.* bach. *gastau, gasteu, gestig.* Ci benyw neu benyw ci. Hefyd benyw creaduriaid eraill, e.e. bleidd*iast*, dyfr*ast*, mil*iast*.
Ffig. Merch anllad, putain. Mewn Hen Wyddeleg, ceir *gast* yn golygu gwrach, ac mewn Llydaweg Canol yn golygu 'putain'. Nid rhyfedd felly fod y Cymro yn cyfeirio at ferch anllad fel 'hen *ast* o ferch'.
Gw. CENHEDLU.

gât, giât *eb.* ll. *gatiau, giatiau, gâts, gatsys.* Yr hyn a osodwyd i gau neu i agor, yn ôl yr angen, ar agoriad neu borth i gae, ydlan, buarth, ffordd ayyb, clwyd, llidiart. Fel rheol mae'n crogi ar golyn a chetyn i hwyluso mynd a dod drwy adwy. Ceir hefyd y ffurfiau 'gêt' a 'iet'.
1937 IICRC 3, 135, *Gât* gadarn yw 'rheini sydd anodd i agori.
Gw. CLWYD, IET, LLIDIART.

gât dyrpeg *eb.* Y gât i gau ac agor ar dollborth, y gât gynt a ofalai nad âi cerbyd nac anifeiliaid ar hyd ffyrdd heb dalu'r doll, tollborth. Ar lafar yn y gogledd.

gât fochyn *eb.* Giât na all mochyn gael drwyddi, ac fe'i gelwir felly am fod mochyn yn draddodiadol yn enwog am drwyno'i ffordd trwy bob giât, 'giât pysl mochyn' (Môn). Fel arfer fe'i gosodir lle mae llwybr cyhoeddus yn lle camfa. Ar lafar yn y gogledd. Yn S. fe'i gelwir yn *kissing gate*.

Garvie *ep.* Gwneuthuriad math o ddyrnwr hadau bychan a ddefnyddid gynt i ddyrnu hadau gwair.
1988 FfTh 2, 21, Yr oedd yn y Fridfa yn Aberystwyth ar y pryd ddyrnwr bychan (*Garvie*) y gellid ei gludo ar hyd a lled y wlad i ddyrnu hadau gwair . . .

gawod goch (y) *eg.* Afiechyd planhigion pur gyffredin a achosir gan wahanol fathau o ffwng. Caiff yr enw oddi wrth y smotiau lliw rhwd a welir ar ddail y planhigion sy'n dioddef o'r afiechyd. Ceir mwy nag un math, a rhai yn niweidiol iawn ar rawngnydau, megis haidd. Haint y rhwd ar gnwd ŷd. Ar lafar yn sir Frycheiniog.

gawod lwyd (y) *eg.* Clefyd llwydwyn o fân ffyngau sy'n taro dail cnydau, planhigion, ayyb, llwydni. Fe'i gwelir hefyd yn aml ar ledr neu esgidiau a fu mewn lle llaith, llwydni ar lysiau, ac ar gnydau.

gefel gw. GEFAIL.

gefail *eb.* ll. *gefeiliau.* Gweithdy'r gof, siop y gof. Mae'n bosibl mai 'gofail' (*gof* + *ail* [adeilad]) yw ffurf wreiddiol y gair. Gynt, yn enwedig yn ystod canrif y ceffyl gwedd, byddai *gefail* y gof yn lle prysur ac fe'i gwelid ym mhob ardal. Prin yw'r *gefeiliau*, fodd bynnag, a lwyddodd i ymgyfaddasu ar gyfer sialens oes y tractor a'r peiriannau. Clywir hefyd y ffurfiau 'gefel', 'refail', 'refel'.

1963 I Gruffydd: GOB 53-4, . . . a thri *gofaint* yn eu bresys yn pedoli a chylchio a blaenu sychau o fore gwyn tan nos.

1976 W J Thomas: FfCH 122, Cofiaf tua hanner dwsin o *efeiliau* o fewn chwech neu saith milltir i'm cartref (Bryncir, Arfon).

Diar. 'Ofer ymryson â gof yn ei *efail*' – yno, efo ydi'r meistr.

gefeildy gw. GEFAIL.

gefeilfa gw. GEFAIL.

gefeilio *be.* Defnyddio'r offeryn a elwir 'gefel' i drin a thrafod haearn poeth.

1780 W, *Gefeilio* – to pinch with a pair of pincers.

gefeilles wryw *eb.* Epil banw amherffaith ei ddatblygiad a enir yn un o efeilliaid lle mae'r llall yn wryw (am wartheg) (S. *freemartin*).

gefeillio
1. *be.* Rhoi genedigaeth i ddau epil ar y tro (am anifail) neu efeillio drwy gymhelliad enhadu artiffisial.
2. *be.* Trefnu i oen a gollodd ei fam, ayyb, i sugno dafad arall a gollodd un o'i dau oen. Blingir yr oen a gollwyd a rhoi ei groen am yr un a gollodd ei fam er mwyn i'r ddafad a gollodd oen ei dderbyn. Ar lafar yn y gogledd.
Gw. CROEN OEN MARW, MABWYSIADU EPIL.

gefel, gefail *eb.* ll. *gefelau, gefelydd, gefeilion.* bach. *gefeilian.* Erfyn neu offeryn a ddefnyddir i afael mewn rhywbeth na ellir gwneud hynny â'r llaw, e.e. haearn poeth neu farworyn, pinswrn. Rhan hollbwysig o offer y gof yn ei weithdy i drin a thrafod haearn ar ôl ei boethi. 'Gefel bedoli' yw'r enw cyffredin yn y gogledd, er y clywir hefyd '*gefel gof*' a '*gefel haearn*'. Yn y de ceir 'pinswrn' a 'pig y frân'.
Gw. PINSIWRN.

gefel dân *eb.* Yr efel neu'r pinswrn a geid wrth bob lle tân gynt i roi coed neu lo ar y tân neu i godi marworyn pe digwyddai un syrthio i'r llawr ayyb, partner y procer.

gefel drwyn *eb.* ll. *gefeiliau trwyn.* Dyfais yn furf gefel (digon creulon) i ddisgyblu a hyweddu ceffyl afreolus drwy wasgu ei drwyn, pan fo'n cael ei bedoli, dagar.
Gw. DAGAR, GENFA[2].

gefyn *eg.* ll. *gefynnau.* Llyffethair, hual, cadwyn, llawhual, yr hyn a ddefnyddid gynt i garcharu dyn ac anifail.
1620 Barn 16.21, ac a'i rhwymasant â *gefynnau* pres.
1620 Salm 105.18, Cystuddiasant ei draed ef mewn *gefyn*.

geifr gw. GAFR[1,2].

Geifr Arfon *ell.* Bu'n arfer gynt i roi llysenwau ar bobl mewn gwahanol rannau o'r wlad, siroedd, cymydau, trefi, ayyb. Yn aml iawn enwau rhyw anifeiliaid neu'i gilydd oedd y rhain yn deillio o'r adeg pan arddelai gwahanol lwythau rhyw anifail neu'i gilydd yn arwydd iddynt eu hunain. Diau bod cefndir felly i'r llysenwau 'Moch Môn, 'Lloeau Llŷn', '*Geifr Arfon*', 'Cŵn Dinbych' ayyb, er nad yw rhai o'r rhain yn swnio'n ddim mwy na chyflethreniad geiriau.
Gw. MOCH MÔN.

geifre (*geifr* + *gre* [haid]) *eb.* Gyrr neu ddiadell o eifr, gre o eifr.
14g *Geifre* ni'th lwgr, nac afrad,/Dy dwf yng ngwedre (bro) dy dad.

geilwad (*galw* + *iad*) *eg.* ll. *geilwadiaid.* Un a anogai'r ychen yn eu blaen wrth aredig, ac i raddau llawer iawn yn llai a thros dymor byr yn unig, y ceffylau ar ôl hynny, cethreiniwr, symbylwr ychen, anogwr ychen. Ar y blaen i'r ychen y cerddai'r *geilwad* a hynny, fwy neu lai, wysg ei gefn, gyda 'chethr' (gwialen flaenfain) yn ei law i sbardynu'r wedd yn eu blaen yn ôl y galw. Canai hefyd wrth fynd – canu tribannau, ayyb – gan y credid yn gryf bod ychen yn symud yn well mewn ymateb i ganu. Cf. canu wrth odro. Gw. CANU WRTH ODRO.
1703 YGDB 18, Nid ardd yr ych yn iawn ond dan law'r *geilwad*.
1947 R Alun Roberts: HB 61, Daliai'r amaethwr gym yr aradr, a'r *geilwad* yn chwipio'r ychen. Cerdded wysg ei gefn y byddai amlaf yng Nghymru a phigo'r anifeiliaid â'r swmbwl.
1975 Ff Payne: YAG 154, Hyd yn oed pan ddisodlwyd ychen gan geffylau daliwyd i'w gweithio ochr yn ochr, a'r *geilwad* o'u blaenau.
Gw. CETHR, CETHREINIWR, CETHRU.

geir, gieir *ell.* un. *giâr, iâr.* Ffurf ar 'ieir' a glywir mewn rhai rhannau yn golygu'r ieir, y ceiliogod a'r cywion, y dofednod. Ar lafar yn sir Benfro.
1938 T J Jenkin: AIHA AWC, Defnyddid y gair yn arbennig am y S. *hens*, ond yn gyffredinol hefyd i gyfleu'r syniad o'r ieir, y ceiliogod, a'r cywion.

gelau, gele, gel *ebg.* ll. *gelod, geleod.* bach. *gelen, geloden, eloden.* ll. *gelenod, gelnod.* Pryf o rywogaeth yr *Hirudinea* (*Hirudo medicinalis*) sy'n sugno gwaed anifeiliaid ac yn byw mewn dŵr croyw. Glynant wrth gnawd anifail hyd nes cael gwaed. Fe'u defnyddid lawer iawn gynt gan feddygon i dynnu gwaed o gleifion, er mwyn cael gwared â gwaed drwg ac at ostwng gwres. Ceir y gair mewn enwau lleoedd megis 'Llyn *Gele*', Pontllyfni; 'Llyn *Gelod*', Aberdaron; 'Pwll y *Gele*', Llanfachreth, Dolgellau.
1615 R Smyth: GB 120, *Gelod*, y rhain nid ynt dda i ddim arall ond i sugno gwaed y defaid truain.

1995 J Davies: CB 60, Crafangu fel y *gelen* wrth ei mwng a'm hachubodd.
Dywed. 'Glynu fel y *gele*' – yn ddiollwng.
'Wrthi ac wrthi fel y *gele*' – yn brysur, yn ddiwyd.
1952 I Ffowc Elis, *Cyn Oeri'r Gwaed* 18, Glynodd fel *gelen*.

Gelbieh *ep.* Brîd o wartheg o iseldir canolbarth yr Almaen a fewnforiwyd i wledydd Prydain gyntaf yn 1973, a'r brîd wedi ei wella drwy ei groesi â 'Simmental' a 'Brown Swiss' yn yr 17g. Amrywia'r lliw o liw hufen i felyngoch. Mae'n anifail â ffram fawr ac fe'i mewnforiwyd gyntaf fel anifail bîff, ond mae'r buchod yn llaetha'n ardderchog hefyd. Mae'n gallu dal tymheredd isel yn dda, a'r teirw yn dod yn boblogaidd i bwrpas croesfridio.

gelding, geldin *eg.* ll. *geldingod.* Anifail, yn enwedig ceffyl (march) wedi ei sbaddu, adfarch.
16g LLEG Mos 158, 452a, Yr hrain oll a oedd yn marchogaeth ar *eldingod* buain.
17g Huw Morus: EC 1 217, Ar gefn y *geldin* rhawngrych heb sôn am Eurych mwy.

geldingo *be.* Ysbaddu, torri ar anifail (yn enwedig march), cyweirio.
Gw. DISBADDU, SBADDU.

geldingwr *eg.* ll. *geldingwyr.* Ysbaddwr, cyweiriwr.
Gw. CYWEIRIWR, DISBADDWR.

gele, gelen, geloden gw. GELAU.

gelli gw. CELLI.

genddal gw. GENFFRWYN, GENFA².

genddalfa (*gên* + *dalfa*) *eb.* ll. *genddalfeydd.* Genrwym, genfa.
Gw. GENFA².

genfa *eb.* ll. *genfâu, genfeydd.*
1. Y rhan o'r ffrwyn sydd yng ngheg y ceffyl, byt, darn o ddur, weithiau mewn dwy ran, gyda dwy ddolen neu fodrwyau yn y ddau ben ac o'r tu allan i'r geg. Yn y modrwyau hyn y clymir pennau'r awenau i bwrpas gyrru a rheoli'r ceffyl. Rhan o dasg y sawl sy'n torri'r ceffyl i mewn yw ei gael i arfer â'r *enfa* neu i 'gegu' fel y dywedir mewn rhai ardaloedd neu i 'gymryd y byt' (Môn). Ceir hefyd y ffurf 'gwenfa'.
1620 Salm 32.9, Na fyddwch fel march . . . yr hwn y mae rhaid attal ei ên â *genfa*, ac â ffrwyn.
Gw. BYT, CEGU.
2. Dyfais a roir am drwyn ceffyl afrywiog ac afreolus i bwrpas ei bedoli, ayyb, penwar, mwsel, genffrwyn, dagar, genddal, gefel drwyn.
Gw. hefyd GEFEL DRWYN, GENFFRWYN.

genffrwyn *eb.* ll. *genffrwynau.* Strap lledr neu gadwyn sy'n rhan o ffrwyn ceffyl ac yn mynd dan ei ên, fel math o help ychwanegol i gadw ceffyl dan reolaeth drwy wasgu'r ên o dynnu yn yr awenau yn ôl yr angen.

genglo (*gên* + *clo*) *eg*. Heintiad bacteraidd a achosir gan *Clostridium tetani* a geir mewn pridd, ac yn gallu effeithio ar anifail yn union fel ar berson dynol. Mae'n cael i'r corff drwy unrhyw friwiau neu ddoluriau ac yn effeithio'n gyflym ar y cyhyrau. Pâr bangfeydd o boenau gan gychwyn gyda'r ên. Mae'n afiechyd marwol gydag ychydig iawn o anifeiliaid yn gwella ohono. Addas iawn yw'r enw Cymraeg *genglo*. Er hynny 'tetanus' neu 'lock-jaw' a ddefnyddir yn gyffredin.

geni Caeseraidd *be*. Geni epil anifail drwy orfod gwneud toriad ychwanegol at y fru neu'r groth pan fo'r epil yn fawr neu o chwith, ayyb, a'r anifail yn methu ei fwrw.

gêr
1. *eg*. Pŵer corddi, pŵer ceffyl, dyfais sy'n caniatáu defnyddio nerth ceffyl i gorddi, malu gwellt, ayyb.
1937 T J Jenkin: AIHA AWC, Os defnyddir nerth ceffyl, enw'r peiriant a'i wahanol rannau – *Gêr*: (gear).
Gw. GERYN, PŴER, TWBIN.

2. *ell*. Trecs (drecs) neu harnais ceffyl, gêr ceffylau, yr hyn a wisgir am geffyl at weithio. Sonnir am 'hongian y *gêr*', 'glanhau'r *gêr*', 'trwsio'r *gêr*', ayyb. Mantais fawr wrth werthu ceffyl gwedd fyddai medru cyhoeddi (yn Saesneg wrth gwrs!) ei fod yn 'working in all gears'. Ar lafar yn bur gyffredinol.
Yn perthyn i'r *gêr* mae: Awen, Beliband, Bit, Bontin, Carrai ên, Carwden, Cefndres, Cefnrhaff, Cengl, Coler, Crwper, Cyfrwy, Cwlwm crog, Cwplin, Ffrwyn dywyll, Ffrwyn olau, Gwerthol, Hedgolar, Masg, Mortingel, Mwnci, Bach y mwnci, Caead y mwnci, Tsaen y mwnci, Strap y mwnci, Strodur, Sgilbren, Bonbren, Bridjin, Stent, Tresi, Tindres, Tordres, Tyniad, Genfa, Genffrwyn. Gw. dan yr enwau.
1985 W H Jones: HOGM 36, Prun bynnag fe'i rhoed (Pat y Gwyddel) yn y granar gyda digon o waith trwsio *gêr* ceffylau am bythefnos.
gêr aredig – *eg*. Harnais ceffyl at lusgo aradr, sef y gefndres (cefnrhaff) a thresi yn hytrach na strodur. Ar lafar yn Nyffryn Tanat.
gêr blaen – *eg*. Harnais y ceffyl blaen mewn gwedd fain, sef cefndres (cefnraff) a thresi (tidiau) a'r rheini tipyn yn hwy na thresi llusgo aradr, og, ayyb. ac â 'stent' i gadw'r tresi arwahan.
Gw. CEFFYL BLAEN.
gêr bôn – *eg*. Harnais y ceffyl bôn mewn gwedd fain, gêr y ceffyl siafft, sef y strodur, y dindres (brijin) a'r tyniadau.
Gw. CEFFYL BÔN.
gêr torri ŷd – *eg*. Bwrdd, neu gadair neu lawr a osodid gynt ar beiriant lladd gwair i bwrpas torri ŷd, cyn i'r ripar a'r beinder ddod yn gyffredin.
Gw. PEIRIANT MEDI.
gêr troi – gw. GÊR AREDIG.

3. **gêrs** *etf*. Offer ffarmio'n gyffredinol (mewn rhai ardaloedd), offer neu daclau hwsmonaeth. Ar lafar ym Maldwyn.

1981 GEM 101, *Gêr, Gêrs* – Offer hwsmonaeth. 'Glanhewch y *gêrs*'. 'Lle mae'r gêrs efo chi?'.

4. gêrs *eb.* Dyfais fecanyddol mewn peiriant, sef trefniant o olwynion cocos yn gweithio ar ei gilydd yn y fath fodd fel ag i yrru symudiad neu egni symudol o un rhan o beiriant i un arall (e.e. o beiriant (injan) cerbyd, tractor, ayyb, i'w olwynion), a rheoli cyflymdra symudiad yn ôl y galw, gafael. Rhoi mewn gafael = rhoi mewn gêr. Sonnir am y '*gêr* isaf', 'yr ail *gêr*', 'y drydedd *gêr*', 'y *gêr* uchaf', 'y bumed *gêr*'.

gêrbocs *eg.* ll. *gerbocsys.* Y blwch neu'r bocs sy'n amgau am olwynion cocos y gêrs mewn peiriant neu gerbyd, ayyb, ac wedi dod yn rhan o iaith bob dydd ffermwr fel pawb arall. Yn TA (R J Edwards) 1991, cynigir 'blwch gêr' a'r lluosog 'blychau gêr', ond mae *gêrbocs* a *gerbocsys* yno ochr yn ochr fodd bynnag.

geri dofednod *eg.* Septisemia neu waedwenwyniad dofednod (ieir, ayyb) a achosir gan y bacteriwm *Pasteurella aviseptica*. Fe'i nodweddir gan ddiffyg archwaeth, gwres uchel, rhyddni dyfrllyd gwyrdd ei liw, a chan olwg druenus yr aderyn, colera dofednod.

geri moch gw. BRECH Y MOCH.

gerio
1. *be.* Gwisgo ceffyl â'r harnes pwrpasol at waith, rhoi'r 'gêr bôn' neu'r 'gêr aredig' ar geffyl neu wedd o geffylau.
18-19g *Cwynfan y Trigolion* 3, Caiff Gruffydd dendio'r ceffyl, a *gerio*'r gaseg goch.
Gw. GÊR².

2. *be.* Gwisgo olwynion pren neu aradr bren â rhannau haearn, gerio olwyn, gerio aradr.
1928 G Roberts: AA 44, . . . ac nid pob un o'r gofaint lleol oedd yn gallu eu *gerio*'n iawn chwaith (aradr pren).

3. *be.* Ymwisgo'n addas ar gyfer tywydd mawr, neu ymarfogi'n bwrpasol ar gyfer tasg arbennig. Ar lafar yn yr ystyr hwn yn y gogledd.
'Rhaid imi fy *gerio* fy hun ar gyfer dweud gair yn y cyfarfod 'na heno.'

geryn, gerin *eg.* Peiriant a droid gynt gan geffyl i gynhyrchu pŵer i gorddi, malu gwair (gwellt), dyrnu, ayyb, pŵer corddi, pŵer malu, 'part ma's', lwbin, gêr. (Ymadrodd llafar am bit corddi). Ar lafar yng Ngheredigion.
1975 R Phillips: DAW 55, Y ceffylau yn y *gerin* neu'r twbin oedd y pŵer i yrru'r offer.
Gw. GÊR¹, PŴAR, PŴER.

geseiliau (*cesail* + *iau*) *eb.* Yr iau, ddeuddeg troedfedd, a osodid ar wedd o chwe ychen wedi eu ieuo'n gyfochrog i bwrpas aredig.
1975 Ff Payne: YAG 175, Gwelsom i ail-iau'r Oesoedd Canol ddiflannu tua diwedd y cyfnod, megis y diflannodd y *geseiliau* a'r hir-iau erbyn y ddeuddegfed ganrif.
Gw. AILIAU, BERIAU, HIRIAU, IAU.

geuwlan (*gau* + *gwlân*) *eg.* Gwlân o ansawdd sâl, gwlân israddol.
1620 Mos 204, 25, Cadw dy wlân, ev â yn *euwlan*.

giach *eg.* Ysniten, myniar (S. *snipe*).

giaffer Ffurf lafar ar 'gaffer'.
Gw. GAFFER.

giang Ffurf lafar ar 'gang'.
Gw. GANG.

giâr *gw.* IÂR.

giâr dwrci *eb.* ll. *gieir twrci.* Y fenyw o dyrcwn neu dwrciod, twrcen, tyrcen (Môn). Ar lafar yn Nyfed.

giâr fach yr haf *eb.* Glöyn byw, eilir, pilai, pila, clöyn.

giât *gw.* GÂT.

gibi (y) *gw.* LLAID².

gid *eg.* Enw a ddefnyddir weithiau am y 'bendro' ar ddefaid.
Gw. DERA, PENDRO.

gidna bêns *ell.* Ffurf lafar dafodieithiol ar 'kidney beans', ffa dringo. Ar lafar ym Maldwyn.
Gw. FFA DRINGO.

gig *ebg.* Car ysgafn yn cael ei dynnu gan ferlyn neu ferlen, cadair gerbyd i gario pobl.
1939 D J Williams: HW 59, . . . yr hen *gig* dreftadol honno a fu'n eu cario'n ddifwlch . . . i farchnad fywiog Llandeilo.
1975 T J Davies: NBB 91, Âi o gwmpas o Tanllan i Dolfadog, . . . yn ei *gig,* a byddai'n dod i'r topie yn yr un cerbyd.

gigwen Ffurf lafar ar 'cigwain'.
Gw. CIGWAIN.

gildio *gw.* ILDIO.

giler *gw.* CILER.

gimbil, gimbill *eg.* Offeryn bychan, blaenfain, â'i ddwrn o bren, at dorri tyllau mewn lledr, pren, ayyb, imbill, whimbil, gwimbil, gwimbled, wimbled, mynawyd (Môn). Ar lafar yn gyffredinol.
16g WLl, 171, Gwedi unwaith gael y *gwimbil* bach i mewn, fe fedr y gweithiwr yrru hoel fawr ar ei ôl.

gim-gam-gimwch *Ymad.* Ymadrodd gwerinol am symud neu fynd yn gam, o ochr i ochr, fel y cimwch, mynd yn igam-ogam. Ymadrodd ar ddelw 'igam-ogam' (GPC). Ar lafar yn Arfon.
B 1, 97, Mae o wedi agor rhesi tatws yn *gim-gam-gimwch.*

ginio *be.* Tynnu o'r bôn yn hytrach na thorri (am flew, gwlân, plu, ŷd), plicio, hifio, pluo, tynnu o'r gwraidd. Sonnir am ginio gwlân, ginio llafur, ayyb. ar lafar yng Ngheredigion.
GPC, Os na ddaw glaw fe fydd yn rhaid *ginio llafur* eto, fel y bydden nhw slawer dydd.

183

Ffig. Pluo'n ariannol.
1765 J Evans: CPE 164, Yn *ginio* ac yn gorthrymu'r wlad yn dost.
Gw. CITIO, DWRNFEDI, HOTO.

gipys (y) *eb.* Ffurf dafodieithol ar 'y gysb', sef anhwylder ym mhen ceffyl, ac yn peri'r bendro neu fadrondod.
Gw. DERA, Y GYSB.

gis-gis Sŵn a wneir i hudo moch at eu bwyd. Gwneir y sŵn lawer gwaith drosodd yn ôl yr amgylchiadau, a hynny'n gymharol gyflym. Ar lafar yn lled gyffredinol. Gw. hefyd 'siwc-siwc' (ieir) a 'twbach-twbach' (gwartheg). Ym Maldwyn ceir yr hen air 'gwŷs' ar arfer o hyd am fochyn. Awgrym Ifor Williams yw mai o gwŷs y daeth 'gis, gis'. Mae'n amlwg hefyd fod 'gisi' yn enw llafar ar fochyn mewn rhai ardaloedd, e.e. Dyffryn Clwyd.
1997 FfTh 19, 39, Dyma fi'n anfon penillion am ddiwrnod lladd mochyn . . . Mae'n sôn am ddiwedd trist yr hen *gisi*.
Gw. SŴN GALW ANIFEILIAID FFERM.

gist (y) *eb.* Y gair mewn rhai ardaloedd am drwmbel y drol neu'r cart, sef y bocs y rhoir tail, cerrig, erfin, ayyb, ynddo, cist y drol. Mewn ardaloedd eraill saif *y gist* am y drol yn ei chyfanrwydd – siafftiau, olwynion, ayyb yn ogystal â'r bocs. (Cf. 'trwmbel' yn air am y naill a'r llall hefyd.) Clywir hefyd 'y gisht'.
1969 D Parry-Jones: Nod. i AWC, 'Yn olaf, roedd ar bob ffarm 'gart cist' – yn amlach na dim gelwid hi '*y gist*'.
Gw. TRWMBEL.

gisht (y) gw. CIST Y DROL (CART), TRWMBAL, Y GIST.

giten *eb.* ll. *gitenod.* Gafr, gafr ifanc.

giwano, giwana *eg.* Gwrtaith o ddail adar môr yn enwedig o dde America a glannau'r Môr Tawel. Hefyd gwrtaith anorganig, yn enwedig y math a wneir o bysgod, *giwana* pysgod, gweryd (Dyfed). Sonnir am '*giwana* Periw' – sef gwrtaith naturiol o faw adar i'w gael ar yr ynysoedd o gwmpas Periw. Mewn rhannau o'r wlad, e.e. Môn, daeth yn air am bob gwrtaith artiffisial.
1938 T J Jenkin: AIHA AWC, *Giwano* – ni ddefnyddid y term *giwano* ond am y gwir beth, – ni ddefnyddid ef am unrhyw wrtaith arall.
1981 W H Roberts: AG 52, Doedd yna fawr i gyd o hau gwrtaith celfyddydol drigain a rhagor o flynyddoedd yn ôl. *Giwano* a basig slag a thail fyddai hi, a gobeithio'r gorau am dywydd tyfu o ddiwedd Mawrth ymlaen.
1992 FfTh 10, 38, Ni chlywais erioed am y gair *ciwano* yma yn cael ei ddefnyddio i ddisgrifio gwrtaith anorganig. 'Gweryd' yw'r gair a arddelir yn arferol yn yr ardal (Dyfed). Hou *gweryd* a gwna amaethwyr y fro hon yn y gwanwyn yn arferol.
1992 FfTh (Dic Jones) 10, 38, Trwm yw'r cnwd lle bu'r cwdyn – *giwana*'n/Gynnar yn y flwyddyn,/A deuwell chwistrell na chwyn/Y miloedd blodau melyn.
1998 E Richards: PM 22-3, Yn ddiddorol iawn cydiodd y gair *giwana* ym Môn i olygu pob gwrtaith cemegol, tra mabwysiadodd pobl Llŷn y gair 'llwch' i olygu'r un peth.

glaead gw. GLEUAD.

glaen Ffurf dafodieithol ar gwlân. Ar lafar yng Ngwent. Gw. GWLÂN.

glafoerion *ell.* un. *glafoer.* Yr hylif a gynhyrchir gan chwarennau'r genau i bwrpas llyncu a threulio bwyd, yn enwedig gan anifeiliaid cnoi cil (cilfilod).
1771 PDPhH 79, *glafoerion* gwydn yn syrthio o'u safnau (am anifeiliaid sâl).

glafoeri, glafoerio, glafoerian *be.* Poer yn tasgu o'r genau, ewynnu o'r safn, malu ewyn (dyn ac anifail) mewn dicter a chynddaredd, e.e. tarw cynddeiriog.
1955 Llwyd o'r Bryn: YP 104-5, Seiniai'r tremolo dyfnaf a fedrai (tarw) yn ei wddw. Wedi cael y gwragedd o'r golwg trois yn ôl a'i adael i *lafoeri* ei gynddaredd yng nghornel y cae.

glaif *egb.* ll. *gleifiau.* Cryman, bilwg, pladur.
16g WLl (Geir.) 277, *Glaif* – pladur neu gryman.
1672 R Prichard: Gwaith 168, Gwell na *glaif* [:-pladur] i glwyfo'r gelyn.

glân Ffurf dafodieithol ar 'gwlân'. Gw. GWLÂN.

glandiau llaeth *ell.* un. *gland laeth.* Y chwarennau mewn benywod sy'n cynhyrchu llaeth, ac mewn buchod, defaid a geifr, wedi eu lleoli yn y pwrs (cadair, piw).
Gw. CADAIR¹, PIW, PWRS.

glanhau tir tro *be.* 'Tir tro' y gelwir 'tir âr' mewn rhai ardaloedd. Golyga ei lanhau, ei fraenaru, casglu'r tyweirch a'r talpiau clai a hel y gwreiddiau a'r chwyn ar gyfer plannu neu hau.
Gw. CWTSHO, TROI LAWR, TWMLO.

glaniadur, glanadur, glaniawdur, gleiniadur *eg.* ll. *glaniaduron.* Dyfais neu offeryn ar ffurf siswrn at ddiffodd canhwyllau ac i gywiro'r pabwyryn, glanhawr cannwyll. Clywir hefyd '*glaniadur* dannedd' am frws dannedd.

glas *a.* Dyma'r gair yn Gymraeg am las y ddaear yn ogystal â glas y nen, gan fod y lliwiau 'gwyrdd' a *glas* o'r un teulu o liwiau. Ceir hefyd 'gwyrdd*las*' am las y ddaear (mewn cyferbyniad i las yr awyr). Fe'i defnyddir hefyd am 'lwyd' neu 'lwyd*las*'. Sonnir am y 'fuwch *las*' neu '*Glas*an', sef y fuwch lwyd neu lwyd*las*. Gwellt*glas* neu *las*wellt yw'r borfa; 'tir *glas*' yw'r tir pori mewn cyferbyniad i'r 'tir coch', sef tir âr, 'rhy *las*' yw'r haidd pan na fo'n llawn aeddfed.

Glasan, Glasen, Glaswen *ep.* Enw cyffredin a nodweddiadol ar fuwch lwyd neu lwydlas.
'Godra di *Glasan*, ac mi odra' inna' Cochan.'
Gw. ENWAU ANIFEILIAID.

glasar (*glas* + *âr*) *eg.* Tir glas, gweryd, croen neu glawr daear.

glasbawr (*glas* + *pawr* [pori]) *eg.* Porfa ir, porfa las, glas weryd, tir pori.
1789 BDG 525, A glwysbert fflur y *glasbawr*.

glasborthiant (*glas* + *porthiant*) *eg.* Porfa las, porthiant ir, ffres, ifanc.

glasddwr gw. GLASTWR.

glasfoch (*glas* + *moch*) *ell.* Moch ifainc, perchyll. Yma ceir *glas* yn yr ystyr o 'ifanc'. Cf. *glas*lanc, *glas*lanciau.

glasfwydo (*glas* + *bwydo*) *be.* System o bori neu fwydo gwartheg drwy dorri'r borfa, neu unrhyw fath o borthiant, yn ddyddiol a'i gario i'r gwartheg mewn buarth neu mewn padog yn agos at y tŷ. Mae gan y system hon y manteision o osgoi damsang a baeddu'r tir ac osgoi gorbori a gwastraffu. Gellir hefyd cael mwy o borfa o gae dan y drefn hon nag o'i bori. Gelwir y drefn hon hefyd yn 'bori mecanyddol'.

glasgnwd (*glas* + *cnwd*) *eg.* ll. *glasgnydau.* Cnwd o wair heb ei ladd a'i gynaeafu, cnwd silwair.

glasier *eg.* ll. *glasierwyr.* Un yn gwydro ffenestri ac a âi gynt o gwmpas y wlad i drwsio ffenestri, gwydrwr. Byddai gan y 'glasier' y gwydr, y torrwr gwydr, pwti a'i arfau ar ei gefn. Ar lafar yng Ngheredigion.
1958 FfFfPh 43, Roedd ganddynt focs mawr, rhyw fath o grât wedi ei strapio ar eu cefn, a hwnnw'n llawn gwydr, pwti a phethau eraill.

glaslannerch (*glas* + *llannerch*)
1. *eb.* ll. *glaslanerchau, glaslennyrch.* Darn o dir dan borfa, dôl, llain neu lannerch werdd (las) ac iraidd, grîn.

2. *eb.* ll. *glaslennyrch.* Planhigfa o lasgoed, nyrs o lasbrennau (S. *saplings*).

glaslawr (*glas* + *llawr*[daear]) *eg.* Daear las, croen daear, llawr daear.
1785-90 CBYP 167, Ddwy'n cerdded yn awr wyneb *glaslawr* y glynn
1952 R W Parry: CG 'Eifionydd', O fwa'i tho plethedig/I'r *glaslawr* dan fy nhroed.

glasog *eb.* ll. *glasogau.* Yr ail gylla mewn aderyn sy'n malu ac yn treulio bwyd a gymysgwyd â sudd gastrig yn y cropa, y glasgylla neu'r afu glas, crombil, cropa. Ar lafar yn gyffredinol yn aml yn y ffurf dreigledig *lasog.*
1725 D Lewis: GB 169, O ran nad oes gan aderyn ddannedd i gnoi, y mae cynneddf yn y *Lasog* i falu.
Gw. CROMBIL.

glastir *eg.* Tir glas, tir dan borfa, tir pori.
1700-50 BB 86, Fe ddaw Mr Salsbri ar *lastir* yn lysti.

glastwr, glastwfr (*glas* + *dŵr*) *eg.* Llaeth yn gymysg â dŵr. Llefrith neu laeth wedi ei ddihufennu a'i deneuo neu ei lastwreiddio â dŵr. Diod sy'n hanner yn hanner o laeth a dŵr. Diod pur ddifaeth ond â'r enw o fod yn dda am dorri syched, yn enwedig *glastwr* llaeth enwyn. Yfid llawer iawn o *lastwr* llaeth enwyn ar y ffemrydd gynt, yn enwedig adeg y cynhaeaf,

fel peth da i dorri syched ac yn ysgafnach na llaeth enwyn ar ei ben ei hun. Yn y de ceir y ffurfiau' glastwn' (Caerfyrddin) a 'glastwrn' (Dyfed).
1959 D J Williams: YCHO 38, Yn ei ymyl (cawl arbennig) nid oedd 'soup' y Sais ond megis maidd neu *lastwn*.
1989 P Williams: GYG 44, Pan oedd syched ar fy nhad ar dywydd twym, *glastwr* a hoffai, sef tuag un rhan o laeth i dri o ddŵr.
Ffig. Anerchiad, pregeth, ayyb. ddifaeth.
'*Glastwr*' o bregeth a gafwyd heddiw.'
Dywed. 'Yn wan fel *glastwr* llefrith' – am rywbeth a ddylai fod yn dewach megis uwd, cawl ayyb.

glastwr bara ceirch Llaeth a dŵr a bara ceirch yn gymysg. Ar lafar ym Meirionnydd.

glastwr deulaeth Llefrith a llaeth enwyn yn gymysg fel diod. Ar lafar ym Mhenllyn.

glastwr enwyn Llaeth enwyn â dŵr am ei ben.

glastwr llefrith Llaeth ffres â dŵr am ei ben.

glasu
1. *be.* Dechrau tyfu (porfa); dechrau egino (ŷd); dechrau blaguro (coed), sonnir am y ddaear yn *glasu*, y coed yn *glasu*, ayyb.
'Ma hi wedi bod yn hirlwm hir, ond ma hi yn *glasu* o'r diwedd.'
14g GDG 70, I dyfu, *glasu* glwysaf,/Dail ar goed y rhoed yr haf.
1988 Job 15.32, Gwywa'i balmwydd cyn pryd ac ni *lasa*'i gangen.
Ffig. Dechrau gwella (am sefyllfa economaidd gwlad ayyb).
'Mae'r dirwasgiad wedi bod yn hir, ond mae'r sefyllfa'n dechrau *glasu* o'r diwedd.'
2. Gosod tatws plannu i wyrddlasu wrth eu didol, eu *glasu*, tatws yn *glasu*, hefyd, tatws yn magu egin.

glaswair, glaswasg (*glas* + *gwair*) *eg.* Silwair, porthiant glas heb gynaeafu.

glaswellt *etf.* un. *glaswelltyn*. Y borfa a borir gan anifeiliaid. Y tyfiant sy'n borthiant i anifeiliaid y naill ai drwy ei bori neu drwy ei ladd a'i hel fel gwair neu silwair.
Ffig. Yn ysgrythurol yn ddelwedd o'r darfodedig a'r diflanedig.
1620 Salm 103.15, Dyddiau dyn sydd fel *glaswelltyn*.
1988 Es 40.7, *Glaswellt* yn wir yw'r bobl.

glaswellt y bwla *eg.* Glaswellt y rhostir, glaswellt y gweunydd (*Molinia caerulea*).

glaswydd (*glas* + *gwŷdd* [coed]) *etf.* ac *eb.* Llwyn o irgoed, prysgwydd, planhigfa o goed ifainc, glasgoed.
1585 Llst 178, 55a, Llwyn teg o *laswydd* yn tyfu.
16g Pen 76 29, A gelassom mewn *glasswydd*.

glaw *eg.* ll. *glawogydd*. Lleithder yr atmosffer gymylog wedi ei droi'n ddŵr ac yn disgyn yn ddafnau i'r ddaear. Yn amaethyddol bendith a melltith amaethwr. Rhaid wrth law cyn y ceir porfa a chnydau, ond rhaid wrth dywydd cymharol sych i gywain y cnydau. Peidiodd y tywydd, fodd bynnag, a bod yn gymaint o ffactor yn oes y silwair a'r dyrnwr medi. Yn aml personolir y gwynt a'r glaw yn 'Morus y gwynt ac Ifan y glaw'.

14g R 1418 3-4, Pony welwch chwi hynt y gwynt a'r *glaw*.

1620 Salm 65.10, Gan ddyfrhau ei chefnau . . . yr ydwyt yn ei mwydo hi (y ddaear) â *chawodau*.

glaw gogor sidan Glaw tyner, bendithiol, amheuthun y gwanwyn.

glaw gyrru Glaw a gwynt tu ôl iddo. Ar lafar yn y gogledd.

glaw Mai Glaw na cheir trefn o gnydau hebddo; glaw rhiniol i lygaid gweinion; glaw i ladd llau ar wartheg.

Dywed. 'Glaw Mai i ladd llau.'

glaw mân Glaw tyner, glaw smwc.

glaw mawr Glaw trwm, glaw yn pistyllio.

glaw mynydd Glaw mân ar dir uchel pan yn sych ar lawr gwlad.

glaw trwm Glaw mawr, tywallt (arllwys) y glaw.

glaw tyfu Glaw gwanwyn, glaw Ebrill a Mai, y glaw sy'n hyrwyddo tyfiant yn enwedig y borfa a'r tir gwair.

glawio *be.* Bwrw glaw, yn y ffurf o gawodydd neu dywalltiad mwy parhaol.

Ffig. Glawio bendithion ysbrydol.

1588 Ecclus 1.19, Doethineb a *lawiodd* ddeall.

Dywed. '*Glawio* hen wragedd a ffyn' (S. *to rain cats and dogs*).

glawog, glawiog Yn wlyb, yn glychu, yn llawn glaw, yn bwrw glaw. Sonnir am 'ddiwrnod *glawog*', 'tywydd *glawog*' ayyb.

13g DB 65, os en y chyrreu (y lleuad) y bydd manneu duon dechreu e mis a dengys e vot en *glawawc*.

1588 Diar 27.15, Defni parhaus ar ddiwrnod *glawog*.

gwlawlyd gw. GLAWOG.

gleinfil (*glain* + *mil*) *eg.* ll. *gleinfilod*. Anifail ag asgwrn cefn, anifail cleingefnog neu gleingefnol. Un ystyr i glain yw asgwrn cefn.

1770 W, *GLAIN* – back-bone, chine, spondyls, vertebre.

glengau, glenge gw. CILFAINC TAS, CLENGE, GORFAINC, MAGWYR.

gleuad, gleiad *eg.* un. *gleuaden*. Tail neu faw gwartheg wedi sychu a chaledu ar y cae, seigen. Gynt, hyd at bedwardegau'r 20g, byddai llawer o hel *gleuad* fel tanwydd i'w losgi fel y llosgid mawn. Ceir hefyd y ffurfiau 'glaead', 'cleuad', 'cleiad', 'gleuod' (Arfon), 'gluad' (Môn), 'cled' (Meirionnydd), 'gwled' (Dyfed).

1963 I Gruffydd: GOB 27, Roedd yno eirias o dân y diwrnod hwnnw hefyd, tân mawn a *gleuad* . . .

eto, 35, Oherwydd imi weld mam lawer gwaith yn mynd i'r llain . . . i hel *gleuad*.
1933 H Evans: CE 91, Ac yna cynnau tân â *gleuad*, sef tail gwartheg wedi sychu.
Diar. 'Gwaethaf tân, tân *glaiad*' – y mwyaf darfodedig.
Dywed. 'Cyn syched a *gluaden*.'
Gw. HEL GLEUAD, SEIGEN.

glewder a grym Gorchestion gweision ffermydd yn sir Benfro. Byddai *glewder* yn golygu troi dan y bicwarch, sefyll ar y pen, ayyb, a *grym* yn golygu bwrw'r bar, codi pwysau, ayyb.
Gw. GORCHEST a FfTh 10, 42 (1992), GWANAF ORCHEST.

glin ceffyl *eb.* Y cyswllt yng nghanol coes flaen anifail yn cyfateb i'r arddwn ym mraich person dynol, *carpus*.

glindorch *eb.* ll. *glindorchau*. Burwy neu lyffethair buwch. Fe'i defnyddid gynt wrth odro buwch giciog. Codid un o'i choesau blaen a'i rhwymo wrth ei gwddf fel na fedrai godi ei throed ôl i gicio. Ar lafar yng Nghlwyd.
Gw. BURWY.

gliwio *be.* Blaenion gludiog a ddaw o bwrs buwch neu gaseg pan fônt ar fin bwrw epil. Ar lafar yn Nyfed.

gloefon, gloewon *ell.* Dŵr ar wyneb llaeth, *gloewon* llaeth. Ar lafar yn lled gyffredinol.

gloer gw. CLOER.

glofer gw. CLOFER, MEILLION.

glosged gw. GOLOSGED.

Gloucester *ep.* Brîd prin iawn o wartheg erbyn hyn, brown tywyll eu lliw, a streipen wen nodweddiadol ar hyd yr asgwrn cefn, ar hyd y gynffon a rhwng y coesau ôl hyd at y pwrs a'r bol. Ar un adeg bu'r brîd yn boblogaidd iawn yng ngorllewin Lloegr i wneud Caws Caerloyw.

Gloucester Old Spot *ep.* Brîd prin iawn o fochyn yn hanu o'r rhan isaf o Ddyffryn Hafren yng ngorllewin Lloegr, gwyn ei liw ond â smotiau duon, a'i glustiau'n gwyro at i lawr. Caiff yr enw o fod yn fochyn caled, gwydn, ac yn medru byw ar bori ac ar sborion.

glowty, glawty *eg.* ll. *glowtai, glowtyau*. Beudy neu dŷ gwartheg. Yn aml, adeilad i rwymo (aerwyo) gwartheg god⁻o (buchod). Mae tarddiad y gair yn annelwig. Gall fod yn '*gwaelod + tŷ*', neu '*gwalowty*' (lle gorwedd, lloches) neu '*glaw + tŷ*' sef lloches rhag glaw. Ar lafar ar draws y de, yn aml yn y ffurf 'glowti'.
1695 *Camden's Britannia*, Col 645, Mae'r garreg yma uwchben drws y *glowty*.
1991 G Angharad: CSB 8, Yn nwyrain y sir (Penfro) y gair arferol am yr adeilad lle cedwir y da yw'r *glowty*, ond yn y gorllewin y ffurf yw 'tŷ gwartheg'.
Gw. BEUDY, TŶ GWARTHEG.

glyder, clyder, clider *ebg.* ll. *clyderi, clyderau.* Lle caeëdig wrth y tŷ i gadw cynnud (coed tân). Ar lafar ym Maldwyn.
1981 GEM 132, *Clyder* – lle i gadw coed ger y tŷ.

glyfoer, glyfoerion gw. GLAFOERION.

gnisio, gynisio, genisio, gynwsad *be.* Sŵn a wna anifail â'i drwyn, brefu'n isel, gweryru'n isel. Berf yw *gnisio* o 'gnis' yn golygu trwyn, duryn.
1604-7 TW: Pen 228, *Genisio* = brevu val y vuwch ar ei llo.

gnofa (y) gw. CNOFA.

gnoi (y) *ebg.* Llid a phoenau dirdynnol yn y cylla a'r coluddion (yn enwedig ceffyl), y gnofa (Môn ac Arfon). Ar lafar yn sir Ddinbych a Meirionnydd.
1990 FfTh 6, 22, Roedd ganddo risait eithriadol at dorri *cnoi* ar geffylau.
Gw. GNOFA (Y).

gob *eg.* ll. *gobiau.* Gwrym, codiad tir, canol cefn, y pedair cwys gyntaf o boptu i'r canol cefn wrth aredig cefn mewn cae âr, ag sydd fymryn yn uwch na gweddill y cefn.
1928 G Roberts: AA 42, Nid oedd yn arferiad 'radeg honno i wneud yr hyn a elwir yn *gob*, sef casglu pedair cwys o boptu i'r agoriad' (mewn clwb troi).

gobanc (*go* + *banc* [codiad tir]) *eg.* Codiad tir, bryncyn. Hefyd gwrthglawdd, rhagfur.
1563 WLl 147, Eilon digrifdon wyd un gryfder/A thwr ne *obank* a throi'n wiber.

gobant (*go* + *pant*) *eg.* ll. *gobantiau, gobentydd.* Dyffryn bychan, glyn, pant bychan, nant.
15g DGG 68, Lle'r ydoedd ym mhob *gobant*/Ellyllon mingeimion gant.

gobed *eg.* ll. *gobedau.* Yr haearn fyddai gynt yn dal y bêr i rostio darn o gig o flaen y tân. Gwthid y bêr, sef darn o bren neu o fetel pigfain, drwy'r darn cig a'i roi i orffwys ar y *gobed* gan roi tro iddo yn awr ac eilwaith.
1903 O M Edwards (gol.): B.B. (1700-50) 76, Cyllell, gwerthyd, bêr, *gwybede* (gobedau)/Crib mân a bras i gribo penne.
Gw. BÊR, BRIGWN.

gobell *ebg.* ll. *gobellau, gobelli.* Cyfrwy, ystarn, dibr, pad. Mae'n elfen yn yr enw 'Rhobell Fawr' (Yr Obell Fawr), Llanfachreth, Meirionnydd.
16g WLl (Geir.) 277, *Gobell* – cyfrwy.
Gw. CYFRWY.

god (y) *eb.* Y gair a ddefnyddir mewn rhai ardaloedd am adran o gyllau (stumog), cilfil (anifail cnoi cil), poten. Ceir y '*god* fawr', y '*god* rwydog', y '*god* fach' a'r '*god* derfyn'.
Gw. dan yr enwau a ABOMASWM, OMASWM, POTEN, RETICWLWM, RUMEN.

god derfyn (y) Poten neu stumog bellaf neu eithaf, cilfil (anifail cnoi cil).

god fawr (y) *eb.* Blaengyllau (stumog gyntaf, rwmen) anifail cnoi cil (cilfil). Yno yr â'r borfa neu'r porthiant gyntaf. Yna wedi ei ddigoni mae'r anifail yn galw'n ôl i'r geg yr hyn a lyncwyd, er mwyn ei ail gnoi a'i yrru ymhellach i'r 'diliau' (reticwlwm).
Gw. CNOI CIL, POTEN, RWMEN.

god fach (y) *eb.* Trydedd stumog anifail cnoi cil (cilfil), 'omaswm'.
Gw. ABOMASWM, CNOI CIL, OMASWM.

god rwydol (y) Ail stumog anifail cnoi cil (cilfil). Yno y gyrrir y cil o'r 'god fawr' wedi i'r anifail ei gnoi. Fe'i gelwir weithiau yn 'diliau' am ei bod ar ffurf cwch gwenyn (reticwlwm).

godart, godard *eg.* ll. *godardiau, godardau.* Diodlestr pridd â chlust iddo, yn dal oddeutu peint a ddefnyddid gynt i yfed llefrith, llaeth enwyn, cwrw cartre, ayyb, neu i godi brwes, broth, ayyb o grochan, cwpan, gobled. Ym Maldwyn mae'n air am gwpan (GEM 120 1981). Yn Arfon ceir y ffurf lafar 'rodart' (yr odart). Ym Môn mae'n llestr mesur ychydig yn fwy na chunnog.
1696 CDD 44, Pe cesglid ei ludw,/Digon i'w gadw a fydd *godart.*
Gw. CUNNOG.

godir
1. *eg.* Tir isel, gwastadedd, pant, llawr gwlad (mewn cyferbyniad i *gorthir,* sef tir uchel). Bu'n air yn y de yn cyfateb i *pant* yn y gogledd.

2. *eg.* Llethr, llechwedd. Yn Nyfed, y tir rhwng y clawdd a dibyn y môr. Ceir 'Godir y Bwch' yn enw ar glogwyn yn Nyfed.
1992 LlG 23, doed i'w cyfarfod i'r *Godir* yn ochr y rhiw fry.

3. *eg.* Glyn coediog fel yn yr enw *Gwydir* yn Nyffryn Conwy.

4. *egb.* Bro, ardal, parth.

godre
1. *eg.* ll. *godreon, godreuon, godreifion.* bach. *godreuyn.* Gwaelod, troed, sawdl, cwr (am fynydd, clawdd, tas, craig), – wrth *odre'r* clawdd, wrth *odre'r* mynydd, wrth *odre'r* graig, yng *ngodre'r* wlad, yng *ngodre* Ceredigion (gwaelod neu de Ceredigion).
1455-85 LGC 173, No derw a main yng *ngodre* mynydd.
1703 E Wynne: BC 81, Wrth *odre'r* wal ddiadlam.

2. *eg.* ll. *godreon.* Grawn mân, manion y grawn, tinion, llorion, rhytion. Ar lafar yng Ngheredigion.
1848 Y Ffermwr 101, Mae yr us, manion gwellt, hadau chwyn, a gwehilion eraill yn cael eu neilltuo oddi wrth yr ŷd, *godrefon* yr hwn a dynnir yn y canlyniad.

godreg
1. Gw. GODRWR.

2. Buwch yn godro'n dda.
'*Godreg* ddiguro ydi'r hen Benwen.'

godriad, godrad, godroad *eg.* ll. *godriadau.*
1. Hynny o laeth a geir gan fuwch neu gan fuches ar y tro.
2. Y weithred o odro.

godro *be.* Tynnu llaeth o bwrs neu gadair buwch, gafr, dafad, ayyb., drwy wasgu â'r bysedd gynt, ond bellach â pheiriant godro. Hyd ganol yr 20g â'r llaw y godrid yn gyffredinol. Ar ôl yr Ail Ryfel Byd (1939-45) fodd bynnag, a'r arfer o werthu llaeth i'r Bwrdd Marchnata Llaeth erbyn hynny wedi dod yn beth holl gyffredinol, daeth y peiriant godro yn beth cyffredin. Â hwnnw gellid godro pedair teth ar unwaith a godro mwy nag un fuwch ar y tro. I bwcedi pwrpasol y godrai'r peiriant godro am flynyddoedd, yna ei redeg yn araf dros y cwler i'r siyrnau llaeth, er mwyn iddo gadw, o'i oeri yn y modd hwnnw (Gw. CWLER). Anfantais y drefn honno oedd bod cryn nifer o lestri ac offer godro i'w glanhau ddwywaith y dydd, a hynny'n cymryd amser. Yn ddiweddarach perffeithiwyd y drefn pan ddaeth y tanc oer i'r llaethdy, a'r peiriant godro'n gyrru'r llaeth i hwnnw'n uniongyrchol heb fod angen na phwced na pheth. Erbyn hyn sonnir am 'robot' fydd yn medru gwneud y cyfan (Gw. H Jones: BB 67 1989).
1989 P Williams: GYG 24, Gwaith pleserus a hwylus oedd *godro* allan ar y clos, heblaw pan fyddai'r cynffonau'n brysur ar ôl y cylion.
1991 G Angharad: CSB 9, Wen, (oedden) i'n *godro* mas ar hiol (buarth) 'efyd, â stôl fach a pail (stên) . . . Synon ni (nid oedden) yn *godro* mas yn y ceie.
Ffig. Tynnu neu sugno arian o wahanol ffynonellau; tynnu ar ffynonellau arbennig am wybodaeth, ayyb.
'Mae awdurdodau'r dreth incwm yn ein *godro*'n lân.'
'Roedd y pregethwr heddiw yn *godro*'r ysgrythurau'n ddeheuig.'
Dywed. '*Godro*'r fuwch o'i phen' – rhaid iddi gael bwyd iawn i odro. Cf. 'Drwy'i cheg mae *godro* buwch'.
'*Godro* buwch tra bo ganddi laeth' – manteisio'n llawn.
'Fel *godro* buwch hesb' – ymdrech ofer i geisio gwybodaeth gan ambell un caeëdig.
'Brefu 'chydig ond *godro*'n dda' – llywydd byr ei eiriau ond hael ei rodd.

godro defaid *be.* Ar ôl diddyfnu'r ŵyn byddid gynt yn godro'r mamogiaid a chymysgu eu llaeth â llaeth buwch i bwrpas gwneud caws.

godro llaw Ymadrodd cyffredin am y dull traddodiadol o odro wedi i'r peiriant godro ddod yn gyffredin, ac, yn aml, mewn cyferbyniad i'r dull hwnnw.
1997 (Haf) LlG 17, Byddai'r anifeiliaid wedi eu cynnull yn y buarth dros nos, ac yn y bore byddai'r *godro llaw* a'r holl borthi wedi ei wneud ar gyfer cychwyn ar doriad y dydd.

godro sych *be.* ac *eg.* Godro â'r dwylo heb eu gwlychu gyntaf. Byddai gwlychu'r dwylo cyn dechrau godro yn golygu y byddai gwasgu'r tethi a thynnu arnyn nhw'n esmwythach i'r fuwch. Gair cyffredin am beidio gwneud hynny oedd *godro sych*.

godröig *a.* ac *eb.* Buwch odro, buwch flith, buwch mewn llaeth.
14g R 1337, 31, Lle diflith diflwng *godröic.*

godrwr, godröwr, godröydd *eg.* ll. *godrwyr, godrowyr.* Un yn godro, y sawl sy'n godro. Yn nyddiau'r godro â llaw, byddai merched yn godro llawn cymaint â dynion a cheid 'godrwraig' a 'godreg' yn eiriau cyffredin.
18-19g Jac Glan Gors: Gwaith 65, Cadd le gyda *godrwr* gwartheg.

godryddes, godroyddes *eb.* ll. *godryddesau.* Gwraig neu ferch sy'n godro, godreg, llaethferch, maerones (maeronwr – llaethwr, un yng ngofal buches, cowmon).
Gw. GODRWR.

gody (*go* [bychan] + *tŷ*) *eg.* ll. *godai.* Tŷ neu adeilad bychan ynghlwm wrth dŷ mawr, penty, tŷ allan, tŷ mas, pentis, beudy. Ar lafar yn y de.
1300 LlB 95, dros benn y ty, petuar vgeint, dros bop *gody*, vgeint.

goddaith
1. *ebg.* ll. *gotheithiau.* Tân mawr neu goelcerth wrth losgi eithin, grug a rhedyn ar fynydd neu dir diffaith, yn enwedig yn Chwefror a Mawrth, cynnau, tanllwyth.
1200 LlDW 86 20-1, Pa dyn benac aloscho *godeythyeu* namen Mawrth ef ae ytal.
13g WML 130, tân *godeith* o hanher mawrth hyt hanher ebrill.
1799 Dafydd Ionawr: MB 22, *Goddeithiau* wna'n olau'r Nen.
Ffig. Angerdd neu frwdfrydedd teimlad, disgleirdeb lliw neu olau, lledaenu'n garlamus.
1672 R Prichard: Gwaith 386, Ac fel gwaddath [:-*goddaith*, fflam] ar sych fynydd.
Gw. GODDEITHIO.

goddeg, gwaddeg
1. *eb.* ll. *goddegau.* Ceg neu hopran melin lle mae'r blawd a felir rhwng y meini yn disgyn neu'n arllwys i lestr neu gafn. Ceir hefyd y ffurf *gwaddeg.* Ar lafar yng Ngheredigion.
1753 TR, *Gwaddeg* melin = that through which the meal falls from the mill-stones to the meal-trough.
1858 R W Morgan: AIG 33, Amcenir tywallt addysgiaeth i'w deall megys trwy *waddeg* neu dwsel iaith anadnabyddus iddynt.

2. *ebg.* Dwsel, tap dŵr, arllwysfa dŵr.

goddeithio *be.* Rhoi eithin, grug a rhedyn ar dân ar fynydd neu ar dir diffaith, ffaglu, cynnau tân mawr neu goelcerthu, yn enwedig yn Chwefror a Mawrth. Ar lafar yn y gogledd ceir y ffurfiau 'godeithio', 'cydeithio' a 'gwreithio' (Llŷn). Sonnir yn Llŷn am 'lewych noson wreithio', sef y golau yn yr awyr adeg llosgi eithin a grug yn y gwanwyn.
Gw. BLJ BILLE 23 1987.
1620 Salm 83.14, Fel y llysg tân coed, ac fel y *goddeithia* fflam fynyddoedd.
1620 Joel 1.19, Y fflam a *oddeithiodd* holl brennau y maes.
1975 W J Thomas: CM 25, Cofiaf weled yr hen fynydd yn dân eirias tua Gwyl Fair pan fyddai'r llanciau hŷn na mi'n mynd i *oddeithio.*
Gw. GODDAITH.

gof *eg.* ll. *gofaint, gofiaid, gofion, gofiein.* Crefftwr sy'n trin a thrafod metel, yn enwedig haearn. Er y ceir *'gof* aur' a *'gof* arian', am y *'gof* haearn' y soniwn ni wrth ddefnyddio'r gair *gof.* Yn y cylchoedd gwledig gynt '*gof* gwlad' oedd yr enw cyffredin. Byddai *gof* ym mhob ardal a mwy nag un mewn sawl ardal, a'i weithdy'n llawn prysurdeb yn pedoli ceffylau, cylchio olwynion, gwneud erydr, gwneud ogau, blaenllymu swch a chwlltwr, gwneud bigwrnau a chanwyllbrennau, gwneud pobdái (ffyrnau), gwneud y chwim i ddal y tecell a'r crochan uwchben y tân, gwneud pegiau cig a modrwyau (pegiau) moch a theirw, gwneud hoelion, gwneud giatiau, ayyb. Yn Oes y Tywysogion roedd y *gof* yn un o brif swyddogion y llys, ag iddo freintiau ac anrhydeddau arbennig.

Pan ddisodlwyd y ceffyl gwedd gan y tractor, methodd llawer *gof* a'i addasu ei hun ar gyfer gofynion sefyllfa newydd megis weldio, ayyb. Rhwng hynny a meibion ffermydd yn dysgu'r grefft o weldio mewn colegau technegol ac amaethyddol, gwelwyd cau drysau llawer o efeiliau *gof* ym mhumdegau a chwedegau'r 20g.

1620 1 Sam 13.19, Ac ni chaid *gof* trwy holl wlad Israel.

Gwilym Hiraethog, Chwythu ei dân dan chwibanu,/Ei fyw dôn wna'r *gof* du,/Un llaw fegina, a'r llall/Faluria'r glo fel arall.

1938 Prifwyl Caerdydd (Anhysb.), Llonydd yw pob cynllunio, – dim miwsig,/Dim mesur ac asio,/Dim gwen a dim megino,/Dim sŵn gwaith, dim Sion y Go.

1963 I Gruffydd: GOB 53-4, . . . a thri *gofaint* yn eu bresys yn pedoli a chylchio a blaenu sychau o fore gwyn tan nos.

gofail, gefail gw. GEFAIL, GOF.

gofaniaeth, gofannaeth *eb.* Crefft y gof, celfyddyd trin a thrafod metel, yn enwedig haearn. Bu'n grefft a bri ac urddas iddi ar bob adeg. Ni châi mab taeog ei dysgu na'i dilyn fel crefft yn ôl yr Hen Gyfreithiau.

14g BY 8, Tubalcain . . . a gavas *govannaeth* gyntaf.

1200 LlDW 29, 20-4, teyr kelvydyt ny dely mab tayac eu descu . . . sef eu henny escolectau, a *govanaet* a bardhony.

gofannau *ell.* Talfyriad tafodieithol mae'n ymddangos o 'ofergarfannau', sef y ffram goed a roid ar y drol i'w helaethu i bwrpas cario llwythi gwair, ŷd, ayyb.

1993 FfTh 11, 35, Byddem wedi rhoi *gofannau* ar y drol i gael mwy o lwyth arni.

Gw. CARFAN, OFERGARFANNAU.

gofer
1. *egb.* ll. *goferydd.* Arllwysfa ffynnon, lle mae'r ffynnon yn goferu neu'n gorlifo pan fo'n llawn, gorlif ffynnon, pistyll ffynnon, trosfa ffynnon neu felin.

'Mi ro'i fy mhiser bach dan 'i *gofer* hi.'

WVBD, Byddai ffynnon a'i *gofer* i'r de yn iachusol meddai'r hen bobl.

2. *eb.* Y ffrwd neu'r gornant sy'n ffurfio mewn canlyniad i orlif ffynnon, *gofer* y ffynnon, y ffos ddŵr sy'n rhedeg o'r ffynnon.

'Mae 'na ddigonedd o ferw dŵr yng ng*ofer* y ffynnon.'

3. *eb.* Nant fechan gydag ymyl ffordd wedi ei chuddio gan brysgwydd. Ar lafar yn yr ystyr hwn yn Nyfed (GPC).

gofer(ydd) Yn y lluosog saif 'goferydd' am dir isel, corsiog, cynefin hwyaid gwylltion, ayyb. Ar lafar yn Nyfed (GPC).
1948 Dewi Emrys: *Cerddi'r Bwthyn* 'Pwllderi', Fry ar y mwni mae nghartre bach/Gyda'r *goferydd* a'r awel iach.

gofer y domen *eg*. Dŵr tail, dŵr o'r domen dail, dŵr y domen. Ar lafar yn y de.

goferllyd *a*. Gwlyb, lleidiog, corslyd (am dir).
1848 Iolo MSS 156, Lle gweli'r lle *goferllyd* occo ar ei bwys.

goferu *be*. Arllwyso, ffrydio, gorlifo, rhedeg, deillio. Hefyd peri ffrydio, peri llifo, tywallt.
Ffig. Peth yn deillio o beth arall neu'n sgilgynnyrch peth arall, neu mewn barddoniaeth lle bo syniad yn rhedeg o un llinell i'r llall.
'Mae ymgyrch Cymdeithas yr Iaith Gymraeg wedi *goferu*'n ddiddordeb newydd yn yr iaith.'
'Mae'r un syniad yn *goferu* i dair llinnell.'
1618 J Salisbury: EH 133, Ffynnon o'r hon y *goferodd* y lleill i gyd.
1713 J Lewis: CE 15, Fel y *goferodd* ei hanfod oddi wrth y Tad.

goflawd (*go* + *blawd*) *eg*. Llwch blawd, ysgubion melin. Yn Nyfed, y blawd rhydd yn y ddysgl ar ôl gwneud teisen siwgwr.
1688 TJ, *Goflawd* = scattered meal, or mill dust.

goflawd blodau *eg*. Paill.

goflew (*go* + *blew*) *ell*.
1. Y manflew meddal esmwyth sy'n tyfu ar groen dyn, anifail, llysiau, ffrwythau, blewiach, gwlaniach. Hefyd manblu neu damblu.
16g W Salesbury: LlM, 96, Corsen . . . a *goflew* arni.
1752 Gron 20, Mae *goflew* im ac aflwydd.
2. Plygion y croenyn llysnafeddog dan dafod ceffyl neu fuwch, ayyb. Chwysigod o liw porffor ar ffurf tethau bychain dan dafod ceffyl a'r anhwylder a achosir gan lid y cyfryw (milfeddygol – *barbs*).

gofyn *be*. Yn amaethyddol y fenyw yn deisyfu'r gwryw (am anifail), bod yn wasod (gofyn tarw) am fuwch; marchio (gofyn stalwyn) am gaseg; rhyderig neu gwasod (gofyn baedd) am hwch; maharena (gofyn maharen) am ddafad.
'Mae Brithen yn *gofyn* tarw yn ôl pob golwg.'
Gw. CENHEDLU, GWRES, OESTRWS.

Gogerddan *ep*. Cartre'r Fridfa ger Aberystwyth (hen blas Gogerddan) a sefydlwyd yn 1919 drwy ysbrydoliaeth yr hyglod R G Stapleton. Arbenigodd mewn gwella ansawdd porfa a grawn.
1963 Ll Phillips: 'Plas Gogerddan' *Gwyddor Gwlad* 47, O'r hen blas y daw trasau-ireiddiaf/I bereiddio caeau,/Goreuon y meillion mau/A diguro gnwd gweiriau.

goglawdd, oglawdd *ebg*. ll. *gogloddiau*.
1. Ffos fechan.
1772 W, *Goglawdd* – a little ditch.

2. Gwrthglawdd, cob isel.

1784 LlGD 7, fal *goglawdd* amserol, yn erbyn ffrwd chwyddedig.

3. Clawdd pridd heb fod yn rhy uchel y plennir gwrych arno. Ar lafar yn yr ystyr hwn ym Mhenllyn a Dyffryn Clwyd, orclawdd.
Gw. GORCHLAWDD.

gogor *ebg.*
1. Bwyd gaeaf anifeiliaid fferm megis gwair, ŷd, gwellt, porthiant gaeaf, ebran, bwyd sych.

1672 R Prichard: Gwaith 371, Rho ymborth i'r Cristion, rho *ogór* i'r eidion.
1959 D J Williams: YChO 43, . . . roedd y tŷ gwair a'r tai mas lle cedwid *ogor* yr anifeiliaid . . . yn dynfa ddrwg i lygod mawr.
1975 R Phillips: DAW 51, a doedd neb darbodus yn amcanu cadw mwy o stoc dros y gaeaf nag a allai'r *ogor* eu cynnal.
GPC, Mae prinder *ogor* 'leni drwy'r wlad.
Ymad. *'gogor ac ebran'* (GPC), A levy in kind in Meirioneth, probably a rent for the provision of fodder.

2. Cnwd, llafur, cynnyrch, ŷd heb ei fedi.

16g WLl (Geir.) 277, *Gogawr* – ŷd heb fedi.
1981 GEM 101, *Gogor* yng Ngheredigion yw cynhaeaf.

3. Diddosrwydd, cyfarchwyl, clydwch, to gwellt.

1725 SR, *Gogawr* – thatch.

gogorfeillion *etf.* Llysiau hirddail â blodau pinc o deulu'r pys a dyfir yn borthiant, gwyran bendigaid (*Onobrychis sativa*).

gogor gaeaf *eg.* Cynhaliaeth anifeiliaid dros y gaeaf; gwair, gwellt, silwair, a dwysfwydydd mewn cyferbyniad i ogor haf, sef porfa.

gogr, gwagr, gwogr
1. *eg. ll. gograu.* bach. *gogryn, gwegryn.* Y llestr rhidyllog neu rwyllog ei waelod a ddefnyddir i ogru neu ogrwn neu nithio grawn, h.y. i wahanu'r gronynnau mân oddi wrth y rhai bras, ac i wahanu'r us oddi wrth y grawn. Ceid gogr bras, canolig a mân. Clywir hefyd y ffurfiau 'gwagar', 'gwagr', 'gwogr' (gydag 'w' ymwthiol) yn y de.

1588 Ecclus 27.4, Wrth escwyd y *gogr* yr erys y bryntni ('gwehilion' BCN 1988).
1928 G Roberts: AA 51, Rhidyll oedd *gogr* gyda thyllau modfedd bob ffordd. *Gogr bras* oedd un gyda thyllau hanner modfedd: *gogr topio* oedd *gogr* â'r hwn y gorffennid puro'r ŷd cyn ei ddangos yn y farchnad. *Gogr blawd ceirch* oedd y lleiaf ei dyllau oddigerth y *gogr rhawn* gyda'r hwn bob amser yr oedd y llaeth yn cael ei hidlo.
Dywed. 'Cof fel *gogr*' – cof drwg.
'*Gogor* o ddynes' – un na fedr gadw cyfrinach.
Ffig. Ymad. 'Rhoi trwy'r *gograu*' – astudio tystiolaeth o blaid ac yn erbyn, symud tystiolaeth yn ôl a blaen, ei gogrwn (gogru).
Gw. hefyd CRWYDR².

2. *egb.* Yr hidl neu'r rhidyll a ddefnyddir i hidlo gwlybwr megis llaeth, *gogor* hidlo, *gogr* llaeth. Ceir hefyd y ffurfiau 'gwagr', 'gwogr', 'ogawr' (de), 'gwacar', 'gwagar', 'gwagre' (Ceredigion), 'gogor' (gogledd).

1981 Gem 41, *Gogor* – llestr crwn i hidlo llaeth.

gogr blawd Gogr at sifio blawd ceirch, y gogr lleiaf ei dyllau. Hefyd llestr o wellt i ddal blawd ceirch ar ffurf 'lip'.
1937 T J Jenkin: AIHA AWC, *Gwagar blawd* – a receptacle for barley meal.

gogr bras Gogor bras ei dyllau (ei rwyll), tua hanner modfedd, at ogrwn lludw, tywod, ayyb, gogr dwldi, gogr rhwyll.

gogr croen, gogr nithio Math o hambwrdd o groen dafad neu groen llo a ddefnyddid yn nyddiau'r llawr dyrnu a'r wyntyll i wyntyllio'r ŷd. Yn y de ceir 'gwacar crôn', ll. 'gwaceri crôn'. Ym Mhenllyn ceid 'gogr croen llo'.

gogr diraenu Gogr i ogrwn ŷd neu rawn (S. *cribble*).

gogr dwldi gw. GOGR BRAS.

gogr hidlo, gogr hilo Hidl i hidlo gwlybwr.
1480-1525 TA 479, Nid af a'r *gogr* i'r afon,/Nid oes hap, nid yw wiw sôn.

gogor llaeth enwyn Hidl a rhawn yn waelod i hidlo llaeth enwyn fel y'i tywelltir o'r fuddai er mwyn dal y menyn sydd ar ôl yn y llaeth a heb ei dyrru.

gogor llymru (sucan) Hidl at hidlo llymru, sucan, ayyb, i gael y lympiau ohono.

gogr lludw Gogr i ogru lludw er mwyn dal y marwor i'w ail roi ar y tân, gogor slecs. Ar lafar yn y gogledd.

gogr mân Un mân ei rwyll i ogrwn blawd, ayyb.

gogr paill Un i ogrwn peilliad, sef gwenith wedi ei falu'n fân, fân.

gogr puro Y gogr a ddefnyddid i buro'r ŷd neu 'dopio'r ŷd' (Edeirnion) cyn ei ddangos yn y farchnad. Ar lafar yn Arfon . WVBD 156-7.

gogr rhawn, gogr rawn Gogr â rhwyll mân i hidlo llaeth, ei hochr o ystyllen denau, ystwyth wedi tynnu'r ddau ben at ei gilydd i ffurfio cylch, a'i gwaelod o rawn.
1928 G Roberts: AA 15, Dyma restr o'r llestri angenrheidiol at drin llaeth, – cunnog odro, *gogr rawn* i hidlo'r llaeth, buddai . . .
1938 T J Jenkin: AIHA AWC, *Gwagar Rhawn* – Yr oedd ochrau y *gogr rhawn* o ystyllen wedi ei phlygu i gwrdd, a'r rhawn wedi ei wau yn fân. Hidlid yr hufen ar ôl ei ollwng o'r badell laeth drwy hwn i'r crochan hufen.

gogr rhuch (rhuwch) Gogr nithio grawn.

gogr rhwyll gw. GOGR BRAS.

gogr slecs Gogr lludw. Ar lafar ym Mhenllyn.

gogr sucan gw. GOGR LLYMRU.

gogr topio gw. GOGR PURO ŶD.

gogr tro gw. GOGR PURO ŶD.

gogro, gogru, gogri, gwegru, gwecri *be.* Gogrwn, gogrynu, rhidyllio, hidlo. Ysgwyd gogr i wahanu'r mân a'r bras (am rawn, lludw, tywod ayyb); hidlo llaeth enwyn i gael y menyn ohono. Ceir hefyd y ffurfiau 'gogro' (Arfon), 'gogrwn' (Môn), 'gwagro' (Ceredigion), 'gwecri' (Morgannwg).

1989 FfTh 3, 30, Hidlo'r llaeth i'r potia, ond *gogro*'r llaeth i gael y menyn fyddai heb dyrru, fyddai'r arfer.

Ffig. Rhywun aflonydd, anniddig, yn *gogrwn* yn ddiddiwedd, neu'n *gogrwn* fel iâr yn gwneud nyth. Yn Edeirnion sonnir am rywun yn '*gogri* mynd' sef cerdded yn fusnesgar, ffrwtian mynd.

gograid, gogriad *el.* ll. *gogreidiau.* Llond gogr, rhidylliad.

gogwrn gw. COGWRN.

gogwyddo *be.* Pwyso i un ochr, yn drwm un ochr, gwyro (am das neu lwyth o wair neu ŷd), 'y das yn *gogwyddo*', yn drwm i un ochr. Hefyd y cnwd ŷd yn pendrymu, yn plygu gan bwysau'r brig – 'yr ŷd yn *gogwyddo*'.
Gw. GWYRO.

golau *eg.* ll. *goleuau.*
1. Adran o dŷ gwair, y gofod rhwng dau biler yn y sied wair, duad, cowlas. Sonir am dŷ gwair tri *gola*', pedwar *gola*', ayyb. Ceir hefyd y ffurf 'gole'. Ar lafar yn lled gyffredinol.

1978 D Jones: SA 13, Dur cas bwledi'r cesair/Yn curo ar do'r sied wair,/A'i byrnau hi'n dwys brinhau/O weld gwaelod y *golau.*

2. Swm y gwair o fewn y gowlas, cowlasaid, duaid. Sonnir am ddau neu dri *golau* o wair, neu ym Morgannwg 'dou *ole* o wair ar ôl' (GPC).

3. Magwyr tas, gorfainc tas, y sgwâr gwag a wneir mewn tas wair (neu wellt) wrth dorri tringlenni ohoni i borthi'r anifeiliaid yn y gaeaf. Ar lafar yng Ngheredigion.
Gw. GORFAINC, MAGWYR.

4. Lle gwag ym mur adeilad i gael goleuni i'r adeilad.

1620 ! Bren 7.5, Felly yr oedd y ffenestri, *golau* ar gyfer *golau* yn dair rhengc.

golchan *eg.* ll. *golchion.*
1. Bwyd moch sy'n gymysgedd o weddillion bwyd tŷ, ayyb, agolch, swil. Sonnir am '*olchan* moch'. Ar lafar yn y de.

1975 R Phillips: DAW 62, Dwy hwch fagu i godi pedwar torraid o foch . . . yn pori'n llawen iawn o gylch y tŷ, ac yn cael pryd o *olchan* o'r stwc ddwywaith y dydd. Cynnwys rhyfedd oedd i'r stwc *golchan*: dŵr golchi llestri a'r llestri llaeth a phopeth dros ben . . . yn cael ei arllwys a'i daflu i'r stwc mawr hwnnw, ac ychydig o flawd yn ychwanegol ynghyd â dail poethion ifanc ym misoedd cynnar yr haf.
Gw. GOLCHION.

2. Dŵr golchi llestri a hwnnw'n aml yn cael ei roi yn y bwyd (golchan) moch. Ar lafar yn y de.

golchfa ddefaid *eb. ll. golchfeydd defaid.* Lle pwrpasol i olchi defaid cyn eu cneifio y naill ai yn y ffurf o gafn pwrpasol sefydlog, fel sydd ym mhobman heddiw, neu, fel y byddai gynt, bwll neu lyn wedi ei gronni at y pwrpas ar afon.

1620 Can Sol 6.6., Dy ddannedd sydd fel diadell o ddefaid a ddoi i fyny o'r *olchfa*.

1958 FfFfPh 29, Roedd pwll dwfn yn Afon Aeron a adwaenem fel *Pwll Defaid*.

1975 W J Thomas: CM 29, Yno, yn eu tymor, y byddem yn casglu pisereidiau o lugaeron . . . heblaw ymdrochi yn llyn yr *olchfa ddefaid*.

1994 FfTh 14, 32, Byddid yn paratoi'r *olchfa* trwy osod styllod a thywyrch i wneud argae ar draws yr afon i greu llyn bychan ger corlan hwylus bwrpasol fyddai ag adwy yn agor yn gyfleus i'r dŵr.

golchi defaid *be.* Yr arfer o olchi defaid cyn eu cneifio fel bod y gwlân yn lân ac yn glir o fawn, pridd a gwreiddiau grug, ayyb. Wrth olchi'r defaid gobeithid hefyd cael gwared â rhyw gymaint o'r gwêr sydd yn y gwlân. Mae'n ymddangos, fodd bynnag, nad yw'r Bwrdd Marchnata Gwlân yn cymeradwyo golchi'r defaid cyn eu cneifio mwyach. Byddai rhai ffermydd sydd yn cyrraedd at y môr, mor ddiweddar â dechrau'r 20g, yn golchi eu defaid yn y môr. (Gw. FfTh, 17, 24-26.)

1958 FfFfPh 29, Tua dechrau mis Mai byddai diwrnod diddorol iawn – diwrnod *golchi defaid*. . . .byddai fy nhad yn gwthio un neu ddwy dros y geulan i'r dŵr, nes y byddent o'r golwg dan y dŵr . . . Wedi iddynt nofio allan yr ochr draw, byddai'r ci yn eu cyrchu yn ôl drwy'r rhyd iddynt gael yr un driniaeth eto.

golchi llawr *be.* Yr hyn a wneid bron yn ddyddiol gynt yng nghegin a thŷ llaeth, ayyb, ffermydd gan un o'r morwynion neu'r gwas bach, a hynny gyda brws sgwrio a chadach llawr, cyn dyddiau'r bwced a'r mop.

1994 LlG (Medi) 14, Llawr carreg las oedd y lloriau ym mhob man ac yn golygu bod yn rhaid rhoi amser i'w *golchi* bob dydd . . . felly mynd lawr ar ei gliniau a wnai'r forwyn.

golchi llestri godro *be.* Gwaith y mae'n rhaid ei wneud fore a nos cyn gynted ag y gellir ar ôl godro, cyn bod yr olion llaeth yn sychu ar y llestri godro. Rhaid gwneud hyn heddiw gyda'r peiriant godro fel cynt gyda'r cunogau, yr hidl, y separetor.

1980 J Davies: PM 57, Os oedd hi'n gas gen i'r gorchwyl o orfod troi handlen y separetor, . . . 'roedd yna orchwyl arall a oedd yn filwaith casach gen i, a hynny oedd *golchi a glanhau'r peiriant*.

golchi pyrsau'r buchod *be.* Gorchwyl a wneid lawer iawn yn wirfoddol erioed oedd golchi pyrsau'r buchod cyn eu godro. Byddai'n beth synhwyrol ac angenrheidiol i'w wneud. Ond daeth yn orfodol pan ddaeth gwerthu llaeth i'r Bwrdd Marchnata Llaeth yn gyffredin.

1959 D J Williams: YChO 42, Ac o sôn am ofal fy mam am lanweithdra, fe fyddai hi, bob amser, yn *golchi ac yn sychu cadeiriau'r gwartheg* cyn eu godro . . . ac yr oedd hyn ddeugain i hanner can mlynedd cyn bod sôn am laeth TT.

1980 J Davies: PM 49, ac er *golchi'r tethau* cyn dechrau godro bob amser, eto yn ddi-eithriad byddai rhyw hylif brown annymunol yn casglu rhwng y llaw a'r deth . . .

golchion, golchan *ell.* Bwyd moch, yn cynnwys gweddillion bwyd y tŷ. Yn wreiddiol, dŵr y golchwyd llestri bwyd ynddo (S. *swill*). Fel arfer, cedwid sbarion bwyd y tŷ, crwyn tatws, ayyb mewn twb neu gasgen ar gyfer y moch, swil. Yn y de ceir y ffurf lafar 'golchon', ac yng Ngheredigion a Dyfed, 'golchan'.

1981 GEM 41, *Golchion* – Bwyd a gedwir mewn hocshed i'r moch.
1962 T J Davies: G 12, Na, i chi'n gwbod yn iawn ma' blawd shiprys a *golchan* fydd rheinco yn ei gâl.
1989 P Williams: GYG 50, Roedd lle bach handi y tu allan i ddrws y llaethdy, a digon o ddŵr at waith, a lle i gadw twba *golchan* y moch.
Gw. GOLCHAN

gole
1. gw. GOLAU[1,2,3,4].

2. *eg.*
J Williams-Davies: Nod. i AWC, Darn o haearn â âi o amgylch coes y bladur i ddal y gader yn ei lle'. (Ar lafar yn Nyffryn Teifi – Aberbanc.)

goleddf, goledd
1. *egb. ll. goleddfau.* Llechwedd, llethr, goriwaered. Yn y de fe'i ceir yn y ffurf 'oledd', ll. 'oleddau'.
GPC, Ma' *oledd* ofnadw yn y ca'.
GPC, Mae'n anodd troi achos bod *oledd* yn y tir.
1959 D J Williams: YChO 17, Roedd y tŷ mewn pant bach cysgodol . . . yng ngwaelod y *goleddf* hir a graddol o dan allt y Llether . . .

2. *a.* Ar osgo, ar slant, ar rediad.
'Rhaid cael to fflat â rhyw gymaint o *oledd* i'r dŵr redeg o'no.'

3. *eg.* Nod clust dafad, sef sgiw neu doriad goleddog neu ar osgo. Ar lafar yn gyffredinol.

goleddfu *be.* ac *a.* Gogwyddo, llechweddu (am dir), ar osgo, ar sgiw, ar oleddf. Ar lafar yn y de yn y ffurf 'oleddu'.
GPC, Ma'r ca'n *oleddu*'n ofnadw.

goleuar *eg.* Blwch neu gafn alcam bychan a ddefnyddid gynt i gadw canhwyllau brwyn a defnyddiau at gynnau tân, tanflwch. Ym Meirionnydd ceir y ffurf 'gleuar'.

golosg *eg.* Y gweddill du ar ôl llosgi coed, esgyrn, ayyb, gosgymon, tindar, poethwal, côc, sercol. Ar lafar yng Ngheredigion ac yn y ffurf 'golocs' am fonau eithin wedi eu llosgi. Unrhyw beth wedi ei ddarnlosgi.

golosged *eg.* Llosgiad neu ddarnlosgiad o eithin, coed, ayyb. Byddai llawer o losgi eithin ym mis Mawrth gynt, a defnyddid y bonion yn goed tân gan y 'bobl bach' (tlodion) yn y gaeaf. Byddai ffermwyr yn caniatáu iddynt eu casglu. Yn Nyfed ceir y ffurfiau 'glosged', 'gloscéd'. Ger Cwmcamlais yn sir Frycheiniog ceir comin o'r enw 'Losged'.
Gw. hefyd GODDAITH, GODDEITHIO.

golt *eg.* Tir a haenau o glai ac o farl ynddo, pridd trwm, cleiog (S. *gault*).

golwyth *egb. bach. golwythyn.* Tafell o gig dafad, oen, mochyn, ayyb, ac, yn aml, ag asen ynddo, stecen, tsiop, sleisen. Sonnir am '*golwyth* eidion'

200

(biff), sef stecen o gig eidion, ac am *'golwyth* o gig moch'. Yng Nghlwyd clywir *'golwyth* o facwn' am sleisen o gig moch.
1588 1 Cron 16.3, . . . torth o fara a *golwyth* a chostrelaid o win.

golwyth melys Darn blasus o fochyn newydd ei ladd. Ar lafar ym Maldwyn.
Gw. GEM 41, 1981.

golwyth y gath Y darn o fochyn newydd ei ladd, megis y boten ludw, a roid i'r gath.
Gw. POTEN CIDI, POTEN LUDW.

golymu (*go* + *llymu*) *be.* Blaenllymu, hogi, awchlymu, yn enwedig pethau fel swch, cwlltwr a dannedd og, ac yn cael ei ddefnyddio am flaenllymu amrywiaeth mawr o bethau. Rhoi min ar swch a chwlltwr aradr fyddai ei ystyr gyffredin yn y gogledd a Cheredigion. Yn Nyfed fe'i clywir yn air am 'dywallt y glaw' – 'Mae'n *golim* y glaw' (GPC).
GPC, 'Rodd y go'n *golim* danne'r oged heiarn.
Ffig. Rhoi min ar dafod, ayyb.
1545 CM 1 293, arver o yved . . . a wna mawr les i *olymu*'r tavod.

gollwng *be.* Dadfachu'r ceffylau wedi daliad o aredig, trolio, ayyb. 'Dal' oedd y term am fachu'r wedd ar gychwyn daliad, a 'gollwng' am ddadfachu. I bob pwrpas byddai 'dal' a 'gollwng' yn dermau technegol. Byddai'n ddealledig i bawb dal beth a gollwng beth o'u defnyddio. Yn yr un modd sonnid am 'amser dal' ac am 'amser gollwng'.
1928 G Roberts: AA 42, Tua hanner dydd . . . ambell wedd yn disgwyl cael *gollwng* fel arfer . . . (mewn ymryson aredig).
1972 E Williams: TT 52, . . . ninnau wedi bachu ar ôl cinio a mynd ag un llwyth . . . daeth yn law trwm a bu raid inni *ollwng*.
1994 FfTh 13, 39, Cofiaf yn dda fel y byddem yn darnio – durio neu finiogi sychod a chylltyrod – gyda'r nos pan y byddai amaethwyr yn dod a swch a chwlltwr mewn sach ar eu cefnau ar ôl *gollwng* . . .
Ffig. Aeth Eglwys Bresbyteraidd Cymru â'r gair 'gollwng' o'r dalar i'r deml. Dyma'u gair hwy bellach am gyfarfod ymadawol gweinidog – 'cyfarfod *gollwng*' – ac ar ddiwedd daliad.

gollwng allan *be.* Troi'r anifeiliaid allan i bori dechrau haf, gollwng yn rhydd y da. Hefyd gollwng y buchod ar ôl eu godro.
'Mae'n hen bryd iddi gynhesu inni gael *gollwng y penna' allan*.'

gollwng drwyddo *be.* Sgothi, dioddef o'r dolur rhydd, ysgarthu'n ffyrnig (am anifail).

gollwng dŵr *be.* Sgidiau, côt, yn cymryd dŵr, dŵr yn treiddio drwyddynt. Ar lafar yn y gogledd.
'Ma'r sgidia' newydd 'ma'n *gollwng dŵr* cofiwch.'

gollwng y felin *be.* Troi'r dŵr o'r llyn i gafn y felin i bwrpas troi ei rhod.
1958 I Jones: HAG 46, Dysgais *ollwng y felin* a gofalu amdani tra byddai nhad yn gweithio wrth ei grefft fel mashiwn.

gollwng rhaff *be.* Bwydo rhaff wellt wrth wneud rhaffau toi. Byddai un person yn mynd wysg ei gefn gan droi'r pren rhaffau i gordeddu'r rhaff fel y'i bwydid gan un arall. Weithiau troid dau bren i blethu dwy raff yn cael eu bwydo gan ddau. Tra byddai 'bwydo rhaff' yn derm ambell i ardal, ceid 'gollwng rhaff' yn derm cyffredin ardal arall. Ar lafar yn Nyffryn Ardudwy.
Gw. BWYDO RHAFF, GWNEUD RHAFFAU.

gomach *ebg.* ll. *gomachau.* Gar y goes (dyn ac anifail), yr asgwrn yr ochr isaf i'r penglin, crimog, crimog y gar (Môn), hegl.
Gw. CRIMOG, GAR, HEGL.

gomandin *eg.* Poen, blinder, criciau, stiffni ar ddyn wedi iddo fod yn gwneud gwaith anghynefin, e.e. pladuro gwair neu ŷd y diwrnod cyntaf o'r cynhaeaf, 'clwy'r bladur', 'clwy gafra' neu 'gafrio' (gogledd), 'sgrwb' (Ceredigion). Ar lafar yng Ngheredigion.
Gw. CLWY PLADUR, SGRWB.

göoer, goer (*go + oer*) *a.* ac *eg.* ll. *göoeron.* Lled oer, cysgodol (rhag haul), cysgod haul, adfywiol, neu fel *eg.* lle felly, yn enwedig lle sy'n gysgod i wartheg ym mhoethder haf megis coeden neu lwyn o goed ar ganol cae, y cyhûdd, gwerfa. Ym Morgannwg, Caerfyrddin a Brycheiniog ceir 'yn y gŵer' neu 'yn y gywer' (yn y cysgod).
1945 I Williams: ELl 32, Daw hwn o 'go-erfa', canys go-oer oedd gair Dafydd ap Gwilym am y Saesneg 'cool'.
Gw. GWERFA.

göoerfa (*go + oerfa*), **gwerfa** *egb.* ll. *göoerfaoedd.* Lle lledoer, awelog, adfywiol, yng nghysgod haul, yn enwedig dan lwyn, gwrych neu goed lle cysgoda'r gwartheg, neu dan y dorlan lle cysgoda'r defaid pan fo poeth yr haf. Ar lafar ym Morgannwg a gorllewin Gwent, lle ceir y ffurf 'gwyrfa' a sir Gaerfyrddin lle ceir y ffurf 'gŵer'.
GPC, Ma'r da yn dala *gwerfa.*
GPC, Dewch yma i'r *wyrfa* (Mynydd Islwyn).
1945 I Williams: ELl 32, Yn y De (Morgannwg) arferir 'gwerfa' am lecyn cysgodol i'r da neu'r defaid ymochel rhag gwres yr haul: daw hwn o 'go-oerfa', canys go-oer oedd gair Dafydd ap Gwilym am y Saesneg 'cool'.

göoeri (*go + oeri*) *be.* Cysgodi rhag y gwres mewn man göoer neu mewn göoerfa, gwerfa.
GPC, Ma'r da'n *gweri* (gyweri) (Brycheiniog).
GPC, Ma'r da'n *gweri* rhag yr haul (Morgannwg).

gorblu *ell.* Manblu, damblu, goflew. Plu heb dyfu i'w llawn maint.
Gw. DAMBLU, MANBLU.

gorbori *be.* Pori cymaint ar dir pori, a'i wanio cymaint, nes bod y tir yn rhy dlawd i gynhyrchu porfa i wartheg. Mae gorbori yn peri i borfa golli maethynau ac yn rhoi cyfle i blanhigion anfwytadwy ymsefydlu.

gorclawdd gw. GORCHLAWDD.

gorchamu (*gor* + *camu*) *be.* Cicio'i droed blaen â'i droed ôl yr un ochr (am geffyl), ceffyl yn carnymorddiwes, yn enwedig wrth redeg.
1778 W, *GORCHAMU* – to over-reach.
Gw. CARNYMORDDIWES.

gorchest *ebg.* ll. *gorchestau, gorchestion.* Camp, gwrhydri, ymffrost, gornest, rhagoriaeth. Gynt, ceid llawer o orchestu rhwng llanciau neu weision ffermydd, e.e. codi pwysau, taflu pwysau, tynnu torch, ayyb.
16g WLl 61, Da am *orchest* a merched.
Gw. CODI PWYSAU, GLEWDER A GRYM, GWANAF ORCHEST.

gorchest aredig Ymryson aredig, gornest aredig, ras 'redig, clwb troi.
Gw. RAS AREDIG.

gorchlawdd, gorglawdd *eg.* ll. *gorgloddiau.* Clawdd (cymharol isel) pridd (fel rheol) sy'n culhau o'i sawdl i'w ben, wedi ei godi o dywyrch ac o'r ddwy ffos sydd o boptu iddo. Yn aml ceir gwrych neu ffens ar ei ben. Ceir hefyd y ffurfiau 'gwrclawdd', 'gwrclaw', 'cwrclaw', 'oclawdd' (Ceredigion), 'orclawdd' (Meirionnydd), 'orclaw' (Arfon). WVBD 407.
1971 I Gruffydd: C 56, Pob gwrych yn her i gryman a siswrn a pob *orclawdd* yn rhidyll o ddaearau llygod.
Dywed. 'Fel milgi drwy *orclawdd*' – heb arafu dim.
1966 I Gruffydd: TYS 79, . . . am ei bod fel arfer heb na chloch na brec (beic) doedd dim i'w wneud ond byrlymu trwyddynt *fel milgi drwy orclawdd*.

gorchyfarwy, gorchyfaerwy (*gor* + *cyf* + *aerwy*) *eg.* Yn fanwl, yr amser y rhoid yr aerwyau ar y gwartheg dros nos, adeg aerwyo'r gwartheg, min nos, gyda'r nos, cyfnos, llwydnos.
16g WLl (Geir.), *Gorchyfarwy* – dechreunos.
1783 W, *Gorchyfarwy* – the shutting in of the day.

gordyfiant *eg.* Gormod o dwf, tyfiant abnormal, tyfu mwy na'r disgwyl neu fwy na'r cyffredin neu fwy nag sy'n dda; hefyd, tyfu'n wyllt.

gordd *eb.* ll. *gyrdd.* Morthwyl ar raddfa fawr a'r pen y naill ai o bren neu o haearn yn ôl fel mae'n addas ar gyfer gwahanol orchwylion.
Ffig. Dan feirniadaeth, dan y lach, yn yr ymadrodd 'dan yr *ordd*'.
'Rydw'i wedi bod *dan yr ordd* yn enbyd am ddweud fod gan y frenhines draed o glai fel pawb arall.'
Dywed. 'Calon yn curo fel *gordd*' – yn gryf ac yn galed.
13g B 4 10, Gwell yw un dyrnot â'r *ordd* na deu â morthwl.
1620 Jer 23.29, Onid yw fy ngair i . . . ac fel *gordd* yn dryllio'r graig.

gordd bannu Yr erfyn i guro, gwasgu neu lanhau brethyn yn y felin wlân.

gordd bolion Gordd â phen mawr pren, ac amgorn o haearn am ei ddau dalcen, i guro polion ffens, gordd ffensio.

gordd bren Gordd â'i phen o bren, malet, gordd ffensio.

gordd buddai Gordd yr hen 'fuddai gnoc' – math o ordd tu mewn i'r fuddai a'i choes yn dod allan drwy'r caead i afael ynddi i gorddi'r llaeth. Ar lafar yn Arfon. Gw. WVBD 159. Gw. BUDDAI GNOC.

gordd eithin Gordd i guro neu bwnio eithin er mwyn gwasgu a meddalu'r pigau i bwrpas ei falu'n fwyd anifeiliaid. Roedd i'r ordd eithin goes hir a dwy gyllell gref yn groesonglog ar ei blaen. Fe'i defnyddid yn yr un modd ag y defnyddid gordd y fuddai gnoc (gw. BUDDAI GNOC). Troid y cyllyll yn aml, aml, fel y troir ebill wrth dorri twll yn y graig, gan bwnio'r eithin yn drwm ar flocyn o bren, neu'n amlach mewn cafn carreg.

gordd fawr gw. GORDD BOLION.

gordd ffensio gw. GORDD BOLION.

gordd gorddi gw. GORDD BUDDAI.

gordd haearn Gordd a'i phen o haearn at drin haearn a phethau caled eraill megis cerrig, gordd y gof. Ar lafar yn Arfon. (WVBD 159.)

gordd hollti Gordd y chwarelwr, gordd bren a ddefnyddia chwarelwr i hollti llechi.

gordd-ddibl(eu) Gordd bren i falu lympiau pridd neu glai mewn cae âr. Gw. DIBL, DIBLE.

gorddodwy, gorddodwi (*gor* + *dodw[i]*) *be.* Dod â moch, bwrw perchyll (am hwch). Bu 'dodwy' yn air am 'fwrw perchyll' yn ogystal ag am 'fwrw wyau'.
1325 TYP 47, Ac yna ydd aeth (hitheu) yn *gordodu*, ac ym Penryn Havstin yg Kerniu ydd aeth yn y môr.
13g AL 2 194, A'r hwch a *dotwes* ar deudec parchell.
Gw. DODWY[2].

gorddodwyn (cardodwyn) *eg.* Yr eiddilaf a'r lleiaf o dorllwyth o foch, cwlin, tin y nyth. Diau mai llygriad o 'gorddodwyn' yw 'cardydwyn' a 'cardodwyn'.
15g Llst 6 101, dy dyrchod (moch) hynod yw hyn/Ydiwr dday dwrch (mochyn) *orddodyn*.
Gw. CARDYDWYN.

gorddrws, gorddor (*gor* + *drws*)
1. *eg.* ll. *gorddrysau*. Drws allanol; drws bychan, yr hanner isaf o ddrws dau hanner, fel ag a geid gynt ar ddrws cefn tai ffermydd a thyddynod. Hefyd y drws sy'n cau ar howld llong (S. *hatch*).
Gw. RHAGDDOR[1,2].

2. *eg.* Trothwy drws, hiniog, rhiniog, gorsing, gorddor. Dyma'r ystyr sydd i *gorddrws* ym Môn.
1754 ML 1 300, prin y rhoesai'r person ei droed dros *agorddrws* yr eglwys.
Gw. RHAGDDOR[3].

gored *eb.* ll. *goredau, goredi, goredydd.* Treiglad o 'cored' yw *gored* ac yn golygu argae neu le wedi ei godi ar afon, nant, ayyb, i reoli dŵr, drwy ei droi neu ei ddal neu'r ddau. Fe'i defnyddir am y lle y ffrwynir afon i gael dŵr ohoni i bynfarch, sef cafn melin ddŵr.

1958 I Jones: HAG 52, Yr oedd *gored* neu argae ychydig yn is na thŷ Maes-mynach i droi dŵr o'r Gronnell i'r pynfarch a oedd oddeutu milltir o hyd.

1966 D J Williams: ST 30, Clywid ar yr awel hwyrol, islais esmwyth yn y dolydd obry ar yn ail a baldordd uchel y dŵr wrth ddisgyn dros *ored* y felin gerllaw.

gores, gorest *egb.* ll. *goresau, gorestau.* Tir agored heb ei amgau a heb ei ddiwyllio, tir anghyfanedd, diffaith, diffrwyth. Ar lafar yng Ngheredigion a Dyfed. Fe'i ceir yn elfen mewn enwau lleoedd megis 'Coed y *goras*', Llanedern, Caerdydd; 'Llwyn *Goras*' a 'Llyn *Goras*'.

GPC, Mae'r cwbl wedi mynd yn *orest.*

1948 Dewi Emrys: CB, Dim ond un tŷ sy'n agos ato,/A hwnnw yng nghesel Sarn Fawr yn cwato,/Dolgar yw ei enw, hen *orest* o le,/Ond lle am groeso a dished o de.

gorestir (*gores* + *tir*) *eg.* ll. *gorestiroedd.* Tir ores, neu dir orest, sef tir agored heb ei amgau ac heb ei ddiwyllio, diffeithdir.

1807 MA 3 192, Ei wraig yn feistres, ei geffyl yn llymes a'i dir yn *ores.*

goreudir *eg.* ll. *goreudiroedd.* Y math gorau o dir, tir o'r ansawdd gorau, tir cnydiog, toreithiog, tir â chalon yndddo.

gorfainc *eb.* Y silff neu'r ysgafell sgwâr (fel rheol) a wneir mewn tas wair wrth dorri tringlenni ohoni â'r gyllell wair, 'magwyr' (Dinbych) 'yr afael' (Môn), 'cilfainc', 'gole' (Ceredigion). Ar lafar ym Mhenllyn, Edeirnion, Uwchaled a Dyffryn Elwy.

Gw. CILFAINC, MAGWYR.

gorfynydd *eg.* ll. *gorfynyddoedd.* Mynydd-dir, ucheldir, blaeneudir, rhos, cefn, crib.

1551 W Salesbury: KLl 78a, trwy holl vlaeneudir [:-*orvynyddedd*] Iudaiah.

gorffen *be.* Gair a ddefnyddir am anifeiliaid, yn enwedig gwartheg tewion, sydd wedi eu pesgi'n ofalus ac yn barod i fynd i'r farchnad, gyda gradd derbyniol o gnawd ac o fraster. Disgwylir i wartheg wedi eu *gorffen* fod â charcas o'r radd orau.

1998 E Richards: PM 85, Rhoes adroddiad yng Nghyfarfod Blynyddol Cymdeithas Amaethyddol Môn yn 1834 yn cymell yr aelodau i geisio *gorffen* eu gwartheg.

gorffin *eb.* Tir tu hwnt neu'r ochr draw i'r ffin, cywlad, gorwlad, cyffinwlad, gwlad gyffiniol, goror.

Gorfforaeth Siwgwr Brydeinig (y) Corfforaeth sy'n prynu'n flynyddol y betys siwgwr gan amaethwyr ac yn gyfrifol am ei brosesu a'i farchnata. Fel gyda llaeth, grawn, ayyb, mae'r system gwotâu yn rheoli'r cynnyrch mewn betys siwgwr.

gorffwys *gw.* GOGWYDDO.

gorglawdd *gw.* GORCHLAWDD.

gorgynhyrchu *be.* Yn amaethyddol ac yn ddiweddar, cynhyrchu gormod o stoc, o laeth, o fenyn, o gig ac o rawn. Un o ddyrys broblemau amaethyddiaeth yn wythdegau a nawdegau'r 20g, yn enwedig yng ngwledydd Ewrop, ac yn fwy arbennig yng ngwledydd y Gymuned Ewropeaidd. Caed cyfnod o ormodedd o gynnyrch amaethyddol. Bu'n rhaid storio'r hyn a labelwyd yn fynyddoedd cig, menyn, caws a grawn, a llynnoedd o laeth a gwin. Daeth yn rheidrwydd llunio trefn o gwotâu ar y cynhyrchion hyn er mwyn ceisio cadw rheolaeth ar y cynhyrchu. Swcrwyd ffermwyr hefyd i fanteisio ar y polisi 'neilltir' (cael cymorthdal o hyn a hyn yr hectar am roi tir i segura) a'r polisi 'arallgyfeirio' (defnyddio tir ac adeiladau i ddibenion anamaethyddol). Gw. ARALLGYFEIRIO, CWOTA, NEILLTIR.

gori *be.* Eistedd ar wyau i ddeor cywion (adar). Sonnir yn gyffredinol am yr 'iâr yn *gori*', yr 'ŵydd yn *gori*', yn gyfystyr â 'iâr yn eistedd', 'gŵydd yn eistedd'. Mae'r ddau air yn gydradd arferedig.
Hen Hwiangerdd. 'Mae gen i iâr yn *gori*/Ar ben y Penmaenmawr.
Ffig. Troi rhywbeth yn y meddwl ac, yn aml, yn sorllyd. Hefyd dylanwadu'n eithafol (Dyfed).
'Ma' Dic yn dal i *ori*'n sorllyd ar yr hyn ddwedes i wrtho noson o'r blaen.'
1998 Bethan Phillips: RhDF 228, Unwaith eto yr unig feddyginiaeth rhag *gori* yn ei iselder ysbryd oedd ymroi'n galetach i'w waith.
GPC, Mae'r hen Ddeina wedi *gori* ar y rhoces – wedi câl perswad arni.
Sonnir hefyd am ferch yn '*gori* allan' – cael 'plentyn siawns'.
'*Gori allan* a wnaeth Sian i gael y bachgen hyna' 'na.'
Cmhr. 'Fel iâr yn *gori*' yw rhywun sy'n cymryd hydoedd i wneud rhywbeth neu i wneud ei feddwl i fyny ar fater. Ac mae ambell i berson yn rhy aflonydd neu anniddig i 'roi wyau dano i *ori*'.

goriad *eg.* ll. *goriadau.* Ffurf gywasgedig ar 'agoriad', ac yn cael ei ddefnyddio am y S. *key* ac am y S. *spanner*, offeryn i agor clo neu i ddatod nyten. Sonnir am '*oriad* y drws', '*goriad* y llofft storws', '*goriad* y cwpwrdd', '*goriadau*'r tractor', '*goriad* beic', ayyb,. allwedd, S. *spanner*.

gorifyny, gorifynydd *eg.* Esgyniad tir, rhiw, ar i fyny, allt, tyle, codiad tir. Yn aml mewn cyferbyniad i 'goriwaered', sef mynd ar i lawr. Ar lafar ym Môn a Cheredigion.
1703 E Wynne: BC 43, Yr oedd y stryd yn *orufynu*.
'Rydw'i wedi prynu tŷ ar dipyn o *orifyny* fel rwyt ti'n gadael y pentre.'
GPC, Ma'r ffordd yn mynd ar y *gorifyny*.

goriwaered, goriwared, gorwaered, gorwared *eg.* Disgynfa, disgyniad, ar i lawr. Yn aml mewn cyferbyniad i *gorifyny*.
1620 Mic 1.4, Fel dyfroedd wedi eu tywallt ar y *gorwaered*.
Hen Bennill. 'Hir yw'r ffordd a maith yw'r mynydd/O Gwm Mawddwy i Drawsfynydd;/Ond lle bo wyllys mab i fyned,/Fe wel y rhiw yn *oriwaered*.
Diar. 'I'r *goriwaered* y treigla cerrig' – Cf. 'I'r pant y rhed y dŵr'.
Ffig. Dirywio, mynd at i lawr.
'Ar y *goriwaered* ma'r achos yn mynd er ein gwaetha' ni.'

gorlwytho *be.* Rhoi gormod o lwyth (gwair, ŷd, tail, ayyb) ar y drol neu'r gert – pechod parod i amgylchu ambell i gertmon balch gynt a chanddo dipyn o feddwl ohono'i hun fel llwythwr (gwair ac ŷd).
Ffig. Gorfwyta.
'Chysgais i ddim winc neithiwr. Wedi *gorlwytho* yn y cinio 'na.'

gormod o geirch *a.* Bywiog, llawn bywyd (am geffyl), nwyfus, llamsachus, crychneidiol. Dyma'r effaith a gâi ceirch ar geffyl – effaith wrth fodd calon y certmon.
1958 D J Williams: YchO 58, "*Gormod o g'irch* yndo fe" fydden nhw'n 'ddweud am geffyl.

gormod o lafn Llafn y bladur wedi ei osod ormod allan neu'n rhy bell allan, ac mewn canlyniad yn cymryd gormod o arfod ac heb fod yn torri'n lân.

gormodedd *eg.* Gair a ddaeth i'w oed yn oes y gorgynhyrchu amaethyddol.
Gw. GORGYNHYRCHU.

gornest aredig gw. RAS AREDIG, YMRYSON AREDIG.

gorsin
1. **orsin, horsing** *eb.* Math o fainc garreg y tu allan i'r drws i ddal y llestri llaeth , a'u hwyneb i waered, ar ôl eu golchi. Ceir hefyd 'yr *orsin*' fel ffurf.

2. *eb.* Esgynfaen, carreg farch, lle pwrpasol a manteisiol i fynd ar gefn ceffyl. Ar lafar yng Nghlynnog. Yn ardal y Bala mae'n air am 'ddisgynfa o dŷ neu adeilad (GPC) yn ogystal ag am esgynfaen neu garreg farch, stanc ceffyl.
1955 Llwyd o'r Bryn: YP 62, Dyrnent mewn fferm, a'r peiriant yn bur agos i ddrws y beudy, ac *orsin* ddofn i'r domen o'i flaen.

3. *egb.* ll. *gorsinau, gorsinoedd.* Post drws, piler, ffram drws, ystlysbost drws. Hefyd rhiniog drws neu orddrws.
1620 Ecs 21.6, dyged ef at y ddor, neu at yr *orsin.*
1588 Esec 40.6, Efe a fesurodd *orsing* y porth.
1722 Llst 189, *Gorsin* – a door post; threshold.

gorthir (*gor* + *tir*) *eg.* ll. *gorthiroedd, gorthiredd.* Ucheldir, mynydd-dir, blaeneudir, tir mynydd, tir uchel, gorfynydd.
14g IGE 17, Ôl a gwrthol i'r *gorthir*/A wnaf at Rys, gwŷs y gwir.
16g WLl (Geir.) 278, *Gorthir* – y tir uchaf.
1688 TJ, *Gorthir* – y tir uchaf.

gorthwf (*gor* + *twf*) *eg.* ll. *gorthyfion.* Tyfiant bras, gordyfiant, atwf, ychwanegiad, twf ffyrnig.
1752 Gron 22, Croesaw y farf, wiwfarf, yt,/Cras *orthwf,* croesaw wrthyt.
Gw. ATWF, BRASDYFIANT.

gorwaered, gorwared gw. GORIWAERED.

gorwedd, gorweddiant *eg.* Y cnwd gwair neu ŷd wedi gorwedd cyn ei ladd, wedi ei fflatio gan y tywydd. Digwydd hyn weithiau pan fo'r cnwd

yn bendrwm a'r coesyn yn rhoi neu'n gwyro dan y pwysau. Gynt byddai cnydau felly, yn gwneud y cynhaeaf yn llawer mwy llafurus a thrafferthus.
1996 E Hughes, *Tair Bro a Rownd y Byd* 78, Gorlifwyd y caeau ddwywaith . . . a *gorweddodd* yr ŷd yn wastad â'r ddaear.

gorwydd (*gor* + *gwŷdd* [coed]) *eg.* Llethr, llechwedd coediog, bron goediog, ael goediog, allt goed. Fe'i ceir mewn enwau ffermydd, ayyb, e.e. 'Cefn *Gorwydd*' (Cefen Gorwedd ar lafar). Casllwchwr; a '*Gorwydd*' a 'Cefn *Gorwydd*', Llangamarch.
13g T 8 2, Karaf y *gorwydd* agoreil clyt.
1455-85 LGC 284, A chynt na gorwynt *gorwydd* / I Dywyn vawr pob dyn vydd.

gosail, gwasail (*go* + *sail*) *ebg.* ll. *goseiliau, goseilion.* Y waden o bren dan y ddwy ochr i gar llusg, i'r car lusgo arnynt i arbed gwaelod y car. Ym Maldwyn ceir y ffurfiau 'cosol' 'cosolion'; ym Meirionnydd 'osel', 'oseli', 'osolion'; ac ym Morgannwg 'gosil'.
1722 Llst 189, *Gossail* – heel of a sled.
1800 P, *Gossail* car – the sole of a drag, a piece of timber put under a drag to preserve the beam from wearing out.
1993 FfTh 12, 40, Yr oedd yn bwysig iawn hefyd fod y car llusg mewn cyflwr da, ac wedi rhoi *osolion* newydd oddi-tano i arbed y traul.

gosail tas gw. GWELY TAS, SAIL RHIC.

gosbwrn *eg.* ll. *gosbyrnau.* Ysgub neu sypyn o friwydd neu goed tân, ffagod, ffagoden, echrau.
1770 LlrC 16, 165, *Gosbwrn* – a faggot.
Gw. ECHRAU, FFAGOD.

gosbyrnu *be.* Rhwymo brigau coed neu friwydd yn sypiau neu sgubau. Clymu manwydd neu frigau crin yn ffagodau.
1770 LlrC 16, 165, *Gosbyrnu* gwrysg – to faggot brushwood for oven fuel, etc.

goseilio *be.* Gosod goseilion dan y car llusg, gwadnu car llusg. Ceir hefyd y ffurf 'gwaseilio'.
Gw. GOSAIL.

gosgymon (*go* + [*y*]*sgymon*) *eg.* Tanwydd, cynnud, coed tân, defnydd tân, yr hyn a ddefnyddir i ennyn tân neu i gael tân i ddod.
14g RB 2, 158, Ac wedi kaffel o'r tân *goskymon* ny orffwys hyd pan losges y castell.
Ffig. Enyniad, anogaeth, cymhelliad.
1630 R Vaughan: YDd 55, Beth yw synhwyrau, ond *gosgymon* i ennyn tân i'th drachwant?

gosod
1. *eg.* ll. *gosodau, gosodion.* Pryd o wair neu o wellt i'r gwartheg, cymaint o wair neu o wellt a roir i'r gwartheg ar y tro. Ar lafar ym Môn ac Arfon.
WVBD 162, Doro *osod* o wair i'r gwartheg.
1981 W H Roberts: AG 75, Wel i chi, fe drawyd y fuwch yn wael. Roedd hi'n gwrthod ei *gosod* ac yn brefu druan.

2. Seigiad neu huliad o fwyd ar fwrdd, un cwrs o fwyd.
1566 Pen 147, 226, Y *gosod* cyntaf gwedy pottes.

3. *be.* Rhoi rhywbeth yn ei briod le neu'r lle y dylai fod, ayyb, e.e. gwneud offer yn barod at waith. Sonnir am *osod* y cwlltwr ar yr aradr, *gosod* dyrnau'r bladur, ayyb. Gw. y cyfuniadau a ddilyn.

gosod yr ardd Plannu'r ardd (gogledd). Ar lafar yn Nyfed.
1989 P Williams: GYG 42, Ni chlywais erioed achwyn fod yr ardd yn ormod o faint ac ni chaniateid i neb arall ymyrryd yno wedi gorffen ei *gosod*.

gosod y cwningod *be.* Yr arfer, pan oedd cwningod yn bla yn ystod hanner cyntaf yr 20g, i osod y cwningod ar dasg i'r dynion fyddai'n ennill eu bywoliaeth drwy ddal cwningod. Talent hyn a hyn y tymor i ffermwr am yr hawl i ddal y cwningod.
1976 G Griffiths: BHH 60, Ni fynnai William Williams *osod y cwningod* i neb, nac wrth y cwpl na mewn unrhyw ffordd arall. Mynnai chwarae efo'r gwaith hwnnw ei hunan.
Gw. CWNINGOD, DAL CWNINGOD, MYCSOMATOSIS.

gosod dyrnwr *be.* Angori'r peiriant dyrnu a'r injan stêm neu'r tracsion (yn ddiweddarach, y tractor), gyferbyn â'i gilydd fel bod y strap (belt) o'r naill i'r llall yn rhedeg yn union, a strocio'u holwynion fel na symudai'r un o'r ddau yn eu gwaith. Yn ddieithriad gwaith a wneid gan un o'r ddau 'ddyn canlyn dyrnwr' oedd 'gosod y dyrnwr'.
1976 G Griffiths: BHH 114, 'Roedd y *gosod* hwn yn bwysig oherwydd 'roedd strap cryf yn rhedeg am olwyn fawr ar ochr yn injan ac yn cysylltu â'r dyrnwr. Petai'r peiriannau wedi eu *cam-osod* byddai hynny'n amharu ar rediad y strap.
1990 FfTh 5, 4, Cyn dechrau dyrnu rhaid oedd *gosod* y peiriannau. Roedd angen i'r dyrnwr a'r tracsion fod yn wastad, a chymerid gofal mawr oherwydd roedd ambell i gadlas a cholliant tir ynddi neu'n anwastad. Rhaid oedd symud y tracsion fodfedd i'r dde neu i'r chwith i gael perffaith rediad y strap o ganol y 'flywheel' i ganol y 'pulley' ar y dyrnwr.
Gw. DYRNWR.

gosod llafur *be.* Ymadrodd siroedd y de yn cyfateb i 'hau ŷd' yn y gogledd.
1958 I Jones: HAG 63, Wedi gorffen '*gosod llafur*', byddai'n bryd hau tatws.

gosod y lle bach *Ymad.* Ymadrodd yn ne Cymru a ddefnyddir am drin tir, hau ŷd, plannu tatws, ayyb, ar fferm fach neu dyddyn, gan amlaf, lle rhy fach i gadw ceffyl. Fel arfer, byddai 'fferm fawr' yn rhoi benthyg gwas a gwedd o geffylau i *osod y lle bach*, ac yna deiliad y lle bach yn addalu trwy gynorthwyo yn y cynhaeaf, ayyb, ar y fferm fwy. Gelwid hyn yn 'toddi dyled' neu'n 'ddyled y cynhaeaf'.
1958 I Jones: HAG 66, Toddi eu dyled y byddai'r mwyafrif wrth ymateb i 'gorn y fedel': talu am swrnai cert i ymofyn glo neu goed, neu dalu am le heuad winsin o datws, neu am wasanaeth pâr o geffylau a gweithiwr i *osod y lle bach*, . . .
Gw. DYLED CYNHAEAF, LLE BACH, TODDI DYLED.

gosod pladur *be.* Gofalu bod y bladur wedi ei gosod yn iawn ar gyfer y sawl a'i defnyddiai – *gosod* y llafn ar yr osgo priodol, *gosod* y colsiant i gadw'r llafn rhag symud yn ei waith a *gosod* y dyrnau i gyfarfod a maint y pladurwr a hyd ei freichiau.
1993 FfTh 12, 32-3, Cyn dechrau torri'r ŷd gyda'r bladur manteisiol iawn oedd altro'r *gosodiad*, sef dod â'r llafn rhyw ddwy fodfedd i mewn. Cymerir y mesur o fôn y dwrn isaf i

fôn y llafn ac hefyd o fôn y dwrn i flaen y llafn, a cwtio dwy fodfedd ar yr olaf. Gwyddai'r pladurwr yn dda a oedd y mesur yn siwtio trwy estyn blaen ei droed dde ar flaen y llafn pan yn dal y bladur yn barod i waith.

gosod tatws *be.* Ymadrodd y gogledd (ar y cyfan) am roi tatws mewn rhesi gyda rhyw droedfedd dda rhwng pob un. Yng Ngheredigion sonnir am *hau* tatws, sef plannu tatws. Yn sir Benfro, fodd bynnag, sonnir am *osod tatws*.

1938 T J Jenkin: AIHA AWC, cyn belled ag y cofiaf '*gosod*' oedd yr unig air ynglŷn â dodi y tato . . .
1958 I Jones: HAG 63, Wedi gorffen *gosod* llafur byddai'n bryd *hau tatws*.

gosod tir, gosod lle, gosod fferm *be.* Rhoi tir, neu dŷ, neu fferm, ayyb, ar rent penodedig, rhoi ar rent, rhoi ar osod.

'Rydw'i wedi *gosod* trigain acer i gymydog.'
'Mae Tyddyn Bach ar *osod* yn y papur heddiw.'

gosog *gw.* GWALCH, HEBOG.

gosol *gw.* GOSAIL.

gostrodur, go strodur *a.* Dan gyfrwy (am geffyl), wedi ei gyfrwyo, wedi ei starnu, mewn harnais.

13g T 34, 20-21, Meirch gwelw *gostrodur*.

gostyngiad gwerth *eg.* Gwerth gostyngol offer, peiriannau fel y maent yn heneiddio, cymaint ag y mae stoc, peiriannau offer, ayyb yn llai o werth eleni na'r llynedd, ac yn cael ei gyfrif fel gwariant neu golled i bwrpas y cyfrifon blynyddol, isbrisiad.
Gw. ISBRISIAD.

gostyngwr *eg.* Ar flaen aradr geffyl ceir dyfais i ledu ac i ddyfnhau'r gwys yn ôl y gofyn, ac wrth gwrs i'w chulhau a'i basáu yn ôl y gofyn. I ledu neu gulhau'r gwys gellir symud bôn y fondid i'r naill ochr neu'r llall (ar draws) ar y glust. I ddyfnhau neu fasáu'r gwys symudir bôn y fondid at i fyny neu at i lawr ar y glust. Mewn rhai rhannau (Ceredigion) gelwir y ddyfais yn 'lledwr' a 'gostyngwr'.

gotel *gw.* COTEL.

gotoyw *eg.* ll. *gotoywon.* Ysbardun, calcar, barrog. Amr. 'adoyw'.

16g WLl (Geir.) 278, *Gottoyw* – ysbardyn.

gowaered, gowared *gw.* GORIWAERED.

gowinau *gw.* GWINAU.

graban *ell.* ac *et.* Chwyn (llêr) ag iddyn nhw flodau melyn yn tyfu mewn cnwd o ŷd, gold yr ŷd (*Chrysanthemum segetum*). Ar lafar yng Ngheredigion am yr hadau mân a geid gynt ar waelod y dyrnwr a'r peiriant nithio. Yn Nyfed defnyddir y gair am hadau'r 'cedw gwyllt'. Yn y de dywedir am deulu mawr eu bod fel 'blodau'r *graban*', h.y. ym mhob man. Ceir 'Allt*graban*' a 'Garth*graban*' yn enwau lleoedd yn Llantrisant, Morgannwg.

1672 R Prichard: Gwaith 13, 466, Yn yr ŷd mi werthwn *raban*,/Yr un pris â'r gwenith purlan.
1938 T J Jenkin: AIHA AWC, *Graban* – yn ddigon trwm i fynd gyda'r ŷd (wrth ddyrnu) ond yn rhy fân a thrwy hynny yn mynd drwy'r sgrin – hadau chwyn yn fwyaf arbennig. (yn fynych, yn cynnwys llawer o had Corn Marigold).

gradell *eb.* ll. *gredyll, gradellau, gradelli.* Plât haearn crwn a chlust wrtho i'w gario, a roid gynt ar y tân i bobi bara a theisennau. Weithiau fe'i gosodid ar y tân yn y tŷ ac weithiau ar frics neu drybedd haearn y tu allan a thân dani. Ym Môn gelwid y math hwn o bobi (crasu) allan yn 'bobi'n y baw', ac yn Nyfed yn 'bara planc'. Rhoid y toes ar y *radell* a phadell drosto, ac weithiau rhoid marwor (lludw poeth) dros y badell er mwyn crasu'r dorth drwodd a thro. Cyffredin iawn gynt oedd yr ymadroddion 'bara *radell*' a 'theisen *radell*'. Ceir hefyd y ffurfiau 'radell' a 'rhadell'. Ar lafar yn y gogledd. 'Planc' (Penfro, godre Ceredigion), 'mân' (maen) (Morgannwg), a 'llechwan' (Morgannwg). Carreg neu lechfaen yn hytrach na haearn fyddai'r *radell* yn aml.

1588 2 Sam 13.9, Hi a gymerth y *radell* ac a'u tywalltodd hwynt ger ei fron ef.
1620 Lef 2.5, Ond os bwyd offrwm ar *radell* fydd dy offrwm di, bydded o beilliaid . . .
1963 T M Owen: LlLlM 18, Cyn dyddiau'r popty, cresid bara trwy ei roddi ar *radell* a gosod padell drosto, yna cuddid y cyfan ag ulw poeth.
Dywed. 'Cyn ddued â'r *radell*'.
'Dwylo mawr fel *rhadell*'. Cf.' Dwylo mawr fel siefl'.

Gradd Apwyntiadau Amaethyddol 'Apwyntiad Gradd 1' – gwas neu weithiwr amaethyddol, heb fod dan 20 oed, wedi ei apwyntio i safle rheolwr gyda dau arall amser llawn dano. 'Apwyntiad Gradd 2' – gweithiwr heb fod dan 20 oed, wedi ei apwyntio i safle o gyfrifoldeb am drefnu ac arolygu'r gwaith o ddydd i ddydd, gydag un arall amser llawn dano. Dyma'r drefn dan y Bwrdd Cyflogau Amaethyddol.

graddoli gw. GREDIO.

graean *eg.* bach. *graeënyn, graeanen.* Tywod bras yn gymysg â gro neu rafel a geir ar wely afon neu mewn marian. Fe'i defnyddid lawer iawn gynt at wneud llawr beudy, cau tyllau ar y lôn bach (wtra, y feidir), ayyb. Fe'i ceir mewn enwau lleoedd megis 'Graienyn' (Isaf ac Uchaf) ger y Bala, 'Graianog', ayyb.

1740 Th Evans: DPO 133, Cornant gwyllt yn gorchuddio'r Dyffryn isod â llaid a *graian* a cherrig.
1793 Dafydd Ionawr: CD 24, Dŵr glân hyd *raian* a red.

graeandir, graendir (*graean* + *tir*) *eg.* ll. *graeandiroedd.* Tir graeanog neu dywodlyd, grodir, tir marianog, tir llawn graean.

1445-75 GG1 52, O gwnaf dŷ, mae gennyf dir/A'i rwndwal ar *raeandir*.

graen
1. *eg.* Grawn, gronynnau, had, hadyd, grawn ŷd (S. *grain*).

1790 M Williams: BM 33, Y mis hwn torrwch bob *graen* o lafur mor ebrwydd ac y addfedo.

2. *eg.* Cyflwr, gwedd, golwg (am anifail). Sonnir am anifail a *graen* da arno, h.y. mewn cyflwr llewyrchus, â gwedd dda arno, â blewyn da. Hefyd am dir a fferm mewn cyflwr gwrteithiedig da – fferm a *graen* arni.
'Welais i rioed fustych a chystal *graen* arnyn nhw.'
1978 D Jones: SA 59, Ni ddaw chwaith lle ni ddaw chwyn/Unrhyw *raen* ar ei ronyn.

3. *eg.* Y mesur lleiaf o bwysau, un saith milfed o bwys ($1/7000$).

grafaelio *be.* Niweidio neu glwyfo troed ceffyl gan raean yn mynd i'r bywyn, cael dolur neu niwed gan raean (troed ceffyl). Ar lafar ym Maldwyn, Ceredigion ac Arfon.
GPC, Mae'r carn wedi *grafaelio.*
Gw. hefyd WVBD 163.

grafell *eb.* ll. *grafelli.* Math o raw bren, â phen fflat, tenau, at droi bara ceirch wrth ei grasu ar y radell neu yn y popty.

granar, graneri *eb.* Ystordy i gadw grawn ŷd, ac, fel rheol, llofft uwchben un o'r beudai, llofft storws. Ynddi y rhoid y grawn yn grewyn yn syth o'r dyrnwr diwrnod dyrnu. Byddai'n un adeilad ar y ffermydd gynt a hawliai glo, rhag i'r certmyn gymryd mwy na'u siâr o'r ceirch wrth geisio cael 'blewyn da' ar y wedd. Dogni dyddiol a gâi'r certmon yn swyddogol. Ond, yn aml, byddai ganddo ffyrdd o gael rhagor yn answyddogol! Cael gafael ar allwedd y llofft a gwneud copi ohono a chael y gof lleol i wneud allwedd. Neu, weithiau, tynnu cainc o lawr y llofft dan y crewyn ŷd a dyhidlo'r ŷd drwodd i lestr neu sach, ac yna gofalu rhoi corcyn yn y twll.
1966 I Gruffydd: TYS 23-4, Ceid llawer sgiam i ladrata ceirch . . . yr un mwyaf llwyddiannus fel y deuthum innau i ddeall cyn hir, oedd gofyn i forwyn y briws am fenthyg goriad y llofft *granar* am funud. Yna gwasgu hwnnw'n ddwfn i ddarn o sebon i gael patrwm i fynd i Langefni i chwilio am oriad arall, a dyna'r ffordd yn glir i latrata faint a fynnech o geirch am dymor cyfan.
1972 E Williams: TT 42, Treuliai John Dafis a minnau ddarn helaeth o ddiwrnod yn paratoi'r *granar* ar gyfer diogelu'r grawn.
1983 E Richards: YAW 13-14, Dyma'r unig ddosbarth o weithwyr y gwn i amdanynt, a fyddai'n lladrata oddi ar eu meistri er mwyn porthi ceffylau'r meistri hynny. Ceir hanes am rai yn tyllu dan lawr llofft yr ŷd er mwyn dwyn ceirch i'r ceffylau, ac eraill yn torri'r clo ac yn torri i fewn yn llythrennol gan gymaint oedd eu balchder.
1966 I Gruffydd: TYS 23, Pan ddeuai'r meistr o'i barlwr rhwng pump a chwech ar nos Sadwrn, i roi ei ddogn wythnos o geirch i bob certmon, cofiaf fel y byddwn innau'n sefyll yn y ciw cyn bwysiced â'r un a'm sachyn dan fy nghesail.
Gw. CERTMON, LLOFFT STORWS.

grant *eg.* ll. *grantiau.* Cymhorthdal, yr hyn a gyfrennir, fel rheol, o gyllid gwlad yn gymorth i ddibenion arbennig. Ar ôl yr Ail Ryfel Byd (1939-45) manteisiodd amaethyddiaeth cryn lawer ar nifer o grantiau (cymorthdaliadau). Wedi profiad y rhyfel ceisiodd y llywodraeth wneud gwledydd Prydain yn fwy hunangynhaliol mewn bwyd. I'r pwrpas hwnnw sefydlwyd cyfundrefn o grantiau i ffermwyr gyda'r amcan o chwyddo'r cynnyrch amaethyddol. Erys nifer o grantiau o hyd, er mai'r duedd bellach, dan Bolisi Amaethyddol Cyffredin y Gymuned

Ewropeaidd, yw diddyfnu ffermwyr o'r grantiau.

grasbin *ebg.* Y roden fain sy'n cyrraedd o fôn llafn y bladur i fôn ei choes, gyda'r pwrpas dwbl o gadw'r llafn yn ei le a rhwystro gwair neu wellt hel yn y gesail rhwng y goes a'r llafn, worm pladur, ffrwyn pladur, carchar pladur.
Gw. hefyd CARCHAR[3], FFRWYN PLADUR, RHEFFYN[1].

grât gwartheg *egb.* Yr enw mewn rhai ardaloedd ar grid gwartheg (*cattle grid*), alch wartheg, rhwyll wartheg, bualch.
Gw. ALCH WARTHEG, RHWYLL.

grater *ebg.* Peiriant at falu rwdins, maip, mangls, ayyb yn fwyd i anifeiliaid, sgrapar (Môn ac Arfon), pwlper. Ar lafar ym Meirionnydd.
Gw. LLEN Y LLANNAU 1978, 76. Gw. hefyd SGRAPAR.

grawn *etf. eg.* un. *gronyn*. Yn amaethyddol gronynnau ŷd, brig yr ŷd wedi ei ddyrnu a'i nithio a'i wahanu oddi wrth y gwellt, y peiswyn a'r manyd.
1346 LlA 23, Yna hagen (yn ddiau) y gwahana yr engylyon y rei da y wrth y rei drwc, megys y *grawnn* y wrth y peiswyn.
1567 Marc 4.28, Yn ôl hynny yr *grawn* [:-yd, llafur].
1620 1 Cor 15.37, Ond gronyn noeth, ysgaffydd o wenith, neu o ryw *rawn* arall.

grawn eiladd *eg.* Y gronynnau mewn grawngnwd sydd o ran maint rhwng y rhai mwyaf (grawn gorau) a'r rhai lleiaf (manyd) pan yn dyrnu, gynt, â'r dyrnwr mawr, bellach a'r dyrnwr medi.

grawn glân *eg.* Sampl o wenith, haidd, ceirch, ayyb heb fod ynddo had unrhyw blanhigion eraill.
Gw. HAD ARDYSTIEDIG.

grawn India *eg.* Corn, indcorn, indiacorn. Grawn a dyfir dros y byd, yn enwedig yn America lle tyfir 60% o holl gynnyrch y byd. Fe'i tyfid yn America cyn i'r Ewropeaid gyrraedd yno gan yr Indiaid brodorol Parheir i'w alw'n *rawn India* neu 'indiancorn'.

grawn llafur *gw.* GRAWN.

grawn madarch *gw.* MADARCH, MASIARŴM.

grawndir (*grawn* + *tir*) *eg.* ll. *grawndiroedd*. Tir addas i dyfu ŷd, tir wedi ei droi a'i drin ar gyfer tyfu ŷd, tir llafur, tir dan ŷd.

grawndwn (*grawn* + *twn* [tir]) *eg.* Cae ŷd, tir ŷd, tir llafur, tir dan ŷd.
1766 CD 72, Cynta gwaith pan godwn,/Rhodio allan ir *grawn-dwn*.

grawndy (*grawn* + *tŷ*) *eg.* ll. *grawndai*. Granar, llofft storws, sgubor, lle i gadw grawn.
1604 TW: Pen 228, Ceitwat y *grawnduy*, ne'r yscubawr.

grawnfa *gw.* GRANAR, GRAWNDY, LLOFFT STORWS, SGUBOR.

grawnfaeth (*grawn* + *maeth*) *a.* Wedi eu porthi ar rawn, wedi eu pesgi ar rawn (am anifeiliaid), porthiannus, metelus.

grawnfwyd (*grawn* + *bwyd*) *eg.* ll. *grawnfwydydd*. Bwyd wedi ei wneud o rawn. Bu dyn ar bob adeg yn bwyta grawn mewn rhyw ffurf neu'i gilydd. Bellach mae galw mawr amdano a cheir amrywiaeth deniadol ohono wedi ei baratoi gan gwmniau mawr fel Kellogs.

grawnfyged (*grawn* + *myged* [teilwng, anrhydeddus]) *a.* Gwiw neu deilwng ei rawn (ŷd), yn cael ei borthi'n deilwng, porthiannus, metelus.
15g H 109b 24, Ac emys (march) grawthvrys (calonnog) *grawnfyged*.

grawngwd (*grawn* + *cwd*) gw. SACH ŶD.

grawnus (*grawn* + *us*) *eg.* ll. *grawnusion*. Porthiant sych i anifeiliaid, mân us, siaff, gogor, ebran.
1771 W, *Grawnus* – chaff.

grawth, rhawth *a.* Llamsachus, calonnog, yn tindaflu, yn dangos ei garnau (am geffyl), eiddgar, awchus.

grawthfrys (*grawth* + *brys*) *a.* Yn tuthio'n gyflym, buan ei drot neu ei duth (am geffyl).
15g H 109b 24, Ac emys (march) *grawthvrys* (calonnog, cyflym) grawnfyged.
Gw. GRAWTH.

gre *eb.* ll. *greoedd, greon.* Haid o geffylau, gyrr o feirch, stabl o geffylau, haid o gesig magu. Hefyd am ddiadell neu braidd neu genfaint o wartheg, defaid a moch.
1346 LlA 10, an gwarthec an ychen an *greoedd* an deveit.
1670 J Hughes: AP 413, Gre . . . yw diadell o ddefaid neu o anifeiliaid pa bynnac, ac nid o ryw fath ohonynt yn neilltuol.

gre gyfreithiol *eb.* ll. *greoedd cyfreithiol*. Stabl neu styd o ddeg ar hugain (neu hanner cant) o gesig a stalwyn neu farch.

gredio *be.* Trefn a sefydlwyd ar ôl yr Ail Ryfel Byd (1939-45) oedd *gredio* (graddoli) anifeiliaid. Dan y drefn honno byddai'r Weinyddiaeth Fwyd yn prynu'r anifeiliaid (defaid, ŵyn a gwartheg) i gyd. Pennid y prisiau o ddechrau Ebrill yn flynyddol. Byddai'r prisiau yn gostwng rhyw gymaint rhwng Ebrill a Hydref, ond yn codi wedyn rhwng yr Hydref a'r Ebrill canlynol. Ceid tri ar waith ym mhob marchnad yn *gredio*, sef yn graddoli'r anifeiliaid – un yn cynrychioli'r ffermwyr, un yn cynrychioli'r bwtseriaid, ac un yn cynrychioli'r arwerthwyr. Ceid hefyd un oedd yn gyfrifol am anfon yr anifeiliaid tewion i wahanol ladd-dai o fewn dalgylch y farchnad, ac yna'r gweddill i ladd-dai tu hwnt i'r dalgylch. Dôi'r tâl am yr anifeiliaid gan y Weinyddiaeth Fwyd o fewn wythnos i ddyddiad y pryniant. *Gredio* a gartrefodd ar wefusau ffermwyr yn hytrach na 'graddoli'.

214

grefa *eb.* Sefydliad neu fferm lle cedwir ceffylau i fridio, styd, fferm gynt a yrrai stalwyni (meirch) i gerdded y wlad i farchio cesyg am dâl.
Gw. CANLYN STALWYN, STALWYN.

gregan, gregar *eg.* Y sŵn a wneir gan iâr, crawcian, clegar, clochdar, clwcian.
1688 TJ, *Gregar*: clwccian fel iâr, to clock or cackle as a hen.
Gw. CLEGAR, CLOCHDAR, CLWCIAN, CRAWCIAN.

grelyn (*gre* + *llyn*) *eg.* ll. *grelynnoedd, grelynnau.* Llyn i geffylau a gwartheg i yfed ohono, llyn i anifeiliaid gael dŵr.
1688 TJ, *Grelynn*:- llynn i ddyfrhau enifeiliaid.

gresh gwydde (S. *grease*) Saim gŵydd, y braster a geir o ladd gwyddau ac a ddefnyddid yn helaeth gynt i wahanol ddibenion, i rwbio'r frest gaeth, i rwbio pwrs caled y fuwch, i iro'r stric hogi, i iro'r drol, ayyb. Ar lafar yn Nyfed.
Gw. SAIM GŴYDD.

gres (gwres) *eg.* Math o lid seimlyd a drewllyd ar egwydydd a sodlau ceffylau ac yn achosi crach, yn cael ei achosi gan ormod gwres yn yr egwydydd. Ar lafar yn Nyfed yn y ffurf 'gresh'. Ar lafar yn Ngheredigion. Ceir 'llid yr egwyd' yn enw yn TAM 1994. Clywir hefyd 'ireidwst' yn enw.
Gw. IREIDWST.

gresio *be.* Yn dioddef o'r 'gres' (ceffyl). Ar lafar yn gyffredinol. Yng Ngheredigion dywedir 'Mae troed y gaseg yn *greso*', ac yn y gogledd 'Ma'r ceffyl yn *gresio* (neu'n 'gwresio') yn arw'. Gw. GPC. a *Môn* 1954 (J H Roberts.
Gw. GRES.

greual gw. GRUAL.

grëwr, greor *eg.* ll. *grewyrion, grewyr, greorion.* Un yn gwarchod gre, un sy'n gyfrifol am gesig a cheffylau, gwyliwr anifeiliaid, heusor, bugail, diadellwr, preiddiwr.
GPC, Dichon mai 'Moel *Greorion*' oedd ffurf wreiddiol 'Moel Cynghorion' rhwng Betws Garmon a Llanberis.
1688 TJ, *Greawr*: ceidwad gyrr neu fintai o Ynifeiliaid.
Gw. GRE.

grewys *a.* ll. *grewysion.* Perthynol i re o feirch a chesig, yn cael eu cadw at fagu (am gesig), gre o gesig.
13g AL 1 706, Gwerth ystalwyn yw cassec *rewys*.
1480-1525 TA 410, Gwiberoedd, grug a borynt,/*Grewys* o liw grisial ynt.

Grey-back *ep.* Hen frîd o wyddau gwynion ond ag esgyll a chluniau llwydion. Bu'r rhain yn boblogaidd iawn yng Nghymru am flynyddoedd lawer.

Greyface *ep.* Brîd croesryw o ddefaid wedi defnyddio hwrdd 'Border Leicester' ar ddefaid 'Scotish Blackface'. Gwelir y brîd fwyaf yn yr Alban a gogledd Lloegr. Yno croesfridir y defaid 'Greyface' a hyrddod 'Suffolk' i gynhyrchu ŵyn o ansawdd da.

grid *egb. ll. gridiau.* Rhwyll wartheg, grid gwartheg, y rhwyllwaith cryf o haearn a osodir ar ffordd, gyda gwagle oddi tano, sy'n atal anifeiliaid, ond yn caniatau i gerbydau modur, tractorau a pheiriannau fynd drosto. Dyfais i arbed agor a chau giât yn oes y car modur a'r tractor. 'Grid gwartheg' yw'r enw yn TA 1991. Ond ar lafar mewn rhai ardaloedd ceir 'rhwyll wartheg', 'alch wartheg' a 'bualch'.

Joseff W Jones, *Awen Meirion*, Nid oes bellach le i achwyn – ar y ffordd/Lle bo'r ffin yn dirwyn;/A'r gât a fu'n sail i'r gŵyn/Yn rheiliau dan yr olwyn.

Gw. ALCH WARTHEG, BUALCH, RHWYLL.

gridyll
1. gridell, gridil *egb. ll. gridyllau, gridellau.* Plât haearn crwn a chlust neu ddolen iddo at ei handlo, ag a osodir uwchben y tân i grasu cacen gri, crempog, ayyb, gradell.
Gw. GRADELL, RADELL.

2. *eb.* Rhwyll fetel neu alch, ag iddi goes gymharol hir i'w dal uwchben y tân i friwlio neu rostio cig.
1770 TG 2, 8, A chraswch hwy (golwythen) uwch ben tân ar y *gridyll*.

3. *eb.* Rhwyll, ond yn llawer mwy na gridyll goginio, a ddefnyddid yn foddion arteithio troseddwyr â thân. Ceir hefyd y ffurfiau 'grindil' a 'grindill' ac ar lafar yn Arfon yn y ffurfiau hyn. Clywir yr ymadrodd 'rhoi ar y *grindil*', sef rhostio'n fyw. Gw. WVBD 164. Sonnir hefyd am 'fyw ar y *grindil*', sef byw'n fain a chaled.
1630 R Llwyd: LlH 425, Pa faint blinach (yw gorwedd) ar y *gridil* pur boeth.

griswyl *egb.* Llysiau'r gingroen, y benfelen, y garnedd felen (*Senecio Jacoboea*). Credid gynt ei fod yn blanhigyn llesol mewn powltis i ladd llid a thwymedd. Ar lafar yng Ngheredigion.
Gw. Y GINGROEN.

grit gw. GRUT, GRUTAREN, GRUTFAEN.

gritio gw. GRUTIO.

griwel, griwal gw. GRUEL.

grodir (*gro + tir*) *eg. ll. grodiroedd.* Tir graeanog, tir llawn gro neu raean, tir marianog, graeandir.
14g GDG 64, Gwridog yw ymlaen *grodir* (llwynog yn ei ffau).
16g LLEG Mos. 158, 460a, Keirch . . . a ffynasai'n fawr yn y *grodiroedd*.
Ffig. Y bedd.
16-17g Cer RC 85, Yn gorwedd yng *ngrodir* ecclesia.
Gw. GRAEANDIR, MARIAN.

groegwyran *eg.* Planhigyn o dylwyth pys a ffa a dyfir yn fwyaf arbennig am ei hadau sy'n ddefnyddiol i ddibenion *milfeddygol (Trigonella Foenum Groecum).* Daeth yn wreiddiol o dde-ddwyrain Ewrop a gorllewin Asia, a hynny'n esbonio rhan gyntaf yr enw, sef Groeg.

grofft *eg.* ll. *grofftau, grofftydd.* bach. *grofften.* Parc, maes neu gae bychan, yn enwedig yn ymyl y tŷ, darn neu glwt o dir yn agos at y tŷ, llain dan tŷ. Ceir y gair mewn enwau lleoedd: 'Y *Rofft'*, Bangor; 'Y *Rofft* Bach', Dolwyddelan; 'Cefn *Rofft'*, Llanfihangel Glyn Myfyr; 'Plas yn y *Rofft'*, Tywyn; '*Grofft*ymeudwy', Bangor is Coed; 'The *Rofft'*, Gresford. Ar lafar yn Nyfed am gae âr – 'yr offt' (Y Rofft).
14-15g IGE 32, A'r garret rudd ar gwr *grofft.*
eto, 265, Os o'i grefft is ei *grofftydd*/Rhyw fawr fôst rhy ofer fu.
Gw. COTEL, CROFFT, ERW.

gron (y) *eg.* Gair rhai ardaloedd am derweinen, e.e. Môn. Ceir hefyd 'y grwn', ac fel *y gron* yn cyfeirio at ffurf yr afiechyd crachaidd ar groen anifail a dyn, sef cylchoedd crachaidd o ryw fodfedd ar eu traws. Cf. y S. *ring-worm.*
Gw. DERWEINEN.

gronyn *eg.* ll. *gronynnau, grawn.* Un wenithen, heidden neu geirchen.
1450-8 DN 14, Heb *ronyn* ŷd, heb rwnn âr.
1620 1 Cor 15.37, A'r peth yr wyt yn ei hau . . . ond *gronyn* noeth, ysgatfydd o wenith, neu o ryw rawn arall.
Ffig. Y mymryn lleiaf o rywbeth, yr ysbaid lleiaf o amser.
1455-85 LGC 80, Yr enaid ni char *ronyn.*
1929 D Williams: LLEM 255, Mi ganaf *ronyn* eto.
1929 J Dafydd: LLEM 127, Trwy rinwedd hwn fe'm dwg yn iach/I'r ochor draw 'mhen *gronyn* bach.

gronynnaidd, gronynnog *a.* Llawn gronynnau, llawn tywysennau (am gnwd ŷd), yn frigog.

gronynnu *be.* Yn magu pen neu'n magu brig (am ŷd, ayyb), yn brigo, ŷd yn cadeirio, ŷd yn gronynnu, hadu.
1722 Llst 189, *Gronynnu* – to kernel (as corn, etc).

growndswyl, grownsel *eg.* Y benfelen, greulys (*Senecio vulgaris*). Fe'i defnyddid gynt i wneud powltis i ladd llid a gostwng chŵydd.
16g WLB 25, Kymer lysseu a elwir yn saesnec, '*grownsell'.*

grual gw. GRUEL.

grud gw. GRUT.

gruel, grual, gruwel, griwel *eg.* ll. *gruelau.* Bwyd llwy wedi ei wneud o flawd ceirch; blawd ceirch, neu flawd gwenith, wedi ei ferwi drwy ddŵr neu laeth, uwd, potes.
1938 T J Jenkin: AIHA AWC, *Griwel* – Yr oedd *griwel* lawer yn ysgafnach na'r 'Cotl' a gwneid ef yn bennaf o flawd ceirch a dŵr.
1981 W H Roberts: AG 153, Gnwai mam *riwal* inni efo cornfflwar, ac yr oedd yn nodedig o

dda, ond nid oedd curo ar uwd blawd ceirch na bara ceirch ychwaith.
Dywed. 'Yn dew fel *grual'* – am gawl, grefi, ayyb.
16g WLB 72, Kyn dewed â *gruel.*
gruel ceirch – wedi ei wneud o flawd ceirch.
gruel dŵr – blawd ceirch wedi ei ferwi drwy ddŵr.
gruel llaeth – blawd ceirch wedi ei ferwi drwy laeth.
gruel peilliad – wedi ei wneud o flawd gwenith.
gruel seithryw – â saith elfen ynddo. Ar lafar ym Meirionnydd.
gruel tatws – ar lafar ym Meirionnydd.

grug *etf.* bach. *grugyn, grugen.* ll. *grugoedd.* Planhigyn bythwyrdd o rywogaeth yr *Erica* a dyf (weithiau i uchder o 18 modfedd) ar fynyddoedd, rhosydd a gweunydd. Mae iddo ddail bychain hirfain a blodau porffor ar lun clychau bychain. Hefyd planhigyn o'r un tylwyth, ond bod ei ddail yn llai a llwytach a'i flodau'n fannach a mwy gwelw (*Calluna vulgaris*), myncog. Ar lafar yng Ngheredigion; Morgannwg a Dyfed yn y ffurf 'gwrug', 'gwrig'. Digwydd fel enw benywaidd yn 'y *Rug*', Corwen a Llan*rug* (gynt, Llanfihangel-yn-*Rug*).
1620 Jer 17.6, Efe a fydd fel y *grug* yn y diffaethwch.
1920 *Cerddi Crwys* 'Caru Cymru', Pob mynydd â choron o *rug* ar ei ben.
Hen Ddoethineb. 'Aur dan y rhedyn,/Arian dan yr eithin,/ Newyn dan y *grug.*'
Eifion Wyn, 'Blodau'r Grug', Tlws eu tw' liaws tawel – gemau teg/Gwmwd haul ac awel;/Crog glychau'r creigle uchel,/Fflur y main, ffiolau'r mêl.

grug mêl Grug y ceir llawer o fêl o'i flodau, ac yn cael ei ystyried fel mêl a rhagoriaeth yn perthyn iddo.
Eifion Wyn, 'Blodau'r Grug', Fflur y main, ffiolau'r *mêl.*

grug y mynydd Grug o flodau porffor (yn aml) a dyf ar fynyddoedd.
Ceiriog, 'Nant y Mynydd', *Grug y mynydd* yn eu blodau,/Edrych arnynt hiraeth ddug/Am gael aros ar y mynydd,/Yn yr awel efo'r *grug.*

grug ysgub Grug a dorrid gynt at wneud ysgub lawr. Ar lafar yn Arfon a Dinbych.
Gw. YSGUB LAWR.

gruga *be.* Hel neu gasglu grug yn enwedig at ei roi dan y tail yn y siediau, tynnu grug, cynaeafa grug.
1730 T Lloyd: D (LlGC), i frwyna ac i *Ryga* o rywogaeth.

grugog *a.* Yn llawn grug, wedi ei orchuddio â grug (am dir). Digwydd yn yr enw 'Rhosllannerch*rugog*' a cheir fferm 'Allt *Rugog*' ym Mhenllyn.

grugos *eg.* Tir lle y tyf grug, rhos. Fe'i ceir yn yr enwau lleoedd 'Y *Rhigos*' (Ricos ar lafar), Morgannwg; a Cefen*grugos*, Llannarth, Ceredigion.
1774 W, *Grugos* – a heath or heathy common.

grugwellt (*grug + gwellt*)
1. *eg.* Gwair sy'n tyfu yng nghanol grug (GPC).

2. *eg.* Gwair sy'n tyfu ar rosydd llaith yng Ngorffennaf ac Awst ac iddo goesyn ffyrf, dail byr a ffurben yn cynnwys o dri i chwech o flodigion gwyrdd neu borffor (*Sieglingia decumbens*) (GPC).

3. *eg.* Gwair a dyf o fis Mai ymlaen mewn caeau ac ar gloddiau ac a nodweddir gan ddail llydain garw a ffurben yn cynnwys clystyrau o flodigion gwyrdd neu borffor ar ffurf wy (*Dactylis glomerata*), byswellt, troed y ceiliog (S. *cocksfoot*) (GPC).

grut

1. **grud, grit** *eg.* ac *etf.* ll. *grutiau.* Graean mân neu rafel mân (tywod bras), a roid gynt ar y stric i hogi pladur cyn dyddiau'r galen hogi carabwndwm. Ar lafar yn y gogledd. Ceir hefyd y ffurf 'gryt'. Yn y de sonnir am *rution* neu waddod yn gwaelodi mewn diod.

1981 W H Roberts: AG 59, Cael gafael ar garreg *rud* i ddechrau, a chrafu honno efo hen lafn cyllell injan ladd gwair nes cael pentwr o'r *grud* mân. Cymryd potel dri hanner peint wedyn a'i rowlio nes y byddai mor fân â phosib, a'i gadw mewn corn cornio.
Ffig. Cymeriad â phlwc ynddo neu un yn dal ati neu'n dyfalbarhau.
'Mae 'na ddigon o *rut* yn yr hen Now.'
1672 R Prichard: Gwaith 428, Fe ŵyr Duw beth yw dy ddolur,/Dy rym, dy *rytt*, dy naws, dy nattur.
Gw. CORN GRUD, GRUTBREN, PLADUR, STRIC.

2. *eg.* ac *etf.* ll. *grution.* Rhuchion, rhynion, blawd ceirch bras, blawd haidd (barlys) bras.
13g YBH 15a, . . . torth o vara *grut* a gey beunydd.

grutbren *eg.* ll. *grutbrennau.* Offeryn at hogi pladur, tebyg i galen hogi pedair ochr ond yn fwy, stric, rhip, rhipyn. Fe'i gwneid o bren, yn rhyw bymtheng modfedd o hyd a phedair ochr iddo, ond yn meinhau at ei flaen. Byddai ei garn wedi ei naddu neu ei durnio o'r pren ei hun. Irid ei bedair ochr â saim, saim gŵydd gan amlaf wedi ei gadw'n bwrpasol at y gwaith. Cedwid y 'grut' mewn corn buwch a chorcyn o bren arno. Gelwid hwnnw yn 'gorn grut'. Yna ceid darn o ledr neu groen dafad, a thaenid y grut ar hwnnw. Wedyn gwesgid y stric neu'r *grutbren*, a fyddai wedi ei iro, i'r grut, bob ochr yn ei thro, a dyna'r *grutbren* yn barod i hogi'r bladur. Adeg y cynhaeaf eid drwy'r broses hon bob bore, ac yn aml ar gychwyn pob daliad. Byddai darpariaeth bwrpasol ar goes y bladur i gario'r *grutbren*, – gwain o ledr i gymryd ei flaen a pheg haearn i fynd drwy dwll yn ei garn. Byddai'r hen ddwylo'n amharod i ddefnyddio'r bladur heb y *grutbren*, gan fod ei bwysau ar ben uchaf y goes yn cydbwyso pwysau'r llafn wrth ei fôn.
Gw. CORN GRUD, HOGI, PLADUR, RHIP, STRIC.

grutfaen *eg.* ll. *grutfeini.* Math o garreg neu graig galed, gallestraidd y ceid grut ohoni at hogi pladuriau.
Gw. GRUT, GRUTBREN.

grutio, grutian *be.* Rhoi grut ar rutbren, grutio'r stric, rhoi irad neu saim ar bedair ochr y grutbren a'i wasgu, bob ochr yn ei thro, i rut wedi ei

daenu ar ledr neu ar ddarn o groen dafad.
1800 P, *Grutiaw*:- to cover with grit.
1981 W H Roberts: AG 59, Yna hel saim gŵydd ar y stric a'i *orchuddio â'r grud*. Byddai ganddynt ledr wedi ei gafnio i ddal y grud.
Gw. GRUT, GRUTBREN, STRIC.

gruwel gw. GRUEL.

grwden gw. CARWDEN.

grwmio *be.* Glanhau, brwsio, cribo, sgrafellu ceffyl (neu gi), gwneud anifail i edrych yn daclus a chymen, cymenu anifail, peri i geffyl, ci, ayyb, edrych ar ei orau.
'Roedd Morus ar ei draed drwy'r nos yn *grwmio*'r wedd ar gyfer y preimin heddiw.'
1992 T D Roberts: BBD 37, Yn Ffair y Borth roedd gan John Parry ferlan ddu ar werth, a honno wedi 'i *grwmio* a'i pholisio, ac roedd blacin wedi ei roi ar bob blewyn gwyn oedd ar ei chorff.
Ffig. Darparu person ar gyfer gyrfa neilltuol, e.e. gyrfa wleidyddol.
'Mae'r bachgen 'na'n cael ei *grwmio* ar gyfer y sedd seneddol hon yn siŵr ichi.'

grwn (y) gw. GRON (Y), DERWEINEN.

grŵn *eg.* ll. *grynnau, gryniau*. Y cefn o dir âr rhwng dau rych. Yn ôl yr Hen Gyfreithiau saith droedfedd ar hugain oedd lled *grŵn*. Mae GPC yn dyfynnu un o drigolion Abergeirw ym Meirionnydd yn dweud 'lled *grŵn* ydi tair naid'. Gynt, byddai *grŵn* yn air hefyd am y lled neu'r cefn o ŷd a fedid ar y tro gan y medelwyr â'r cryman ac â'r bladur. Defnyddir y gair hefyd am wely tatws, nionod, ayyb, mewn gardd. Ar lafar yn lled gyffredinol. Ceir hefyd y ffurf 'rhwn', a'r ffurfiau lluosog 'grynne' (de), grynna, grynia (gogledd).
1200 LlDW 65 4-5, tri troedved yny cam, tri cham yny neyt, tri neyt yny tyr. Sev yn ystyr o gymraec newyd, *grwn*.
1450-80 DN 14, Heb ronyn ŷd, heb rwnn âr.
1933 H Evans: CE 113, Yn y fedel wenith ers llawer dydd byddai dau, gwryw a benyw ar yr un *grwn*; mewn gryniau bychain y byddid arferol o aredig y tir.
Dywed. 'Heb na rhych na *grwn*' – dim trefn, di-lun.
Gw. CEFN, RHWN, RHYCH.

grŵn bach *eg.* ll. *grynnau bach*.
J Williams-Davies: Nod. i AWC, Math o *rwn* llai na'r cyffredin a arferid ei wneud yn arbennig ar gyfer y gwenith.

grwndir *eg.* ll. *grwndiroedd*. Tir âr, tir wedi ei droi, tir wedi ei ddiwyllio.
1753 Gron 31, Chwiliwn a chawn y dawn da,/Hyd rwndir daear India.

grwnio *be.* Gwneud grŵn wrth aredig, cwyso, codi pridd yn gefnau wrth blannu tatws, ayyb.
Gw. FfTh 11, 14 (1993).

grybinion gw. CRIBINION.

gryn *eg.* Magl neu drap cwningod (S. *gin*), croglath. Ar lafar ym Maldwyn. Gw. GEM 42 (1981). Gw. MAGL.

grynio, grynnu *be.*. Aredig cefn mewn cae, gwneud grwn wrth aredig, gwneud yn rynnau (am dir), cwyso, rhychu, arddio, aredig tir yn gefnau a rhychau.
1722 Llst 189, *Grynnio:*- to make ridges.
1592 J 10, 107a, *Grynnio:*- cefnu.

gryniog, grynnog *a.* Llawn cefnau, llawn trumiau, cwysog, rhychiog (am dir âr).
1592 J 10, 107a, *Grynnog:*- trummog.

gryt gw. GRUT, GRUD.

guano gw. GIWANO, GIWANA.

guaranteed in all gears gw. ALL GEARS, WORKING IN ALL GEARS.

Guinea *ep.* Brîd o ieir a fegir am eu cig ag sy'n arbennig o flasus, ac yn debyg i gig ffesant neu betrisen. Fe'u gwelir yn wylltion yn rhanbarthau Savana yn Affrica.

Gurnsey *ep.* Brîd o wartheg llaeth a ddaeth yn wreiddiol o Ynys Gurnsey, eurgoch eu lliw ac ychydig yn fwy na gwartheg Jersey, ac yn rhoi ychydig mwy o laeth, ond nid cystal ei ansawdd. Amcangyfrifir mai rhyw 2% o wartheg llaeth gwledydd Prydain sy'n rhai Gurnsey.

gwadn
1. *ebg.* ll. *gwadnau.* Gwaelod aradr, gwadn aradr, y darn gwastad ar waelod aradr y rhoir y swch ar ei flaen. Wrth aredig mae'n llusgo drwy'r ddaear dan y gwys, cywair aradr. Gynt byddai'r swch a'r wadn yn un darn, ond yn ddiweddarach gellid eu gwahanu er mwyn golymu'r swch neu ei adnewyddu yn ôl yr angen, 'side isaf', 'slide isaf' (sir Gaerfyrddin). Ceir hefyd y ffurf lafar 'gwaddan'.
15g Pen 77, 357, Arnodd aradr baladrwaith/*Gwadn* o goed gadwynog waith.
1722 Llst 189, *Gwadn* – plough-chip.
1973 B T Hopkins: Nod. i AWC, Gelwid y rhan o'r aradr oedd ar y ddaear 'y *gwaddan*'.
1973 T ac M M Morgans: Nod. i AWC, Yn yr hen eryd yr oedd y swch a'r *side isaf* yn un darn, felly pan fuasai eisiau golym y swch yr oedd yn rhaid mynd a'r *side isaf* a'r swch gyda'i gilydd.

2. *ebg.* ll. *gwadnau.* Coed cryfion dan y ddwy ochr i gar llusg, gosail, y gwadnau pren â chamedd pwrpasol y mae'r car llusg yn llithro arnyn nhw. Hefyd coed cryfion fframwaith trol yn enwedig y ddau ben i focs yr echel. Gw. GOSAIL.

3. *eb.* ll. *gwadnau.* Yr ystyllen ddŵr ar waelod drws tŷ, yr astell ar draws gwaelod y drws i daflu'r dŵr glaw yr ochr allan i orddrws y drws.

gwadnu *be.* Gosod neu weithio gwadn ar drol, car llusg, ayyb.
Gw. GWADN[1,2,3].

gwadd *ebg.* ll. *gwaddod, gwahaddod* (Dyfed), bach. *gwadden, gwahadden.*
Creadur neu famal bychan melfedaidd ei groen neu ei flew, a chanddo drwyn hirfain sensitif a choesau blaen cryfion a chyhyrog, twrch daear, y wahadden, y wadden. Mae'n byw gan mwyaf mewn twnelau dan wyneb y ddaear gan durio am bryfed genwair a chynrhon o bob math yn fwyd. Wrth durio am fwyd y mae'n gwthio pentyrrau o bridd i'r wyneb a elwir yn 'bridd y wadd'. Byddai rhai yn dadlau bod gwerth gwrteithiol i 'bridd y wadd' o'i chwalu. Er hynny does yr un ffermwr yn ffrind mawr i'r wadden. Gynt, gallai'r pentyrrau 'pridd y wadd' fod yn drafferthus a cholledus adeg lladd gwair â'r hen injan ladd gwair. Lle byddai cerrig yn y pridd difethid min y gyllell, ac, yn aml, fe dorrid rhai o lafnau'r gyllell. Golygai hynny golli amser gwerthfawr yn gosod llafnau newydd.
Yn y dyddiau hynny ceid dynion wrthi amser llawn yn mynd o fferm i fferm i 'ddal tyrchod' neu 'ddal y wadd' drwy osod trapiau pwrpasol yn eu daearau neu eu twnelau. Heddiw mae mwy o osod gwenwyn neu chwythu math o nwy neu o gemegau arbennig i'r twnelau. Yn y gogledd, er mai 'pridd y wadd' ('pridd y wâl', Môn), y gelwir y pentyrrau pridd a wthir i'r wyneb, 'twrch daear' yw'r enw cyffredin ar y wadd.
1975 R Phillips: DAW 35, Heddiw defnyddir gwenwyn i ladd y *wadd.*
1620 Es 2.20, Yn y dydd hwnnw y teifl dyn ei eilunod arian a'i eilunod aur . . . i'r *wadd* ac i'r ystlumod.
1790-1 H Jones: T 95, Mor ddalled â'r *wadd.*
Anhysb. Du ei gwisg a da ei gwedd, – chwim ei throed/A cham ei thrwyn rhyfedd,/Try ei hoen trwy 'i hewinedd,/Hynod yw, mae'n byw'n ei bedd.
Dywed. 'Tew fel y *wadd'* a 'cysgu fel y *wadd'.*
Gw. DAL TYRCHOD, GWADDODWR, GWADDOTA, TYRCHWR.

gwaddan, gwaddar Ffurfiau llafar ar 'gwadn', yn enwedig gwadn aradr.
Ar lafar yng Ngheredigion.
Gw. GWADN[1].

gwaddod *eg.* bach. *gwaddodyn.* Y sylwedd sydd weithiau'n crynhoi ar waelod llestraid o hylif megis gwin ayyb, wedi iddo fod yn sefyll. Hefyd pridd yn cael ei gludo gan afon ac yn cael ei ollwng ar hyd ei glannau ac yn y mannau y rhed ei dŵr yn araf fel yn ei haber. Yr hyn a adewir ar ôl o unrhyw beth.
1672 R Prichard: Gwaith 419, Ni bu gwin erioed heb *waddod.*
1658 R Vaughan: PS 372, Cynffon neu *waddod* y diwrnod.
'Rydw'i am gario cymaint ag a fedra'i o *waddod* yr afon 'na ar y ddôl.'

gwaddota *bf.* Dal gwaddod, dal tyrchod daear drwy osod trapiau neu faglau neu, heddiw, lladd drwy osod gwenwyn yn naearau'r gwaddod.
Ar lafar yn y de.
Gw. DAL TYRCHOD.

gwaddotwr *eg.* ll. *gwaddotwyr*. Dyn dal tyrchod (Gwynedd), dyn dal y wadd, tyrchwr, gwaddodwr, gwaddwr.

1777 W Williams: TEA 36, Fel medr pysgodwr adnabod pa le y mae pysgod a'r *gwaddotwr* lwybrau'r gwaddod.

1785-90 CBYB 148, Echdoe'n *waddwr*, doe'n ysbaddwr.

1992 DYFED Baeth 51, Yr oedd wedi curo *gwaddotwyr* profedig Ceredigion am ddal gwahaddod . . .

Gw. DAL TYRCHOD, GWADD, TYRCHWR.

gwaedfarch *eg.* ll. *gwaedfeirch*. Ceffyl a fridir yn rhinwedd nodweddion arbennig, yn enwedig ceffyl rasio, ceffyl o frîd arbennig, ceffyl tryryw (S. *thorough-bred horse*).

gwaedgarth moch *eg.* Disentri moch.

gwaediad gw. GWAEDU ANIFAIL.

gwaedlafn *eg.* ll. *gwaedlafnau*. Math o gyllell fain, finiog at waedu anifail, fflaim, lansed.

1801 LlrC 24, 234, digerth *gwaedlafnau* a chyllyll ac eraill o gelfi torri.

Gw. FFLAIM, GWAEDU ANIFAIL, LANSED.

gwaedu anifail *be.* Yr arfer o dynnu gwaed o anifail pan fyddai afiechyd llidys arno. Credid gynt fod gwneud hynny'n gostwng gwres yr anifail ac yn ffordd o gael y gwaed drwg allan o'i gorff. Defnyddid y gelod i sugno'r gwaed mewn rhai achosion, neu dorri hac mewn gwythïen waed â fflaim (cyllell finiog, bwrpasol), i geisio gwella llid yr ysgyfaint. Weithiau gwneid hyn i anifeiliaid iach, yn enwedig dechrau haf cyn eu troi allan, gan gredu ei fod yn llesol. Mae digon o bobl sy'n fyw yn cofio triniaeth felly, yn enwedig i geffyl.

1962 Pict Davies: ADPN 18, Fel *gwaedu* clust buwch pan fyddai clefyd arni.

1963 T M Owen: LlLlM 15, Byddai ambell driniaeth megis *gwaedu ceffylau* ac ychen yn nechrau Mai . . . yn wybyddus i bawb.

1990 FfTh 6, 20, Gwyddom yn dda am gred ddiysgog ein hynafiaid fod gwaedu'r corff ar adegau yn gallu bod yn llesol i ddyn ac anifail. Ceir tystiolaeth o'r arfer yn y Canol Oesoedd, gan gynnwys tystiolaeth o Gymru, ac yr oedd mewn bri arbennig gan y Rhufeiniaid a'r Groegiaid yr arfer o ddefnyddio gelod (*Hirundo medicinalis, leech*) i sugno gwaed dynol er mwyn gostwng gwres y corff neu i gael gwared a gwaed drwg.

1994 FfTh 14, Credid bod gwaedu anifail pan fyddai clefyd llidys arno yn llacio a lliniaru'r llid.

Gw. FFLAIM, GELAU, GWAEDU'R GWANWYN.

gwaedu'r gacen *be.* Torri'r deisen, dechrau torri cacen a theimlo ei bod yn resyn ei thorri o gwbl gan mor ddeniadol y mae'n edrych. Ar lafar yn Uwchaled.

1995 LlG (Ionawr), Wel wir, mae'n drueni *gwaedu'r gacen* 'ma o gwbl.

gwaedu'r gwanwyn *be.* Yr arfer gynt o waedu anifail (a dyn) yn y gwanwyn, i gael gwared ag amhuredd gwaed.

Gw. GWAEDU ANIFAIL.

223

gwaedu lloi *be.* Yr hen arfer o waedu lloi yn y gwanwyn ar y dybiaeth eu bod yn prifio'n gyflymach ac yn debycach o osgoi haint megis y chwaren ddu (clwy du). Gwaedid hwy yn y gwddf gan dynnu tua chwart o waed o bob un yn ôl eu maint. Gw. GWAEDU ANIFAIL, GWAEDU'R GWANWYN.

gwaedu mochyn *be.* Gwagio corff mochyn o waed wrth ei ladd drwy drywanu prif wythïen waed y gwddf â thwca (cyllell) bwrpasol (dull o ladd sy'n anghyfreithlon heddiw).
Dywed. '*Gwaedu* fel mochyn' – gwaedu'n ddrwg.

gwaedgwn Gwent gw. GEIFR ARFON, MOCH MÔN, ayyb.

gwaedwenwyniad *eg.* Gwenwyniad gwaed, y gwaed wedi ei wenwyno, tocsemia.

gwaeg *ebg.* ll. *gwaegau.* Bwcwl, clasb, creffyn. Ar harnais ceffyl ceir *gwaeg* y ffrwyn i sicrhau'r ffrwyn am ben y ceffyl, *gwaeg* y mwnci i sicrhau'r mwnci ar goler y ceffyl, *gwaeg* y dordres i sicrhau'r strodur a'r gefndres ar gefn y ceffyl.

gwaelod gwlad *eg.* ll. *gwaelodion gwlad.* Llawr gwlad, y tir isel, rhannau isaf gwlad neu ranbarth, gwastadeddau llawr gwlad, mewn cyferbyniad i'r ucheldir neu'r mynydd-dir.
1700 E Lhuyd: Par 2 39, Rhan fwyaf mynydd-dir a'r llall *gwaelod gwlad.*
Gw. LLAWR GWLAD.

gwaelod tas gw. GWELY TAS, SAIL RHIC.

gwaelodion gw. GODREON, GWEHILION, TINION.

gwaelotir (*gwaelod* + *tir*) gw. GWAELOD GWLAD, LLAWR GWLAD.

gwäell
1. *eb.* ll. *gweill, gweyll.* Darn blaenfain o bren neu o fetel yn ffurf gwäell weu i ddal cig wrth y tân i'w rostio, math o sgiwer. Byddai'r wäell ar waith lawer iawn gynt. Yn y de 'gwâll', ym Maldwyn 'gwachell'.
1688 TJ, *Gwahell, gwaêll* – a skewer, also knitting needle.

2. *eb.* ll. *gweill.* Offeryn i weu, gwäell weu.
1688 TJ, *Gwahell, gwaêll* – a skewer, also knitting needle.

gwäellu *be.* Trin aderyn (ffowlyn) yn barod i'w goginio ar ôl ei ladd a'i bluo, drwy dorri'r pen a'i ddiberfeddu a'i glymu a rhoi gweill ynddo.

gwaered, gwared *eg.* ll. *gwaredydd, gwaredydd.* Ar i lawr, ar i waered (am riw, allt, llechwedd, ayyb), goriwaered, disgynfa. Yng Ngheredigion 'rhiw serth' yw *gwared.* Ym Morgannwg ceir y ffurf 'gwered'.
1200 LlDW 90, 10-11, tennu car en alld ac eg *gwaeret.*
1300 LTWL 359, Teithi ych yw eredic . . . yn alld, ac yg *waered.*
1620 Luc 10.30, Rhyw ddyn oedd yn mynd i *waered* o Jerusalem i Jericho.
1771 PDPh 42, Arloesi i fynu neu i *wared.*

gwag *a.* Heb gymryd, heb sefyll, heb ffrwythloni (am anifeiliaid a phlanhigion), heb feichiogi, anghyfeb. Sonnir am gaseg *wag*, buwch *wag*, dafad *wag*, ŷd *gwag* (*gwag*yd).
'Allan o 500 o ddefaid, pump dafad *wag* oedd yma. Dim yn ddrwg.'
Gw. ANGHYFEB, GWAGYD.

gwagar gw. GOGR.

gwagen *eb.* ll. *gwagenni, gwagennau.* Cerbyd neu fen bedair olwyn o bren i gario llwythi trymion ac yn cael ei thynnu gan ddau neu ragor o geffylau, certwain. Yn achlysurol ceir to arni, to i'w dynnu a'i roi, wagen. Ym Maldwyn clywir y ffurf llafar 'gwagien'.
1794 E Jones: CP 100, *Gwagenni* a lled cemyg yr olwynion yn chwe modfedd.

gwagenaid *eg.* ll. *gwageneidiau.* Llond gwagen, llwyth gwagen. Ar lafar yn gyffredinol. Gw. WVBD 169.

gwagenwr *eg.* ll. *gwagenwyr.* Gyrrwr gwagen, certiwr, certweiniwr.
1761 J Evans: BHNO 22, Y boreu ni glowem gan *Wagenwr* fod nifer o wŷr meirch ffrainc o fewn milldir a hanner attom.

gwagien Ffurf lafar ar 'gwagen'. Ar lafar ym Maldwyn.
Gw. GWAGEN.

gwagro, gwagru, gwagryn, gwegryn *be.* Gogryn, gogru, gogrwn, rhidyllio, defnyddio gogr. Ar lafar yng Ngheredigion a Dyfed yn y ffurf 'gwagryn' am wahanu'r us oddi wrth y grawn.
1683 H Evans: CTF 4, Dilês *gwegryn* dŵr neu dwod.
1759 J Evans: PF 32, Wedi ei bwyo'n fân a'i *wagryn* trwy Wagr rhawn.
Gw. GOGR, GOGRO.

gwagus *ell.* Us gwag, diwerth, peiswyn.
Ffig. Disylwedd, ofer, llawn gwegi.
1584-90 Gr Robert: GC 351, Cam ddoedais, cam gerddais gynt,/goeg swyddau, *gwagus*.
1803 R Davies: Bardd 50, Ae'n fanus, *gwagus* i gyd (yr iaith Gymraeg).

gwagyd (*gwag* + *ŷd*) *eg.* Ŷd gwag, ŷd di-rawn, ŷd heb lenwi, grawn amhur.
1480-1525 TA 168, Rhai o egin rhyw *wagyd*/Addo heb roi oedd eu bryd.
1550 GRCG 44, A gwyg ydoedd a *gwagyd*.
Ffig. Ffug, gwag, disylwedd.
1587 E Prys: Gwaith 114, Na wna ogan âi'n *wagyd*,/Ebrwydd gân i'r beirdd i gyd (Wiliam Cynwal).
'Dydi addewidion rhai gwleidyddion yn ddim ond *gwagyd*.'

gwahadden gw. GWADD, TWRCH DAEAR.

gwahaniaethydd *eg.* Differyn, y ddyfais ar dractor neu gar, ayyb, sy'n galluogi'r ddwy olwyn ôl i droi ar raddfa wahanol ar droadau neu gorneli i gadw'r cerbyd rhag llithro neu sgidio (S. *differential*). 'Differyn' a rydd TA, R J Edwards 1991 a cheir 'differyn' yn ogystal â *gwahaniaethydd* gan GT, Gwasg y Brifysgol 1973.
Gw. DIFFERYN.

gwahanwr llaeth, gwahaniadur *eg.* Peiriant i wahanu'r hufen oddi wrth weddill y llaeth drwy ei chwildroi mewn llestr, fel bod y rhan ddyfrllyd a thrymaf o'r llaeth yn cael ei daflu oddi wrth y rhan ysgafnach, sef yr hufen neu'r braster menyn, dihufenwr, separetor. Geiriau geiriaduron yw 'gwahanwr' a 'gwahaniadur', a fathwyd yn rhy ddiweddar i gartrefu ar dafod y ffermwr. Pan ddaeth gwerthu llaeth i'r Bwrdd Marchnata Llaeth yn beth cyffredin yng nghanol y 30au, aeth y separetor allan ohoni'n llwyr. Bellach does dim defnydd i'r gair ond mewn atgofion a geiriadur.
Gw. SEPARETOR.

gwair *eg.* ll. *gweiriau, gweirydd.* un. bach. *gweiryn.* Glaswellt neu welltglas a dyfir i'w ladd a'i gynaeafu yn borthiant gaeaf i anifeiliaid, gwyran. Gynt, câi ei gario'n rhydd, wedi iddo wywo'n dda ac yn sych, yn deisi yn yr ardd wair neu'r ydlan, yna eu diddosi a'u toi. Yn ddiweddarach caed y tŷ gwair neu'r sied wair a rhoid y gwair yn niddosrwydd hwnnw heb fod angen toi'r das. Yn ystod yr Ail Ryfel Byd (1939-45) ac yn gyflym ar ôl hynny daeth byrnu gwair yn gyffredin, ynghyd â silweirio, sydd wedi chwildroi a rhwyddhau'n sylweddol y 'cynhaeaf gwair'.
13g WM 81, 12-13, Wedyn bydd yn kywein *guir.*
1400 ChO 17, Mydwl o *weir.*
1620 Amos 7.1, Ac wele, adladd wedi lladd *gwair* y brenin oedd.
Anhys. Pan fo haul yn t'wynnu'n wresog/Mae cyweirio *gwair* meillionog.
Dywed. 'Pob un â'i wair' – h.y. pob un â'i helynt. Cynhaeaf helbulus yn rhoi ystyr i'r dywediad.
'Fe borith *wair* wellt, ond phorith gwellt ddim gwair' – os porthir anifeiliaid ar *wair* y rhan gyntaf o'r gaeaf, fe wnant ar wellt y rhan olaf, ond o'u porthi â gwellt gyntaf, byddant yn rhy wan i fwyta'r gwair ar ôl hynny.
'Te cry' fel dŵr *gwair*' – mae dŵr yn mynd yn ddu pan fo gwair ynddo. Cf. 'Te cry' fel breci' (Dyfed).
Gw. BELIO, BRECI, BYRNU, CAE GWAIR, CARIO GWAIR, CYNHAEAF GWAIR, CYWEIRIO GWAIR, LLADD GWAIR, MYDYLU, SILWAIR, TAS, TASU, TROI GWAIR, TŶ GWAIR.

gwair adladd Ail dyfiant ar ôl hel gwair.
Gw. ADLADD.

gwair bondew Gwair wedi cadeirio'n dda, gwair tew, trwchus ei fôn.

gwair bras Gwair ifanc, gwair hadau, gwair cwrs, cryf.

gwair byw Y gwair sydd heb ei ladd, gwair sy'n dal ar ei draed heb eto ei dorri. Yn nyddiau'r bladur sonnid am ladd at y byw (gwair ac ŷd), sef lladd at i mewn neu at y cnwd sy'n dal ar ei draed.

gwair clats Gwair wedi llwydo, gwair mwll, gwair mall.

gwair cwta Gwair rhos.
Gw. GWAIR RHOS.

gwair di-had Gwair hadau ar ôl dyrnu'r had oddi arno gan y dyrnwr medi, neu gynt â'r dyrnwr sgubor.

gwair doldir Gwair dôl, gwair da, y gwair gorau.

gwair egras Gwair blwydd oed (Arfon). Gw. WVBD 119.

gwair gwaun Yn aml gwair rhaffau yn ogystal â phorthiant.

gwair gweirglodd gw. GWAIR DOLDIR.

gwair gwndwn (gwyndwn) Gwair tir sych yn hytrach na gwair rhos neu wair gwaun, gwair picsofl (Meirionnydd). Ar lafar yn yr ystyr hwn yn y de. Ym Môn, fodd bynnag, *gwair gwndwn* yw 'y crop cyntaf a'r gorau o'r gwair'. Gw. *Môn*, J H Roberts, 1954.

1975 R Phillips: DAW 57, Yn aml roedd *gwair y gwndwn* parhaol yn llawn o lysiau chwyn megis pengaled a phwrs y bugail, ysgall, cegid a thafol, ac fel gwair gwaun a gwair rhos roedd yn brin o brodin ac o'r halenni gwerthfawr, a gormod o frwyn a phibrwyn ynddo.

gwair hadau Y cnwd cyntaf o wair o gae wedi ei ail hadu, gwair ifanc, gwair hadyd.

1989 P Williams: GYG 21, Y ceffylau yn ddiau oedd yr anifeiliaid pwysicaf, hwy oedd yn cael y gyfran fwyaf o'r *gwair hadau*.

gwair hallt Gwair o dir y daw dŵr môr drosto, gwair morfa.

gwair ifanc *eg.* Y gwair cyntaf o gae wedi ei ailhadu, gwair hadau, gwair hadyd. Ar lafar ym Môn.

gwair llwyd Gwair wedi llwydo ar ôl cynhaeaf drwg, gwair mwll, gwair mall, gwair clats (Dyfed).

gwair maswaidd Gwair Awst, gwair diweddar, gwair meddal ac anodd ei gynaeafu.

gwair mawndir Gwair yn tyfu ar dir mawnoglyd.

gwair meillion Gwair â meillion yn amlwg ynddo.

gwair morfa Gwair cors, gwair tir gwlyb, ac weithiau gwair tir y daw'r môr drosto.

gwair mynydd Gwair oddi ar dir uchel (Arfon). Gw. WVBD 170.

gwair newydd Gwair ifanc, gwair hadau (Môn), gwair hadyd.

gwair panwaun Gwair morfa, neu gors, neu dir gwlyb.

gwair picsofl gw. GWAIR GWNDWN.

gwair pwla Gwair mynydd. Ar lafar yn Nyfed.

gwair rhaffau Gwair gwaun o natur frwynog a ddefnyddid i wneud rhaffau toi, llafrwyn.

Ffig. 'Ei *wair rhaffau* wedi gorffen' – un wedi mynd heb ddim i'w ddweud mewn dadl.

'Troi wedi i'r *gwair rhaffau* orffen' – rhywun`yn dal i siarad, pregethu, ayyb, ar ôl i'r anerchiad neu'r bregeth ddod i ben.
Gw. BWYDO RHAFF, GWNEUD RHAFFAU, PREN RHAFFAU.

gwair rhos, gwair rhostir Gwair bras, cwrs, caled yn tyfu ar rostiroedd (*Molina grass*) ac heb fod o lawer o werth porthiannol, gwair cwta. Go brin bod neb yn ei hel erbyn hyn.
1985 W H Jones: HOGM 1, Roedd Jo yn un o bedwar yn torri *gwair rhos* â phladuriau.
1993 FfTh 11, 43, Tyfai *gwair rhos* ar y rhostir, sef tir na fyddai'n cael ei drin a'i wrteithio. Gwair byr, caled oedd hwn ac yn gofyn min eithriadol ar y bladur.

gwair sgeg Ar lafar yn Arfon.
Gw. FFEG.

gwair sur Gwair wedi llwydo, gwair drwg, gwair mwll. Ar lafar yn Arfon. Gw. WVBD 170.

gwair sych Gwair, ar ôl ei ladd, a sychwyd yn llwyr drwy foddion artiffisial a'i ddefnyddio fel cyfansoddyn ym mwyd anifeiliaid. Weithiau caiff ei felino a'i gymysgu â molasau i wneud peledi neu giwbiau. Dro arall fe'i gwesgir yn uniongyrchol yn fisgedi. Bu mewn bri ers rhai blynyddoedd fel bwyd dofednod a moch. Erbyn hyn mae'n boblogaidd fel dogn buchod llaeth wedi ei gyfuno â dwysfwyd a brasfwyd. Weithiau fe'i ceir yn borthiant dadhydradedig.

gwair ton Gwair gwyndwn, gwair tondir, gwair hen groen.
Gw. GWAIR GWYNDWN.

gwair twffyn Gwair lluosflwydd tal yn tyfu'n dwmpathau mawr mewn lleoedd llaith, gwair twmpath. Mae o deulu'r *Gramineae* ac iddo'r enw llysieuol *Deschampsia caespitosa*.

gwair twmpath gw. GWAIR TWFFYN.

gwair wedi cochi Gwair wedi ei hel yn rhy las neu'n rhy laith ac wedi cochi wrth dwymo'n ei das.

gwair yn canu Gwair wedi cynaeafu'n dda, ac yn sisial neu swisian ar bigau'r bicwarch. Ar lafar ym Môn.
'Ma' hi wedi c'nafa'n dda ddoe a heddiw, mae'r gwair 'ma'n *canu* wrth ei fforchio.'
1966 Robin Williams, O Gwr y Lôn Goed 63, Yr unig sŵn oedd cribin yn crafu trwy'r arfodion a'r gwair sych '*yn canu*' (chwedl Glyn Pensarn wrthyf un tro).

gwairiwr *ebg.* Y roden fain neu'r weiren o fôn llafn y bladur i'r goes gyda'r ddau ddiben o gadw'r llafn rhag symud yn ei waith, a rhwystro i wair hel yn y gesail rhwng y llafn a'r goes, ffrwyn y bladur, worm y bladur, grasbin.
Gw. GRASBIN, WORM.

gwais Ffurf luosog 'gwas' er mai 'gweision' yw'r ffurf gyffredin.
Gw. GWAS.

gwaith *eg.* Yr hyn a wneir at fyw (fel rheol), yr hyn a wneir i ennill bywoliaeth, ffon bara bod dynol. Cyffredin yw ymadroddion megis 'mewn *gwaith*', 'allan o *waith*', 'cael *gwaith*', 'chwilio am *waith*', 'gwneud *gwaith*', ayyb. Yn amaethyddol gynt, sonnid am 'gael bachiad', sef 'cael *gwaith*', ac yn yr un ystyr 'cael lle'.
1620 Salm 104.23, Dyn a â allan i'w *waith*, ac i'w orchwyl hyd yr hwyr.

gwaith aradr Cymaint o dir y gallai gwedd o ychen ei aredig mewn diwrnod (oddeutu acer).

gwaith gŵr Hynny o wair a dorrir gan un dyn â'r bladur mewn diwrnod (cyfair, erw, acer).

gwaith gŵr byr Diwrnod byr o waith.

gwaith malu Enw ar y ddyfais a droid gan geffyl gynt, y tu allan i'r sgubor, i droi'r peiriant malu gwellt â gwair yn y sgubor, pŵer ceffyl, pŵar (Môn), geryn, pawl, twbin (Ceredigion), part mas (Dyfed) Gw. PWER[1].

gwaith pladur gw. GWAITH GŴR.

gwaith y pryf gw. CLWY LLYFFANT.

gwal gw. CLAWDD, WAL.

gwâl *ebg.* ll. *gwalau, gwaliau*. Cysgod i anifeiliaid neu orweddle anifeiliaid gwyllt a dof, cwat (Caerfyrddin), lloches, ffau, gwely (anifail).
13g WM 73, 15-16, hela pyscawt a llydnot ar eu *gual* yno.
15g B 2 14, Eu hanyan yw kael lle sych yn eu *gwâl* (am foch).
1480-1525 TA 456, Nadredd yn gorwedd 'n eu *gwâl*.
Ffig. Mynd i'r gwely.
1761 ML 2 342, Mae'r amser yn dynesu imi fyned i'm *gwâl*.
'Does dim modd cael y bachgen 'ma o'i *wâl* yn y bore.'

gwâl ceinach Gorweddle ysgyfarnog.

gwâl ci Cwt ci, cenel ci.

gwâl cwsg Gwâl, neu'r lle y cysgai'r medelwyr amser y cynhaeaf, weithiau yn yr awyr agored, weithiau yn y sgubor, y stabal neu'r llofft storws.

gwâl mochyn Cwt mochyn, twlc mochyn, y rhan o gwt mochyn sydd â tho uwch ei ben.

gwalbant (*gwal* + *pant*) *eb.* ll. *gwalbentydd*. Y lle gwag ar ben y wal a than y to mewn beudy, stabl, ayyb. Fe'i gelwir hefyd yn 'bach y *walbant*' oddi wrth siap y gofod sydd ar ben y wal dan y to – mae iddo ffurf bachyn. Ar y *walbant*, yn aml, y cedwid pethau o gyrraedd plant, pethau fel yr ysgrafell yn y stabl. Yn y gogledd sonnir am guro rhywun 'o walbant i *walbant*' (S. *to beat from pillar to post*).

1800 P, *Gwalbant* – the top of a wall of a building where the beams rest.
Gw. WVBD 567 a LLOGAIL², LLOGEL.

gwalc *eg.* Cefn uchel car llusg yn ffurf rhesel i ddal y llwyth gwair, ayyb, yn ei le ar leoedd llechweddog ac wedi ei wneud yn aml o bren onnen. Ar lafar ym Morgannwg.
Gw. MEDEL 3, 4 (1986).

gwalch *eg.* ll. *gweilch, gwalchod.* bach. *gwelchyn.* Aderyn ysglyfaethus ac iddo adenydd byr ac ewinedd bachog yn perthyn i'r *Falconidae,* hebog, cudyll, gosog
14g Cy 7 144, Ny chwyn yr yeir vot y *gwalch* yn glaf.
1620 Job 39.26, Ai trwy dy ddoethineb di yr eheda y *gwalch.*
1923 Tegla Davies: *Gŵr Pen y Bryn* 153, Dilynodd llygaid Gŵr Pen y Bryn hi, a gwelodd *walch* yn disgyn fel saeth oddi ar fwa.
Gw. HEBOG.

gwalio
1. *be.* Codi wal, adeiladu clawdd – wal gerrig fel rheol.
1846 John Jones, Bach-y-Saint, Cricieth (Dyddiadur), *Gwalio* gyda Wm Pritchard, a hynny'n golygu codi wal gerrig.
1806 Twm o'r Nant: H 66, Mae gennyf lawer o waith *gwalio* clawdd cerrig o amgylch y tir a brynais.
Gw. CLODDIO.

2. *be.* Swatio, llechu, gorwedd yn ei wâl (am anifail), yr ysgyfarnog yn gwalio, y gwningen yn gwalio.
Gw. GWÂL.

gwaliwr *eg.* ll. *gwalwyr.* Un yn codi waliau – waliau cerrig fel rheol. Ar lafar yn gyffredinol. Yn y de ceir y ffurf 'gwalwr'. Yno sonnir am 'walwr sych', fel y sonnir yn y gogledd am '*waliwr* sych'.
Gw. WVBD 171.

gwalopo, gwalapo *bf.* Carlamu, mynd ar galap neu ar galop, mynd ar garlam.
1600 DCR 228, Pyn *gwalappo* ffrom y ffriw./Peth nid gwiw nad Roddo.
Gw. hefyd CALAP, CALPIO.

gwallt y forwyn *eg.* Enw gwerinol ar gymylau tebyg i flew neu wallt. Ar lafar ym Maldwyn.

gwana gw. GWANAF.

gwanaf
1. *eb.* ll. *gwaneifiau, gwaneif, gwenyf, gwanafau.* Y rhimyn gwair neu ŷd a dorrid ag un arfod neu ag un tafliad â'r bladur (neu'r cryman medi), ac yn ddiweddarach â pheiriant, y rhimyn a adewir o un pen i'r cae i'r llall wrth ladd gwair neu ŷd, 'ystod', 'rhibyn', 'gwrym', 'rhew' (Brycheiniog), 'rhester' (sir Benfro), 'cardenni' (Ceredigion), 'rhes' (Maldwyn). Cyffredin yw'r ffurf 'gwana'.

1976 G Grifiths: BHH 44, Pan oeddwn yn hogyn ysgol awn yno i chwalu'r *gwanafau* . . .
1981 W H Roberts: AG 52, Ym mhen rhyw dridiau wedi ei ladd câi'r *gwaneifiau* eu troi, er mwyn iddynt gynaeafu drwyddynt.
1989 FfTh 3, 32, Byddai pob un gyda *gwana* o rhyw bump i chwe troedfedd o led ac arfod o rhyw bum modfedd (wrth ladd ŷd) . . . byddai'n cynaeafu'n dda yn ei *wana*.
Diar. '*Gwanaf* fach i dorri ŷd, *gwanaf* fawr i dorri dyn' – rhybudd rhag cymryd gormod o gowlaid.
Gw. RHEWIAU GWAIR, TANFEIAU, YSTOD.

2. *eb*. ll. *gwaneifiau, gwanafau*. Y rhimyn o do rhwng dwy raff draws ar das wair neu ŷd wedi ei thoi. Bob yn wanaf o rhyw ddwy droedfedd a hanner o led y byddid yn toi tas, y lled y gallai'r töwr ei gyrraedd ar y tro oddi ar yr ysgol, hyd pen cribin fach.
1933 H Evans: CE 101, Rhoddai'r towr ei ysgol ar y to o fewn dwy i dair troedfedd, yn ôl hyd ei fraich, i'r talcen ar ei dde. Gelwid y darn hwnnw yn *wanaf*.

3. *eb*. ll. *gwaneifiau*. Y golofn sgwâr o wair a dorrid â'r gyllell wair o frig y das i'w gwaelod, y sgwâr neu'r gwagle sgwâr a wneir mewn tas wair wrth ei thorri'n dringlenni â'r gyllell wair, magwyr neu 'y fagwyr' (Dinbych, Edeirnion a Phenllyn), 'yr afael' (Môn), 'mainc', 'cilfainc', 'gorfainc' (Dinbych). Ar lafar yng Ngheredigion, Dyfed a Môn ac Arfon.
Gw. CILFAINC, CLINCEN, MAGWYR, MAINC, PLET.

4. *eb*. Trenglen o das wair, yr haenen a dorrir a'r gyllell wair, 'trenglen' (Llŷn a Meirionnydd), 'tringlen' (Môn), clincen' (gogledd Ceredigion), 'clenc' (Maldwyn), 'plet' (Dyfed).

5. *eb*. Cymaint ag y gall cneifiwr ei gneifio ar ochr dafad heb ei symud. Ar lafar yn Abergeirw, Dolgellau (GPC).

6. *eg*. Hyd pen cribin fach fel y defnyddid hwnnw i fesur tas ŷd wrth wneud cytundeb â ffustiwr a gymerai'r gwaith o'i ffustio (dyrnu) ar dasg.

gwanaf orchest *eb*. ll. *gwaneifiau gorchest*. Math o gystadleuaeth gyfeillgar gyda'r bladur gan fedelwyr gynt, sef am y lletaf ei wanaf, y mwyaf ei arfod, a'r taclusaf ei gyflawniad. Gelwid hyn yn *wanaf orchest*.
Gw. GLEWDER A GRYM, GORCHEST.

gwanafu, gwaneifio
1. *be*. Gosod gwair neu ŷd yn waneifiau wrth ei ladd, yn enwedig â phladur, tanfeio, ystodi.
1800 P, *Gwanafu* – to place in layers.
Gw. GWANAF.

2. Mynd yn gyflym, gyrru arni, pystodi, fel y gwna pladurwr pan fo pladurwr arall yn pwyso ar ei wynt. Mae'n debyg mai sefyllfa felly yn y cae ŷd, yw cefndir yr ystyr hwn o yrru arni i'r gair *gwanafu* neu *gwaneifio*. Yng Ngheredigion defnyddir *gwaneifio* am ddyn yn cerdded yn galed gydag ystumiau go ryfedd (GPC). Yn Nyfed clywir 'gwanaf' fel berf ac yn yr un ystyr a *gwanafu* a *gwaneifio*.
'Mae e'n ei gwanaf hi nerth 'i are' (GPC).
1876 Brutus WBC 48, Fel yr oeddynt yn ei *gwanafu* tua'r mynydd.
eto, *Gwanafu* ar ôl *gwanafu* ar gefn Wil.

gwanas

1. *ebg.* ll. *gwanasau, gwanesydd.* Peg neu fach pren ym mhared stabl i hongian harnais ceffylau, yr un math o fachau ym mhared sgubor i ddal sachau, ayyb, ac yn y tŷ llaeth neu'r bwtri i hongian cig moch, ayyb. Ceir ymadroddion fel *'gwanas* cig' a 'da *gwanas'* am y nwyddau megis cig a gedwid ar fachau, crogfach.

13g WM 75, 14-15, Ac wrth y llinyn dodi y vanec ar *wanas* a oruc (a wnaeth).

1588 Ecclus 27.2, Rhwng cyswllt cerrig y gyrrir *gwanas*.

2. *egb.* Gwaeg, clasb, bwcwl, creffyn, rhwymyn. Ceir yr ymadrodd 'rhoi ar *wanas'*, am glymu neu gau bwcl neu fyclu.

1800 P, *Gwanas:-* . . . a tongue of a buckle, a clasp.

3. *eg.* Ateg, post, prop, bwtres, cynalwaith (ynglŷn ag adeilad).

1700 W, *Gwanas:* brace, buttress (in building, a prop or shore).

Ffig. Un yn rhoi nawdd a chynhaliaeth yn ei gymdeithas.

1445-75 GGI², Tomas, post a *gwanas* Gwent.

4. *ebg.* Gorffwysfa, gorffwysle, e.e. y boced neu'r braced ar ochr dde llurig (gwisg ddur) i ddal neu i orffwys paladr gwaywffon. Mae hefyd yn air am 'orffwysfa' mewn ystyr mwy cyffredinol.

GPC, Digwydd yr enw lle *Gwanas* ym mhlwyf Dolgellau, nid nepell o Fwlch Oerddrws. Y mae'r darn tir uchel hwn o Gloddfa Gwanas hyd at Wanasfawr yn meinhau'n big. Gynt yr oedd yn rhan o feddiannau Urdd y Marchogion Temlwyr, a chapel ac ysbyty ganddynt yno. Cafodd yr enw naill ai oherwydd siap y tir neu am fod yno orffwysfa ar y daith drwy Fwlch Oerddrws.

5. *ebg.* Dalfa, llyffethair, carchar. Ceir *'gwanas* erfin', sef hyrdlen a ddefnyddid i gorlannu defaid mewn cae o erfin.

gwanasu

1. *be.* Hongian, rhoi ar fach, hoelio i fyny, crogi.
Gw. GWANAS¹.

2. *be.* Cynnal, propio, ategu.
Gw. GWANAS³.

3. *be.* Byclu, clasbio, rhwymo.
Gw. GWANAS².

gwannen *eb.* ll. *gwanennod.* Ffurf dafodieithol ar 'cywen' a 'cywennen'. Ceir y ffurf 'cŵen' hefyd. Ar lafar yn sir Benfro.
Gw. CYWEN.

gwannus (*gwan* + *us*) *etf.* ac *eg.* Manus, peiswyn, siaff,eisin.
1567 LlGG Salm 1.4, Mal y mân us [:-*gwanus*].

gwannyd (*gwan* + *ŷd*) *eg.* ll. *gwanydau.* Ŷd heb lawn lenwi, grawn ŷd eilradd, ŷd gwag, ail ŷd. Defnyddir 'gwehilion' ac 'ysgubion' yn yr un ystyr. Ar lafar ar draws y de. Clywir hefyd y ffurf 'gennyd' (Ceredigion).
16g Huw Arwystl: Gwaith 24, Nid y *gwannyd* a gina.

gwanus gw. GWANNUS.

gwanwyn *eg.* ac *ep.* ll. *gwanwynau, gwanwyni.* Y cyntaf o'r pedwar tymor, olynydd y gaeaf a rhagflaenydd yr haf. Yn swyddogol rhed o'r 21 o Fawrth i'r 21 o Fehefin, ond yn amaethyddol, Mawrth, Ebrill a Mai. Dyma dymor y tyfiant newydd a'r borfa ir, tymor trin y tir, tymor hau, tymor wyna, ac at ei ddiwedd, tymor i droi'r anifeiliaid allan i bori.
Ceir nifer o ffurfiau ar y gair *gwanwyn*: 'gwahanwyn' (Y Cyfreithiau), 'gwanwn', 'gwanwin' (Ceredigion), 'gweiniwn' (Maldwyn). Cawn hefyd 'gwahanwynar (gwahanwyn + âr) am dir a drinid y gwanwyn.
1981 GEM 102, *Gweiniwn* – Ma'n dda genno'i weld y *gweiniwn.*
1952 R W Parry: 'Eifionydd' CG 2, Ond lle bu'r arad ar y ffridd/Yn rhwygo'r *gwanwyn* pêr o'r pridd.
Ffig. Bore oes, cyfnod prifio, gwanwyn bywyd.
Dywed. 'Gwanwyn yn Ionawr, blwyddyn ddrwg.'
'Hir *wanwyn* wedi'r Pasg/Sy'n dymor cas gan gowmon' – gall olygu hirlwm pan fo'r porthiant a'r borfa'n brin, neu was wedi penderfynu ymadael ac yn methu gweld C'lanmai yn dod ddigon buan (gw. LlG Mawrth 1995).
Diar. 'Gwanwyn braf, Calan Mai oer.'
'*Gwanwyn* gwlyb, cynhaeaf diweddar.'
'Mae gwenwyn yn haul y *gwanwyn.*'
Gw. HIRLWM.

gwanwyn cynnar *eg.* Tymor gwanwyn ffafriol a manteisiol ei hin a'i dymheredd i fedru trin y tir, hau a phlannu, ayyb, tymor cynnar ei dyfiant a'i borfa, gwanwyn cynharach na rhai a gofir.

gwanwyneiddiad *eg.* Gwlychu hadau cyn eu hau er mwyn eu cael i egino'n gynt; swcro planhigion drwy gyfrwng gwres artiffisial i flaguro a blodeuo'n gyflymach. Bathwyd 'gwanwyneiddiad' am y S. *vernalization,* gan PBG Prifysgol Cymru.

gwar y gynffon gw. RWMP.

gwarag *egb.* ll. *gwaragau.* Unrhyw beth wedi ei blygu neu ei gamu'n bwrpasol megis bwa, cambren, iau, handlen, dolen, llafn pladur.
1772 Llst 189, *Gwragen* – anything bended like a bow, an ox-bow.
GPC, Yng Ngheredigion clywid *gwragen* am ddarn o wifren neu wialen a roid ar goes pladur wrth fôn i ddroi'r gwair neu'r ŷd yn ôl a'i gadw'n gryno wrth ei dorri . . . Yng Nghwm Aber'geirw *gwragenni* a ddywedir am y darnau hynny o goes cribin fach a blygir yn hanner cylch o un ochr i'r pen a thrwy dwll yn y goes i'r ochr arall i'r pen.
Gw. B 14, 201.

gwarag pladur gw. GWARAG.

gwarbin (*gwar* + *pin*) *eg.* ll. *gwarbinau.*
1. Y pin a gadwai'r ddolen rhag llithro allan o iau ychen. Cf. echelbin.
Gw. GWARLLOST, IAU.

2. Echelbin, limpyn (S. *linchpin*), pin echel, y math o beg neu bin a roir drwy flaen echel trol (cert) i gadw'r olwynion yn eu lle. Ar lafar yn y de.
Gw. GWARLLOST, LIMPYN.

gwarbwyth *eg.* ll. *gwarbwythau*. Strap lledr i gau'r mwnci am goler y ceffyl, y strap sy'n tynnu dau bigyn y mwnci at ei gilydd i'w sicrhau yn ei le am y goler, 'carrai mwnci' (gogledd), 'caead mwnci' (Môn), 'tugall mwnci' (Môn). Ar lafar yng Ngheredigion.
Gw. CAEAD[3], CARRAI MWNCI, TUGALL.

gwarchodaeth natur *ebg.* Gofalaeth am y bywyd gwyllt, gwyliadwriaeth swyddogol a gwirfoddol dros y bywyd gwyllt, planhigion, creaduriaid, adar, ayyb. Daeth *gwarchodaeth natur* yn fater o bwysigrwydd mawr yn chwarter olaf yr 20g, ar ôl sylweddoli bod rhywogaethau o adar, planhigion, ayyb, wedi diflannu neu ar fin diflannu mewn canlyniad i ddefnyddio plaleiddiaid a chwynleiddiaid, chwalu cloddiau, ayyb. Ceisir gwneud Cyngor Gwarchod Natur, pwyllgorau'r Parciau'r Cenedlaethol, yr Awdurdodau Lleol a'r Ffermwyr yn bartneriaid yn yr ymdrech i adfer y sefyllfa.

gwarchodfa natur *eb.* ll. *gwarchodfeydd natur*. Lle wedi ei nodi a'i neilltuo fel cynefin y bywyd gwyllt o bob math, rhostiroedd, corsydd, coedlannau a'r mynydd agored. Rhaid wrth ganiatâd cynllunio bellach i ymyrryd mewn unrhyw fodd â'r gwarchodfeydd hyn. Mae'n gyfrifoldeb y Cyngor Gwarchod Natur, Awdurdodau'r Parciau Cenedlaethol a'r Awdurdodau Lleol i'w gwarchod.
Gw. GWARCHODAETH NATUR.

gwardon *ebg.* Clawdd pridd, gwrthglawdd o ddaear, glan afon, banc. Ym Morgannwg a Gwent clywir '*gwardon* y nant' neu '*wardon* yr afon', a cheir '*gwardon* y mynydd' am gopa mynydd neu war y mynydd. Ar lafar yn ardal Nantgarw (GPC).

gwarddedwyn Ffurf ar cardydwyn. Ar lafar yn sir Gaerfyrddin.
Gw. CARDYDWYN.

gwared (y)
1 *eg.* Y wisg o groen tenau sydd am epil anifail cyn ei eni ac a fwrir allan ar ôl ei eni, 'brych', 'y garw', 'gwisgen', 'placenta'.
Gw. BRYCH, Y GARW, GWISGEN, PLACENTA.

2. *eg.* At i lawr, gwaered, ar ei waered, goriwaered, allt, rhiw.
1992 J R Jones: *Crafion Medi* 44, Gan weithio'r brêc a'r *gwared*/A sgotsio ar bob rhiw.

gwaren, gwarin *eb.* ll. *gwarenod, gwarenau, gwarenoedd*. Magwrfa cwningod, lle'n llawn cwningod, lle wedi ei ysu â daearau cwningod, cwninger. Ar lafar yn gyffredinol yn yr ymadrodd '*gwaren* (gwarin) cwningod'.
Gw. WARIN.

gwargoch *a.*
1993 FfTh 11, 15, Cochni yng ngwlân y gwar sy'n arwydd o galedwch neu wydnwch mewn myharen.

gwargred, gwarged (*gwar-, gwor-* + *cred*) *eg.* ll. *gwargredion, gwergedion.* Gormodedd, goramlder, yr hyn sydd dros ben, gweddill (S. *surplus*), yr hyn sydd dros ben safon neu fesur neu ffin arbennig. Fe'i ceir yn TA (R J Edwards) ac yn TAM (Prifysgol Cymru) am y S. *surplus*, ac fe'i defnyddir am y cynnyrch amaethyddol (llaeth, cig, grawn, ayyb), sy'n fwy na'r galw neu'n fwy na'r cwotâu a ganiateir dan bolisi amaethyddol y Comisiwn Ewropeaidd. Ar lafar ym Morgannwg yn y ffurf 'gwarcad', ll. 'gwarcedion'. 'Cadw gwarcad y llo i'r ci' a 'gwarcad cinio' (GPC). Cawn hefyd yr ymadrodd 'digon a *gwarged*' h.y. 'digon a gweddill' neu 'gwala a gweddill'.

15g Pen 53, 18, Porthes ef pim mil or pym torth bara. Mwy oedd o *wargeret* noc a lew(et) wrth vwytta.

1585 Gr Robert: DC 16b, i byddei lawen gan y rhai da hyn gael *gwarged* a'r gweddull yr ydych chwi yn ei fwrw yn fynech i'r cŵn.

1672 R Prichard: Gwaith 113, Mwya ei ennill, gore ei *wargred*.

1991 TA, Surplus:- *gwarged.*

Gw. hefyd TAM 1994.

gwarhau *be.* Dofi (am geffyl), torri i mewn, hyweddu, ffrwyno, dal ceffyl.
1480-1525 TA 389, Ebol ir ar bilerau,/Egni hydd gyn i *warhau.*

gwarhawr *eg. gwarhawyr.* Un sy'n dofi ceffyl, un sy'n torri ceffyl i mewn, hyweddwr ceffyl, *gwarhawr* ceffyl, joci (Môn), un sy'n dal ceffyl ac yn ei hyfforddi at waith, cael ceffyl i arfer yn yr harnais neu i 'gymryd y ffrwyn' ac i weithio mewn gwahanol safleoedd, e.e. yn y siafftiau, yn un o 'wedd ddwbl' neu 'wedd fain' ayyb. Ceid y math hwn o *warhawr* ym mhob ardal yn ystod oes y ceffyl a mwy nac un yn aml
Gw. HYWEDDWR, JOCI, TORRI I MEWN.

gwarlin gw. WARLING.

gwarloc *ebg.* Math o raw neu fforch wedi plygu ei phen i grafu, neu i garthu, rhac, caff. Ar lafar yn Nyfed.
Gw. CAFF, RHAC.

gwarllas gw. GWARLLOST.

gwarllost, gwarllas, warllost *eb.* ll. *gwarllostau, gwarllyst.* Pin a arferai gydio bwa'r iau wrth yr iau, gwarbin; pin sy'n dal y cwlltwr yn ei le yn arnodd yr aradr, cŷn, lletem, gain (y cwlltwr); pin sy'n cadw olwyn y drol (cart, cert) yn ei lle ar yr echel, limpin, echelbin. Ar lafar yng Ngheredigion, Dyfed a sir Gaerfyrddin yn y ffurf 'gwellast'.
1958 T J Jenkin: YPLl AWC, Yr oedd clopa (cnap) ar un pen i'r wialen a thwll gyda *gwarllas* drwyddo yn y pen arall.
Diar. 'Cadw'r *wallast* a cholli'r cwlltwr' – diogelu'r pethau llai pwysig.
Gw. GAIN, GWARBIN, LIMPIN.

gwarn *eg.* ac *etf.* Y blew hir tu ôl i egwydydd ceffylau, bacsiau, bacsau.
14g R 1343, 7-8, *Gwarn* carn cornwytwasg bascwch.
Gw. BACSAU (BACSIAU).

gwarpin gw. GWARBIN, GWARLLOST.

gwarren gw. GWAREN, GWARIN.

gwarrog *egb.* ll. *gwarogau.* Iau, bwa, cebystr, dolen. Magodd hefyd yr ail ystyr o 'cloffrwym' (llyffethair). Mae'n air amrywiol ei ystyr er bod yr un elfen yn gyffredin i'r cwbl. Fe'i clywir ar lafar ym Môn am iau cario dŵr â dwy bwced.

1800 W Owen Pughe: CP 51, Dau ych . . . mewn ieuau a *gwarogau.*
1592 J 10, 1176, *Gwarroc* – gwarrog preseb.
1800 P, *Gwarog* – a yoke, a bar to which the bow is fastened, which goes round the neck of cattle, in fastening them to the crib.
Ffig. Baich, gorthrwm.
1595 M Kyffin: DFf 54, Gwasgu'r *warrog* arnynt yr ydym drwy nerth cyfraith.
1778 J Hughes: BB 312, 'Rym dan ei *warrog* yma'n wir (angau).
Gw. AERWY, IAU[3].

gwarthafl, gwarthol (*gwrth* + *gafl*) *eg.* ll. *gwarthaflau.* Y ddolen haearn â gwaelod fflat iddi sy'n hongian oddi wrth y cyfrwy y ddwy ochr i geffyl i'r marchogwr roi ei draed ynddyn nhw er mwyn cynnal ei gorff ac arbed ei afl pan fo'r ceffyl yn carlamu. Ceir hefyd y ffurfiau 'chwarthol', 'gwarthol', 'gwerthol', 'gwerthafl', 'gwrthafl', 'gwrthol'.

13g WML 17, A dala y *wrthafyl* tra discynho.
16g LLEG Mos 158, 1076, rhoddi i droed ynn y *warthol.*

gwarthecig *eg.* Treth neu arfer gynt o orfodi deiliad i werthu nifer neilltuol o wartheg am bris penodol bob hydref er mwyn cyflenwi cestyll y brenin neu'r arglwydd â chig.

gwartheg *ell.* ac *etf.* un. *gwarthegyn.* ll. dwbl. *gwarthegau.* Anifeiliaid ychaidd (bofinaidd) a rennir yn ddau brif ddosbarth: *gwartheg* Ewropeaidd a ddatblygwyd o *Bos Taurus* a *gwartheg* Zebu a ddatblygwyd o *Bos indicus* (*gwartheg* y trofannau). Amcangyfrifir bod yn agos i fil o wahanol fridiau o *wartheg* dros y byd i gyd, rhai yn *wartheg* llaeth, rhai yn *wartheg* tewion (biff), a'r lleill yn *wartheg* deuddiben. Ceir hefyd y ffurf 'gwarthaig' (gogledd). Yn nwyrain Dinbych, Fflint a Maldwyn 'catel' a glywir, ac yn y de 'da', 'y da'.

Bu adran o *wartheg,* sef yr ychen, yn gwasanaethu dyn yn ardderchog am ganrifoedd. Dan gyfraith Hywel Dda ni ddylid defnyddio buchod i dynnu aradr rhag y perygl o erthylu. Yr ych oedd i wneud hynny. Bu wrthi am ganrifoedd cyn hynny ac ar ôl hynny, hyd nes ei ddisodli gan y ceffyl yn hanner cyntaf y 19g. Mewn rhannau o'r byd fodd bynnag, e.e. de Ewrop, deil *gwartheg* i weithio o hyd. Dofwyd *gwartheg,* fel y dofwyd defaid, moch a geifr, cyn dofi ceffylau, oherwydd eu cig a'u crwyn, ac oherwydd y ceid blynyddoedd o waith gan yr ych cyn ei ladd i gael ei gig. Ar ben hynny, roedd yr ych yn gryfach anifail na cheffylau cymharol fach eu maint y canrifoedd hynny. Gall *gwartheg* olygu'r da corniog i gyd, neu'r buchod godro'n unig. Am y gwahanol fridiau o *wartheg,* gweler dan yr enwau, megis *Gwartheg* Duon, 'Hereford', ayyb. Yn ardal Abergeirw, Meirionnydd clywir *gwarthegyn* am darw, eidion, buwch, ayyb. Ceir hefyd y ffurfiau 'gwarthaig' a 'gwarthag'.

1620 Gen 42.2, Ac wele, yn esgyn o'r afon, saith o *wartheg* teg yr olwg.

1928 G Roberts: AA 6, Cael digon o ŷd i'w werthu oedd nod mwyafrif o ffermwyr, ac edrychid yn unig ar y *gwartheg* fel y cyfrwng gorau i droi'r gwellt, y gwair a'r borfa yn arian. Maint ac ansawdd y gadles oedd yn cael y sylw blaenaf ac nid rhif a rhagoroldeb y fuches.

1938 T J Jenkin: AIHA AWC, *Gwartheg* – Milking cows usually referred to collectivelly as *gwartheg*, sometimes as '*gwartheg* godro' or '*gwartheg* blith', but *gwartheg* used alone implied milch cows.

Dywed. 'Rydw i'n mynd tasa'r *gwartheg* yn y gwenith' – mynd doed a ddelw, er colled i mi fy hun.

'*Gwartheg* Llanarth.'

Hen goel. '*Gwartheg* yn gorwedd ar yr ochr dde' – arwydd glaw.

Gw. GEIFR ARFON, MOCH MÔN, ayyb.

gwartheg ardyst gw. BUCHES ARDYST, TICÂU, TIWBERCIWLIN.

gwartheg blithion Gwartheg llaeth, gwartheg godro.

gwartheg brîd Fel rheol, gwartheg o frîd arall heblaw gwartheg duon Cymreig, megis gwartheg byrgorn, ayyb.

gwartheg cadw Gwartheg stôr, gwartheg tewion.

gwartheg cenglog Gwartheg wrth aerwy, gwartheg wedi eu haerwyo o'u cyferbynnu â gwartheg rhydd mewn siediau.

gwartheg cyflo Buchod trymion o loiau, buchod cyfeb.

Gwartheg Duon *ell.* Brîd o wartheg duon, deuddiben, a ddatblygodd mewn amgylchiadau caled, garw, ar ucheldiroedd Cymru, ac felly'n medru dal hinsawdd ac amgylchiadau caled. Mae eu cynnyrch mewn lloi yn dda a'u llaeth o ansawdd dda. Mae iddynt gyfnod llaetha hir ac yn wartheg sugno llwyddiannus. Bu cynnydd yn y brîd yn ddiweddar a diddordeb byd-eang ynddynt. Mae'r Gymdeithas Gwartheg Duon yn gwneud gwaith da i hyrwyddo poblogrwydd y brîd.

1975 R Phillips: DAW 60, Diamau mai *Gwartheg Duon* Cymru oedd hen stoc y werin yn nechrau'r bedwaredd ganrif am bymtheg . . .

gwartheg godro Gwartheg blithion, da godro (y de), gwartheg llaeth o'u cyferbynnu â gwartheg cadw, neu wartheg stôr neu wartheg tewion.

gwartheg gwasod Buchod yn gofyn tarw.

gwartheg hirgorn *ell.* un. *buwch hirgorn, eidion hirgorn*. Brîd caled deuddiben o wartheg gyda chyrn hirion yn camu at i lawr, coch neu frown eu lliw gyda smotiau gwynion. Mae'n un o'r bridiau prin. Gw. YCH BANNOG.

gwartheg glân *ell* Gwartheg heb eu defnyddio i fridio, h.y. heffrod heb loia, bustych, teirw ifanc.

gwartheg ifanc Yr heffrod ('aneiredd' – Ceredigion, a 'treisiad' – Dyfed) a fegir gyda'r bwriad o'u cael yn lle eu mamau yn y fuches. Gwartheg rhy ifainc i loia a llaetha (S. *followers*).

gwartheg hysbion (hesbion) Y gwartheg eraill (bustych, dynewaid, gwartheg stôr, ayyb) mewn cyferbyniad i wartheg godro. Ar lafar yn y gogledd.

gwartheg llaetha Gwartheg godro, gwartheg llaeth, da godro, y buchod godro.

gwartheg llaeth byrgorn Brîd o wartheg deuddiben, yn goch, yn wyn, yn goch a gwyn ac yn winau eu lliw, gyda chyrn byrion yn troi at ymlaen. Ceir gwartheg tewion da o'r brîd, ond ceir hefyd wartheg llaeth da, a'r llaeth yn cynnwys 3.6% o frasder menyn. Nid yw'r brîd, fodd bynnag, mor boblogaidd ag y bu.

gwartheg moelion Gwartheg heb gyrn neu wedi eu digornio. Ar lafar yn y gogledd.

gwartheg parod Gwartheg wedi eu pesgi ac yn barod i'r lladd-dy, gwartheg wedi eu gorffen, gwartheg tewion.

gwartheg penwyn Gwartheg â wynebau gwynion. Ar lafar yn y gogledd.

gwartheg pori Gwartheg yn pori ar dir rhywun arall drwy gytundeb ac am rent penodedig. Ar lafar ym Mhenllyn. Cf. 'defaid wintro'.

gwartheg profadwy Buchod wedi dod â lloi o'r blaen.

gwartheg stôr Gwartheg cadw, gwartheg i'w pesgi ar gyfer eu lladd.
1975 R Phillips: DAW 61, Byddai o chwech i wyth o *wartheg stôr* yn cael eu porthi allan drwy'r gaeaf er mwyn eu cael yn galed ac yn weddus a blewog i'w werthu Fis Bach. Gw. STÔRS.

gwartheg yn ôl eu hoed a'u rhyw
Epil newydd ei eni (gwryw a benyw) – *llo bach, llo sugno,* ll. *lloi bach, lloeau bach.*
Epil hyd at flwydd oed (gwryw a benyw) – *llo,* ll. *lloi, lloeau.*
Epil rhwng blwydd ac ugain mis oed (gwryw a benyw) – *dynewaid.*
Benyw 20 mis neu ragor wedi bwrw ei llo cyntaf, neu heb fwrw ei llo cyntaf– *heffer, anner, treisiad,* ll. *heffrod, aneiredd, aneiriaid, treisiaid.*
Gwryw 20 mis neu fwy ac wedi ei sbaddu – *bustach,* ll. *bustych.*
Benyw ar ôl bwrw'r ail lo – *buwch,* ll. *buchod.*
Gwryw oddeutu dwyflwydd ac heb ei sbaddu – *llo tarw,* ll. *lloi tarw.*
Gwryw llawn dwf, dros ei ddwyflwydd, ac heb ei sbaddu – *tarw,* ll. *teirw.*
Gw. dan y geiriau.

gwarthegach *ell.* Gwartheg gwael, gwartheg o ansawdd sal, gwartheg dilewyrch, diraen.

gwarthegaidd *a.* Yn perthyn i wartheg, ynglŷn â gwartheg, neu o rywogaeth y gwartheg.

gwarthegig gw. GWARTHECIG.

gwarthegog *a.* Â llawer o wartheg (ffermwr), llawn gwartheg (am gae, fferm), yn berchen gwartheg lawer.
1722 Llst 189, *Gwarthegog:-* rich in cattle.

gwarthegwr (*gwartheg* + *gŵr*)
1. *eg. ll. gwarthegwyr.* Porthmon gwartheg, un yn prynu a gwerthu gwartheg, delar gwartheg.
Gw. PORTHMON.

2. *eg. ll. gwarthegwyr.* Porthwr gwartheg, cowmon, bugail gwartheg, heusor.
Gw. COWMON, PORTHWR.

gwarthegydd *eg. ll. gwarthegyddion, gwarthegwrs.*
1. Un yn ymgyfoethogi mewn gwartheg.
2. Un yn lladrata neu'n anrheithio gwartheg.
3. Perchen gwartheg, porthmon, gyrrwr gwartheg, un yn prynu a gwerthu gwartheg.
Gw. PORTHMON.
4. Bugail gwartheg, porthwr, cowmon, heusor.
Gw. COWMON, PORTHWR.

gwarthegyn *eg.* Unigol bachigol gwartheg. Ar lafar yn Abergeirw, Meirionnydd.
1996 FfTh 17, 41, Corn anifail (*gwarthegyn*) yw y teclyn yma, a'i swydd oedd dosio hylif i anifeiliaid.
Gw. GWARTHEG.

gwarthol (*gwrth* + *gafl*) *eg. ll. gwartholau.* Y ddolen haearn a gwaelod fflat iddi sy'n hongian o'r cyfrwy y ddwy ochr i geffyl, fel bod y marchogwr yn gallu rhoi ei draed ynddyn nhw, i arbed ei afl pan fo'r ceffyl yn carlamu, gwrthafl. Ar lafar ym Morgannwg. Ceir hefyd y ffurfiau: 'chwarthol', 'gwarthol', 'gwerthafl', 'gwerthol', 'gwrthol'.
Gw. GWARTHAFL.

gwas *eg. ll. gweision.* Yn amaethyddol llanc yn troi allan i weini (gwasanaethu) ar ffermydd,un a gyflogid gan ffermwr i wneud gwaith penodol, yn arbennig dan yr hen drefn, yn oes y ceffylau gwedd, ayyb. Mewn rhai rhannau o'r wlad wrth y tymor (chwe mis) y cyflogai'r *gwas*, mewn rhannau eraill wrth y flwyddyn. Yr unig un a gyflogai wrth yr wythnos oedd y gŵr priod neu'r penteulu.
Dywed. *'Gwas* heb orchest a morwyn heb gariad yn dda i ddim i weithio.'
'Gwas i *'ngwas* i a *'ngwas* inna'n diogi' – un yn taflu gwaith ar rywun arall.
'Wythnos *gwas* newydd' – y cyflogwr a'r gwas yn rhoi'r argraff orau posibl. Cf. 'Brws

newydd yn brwsio'n lân'.

'Rhan y *gwas* o gig yr iâr' – crafu'r esgyrn.

Hen Bennill: 'Lwmp o facwn melyn, bras,/I fi a'r *gwas* a'r garddwr,/Chwiaden a phys gleision neis,/A phwdin reis i'r teilwr.'

Gw. CYFLOGI, FFAIR GYFLOGI, GWEINI.

gwas bach *eg.* ll. *gweision bach.* Fel rheol, hogyn ifanc yn syth o'r ysgol yn troi allan i 'weini ffarmwrs', ac yn ei le cyntaf, gwas twt, sisli (Maldwyn). Arwahan i'r cynhaeaf gwair a'r cynhaeaf ŷd, pan fyddai'n dda wrth ei help yn y caeau ac wrth y das, dyletswyddau o gwmpas y tŷ, dan orchymyn y feistres oedd rhai'r *gwas bach,* tan ginio bob dydd. Byddai'n godro, corddi, cario dŵr, bwydo'r ieir, bwydo'r moch, golchi'r lloriau, glanhau sgidiau, ayyb. Yn y prynhawn câi ymuno â'r gweision eraill gyda gwahanol oruchwylion fferm. Rhan y *gwas bach* mewn gwirionedd oedd gwneud pethau nad oedd neb arall yn chwennych eu gwneud a phethau islaw ystyriaeth neb arall i'w gwneud – bod yn dipyn o was i bawb.

1938 T J Jenkin: AIHA AWC, Yn sir Benfro mae'n ymddangos y byddai statws uwch i'r *gwas bach.* Yno golygai 'yr ail was o ddau ar yr un fferm'.

1963 Hen Was: RC 25-6, Mi fyddwn i'n codi 'run amser ag Wmffra – tua phump yn y bore, a finna ddim yn dair ar ddeg oed . . . Amsar noswylio fyddai rhywla o gwmpas saith i wyth, ond mi fyddwn wrthi tan tua deg ambell i noson, os bydda Margiad Lloyd . . . eisio rhywbath . . . Mi fydda'r hen Fargiad yn galw arna'i i'r tŷ i helpu Martha'r forwyn i bolisio'r cannwyllbreni pres a'r platia piwtar. Ar nos Sadwrn mi fyddwn i'n gorfod helpu wedyn i roi tipyn o bolis ar sgidia'r teulu a helpu Martha i dwtio'r gegin fach a'r rŵm ffrynt erbyn y Sul.

1975 R Phillips: DAW 26, Er mwyn helpu rhieni 'roedd y plant yn mynd allan i wasanaethu yn ifanc iawn, ac fe ddywed Percy Jones yr ysgolfeistr yn y Log am 1885 i grwt deg oed gael ei gyflogi'n *was bach* ar fferm aelod o'r Bwrdd Ysgol.

1983 E Richards: YAW 16, Ar waelod yr ysgol yr oedd y *gwas bach.* Rhyw stwna o gwmpas y tŷ a byddai ef a bod yn was i bawb, . . . gwas i was y neidar.

Dywed. '*Gwas* dan *was*' – yr hen drefn o'r pengwas neu'r hwsmon i lawr i'r gwas bach.

Gw. GWAS TWT.

gwas ceffylau *eg.* ll. *gweision ceffylau.* Dyn yn gyfrifol am fwydo a gweithio ceffylau gwedd, certmon, wagner, ceffylwr. Ar lafar yng Ngheredigion.

1975 R Phillips: DAW 60, Awyddfryd pennaf pob cowmon oedd dod yn *was ceffylau* . . . os am gael ei edmygu am ei grefft, . . . fel *gwas ceffylau* yn hytrach nag fel cowmon y medrai ddangos hynny.

Gw. CERTMON, WAGNER.

gwas ffarm *eg.* ll. *gweision ffermydd.* Gweithiwr amaethyddol, ac un nad oedd iddo gynt nemor ddim statws cymdeithasol, – byddai'r term *gwas ffarm* yn cyfleu hynny'n aml iawn.

'Os na altri di yn yr ysgol 'na, *gwas ffarm* fyddi di.'

'Gobeithio y cei di ŵr sy'n rhwbath heblaw *gwas ffarm.*'

1923 Tegla Davies: *Gŵr Pen y Bryn* 23, Ond yr oedd ynddynt hefyd yr hyder a'r ymddiriedolaeth a welir mewn hen *was fferm* wedi bod flynyddoedd lawer yn yr un lle, nes dyfod yn rhan o'r fferm . . .

gwas march
1. *eg. ll. gweision meirch.* Certmon, un yn trin a gweithio ceffylau, wagner, ceffylwr, dyn 'ffyla, hefyd ostler.
Gw. CERTMON, DYN 'FFYLA, OSTLER, WAGNER.

2. *eg. ll. gweision meirch.* Dyn canlyn stalwyn, dyn dilyn march.
Gw. DYN CANLYN STALWYN.

gwas mawr *eg.* Y pen gwas, hwsmon. Ar lafar yng Ngheredigion a Chaerfyrddin a Dyfed. Ceir hefyd y ffurf 'gwas mowr'.
1958 T J Jenkin: YPLl AWC, Am ryw reswm, y rheol wrth daro ac wrth rwymo oedd mai'r *gwas mawr* a fyddai yn arwain.
1959 D J Williams: YChO 26, . . . fel y byddai nhad yn trefnu gwaith gyda Dafydd . . . y *gwas mowr* ym Mhenrhiw . . .
1995 FfTh 15, 11, Daeth Frank Powell y *gwas Mawr* allan o'r stabl i gael golwg hefyd . . .
Ffig. Yn ddifrïol am ambell i fforman neu flaenwr hunan-bwysig.
'Mi gaiff y *gwas mawr* gelpan iawn gan rywun un o'r dyddiau 'ma.'

gwas y neidr Gwaell y neidr, chwildarw (S. *dragon-fly*). Ar lafar yn gyffredinol.

gwas pennaf *eg. ll. gweision pennaf.* Y pen gwas, hwsmon, y gwas yr ymgynghorai'r meistr ag o wrth drefnu rhaglen waith. Ar lafar yng Ngheredigion.
1975 R Phillips: DAW 65, Gwaith y cowmon neu'r pen teulu neu'r bechgyn oedd gwylad y buchod yn dod â lloi, a gwaith y *gwas penna'* oedd gwylio'r gaseg yn dod ag ebol.
1975 T J Davies: NBB 104, . . . felly 'roedd y *gwas pennaf* yn was ceffyle, fe oedd brenin y gweision, ac os oedd breintiau i rywun, i'r *gwas pennaf* y'u hestynnid.
Gw. GWAS MAWR.

gwas twt *eg.* Gwas bach, hogyn at alwad pawb, yn enwedig y feistres, ac yn arbennig yn ystod y bore, ond yn cael mynd at y gweision eraill yn y pnawn.
1958 I Jones: HAG 46, Bum innau'n gweithio cryn dipyn yno, weithiau allan yn y caeau, ac weithiau fel *gwas twt* yn y tŷ a thu allan.
1975 T J Davies: NBB 104, Wedi i chi fwrw'ch prentisiaeth fel *gwas twt*, caech ddyrchafiad i'r beudy i ofalu am y gwartheg.
Gw. GWAS BACH.

Gwasanaeth Datblygu ac Ymgynghori Amaethyddol (ADAS) *ep.* Corff ymgynghorol yn cael ei ariannu gan y Weinyddiaeth Amaeth a Physgod, i gynnig gwasanaeth ymgynghorol i ffermwyr, garddwrieithwyr a thirfeddianwyr. Ei waith pennaf yw hybu a chynghori yn ei faes. Mae iddo bedair adran: amaethyddiaeth, gwyddoniaeth amaethyddol, milfeddygaeth, a gwasanaeth tir a dŵr. Gweithia o rwydwaith o swyddfeydd dros Gymru a Lloegr gyda chynghorwyr ar lefel cylch ac arbenigwyr yn ei bencadlysoedd rhanbarthol. Yn yr Alban mae'r gwasanaeth yn gweithio o dri choleg amaethyddol a cheir trefn debyg yng Ngogledd Iwerddon.

Gwasanaeth Graddoli Carcas Defaid Gwasanaeth gan y Comisiwn Cig a Da Byw i gynnig gwybodaeth mewn termau sy'n gyffredin i'r ffermwr, y cyfanwerthwr a'r cigydd. Disgrifir y carcas yn nhermau rhyw, pwysau, lefel braster a chydffurfiad. Defnyddir y graddoliad wrth asesu teilyngdod i bwrpas y premiwm cyfnewidiol ar gig dafad.

Gwasanaeth Milfeddygol Adran o'r Weinyddiaeth Amaeth, Pysgodfeydd a Bwyd sy'n gyfrifol am reoli a difa clefydau hysbysadwy, rhaglenni rheoli afiechydon, mewnforio ac allforio anifeiliaid a chynhyrchion anifeiliaid, archwilio clefydau newydd, glanweithdra cig, lles anifeiliaid, trwyddedu meddyginiaethau, a chadw cysylltiad agos â milfeddygon ynglŷn ag afiechydon, ayyb. Ceir rhwydwaith o Swyddogion Milfeddygol Rhanbarthol dros wledydd Prydain.

gwasarn (*gwa* + *sarn*) *eg.* ll. *gwasarnau*. Yr hyn a daenir yn wely dan anifeiliaid (gwellt, brwyn, ayyb), gwellt sarn (Dyfed), llaesodr.
1620 Hab 2.7, Oni chyfyd yn ddisymmwth y rhai a'th frathant, . . . a thi a fyddi yn *wasarn* iddynt.
1763 DT 143, Ei fathru a'i sathru'n sarn,/A'i osod yno'n *wasarn*.
Dywed. 'Niwl cynhaeaf, *gwasarn* glaw'.
Gw. GWASARN DWFN, GWELY, LLAESODR[2].

gwasarn dwfn *eg.* Gwely i anifeiliaid a dofednod yn seiliedig ar wellt, naddion, llwch llif a rhedyn. Yn ôl yr angen ychwanegir gwellt, ayyb, ar ben y gwely sydd yno'n barod ag sy'n gymysgedd o dom a phiswail. Gadewir i'r gwely gynyddu yn y modd hwn nes troi'r anifeiliaid allan yn y gwanwyn, neu hyd nes ymadael â'r adar. Dyma pryd y certhir y gwasarn.
Gw. GWELLTAIL.

gwasarnu, gosarnu (*go* + *sarnu*) *bf.* Taenu gwely dan anifeiliaid, taenu'r llaesodr, taenu gwasarn.
15g B 2 13, Par un weith bop pythewnos *gwassarnu* dy deveit.
Gw. GWASARN.

gwasgaru, sgwaru *be.*
1. Yn amaethyddol, chwalu, lledaenu (am dail [dom]): yn y de clywir '*sgwaru* dom (tail)'.
1975 R Phillips: DAW 52, Roedd llawer o waith trwm ynglŷn â phlannu tatws ddechrau Ebrill, – trin y tir, rhychio, cario a *gwasgar* dom yn y rhesi . . .

2. Taenu, hau (am hadyd gwair, ŷd, ayyb).
1620 Math 25.24, . . . yn medi lle ni heuaist, ac yn casglu lle ni *wasgeraist*.
Diar. 'Y llaw a *wasgar* a gynnull'.

3. Troi gwair, taenu gwaneifiau gwair, chwalu mydylau gwair. Yn y de sonnir am '*wasgaru* stodiau', '*gwasgaru* mydylau'.
1969 D Parry-Jones: Nod. i AWC, Dechreuid trwy *sgwaru*'r mwdwle, cyn gynted ag y codai'r gwlith.
Ffig. Afradu, afradlonni eiddo neu etifeddiaeth.

1617 R Prichard: CE 4, A gasclo'r Tad trwy gebydd-dra,/Mab afradus a'i *gwascara.*
1620 Luc 15.13, Efe a *wasgarodd* ei dda gan fyw yn afradlon.

gwasgarbridd (*gwasgar* + *pridd*) *a.* Wedi troi cwys, wedi aredig, yn gwasgar ac yn troi'r pridd, yn troi cwys.
1726 S Rhydderch: Alm 5, Dal penffestr *gwasgarbridd* mewn Mynydd-dir.

gwasgardir (*gwasgar* + *tir*) *eg.* ll. *gwasgardiroedd.* Tir gwasgaredig neu wedi ei wasgaru neu ei rannu rhwng dau neu fwy dan yr Hen Gyfreithiau.
15g AL 2 688, Ac odd yna y rhan yr ieuaf y *gwasgardir.*

gwasgarwr biswail *eg.* Peiriant sy'n chwalu neu ledaenu biswail, sef biswail anifeiliaid wedi ei storio mewn tanciau neu mewn lagŵn, ac yna ei bibellu a'i chwistrellu dros wyneb y tir neu ei lwytho i dancer i'w wasgaru.

gwasgysgwydd *eg.* ll. *gweisgysgwydd.* Chwydd poenus ar yr ysgwydd (yn enwedig ceffyl) yn ganlyniad rhyw straen neu'i gilydd, neu ddolur oddi wrth y goler yn crafu neu'n rhwbio. Fe'i gelwir hefyd yn 'Llinoryn yr Ysgwydd'.

gwasod, gwasawd
1. *eg.* Y gwely a daenir dan anifail, gwasarn, llaesodr, sarn. Gw. GWASARN, GWELY ANIFAIL.

2. *a.* Yn gofyn tarw, yn ei gwres (am fuwch). Ar lafar yng Ngheredigion a Dyfed.
1300 LIB 113, Gweithret tarw tra geisso gwarthec *gwassawt* o galan Mei hyd galan gayaf.
1989 P Williams: GYG 23, Pan oedd buwch yn *wasod* roedd yn rhaid i ddau arwain y tarw allan . . .
Gw. CENHEDLU.

gwasodrwydd *eg.* Y cyflwr o fod yn wasod neu yn ei gwres (am fuwch), terfenydd buwch.
1722 Llst 189, *Gwasodrwydd:*- the tuftiness of a cow.
Gw. GWASOD.

gwast *eg.* Tir gwyllt, tir heb ei drin a'i ddiwyllio. Ar lafar yng Nghlwyd.

gwastad *eg.* ll. *gwastadau, gwastadoedd.* Lle gwastad, tir gwastad, tir llawr gwlad, dyffryndir, gwastatir. Yn y de ceir y ffurfiau llafar 'gwastod' neu 'yn wastod'. Digwydd mewn enwau lleoedd yn lled gyffredinol – 'Y Gwastad', Bow Street; 'Gwastad y Borth', Ceredigion; 'Gwastadannas', Nant Gwynant; 'Stade', Llandderfel.
'Mae'r tŷ ar y *gwastad* cyn cyrraedd y pentre.'
13g WM 145, 28-9, a *gwastad* y dyffryn oedd yn weirgloddeu.
1620 Deut 3.10, Holl ddinasoedd y *gwastad.*

gwastadedd *eg.* ll. *gwastadeddau.* Tir llawr gwlad (o'i gyferbynnu a'r ucheldir), llawr gwlad, y gwastad.
1588 Gen 11.2, Cawsant *wastadedd* yn nhir Sinar.

1620 Jer 17.26, O'r *gwastadedd* ac o'r mynydd.
Gw. GWASTAD.

gwastadfrig (*gwastad* + *brig*) *a*. Y brig yn gyson wastad (am gnwd o ŷd, am gwysi mewn cae âr, am goed, ayyb), wedi tyfu'n gydwastad â'i gilydd.
16g AP 55, Coet *gwastatʋrig*.

gwastatir (*gwastad* + *tir*) *eg*. Tir gwastad, arwynebedd o dir cymharol wastad ar lawr gwlad ac ar yr ucheldir, plateau, ystrad.
1959 D J Williams: YChO 15, Uwchlaw a thu ôl i'r cyfan hyn ar y *gwastatir* uchel (plateau) rhwng y ddau gwm, Gorlech a Melinddwr, yr oedd Llywele'n lluesta'n dawel o olwg pawb, ym mro'r ehedydd, y whibanwr a'r cornicyll.

gwastrawd (*gwas* + *(y)strawd* [strodur, cyfrwy]) *eg*. un. bach. *gwastrodyn*. Gwas yn gofalu am geffylau, swyddog meirch, gwas stabl, ostler, gwas y cyfrwy, un yn gofalu am geffylau marchogion rhyfel, gwastrawd afwyn. Digwydd yn yr enw lle, 'Malltraeth *Wastrodion*' ym Môn.
1588 1 Bren 22.34, Efe a ddywedodd wrth ei *wastrawd* (cerbydwr, Beibl 1620) tro dy law, a dwg fi allan o'r fyddin.

gwastrawd afwyn gw. GWASTRAWD.

gwastrodaeth (*gwastrawd* + *aeth*) *eg*. Rheolaeth, llywodraeth, disgyblaeth, meistrolaeth, goruchwyliaeth (ar anifail a dyn). Yn aml sonnir am 'gadw *gwastrodaeth*' ar anifail a dyn. Ar lafar yn y gogledd yn ffurf 'strodath'. 'Does dim modd cadw *strodath* ar blant yr oes yma' (GPC).
1913 WVBD 506, Ma isio rhywun i dy *strodath* di.
Gw. GWASTRAWD.

gwastrodi *be*. (o'r enw gwastrawd). Disgyblu, rheoli, cadw mewn trefn (am geffyl ac yn gyffredinol), gweithredu fel gwastrawd.
1989 D Jones: OHW 36, A chriw ohonom wedi ei gritio yng nghornel iet y clôs gan dybied ei bod yn bryd cael penwast amdano i dreio *gwastrodi* peth arno, neidiodd yr iet honno – pum troedfedd o leiaf – yn glir o'i sefyll a heb herfa o gwbl.
Gw. GWASTRAWD.

gwau *be*. Y weithred o wau edafedd yn sanau a dilladau. Hon oedd un ffurf ar 'arallgyfeirio' mewn amaethyddiaeth gynt a chyn bod y gair hwnnw wedi ei eni. Gweuid sanau, capiau, menyg, siwmperi, ayyb, i'w gwerthu at gael incwm atodol. Golygfa gyffredin fyddai gwraig y tŷ yn gwau fin nos a'r gŵr neu rhywrai o'r teulu yn dirwyn yr edafedd yn belenni allan o sypynau ohono a brynid yn y farchnad. Yna, ar ôl gwau torreth o bethau, eid â nhw i'r farchnad i'w gwerthu.
1933 H Evans: CE 11-12, Gwnaed y fargen, fy nhad yn gwneud gwaith y tŷ heblaw gwaith y fferm, a'm mam yn *gwau*. Codai'r fore ac arhosai ar ei thraed yn hwyr . . . Ei thasg oedd gwau tair hosan bob dydd. Unwaith pob pythefnos â'i fy mam ar gefn y gaseg i Ruthyn, . . . a'i phecyn o sane gyda hi i'w gwerthu i'r saneuwyr, ac am yr arian prynai beced o haidd . . . i'w falu i wneud bwyd i ni.
1958 I Jones: HAG 81, Trigain a phymtheg o flynyddoedd yn ol (diwedd y 19g) eithriad bron oedd gweld benyw ddeugain oed, a thros hynny, heb hosan a gweill yn ei dwylo. Dibynnai llawer ohonynt ar wau sanau, i ennill bywoliaeth brin gyda help o'r plwyf o

bosibl. Byddai llawer ohonynt yn prynu gwlân a mynd ag ef i ffatri, a'i gael yn ôl yn edafedd.
eto, Yr oedd marchnad i sanau Sir Aberteifi y pryd hwnnw ym Morgannwg a chanolwr yn mynd oddi amgylch i brynu gan y rhai a oedd yn gwau, ac yn gwerthu'r cynnyrch yn y gweithfeydd glo a haearn. Eid a rhai ohonynt hefyd i'w gwerthu yn Lloegr.

gwaun *eb. ll. gweunydd.* Gwastatir uchel, gwlyb a brwynog; ucheldir neu fynydd-dir agored, gweundir, rhos, tir grugog. Hefyd tir isel gwlyb, doldir, clun, gweirglodd. Ar lafar yn y gogledd ceir 'gweun' a 'weun' a 'gwaen'. 'Ma'r gwartheg yn y *weun.*' Yng Ngheredigion, Caerfyrddin a Phenfro clywir 'gwein' a 'wein' a'r ll. 'gweinon'.
14g GDG 338, Pydew rhwng *gwaun* a cheunant.
14-15g IGE 304, Gwennol rhwng wybr a *gweunoedd.*
1672 R Prichard: Gwaith 356, Fel y lleddir *gweunydd* [gweirgloddydd] hardd.
1762-79 W Williams: P 452, Maesydd ffrwythlon a *gwaenydd* . . . ar hyd lann eu hafonydd.
1929 J Morris Jones (Cyf): LLEM 635, A'm harwain i/Dros *waun* a rhos . . .
1938 T J Jenkin: AIHA AWC, Ni ddefnyddid y gair (*gwaun*) ond am dir lle yr oedd o leiaf rywfaint o frwyn – tir gyda rhannau ohono yn lled wlyb, a byth yn cael ei drin at ŷd, etc. Ambell dro byddai *gwaun* yn gyfystyr â 'rhos' os byddai yn wlyb iawn.

gwaun bân *eb.* Gwaun fawnoglyd, wleb, panwaun.
Gw. PAUNWAUN.

gwaun fawn *eb. ll. gwenydd mawn.* Gwaun lle tyf mawn, gwaun lle lleddir mawn. Ar lafar yng Ngwynedd. WVBD 570.

gwaun fynydd *eb.* Dôl neu ros ar fynydd-dir, darn rhesymol o wastad ar ucheldir, ystadros (Meirionnydd).

gwawn *eg.* Plu'r gweunydd, sidan y waun (*Eriophorum*).
1455-85 LGC 468, Rhodiaw bron Bumlummon las,/Rhivaw *gwawn* rhov a gwanas.

gwden
1. *eb. ll. gwdeni, gwdenau, wdyn.* Y gwiail plethedig a ddefnyddid gynt fel tidiau neu dresi gydag ychen i aredig, cyn i gadwyni ddod yn gyffredin, rhefog.
1975 Ff Payne: YAG 89, Y mae sôn am gadwyni yn awgrymu fod y did *wden* wedi ei disodli i raddau erbyn hyn (1600). Ond ni ddarfu amdani, . . . parheid i ddefnyddio gwdyn plethedig fel tidiau hyd y 19g.
1620 Barn 16.7, Pe rhwyment fi â saith o *wdyn* irion . . .
Gw. CARWDEN, CEFNDRES, CEFNRHAFF, CEFNWDEN.

2. *eb.* Ffon ystwyth wedi ei thorri o'r gwrych, gwialen ir ac ystwyth.
14g GDG 176, *Gwden* rybraff ei thrafferth (am fiaren).

3. *eb.* Y cylch pren am y fuddel yn y beudy i aerwyo'r gwartheg. Clymid yr aerwy wrth yr *wden* (y cylch pren) cyn dyddiau'r ddolen haearn, neu'r gadwyn haearn. Ar lafar ym Maldwyn.
Gw. GEM 82 (1981).

4. *eb.* Dolen o wiail wedi eu plethu i wahanol ddibenion, – i'w rhoi dros gilbost i gadw'r giât ynghau (Dyfed); i dynnu slêd neu gar llusg; i'w rhoi dros yr ysgwyddau i gario cwrwgl (Dyfed).

5. *eb.* Y rhwymyn a ddefnyddid i glymu ysgub o fanadl. Ar lafar yn yr ystyr hwn ym Maldwyn.
Gw. GEM 82 (1981).

gwddar gw. GWYDDAR.

gwddyf, gwddi *eg.* ll. *gwddyfau, gwddiau.* Erfyn byr ei garn a'i lafn â thro yn ei flaen, at dorri coed, bilwg, cryman cau, cryman cam. Hefyd cyllell braff â thro yn ei blaen a choes hir at docio coed, prysgwydd, ayyb, hoc, hoca, hog.
1903 O M Edwards (gol.): B.B. (1700-50) 77, Rhac a batog, caib a *gwddi,*/Car, ystrodur, mynwr, mynci.

gweadedd pridd *eg.* Cydbwysedd neu ddiffyg cydbwysedd y gwahanol ddefnyddiau ac elfennau yn y pridd (e.e. tywod, clai, calch, gwaddod, ayyb) sy'n gallu effeithio ar allu'r pridd i fwydo cnydau â maethynau.

gwedd
1. *ebg* ll. *gweddi, gweddau, gweddoedd, gweddydd.* Yr iau a roir ar warrau dau ych i'w cysylltu ynghyd, offer tynnu, harnais
1480 HCLl 102, Eidionau gwâr dan y *gwedd.*
1773 W, *Gwedd:-* geers (harness for beasts of draught).
GPC, Arferir *gweddau* yng ngodre Caerfyrddin am harnais. 'Odi hi'n cymryd y *gwedde?*'
1975 Ff Payne: YAG 148, Nid oes alw am gambren ond pan fo o leiaf ddwy did gyfochrog i'w cysylltu wrth yr aradr, fel y mae gyda *gweddeufe,* neu dresi ceffyl.

2. *eb.* Cyflwr anifail, golwg anifail, ymddangosiad gwych neu wachul anifail, â blewyn da neu â blewyn drwg, â graen da neu â graen drwg. Sonnir am geffyl 'a *gwedd* dda' arno, neu fuwch 'a *gwedd* dda' arni, – edrych yn dda, yn gasol a phorthiannus.
'Ma'i *gwedd* hi'n deud na chafodd ddigon o fwyd.'

3. *eb.* ll. *gweddi, gweddoedd, gweddau.* Am ganrifoedd pâr neu fwy o ychen wedi eu hieuo ynghyd. Yn ddiweddarach, o ganol y 19g, pâr neu fwy o geffylau wedi eu cyplu (cyplysu) ynghyd, deupen o geffylau wedi eu cyplysu at waith megis aredig, ayyb. Ceid '*gwedd* ddwbl' (ychen neu geffylau ochr yn ochr) a '*gwedd* hir' ('*gwedd* fain' – ychen neu geffylau y naill o flaen y llall). Ceid hefyd '*gwedd* dri cheffyl', '*gwedd* pedwar ceffyl', ayyb. Ar lafar yng Ngwynedd ac ar draws y gogledd. Ym Maldwyn clywir 'deuben' am *wedd* yn ogystal â 'scots' neu '*wedd* scots'. Yn sir Frycheiniog ceir 'we', yn nyffrynnoedd Morgannwg 'pâr', ac ym Mro Morgannwg, 'têm' (S. *team*). Ym Môn ac Arfon sonnid am 'pen *gwedd*' neu'r 'brif *wedd*', ac am yr 'ail *wedd*' a'r rhain yn cyfateb i'r 'pen certmon' a'r 'ail gertmon'.
'Mi fum yn canlyn y *wedd* am flynyddoedd.'
Mynyddog, Arall. o *Farmer's Boy,* 'Yr Hogyn yn Gyrru'r *Wedd*'.
1985 W H Jones: HOGM 9, Er nad oedd Lewis . . . ond un ar bymtheg oed, bu raid iddo gymryd gofal y *wedd.*
1998 Bethan Phillips: RhDF 248, . . . yn codi tatw mewn cae mor wlyb nes y bu'n rhaid cael chwe *gwedd* o ychen i dynnu hanner llwyth oddi yno.

Dywed. 'Ni ddylai'r certmon weld y *wedd'* – pan fo'r tir yn sych y mae trin a hau, h.y. pan fo llwch yn gymylau.
Gw. HAU MEWN LLWCH

gwedd aredig Pâr o ychen (neu fwy) wedi eu hieuo, neu bâr o geffylau (neu fwy) wedi eu cyplysu at y gwaith o aredig ac, fel arfer, yn gyfochrog.
1975 Ff Payne: YAG 181, . . . yn niwedd yr unfed ganrif ar bymtheg dechreuwyd torri ar draddodiad Celtaidd, hynafol arall drwy ychwanegu ceffylau at y *wedd aredig*.

gwedd dynnu Dau geffyl gwedd, pâr o geffylau gwedd y naill ai'n gyfochrog neu'r naill o flaen y llall.

gwedd ddwbl Dau geffyl wedi eu cyplysu ochr yn ochr, mewn cyferbyniad i 'gwedd fain'. Ar lafar ym Môn ac Arfon.
Gw. GWEDD FAIN.

gwedd fain Gwedd o geffylau lle mae un ceffyl o flaen y llall, mewn cyferbyniad i 'gwedd ddwbl'. Ar lafar ym Môn ac Arfon.
Gw. GWEDD DDWBL.

gwedd gymysg Gwedd lle'r oedd ychen a cheffylau wedi eu cyplysu ynghyd i bwrpas aredig. Yn aml iawn, dyna a wnai'r tyddynnwr. Yn hytrach na benthyca ychen gan gymdogion âi ati i ieuo ych a cheffyl, sef yr anifeiliaid a oedd ar gael.
1975 Ff Payne: YAG 184, *Gweddoedd cymysg* a geid fynychaf yn Sir Fynwy erbyn diwedd y ganrif (18g).
eto, 181, Ac yn awr yn niwedd yr unfed ganrif ar bymtheg dechreuwyd torri ar draddodiad Celtaidd, hynafol arall drwy ychwanegu ceffylau at y *wedd* aredig.

gwedd hir gw. GWEDD FAIN.

gwedd myniawyd Gwedd o geffylau lle mae'r lleiaf o'r ddau geffyl ar y blaen. Ar lafar ym Môn.

gweddau, gweddeifiau gw. GWEDD[1] a [3].

gweddau byr Pâr o dresi a ddefnyddid i aredig, llyfnu, ayyb, â cheffyl. Ar lafar yng Ngheredigion.

gweddau hir Pâr o dresi a ddefnyddid ar y ceffyl blaen mewn gwedd fain. Ar lafar yng Ngheredigion.

gweddeifio, gweddifo *be.* Tynnu, llusgo offer amaethyddol, gweithio mewn tresi, fel yr ychen dan yr iau, neu'r ceffyl mewn tresi. Ar lafar yn sir Gaerfyrddin yn y ffurf *gweddifo*, ac yn aml yn yr ystyr o 'wanu', 'heglu', 'baglu'.
1722 Llst 189, *Gweddeifio* – to draw (as cattel in a team).
GPC, Fe *weddifodd* hi ono gynta galle fe.

gwedder, gweddr *eg.* ll. *gweddrod, gwedrod.* Mollt, llwdn, myharen. Sonnir am *'wedder* blwydd', *'gwedder* dwyflwydd' a *'gwedder* geglawn' (y

247

dannedd yn gyflawn). Ar lafar yn gyffredinol yn y de. Amr. 'gwedyr', 'gwedrod'.
1795 M Williams: BM 12, Eu berwi gyda chlun *gwedder*.
Hen Bennill. 'Mi wnaf i'r *gweddrod* daflu'u hŵyn,/ A brig y brwyn yn ffigys.'

gweddgar *a.* Ansoddair a ddefnyddir fel rheol i ddisgrifio anifail graenus, porthiannus, llyfndew yr olwg, pwyntus, teg yr olwg. Sonnir am fuwch weddgar, ayyb.
1998 E Richards: PM 337, Gan eu bod yn fuchesi byrgorn yr oeddyn yn *weddgar* a chigog (am swynogydd).

gweddillion gwrteithiol anghymathedig *ell.* Y swm o wahanol faethynnau neu o fwydydd llysiau ag sydd mewn porthiant neu ogor nad yw corff anifail wedi ei gymhathu ag ef ei hun, ond sydd yn mynd drwyddo yn y tail, ac yn cyfoethogi hwnnw.

gweddillion gwrtaith anhysbyddedig *ell.* Y swm o wrtaith sy'n weddill yn y pridd heb ei ddefnyddio gan y cnwd a dyfir, ac sydd yno ar gyfer y cnwd nesaf.

gweddillion had olew *ell.* Y gweddillion sy'n aros ar ôl tynnu'r olew o had llin, soya, ayyb. Fel rheol, ceir y gweddillion hyn yn gyfoethog o brodin yn rhinwedd y gweddillion olew sydd ynddyn nhw. Fe'u prosesir yn flawd i'w rhoi ym mwyd anifeiliaid.

gweddillion lladd *ell.* Yr hyn a dynnir o anifail (mochyn, oen, bustach) wedi ei hongian a'i agor ar ôl ei ladd. Mae'r gweddillion o ddau fath: y gweddillion gwyrdd, sef y perfedd neu'r perfeddion; y gweddillion coch, sef y galon, ysgyfaint, elwlod, yr iau (afu).

gweddillion melin *ell.* Eisin a phlisg gwenith ar ôl ei falu, ac a ddefnyddir yn fwyd anifeiliaid.

gwefl *eb.* ll. *gweflau.* Ymyl y pot pridd, y trwch ychwanegol yn ffurf gwefl y geg ddynol o gylch pen uchaf llestr pridd.
1989 FfTh 3, 30, Ffordd arall a gofiaf oedd gwneud hosan i'r pot, sef chwipio (coilio) rhaff wellt am y potia o'r gwaelod hyd y *wefl* ar dop y pot.

gwehilion *ell.* Tinion, ysgubion, yr hyn nad oes werth iddo wrth ddyrnu, gwaelodion, manyd, manus, peiswyn, rhytion, llywangarth, godreon, neith, nithion, siaffrwd. (Gw. o dan y geiriau).
1620 Amos 8.6, . . . ac i werthu *gwehilion* gwenith.
17g Huw Morus: EC 1 317, Mae *gwehilion* i'r gwenith gorau.
1933 H Evans: CE 117, Tra byddai un yn troi'r wyntyll â'i holl egni, fe ollyngai un arall yr ŷd o ogor i lawr y bwrdd yn denau; disgynai'r grawn trwm yn ymyl y wyntyll, y *gwehilion* – neu 'tinion' fel y gelwid ef fynychaf – ychydig ymhellach, a'r us neu'r col haidd ymhellach wedyn.
Ffig. Pobl neu gymeriadau a ystyrir yn gyffredin yn rhai salw. Sonnir am *'wehilion cymdeithas'.*

gweilydd, gweili *eg.* ll. *gweilyddion.* Gwag, disylwedd. Yn amaethyddol gwag, heb lwyth, segur (am geffyl, trol [cert] ayyb). Ar lafar yng

Ngwynedd am geffyl yn dychwelyd yn *weili*, h.y. heb drol, heb aradr, heb lwyth. Yn Nyffryn Clwyd fe'i clywir am injan drên heb fod yn tynnu dim – 'injan *weili*'.

1750 ML 1 168, A'r ceffylau yn *weili* 'rhyd y meusydd.

Gw. CEFFYL GWEILI.

gweini *be*. (yr un *gwein* ag yn *gwein*yddes a *gwein*idog). Bod mewn gwasanaeth, wedi troi allan i weithio (am was a morwyn) yn enwedig ar ffermydd. Yn achos y forwyn defnyddid y gair hefyd am fynd i wasanaeth i dai preifat neu dai byddigion. Ond mewn cysylltiad â'r gwas, un ystyr oedd i *gweini*, sef gweithio ar ffermydd, – *gweini* ffarmwrs. Sonnir hefyd am 'was *gweini*' ac am 'forwyn *weini*'. Ceir hefyd yr hen ffurf *gweinif* mewn Cymraeg Canol.

Hen Bennill. 'Mi fum yn *gweini* tymor/Yn fferam Tyn y Coed.

1975 W J Thomas: CM 60, Yn y dyddiau hynny byddai llanciau o Lŷn a mannau eraill yn *gweini* yn yr ardal (Eifionnydd).

1963 I Gruffydd: GOB 52-3, Ar ein dychweliad o hanner tymor o *weini* ffarmwrs.

eto, 80, Gorfu imi droi allan i *weini*.

gweinidfarch (*gweinid* + *march*) *eg*. ll. *gweinidfeirch*. Ceffyl gwedd, ceffyl gwaith.

1200 LLDW 88 7, nac amus, na palfrey vo na *gueynytvarch*.

gweiniwn *eg*. ll. *gweiniynau*. Ffurf ar y gair 'gwanwyn' (Hen Gymraeg, *gwaeanwyn*). Ar lafar ym Maldwyn. 'Ma'n dda genno i weld y *gweiniwn* (GEM 102, 1981). Yn y Cyfreithiau ceir 'gwahanwyn', ac am dir a drinid y gwanwyn ceid 'gwahanwynar' (gwahanwyn + âr). Yng Ngheredigion clywir y ffurfiau 'gwanwn' a 'gwanwin'. Gw. hefyd GWANWYN.

gweirglodd (*gwair* + *clawdd*) *eb*. ll. *gweirgloddiau*. Darn o dir isel a gwastad (a chlawdd o'i gwmpas) a gedwir (fel rheol) i dyfu gwair, dôl wair, cae gwair, gwaun wair (mewn cyferbyniad i dir pori). Ceir y ffurf 'gwerglodd' yn weddol gyffredinol. Yn y gogledd clywir hefyd 'gwarglodd' ac yn y de 'gwyrglod', 'gwrglod', 'gwyrlod', 'gwrlod', 'gwerilodd', 'gwerlod', 'gweirlawd', 'wirglodd' (Dyfed), 'wirglo', 'wglo', 'wrglo'. Fe'i ceir mewn enwau ffermydd, e.e. 'Y *Weirglodd* Wen' a'r '*Weirglodd* Ddu', Llanuwchllyn. Ceir hefyd dir comin o'r enw 'Whirglowhare' yn Sanclêr.

13g WM 136, 14-15, Yntau a gyfodes ac a gyrchwys y *weirglawdd*.

1672 R Prichard: Gwaith 356, Fel y lleddir gweunydd [:-*gweirglodydd*] hardd.

gweirglodd-dir gw. GWEIRGLODD.

gweirgloddio *be*. Troi tir er mwyn codi gwair, trin dôl er mwyn tyfu gwair. Troi tir yn weirdir. Tir a fu'n tyfu cnydau eraill yn cael ei hadu'n dir gwair.

gweirglwyd (*gwair* + *clwyd*) *eb.* ll. *gweirglwydau.* Rhastl neu resel wair, lle i ddal gwair i anifeiliaid fwyta ohono.
Gw. RHESEL.

gweiriau, gweirie gw. GWAIR.

gweirio
1. *be.* Troi'n wair, cadw'n wair, tyfu'n wair (am dir).
2. *be.* Cynaeafu neu drin gwair, cyweirio gwair.
1688 TJ, *Gweirio*: cyweirio gwair, to make hay.
3. *be.* Hau tir â hadau gwair, hadu tir.
4. *be.* Porthi anifeiliaid â gwair. Ym Mhenllyn sonnir am '*weirio*'r defed', h.y. rhoi gwair i'r defaid.

gweiriog, gweirog *a.* Llawn gwair, â chnwd da o wair (am dir), gwelltog, toreithiog o wair.

gweiriwr
1. *eg.* Pladurwr, un yn lladd gwair yn enwedig â phladur, lladdwr gwair.
1795 J Harris: Alm 39, A'r *gwairwyr* gwych eu hegni yn gyrru at y gwair.
Gw. PLADURO, PLADURWR.
2. *eg.* Un yn porthi anifeiliaid (yn enwedig defaid) â gwair.
Gw. GWEIRIO⁴.
3. *egb.* Brigyn collen neu helygen neu ddarn o weiren sy'n cysylltu llafn pladur wrth ei choes ac yn cadw'r gwair mân, marw, rhag ymgasglu yng nghafl y bladur. Ar lafar yn sir Benfro yn y ffurf '*gweirwr*'.
1939 D J Williams: HW 15, Yr oedd iddi *weirwr* uchel hefyd i gadw'r gwair mân rhag cloi yn y llorp (pladur).
1958 T J Jenkin: YPLl AWC, Yna o dwll ym môn llafn y bladur gosodid '*gweirwr*' – brigyn collen neu helygen – a throi ei flaen heibio i'r aing. Gwaith ysgafn oedd gan y *gweiriwr*, sef cadw'r gwellt rhag mynd i mewn i'r gwagle rhwng llafn y bladur a sawdl y goes.
Gw. CARCHAR³.

gweirllan, gwerlan (*gwair* + *llan*) *eb.* ll. *gweirllannau.* Tŷ gwair, helm wair, gardd wair.
Gw. GARDD WAIR, TŶ GWAIR.

gweirwellt *eg.* Gwelltglas, glaswellt, porfa.
1485-1525 TA 414, O gyrrir draw i'r *gweirwellt*,/Ni thyrr ei garn wyth o'r gwellt.

gweithdal (*gwaith* + *tâl*) *eg.* Dull o gyflogi gweithwyr ar ffermydd lle telir i'r gweithiwr yn ôl swm y gwaith a gyflawna, e.e. rhai'n pigo neu gasglu ffrwythau yn ôl hyn a hyn y fasgedaid, yn hytrach nag yn ôl hyn a hyn yr awr, neu gneifio defaid yn ôl hyn a hyn y ddafad, ayyb.

gweithglwm (*gwaith* + *clwm*) *a.* Cyfeiriad at dŷ gwas sydd ynghlwm wrth swydd y gwas, yn rhan o'i gytundeb, ac y gellir ei gael yn rhydd pan fo'r gwas yn terfynu ei wasanaeth. Gw. TŶ GWEITHGLWM.

gweithgylch milfeddyg *eg.* ll. *gweithgylchoedd milfeddygon.* Y cylch yr ymarfer y milfeddyg ei broffesiwn ynddo, y dalgylch o ffermwyr, ayyb, sy'n arferol yn galw am ei wasanaeth yn ôl yr angen, practis milfeddyg.

gweithio tas *be.* Gwneud tas (gwair, ŷd, gwellt, mawn), adeiladu tas, yr hyn a ystyrid yn gryn dipyn o grefft. Byddai'r ymadroddion 'gwneud tas' a 'gweithio tas' yn gyffredin a chyfystyr.
1981 W H Roberts: AG 63, Fe ddangosai'r das wrth ei thorri â'r gyllell wair, a symud y dringlen o'r afael, os byddai hi wedi ei *gweithio*'n dda ai peidio, gyda digon o lanw i roi rhedfa i'r dŵr.
Gw. EILIO TAS, GWNEUD TAS, TASU.

gweithiwr dros dro *eg.* Gweithiwr yn cael ei gyflogi am dymor byr, ac yn ôl y galw, weithiau ar dasg ac weithiau yn ôl hyn a hyn yr awr, y dydd neu'r wythnos. Gynt fe'i cyflogid i bwrpas cau clawdd, agor ffosydd, chwynnu swêds, cynhaeaf, ayyb, 'dyn caled' (Môn), 'dyn rhydd' (Llŷn).

gwely anifail *eg.* Yr hyn a roir dan anifeiliaid yn y stabl, beudy, sied, cwt mochyn, gwasarn, llaesodr.
1972 E Williams: TT 13, Taenu wedyn *wely* o redyn otanynt, a chau'r drysau.
1976 G Griffiths: BHH 38, Y peth olaf cyn diffodd y lantar, byddai gwneud *gwely*'r ceffylau:- ysgwyd gwellt yn ofalus efo picwarch, er mwyn ei wneud mor gysurus ag oedd modd.
Gw. GWASARN, GWELY ANIFAIL.

gwely gwellt Matres wedi ei llenwi a'i stwffio'n galed â gwellt ŷd glân. Byddai'r *gwely gwellt* yn gyffredin iawn hyd at ganol yr 20g, yn enwedig yn y llofft stabal.

gwely Mabsant Gwely yn wreiddiol oedd yn gysylltiedig â Gŵyl Mabsant. Does dim sicrwydd beth yn hollol oedd natur ac arwyddocâd yr ŵyl honno. *Gwely Mabsant,* fodd bynnag, oedd y fatres a roid ar lawr i rai o'r teulu gysgu arni pan ddigwyddai rhywrai alw'n ddirybudd ac yn dymuno aros noson, a dim gwely sbâr, gwely brys, gwely prinder lle, gwely ffwrdd â hi, gwely clapsan. (Môn).
1933 H Evans: CE 146, Does dim lle iddynt gysgu (dieithriaid), rhaid i ni wneud gwely *gw'nabsant.*

gwely peiswyn Ticin neu fatres wedi ei llenwi â pheiswyn. Diwrnod dyrnu gwelid merched yn casglu'r peiswyn glanaf oddi tan y dyrnwr, at wneud gwelyau peiswyn. Yn y llofft stabal fe'i gelwid yn 'wely trwmbal trol' – gwely anghyffyrddus.

gwely plu Ticin wedi ei lenwi â phlu. Amser pluo, ar drothwy'r Nadolig, cedwid y plu gorau, yn enwedig plu gwyddau, at wneud gwlâu plu a chlustogau.

gwely rwber Y math o wely a ddyfeisiwyd gan Alan Bristow, Cranligh, swydd Surrey, i'w roi dan y buchod godro gyda'r amcan o hyrwyddo iechyd a lles y fuches. Honnir eu bod yn fwy hylan na gwely gwellt, ayyb, drwy osgoi problem bacteria. Hawlir hefyd ei fod yn fwy cyffyrddus i'r buchod, ac yn eu diogelu'n well rhag niwed i'w coesau pan yn disgyn ar eu gliniau i orwedd.

gwely tas (rhic) Yr hyn a roid gynt dan y das wair, y das ŷd, ayyb, rhag bod y gwair a'r ŷd ar lawr, sylfaen tas, sail rhic, gosail tas, gwrach, stol tas. Fel rheol, brigau drain, ffagodau eithin, brwyn a gwellt, fyddai'r gwely.
1981 W H Roberts: AG 60, Yn cydredeg â'r ddau gynhaeaf byddai raid paratoi ar gyfer y teisi gwair ac ŷd. Roedd gofyn cael *gwelyau* iawn iddynt – eithin, drain a rhedyn.
Gw. GWRACH[3], SAIL RHIC, STÔL[4], YSTÔL-BERA.

gwely tatws Y rhan o'r ardd y plennir tatws ynddi. 'Clwt tatws' a geid yn y cae, ond *gwely tatws* yn yr ardd. Yn yr un modd sonnir am wely ffa, gwely pys, gwely nionod, ayyb.

gwely trwmbal trol Enw difrïol llanciau'r llofft stabal gynt, ar y gwely gwellt neu beiswyn y cysgent arno. Yr arwyddocâd yw gwely cwbl anghyffyrddus, gwely caled, gwely treigl, gwely tro.
1993 FfTh 12.25,, Ym Mach y Saint annifyr/Mae *gwely trwmbal trol,*/Lle bum i'n trio cysgu/Ar hanner llond fy mol.
Gw. GWELY PEISWYN, TRWMBEL, TROL.

gwely wenscot Y math o wely a geid yn gyffredin iawn gynt (hyd dridegau a phedwardegau'r 20g) wedi ei gau i mewn y pen, y traed, y pared a'r to. Un ochr yn unig, sef yr erchwyn, oedd yn agored i fynd iddo ac ohono. Yn aml, gweithredai ei gefn fel pared neu wenscot rhwng dwy stafell neu'n wir, rhwng dwy ran o'r un stafell.
Gw. WENSCOT.

gwellaif, gwellau *eb.*`ll. *gwelleifiau.* Offeryn daulafnog, miniog at gneifio defaid, math o siswrn mawr a'i ddau lafn wedi eu cysylltu â'i gilydd gan spring a hwnnw'n agor y ddau lafn bob tro y'u caeir â'r llaw wrth ei ddefnyddio. Hwn oedd yr offeryn i gneifio defaid am ganrifoedd. Ond yn y tridegau daeth peiriant cneifio a droid â llaw. Llwyddodd hwnnw i ddiorseddu'r wellaif i ryw raddau. Ond bu'n rhaid aros am y peiriant cneifio yn gweithio â thrydan, wedi i'r cyflenwad trydan gyrraedd y cefn gwlad yn y pumdegau, cyn disodli'r wellaif, a hynny bron yn llwyr. Wedi'r cwbl rhyw gant o ddefaid ar y mwyaf a allai dyn eu cneifio mewn diwrnod â'r wellaif. Ond gyda'r peiriant gallai gneifio hyd at bum cant. Ceir hefyd y ffurfiau, 'gwella', 'gwalla', 'gwelle'.
Dywed. 'Torri ias y *wellaif*'.
1992 FfTh 10, 28 (Tom Richards), Deufin i gneifio dafad – a welir/Wrth gorlan at alwad,/Hoff erfyn llaw a phrofiad,/Eillia wlân yn null y wlad.

gwelle gw. GWELLAIF, GWELLAU.

gwelleifiad *eg.* Cneifiad neu doriad â gwellaif.
Ffig. Toriad â siswrn (am wallt).
'Rwyt ti wedi cael *cneifiad* ym môn y baw y tro yma.'

gwelleifio *be.* Defnyddio gwellaif, cneifio â gwellaif. Ar lafar yn ardaloedd y ffatrïoedd gwlân am dorri'r geden, neu'r goflew oddi ar frethyn.

gwelleifiwr, gwelleifwr, gwelleifydd *eg.* ll. *gwelleifwyr*. Cneifiwr, un yn cneifio â gwellaif. Amr. 'gwellifiwr' (Môn).
1793 Cylchg. 88, Pob cydyn o wlân y ddafad a droir yn foddion cynnaliaeth i'r panwyr, *gwelleifwyr*, llathrwyr.

gwellt
1. *etf.* ac *ell.* un. *gwelltyn, gwellteu*. Glaswellt, gwelltglas, porfa, yr hyn a borir gan yr anifeiliaid, neu a leddir a'i gywain yn borthiant i'r anifeiliaid yn y gaeaf, gwair, gwyran, *gwellt* y maes.
13g WM 393, 41-2, diwallu y march o *wellt* ac ŷt.
1620 Salm 104.14, Y mae yn peri i'r *gwellt* dyfu i'r anifeiliaid.
1620 Es 11.7, Y llew fel yr ych a bawr *wellt*.
Gw. GWAIR, PORFA, PORTHIANT.

2. *etf.* ac *ell.* Gwellt yr ŷd ar ôl ei ddyrnu ac a ddefnyddir yn borthiant ac yn wely i anifeiliaid, gwellt sarn (Dyfed), gwasarn. Gynt fe'i defnyddid hefyd i wneud rhaffau toi ac yn do ar y teisi gwair ac ŷd.
Ffig. Dan ddylanwad y Beibl lawer iawn, rhywbeth brau, darfodedig, diflanedig.
1620 Es 40.6-7, Pob cnawd sydd *wellt*.
eto, *Gwellt* yn ddiau yw y bobl.
Hefyd person diymgeledd – 'Gyrru'i hun i'r *gwellt*' (WVBD 180).
Dywed. 'Melysaf y *gwellt* agosaf i'r ddaear'.
'Bwyta *gwellt* 'i wely' – yr hyn a wnai anifeiliaid yn llythrennol mewn cyfnod o hirlwm diwedd y gaeaf, ond a ddefnyddir yn ddisgrifiad o ddyn main, tena, sgilffyn o ddyn main – 'Mae hwnnw fel pe'n *bwyta gwellt* 'i wely'.
'Gŵr *gwellt*' – ffurf neu siap dyn wedi ei wneud o wellt a adewid mewn direidi gynt ar nos galangaeaf yn nhŷ merch fyddai wedi ei siomi gan ei charaid.
'Gorau bara, po garwa'r *gwellt*.'
'Gwnaiff gwair fwyta *gwellt*, wnaiff *gwellt* ddim bwyta gwair.'
Gw. dan GWAIR.

3. *eg.* Y tir glas y cerdda un o'r ychen neu un o'r ceffylau mewn gwedd ddwbl arno wrth aredig. Mae'r naill geffyl (neu ych) yn cerdded yn y rhych (y rhychor) a'r llall ar y glas (y gwelltor), sonnid am 'geffyl rhych' a 'cheffyl gwellt'.
13g WML 72, Teithi ych yw eredic yn rych ac yg *gwellt*.

gwellt bras Gwair cwrs, bras.
Gw. GWAIR BRAS.

gwellt y bwla Gwair bras, tal sy'n tyfu ar y mynyddoedd.
Gw. GWAIR BWLA (Dyfed).

gwellt ceirch Y gwellt wedi dyrnu'r grawn ceirch oddi arno.

gwellt gwenith Y gwellt wedi dyrnu'r grawn gwenith oddi arno.

gwellt y gweunydd Gwair gwaun, yn aml gynt, gwair gwneud rhaffau. Gw. GWAIR GWAUN.

gwellt Mai Gwair, porfa mis Mai y credid bod rhyw ffresni a rhin arbennig yn perthyn iddo, porfa mis Mai.
Diar. 'Bid wyw march a gnith *gwellt Mai'*.

gwellt mâl Gwellt y dyrnwyd y grawn oddi arno ac wedi ei falu i anifeiliaid, neu wair wedi ei falu. Byddid yn malu gwair neu wellt neu'r ddau yn enwedig i'r ceffylau. O'i falu gallai'r ceffylau gwedd fwyta mwy ohono yn y bore cyn dal, neu yn ystod y saib ganol dydd rhwng dau ddaliad. Â'r injan falu gwair (Môn) neu'r 'chaff-cutter' (cyffredinol), y gwneid hynny.

gwellt pawr Porfa, tyfiant i'w bori gan anifeiliaid, glaswellt, gwelltglas.

gwellta *bf.* Hel gwellt yn wely dan anifail, taenu gwely anifeiliaid, cywain gwasarn.
13g LLC 41, lladd gweyr (gwair) a *gwellta* a kynnuta.

gwelltach *eg.* Gwellt gwael, di-werth, diddefnydd, sofl, gwasarn.
1790 M Williams: BM, Taflwch allan yr hen *welltach* at wneuthur tail.

gwelltail (*gwellt* + *tail*) *eg.* Tail â gwellt yn rhan fawr ohono, tail siediau lle rhoir gwely o'r newydd bob dydd ar ben y tail sydd yno'n barod. Gw. GWASARN DWFN.

gwelltbawr (*gwellt* + *pawr* [pori]) *a.* Yn pori, yn pori glaswellt, a borthir â glaswellt neu â phorfa.
15g Glam Bards 254, gre ddidwyll wylltwyll *welltbawr.*

gwelltglas (*gwellt* + *glas*) *ell.* ac *etf.* Glaswellt, porfa, gwellt y ddaear. Yn y gogledd ceir y ffurfiau 'gwellglaets', 'gwelltglatsh', 'gwestglas' a 'gwesglas' (Fflint). Gw. WVBD 180.
1588 Deut 11.15, A rhoddaf *wellt-glas* yn dy faes i'th anifeiliaid.
1567 Marc 6.39, Ac e orchymynodd i'r dorf eistedd ar y *gwelltglas.*
1703 E Wynne: BC 5, Gorweddais ar y *gwelltglas.*

gwelltio *be.* Troi'n wellt; gorffen ffustio gwellt wrth ddyrnu â'r ffust gynt, rhoi ffustiad olaf i'r ŷd wrth ddyrnu.
1800 P, *Gwelltiaw* . . . to turn off the straw, or to give the last thrash to the corn under the flail.

gwelltir (*gwellt* + *tir*) *eg.* ll. *gwelltiroedd.* Tir pori, tir porfa. Hefyd peithdir.

gwelltog
1. *a.* Llawn glaswellt, toreithiog o borfa (am dir)
1588 Salm 23.2, Efe a bar im orwedd mewn porfeudd *gwelltoc.*

2. *a.* Â gwellt tal, cyhyrog (am gnwd o ŷd), ŷd gwelltog, calafog.
1722 Llst 189, *Gwelltog:*- grassie, – full of straw.

gwelltor *eg.* ll. *gwelltorion.* Yr ŷch ar y chwith (o safbwynt yr arddwr) mewn gwedd o ychen wrth aredig gynt, yr ŷch a gerddai ar y cefn (Môn), neu ar y tir glas, neu ar y gwellt (y borfa), mewn cyferbyniad i'r *rhychor,* sef yr ŷch a gerddai yn y *rhych* neu yn y gwys, tywarchor, ych gwellt.

1873 Cynddelw MH 47, Byddai'r hen bobl yn galw ŷch cadarn fyddai yn cerdded y gwys . . . yn *rhychawr,* a'r un ysgafnach fyddai wrth ei ochr . . . ŷch gwellt, neu y *gwelltawr.*

1975 Ff Payne: YAG 69, Sonnir am ych y gellid ei osod i aredig yn y rhych ac ar y gwellt, ac am un arall a oedd yn rhychor neu'n *welltor* yn unig.

1450-1500 Bedo Aeddrem: Gwaith 133, Gwylltach a thaerach na thân/Gwallter yw *gwelltor* Ieuan.

Gw. RHYCHOR.

gwelltorio *be.* Cerdded ar y tir glas fel rhan o wedd ddwbl (yn enwedig o ychen) wrth aredig mewn cyferbyniad i gerdded yn y rhych neu yn y gwys.
Gw. GWELLTOR, RHYCHOR.

gwelltwch (*gwellt* + *hwch*) *eb.* ll. *gwellthychod.* Hwch a besgir ar y borfa neu'n fwy arbennig ar y sofl. Yn gyffredin troid y moch a'r gwyddau i'r sofl ar ôl cael y cynhaeaf ŷd i loffa (sofla), ac ymborthent yno am wythnosau.
Gw. SOFLA, SOFLIO.

gwellty (*gwellt* + *tŷ*) *eg.* ll. *gwellt-tai.* Adeilad i gadw gwellt yn cyfateb i dŷ gwair, sied wellt.

1617 Minsheu 473a, *Gwellty* – tŷ neu sied i gadw gwellt, 'straw-house'.

gwenci (*gwanc* + *ci*) *eb.* ll. *gwencïod.* Creadur gwyllt, gwinau ei liw ond gwyn ei fol, anifail bychan ysglyfaethus o deulu'r carlwm a'r ffured, bronwen (Môn). (*Mustela nivalis, S. weasel.*)

1620 Lef 11.29, Y rhai sydd aflan i chwi . . . y *wenci* a'r llygoden.

1762-79 W Williams: P 331, ca'dd pob peth ei ddifa o'r wadd i'r *wenci.*

1992 J R Jones: *Crafion Medi* 18, 'Cwm Eleri' – Cartre'r *wenci* chwim a'r cadno.

gwenci fawr gw. CARLWM, CARLWNG.

gwenfa gw. GENFA.

gwenith
1. *ebg.* ac *etf.* ll. *gwenithau, gwenithoedd.* un. *gwenithen.* Grawn maethlon y planhigyn *Triticum* (yn enwedig *Triticum sativum*) a felir yn flawd mân neu'n beilliad i'w ddylino a'i grasu'n fara. Mae'n fwyd sylfaenol rhan helaeth o'r byd.

1620 Salm 147.14, . . . ac a'th ddiwalla di â braster *gwenith.*

1992 FfTh 10, 16, Gwir reidiol hygar hedyn, – a rhodd Ior/I ddyn yw'r *gwenithyn,*/Rhag caled niwed newyn/O'i frig ef cawn fara gwyn.

Iorwerth Lloyd (Dolgellau), Yn gynnar daw'n eginyn – o'i osod/O dan gwysi priddyn;/Daw'r adeg i droi wedyn/Ei frig aur yn fara gwyn.

Dywed. 'Hanner Medi sych a wna/Ydlan lawn o *wenith* da'.

2. *eg.* ac *etf.* ll. *gwenithoedd.* Y planhigion sy'n dwyn y grawn gwenith neu'r cnwd ohonyn nhw yn y cae, mewn cyferbyniad i'r cnwd haidd

255

neu'r cnwd ceirch.
'Mi fydd y *gwenith* yn barod i'w ladd at yr wythnos nesaf.'
Dywed. 'Rhaid imi fynd pe bâi'r gwartheg yn y *gwenith*'.
1969 D Jones: CC 14, Bydd ffrwythlonder tra pery – haul a gwlith,/Yn wyn o *wenith* rhag ein newynu.

3. *eg.* Y blawd gwenith neu'r can neu'r peilliad a geir o falu gwenith yn fân, a'r bara a gresir o'r peilliad.

1595 Egl. Ph. 6, Wrth y gair *gwenith* yr arwyddoceit y bara a wneir o'r *gwenith*.
1300 LLB 62, A muneit o *wenith* i wneuthur iwt iddaw.
Dywed. a Diar. 'Rif y *gwenith*' (aneirif). Cf. 'rif y gwlith'.
'Mae gwehilion i'r *gwenith*.'
'Gorau o'r *gwenith* y moelaf.'
'Hau *gwenith* yn y baw a haidd yn y llwch.' / 'Llaid i *wenith* a lluwch i haidd.'
'Cadwch fi rhag boddi, cadwaf fy hun rhag rhewi' – peidio hau *gwenith* mewn lle gwlyb – ond yn medru dal rhew (gwenith gaeaf).
Ffig. Dan ddylanwad y Beibl y math gorau o bobl; hefyd rhoi'r wenithen yn y pridd i'w hadfywhau yn ddelwedd o farwolaeth ac atgyfodiad.
1759 T Thomas: WWDd 366, Mor hardd fydd pob *gwenhithyn* pur/Sef duwiol rai, heb drai na chur.
1620 Math 13.30, Cesglwch yn gyntaf yr efrau . . . i'w llwyr-losgi, ond cesglwch y *gwenith* i'm hysgubor.
1620 Ioan 12.24, Oni syrth y gronyn *gwenith* i'r ddaear, a marw, hwnnw yn unig a erys, eithr os bydd efe marw, efe a ddwg ffrwyth lawer.

gwenith Awst Gwenith coch, gwenith 'Lammas'.

gwenith balch Gwenith mân tyfadwy. Ar lafar ym Morgannwg.

gwenith bân Gwenith gwyn.

gwenith barfog Gwenith coliog.

gwenith bendigaid Gwenith a dyfid yn sir Benfro ac yn aeddfedu'n ddiweddar.

gwenith bychan y wlad Gwenith coliog Cymru.

gwenith coch Math o wenith cyffredin a'i rawn â gwawr goch iddo.

gwenith coch bach Math byr o wenith coch.

gwenith coch mawr Math tal o wenith coch.

gwenith coch y Sais Math o wenith coch o Loegr ac wedi tyfu mewn daear dda.
Gw. hefyd GWENITH SAIS.

gwenith coliog Gwenith col, gwenith barfog. Ar lafar yn Arfon.

gwenith Cymreig Gwenith cysefin Cymru, gwenith byr, barfog Cymru.

gwenith gaeaf Gwenith a heuir dechrau gaeaf mewn cyferbyniad i wenith gwanwyn.

gwenith gwanwyn Gwenith a heuir yn y gwanwyn mewn cyferbyniad i wenith gaeaf.

gwenith gwineugoch Gwenith brown. Ar lafar ym Morgannwg.

gwenith gwyn Gwenith golau neu wyn ei rawn.

gwenith gwyn bach Math byr o wenith gwyn.

gwenith yr India Gwenith Indiaidd, indcorn, corn India, India' corn.

gwenith llwyd cwta Gwenith llwyd, difarf.

gwenith Mawrth Gwenith gwanwyn, gwenith a heuir ym Mawrth. Gw. GWENITH GWANWYN.

gwenith moelwyn mynydd Math o wenith a heuir ar dir uchel.

gwenith peilliad Gwenith wedi ei falu'n fân at wneud bara.

gwenith Sais Unrhyw fath o wenith wedi ei dyfu mewn daear dda. Cyfeiriad at wastadeddau cnydiog, toreithiog Lloegr.

gwenith Pwylaidd, gwenith Rhufain, gwenith Siberia, gwenith y Tyrciaid Math o wenith wedi eu tyfu yn y gwledydd a nodir yn yr enwau.

gwenith yn ei flodau Gwenith wedi hedeg, wedi cadeirio. Ar lafar ym Maldwyn.

gwenithaidd
1. *a.*
Ffig. O'r math gorau, gwych, rhagorol, o'r math puraf.
15g GTP 97, Awen aeth yn *wenithaidd.*
1480-1525 TA 169, Gorau gwnaeth gwraig *wenithaidd* / I bara cann a'i brâg haidd.
1689 Huw Morus: EC 1 23, *Gwenithaidd* ei gân ethol.

2. *a.* Wedi ei wneud o wenith (am fara, ayyb), â gwenith yn elfen amlwg ynddo.

gwenithdir (*gwenith* + *tir*) *eg.* ll. *gwenithdiroedd.* Tir gwenith, tir dan wenith, tir da i dyfu gwenith.
1447-75 GGI 308, *Gwenithdir*, gweirdir a gwŷdd.

gwenithgnaif (*gwenith* + *cnaif* [wedi ei dorri]) Gwenith wedi ei dorri neu ei ladd neu wedi ei 'gneifio'.
14g GDG 43, Nid un *gwenithgnaif* â hyddaif haidd.

gwenith gwrw *eg.* Cwrw wedi ei wneud o wenith mewn cyferbyniad i gwrw wedi ei wneud o haidd.
14g MM 14, Gwneuthur meddyglyn (medd) trwy *wenith gwrwf.*
1604-7 TW Pen 228, Cwrwf, megys *gwenithgwrw*, neu gwrwf heiddvrag.

gwenithlyd *a.* Gwenithog, toreithiog o wenith, llawn gwenith (am dir).
1539 Ll Sion: Gwaith 509, I dir gwent *wenithlyd.*

gwenithog *a.* Llawn gwenith, toreithiog mewn gwenith, gwenithlyd (am dir), yn rhoi cnwd da o wenith.
16g Llawdden: Gwaith 227, Cawn fysgu'n ieithoedd,/Cawn faes *gwenithog.*

gwenithol *a.* Yn perthyn i wenith, o ansawdd gwenith.
Ffig. Gwych, rhagorol, o'r ansawdd gorau, pur.
1718 CCC 426, Dyn a wnaeth Duw'n *wenithawl.*

gwenithwellt (*gwenith* + *gwellt*) *eg.* Chwyn cyffredin ar ffurf glaswellt garw, ac iddo wreiddiau hirion, crafanc y gŵr drwg, crafanc y cythraul (Môn) (*Agropyron repens, Triticum repens*). (S. *couch-grass, wheatgrass.*)
1729 R Morris: Llsg. 108, Cettog (basged) gron, foliog, felen a wnaethwyd/O *w'nithwellt* Llanwdden.

Gwen, Gwenno *epb.* Enw cyffredin a nodweddiadol ar fuwch â seren wen ar ei thalcen neu fuwch frith, â gwyn yn lliw amlwg. Ffurf fachigol ar Gwen yw Gwenno.
Gw. ENWAU ANIFEILIAID.

gwennol
1. *eb.* ll. *gwenoliaid.* Ymwelydd blynyddol â ffermydd yn ogystal â thai ac adeiladau'n gyffredinol. Aderyn mudol, pryfysgol o'r teulu *Hirundo,* ac iddo adenydd hirfain, pig lydanfer a chynffon fforchog, ac yn hynod am ei ehediad buan a gosgeiddig. Nytha yn gyffredin dan y bargod neu'r bondo. I amaethwr arwydd sicr o ddyfodiad y gwanwyn. Yn elfen mewn ambell i enw lle, e.e. 'Nant *Gwennol'*, sef rhagnant i 'Wydderig' ger Cefnarthen, ac 'Aber*wennol'*, y Borth, Ceredigion.
1620 Salm 84.3, Aderyn y to hefyd a gafodd dŷ, a'r *wennol* nyth iddi, lle y gesyd ei chywion.
1683 H Evans: CTF 34, Ond nid yw hi'n haf, er gweled,/Un neu ddau o'r bach *wenoliaid.*
Diar. 'Un *wennol* ni wna wanwyn'.

2. *eg.* Darn o bren a'i ddau ben yn meinhau sy'n cario'r anwe ar draws y gwŷdd a thrwy'r ystof wrth wau.
1547 WS, *Gwennol:-* cyffur i weheu.
16g Pen 127, 205, Offer gwehyddion yw *gwenholiaid.*

3. *egb.* Y bywyn neu'r llyffant yng ngharn anifail megis buwch, ceffyl, dafad, ayyb, rhan feddal, fewnol y carn, bywyn y carn, gwennol y carn.
16g Morus Dwyfech: Gwaith 152, Bwrw a wna obry'n ei ôl/Bowdr gwn o'i bedair *gwennol.*
1722 Llst 189, *Gwennol:-* the hollow of the hoof of a beast.
Gw. BYWYN, LLYFFANT[2].

4. *eg.* Nod clust fforchog tebyg i gynffon gwennol.

gwenwyn *eg.* Yn amaethyddol y ddarpariaeth gemegol, ddidol (gan mwyaf) a ddefnyddir i reoli chwyn, plâu, heintiau, pryfetach a chnofilod (llygod mawr, tyrchod daear, ayyb). Bu'r amrywiol leiddiaid hyn yn rhan o arfogaeth ffermwyr wrth godi cnydau, ayyb, yn enwedig ar ôl yr Ail Ryfel Byd (1939-45). Canfuwyd, fodd bynnag, bod gorddefnyddio ar chwynleiddiaid a phlaleiddiaid wedi cyfrannu gryn lawer at ddiflaniad nifer o rywogaethau o blanhigion, adar, ayyb. Heddiw anogir ffermwyr, fel pawb arall, i gynilo ar y defnydd a wneir o'r gwenwynau hyn.

gwenyn meirch *ell.* un. *gwenynen feirch.* Cacwn (Ll. *vespa*. S. *wasp*). Amrywia'r enw cryn lawer o un pen i Gymru i'r llall: 'gwenynan farch', 'gwenynen farch' (Môn, Arfon, Ceredigion, Penfro, Caerfyrddin); 'cacynen farch' (frith) a 'gafar felen' (Dinbych, Fflint, Meirionnydd, Maldwyn, Morgannwg); 'picynen' (Blaenau Cothi, Llwchwr, Tawe a Nedd); 'cachgi bwn' (gogledd Ceredigion); 'piffgi', 'piffgwnen' (Blaenau Cothi a Theifi). Clywir hefyd 'gwenyn gormes' 'marchgacwn' a 'begegyr'.

gŵer gw GWERFA.

gwêr *eg.* ll. *gwerau.* Braster neu saim o floneg anifail ar ôl ei ladd, ac a ddefnyddid gynt i wneud canhwyllau, sebon ac i iro treuliau peiriannau megis olwynion trol, ayyb. Yn y gegin fe'i defnyddid i wneud pwdin siwed neu dwmplen.
1300 LlB 27, a *gwer* a blonnec ysgrybyl y llys.
1795 R Crusoe 41, yn lladd geifr i ymborthi arnynt ac yr oedd eu *gwer* yn llenwi fy lamp i roddi imi olau.
1933 H Evans: CE 159, Yr oedd y gannwyll *wêr* yn prysur ddisodli'r gannwyll frwyn yn fy nghof i, yn enwedig yn y ffermydd pan ellid fforddio i ladd mochyn at iws y teulu. Defnyddid *gwêr* creifion i wneud canhwyllau.
Dywed. 'Gorau *gwêr, gwêr* carw gwyllt'.

gwêr manllwn *eg.*
1990 Erwyd Howells, DOPG 10, *Gwêr* manllwn – y gwêr o amgylch yr aren mewn llwdn, a doddid i'w roi ar esgidiau, h.y. *gwêr* mân lwdn.

gwera
1. *be.* Trochi pabwyr mewn gwêr toddedig at wneud cannwyll frwyn.
Gw. GWNEUD CANHWYLLAU.

2. Iro â gwêr.
1722 Llst 189, *Gwerio* – to daub over with tallow.
Gw. IRAID, IRO.

3. Casglu gwêr, cardota gwêr.
15g Pen 54 106, Blif anigrif yn neu grest/Blota, gwlana, *gwera* gwest.
1800 P, *Gwera* – to collect tallow, or suet.
Gw. BLOTA, GWLANA, LLOFFA.

gwerbyn (o cyferbyn) *eg.* Llethr, llechwedd, ochr, dringfa. Ar lafar yn Nyfed yn yr ystyr hwn. Yno hefyd ceir y ffurf 'cyferbyn'.
1989 P Williams: GYG 7, Rhedeg i lawr i'r ysgol drwy'r perci fyddem bob amser, ond araf oedd dringo'r *gwerbyn* ar y ffordd adre.

gwerchyr gw. CAEAD[2], CLAWR[1].

gwerddon *eb.* ll. *gwerddonau.* Yn gyffredinol, llecyn glas mewn diffeithwch. Yn amaethyddol, llannerch las, cilfach werdd neu fan gwyrdd, gweirglodd, cilfach las, ddymunol. Fe'i ceir mewn enwau

lleoedd, e.e. 'Y *Werddon*', Llanuwchllyn.
1788 LLGC 13221, 18, *Gwerddon* – a green plot or spot of ground, a glade, a green pleasant spot amongst woods, crags, etc, and *Gwerddon* is still used in this sense in Gwent, and *Gwerddon* and Y *Werddon* are the names of several places in South Wales.

gweren *eb.* Lwmp o irad neu wêr wedi oeri ac ymgaledu. Ar lafar ym Maldwyn.
1981 GEM 44, Mi fydde pobl ers talwm yn arfer toddi grefi biff neu mytn, ne rwbeth felly, mewn tuneni; ac wedi iddo fo oeri mi fydde 'run siâp â'r dunen; wedyn, mi fydden yn rhoi llinyn drwyddo fo, a'i hongian o'n *weren* wrth ben tŷ, a thorri darn ohono fo pan fydde isie peth.

gwerfa (*go* + *oerfa*) *ebg.* ll. *gwerfaoedd, gwerfeydd.* Lle claearach na'i gilydd i anifeiliaid gysgodi ym mhoethder haf, cysgod haul, man awelog dan gysgod coed neu wrych i wartheg gysgodi, neu dan dorlan afon i ddefaid gysgodi, echwydd. ar lafar ym Morgannwg a Mynwy a Chaerfyrddin. Ym Mynydd Islwyn ceir y ffurf 'gwyrfa', ac yn sir Gaerfyddin 'gŵer'. Gw. hefyd GO-OERFA.

gwerfáu (o gwerfa neu göerfa) *be.* Chwilio am gysgod rhag gwres yr haul a rhag y pryfed llwydion neu Robin y Gyrrwr (am wartheg). Hefyd, aros i lochesu mewn gwerfa.

gwerfilod gw. GWYRFIL.

gwerglod gw. GWEIRGLODD.

gwerfilod, gwyrfilod *ell.* un. *gwerfilyn, gwerfilen.* Gweryd, pryf gweryd (*S. warble fly*), whilod (Ceredigion). Ar lafar yng Ngheredigion. Clywir yno hefyd yr enw 'whilod cefen da' (gwartheg). Gw. GWERYD[3], WHILOD.

gwerglod gw. GWEIRGLODD.

gwern
1. *eb.* ll. *gwerni, gwernydd.* Tir gwlyb, corsiog, gweirglodd wleb, mign.
1778 Ieuan Brydydd Hir: Gwaith 51, Llys Ifor Hael! gwael yw'r gwedd, – yn garnau/Mewn *gwerni* mae'n gorwedd.
13g HGC 128, Gruffudd . . . ac hemlynws wynteu . . . trwy y llwyneu ar glynnyeu ar *gwerni.*

2. *etf.* ll. *gwerni, gwernydd.* Coed o deulu'r fedwen sy'n tyfu ar dir gwlyb ac mewn corsydd, *Alnus glutinosa.* Y mae'n bren durol nad yw'n pydru mewn dŵr. Fe'i defnyddid gynt i wneud arnodd aradr bren, a choesau a charnau offer megis coes pladur, rhaw, ayyb.
15g GDLL 172, Celwyddog wyd, cleddau *gwern*,/Carn filain crwn o Felwern.
17g Huw Morus: EC 1 302, Arnodd o *wernen.*
1973 B T Hopkins: Nod. i AWC, Arferid ei gwneud (coes pladur) o *wernen* neu onnen.

gwernog *a.* Corsiog, gwlyb, siglennog, mignog (am ddaear). Digwydd mewn enwau lleoedd, e.e. 'Bwlch*gwernog*', Nanmor; '*Caergwernog*', Llanycil a Llanelltyd.

gwernos *ell.* Coed gwern bychain neu grablyd, a'r lle y tyf y cyfryw goed.
15-16g H Rheinallt: Gwaith 83, Buan y rhed i Ben-rhos/O chlyw gyrn uwchlaw *gwernos*.
1945 Ifor Williams: ELl 51, Digwydd mewn enwau lleoedd fel 'Y *Wernos*', Crucadarn, Sir Frycheiniog; pwll glo yn Rhydaman, a'r '*Wernos*' Deg (Wernas ar lafar), Beddgelert.

gwerth cynefino *eg.* Cynefino defaid mewn lle, porfa a hinsawdd newydd neu wahanol, eu harfer a'u cael i beidio crwydro o'u cynefin. Rhydd y ffermwr defaid mynydd werth mawr ar gynefino defaid gan ofalu bod 'greddf' cynefin yn cael ei pharhau yn ei ddiadell. Gwna hyn yn bennaf drwy gadw digon o'r rhai sy'n gyfarwydd â'r cynefin pan ddaw amser didol i bwrpas gwerthu. Gelwir hyn oll yn 'gwerth cynefino'.
Gw. CYNEFIN, CYNEFINO, YMHINSODDI.

gwerth gwrteithiol *eg.* Y maethynau mewn bwydydd anifeiliaid nad yw'r anifail yn ei gadw'n ei gorff ond yn mynd drwyddo yn y tail, gwerth gweddilliol bwyd anifail.

gwerthu acsion (ocsiwn) *be.* Gwerthu anifeiliaid, peiriannau, ayyb mewn ocsiwn, neu mewn arwerthiant agored, gyhoeddus, i'r uchaf ei gynnig, gwerthu dan y morthwyl, ac mewn cyferbyniad i werthu law yn llaw. Ar lafar yng Ngheredigion.
Gw. GWERTHU LAW YN LLAW.

gwerthu ar y bach *be.* Gwerthu anifail wedi ei ladd, ei hongian, ei agor a'i ddiberfeddu, gwerthu ar y cambren. Ar lafar yn gyffredinol.
Gw. AR Y CAMBREN, CAMBREN[2].

gwerthu ar y cambren *gw.* GWERTHU AR Y BACH.

gwerthu ar goel Gwerthu anifeiliaid, nwyddau, ayyb, lle mae cytundeb i'r gwerthwr ddisgwyl am gyfnod o amser cyn cael ei dalu gan y prynwr, gwerthu ar gredyd.
Gw. SÊL GOEL.

gwerthu dan draed Gwerthu anifeiliaid, nwyddau, ayyb, dan eu gwerth, gwerthu'n rhy rad, prisiau isel.

gwerthu dan y morthwyl Gwerthu anifeiliaid mewn ocsiwn, neu yn y farchnad gan arwerthwr swyddogol, ac felly dan ei forthwyl, mewn cyferbyniad i werthu gartref neu law yn llaw.
1962 T J Davies: G 7, Nid gwerthu *dan y morthwyl* oedd hi pryd hwnnw ond o law i law . . .

gwerthu i'r ffordd Gwerthu defaid oddi ar eu cynefin. Ar lafar ym Meirionnydd.

gwerthu law yn llaw Gwerthu anifeiliaid gartref, gwerthu ar y buarth, heb ddyn canol, ac heb fynd â'r anifeiliaid i'r farchnad, neu heb werthu dan y morthwyl. Diau mai'r taro llaw traddodiadol wrth daro bargen a roes fod i'r ymadrodd, 'law yn llaw'. Ar lafar yn lled gyffredinol. Yn

Edeirnion, fodd bynnag, sonnir am 'werthu rhwng llaw a llaw' ac yng Ngheredigion 'o law i law'.

1962 T J Davies: G 7, Nid gwerthu dan y morthwyl oedd hi'r pryd hwnnw, ond *o law i law*, ac yr oedd honno'n grefft arbennig.

1985 W H Jones: HOGM 82, Gwerthid *rhwng llaw a llaw* a deuai ffermwyr o iseldiroedd Lloegr i brynu mamogiaid.

1998 E Richards: PM 347, Gwnai bopeth o fewn ei allu i berswadio'r ffermwyr a'r tyddynwyr i gadw at yr hen batrwm o *werthu law yn llaw* ac nid ymddiried eu stoc i rhyw ganolwyr fel y rhain.

Gw. LLAW YN LLAW, DAN Y MORTHWYL.

gwerthu llaeth *be.* Trefn a ddaeth i fod wedi sefydlu'r Bwrdd Marchnata Llaeth yn 1933. Diflannodd y separetor a'r fuddai bron dros nos. Gwelwyd codi miloedd o lwyfannau llaeth wrth fynedfeydd ffermydd. Ar y rhain y rhoid y caniau neu'r siyrnau llaeth deg galwyn i ddisgwyl y lori laeth a'i cludai i'r ffatri laeth yn ddyddiol, gan adael caniau gweigion ar gyfer drannoeth. Bu'r drefn hon yn fana o'r nefoedd ac yn ymwared diamheuol i ffermwyr yn nhlodi a chyni mawr y tridegau.

1980 J Davies: PM 50, Mae'n debyg fy mod i'n perthyn i'r genhedlaeth a welodd oes aur menyna yn dirwyn i ben, cyfnod a welodd y lori laeth yn disodli'r separetor a'r fuddai gorddi, ac a gynigiodd ymwared i lawer ffermwr ym mhrinder a chyni y tridegau.

Gw. BWRDD MARCHNATA LLAETH.

gwerthu wrth y pen *be.* Gwerthu anifeiliaid mewn marchnad yn ôl hyn a hyn yr un neu y pen, mewn cyferbyniad i werthu anifeiliaid wedi eu pwyso ac yn ôl hyn a hyn y pwys (gynt), yn ôl hyn a hyn y kilo heddiw.

gwerthuso pesgi anifeiliaid *be.* Mesur prifiant gwartheg tewion drwy fesur yr ennill mewn pwysau ar ddogn arbennig o fwyd dros gyfnod arbennig o amser. Mae cymharu canlyniadau profion o'r math hwn ar wahanol fathau o fridiau yn gymorth wrth ddethol stoc fridio.

gwerthyd

1. *eb.* ll. *gwerthydau, gwerthydydd.* Y roden neu'r echel haearn o'r pŵer ceffyl, y tu allan i adeilad, i'r fuddai (neu i beiriant neu offer arall) y tu mewn i'r adeilad, ac yn foddion troi'r fuddai, ayyb, i gorddi, rhodell. Yn yr un modd yr echel o'r olwyn ddŵr i'r crysiar, yr injan falu gwellt, eithin, ayyb, yn y sgubor.

14g B 5 211, Val y troei rot y velin ar y *werthyt*.

1543 B 8 298, A'r olwyn goks yn ry dyn wrth y *gwerthydydd*.

2. *eb.* Roden fain at droi a dal yr edau neu'r edafedd ar droell nyddu; offeryn syml a ddefnyddid gynt i nyddu â llaw.

14g RB 2 387, Ac yw verchet y peris ef arver o gogeil a *gwerthyt* a nytwyd.

1620 Diar 31.19, Hi a rydd ei llaw ar y *werthyd* a'i llaw a ddeil y cogail.

3. *eb.* ll. *gwerthydoedd, gwerthydau, gwerthydon.* Y ffon neu'r wialen a gydiai haeddel fawr neu hegl garn aradr â'r llaw haeddel (corn, braich) neu'r llaw-lyw, a thrwy gyfrwng y llyffant yn cysylltu'r ddwy haeddel â'r ystyllen bridd.

Gw. hefyd LLYFFANT[3].

4. *eb.* Ffon ysgol, pren traws ysgol, gris ysgol.

Ffig. **1585** Gr Robert: DC (64b), Ni chawsom etto on dun phon ne *werthyd* i'r ysgol i ddringo at Dduw.

1585 Gr Robert: DC (65b), Pa sawl *gwerthyd* sy'n yr ysgol hon i ddringo hyd at y Drindod.

5. *eb.* Unrhyw echel y try dwy olwyn arni, e.e. echel trol, acstri.

gwerthyd melin *eb.* Yr echel haearn sy'n mynd drwy ddau faen melin, ac yn troi'r uchaf o'r ddau faen.

gweryd

1. *eg.* ll. *gwerydau, gwerydon.* Pridd, daear, tir, tywarch, hwmws, deilbridd.

13g T 20, 19-20, Pan yw gwyrdd *gweryt, gweryt* pan yw gwyrdd

15g DGG 68, Grut oer yw *gweryd* tir âr.

1946 Geraint Bowen: CGB, Y gŵr a arddo'r *gweryd* / A heuo faes gwyn ei fyd.

Ffig. Y bedd.

15g Pen 109, Mae'n gorwedd mewn y *gweryt* (am Lewis Glyn Cothi).

1709 Huw Morus: EC 2 429, Yn y *gweryd* mae'n gorwedd,/Hen Fardd – a hwn yw ei fedd.

1924 R W Parry: YHChE 111-112, Daeth awr i fynd i'th *weryd*/A daeth i ben deithio byd.

2. *eg.* Tail, gwrtaith, achles. Ar lafar yn Nyfed yn yr ystyr hwn. Sonnir yno am *'gweryd* cwdyn' (sach, bag), sef gwrtaith artiffisial a geir mewn bagiau.

1989 P Williams: GYG 22, Lorïau oedd yn dod â 'cake' tewhau'r bustych, *gweryd cwdin* a chalch i'r fferm.

1992 FfTh 9, 30, Ni chlywais erioed am y gair ciwano yma yn cael ei ddefnyddio i ddisgrifio gwrtaith anorganig (fertiliser). *Gweryd* yw'r gair a arddelir yn arferol yn yr ardal (sir Benfro). 'Hou *gweryd'* y gwna amaethwyr y fro hon yn y gwanwyn yn arferol.

3. *ell.* un. *gweryn.* Pryf parasitig sy'n ymosod ar warthge a'i gynrhon yn tyllu eu crwyn ac yn peri lympiau chwyddedig ar eu cefnau (S. *warble fly*). Mae'r pryf yn dodwy wyau ar goesau neu dor gwartheg. O'r wyau deorir cynrhon, a'r rheini'n symud i gefnau'r gwartheg, ac yno'n tyllu'r croen a datblygu'n larfa (*larvae*). Yn ddiweddarach disgynnant i'r llawr a throi'n bryfed adeiniog. Mae'r rheini wedyn yn gallu ail gychwyn yr un broses. Ar lafar yn gyffredinol er bod i'r gair ffurfiau gwahanol megis 'gwerfilod', 'gwyrfilod', 'whilod' (Ceredigion). Yng Ngheredigion hefyd fe'u gelwir yn 'whilod cefen da' (gwartheg) ac yn Arfon yn 'gweyrod'. Ymddengys i'r gweryd fod yn bla yn Ewrop a gogledd America a pheri llawer o golledion drwy dyllu'r croen a'r cig.

gweryg *eg.* Car llusg, slêd. Ar lafar yn sir Frycheiniog.
Gw. CAR LLUSG, SLÊD.

gwerydleiddiad (*gweryd* + *lleiddiad* [lladdwr]) *eg.* Darpariaeth gemegol at ladd gweryd ar gefn gwartheg yn y gwanwyn a'r haf. Tywelltir y ddarpariaeth ar y cefn, fe'i hamsugnir a lladd y cynrhon.
Gw. GWERYD[3].

gweryn gw. GWERYD[3].

gweryren, gwehyren *eb.* Caseg, ceffyl benyw. Gair ambell i ardal am gaseg. Sonnir am 'nyth *gweryren*' – sef twmpath o faw ceffyl ffres. Ar lafar ym Morgannwg yn y ffurf 'nyth cwhwrw' (gwhwrw) ac yn sir Benfro. Yn nhymor y nythu ceid llanc yn dweud wrth blant iau ei fod wedi gweld 'nyth cwhwrw', yna eu cerdded am filltiroedd, nes cyrraedd y 'nyth' a hwnnw'n y diwedd yn ddim ond twmpath ffres o faw ceffyl. Gw. GPC.

gweryrfarch (*gweryr* + *march*) *eg.* ll. *gweryrfeirch.* Ceffyl neu farch ffroenfoll gweryrol, cwrser, ceffyl â bywyd ynddo, ceffyl porthiannus ffroenlydan.
1470 GO: Gwaith 8 55, Gŵr arvoc â *gweryrvarch.*
1480-1525 TA 11, A'th holl *weryrfeirch*, a'th holl wŷr arfog.

gweryrfref (*gweryr* + *bref*) *eb.* Brefiad neu weryriad asyn neu ful.
1722 Llst 189, *Gweryrfref:-* the braying of an ass.

gweryriad, gweryrad *egb.* ll. *gweryriadau.* Yr act o grochleisio neu nadu gan geffyl, ffroeniad neu leisiad march.
14g (SG) HMSS 1 261, ef a glywei *weryrat* march yn y fforest.
Ffig. Y pellter lleiaf neu'r ysbaid lleiaf o amser.
1992 T D Roberts: BBD 66, Dowch hefo mi i gae Caergoll, hogia. Tydi o ddim ond rhyw *weryriad* ceffyl o'r fan yma.

gweryrod Llanuwchllyn *ell.* Y math o enw a roid gynt ar bobl bro, tref neu sir yn seiliedig ar rhyw nodwedd honedig a berthynai iddynt. Byddai'n cyfateb i'r un nodwedd mewn anifail, aderyn, ayyb, e.e. moch Môn, geifr Arfon, lloiau Llŷn, brain Cwm Ystwyth, brain Brynsiencyn. Gw. GEIFR ARFON, MOCH MÔN.

gweryru *be.* Crochleisio ceffyl, y sŵn neu'r nâd gan geffyl, gwhwrad ceffyl, gweryddu (Dyffryn Conwy). 'Brefu' mae'r fuwch a'r ddafad, 'rhochian' y mae'r mochyn, ond *gweryru* y mae ceffyl. Ym Morgannwg clywir 'gwererid'; yn Nyffryn Llwchwr a Chwmtawe 'gwrad'; yn sir Gaerfyrddin a godre Ceredigion 'gwhwrad', 'gwhwri', 'gwhwryd', ac yn sir Benfro 'gwhwri'.
1959 Ecclus 33.6, Megis ystalwyn yw cyfaill gwatwarus, yn *gweryru* dan bawb a'r a eisteddant arno.
1959 D J Williams: YCH O 21, Am war a llygaid a symud gosgeiddig a'i *weryru* porthiannus . . . ni fu ceffyl hafal i hwn erioed.
Dywed. 'Yn *gweryru* fel gafr y gors' – merch yn chwerthin yn llafar a ffôl.

gweunblu (*gwaun* + *plu*) *ell.* Plu'r gweunydd, sidan y waun *Eriophorum angustifolium.*

gweundir (*gwaun* + *tir*) *eg.* ll. *gweundiroedd.* Tir gwlyb ac yn tueddu i dyfu brwyn, rhostir.
1450-80 DN 87, Gwyndal val blodau *gweundir.*
1962 Pict Davies: ADPN 35, Sychu'r *gweundir* drwy dorri ffosydd a gosod cerrig ar eu cant yn y gwaelod a cherrig manach yn drwch arnynt . . .

gweunlle gw. GWEUNDIR.

gweunwellt (*gwaun* + *gwellt* [gwair]) *eg*. Math o wair a dyf mewn gweundir, gweiryn lluosflwydd yn perthyn i'r teulu *Gramineae*, a'i enw llysieuol, *Poa pratensis*. Ceir hefyd ddau fath arall o weunwellt, sef gweunwellt unflwydd (*Poa annua*), a gweunwellt garw (*Poa trivialis*). S. *meadow grass, heath grass*.

gwhwrad gw. GWERYRIAD, GWERYRU.

gwialen *eb*. ll. *gwialennod, gwialenodau*. Cangen fain, ystwyth o goeden megis helygen a ddefnyddir yn foddion gyrru a disgyblu anifeiliaid.

gwialen alw *eb*. ll. *gwialenod galw*. Y wialen flaenfain a ddefnyddiai'r geilwad (cethreiniwr) i annog ychen yn eu blaenau wrth aredig, 'cethr', 'irai', 'ierthi', 'ialen' (Dyfed).
Gw. CETHR, CETHREINIWR, GALW, GEILWAD, IRAI, IERTHI.

gwialen aradr *eb*. Y roden haearn sy'n cyrraedd o ganol braich (hegl, haeddel) dde aradr geffyl hyd at ganol yr arnodd, ffon gyswllt, y wialen gyswllt (Caerfyrddin), gwialen gynnal, sadrwydd, sefydlydd.
Gw. ARADR, RHANNAU'R ARADR.

gwialen bugail gw. FFON BUGAIL.

gwialen droi Cangen hir o goeden a ddefnyddid gynt mewn rhai rhannau i droi'r gwaneifiau (ystodau) ŷd. Byddai'n gallu bod hyd at ddeg troedfedd o hyd. Ar lafar yn sir Gaerfyrddin.
1969 D Parry-Jones: Nod. i AWC, Yr wyf yn cofio troi'r ystodau â *gwialenni* hirion wedi eu torri'n bwrpasol, o saith i ddeg troedfedd o hyd. Gwthid y *wialen* o dan frig y llafur a throid cymaint a godai'r *wialen* – gan gofio ei dal yn lefel yn y broses, fel na bo'r llafur yn rhedeg i'r pen oedd yn cael ei gadw'n isel.

gwialenffust, gwialffust, gwielffust *eb*. ll. *gwialen ffustiau*. Pen y ffust, sef pren byr, trwm a gwydn a glymid yn llac â charrai ledr wrth droed neu goes y ffust, ac a ddefnyddid gynt i ddyrnu'r ŷd ar y llawr dyrnu. Byddid yn curo neu'n dyrnu'r ysgubau, er mwyn stripio'r grawn oddi ar y gwellt, â'r wialenffust. Ar draws de Cymru ceir y ffurfiau cywasgedig, 'gielffust', 'ielffust', ac ym Maldwyn a Meirionnydd, 'lemffust'.
1933 H Evans: CE 214, Nis gwn pa faint o bobl y dyddiau hyn a ŵyr y gwahaniaeth rhwng ffust a choes brws, ac a wyddant fod ffust yn ddau ddarn – troedffust a *lemffust*.
eto, Gwelaf mai bonffust a *llafnffust* a ddefnyddia ef . . . Troedffust a *lemffust* a glywais i ar lafar gwlad yng Nghwm Eithin.

gwialffust gw. GWIALENFFUST.

gwialen gownt, gwialen gyfri *eb*. Ffon fechan y gwneid marciau arni wrth gadw cyfri o ddefaid. Cyfrid hyn a hyn o ddefaid ac yna rhoi marc ar y ffon neu'r wialen i gadw'r cyfri. Ar lafar gynt yng Ngheredigion. 'Ffon gyfri' y'i gelwir yn y gogledd.

gwialen pladur *eb*. Asgwrn cefn llafn y bladur, sef y trwch o haearn ar hyd cefn y llafn sy'n rhoi cryfder i'r llafn yn ei waith.

1973 B T Hopkins: Nod. i AWC, Y *wialen* y gelwid cefn y llafn, ac wrth hogi yr oedd yn bwysig bod y rhip yn rhedeg yn wastad ar y *wialen* . . .

gwialen ychen gw. CETHR, GEILWAD, GWIALEN ALW, IERTHI, IRAI.

gwibredyn (*gwib* + *rhedyn*) *ell*. un. *gwibredynen*. Enw gynt ar amrywiol fathau o redyn – *Lonchitis aspera, Scolopendrium, Osmunda spicant*, ayyb.

gwidman *eg*. ac *ell*. Math cyffredin o farchysgall, *Cirsium vulgare* (S. *spear thistle*). Ar lafar yng Ngheredigion a Dyfed.

gwidw, widw *egb*. ac *ell*. Math o ysgall cyffredin a dyf mewn caeau, ar ochr ffyrdd ac ar dir gwyllt, *Cardus arvensis*. Ar lafar yng Ngheredigion.

gwiddon
1. **gwyddon** *ell*. un. *gwiddonyn*. Amrywiol fathau o bryfetach dinistriol sy'n tyllu ac yn ysu dillad, dodrefn, ayyb.

2. Euddon neu fân gynrhon sy'n magu mewn caws, ayyb, llyg, pryfed caws.

3. Pryfetach sy'n ymborthi ar flawd, grawn ŷd, ayyb.

4. Mân ronynnau mewn blawd sydd ar fin cynrhoni. Ar lafar yn y de. Yng Ngheredigion mae iddo'r ystyr o fân ronynnau pydredig. Yng ngogledd Ceredigion clywir yr ymadrodd, 'Ma *gwiddon* yn y blawd' Cf. 'Pry yn y pren'. Ym Morgannwg fe'i harferir am y pryfetach sy'n ysu pren, e.e. 'Ma ishe inni gael gwared y *gwiddon* sy'n y setl ma, ma nhw'n mallu'r setl i gyd' (GPC) Ceir hefyd y ffurf 'gwyfon', sef lluosog 'gwyfyn'.

gwiddonleiddiad (*gwyddon* + *lleiddiad* [lladdwr]) *eg*. Darpariaeth gemegol ddidol at ladd neu ddifa gwiddon, sef y math o fân bryfetach sy'n ymborthi ar gnydau, grawn, ayyb.

gwielffust gw. GWIALENFFUST.

gwifrbryf (gwifr + *pryf*) *eg*. ll. *gwifrbryfed*. Chwilyn neu bryfyn sy'n ymosod ar wreiddiau planhigion, pryf pric, un o'r hoelion daear (S. *wireworm*) (teulu'r *Electeridae*).

gwifren bigog *eb*. ll. *gwifrau pigog*. Gwifren (ddwygainc, fel rheol) yn llawn pigau a ddefnyddir i ffensio, at gadw anifeiliaid o fewn terfynau a rhag iddynt dorri drwodd i'r cnydau llafur, ayyb. Ceir hefyd y ffurfiau 'weir bigog', 'wîr bigog', 'gwifren farfog'. Daeth yn beth cyffredin oddeutu dechrau'r 20g.

1959 D J Williams: YCHO 18, Nid oedd y *wifren bigog* greulon i rwygo cnawd a dillad wedi dod eto.

gwifren drydan *eb.* ll. *gwifrau trydan.* Y wifren ffensio sy'n cario trydan o foltedd isel ac a ddefnyddir gan ffermwyr i bwrpas pori adladd, tir dan gêl neu rêp ayyb, mesul llain neu garrai, rhag bod yr anifeiliaid yn sathru a mathru'r cyfan, ac felly'n gwastraffu llawer. Symudir y ffens yn ddyddiol neu'n ôl yr angen.

gwifren farfog gw. GWIFREN BIGOG.

gwifren foel Gwifren heb bigau, weiren blaen.

gwig
1. *eb.* ll. *gwigau, gwigoedd.* Yn wreiddiol ac hyd yn ddiweddar (yn enwedig mewn enwau lleoedd), pentref, ardal wledig, treflan, hefyd stryd neu heol. Codid pentrefi'n aml mewn llannerch (lle wedi ei glirio mewn coedwig) ac mae'n bosibl mai dyna sut y datblygodd yr ystyr hwn i *gwig.*
1567 Luc 14.21, Dos allan ar ffrwst i'r heolydd ar *gwigoedd* [:-ystrydoedd] y ddinas.
1567 Math 21.2, Ewch i'r dref [:- *wic*] sy gyferbyn â chwi.
1592 BSS, Yn eich dinasoedd, trefydd, pentrefydd, a *gwigoedd.*

2. *eb.* ll. *gwigau, gwigoedd.* Coed, coedwig (coed + *gwig*), coedlan, llwyn. Digwydd yn gyffredinol mewn enwau lleoedd: 'Capel y *Wig*', Llangrannog; 'Y *Wig*', Abergwyngregin; '*Gwigau*', Penmachno; 'Y *Wigau*' (Wige), Llandderfel; 'Melin y *Wig*', Corwen; 'Y *Wigoedd*', Pentraeth.
1455-85 LGC 35, Ar erydr ac âr ar odre *gwig.*
16-17g E Prys: Gwaith 337, Mor deg bob man mewn can cylch,/O'r *gwigau* aur i'w gogylch (Gwydir).

gwiglan gw. GWIG[2].

gwiglwyn *eg.* ll. *gwiglwyni.* Llwyn o goed, coedlan, prysglwyn, copi.
18g LlrC 49, 52, Planna *wiglwyni* o goed ar fannau o'th fferm.
1789 BDG (14g) 503, A choglef iach o *wiglwyn.*

gwinglyd, gwingllyd *a.* Yn cicio, yn moeli clustiau, yn tindaflu (am geffyl), afreolus, anhydrin, aflonydd.
1585 Llst 178 36a, am march yney ffromder oedd yn tawly ac yn *gwingad* i gaisio myned yr ffordd hono.
1783 W, *Gwinglyd* – spurning [that spurns or kicks].
Gw. GWINGO.

gwingo, gwingad Yn anhydrin, yn strancio, yn afreolus (am geffyl), yn dangos ei garnau, yn tindaflu, yn gwrthod yr enfa.
Ffig. Rhywun yn strancio neu gwingo yn erbyn rhywbeth, e.e. plentyn neu berson ifanc yn gwrthod disgyblaeth, neu rhywun yn anghytuno â'r hyn a ddywedir mewn anerchiad, pregeth, ayyb. 'Roedd y capten yn *gwingo*'n go arw pan ddywedais . . . '
1620 Act 9.5, Caled yw i ti *wingo* yn erbyn y symbylau.
Gw. GWINGLYD.

gwialangel Ffurf dafodieithol gywasgedig ar 'Gŵyl Fihangel'. Ar lafar yn Nyfed.
Gw. GŴYL FIHANGEL.

gwilers (*gwil* [ceffyl] + *hers* [crwmp]) *eb*. Pedrain (ceffyl neu gaseg), ffolen, tin, crwmp (S. *crupper, haunch, rump*).

gwilff *eb*. ll. *gwilffod*. Eboles neu gaseg ifanc heb ei dal neu heb ei thorri i mewn, eboles wyllt heb ei dofi.
16g WLl (Geir.) 278, *Gwil, gwilff:-* caseg.
1800 P, *Gwilf:-* . . . an epithet for a mare.
Ffig. Hoeden o ferch wyllt, anniwair, putain.

gwilffrai, gwilfrai *eb*. Caseg, gwilog, gwilff.
Gw. CASEG, GWILFF.

gwilion *ell*. Ffurf lafar gywasgedig ar 'gwehilion', sef yr hyn sy'n weddillion ar ôl dyrnu, tinion, ysgubion, manyd, manus, peiswyn. Ar lafar yn Nyfed.
1937 T J Jenkin: AIHA AWC, *Gwilion* – pethau rhy drwm i fynd i'r us ond yn rhy ysgafn i fynd i'r llafur – darnau o wellt, ond gan mwyaf grawn lled ysgafn gyda darnau o godau hatrys, etc.
Gw. GWEHILION, MANYD, TINION.

gwilog *eb*. ll. *gwilogod*. Caseg, gwilff, gwilffrai.
Ffig. Gwraig neu ferch anllad, hoeden nwyfus benchwiban.
1744 CM 120 11, Hen *wilog* weflog, aflan.
Gw. hefyd GWILFF.

gwilwst *ebg*. ll. *gwilystod*. Caseg, ceffyl, march.
16g Pen 245, 219, Ni wna'r *gwilwst* er gwialen/Soeglen ffol ond siglo'i phen.
Ffig. Llipryn o ddyn, climach, sgilffyn o ddyn.
16-17g CC 89, Uwchben bîr gwelir *gwilwst*/Yn llawn o rym yn Llanrwst.
1604-7 TW Pen 228, *Gwilwst* anvoddgar o ddyn.

gwin *eg*. ll. *gwinoedd*. Diod neu wirod a wneir o sudd amrywiaeth o ffrwythau a llysiau. Gynt, gwneid llawer iawn o winoedd ar ffermydd, megis, *gwin* grawn ysgaw, *gwin* dant y llew, *gwin* danadl poethion, *gwin* mwyar duon, *gwin* afalau.

gwinau *a*. ll. *gwineuon* ac fel *ell*. *gwineuod*. Browngoch, rhuddgoch, castanlliw, cochddu, lliw'r gwin. Dyma'r ansoddair a ddefnyddir yn gyffredinol am gaseg neu geffyl browngoch neu gochddu, caseg *winau*, ceffyl *gwinau*.
16g W Cynwal: Gwaith 33, Y gaseg *winau* goesir.
1620 Sech 6.3, ac yn y pedwerydd cerbyd meirch brithion a *gwineuon*.

gwindas gaws *eg*. Rhan o'r offer at wneud caws, y pres gaws. Ar lafar ym Meirionnydd.

gwineu *a*. Ffurf ar 'gwinau'.
Gw. GWINAU.

gwineufarch (*gwinau* + *march*) *eg*. ll. *gwineufeirch*. Ceffyl gwinau, march castanlliw, cochddu.
Gw. GWINAU.

gwinllan (*gwin* + *llan*)
1. *eb.* ll. *gwinllannoedd, gwinllannau*. Yng Nghymru, ac yn amaethyddol, lle caeëdig i dyfu coed ffrwythau megis afalau, gellyg ac eirin, ac i bob pwrpas yn gyfystyr â 'perllan'. Yn ôl W Owen Pughe tynnai'r Brythoniaid win o amrywiaeth o goed, e.e. ceid '*gwinllan* helyg'. Ym Môn ceid '*gwinllan* faip' am gae maip.
17g Huw Morus: EC 1 94, A lluniaeth o'r *gwinllannau*,/Llawer lles i'n llwyr wellhau.

2. *eb.* ll. *gwinllannau*. Coedlan, coedwig, planhigfa, llwyn, copi, gwinllan goed. Ceir *gwinllan* yn enw ar leoedd ac mewn enwau lleoedd, yn gyffredinol, e.e. '*Gwinllan* Cae'r Mynydd', '*Gwinllan* y Chwarel', '*Gwinllan* y Pandy'. Gw. *Enwau Lleoedd Sir Gaernarfon* J Lloyd Jones, 1928. Hefyd 'Y *Winllan*', Llanddeiniolen; 'Y *Winllan*', Talybont, Ceredigion; 'Tyny*winllan*', Llanrug; 'Y *Winllan* Wen', Trisant, Morgannwg; 'Blaen*winllan*', Brechfa.
1959 I Williams: IDdA 6, Gelwir pob nursery neu lwyn o goed ifainc yn y rhan hon o Arfon yn *winllan*.

gwinllan goed gw. GWINLLAN².

gwirso gw. CWIRSO.

gwisg aradr *eb.* Y rhan o'r aradr gyferbyn a'r ystyllen bridd, ochr aradr, lansed (landside), lanseid, plowplat. Ar lafar yn Arfon. Gw. WVBD 186.

gwisg drws *eb.* Ffram drws, y coed o gwmpas y drws, câs y drws.
1772 W, *Gwisg y drws* = door frame, door case.

gwisg ffäen *eb.* Coden ffa, codau ffa, callod ffuen.

gwisg y gwellt Sofl, bonion gwellt.
1707 AB 155a, *Gwisg y gwellt* – stipula.

gwisg had (hedyn) Plisgyn had neu hedyn, cibyn, eisin.
1774 W, *Gwisg had* – husk.

gwisg men (cart, trol) gw. GWISG OLWYN.

gwisg olwyn Y cylch haearn a roir am gant neu gamogau olwyn bren, megis olwyn trol, gwisg olwyn. Ar lafar ym Meirionnydd.
Gw. GWISGO OLWYN.

gwisg porthmon Y dillad a wisgai porthmon anifeiliaid nodweddiadol.
1998 E Richards: PM 330, Yn wir yr oedd yn borthmon o'i gorun i'w sawdl. Gwisgai fel porthmon bob dydd, clos penglin o'r chwipgord gorau, pâr o legins melyn ac esgidiau uchel o'r un lliw a'u gwneuthuriad o'r lledr gorau. Gwisgai siaced a gwasgod o frethyn caerog.

gwisgawnu *bf.* Ffurf neu amrywiad tafodieithol ar 'beisgawnu', ac yn golygu tasu ysgubau ŷd mewn ysgubor ar gyfer eu dyrnu neu wneud tas

neu fwdwl o wair mewn tŷ gwair. 'Gwishgawnu' yw'r ffurf ar lafar ym Morgannwg.
Gw. BEISGAWN, BEISGAWNU.

gwisgen *eb.* Y bilen denau sydd am epil anifail cyn ei eni, brych, y garw, y gwared. Ar lafar yn Ninbych a Meirionnydd.
GPC, Mae'r gaseg newydd fwrw'i *gwisg.*
GPC, Colled gafwyd ar y llo, mi fygodd yn y *wisg.*
Gw. BRYCH, GARW, PLACENTA.

gwisgo aradr *be.* Rhoi'r rhannau haearn angenrheidiol ar aradr bren, 'gerio' aradr bren â swch haearn, cwlltwr, ayyb.
1928 G Roberts: AA 44, Yng ngefail Melin Rhug, gan y brodyr Robert a Griffith Davies a'u tad, y 'gerid' neu y *gwisgid* y cwbl.
Gw. GERIO².

gwisgo ceffyl *be.* Rhoi'r harnes bwrpasol ar geffyl at waith. 'Gerio' ceffyl â'r strodur neu'r gefndres, ayyb, yn ôl y gofyn.
Gw. GÊR, GERIO¹.

gwisgo olwyn *be.* Cylchu olwyn bren (olwyn trol, ayyb), gosod cylch haearn am gant olwyn bren, 'rhwymo olwyn' (Ceredigion a sir Gaerfyrddin), 'bando whîls', 'canto whîls' (Ceredigion).
Gw. CYLCHIO, CYLCHU, GWISG OLWYN.

gwisgon (ffurf ar 'beisgawn') *eb.* ll. *gwisgonau.* Tas o sgubau ŷd mewn sgubor yn barod i'w dyrnu, neu das (mwdwl) o wair mewn tŷ gwair; hefyd pentwr neu das o fawn neu goed tân. Mewn rhai cylchoedd ceir y ffurf 'gweisgion', yn ne Ceredigion 'wishgon', yn sir Gaerfyrddin hefyd 'wishgon', ym Morgannwg 'gwishgwn'. Yng ngogledd Ceredigion clywir – 'cer i ben y *wisgon* i ddamsang hwnna i lawr' (GPC).
1996 *Cofio Leslie Richards* 18, 'Y nhad yn crio whishw'r ffowls diawl 'na, pan fydden 'hw ar ben y tŷ gwair ne *whishgon* lafur yn crafu am 'u bywyde.
Gw. BEISGAWN.

gwlad, wlad (y) *eb.* ll. *gwledydd, gwladoedd, gwledi, gwladedd.* bach. *gwladan.* Yn amaethyddol darn agored helaeth o diriogaeth (o'i gyferbynnu â threfi a dinasoedd), y wlad o'i chyferbynnu â'r dref. Tiriogaeth sydd wedi aros yn ei gyflwr cymharol gysefin ac yn dal yn amaethyddol a gwledig, y rhannau gwledig, y cefn gwlad.
1620 Luc 23.26, Hwy a ddaliasant un Simon o Cyrene, yn dyfod o'r *wlad.*
15g LHDd 92, Os gŵr o'r farchnad a bryn yn y *wlad.*
'Daw pobol y *wlad* i'r dre bob dydd Mercher.'

gwladwr *eg.* ll. *gwladwyr, gwladwriaid.* Person o'r wlad, un o drigolion y wlad o'i gyferbynnu â pherson o'r dref, un wedi byw a gweithio yn y wlad, un a'i fagwraeth a'i gefndir yn wledig ac amaethyddol. Weithiau person gwladaidd yr olwg ac i rai o bobl y dref yn ansoffistigedig.
1768 J Roberts: R 61, *Gwladwr* a fenthyccodd gan ei Gymmydog, Dimpan o wair.
1775 D Jones: HCY 3, Ewch, medd ef, *wladwyr* yn ddi-ludd,/I Ddinas Dafydd rhedwch.

gwlân *eg.* ll. *gwlanau.* bach. *gwlenyn.* Y cnu esmwyth sy'n gorchuddio corff dafad, gwisg gynnes, ddiddos y ddafad (ac anifeiliaid tebyg). Ar ôl ei drin fe'i defnyddir i wneud brethyn. Mae'n ddiarhebol am ei gynhesrwydd a'i wynder. Bu cynhyrchu gwlân, ei drin a'i nyddu a'i droi'n frethyn yn un o brif ddiwydiannau gwledydd Prydain am ganrifoedd hyd y 19g. Heddiw mewn rhannau o'r byd fel Awstralia, De America a Rwsia erys yn ddiwydiant tra phwysig. Eilbeth yw cig y ddafad yn y gwledydd hyn. Gynt, yng Nghymru, byddai trin gwlân yn rhan o'r gorchwyl o amaethu, ac fe ddigwyddai'r broses o'i droi'n frethyn i gyd yn y cartrefi. Ceir y ffurf gywasgedig 'glân' hwnt ac yma.

15g GTP 41, Mae *gwlân*, defnydd rhag annwyd,/Brethyn llawn, brithwyn a llwyd.
1620 Salm 147.16, Yr hwn sy'n rhoddi eira fel *gwlân.*
1620 Es 1.18, Pe byddai eich pechodau fel porffor . . . byddant fel *gwlân.*
1963 R J Williams: LILlM 34, Prif ddodrefn y gegin ydoedd y dresel dderw a'r cwpwrdd cornel, ac os byddai ceiniog wrth gefn, rhaid ydoedd cael troell at nyddu *gwlân* y ddafad . . . byddai'r *gwlân* yn cael ei gribo, ei nyddu yn ogystal a'i weu ar yr aelwyd gartref.
Diar. 'Cwyd y cudyn *gwlân* ac fe gwyd y *gwlân* dithau.'
'Ni cheir *gwlân* rhywiog ar glun gafr.'
Dywed. 'Gadael *gwlân* ar gloddiau', – gadael ôl ac argraff mewn ystyr dda ym mhobman. Ar lafar ym Môn.
1997 D Wyn Wiliam: *Cofiant Lewis Morris* 86, Richard Parry . . . gŵr a adawodd ei *wlân* ar lawer o gloddiau.

gwlân bras Gwlân cwrs, gwlân garw.

gwlân caglau Torion o wlân oddi ar ben ôl a chynffon dafad ag arno faw dafad wedi caledu'n gaglau.

gwlân clapiog Afiechyd defaid a achosir gan ffwng sy'n peri cosi a chrafu ar dywydd gwlyb gyda chrachennau caled, melynaidd yn datblygu. Mae'r doluriau'n gwella a'r crachennau'n cael eu cario ymaith yn y cnu gwlân (*Dermatophilus dermatonomus*). Clywir hefyd yr enw *gwlân cnapiog.*

gwlân clos Gwlân mân, tew, trwchus.

gwlân cnaif Gwlân wedi ei gneifio.

gwlân cyrliog Gwlân mân a chlos.

gwlân degwm Cyfran o wlân a delid yn dreth ddegwm, yn union fel y telid y ddegfed ran o ŷd, ayyb.
Gw. DEGWM.

gwlân du'r ddafad Gwlân dafad ddu ac yn israddol o ran gwerth yn y dyddiau a fu. Ar lafar yn y gogledd a Cheredigion.
Gw. DAFAD DDU.

gwlân garw gw. GWLÂN BRAS.

gwlân gin Gwlân wedi ei dynnu neu ei bluo mewn cyferbyniad i wlân cnaif (wedi ei gneifio).
Gw. GINIO.

gwlân mân Gwlân cyrliog esmwyth mewn cyferbyniad i wlân bras, cwrs.

gwlân pan Gwlân wedi ei bannu neu i'w bannu'n frethyn.

gwlân pân Gwlân mân-flewog, megis croen anifail.

gwlân rhoniau Gwlân oddi ar ben ôl dafad, yn futrach ac yn llai o werth. Ar lafar ym Maldwyn a Meirionnydd.

gwlân rhywiog
1547 W Salesbury: OSP, Ni chair gwlan *rywoc* ar glun gafr.
Gw. GWLÂN MÂN.

gwlân yn sbaddu Gwlân yn hollti wrth ei wau.

gwlân tocyn Gwlân wedi dod i ffwrdd oddi ar y ddafad ar y mynydd ac a gesglid gynt gan y tlodion fel rhan o'r arfer o wlana. Fe'i gelwid hefyd yn 'wlân cinio' gan mai pryd o fwyd ar y mynydd oedd yr unig gost am ei gasglu.
Gw. GWLANA.

gwlana *be.* Cardota gwlân, casglu gwlân, ceisio gwlân. Byddai'n arferiad gynt i wragedd tlawd gardota gwlân gan ffermwyr amser cneifio, neu gael caniatâd i gasglu'r gwlân fyddai wedi disgyn oddi ar y defaid ar y mynydd (Gw. GWLÂN TOCYN) yna ei gardio, ei gribo, ei nyddu a'i wau'n ddillad. Byddai'r *gwlana* ar batrwm cyfraith 'lloffa' yn yr Hen Destament. Gorchymynid i'r amaethwr beidio a medi cornelau'r maes. 'Gad hwynt i'r tlawd a'r amddifad' (Lef 23.22, HFC). Felly hefyd yng Nghymru gynt, rhoid cnu neu ddau o'r neilltu erbyn y dôi merched heibio i 'wlana'.
16-17g Llywelyn Sion: Gwaith 597, Cawsa, yta, *gwlana*'n glir.
1933 H Evans: CE 171, Ond pa fodd i gael gwlân heb arian i dalu amdano? Perthynai i'r tlawd ei ran. Ni feddyliai'r hen bobl am ladd eidion, mochyn neu ddafad, heb anfon rhyw damaid bach i rai o dlodion y cylch. A'r un fath gyda'r cynhaeaf cneifio, yr oedd y tlawd i gael ei ran. Nid oedd gwraig ffermwr teilwng o'r enw . . . na ofalai am roddi dau neu dri chnu o wlân o'r neilltu yn barod erbyn y deuai'r gwlanwyr heibio.
1933 H Evans: CE 173, Credaf na thybiai neb ei fod yn ddim diraddiad myned o gwmpas y wlad i *wlana*, oherwydd amser enbyd iawn ydoedd hi.
1958 FfFfPh 60, Arferiad cyffredin arall oedd i'r benywod fynd i'r mynydd ger Tregaron neu Landdewi Brefi i *wlana*, sef casglu gwlân y byddai'r defaid wedi ei golli ar y mynydd. Byddent wedyn yn ei wneud yn edafedd at wau hosanau . . . 'Roedd rhod nyddu at drin gwlan yn rhan o ddodrefn pob tŷ.
Rhigwm ym Mhenllyn, 'Pobol bach y Bala,/A thyllau yn eu sanna,/Yn mynd yn griw i Bennant Lliw,/A Chraig y Tân i *wlana*'.
Diar. 'Nid hawdd *gwlana* ar afr.'
Dywed. 'Cwyd bob tusw (o wlân) ac fe gwyd yntau dithau.'
Ym Morgannwg defnyddir *gwlana* am bensynnu neu synfyfyrio. 'Be ti'n *gwlana* fel 'na?' (GPC).

gwlanai *eb.* ll. *gwlaneion.* Merch neu wraig sy'n trin gwlân, gwlanwraig, neu ferch sy'n casglu neu gardota gwlân. Gw. GWLANA.

gwlandy (*gwlân* + *tŷ*) *eg.* ll. *gwlandai.* Lle neu adeilad i gadw neu storio gwlân, ystordy gwlân.

gwlanen *eb.* ll. *gwlanenni, gwlanennau.* Defnydd neu frethyn wedi ei wneud o wlân, yn llac ei nyddiad ac fel rheol heb geden (haenen arw o edafedd ar wyneb brethyn) ond yn wlanog ac esmwyth. Sonnid gynt am 'grys *gwlanen*', 'crysbas *wlanen*', 'pais *wlanen*', ayyb.
Ffig. Dyn gwan, person di-ddal, di-sa, di-asgwrn-cefn, na ellir dibynnu arno.
'Hen *wlanen* o ddyn fuo Twm erioed.'
1913 WVBD 187, Yr hen *wlanen* – fe'i defnyddiwyd unwaith gan Dduw yn ôl un pregethwr, i ddisgrifio Jona, pan na ddinistrwyd Ninife.

gwlanen cartref Brethyn cartre, wedi ei nyddu gartref, neu'n lleol, o'i gyferbynnu â chynnyrch y melinau mawr. Ar lafar yn gyffredinol.

gwlanen goch Gwlanen y credid gynt fod iddi rinwedd arbennig wrth drin dolur gwddf, bronceitus a lymbego, ayyb.

gwlanen grai Gwlanen newydd heb ei sgwrio. Ar lafar yng Ngheredigion.

gwlanen grud (crud) Gwrthban crud.

gwlanen 'molchi Cadach gwlanen, darn o wlanen esmwyth i molchi'r wyneb. Ar lafar yn gyffredinol.

gwlanen wen Gwlanen wen ei lliw.

gwlaneneiddiwch *eg.* Yr ansawdd o fod yn wlanenaidd, yn enwedig yn ei ystyr trosiadol am ddyn di-ddal, di-asgwrn-cefn.
'Ma' Siencyn yn diodda o *wlaneneiddiwch* anfeddyginiaethol.
Gw. GWLANEN.

gwlanfa *eb.* ll. *gwlanfeydd, gwlanfaoedd.* Ffatri wlân neu farchnad wlân.

gwlangach *eg.* Gwlân budr, bawaidd a chaglog oddi ar ben ôl a chynffon dafad.

gwlaniad
1. *eg.* Y math o wlân sydd ar ddafad (e.e. clos, llac, bras, ayyb), ansawdd y cnu, gwlaniad y ddafad.
GPC, Mae hi'n bwysig cael hwrdd a *gwlaniad* da arno fo (Ar lafar ym Meirionnydd).
GPC, Defed go feddal ydi'r rhein, hen *wlaniad* llac sydd arnyn nhw (Ar lafar ym Meirionnydd).

2. *eg.* Crefft brethynwr, celfyddyd gwneud brethyn.
1604-7 TW Pen 228, *Gwlaniat*:- brethyniat, celfyddyt y wneuthur brethyn.

gwlanog
1. *a.* ll. *gwlanogion.* Anifail â gwisg naturiol o wlân (megis dafad), anifail gwlanog, y da gwlanog (defaid). Hefyd defaid heb eu cneifio ar ôl diwrnod cneifio – defaid wedi osgoi y rhwyd ar y mynydd wrth hel y defaid i'w cneifio.

1620 2 Bren 3.4, Can-mil o ŵyn a chan-mil o hyrddod *gwlanog.*
GPC, Mae 'ma fwy nag arfer o *ddefed gwlanog* hyd y mynydd 'ma 'leni.

2. *a.* Defnydd neu ddilledyn a chyfartaledd da o wlân ynddo.
'Mae hwn yn frethyn *gwlanog.*'
Ffig. Cefnog, da ei fyd, cyffyrddus ei amgylchiadau.
1741 DT 137, Llwyn drain yw Llundain i'r llu/A *gwlanog* ynddo'n glynu (Lewis Morris).
'Dydi o ddim yn edrach felly, ond mae Ned yn bur *wlanog* i ti.'

gwlanwair (*gwlan* + *gwair*) *eg.* Math o wair neu hesg, o'r rhywogaeth *Eriphorum* sy'n tyfu mewn corsydd a'i ben yn ffurfio tuswau gwlanog neu sidanaidd, plu'r gweunydd, sidan y waun, pân. *Eriophorum angustifolium.*

gwlanwr (*gwlân* + *gŵr*) Un sy'n trafod gwlân mewn unrhyw fodd, trinwr gwlân, gwerthwr gwlân, brethynnwr.
1756 ML (Add) 877, Dd. Lewis, y *gwlanwr.*
1786 Twm o'r Nant: PCG 13, O ran fe ŵyr y llwynog,/A'r *gwlanwr* yn galonog,/Lle byddo ŵydd neu wlân ar werth.
1800 P, Ve a ŵyr *gwlanwr* lle bo gwlân ar werth.
Ffig. Rhoddir arwyddocad trosiadol i'r geiriau diarhebol uchod – am ddyn sy'n arw am ferched ac yn gwybod lle i fynd.

gwledig *a.* Yn ymwneud â'r wlad, neu'n perthyn i'r wlad, neu'n nodweddu'r wlad (o'i chyferbynnu â'r dref), amaethyddol, nodweddiadol o'r wlad neu'r cefn gwlad. Sonnir am yr 'ardaloedd *gwledig*' a'r 'gymdeithas *wledig*'. Weithiau fe'i defnyddir braidd yn ddifrïol am 'bobl y wlad', eu dillad, eu harferion, ayyb, ac i olygu ansoffistigedig, gwladaidd, taeogaidd.
1620 Mos 2204 3, Thomas vap William, physycwr *gwledig.*
1681 S Hughes: AC 33, 36, Y cyfryw ag y mae gwragedd *gwledig* . . . yn arferol o wisgo . . . mewn gwisg *wledig.*
1724 G Wynn, YGD 68, Dyn *gwledig*, anwybodus.
1775 E Griffiths: GF 246, ei dad yr hwn ydoedd saer *gwledig.*
Gw. GWLAD, GWLADWR.

gwlenig gw. GWLANOG.

gwlenydd *eg.* ll. *gwlenyddion.* Gwlanwr, marchnatwr gwlân, un yn delio mewn gwlân.
Gw. hefyd GWLANWR.

gwlith *eg.* un. *gwlithyn, gwlithen.* Y lleithder neu'r anwedd dŵr yn yr awyr sy'n troi'n ddŵr, neu'n cyddwyso dan amodau arbennig, yn ystod y nos, ac yn ymddangos yn fân ddefnynnau ar laswellt a phlanhigion ac yn gwlychu arwynebedd oer ac agored, arien. Ar y cyfan bendith i'w chroesawu yw'r *gwlith* i amaethwr. Mewn cyfnod o sychder ac o dywydd tesog, mae'n ffynhonnell diod holl bwysig ac amheuthun i lysiau a phlanhigion. Yr unig adeg y cweryla'r ffermwr â'r gwlith yw adeg y cynhaeaf gwair ac ŷd, ond mae'r gweryl honno'n llawer llai wedi i oes y byrnwr gwair a'r dyrnwr medi wawrio.

13g WM 455, 6-9, byddei cynt nor *gwlithyn* cyntaf . . . pan vei vwyaf y *gwlith* mis mehevin.
1620 Salm 133.3, Fel *gwlith* Hermon.
Ffig. Bendith ysbrydol (ysgrythurol), eneiniad, dylanwad adfywiol.
1620 Hos 14.5, Byddaf fel *gwlith* i Israel.
1655 WL DP 116, descynned grasussawl *wlith* dy fendith arno yn fynych.
1988 Salm 133.3, Y mae fel *gwlith* Hermon/Yn disgyn i lawr ar fryniau Seion./Oherwydd yno y gorchymynodd yr Arglwydd ei fendith.

gwlitho *be.* Gwlith yn disgyn, defnynnu gwlith, lleithio, hefyd glawio'n ysgafn a thyner, bwrw gwlithlaw.
'Ma hi'n *gwlitho*'n drwm heno. Mi fydd yn amser cinio arnon ni'n cael mynd i'r gwair 'fory.'
1588 Hag 1.10, Gwaharddwyd i'r nefoedd *wlitho* arnoch.
Ffig. Bendithio, adfywio, yr eneiniad yn disgyn.
1775 D Jones: HCY 7, Ei ysbryd sanctaidd arno ddaw/I'w *wlitho* a'i buro megis glaw.

gwlyb
1. *eg.* Gwlybwr, hylif, gwlych. Cyfeirir at lith y llo fel 'y *gwlyb*' – rhoi *gwlyb* i'r llo. 'Y *gwlyb*' yw'r bwyd llwy a'r grefi. Sonnir am roi'r *gwlyb* ar y tatws, – rhoi *grefi* ar y tatws.
1985 W H Jones: HOGM 20, Fy ngwaith i wedi dod o'r ysgol yn yr haf fyddai gofalu dod â'r lloi at y tŷ i gael *gwlyb*.

2. (o'r un tarddiad â 'gwlith' a 'gwlych') *a. b. gwleb.* Llaith, llawn dŵr, wedi gwlychu, mewn cyferbyniad i sych. Sonnir am fod 'yn *wlyb*' at y croen', 'yn *wlyb* diferol' (*gwlyb* yn diferu), '*gwlyb* yn socian', '*gwlyb* yn sopen', '*gwlyb* yn domen' neu'n '*wlyb* domen dail', 'yn *wlyb* poten'.
1958 I Jones: HAG 4, Gewch chi weld fod eich sanau yn *wlyb poten*.
Ffig. Un hoff o'i gwrw.
GPC, Creadur *glyb* iawn yw'r doctor.
Cawn hefyd rai cyfuniadau amaethyddol yn cynnwys yr ansoddair *gwlyb* (*glyb*).
llo gwlyb – llo newydd eni cyn i'r fuwch ei lyfu ac yn edrych yn swpyn gwlyb, diymadferth yr olwg.
Ffig. Person twp, hurt, afrosgo.
'Mae rh'wbath yn felltigedig o hurt yn Harri 'ma, mae o fel *llo glyb*.'
tir gwlyb – tir neu gae cleiog (fel arfer), heb ei ddraenio'n dda a'r dŵr yn tueddu i aros ar yr wyneb, tir o natur corsiog, gwernog.
tymor gwlyb – fel rheol tymor haf a mwy nag sy'n dderbyniol o law, tymor anffafriol i gael y ddau gynhaeaf (gwair ac ŷd) i gyfarchwyl.
tywydd gwlyb – cyfnod o dywydd cyfatal ac anffafriol, yn enwedig i hel gwair a chywain y llafur yn yr haf, hefyd dilyniant o ddyddiau glawog hyd yn oed yn y gaeaf.
1795 I Thomas: AIC 347, a chofia'n wastadol am blanu hin 'lyb, a hau hin sych.

gwlych *eg.* Gwlybwr, unrhyw beth gwlyb, e.e. dillad yn mwydo, bwyd gwlyb i anifail, ayyb. Ar lafar yn Nyfed.
1989 P Williams: GYG 26, Pan fyddai llaeth sgim ar gael fe'i rhoid i'r lloi yn gymysg â bwyd lloi, sef 'calf nuts' wedi eu rhoi'n *wlych* mewn dŵr berw.
Gw. GWLYB[1].

gwlydd *ell.* bach. *gwlyddyn.* Callod, gwrysg, calafau, cyrs, cecys, coesau planhigion, yn enwedig tatws. Yn y gogledd *'gwlydd* tatws' yw'r rhan o'r tatws sy'n tyfu uwchlaw'r pridd. Egin tatws y'u gelwir pan font yn torri allan o'r pridd, ond yn eu stâd mwy datblygedig, *'gwlydd* tatws'. Ceir y gair hefyd mewn enwau planhigion gwyllt, e.e. *'gwlydd* blewog' (*Cerastium vulgatwm*); *'gwlydd* y cywion' (*Stellara media*); *'gwlydd* y dŵr' (*Stellara aquatica*), *'gwlydd* garw' (*Galium aparine*). Ar y cyfan gair y gogledd yw *gwlydd* gyda lluosog dwbl 'gwlyddod' (Dyffryn Tanat). Yn y canolbarth 'gwrysg' a glywir yn fwyaf cyffredin.
1480-1525 TA 18, Nid tebyg urddas pren glas i'r *gwlydd.*
Hen Bennill. 'Tri pheth a gynnydd ar law/*Gwlydd* ac ysgall ac ysgaw.'
Gw. CALAFAU, GWRYSG.

gwlypin (*gwlyb* + *hin* [tywydd]) *eg.* Cyfnod neu ysbaid o dywydd gwlyb pur annerbyniol i amaethwr. Yn aml, mewn cyferbyniad i 'sychin' (sych + hin). Ceir hefyd y ffurf 'glibin' a 'sichin'.
GPC, 'Na hir *libin* geson ni.
GPC, Yn Nyfed clywir *glibin* neu sichin (S. *heads or tails*)
Diar. 'Hau ar y sychin, plannu ar y *gwlypin.'*

gwlyptir (*gwlyb* + *tir*) *eg.* ll. *gwlybdiroedd.* Tir gwlyb, corsiog, gwernog, brwynog.

gwndwn gw. GWYNDWN.

gwnnedd *a.* Marchio, gofyn stalwyn (am gaseg), caseg wnnedd. Ffurf lafar ar 'gwynnedd'. Ar lafar ym Maldwyn. (GEM 122, 1981.)
Gw. GWYNNEDD.

gwlltid, wylltid Gair llafar ym Môn am y ddarpariaeth bwrpasol, yn y ffurf o fachyn, ar lorp (siafft) trol (cart) i fachu'r garwden a roir dros strodur y ceffyl i ddal llorpiau'r drol i fyny. Yn aml fe'i clywid gynt gyda'r fannod 'yr' o'i flaen – 'yr *wlltid'.*
1963 T Parry Jones: LILIM 82, Cododd y gwas y llorp, a'r groden mor ddi-dwrf ag y medrai dros gafn y strodur. Bachodd gwas arall hi'n yr *wlltid.*

gwneud canhwyllau *be.* Yr unig foddion goleuni yn y wlad hyd at ddiwedd y 19g oedd canhwyllau brwyn a chanhwyllau gwêr o waith y trigolion eu hunain. Darfodedig iawn a byr ei pharhad oedd y gannwyll frwyn. Rhaid felly oedd bod wrthi'n gyson yn hel brwyn pwrpasol, eu pilio a'u gwneud yn ganhwyllau. Gorchwyl cyson ar yr aelwydydd fyddai pilio pabwyr (brwyn) at wneud canhwyllau. Ceid nosweithiau pilio, pan ddôi'r cymdogion at ei gilydd i bilio. Byddai'r gannwyll wêr yn fwy parhaol. Yn achlysurol, rhyw ddwywaith y flwyddyn, ar ôl lladd bustach, ayyb, i gael ei gig a'i fraster, y gwneid stoc o ganhwyllau gwêr. **1958** FfFfPh 28-9, Ymhen ychydig ddiwrnodau ar ôl lladd y fuwch byddai fy mam yn toddi'r gwêr a'i roi mewn pedyll. Yna pan wawriau'r dydd gwneud canhwyllau, byddai yn ei ail doddi a'i arllwys i grochan gyda dŵr berwedig. Byddai'r gwêr yn codi i'r wyneb am ei fod yn ysgafnach na'r dŵr. Byddai dwy ffwrwm (mainc) yn cael eu gosod, un bob ochr i'r gegin, a dwy werthyd haearn tua dwy droedfedd oddi wrth ei gilydd, o'r naill ffwrwm i'r llall. Ar y gwerthydiau byddai tua phedwar ugain o briciau, a rhyw ddeg neu ddeuddeg pabwyryn yn hongian wrth bob pric. Yna byddai fy mam, a Leisa, Gwarallt gyda hi fel rheol, yn eistedd ar stolion un bob ochr i'r ddwy werthyd, ac yn dipio'r pabwyr yn y gwêr. Rhaid oedd bod yn ofalus i roi digon o amser i'r gwêr galedu rhwng pob dipiad. Byddai'n cymryd diwrnod ar ei hyd i *wneud canhwyllau* ... digon o ganhwyllau am flwyddyn. **1933** H Evans: CE 158, Er nad wyf yn cofio Noswaith Bilio pan ddeuai cymdogion at ei gilydd, er hynny, mi fum yn pilio pabwyr am ddarn o noswaith ugeiniau o weithiau ... wedi cael cowlaid o babwyr, torri eu blaenau, dechrau ei pilio o'r bôn, a gadael un pilyn tua 1/16 o fodfedd i wneud asgwrn cefn i'r gannwyll, ei throchi mewn ychydig wêr toddedig yn y badell ffrio, byddai'n barod yn fuan i'w goleuo. Gwneid llond dil ohonynt ar unwaith. Gw. CANNWYLL FRWYN, GWÊR, PAPWYR, PILNOS.

gwneud cawod *be.* Bwrw ychydig o law, glawio am ysbaid byr, er drwg ac er da yn amaethyddol. Gallai un gawod (e.e. adeg y cynhaeaf) ddrysu rhaglen amaethwr am ddiwrnodiau. Nid yw honno i'w chroesawu. Ond gall hefyd roi bywyd yn y borfa a'r hadyd. Mae pob croeso i honno. 'Chawn ni wneud dim yn y gwair heddiw. Ma' hi newydd *wneud cawod.*' Gw. CAWOD.

gwneud caws *be.* Gynt, gwneid llawer iawn o gaws cartref, yn enwedig pan oedd gormodedd o laeth yn yr haf. Yn aml, byddai sawl cosyn wedi ei wneud ar gyfer y gaeaf. **1958** I Jones: HAG 46, I *wneud caws* twymid y llaeth, a'i arllwys i badell efydd fawr. Wedyn gosodid ychydig o sudd caul llo bach ynddo, a chyn pen llawer o funudau byddai'r llaeth wedi gwahanu'n sopen ac yn faidd. Wedyn tynnid y maidd mor llwyr ag y gellid oddi wrth y sopen, a phan fyddai honno'n ddigon sych câi fynd drwy'r colfranwr i'w briwio'n fân, a rhoi modd cosyn mewn lliain tu fewn i'r gawsellt a rhoi hwnnw o dan wins drom i wasgu'r diferyn olaf o faidd o'r colfran. Ar ôl llawer o droi ac ailrwymo, byddai'r cosyn yn barod i'w roi o'r neilltu i aeddfedu. **1989** P Williams: GYG 25-26, Pan oedd gormodedd o laeth ar gael yr haf eid ati i *wneud caws* ... Erbyn diwedd yr haf roedd yna wyth neu naw cosyn, a Mam yn fras arnynt.

gwneud cyflog *be.* Cyflogi i le (am was fferm), cytuno i fynd yn was i fferm am dymor. Ar lafar yng Ngheredigion. **1958** I Jones: HAG 83, Hyd tua diwedd y bedwaredd ganrif ar bymtheg, ac mewn rhai ardaloedd yn ddiweddarach na hynny, arferai gweision a morwynion *wneud eu cyflogau* bob Hydref am flwyddyn a gwneud hynny mewn ffeiriau arbennig. Gw. CYFLOGI, CYTUNO.

gwneud gwair *be.* Ffafriol i gynaeafu'r gwair (am y tywydd) dan yr hen drefn o'i hel yn rhydd a chyn dyddiau'r silwair, crino, sychu, cynaeafu. Ar lafar yn yr ystyr hwn ym Môn. Sonnid am 'dywydd *gwneud gwair*' (tywydd heulog, awelog) ac am 'ddiwrnod *gwneud gwair* da'. 'Ma' hi'n *gwneud gwair* yn ardderchog heddiw.'

gwneud Jac yn John Gwneud gwair, ar dywydd drwg, yn gocyn bach yn lle ei wneud yn fwdwl bach. Ar lafar ym Mhenllyn.

1990 FfTh 5, 19, Byddem wrthi efo'r gwair am wythnosau, yn ei dorri, tanu ystodiau, ei droi, ei wneud yn fwdwl bach os yn dywydd drwg, neu os yn dywydd drwg ofnadwy ei wneud yn gocyn bach, *gwneud Jack yn John*, fel y byddent yn arfer dweud.

gwneud llwyth *be.* Y grefft o adeiladu llwyth o wair neu ŷd ar drol (cert) neu wagen. Ystyrid gwneud llwyth gwair, fel gwneud tas wair, yn gryn dipyn o grefft, yn enwedig dan yr hen drefn o hel a fforchio gwair yn rhydd. Fel y fforchid y gwair gan y codwr o'r cocyn neu'r mwdwl i'r llwyth, byddai'r llwythwr yn gafael ynddo'n gowlaid a rhoi tro iddo cyn ei osod yn y cornelau, neu yn yr ochr neu'n llanw yn y canol. Roedd dwy fantais o wneud fforchaid o wair yn gowlaid crwn: roedd hi'n haws adeiladu'r llwyth, yn enwedig y cornelau a'r ochrau, ac yna, wrth y das, yn haws dadlwytho'r llwyth wrth ei gymryd o'i gwr gan y byddai'r fforcheidiau yn fwy rhydd ac heb fod ynghlwm y naill yn y llall. Y certmyn (wagneriaid) gan amlaf a fyddai'n llwytho a cheid cryn falchder o gwmpas llwyth siapus a chryn warth o gwmpas y llwyth cam, disiâp.

gwneud menyn *be.* Trin menyn ar ôl corddi, crefft y rhagorai'r ferch ynddi – y feistres neu'r forwyn fawr. Cyn i werthu llaeth i'r Bwrdd Marchnata Llaeth ddod yn gyffredin ar ôl sefydlu'r Bwrdd yn 1933, byddai pob fferm yn trin ei menyn ei hun. Yna ei werthu i bobl fyddai'n mynd o gwmpas i brynu menyn i'w ailwerthu yn y farchnad.

1980 J Davies: PM 52, Gynted ag y byddai'r gwydr crwn yng nghaead y fuddai wedi gloywi, dyna'r arwydd fod y corddi ar ddirwyn i ben a'r menyn wedi ymffurfio . . . hidlai'r llaeth enwyn o'r fuddai i fwced i'w gario i grochan mawr ar y llechen las yn y llaethdy . . . Wedi cael y llaeth enwyn o'r ffordd, fe godai'r ymenyn yn ddyrneidiau o grombil y fuddai i fwcedi ac wedi tywallt dŵr oer arno i'w galedu, ei godi eilwaith i'r giler a gwasgar haen o halen drosto. Yna byddai'n ei drin a'i drafod yn ofalus i wneud yn sïwr fod yr halen yn blasu'n gymesur drwyddo cyn dechrau ei godi fesul talp ar y tro a'i guro'n ddi-drugaredd â chledr ei llaw ar y claper – curo, clapio – clapio, curo, i dynnu pob diferyn o ddŵr a llaeth enwyn ohono . . . Fesul rhyw bwys neu ddeubwys y byddai'n curo'r menyn . . . a phan fyddai'r driniaeth drosodd, byddai'n eu taro yn y giler a mynd â nhw i'r llaethdy i'w pwyso'n iawn – tynnu a rhoi, yn ôl y galw, ar y glorian, rhychu wyneb pob deubwys ag ochr y claper, a gwasgu'r print pren i adael llun blodyn ar wyneb pob pwys. Hirsgwar oedd siap y deubwysi, crwn fyddai'r pwysi.

gwneud nithlen *be.* Gwneud canfas neu liwionnen fawr o sachau wedi eu hagor a'u gwnio at ei gilydd i'w rhoi dros ben y das wair, ayyb, i ddisgwyl cael ei thoi. Byddai 'cortyn sachau' a 'nodwydd sachau' (nodwydd â chamedd pwrpasol) at y gwaith. Ar y cyfan gwaith i fewn ar dywydd gwlyb pan na ellid gwneud dim allan oedd gwneud nithlenni. Ar lafar ym Môn.
Gw. NITHLEN.

gwneud rhaffau *be.* Plethu gwellt, gwair gwaun, ayyb, yn rhaffau at bwrpas toi tas wair a thas ŷd a thas wellt. Gwneid rhaffau main neu raffau cerdded neu raffau ungainc a rhaffau dwbl neu raffau traws, sef

dwy raff sengl neu ungainc wedi eu heilio yn un raff ddwygainc.
1972 E Williams: TT 60, Neith o ddim drwg iti ddysgu *gwneud rhaffau.*
1980 J Davies: PM 67-8, . . . a châi diwrnod arbennig ei neilltuo i wneud y rheffynau gwellt at y gwaith (toi).

Dydd Sadwrn fyddai hwnnw bob amser gan mai fi oedd yn gwneud y troi a hynny â theclyn bach cyntefig yr olwg, dim ond weiren gref wedi ei phlygu'n bwrpasol, bach ar ei blaen i afael yn y gwellt a darn o bren yn orchudd am ddarn ohoni i'w gwneud yn esmwyth i'r llaw ei dal. Fy nhad fyddai'n bwydo'r gwellt yn gelfydd ryfeddol i mi o goflaid ohono a fyddai wedi ei osod wrth y drws pellaf y tu mewn i'r sgubor. Drach fy nghefn y symudwn i wrth droi, yn orfodol felly, ac fe wyddwn yn union faint y dylai pob rhaff fod. Byddai angen imi gamu'n ôl led y sgubor ac allan drwy'r drws arall . . . Byddai carreg bigfain yno yn farc terfyn . . .

1993 FfTh 11, 37, Roedd yn grefft ynddi ei hun *gwneud y rhaffau toi* yma hefo'r pren troell.

Gw. hefyd EILIO RHAFFAU, PREN RHAFFAU, TOI, TROI RHAFFAU.

gwneud tas *be.* Eilio gwair neu ŷd, gwellt neu fawn, yn bentwr cymen, siapus, yn dal dŵr yn ogystal a bodloni llygaid. Ystyrid gwneud tas (wair ac ŷd) yn grefft gelfydd yn enwedig o'i gwneud i gydymffurfio â'r patrwm traddodiadol, llawn doethineb, oedd i das hirsgwar a thas gron.
1972 E Williams: TT 59, Bu'n rhaid i mi *wneud y das* redyn hefyd, a'i thoi.
1975 R Phillips: DAW 58, Gwaith crefftwr deheuig oedd *gwneud tas* a helem deidi . . .

Gw. EILIO TAS, SGAFNU, TAS, TASU.

gwneud tywydd *be.* Yn aml pan fo'r ymadrodd heb ei atodi ag ansoddair, golyga dywydd drwg, anffafriol i ddibenion amaethyddol megis hel gwair a chywain y llafur, andywydd (Môn). Sonnir hefyd am '*wneud tywydd* da' neu '*wneud tywydd* drwg'.
'O'nd ydi hi'n *gwneud tywydd* dwedwch?'
'Ma hi wedi *gwneud tywydd* y tridiau dwaetha 'ma.'

gwniadyddes *eb.* ll *gwniadyddesau.* Merch yn torri a gwnïo dillad. Gynt, y ferch a âi o gwmpas ffermydd a thai byddigion i wnïo dillad merched a dynion, dillad gwlâu, ayyb, yn ôl y galw. Byddai ganddi ei pheiriant gwnïo ei hun gan ddibynnu ar bobl a oedd â char a cheffyl i'w nôl a'i danfon.
1958 I Jones: HAG 79, Cofiaf amser pan oedd llawer o fenywod yn ennill eu bywoliaeth, yn gyfangwbl neu'n rhannol, wrth wnïo dillad merched. Arferai'r *wniadyddes* fynd o dŷ i dŷ i weithio. Byddai ganddi, y rhan fynychaf, beiriant gwnïo ysgafn, y gellid ei droi â llaw . . .
eto, 2, Un o'r pethau cyntaf a gofiaf . . . oedd gweld *gwniadyddes* yr ardal – Shân, Rhyd-y-Cwrt Fach, yn dod i wneud côt a britis imi.

gwningen, gwningien Ffurf lafar ar 'cwningen'.
Gw. CWNINGEN.

gŵr coch gw. CADNO.

gwrach
1. *eb.* ll. *gwrachod, gwriachod.* bach. *gwrachen.* Ysgubau hirion o redyn, gwellt neu brysgwydd, a roir ar frig neu grib tas hirsgwar cyn ei thoi. Ar lafar yng Ngheredigion, Dyfed a Morgannwg.
1925 HVN 591, A chodi *gwrach* ar grugyn.
1989 P Williams: GYG 47, Defnyddid siolyn o wair gwaun i wneud *gwrachen* tua throedfedd a hanner o dewdra.

2. *eb.* ll. *gwrachod.* Sgubau neu duswau bach o wair i'w rhoi dan fargod tas wair i dwchu'r bargod. Ar lafar ym Môn.

1954 J H Roberts: *Môn, Gwrachen* – enw ar lwmpyn o wair a roir dan fargod y das er mwyn ei gwneud yn fargod dew ddwbl.

J Williams-Davies: Nod. i AWC, *Gwrachod* – gwthid gwrachod o ŷd i fewn i godi'r bargod i fyny.

3. *eg.* Gwely tas, stol tas, sef y brigau drain a'r ffagodau eithin a roid o dan y das wair a'r das ŷd, sylfaen tas, gosail tas, sail rhic.
Gw. GWELY TAS, SAIL RHIC, YSTÔL BERA.

4. *eb.* Y rhenc o wair mynydd a helid drwy gribinio o boptu iddi.

5. Y sypyn ŷd olaf oll i'w dorri â'r bladur, gan y medelwyr gynt. Fe'i plethid, fel rheol, yn dair cainc, a'i hyd o wyth i ddeuddeng modfedd. Byddai defodau arbennig a chryn rialtwch ynghlwm wrth y *wrach* neu'r 'ysgub olaf'. Fe'i gelwid hefyd yn 'gaseg fedi' ac yn 'frenhines fedi'. Câi ei chario i dŷ'r fferm i ddathlu diwedd y medelu. Yn Nyfed fe'i gelwir yn 'Corn dolly'.
Gw. CASEG FEDI.

gwrachastell (*gwrach* + *astell*) *eb.* ll. *gwrachystyllod.* Rhan o'r aradr y mae braich chwith aradr yn sownd ynddi, bochastell.

1826 Cyneirlyfr 2. *Gwrachastell* = bochastell, astell perthynol i aradr.

Gw. BOCH ASTELL.

gwrachen
1. *eb.* ll. *gwrachenod.* Sypyn o wair neu o wellt wedi ei rwymo a roid dan y penglin ar yr ysgol (ystol) wrth doi tas. Ar lafar ym Môn.

2. *eb.* ll. *gwrachenod.*
J Williams-Davies: Nod. i AWC, Bwndel o redyn a ddefnyddid i wneud simdde mewn tas neu helm (i'w cadw rhag gordwymo).

gwragen *eb.* Bwa pladur, sef gwialen a roid ar bladur, yn plygu'n fwaog o'i bôn hyd ei dwrn isaf, i gadw'r ŷd yn drefnus ac unfon pan fo'n syrthio wrth ei ladd. Ar lafar yn sir Forgannwg (S. *arch*).
Gw. ARCH, CADAIR[3], CAWELL PLADUR.

gwraidd *eg.* ll. *gwreiddiau.* Y rhan o blanhigyn sy'n ei angori wrth y ddaear, ac yn ei alluogi i dynnu bwyd o'r ddaear.

gwraidd-gnydau, gwraidd-lysiau *ell.* un. *gwraidd-gnwd.* Cnydau megis maip, swêds, mangls, moron, a dyfir yn bennaf oherwydd eu gwreiddiau mawr, chwyddedig, bwytadwy. Bwyteir eu gwraidd yn hytrach na'u dail gan bobl. Defnyddir y gair hefyd i gynnwys betys siwgwr a thatws. Ar lafar yn Edeirnion yn 1928. Gwraidd-lysiau a rydd TA 1991 a TAM 1994. Dyna a rydd D Sylvan Evans hefyd yn 1858. Yn Arfon clywir hefyd 'cropiau gwraidd'.

1928 G Roberts: AA 17, Heuid hwn (gwenith) fynychaf ar y cae neu'r darn lle byddai *gwraidd-gnydau* wedi bod yr haf blaenorol.

gwranc, gwrang
1. *ebg. ll. gwrangau.* Rhan o harnais ceffyl, sef yr haearn a roir dros y strodur, a dau fach ym mhob pen iddo i fachu'r tresi a'u cadw'n eu lle wrth lusgo coed.
2. *eb.* Dolen iau ychen.
15g Llst 133 67b, Eidion a'i wàr dan y wedd,/Dan y *wrang* du ni orwedd.

gwrclaw, gwrclawdd gw. GORCHLAWDD.

gŵr coch *eg.* Enw llafar a thafodieithol ar lwynog neu gadno. Cf. y 'cadno coch'. Ar lafar yng ngogledd Caerfyrddin.
1959 D J Williams: YCHO 40, Ond o fethu neu anghofio eu rhoi i mewn y nos (hwyaid), weithiau, mor fynych y cipiwyd y rhain oddi ar yr afon gan y *gŵr coch* a gweld ond eu pluf ar y gro . . .

gwrddfaglog (*gwrdd* [nerthol] + *baglog* [â ffon]) *eg.* Bugail cryf, nerthol.
13g TYP 28, Tri *gwrddvaglawc* Enys Prydein.

gwrddfarch (*gwrdd* [cryf] + *march*) *eg.* Ceffyl cryf, cydnerth, cyhyrog.

gwrddfedel (*gwrdd* + *medel*) *ell.* Medel gref o grymanwyr neu bladurwyr.

gwrddwas (*gwrdd* [cydnerth] + *gwas*) Llanc cryf, tebol, cydnerth.

gwreiciol *a.* Prydlon, styring (yn enwedig yn y bore). Ar lafar ym Môn. Amr. 'breciol'.
'Un *gwreiciol* iawn ydi Twm, ar i amser bob tro.'
'Mae o'n un *breciol* iawn yn y bora.'

gwreiddyn *eg. ll. gwreiddiau.* Y rhan o blanhigyn sydd, fel rheol, dan y pridd, ac yn amsugno dŵr a maethynau o'r pridd. Fel arfer ceir y gwreiddyn gweithredol (echddygol TAM 1994), a'r prif wreiddyn (S. *motor root* a *tap root*).

gwreinyn Ffurf lafar ar 'derweinyn', sef y pryf bychan sy'n achosi'r 'derweinen' ar anifail a dyn.
Dywed. 'Gweld y *gwreinyn* yn y gwrych' – rhywun llygadog, llygadgraff.
Gw. DERWEINEN, DERWEINYN.

gwreithio Ffurf lafar yn Llŷn ar goddeithio, sef llosgi eithin yn y gwanwyn.
Gw. GODDEITHIO.

gwres, mewn gwres *eg.* ac *a.* Y cyflwr o fod mewn gwres (anifail benyw), y fenyw yn gofyn y gwryw, gofyn tarw (buwch), gofyn stalwyn (caseg), gofyn baedd (hwch).
Gw. GOFYN, OESTRWS.

gwresgennig gw. GWRYSG.

gwresogiadur, gwresogydd *eg.* ll. *gwresogyddion.* Cyfarpar sydd a ffynhonnell gwres i ddeor cywion ieir, ayyb, a'u cadw yn yr un dymheredd yn ystod y cyfnod yn union ar ôl y deor, deorydd. Mewn rhai ardaloedd fe'i gelwir yn 'iâr'.

gwring *eg.* Rhan o offer gwneud caws, sef y spring i wasgu'r caws er mwyn cael pob diferyn o faidd o'r colfraen.
Gw. GWNEUD CAWS.

gwrisgon *gw.* GWISGON.

gwrishgen *eb.* Ffurf unigol yn Nyfed ar 'gwrysg', ac yn cael ei ddefnyddio yno am das fechan o wellt neu o wair yn barod i'w gario yn borthiant anifeiliaid.
Gw. GWRYSG.

gwrtaith
1. *eg.* ll. *gwrteithiau.* Yn gyffredinol yr hyn o'i roi yn y pridd sy'n cynyddu maethynnau planhigion ar gyfer codi cnwd – tail, tom, gweryd, giwano, llwch. Gynt, tail anifeiliaid a chalch oedd yr unig wrtaith. Yn ddiweddarach cafwyd giwano a slag basig, a bellach, ers blynyddoedd amrywiaeth o wrteithiau anorganig yn y ffurf o lwch neu risial, ac yn cynnwys un o'r tri phrif faethyn (nitrogen, ffosfforws, potas), ar eu pennau eu hunain, neu gyfuniad o'r tri (gwrtaith cyfansawdd). Ar y cyfan cyfyngir y gair 'gwrtaith' i'r rhai anorganig, a defnyddio 'tail' neu 'dom' am y gwrtaith organig. Ceir y ffurf 'cwrteth' yng Ngheredigion a 'gweryd' am wrtaith sachau yn sir Benfro.
Ffig. Bywhau rhywbeth neu roi bywyd mewn achos.
1592 S D Rhys: Inst 14, Eyn hiaith ni . . . a ddechreuodd gaphael peth *gwrtaith* gann wyrda dyscedic.
1704 E Samuel: BA 43-4, Gwaed y Cyn-ferthyr Stephen a wnaethpwyd yn *wrtaith* i'r eglwys.
1870 Twm o'r Nant: CO 12, Mae pleser ac afieth fel *gwrteth* i'r cnawd.
Dywed. '*Gwrtaith* gorau, ôl traed ffermwr'.
Diar. '*Gwrtaith* da ydyw gwenwyn.'
Gw. BASIG SLAG, GIWANO, GWERYD², TAIL, TOM.
2. *eg.* Triniaeth neu ddiwylliant tir, amaethiad, meithriniaeth tir, hwsmonaeth tir.
1718 M Williams: P 16, Pettai'r Uchelwyr . . . yn dwyn *Gwrtaith* a Hwsmonaeth y Seison gyd â hwynt i Gymru.

gwrtaith anorganig *gw.* GWRTAITH CELFYDDYDOL.

gwrtaith carn a chorn *eg.* Gwrtaith llawn protin wedi ei wneud o gyrn a charnau anifeiliaid wedi eu malu. Weithiau fe'i gelwir yn '*wrtaith carn*', dro arall yn '*wrtaith corn*'. Fel rheol y mae'n gymysgedd o'r ddau ac yn cynnwys 12-14% o nitrogen. Caiff hwnnw effaith cyflym ar dir wedi cynhesu, ac fe'i heuir, yn arferol, cyn plannu neu cyn hau.

gwrtaith celfyddydol *eg.* ll. *gwrteithiau celfyddydol.* Yr enw cyffredin bellach ar wrtaith anorganig neu artiffisial.

1996 E Hughes: *Tair Bro a Rownd y Byd* 48, . . . a'r cyfartaledd uchel o *wrtaith celfyddydol* ddefnyddid yn hytrach na'r tail a'r tipyn basig slag a ddefnyddiem ni.
Gw. GWRTAITH CEMEGOL, GWRTAITH CYFANSAWDD, GWRTAITH SACHAU.

gwrtaith cemegol Gwrtaith artiffisial, anorganig, yn hytrach na thail neu wrtaith organig.
1982 R J Evans: LlFf 43, Dyw pris bwyd ddim wedi codi'n gyfatebol i angenrheidiau eraill, ac felly i gadw i fyny â'r gofynion, mae ffermwyr naill ai'n ffermio trwy ddefnyddio mwy o *wrteithiau cemegol* (gwenwyn yn ôl rhai) neu'n prynu mwy o dir neu'r ddau ynghyd.

gwrtaith cyfansawdd Gwrtaith cemegol, ac anorganig yn cynnwys y tri phrif faethyn, nitrogen, ffosfad a photash, ac weithiau gydag elfennau prin. Fel rheol fe'i ceir yn y ffurf o ronynnau er y gellir ei gael yn bowdr ac yn hylif.
Gw. ELFENNAU PRIN, GWRTAITH CEMEGOL, GWRTAITH CYFLAWN.

gwrtaith cyflawn Gwrtaith anorganig, sy'n gymysgedd cydbwys, cyflawn o elfennau gwrteithiol cemegol, sef nitrogen, ffosfad a photash, ac elfennau prin, gwrtaith cyfansawdd.
1994 FfTh 13, 14, Yna hollti'r wyneb yn fas efo og ddisc heb godi tywyrch, hau'r hadau ar y diwrnod sych cyntaf ac ychydig o *wrtaith cyflawn* i gwblhau'r gwaith yn gynnar yn Ebrill.

gwrtaith glas Cnwd wedi ei dyfu gyda'r bwriad o'i droi neu ei aredig i'r ddaear i roi cynhwysiad organig ac fel gwrtaith ar gyfer cnydau eraill.

gwrtaith gronynnog Gwrtaith cemegol neu gyfansawdd yn y ffurf o ronynnau yn hytrach na'r un gwrtaith yn y ffurf o bowdr a hylif. Rhydd TA (RJ Edwards) 1991 y gair 'gronigol' hefyd yn ddewis am 'granular' – 'gwrtaith gronigol'.

gwrtaith gwneud Enw arall ar wrtaith artiffisial neu gemegol.

gwrtaith hylif
1. Gwrtaith cyfansawdd, cemegol, yn y ffurf o hylif a chwistrellir ar gnydau, hefyd tail a biswail hylifol.

2. Dŵr beudy, dŵr siediau, neu biswail ac oferion tomennydd tail a gronnir mewn carthdanciau tanddaearol (lagŵn) i'w wasgaru neu ei chwistrellu dros wyneb y tir . Dyma, yn wir, yw bisweildom (S. *slurry*).

gwrtaith organig *eg*. Ymadrodd cymharol ddiweddar am faw anifeiliaid, tail, achles, tom, mewn cyferbyniad i 'wrtaith anorganig', sef gwrtaith celfyddydol neu artiffisial.
Gw. ACHLES, GWRTAITH ANORGANIG, TAIL, TOM.

gwrtaith sachau Ymadrodd llafar am y gwrtaith cemegol, cyfansawdd, a ddaw, yn y ffurf o ronynnau (cronigion) neu bowdr, mewn sachau, 'gweryd cwdin' (sir Benfro), gwrtaith anorganig, mewn cyferbyniad i dail neu achles.

gwrteithiad *eg.* Y weithred o wrteithio yn yr ystyr o drin tir ac o deilo neu achlesu tir.

1800 W O Pughe: CP 12, Yn cynyddu ffaethder y cnwd ar ôl un *gwrteithiad.*

gwrteithio
1. *be.* Teilo, achlesu, gwerydu (am dir), amaethu, llafurio, trin, bwydo tir, cyfnerthu tir, gwneud tir yn fwy ffrwythlon a chynhyrchiol, diwyllio tir.

16g W Salesbury: LLM 209, Rhyg a dyf ymob tir hayach (bron iawn) ond ei *wrteithio.*

1615 R Smyth: GB 159, Pan ddelae'r ddaer orphwys ai *gwrteithio* drwy'r rhew ar oerfel.

Ffig. Adfywio, cryfhau a bwydo achos, etifeddiaeth, enaid, ayyb.

1568 Morys Clynnog: AG 9, Dan erfyn ar Dduw ymhob gweddi a wnelwyf ar *wrteithio* ohono i calonnau nhwy i dderbyn addysg.

1620 Salm 68.9, Dyhidlaist law graslawn . . . ar dy etifeddiaeth,/Ti a'i *gwrteithiaist* wedi ei blino.

1714 D Lewys: CN 15, *Gwrteithiaist* f'enaid Arglwydd mau.

2. *bf.* Cyffeithio neu gyweirio lledr, iro esgidiau â saim. Cyn dyddiau'r 'wellingtons' rwber, byddai iro sgidiau â saim gŵydd yn orchwyl cyson gan gredu eu bod yn dal dŵr yn well o fynd i'r borfa wleb a thrwy wlith, ayyb.

3. *bf.* Trwsio, trin, cyweirio, taclu.

14g YCM² 78, Ac oddyna yn gyntaf a *gwrteithiassant* y varch, ac a'e dugant y'r ystabyl.

gwthafl gw. GWARTHAFL.

gwrthdir (*gwrth + tir*) *eg.* ll. *gwrthdiroedd.* Tir uchel, ucheldir, blaenau mynydd-dir.

13g WM 101 13-14, lle a elwir mur castell a hynny *yggwrthdir* ardudwy.

1480-1525 TA 42, Hyd *wrthdir* Asia,hyd wrth eu drysau.

gwrthdocsin (*gwrth + tocsin*) *eg.* Sylwedd sy'n gwrthweithio gwenwyn yng nghorff anifail a dyn.

gwrthfach (*gwrth + bach*) *eg.* ll. *gwrthfachau.* Haearn yn ffurf bach i dynnu gwair o'r das, neu i dynnu'r dringlen o fagwyr (cilfainc) y das wair ar ôl ei thorri â'r gyllell wair.
Gw. BACH GWAIR, TRINGLEN.

gwrthfiotig *eg.* ll. *gwrthfiotigiau.* Cyffur megis penisilin, streptomeisin, tetraseiclin, erythromeisin, ayyb, a ddatblygir o ficro-organau neu sylweddau byw megis llwydni, bacteria, ayyb, ag sy'n lladd neu'n rhwystro lledaeniad neu amlhad bacteria a hadau afiechyd yn y corff. Fe'u defnyddir hefyd fel adyddion (chwanegion) ym mwydydd anifeiliaid i hyrwyddo eu prifiant.
Gw. CYFFURIAU.

gwrthffyngol *a.* Gwrthweithio ffwng drwy ddefnyddio darpariaeth gemegol at ladd neu reoli ffwng.

gwrthgorffyn *eg.* ll. *gwrthgorffynnau.* Antibodi, sef sylwedd sydd yn y corff yn naturiol ac a gynhyrchir mewn ymateb i gorffyn estron (antigen) megis bacteria neu firws, i amddiffyn y corff rhag haint neu afiechyd. Caiff y gwrthgorffyn yr effaith o niwtraleiddio'r antigen drwy ymuno ag o.

gwrth-heintio *be.* Diheintio, atal haint a phydredd, disinffectio. Gair yr 20g a ddefnyddir yn gymharol gyffredinol.

gwrth-hoelio *be.* Sicrhau â gwrthhoel neu rybed, rhybedio, rifetio neu glensio dau ddarn o haearn yn ei gilydd â rhybed neu rifet.
1783 W, *Gwrthhoelio* – to rivet.

gwrthog *eg.* Tro neu ogwydd at i fyny ar drwyn swch aradr, fel bod blaen y swch yn llai tebygol o fachu mewn carreg wrth aredig. Arbrofwyd yn llwyddiannus gyda *gwrthog* gan Evan Evans, Nant Melai, Llansannan, Abergele, wrth weithio gyda pheiriannau ac offer y 'War Ag' yn ystod yr Ail Ryfel Byd (1939-45). O'i ben a'i bastwn ei hun aeth ati i roi *gwrthog* i'r swch neu ar y swch – ei boethi'n eirias mewn gefail ac yna ei rathellu i gael y gogwydd neu'r *gwrthog*.
1989 FfTh 4, 33, Sôn am gerrig tymblars mawr ym mhob man a malu sychod . . . Bore drannoeth eis i'r Efail yn Cerrig hefo dwy swch a gofyn i'r go' roi *gwrthog* ar y sychod . . . "Helpia dy hun" meddai'r go'. Dyma roi'r swch yn y tân, twymo'r blaen yn wyn a rasbio dan drwyn y swch a'i wneud i'm bodloni. . . . coeliwch neu beidio mi fedrais droi yr holl ffermydd . . . heb dorri yr un swch wedyn. Bob tro y down i garreg, roedd y sychod â'r *gwrthog* yn codi drosti. A'r hen of yn cyfaddef na welodd y fath beth o'r blaen.

gwrthsur (*gwrth* + *sur* [fel enw]) *eg. ll. gwrthsurion.* Cyfansawdd neu alcali sy'n niwtraleiddio asid (sur, surni), gwrthasid (yn enwedig mewn tir), yr hyn yw calch i dir sur.

gwrthwyneb afon *eg.* Croes i lif afon, yn erbyn y llif, i fyny afon.

gwrthwyneb allt *eg.* I fyny allt, ar i fyny, gorifyny, dringo, gwrthwyneb tir. Ar lafar yng Ngheredigion.
GPC, Ma' tipyn o *wrthwyneb tir* yn y fan yma.

gwrwas
1. (*gŵr* + *gwas*) *eg. ll. gwrweision.* Gwas fferm neu weithiwr ar fferm ag iddo statws gwas mawr neu ben gwas neu hwsmon. Dyn, yn rhinwedd ei brofiad, ac weithiau wedi priodi merch y fferm, a fyddai'n ben gwas. Ar lafar yng Ngheredigion.
Gw. hefyd HWSMON, PEN GWAS.

2. (*gŵr* [priod] + *gwas*) *eg. ll. gwrweision.* Gwas fferm wedi priodi merch y fferm, yn ŵr felly i'r ferch ac yn was i'w thad yr un pryd. Ar lafar yn ne Ceredigion.

gwrych *eg. ll. gwrychoedd, gwrychau, gwrychod.* bach. *gwrychyn, gwrychen.* Caead neu glawdd o goed isel (coed drain yn aml) neu o lwyni o amgylch cae, ac yn ffurfio terfyn rhwng cae a chae, rhwng cae a ffordd a rhwng fferm a fferm, perth, sietin, clawdd drain mewn cyferbyniad i glawdd pridd neu glawdd cerrig. Weithiau fe'i ceir yn 'wrych' o'r

285

gwaelod (o'r ddaear) ond yn aml hefyd wedi ei blannu ar orchlawdd (clawdd pridd isel). Ar lafar yn y gogledd. Perth a glywir yn ne Brycheiniog a gorllewin Morgannwg; 'claw' ym Mhenfro a Cheredigion; 'gwrychyn' ym Môn; 'sietin' ym Maldwyn a Cheredigion; 'clawdd' ar draws y gogledd. Sonnir am 'dorri *gwrych*', 'tocio *gwrych*', 'plygu *gwrych*'.

1791 J Roberts: C 7, Oer a sych/Da cael *gwrych* – da cael cysgod.

Dywed. 'Dwy gawod dan *wrych*' – ceir y glaw a diferion y gwrych.

'Mynd i'r *gwrych*' – mynd i'r wal, methu, ffaelu.

1923 T Davies: *Gŵr Pen y Bryn* 34, Dechreuodd drachefn wedi cael y nodyn priodol . . . ond cyn diwedd y llinell gyntaf yr oedd *yn y gwrych*.

2. *eg.* Blew byr caled megis blew mochyn.

13g YBH 9b, garwach y vlew nor hwch arwat y *gwrych*.

16-17g T Prys: Bardd 101, Yn grych o beth fal *gwrych* baedd.

Gw. GWRYCHYN.

gwrych-dorrwr *eg.* Math o dorrwr gwrych a ddefnyddir i farbro neu frwsio gwrych yn weddol aml. Fe'i gyrrir yn fecanyddol neu hydrolig oddi ar dractor. Mae iddo silindr sy'n troelli ar gyflymder mawr.

gwrychell *eb.* ll. *gwrychellau.*
1. Prysglwyn, dryslwyn.
2. Mewn rhai rhannau sgrafell, sef yr offeryn cribog i gribo anifail.

gwrychenu *be.* Pystodi, carlamu (am wartheg yn enwedig) wrth geisio llonydd rhag pryfed, megis 'Robin y Gyrrwr', ym mhoethder haf, neu o flaen glaw (medd rhai), rhuthro o gwmpas.

gwrychu
1. *be.* Plannu gwrych, gosod gwrych neu glawdd, amgau darn o dir â gwrych.
Gw. GWRYCH.

2. *be.* Grynio tir, agor cefn neu rwn o dir âr, codi canol cefn.
Gw. CANOL CEFN, GWRYCHYN².

gwrychwr *eg.* ll. *gwrychwyr.* Torrwr gwrych, plygwr gwrych, cymennwr gwrych.

gwrychyn
1. *eg.* Blew mochyn neu'r blew ar ben a gwar cath – y blew a gyfyd pan fo unrhyw beth yn bygwth y gath. Sonnir am y gath 'yn codi'i *gwrychyn*'.
Ffig. Person yn ymateb yn ffyrnig i'r hyn a wêl neu i'r hyn a glyw.
'Mi *gododd* '*i wrychyn* yn go arw pan dd'wedais i wrtho.'

2. *eg.* Canol cefn neu'r grwn mewn cae âr, sydd rhyw gymaint yn uwch na'r gweddill o'r cefn, gwrym, cefnen.

1890 Sion yr Arddwr: LLA 40, Wrth hollti y *gwrychyn* cadwer y ceffylau i gerdded yn y rhychau o bob tu iddo.

Gw. GOB, GRWN, GRWNO.

gwrychyn arfod, gwrychyn ystod *eg.* Rhimyn o wair a adewir heb ei dorri rhwng pob arfod neu drawiad y bladur wrth ladd gwair, neu rhwng dwy ystod. Ar lafar yn y Gogledd (WVBD 190).

gwrym *egb.* Gwanaf o wair, ystod wair (un ystyr i *gwrym* yw 'safiad allan', fel mae gwaneifiau gwair yn sefyll allan mewn cae). Ar lafar yn sir Frycheiniog.

gwrymdir (*gwrym* + *tir*) *eg.* ll. *gwrymdiroedd.* Tir âr heb dorri garw'r cwysi, tir âr gwrymiog, tir âr heb ei lyfnu ar ôl ei aredig.

gwrysg
1. *ell.* ac *etf.* un. *gwrysgen, gwrysgyn.* ll. dwbl. *gwrysgenni, gwresgon, gwrishgon.* Corsennau, calafau, callod, coesau, gwlydd, cecys; pob coesyn neu wlyddyn sy'n wag neu'n holwy o'i fewn e.e. calaf siwgwr. Ar lafar yn y de. Lle mae'r de'n sôn am 'dynnu *gwrysgen* o dato' sonia'r gogledd am 'godi gwlyddyn o datws'.
1989 D Jones: OHW 158, Yr oeddent (Pwyliaid) wrth eu bodd yn hel ffa wedi sychu i'w berwi – ffa a'u codau wedi duo fel y gwelir hwy ar y *gwrysg* ar ddiwedd tymor.
1989 P Williams: GYG 42, Chwilio y byddai, heb dynnu *gwrysgen* gyfan, ond yn hytrach gadael y tato bach ar ôl yn ofalus hyd tua chanol Gorffennaf pan geibid y tato i fyny.
Gw. CALAF, CALLOD, CECYS, GWLYDD.

2. *ell.* un. *gwrysgen.* Canghennau o goeden, cangau, colfennau, gwiail. Ar lafar yn y de am gangen fechan o goeden neu goeden ifanc, fechan.
Diar. 'Llusgo *gwrysgen* yn erbyn ei brig' – yn drwsgl neu'n lletchwith yn gwneud rhywbeth. Ar lafar ym Morgannwg.

gwrishgon *eb.* Gair yn Nyfed (dan ddylanwad 'gwisgon', sef tas o bosibl) am das wellt fechan yn barod i'w gario'n borthiant i anifeiliaid.

gwrysgennu *be.* Egino, blaguro, brigo, torri allan o'r pridd (am datws, ayyb).

gwrysgennydd *eg.* Cadafarth, esgynnydd, aur yr ŷd (S. *charlock*), cedw gwyllt, mwstard gwyllt, bresych yr ŷd. Ar lafar clywir 'cadawarth', 'cadafarth' a 'sgennydd'. Byddai rhai'n mynnu mai 'goresgynnydd' yw'r ffurf gywir. Ceir hefyd 'hatrish' yn enw arno yn sir Benfro a 'ceglogs' (S. *kedlock*) ym Maldwyn. Ei enw llysieuol: *Sinapsis arvensis.*
Gw. CADAFARTH, HATRIS.

gwrysglwyn (*gwrysg* + *llwyn*) *eg.* ll. *gwrysglwyni.* Prysglwyn, planhigfa o goed ifainc, llwyn o goed, copi.
16g (LLEG) Mos 158 598a, Yr hyn a oedd kynn howsed a thynnu bach drwy *wrysglwyn* tew.

gwryw *eg.* ac *a.* ll. *gwrywod, gyrfod.* Yn amaethyddol anifail o'r rhyw wrywaidd, mewn cyferbyniad i anifail o'r rhyw fenywaidd, llo gwrw, oen gwrw, ŵyn gyrfod, ayyb.

gws *eb.* Gŵydd (S. *goose*). Yng Ngheredigion gelwir y gwyddau at eu bwyd, ayyb, â 'gws-gws', 'gws fach' neu 'gws-gws-gws fach'.

gwter *egb.* ll. *gwterau, gwteri, gwterydd.* Cwter, sianel i redeg dŵr, ffos, rhigol, sianel wedi ei gwneud yn arbennig i redeg dŵr, cwter y beudy, cwter y stabl. Mae i'r beudy dair rhan: y llaesod lle saif neu lle gorwedd y fuwch; y llwybr a red gyda'r pared tu ôl i'r fuwch; yna y *gwter* rhwng y llaesod a'r llwybr ac yn rhyw chwe modfedd yn ddyfnach na'r ddau. I'r *gwter* y disgyn tail a biswail y buchod. Amcanu at gadw'r gwartheg yn lân, yn enwedig eu pyrsau (cadeiriau, piwiau) y mae'r trefniant hwn yn ogystal â hwyluso'r gwaith o garthu'r beudy.

Ffig. Y lle isaf neu'r cyflwr mwyaf darostyngol a llygredig.

'Digrifwch y *gwter* oedd llawer o ddigrifwch y rhaglen.'

1672 R Prichard: Gwaith 186, Brwnt gweld Barnwr mewn anhemper,/Neu Bendefig draw'n y *gwter*.

gwter ddefaid *eb.* ll. *gwterydd defaid.* Agoriad yng ngwaelod clawdd i ddefaid fedru tramwyo'n ôl a blaen o un cae i'r llall.

gwter ddraenio *eb.* Ffos bwrpasol dan yr wyneb i sychu neu i ddraenio tir. Mewn rhai ardaloedd gwahanieithir rhwng ffos ar yr wyneb a ffos dan yr wyneb drwy alw'r naill yn 'trensh' a'r llall yn 'gwter'. Ar lafar yn sir Gaerfyrddin a sir Benfro.

gwtsh, gwtsh, gwtsh Sŵn, yn fwy na geiriau, a ddefnyddir mewn rhai ardaloedd wrth alw'r ffowls at eu bwyd, ayyb, ac yn cyfateb i 'Di-ic, dîc, dîc, dîc' a 'siwc, siwc, siwc, siwc', mewn ardaloedd eraill.

gwthïen laeth *eb.* Un o ddwy wthïen fawr a welir ar dor neu fol buwch ac yn rhedeg o'r pwrs (piw, cadair).
Gw. CHWARENNAU LLAETH.

gwthin *eg.* Tyweirch ar wyneb tir wedi eu codi neu eu 'gwthio' â haearn gwthio, i'w llosgi a'u gwasgaru'n wrtaith dros wyneb y tir, y tyweirch a geid o 'wthio' neu ddigroeni tir. Ar lafar ym Meirionnydd gynt.

1933 H Evans: CE 103, Yr oedd yr ymyl yn troi i fyny, a min arni i dorri ochr y *gwthin*, neu'r dywarchen, yn rhydd, fel y tyrr cwlltwr aradr ochr y gwys . . . Ar ôl i'r *gwthin* sychu llosgid hwy.

Gw. BATINGO, DIDONNI, GWTHIO, HAEARN GWTHIO.

gwthio *be.* Torri'r dywarchen yn lled denau oddi ar wyneb y tir wrth fynd ati i ladd mawn neu i drin mynydd-dir, digroeni, didonni, betingo, plowo (Dyfed), arloesi tir mynydd.

1962 Pict Davies: ADPN 35, . . . plowo (*gwthio* mewn rhai parthau).

1933 H Evans: CE 103, Daeth y tyddynwr i ddeall, ond ei droi (mynydd-dir) y ceid cnydau da o geirch . . . Ond sut i'w droi oedd y gamp, oherwydd yr oedd ei groen cyn wytned â gwden helyg; nid oedd aradr yn y lle yn ddigon cryf i'w droi, na llanc a allai ei dal, na cheffylau a allai ei thynnu . . . Gan hynny, rhaid oedd *gwthio*'r mynydd cyn ei droi.

1982 R J Evans: LlFf 63, Fe glywais lawer o sôn am loesi'r tir mynydd – sef ei arloesi a'i wella a'i ddwyn i gyflwr amaethyddol . . . A dyna lafur ydoedd trin yr *haearn gwthio*, sef gyrru'r haearn . . . dan donnen y grug a crawcwellt, casglu'r tyweirch a'u llosgi, taenu'r lludw, a throi'r tir, cario calch arno, ac felly ymlaen.

Gw. BETINGO, DIDONNI, DIGROENI, GWTHIN.

gwthiwr *eg.* ll. *gwthwyr.* Un yn digroeni tir, un yn didonni, un yn 'gwthio' tir, un yn defnyddio'r haearn gwthio.
1765 CM 39 139, Mab alis gethin merch elis y *gwthiwr.*
Gw. GWTHIO, GWTHIN, HAEARN GWTHIO.

gwtholwyn *eb.* ll. *gwtholwynion.* Olwyn sy'n gyrru peiriant neu'n troi olwynion eraill, olwyn yrru (S. *driving-wheel*).

gwybed gw. CHWIWS, PIWIAID.

gwydgnoi (*gwyd* [chwant] + *cnoi*) *be.* Ceffyl yn cnoi ei resel ac yn llyncu awyr.

gŵydd
1. *eb.* ll. *gwyddau.* Aderyn dof neu aderyn fferm cyfandroed o deulu'r *Anser*, sy'n llai na'r alarch ac yn fwy na'r hwyaden. Fel rheol y fenyw a olygir wrth y gair *gŵydd*, er ei fod yn cael ei ddefnyddio, yn enwedig yn y lluosog, *gwyddau*, i gynnwys y fenyw a'r gwryw. 'Ceiliagwydd' (ceiliog + gŵydd) a ddefnyddir yn gyffredin am y gwryw.
Gynt, byddai bron bob fferm yn cadw gwyddau, i'w lladd a'u gwerthu ar drothwy'r Nadolig. Fe'u ceid yn adar rhad i'w cadw (o'u cyferbynnu â thyrcwn e.e.), maent yn pori'r borfa, ac o'u troi i'r sofl ar ôl y cynhaeaf ŷd byddent, o loffa yno, yn ymbesgi am wythnosau, heb fod llawer o angen bwydo arnyn nhw hyd at rhyw fis cyn y Nadolig.
1962 T J Davies: G 8, Roedd *gwydde* a hwyed yn fwy caled a gellid troi'r *gwydde* i hela'r soflydd ar ôl cywen y llafur.
Dywed. 'Gyrru hwyaid i nôl y *gwyddau*' – gwneud rhywbeth ofer, gwrthun.
'Cael clagwydd blwydd a *gŵydd* ganmlwydd' – cael clagwydd ifanc at hen ŵydd.
'Nid yw *gŵydd* wyllt yn dodwy *gŵydd* ddof.'
'Fel haid o *wyddau*' – criw o ferched parablus.
'*Gwyddau* yn clegar' – glaw.
Diar. 'Nid ynfyd ond *gŵydd.*'
Gw. SOFLIO.
Mathau a bridiau o wyddau.
gŵydd yr Aifft – *Alopochen aegyptiacus.*
gŵydd Bonar – gŵydd sofl, gŵydd llafur.
gŵydd Canada – *Branta Canadensis.*
gŵydd dalcen gwyn – gŵydd â thalcen gwyn, *Anser albifrons.*
gŵydd draed pinc – gŵydd â thraed pinc, *Anser brachyrhyncus.*
gŵydd ddegwm – gŵydd a roid fel rhan o'r dreth ddegwm.
gŵydd ddu – gŵydd Brent, *Branta bernicia.*
gŵydd frongoch, fronrudd – gŵydd â brest goch.
gŵydd Ffrengig – gŵydd ar ffurf alarch, *Cygnopsis cygnoides.*
gŵydd llafur – gŵydd soflio.

2. *eg.* Tir heb ei ddiwyllio, tir heb ei droi a heb ei drin, wedi tyfu'n wyllt, diffaith, braenar.
16g Gr Hiraethog: GGH 113, Pob kwys pawb ai kar yn *ŵydd* ac yn wâr.

3. *eg.* Un o'r prennau neu ddarnau haearn sy'n cysylltu bysedd cadair pladur â'r coes ac yn gweithredu fel ateg. Ar lafar yng ngogledd Penfro.

4. *eg.* Haearn smwddio teiliwr, yn cael ei alw'n *gŵydd* am fod ei handlen yn debyg i wddf gŵydd. Ar lafar ym Morgannwg – '*gŵydd* teiliwr'. Gynt yn y gogledd ceid yr ymadrodd 'yr *ŵydd* a'r labwt' (S. *lap-board*). Gw. WVBD 334, ac yn y de 'yr *ŵydd* a'r slibwt'.

gwŷdd

1. *egb.* ll. *gwyddion, gwyhyddion.* Enw rhai rhannau o'r gogledd (Môn ac Arfon) ar aradr, sef y ddyfais i aredig. Mae'r enw hwn yn ein hatgoffa mai o bren y gwneid fframwaith erydr am ganrifoedd dirif hyd at ganol y 19g. Un ystyr i'r gair *gwŷdd* yw 'cangen o goeden', a dyna'n union oedd arnodd yr aradr nes cael yr aradr haearn. 'Wrth gyrn y *gwŷdd*' y mae'r arddwr ym Môn ac Arfon, ac am 'gwlltwr y *gwŷdd*' ac am 'swch y *gwŷdd*', y sonnir. Weithiau ceir y ffurfiau '*gwŷdd* aradr' ac 'aradr *gwŷdd*', sef y rhannau pren o'r aradr.

1200 LLDW 68 25-6, Yr ychen ay harddo ar *gwŷdd* ar heyrn.

16g WLL 152, Trafo gwaedd sir trafo *gwŷdd* a swch.

1975 Ff Payne: YAG 60, Os gwir y ddamcaniaeth hon, y mae'n hawdd gweld sut y gallai'r gair 'penffestr' ddyfod yn raddol i ddynodi holl *wŷdd* (pren) yr aradr, ac o hynny ddyfod yn gyfystyr â'r aradr gyfan.

Gw. ARADR, RHANNAU'R ARADR (dan ARADR).

2. *etf.* ac *ell.* un. *gwyddau.* Pren, coedyn, cangen o goeden, cangau, brigau.

15g DGG 6, Dyred i'r fedw gadeiriog,/I grefydd y *gwŷdd* a'r gog.

1620 Marc 11.8, Eraill a dorrasant gangau o'r *gwŷdd*.

1620 Gen 21.15, A hi a fwriodd y bachgen dan un o'r *gwŷdd*.

Dywed. 'Am yr wydden' – 'mae o'n byw *am yr wydden* â mi' (am y gangen neu am y gwrych). Ar lafar yn sir Ddinbych.

3. *eg.* ll. *gwyddiau.* Ffrâm gwëydd i weu defnyddiau fel gwlanen, brethynnau, carthenni.

1688 TJ, *Gwŷdd* i wau ynddo, a weavers loome.

1723 J Jones: LLA 230-1, Brethyn nad yw wedi ei weithio'n dda yn y *gwŷdd*.

gwŷdd amlgwys gw. ARADR AMLGWYS, GWŶDD DWYGWYS.

gwŷdd dwbl Aradr â dwy styllen bridd, un bob ochr, i agor rhesi neu rychau tatws, ac i'w cau ar ôl gosod y tatws yn y rhesi, hefyd i agor rhesi ar gyfer hau erfin, mangls, ayyb, 'mochyn' (Dinbych a Meirionnydd), 'double Tom' (Dyfed).

Gw. ARADR DDWBL, DOUBLE TOM, MOCHYN[1].

gwŷdd dwygwys Aradr a ddaeth yn gyffredin ynghyd â rhai teircwys, pedair cwys ayyb, wedi i ddyddiau'r tractor wawrio, yn ystod yr Ail Ryfel Byd (1939-45) ac ar ôl hynny.

gwŷdd main Enw ym Môn ac Arfon ar aradr geffyl ungwys ddiolwynion, a heb fod yn rhy drom. Dibynnai'r *gwŷdd main* yn hollol ar fedr a nerth y dyn wrth ei gyrn i reoli lled a dyfnder y gwys.

Rhagflaenydd mewn haearn yr aradr olwynion.
1992 FfTh 9, 19, Yr oedd fy nhad yn aredig cae 'Cafnan' fel y gelwir ef, cae o bedair acer ar
ddeg, gyda *gwŷdd main*.
E Grace Roberts (Llangefni): Nod. i AWC, Trwy fod brodyr fy mam yn arfer cystadlu aredig
mewn ymryson-feudd aredig, roedd *gwŷdd main* yn fy nghartref – gwelais fy nhad yn
aredig cae tyndir gyda'r un main un tro.
Gw. ARADR SIONC.

gwŷdd olwynion Aradr geffyl ag iddi ddwy olwyn, un weddol fawr yn
y rhych ac un lai ar y glas neu ar y gwellt, neu ar y cefn (Môn). Gwaith yr
olwyn fwyaf yn y rhych fyddai helpu i gadw lled y gwys tra bod yr
olwyn lai ar y gwellt yn helpu i gadw dyfnder y gwys. Ysgafnwyd llafur
yr arddwr yn fawr iawn wedi i'r *gwŷdd olwynion* gyrraedd – 'gwŷdd
'lwynion' ar lafar.

gwŷdd pren Aradr bren a rhagflaenydd yr aradr haearn a ddatblygwyd
yn ystod y 19g.
1908 M Fardd: LLGSG 66, Syml iawn oedd eu celfi amaeth, buddai gnocio, . . . *gwŷdd pren*,
cewyll i gario tail, car llusg, rhawiau o goed at garthu'r beudai a'r cutiau moch.

gwyddar, gwddar (*gwŷdd + dar*) *eb*. *ll*. *gwyddori*. Pompren, pont, cwmwr
neu fath o resel neu glwyd rwyllog wedi ei rhoi ar draws afon yn rhwystr
rhag i'r anifeiliaid grwydro. Ar lafar ym Maldwyn yn y ffurf 'gwddar'.
1800 P, *Gwddor:-* a wooden bridge, or boards laid across a rivulet.
Gw. CWMWR, GWDDAR.

gwyddau bach *ell*. Enw ar flodau'r pren helygen (S. *sallow catkins*).

gwyddebol (Amr. tafodieithol ar 'cyfebol') *a*. Yn drom o gyw (am gaseg),
cyfeb, cyfebol. Yn ôl T Gwynn Jones datblygiad o 'cyfebol' yw *gwyddebol*
fel 'gwydderbyn' o 'gyferbyn' (sir Benfro).
Gw. B Cyfr. 1, 1921-23.

gwyddfarch (*gwydd + march*) *eg*. *ll*. *gwyddfeirch*. March neu geffyl gwyllt,
nwyfus.
Ffig. Moryn neu don môr ewynnog, caseg fôr, caseg wen. Gelwir tonnau ewynnog y môr yn
'gesig gwynion'.
15g H 37a 41, *Gwytveirch* tonn torrynt yn ertrei (ewyn).

gwyddgi (*gwydd + ci*) *eg*. *ll*. *gwyddgwn*. Ci gwyllt, blaidd, llwynog, cenau
llwynog.
1688 TJ, *Gwyddgwn:-* cenawon llwynog neu flaidd.

gwyddi *eg*. *ll*. *gwyddïau*. Gwrych, perth, sietin.
1800 P, *Gwŷddi:-* a quickset row or hedge.
1722 Llst 189, *Gwyddi:-* quicksets, quickset hedge.

gwydding *gw*. GWRYCH, GWYDDI.

gwyddlan (*gwŷdd + llan*) *eb*. *ll*. *gwyddlannau, gwyddlannoedd*. Planhigfa,
allt o goed, nyrs o goed.
1770 Peter Williams: BS Effes 6, Y mae teuluwriaeth crefyddgar . . . megus hadle ffrwythlon
neu *wyddlan* araul, lle y tyf planhigion peraidd a choed defnyddgar.

gwyddlwyn (*gwŷdd* + *llwyn*) *egb.* ll. *gwyddlwyni.* Llwyn, prysglwyn, manwydden, prysgwydden.
15g Glam Bards 313, Gwaedd lawen mewn *gwyddlwyn* maith.

gwyddo *be.* Mynd yn ôl i'r gwyllt, tyfu'n wyllt drachefn (am dir wedi ei drin o'r blaen ond wedi ei adael fel bod dail poethion, ayyb, yn tyfu ynddo). Tir yn *gwyddo* = tir yn aildyfu'n wyllt.
1800 P, *Gwyddaw:-* to grow woody, to run wild, to be overgrown. *Tir yn gwyddaw:-* land running wild, as with thistles, brambles, and the like.
Gw. GWŶDD².

gwyddog *a.* Coediog.
1800 P, *Gwyddog:-* woody.

gwyddwal
1. *eg.* ll. *gwyddeli, gwyddfeli, gwyddweli, gwyddwaledd.* Perth, llwyn, prysglwyn, dryslwyn, drysni, mieri, lle anial, dreiniog.
1606 E James: Hom 3 39, Tir caregog yn llawn drain a mieri [:- drysi, *gwyddeli*].
18g TLLM 173, 'Rwy'n aros gan oeri dan ddail y *gwyddeli.*

2. *eg.* Chwyn o bob math, clystyrau o wellt hir, clystyrau o dyfiant gwyllt.

gwŷg
1. *etf.* ac *ell.* un. *gwygyn.* bach. ll. *gwygach.* Efrau, chwyn, ller, bulwg.
13g AL 1 794, Tri llysseu adyly tyfu yn y tir hwnnw: meillion; a *guyc* ac ysgall.
16g R White: C 46, Lle bu'r gwenith llawn yw'r *gwŷg.*
1606 E James: Hom 1 19, Chwyn danadl, mieri gwŷg, a graban.
Gw. EFRAU, LLER.

2. *a.* Diwerth, gwael, ofer.
14g GDG 392, Gruffydd Grug, *gwŷg* wag awen.
1595 Egl Ph 28, Chwyn yw'r athrodwyr ywch ion/A *gwŷg* yw'r chwedlau gweigion.

gwygio *be.* Tyfu gwŷg yn borthiant.
1730 Thos Lloyd: D (LLGC), *Gwygio:-* to breed tare as fodder.

gwygog *a.* Llawn gwŷg, llawn ller neu chwyn.
Gw. GWŶG¹.

Gŵyl Fair *eb.* Credai ein cyndadau'n gryf mewn arwyddion tywydd a'r rheini'n aml ar adegau gwyliau saint. Os yn glawio ar Ŵyl St Swithin yna byddai'n wlyb am 40 niwrnod. Felly hefyd *Gŵyl Fair.* Byddai'r hyn oedd y tywydd ar Ŵyl Fair, Chwefror 14, yn addewid am aeaf hir neu aeaf byr: tywydd drycinog, drwg ar Ŵyl Fair yn addewid am aeaf byr di-hirlwm, ond tywydd teg ar Ŵyl Fair yn rhybudd am aeaf hir a hirlwm.
Hen Rigwm Tywydd: 'Os bydd drycin ar Ŵyl Fair/Siawns na ddeil y cilcyn gwair;/Os bydd hindda ar Ŵyl Fair/Cwyd yn fore i brynu gwair.'

Gŵyl Fihangel *eb.* Gŵyl Gristnogol ar Fedi 29. Yn aml ceir ychydig o dywydd braf o gwmpas Gŵyl Mihangel, ac ar dywydd anwadal i gael y cynhaeaf ŷd byddai gobaith ffermwyr ynghlwm wrth hynny. Gelwid yr ysbaid honno yn 'Haf bach Mihangel'. Ceir amrywiaeth o ffurfiau: 'Gwlhengal' (gogledd), 'Gwlhengel', 'Gwlangel', 'Gwilangel' (de).

gwylad (gwylied) *be.* Bod yng ngofal anifeiliaid yn enwedig pan fônt ar ddod ag epil neu ar ben eu hâl, rhag digwydd bod y fuwch, y gaseg a'r ddafad mewn anhawster yn bwrw'u hepil a rhag colledion. *Gwylad* yr hwch hefyd rhag digwydd iddi orwedd ar ei moch bach neu, yn achlysurol, eu bwyta. Ar lafar yng Ngheredigion.

1975 R Phillips: DAW 65, Gwaith y cowmon, . . . oedd *gwylad* y buchod yn dod â lloi . . . Ac roedd *gwylad* y rheini'n dasg reolaidd yn y nos er mwyn osgoi unrhyw golled . . .

gwylan *eb.* ll. *gwylanod, gwylain.* Aderyn môr gwyn, ond a chefn du neu lwyd o'r tylwyth *Larus,* ac iddo adenydd hirion, traed gweog a phig neu gylfin lliw golau. Daw'r gwylanod yn heidiau i mewn i'r tir yn enwedig lle bo amaethwyr yn aredig, neu'n hau ŷd. Mewn tir âr cânt foliad o bryfed genwair neu lyngyr daear.

Eifion Wyn: *Gwyl y Grog,* A'r grawn ar y meusydd/O amgylch a ddug,/Y *gwylain* o'r feisdon/A'r petris o'r grug.

Dywed. *'Gwylanod* môr yn hel i'r tir' – arwydd glaw.

gwylion *ell.* Yr hadau chwyn a'r darnau gwellt ayyb, a ddaw o'r dyrnwr wrth ddyrnu a nithio. Ar lafar yn sir Benfro.

1938 T J Jenkin: AIHA AWC, *Gwilion* – pethau rhy drwm i fynd i'r us ond yn rhy ysgafn i fynd i'r llafur – darnau o wellt, ond gan mwyaf grawn lled ysgafn gyda darnau o godau hatrish.

gwylnos *eb.* ll. *gwylnosau.* Hen arfer gynt mewn cymdogaeth o gadw gwyliadwriaeth wedi i rywun farw, er mwyn cadw'r ysbrydion drwg allan, yr ysbrydion y credid eu bod yn awchus ddisgwyl eu cyfle i gymryd enaid y marw.

1958 I Jones: HAG 84, Yr oedd yn hen arfer, a'i gwreiddiau'n dra thebyg mewn hen ofergoel bod ysbrydion drwg yn ymguddio'n llechwraidd gerllaw, ac yn gwylio eu cyfle i afaelu am enaid y marw. Ond ar ôl i'r ofergoel honno farw cadwyd yr wylnos ymlaen i gysuro teuluoedd galar, ac fel arwydd o barch i'r marw, a chredai llawer mai amharch â'r marw fyddai peidio a chadw gwylnos iddo. Yr oedd yn arfer hefyd i rywrai wylied bob nos a thrwy'r nos, tra byddai corff marw yn y tŷ.

Gwasanaeth syml oedd yr wylnos o ddarllen y Beibl a gweddio gan offeiriad (neu gurad) neu weinidog a lleygwyr anghydffurfiol. Eithriad mawr yw clywed sôn am *wylnos* yn awr (1958).

1898 W Davies: LLGM, Yr oedd y cynulliadau hyn ar ddechrau'r ganrif (19g) yn warth i ddynoliaeth. Y mae'n wir y cynhelid rhyw gymaint o gyfarfod gweddio yn rhai ohonynt. Ond ar ôl myned drwy'r gwaith hwnnw, eisteddai y rhai a fyddai wedi ymgynnull . . . i yfed cwrw a chwarae cardiau.

gwylsant y cynhaeaf *eb.* Achlysur a gwledd i ddathlu cael y cynhaeaf ŷd i ddiddosrwydd, *Harvest Home.*
Gw. hefyd BODDI'R CYNHAEAF.

gwylltineb rhywiol *eg.* Gorawydd rhywiol neu orofyn rhywiol ar ran benyw anifail, 'gorwasodrwydd' (buwch), 'gorfarchusrwydd' (caseg), 'gorlodigrwydd (hwch).

gwylltir *eg.* *ll.* *gwylltiroedd.* Tir gwyllt, tir heb ei drin, anialdir, tir yn ei gyflwr gwyllt naturiol ac anwrteithiedig.
1401 AL 2 450, Mil o erwyd o *wylltir.*

gwymon *eg.* Llysieuyn môr o'r teulu *Algae,* gwŷg y môr, chwyn y môr, ysnoden y môr, dylysg y môr. Gynt, fe'i cesglid a'i gario'n wrtaith ar y tir gan ffermwyr yr arfordiroedd. Gelwid hynny'n 'gwymona', 'gwimona' (Dyfed).
1992 FfTh 9, 18 (Dyddiadur W Jones 1886), Myned i Glan y Mor i nol gwman a dwad a phedwar llwyth i'r lan.

gwynad *a.* Yn gofyn stalwyn, yn farchus, yn wynnedd (am gaseg).
Gw. GOFYN STALWYN, GWYNNEDD.

gwyndwn, gwndwn, gwyndon *eg.* *ll.* *gwyndynnydd, gwyndonnydd.* Tir heb ei droi ers blynyddoedd, tir â hen groen, hendir, tondir, tyndir (Môn), gŵydd. Ar lafar yn gyffredinol mewn amrywiol ffurfiau. Ym Morgannwg, 'gwyndon', 'gwndon'. Sonnir am *'gwndwn* blwydd', sef tir heb ei droi ers blwyddyn, h.y. braenar. Ceir hefyd *'gwndwn* caled', sef hen, hen groen a *'gwndwn* glas' – tir â chroen o laswellt mân gwydn. Clywir hefyd 'ar wnden' – tir agored ac amlwg, a *'gwndwn* llynnedd' am hen groen. Yn sir Ddinbych 'tir gwair sych' o'i gyferbynnu â 'gweirglodd' yw un ystyr i *gwyndwn.* Gw. B Cyfr. 1 293 (1921-23).
14g GDG 380, Tydi y bwth tinrhwth twn/Y rhwng y gwaundir a *gwndwn.*
1989 P Williams: GYG 42, Ar ôl yr Hen Galan roedd yn bryd dechrau aredig *gwndwn* a sofl. Dywed. 'Mynd ymlaen yn *wndwn'* – yn ddidrafferth.
Gw. GWAIR GWNDWN, TYNDIR.

gwyneb y flwyddyn *Ymad.* Ymadrodd rhai rhannau o Gymru am ddechrau haf, sef Ebrill a Mai, pan fo'r dydd yn ymestyn yn amlwg. Ar lafar ym Maldwyn a Cheredigion. Gw. GEM 44 (1981).
'Amser braf ydi *wyneb y flwyddyn* fel hyn.'
1989 D Jones: OHW 246, Prif gynhaliaeth y da cyrnig dros y gaeaf fyddai gwair, ynghyd ag ambell gae rêp neu gêl a barhâi at *wyneb y flwyddyn.*

gwynfaidd gw. MAIDD.

gwyngalchu *be.* Lliwio'n wyn â chalch a dŵr (gwyngalch), chweitwasio. Gwneid llawer o hyn gynt, tu allan a thu mewn i dai a beudai, yn enwedig cyn dyddiau'r snosem a'r emwlsiwn. Ar aml i fferm byddai'n orchwyl blynyddol i wyngalchu'r ffermdy a wyneb y beudai. Gwyngelchid hefyd tu mewn i'r beudy yn ogystal â'r tŷ llaeth a'r pantri yn y tŷ. Ar lafar yn gyffredinol. Yn sir Frycheiniog sonnir am *'wyngalchu'r* gaer', sef wal yr iard.
Ffig. Am ymdrech i guddio beiau neu wendidau rhywun drwy roi gwedd rhy ffafriol i'w gymeriad. Felly hefyd i bethau.
'Un da ydi'r hen dwrne, mae ganddo ddawn anhygoel i *wyngalchu* troseddwr.'
1567 Math 23.27 (hefyd BCN), Canys ich cyffelypir i veddae gwedy eu gwynhay [:-canny, *gwyngalchy*].

gwynnedd *a.* Yn marchio, yn gofyn stalwyn (am gaseg), gwynad, tyrra, wnnen, whynnen. 'Caseg *wnnedd*' (Maldwyn), 'caseg *wnnen*' (de Ceredigion a gogledd Caerfyrddin).

1300 LLB 113, Ystalwyn tra geisso gessyc *gwynnedd.*

gwyneiddrwydd *eg.* Cyflwr caseg wynnedd neu gaseg yn gofyn stalwyn.

gwynnin gw. GWYNNON[2].

gwynnod, gwnnod *eg.* Bwyd llaeth, bwyd wedi ei wneud o laeth, neu â llaeth neu drwy laeth, bara llaeth, potes gwyn, cawl llaeth, ac weithiau pwdin llaeth brysiog.

1722 Llst 189, *Gwynnod:-* white pot, milk meat.

1774 W, *Gwynnod:-* hasty, hasty pudding, milk meat, white meat.

gwynnogl (*gwynt* + *ogl* – ar ddelw 'chwynnogl') *eg.* ll. *gwynoglau.* Erfyn at nithio grawn, gwyntyll, gwyntadur.
Gw. GWYNTADUR, GWYNTYLL.

gwynnon, gwnnon

1. *etf.* Gwellt neu wair gwyn hir, ffog, ffeg, crawcwellt, yn dda i ddim ond i'w losgi

15g Gwyn 3 187, Gwanwyn cras mewn *gwnnon* crin.
Gw. FFEG.

2. *etf.* Brigau crin, coed tân sych a chrin, cynnud. Ceir hefyd y ffurf 'gwynnin' (Dyfed).

1753 TR, *Gwnnon:-* for *gwynnon*, white dry wood or dry fog fit for burning.
Gw. CYNNUD.

gwynnus *eg.* Manus gwyn, us gwyn, peiswyn.

gwynnwy, gwynnwi (*gwyn* + *ŵy*) *eg.* ll. *gwynwyau, gwynwiau.* Y sylwedd gwyn sydd o gylch melyn yr wy neu'r melynwy. Ar y cyfan *gwynnwy* a glywir yn y gogledd a *gwynnwi* yn y de. Ym Môn ceir y ffurfiau 'gwynnwy wy' a 'm'lynwy wy'.

1585 Gr Robert: DC 536, Plisgyn yn helaethach na'r *gwynnwy.*

1750 LLM 39, 4 owns o finegr Gwin Gwyn a *gwynwy.*

gwynt *eg.* ll. *gwyntoedd.* Ffrwd o awyr yn chwythu o gyfeiriad arbennig, chwa, awel gref, neu'r chwa a gynhyrchir gan fegin neu wyntyll. Byddai gan ffermwyr eu henwau ar y gwynt oddi wrth ei gyfeiriad, yn aml, enw lle (yn ei gyfeiriad). Sonia pobl Môn am 'wynt Rwsia' (o'r dwyrain) ac am 'wynt Malltraeth' (o'r de); yn nwyrain Maldwyn ceir 'gwynt coch Amwythig' am wynt y dwyrain ('coch' yn yr ystyr o ddeifio) a 'gwynt milain y Sais' (o'r dwyrain, o Loegr) yn ogystal a 'gwynt o'r Hen Bengwern' (hen enw Amwythig). I bobl Bro Morgannwg 'gwynt Senghennydd' yw gwynt y dwyrain. Yn weddol gyffredinol gelwir 'gwynt y dwyrain' yn 'wynt traed y meirw' (oddi wrth yr arfer o roi traed y meirw i gyfeiriad codiad haul).

Dywed. 'Mor ddi-ddal â *gwynt* y bore.'
Ymad. 'Cael *gwynt*' – cael egwyl, cael saib.
'Mi gymrwn ni *wynt* bach' – ar lafar ym Môn.
'Cael ei *wynt* ato' – adennill nerth, adennill anadl.
'Codi'n *wynt*' – dechrau chwythu, dechrau sgolio.
'*Gwynt* a dŵr' – bwyd sâl, difaeth.
'Mae Guto'n edrych fel pe bai'n byw ar *wynt* a dŵr.'

gwynt bôn braich Closio at waith, gafael ynddi, mynd ati nerth yr enaid, bwrw iddi, yn enwedig amser y cynhaeaf. Ar lafar yng Ngheredigion.
Gw. GWYNT Y GESAIL.

gwynt y bwch Drewdod, unrhyw arogl amheraidd.

gwynt carthen Gwynt a gynhyrchir drwy ysgwyd carthen (nithlen) i bwrpas nithio'r grawn ŷd wrth ddyrnu â'r ffust.
Ffig. Yn ddifrïol am huotledd a hwyl artiffisial pregethwr.
Gw. NITHLEN.

gwynt cilddor Drafft, gwynt tynnu, gwynt drwy ddrws ochr, neu drwy ddrws cilagored. Ar lafar yn Eifionydd.
Dywed. 'Angeuol i lo bach – *gwynt cilddor* a morwyn dymor.'

gwynt coch Amwythig gw. GWYNT TRAED Y MEIRW.

gwynt croes Gwynt yn troelli ac yn gwneud ambell i orchwyl yn anodd, e.e. tasu, wneud llwyth, mydylu, ayyb.
Ffig. Amseroedd anodd, gofidiau, yn enwedig yn y lluosog 'gwyntoedd croesion'.

gwynt chwydd Math o chwydd bychan, meddal, neu swigen wynt ar goes ceffyl uwchlaw'r egwyd.

gwynt ffroen yr ych Gwynt y dwyrain, ymadrodd porthmyn wrth yrru gwartheg i Loegr – mynd tua'r dwyrain – ac felly gwynt y dwyrain yn chwythu gwlybaniaeth o ffroenau'r gwartheg i wyneb y porthmyn.

gwynt i'r gesail Gwynt sy'n codi'r breichiau i waith.
Gw. GWYNT BÔN BRAICH.

gwynt milain y Sais gw. GWYNT TRAED Y MEIRW.

gwynt nithio Y gwynt a gynhyrchid drwy ysgwyd nithlen neu â gwyntyll, pan yn dyrnu â'r ffust ar y llawr dyrnu, i wahanu'r us oddi wrth y grawn. Yn aml, hefyd, byddai'r llawr dyrnu rhwng dau ddrws mawr y sgubor er mwyn manteisio ar y gwynt naturiol neu'r gwynt tynnu (drafft) a geid mewn sefyllfa felly.
Gw. LLAWR DYRNU, NITHIO, NITHLEN.

gwynt o'r hen Bengwern gw. GWYNT TRAED Y MEIRW.

gwynt pilyn gw. GWYNT NITHIO, GWYNT CARTHEN.

gwynt traed y meirw *eg.* Gwynt y dwyrain, enw sy'n cyfeirio at yr arfer o gladdu'r meirw â'u traed yn pwyntio at y dwyrain, neu godiad haul. Yng ngogledd Maldwyn clywir 'gwynt coch Amwythig' (yn deifio popeth), 'gwynt milain y Sais' a 'gwynt o'r hen Bengwern' yn enwau ar wynt y dwyrain. Gw. B L Jones: ISF 46 (1983).

1989 S Jones: SCC 10, . . . tra i'r dwyrain mae'r Berwyn yn ceisio meddalu *gwynt traed y meirw.*

gwyntadur *ebg.* ll. *gwyntaduron.* Erfyn i nithio grawn ŷd, fforch nithio, gwynnogl

1592 J 10 323, *Gwyntadur* – ventilabrum.

gwyntell *eb.* ll. *gwyntell, gwyntyll, gwyntellau.* Basged gron heb ddolennau (clustiau) iddi wedi ei phlethu o wiail cyll neu helyg at ddal tatws, afalau, dillad golchi, ayyb, plethwaith, rhwyllwaith. Ar lafar yng Ngheredigion yn y ffurf 'wintell' ac yn sir Gaerfyrddin 'ceintell', 'cintell'.

1849 Traeth 380, Mae Jones yn dodi tato,/A'r *geintell* rhwng ei ddwylo (Jones = Dafydd Jones o Gaeo).

1962 Pict Davies: ADPN 37, Gwneid *gwyntellau* (math o fasged fawr) o wiail cyll ar lawr y gegin fach ar noson o aeaf . . . Defnyddid y *wyntell* i gludo siaff a thato. Hawdd golchi gwyntelliad o dato drwy ei dal dan y pistyll am funud a'u hysgwyd.

gwyntyll *ebg.* ll. *gwyntyllau, gwyntylloedd.* Dyfais neu offeryn nithio a ddefnyddid gynt i greu awel o wynt i bwrpas didoli'r us oddi wrth y grawn wrth ddyrnu â'r ffust ar y llawr dyrnu, dyfais a arferid cyn dyddiau'r peiriant nithio. Yn ddiweddarach (canol y 19g) y daeth gwyntyll yn y ffurf o beiriant yn y sgubor ac yn welliant mawr ar ei ragflaenydd. Ceir hefyd 'gwyntell' drwy gamddeall 'gwyntyll'.

1933 H Evans: CE 117, Yr oedd y 'machine' nithio wedi dyfod i arferiad yn y rhan fwyaf o'r ffermydd pan gofiaf gyntaf (g. 1858). Gyda honno, ond ei throi a thywallt yr ŷd i mewn, hi a'i gwahanai, a deuai'r grawn, y gwehilion, a'r manus allan ohoni trwy hoprenni gwahanol.

1928 G Roberts: AA 12, I'r *wyntyll* (gwyntyll sgubor) yr oedd echel goed bedair ochrog a 4 troedfedd o hyd. Ar bob un o ochrau'r echel ceid ystyllod ar y rhai y byddai llabed o sachlian tua throedfedd o led wedi ei hoelio. Wrth droi'r *wyntyll*, byddai'r llabedi yn creu gwynt digon cryf i chwythu'r us a'r llwch y tu draw i'r twr ŷd.

1620 Es 20.34, Ebran pur, yr hwn a nithiwyd â *gwintyll* ac â gogr.

Ffig. Gwahanu'r da a'r drwg, y gwych a'r gwachul.

1620 Math 3.12, Yr hwn y mae ei *wyntyll* yn ei law, ac efe a lwyr-lanhâ ei lawr dyrnu.

Gw. CRWYDR², NITHIO.

gwyntyll melin Dyfais i wahanu'r plisg a'r grawn wrth falu mewn melin. Yn y felin disgynai'r ŷd ar ôl bod drwy'r meini a'r gograu. Fel y disgynai byddai gwyntyll ar waith yn silio neu'n chwythu'r masgl neu'r plisg i un ochr gan adael y grawn gorau ar ôl.

Gw. SILIO.

gwyntyllu, gwyntyllio *be.* Creu gwynt, cynhyrchu awel, nithio, gwahanu'r us oddi wrth y grawn.

Ffig. Trin a thrafod pwnc neu fater yn drylwyr, taflu goleuni ar bwnc astrus, dyrys i'w drin. 'Pwnc astrus yw'r syniad o Ragluniaeth. Chlywias i neb yn ei *wyntyllu* hyd fodlonrwydd.'

Gw. GWYNTYLL.

gwyrai *eb.* ll. *gwyreion*. Teclyn i roi ffordd neu drwch i ddannedd llif, drwy wyro'r dannedd i'r naill ochr a'r llall bob yn ail.
1794 W, *Gwyrai* – wrest . . . a sawyer's wrest, for setting his saw, i.e. for forcing its teeth in and out.

gwyran, gwyrain *eg.* Gwair, porfa, irwellt, glaswellt (*Phalaris arundinacea*). Hefyd y math o laswellt ag iddo wreiddiau hir, llinynnog, sy'n tyfu mewn gerddi a chaeau llafur.
14g IGE 37, Dolydd glân *gwyran* a gwair,/Ydau mewn caeau cywair.
1773 IMCY 233, Deigreu Mair gwair a *gwyran*.

gwyrandardd (*gwyran* + *tarddu*) *a.* Yn egino glaswellt, yn dwyn irwellt, porfaog.
1789 BDG 506, Mwyn ar gryndwyn *gwyrandardd*.

gwyranwair (*gwyran* + *gwair*) *eg.* Gwair, dolwair, dolwellt.

gwyrddfan (*gwyrdd* + *man*) *eg.* ll. *gwyrddfannau*. Lle glas neu lecyn glas mewn diffeithdir neu ddiffeithwch, gwerddon.

gwyrddlasu *be.* Blaguro, egino, glasu, tarddu (am dir, daear, porfa).
1799 Dafydd Ionawr: MB 41, Mae'r ddaear hardd fel gardd gu,/Gardd lesol yn *gwyrddlasu*.

gwyrddlawr (*gwyrdd* + *llawr* [daear]) *eg.* Daear las, tir glas neu borfaog, glaslawr.
Gw. GLASLAWR.

gwyrddle gw. GWYRDDFAN.

gwyrddwellt *eg.* Glaswellt, gwelltglas, irwellt.

gwyrf, gwryf *a.* Defnyddid gwyrf (gwryf) gynt am fenyn ffres ac heb ei halltu ac yn cael ei gymysgu â llysiau i wneud elïau meddyginiaethol. Hefyd tir yn ei gyflwr naturiol ac heb ei drin.
1547 WS, *Gwyryf* val emenyn freshe.
Gw. MENYN GWYRF.

gwyrfa gw. GÖOER, GÖOERFA, GWERFA.

gwyrfil, gwerfil (yr un bôn â gweryd) *eg.* ll. *gwyrfilod*. Gweryd, gwyring. Math o lyngyr neu larfa (*Estrus bovis*) sy'n deor ac yn troi'n gynrhon ar gyrff gwartheg ac yn symud i'w cefnau, gan ffurfio plorod neu glapiau cornwydllyd, ac yn tyllu'r croen wrth ddianc allan. Yng Ngheredigion fe'u gelwir yn 'gwerfilod' neu 'whilod cefen da'.
Gw. GWERYD³.

gwyrglodd, gwyrglodd-dir gw. GWEIRGLODD.

gwyring
1. **gwyryng, gwyrin, gwyrn** *ell.* Math o lyngyr neu larfa *Gastrophilus equi*, neu wybed eraill o'r teulu *Estridae*, sy'n magu yn ymysgaroedd ceffylau, perfigedd, euon. Maent yn achosi'r gnofa neu glefyd y pryfed (S. *colic*).

1588 B 2 143, *Gwyrn* – perfigedd.
1688 TJ, *Gwyrn* – clefyd y pryfed, cnofa.

2. gw. GWERYD³.

gwyrlod, gwrlod, gwerlod gw. GWEIRGLODD.

gwyro *be.* Gogwyddo, goleddu, tueddu i droi'r naill ochr (am das, llwyth, ayyb).
'Ma' dy lwyth di'n *gwyro* ar y mwya.'
1996 FfTh 17, 32, neu fe fyddai'n berygl i'r das droi, neu o leiaf *wyro*, fel y byddai'n rhaid defnyddio propiau i'w chadw ar ei thraed.
Gw. GOGWYDDO.

gwyryng gw. GWERYD³.

gwŷs *eb.* Hwch, hwch fagu, mochyn banw, cynar, hob. O'r enw hwn ar hwch y daw'r sŵn 'gis-gis-gis' a ddefnyddir yn y gogledd i alw'r moch at eu bwyd, ayyb. Fe'i ceir yn enw 'Nant *Gwŷs*' a red i'r Afon Twrch ger Ystalyfera yng Nghwm Tawe. Ar lafar ym Maldwyn.
Gw. GIS-GIS. Gw. hefyd Ifor Williams, *Enwau Lleoedd* 35.

gŵyth *eb.* ll. *gwythi, gwythiau.* Gwythïen, sianel, ffos, traen, cwter. Gelwir y brif draen sy'n draenio cae 'yr *ŵyth* fawr'.
1803 P, *Gwyth* = a channel, a drain, a gutter, a vein.

gwywair (*gwyw* + *gwair*) *eg.* Cnwd gwair wedi gwywo, ar ôl ei ladd, i rhwng 50-60% o leithder cynnwys, yna ei falu a'i chwythu i silo aerglos, lle mae carbon diocsid yn magu bacteria ac yn ei bydru (S. *haylage*).

gylifnir (*gylfin* [pig] + *hir*) *eg.* ll. *gylfinirod, gyfliniriaid.* Aderyn o dylwyth y *Numenius* ag iddo blu brown rhesog, sy'n hoff o'r mynydd a'r rhostir yn y gwanwyn a'r haf i fridio, ond yn yr hydref a'r gaeaf fe'i ceir ar lannau'r môr a'r aberoedd. Mae'n hynod am ei big neu ei gylfin hir (ac felly'r enw gylfinir – gylfin-hir) crwm a blaenfain, ac am ei chwibaniad glir (*Numenius arquata*), chwibanogl y mynydd, giarling, Pegi big hir (Penllyn). Cyffredin gynt fyddai ei weld yn nythu ar rostir a thir âr a'r amaethwr am ei fywyd yn ymdrechu i beidio dinistrio ei nyth wrth drin y tir.
Amr. ll. 'gylfiniriaid' (Cyfeiliog), 'glifirin', 'glyfinir' (Arfon. Gw. WVBD 152). Ceir hefyd 'colfinir', 'cylfinir' a 'cilfinir'.
1924 R W Parry: YHChE 'Y Gylfinir' (Arg. 1956) 22, Dy alwad glywir hanner dydd/Fel ffliwt hyfrydlais uwch y rhos;/Fel chwiban bugail a fo gudd/Dy alwad glywir hanner nos;/Nes clywir, pan ddwysâ dy sŵn/Cyfarth dy anweledig gŵn.

gylfiniad *eg.* Yn llythrennol llond pig aderyn, ond yn y cylchoedd amaethyddol ychydig neu fymryn o rywbeth, y mymryn lleiaf o rywbeth.
'Cer i nôl owns o faco imi, does gen i'r un *gylfiniad*.'
'Fydd yma yr un *gylfiniad* o wair ym mhen pythefnos, a dyna hirlwm.'

gynddaredd (y) *ebg.* Afiechyd, heintus ar anifeiliaid yn enwedig cŵn, er y gall y mamaliaid i gyd ei gael, yn cael ei achosi gan feirws ac yn peri gwallgofrwydd (*hydrophobia*) sef ofn dŵr. Mae'n un o'r afiechydon cofrestredig ag y mae'n rhaid hysbysu'r awdurdodau lle bo achos ohono. Ar hyn o bryd mae gwledydd Prydain yn rhydd ohono drwy weithredu polisi o ddifodiant. Trwy frathiad ci heintiedig gall person dynol ei gael hefyd (S. *rabies*).

gyr *eg.* ll. *gyrroedd*. Diadell, praidd, haid, mintai, cenfaint, parri, rhawd (am anifeiliaid), gyr o wartheg, gyr o ddefaid, gyr o foch, ayyb.
1615 R Smyth: GB 48, Yr oedd gennyf *yrroedd* o ddefaid a gwartheg.
1620 Gen 32.19, Felly y gorchymynodd . . . i'r rhai oll oedd yn canlyn y *gyrroedd*.
1620 Gen 32.16, Ac efe a roddes yn llaw ei weision bob *gyr* o'r neilltu.
1774 H Jones: CYH 34, Ein defaid wedi eu difa/Yn *yrroedd* dan yr eira.
1928 G Roberts: AA 10, Aeth John Hough â miloedd o'r cyfryw (moch stôr) yn *yrroedd* o tua 100 trwy Landegla i Gaer cyn agoriad y rheilffordd o Gorwen i Riwabon.

gyrfod *ell.* Lluosog gwryw, sef *gwryfod* wedi ei gywasgu. Sonnir am 'ŵyn *gyrfod*'. Ar lafar yn gyffredinol.

gyriad, gyriant *eg.* Y peirianwaith sy'n gyrru cerbyd neu beiriant yn ei flaen ac yn ei ôl, yr hyn mewn peiriant sy'n peri iddo symud, gyriad, trawsyriad, trawsyriant, y rhan o gerbyd, tractor, ayyb, sy'n trosglwyddo grym gyriannol o'i beiriant i'w olwynion (S. *drive*).
1992 FfTh 9, 33, Fe wnaeth y crafwr (Crawler Tractor) waith enfawr ar y tir yn ystod yr Ail Ryfel Byd ac i fyny i'r chwedegau pan ddaeth y tractorau â *gyriant* pedair olwyn yn fwy poblogaidd.

gyriedydd gw. GYRIAD, GYRIANT.

gyrru anifeiliaid gw. SŴN GALW A GYRRU ANIFEILIAID FFERM.

gyrru dyrnwr *be.* Bod yn gyfrifol am y dyrnwr neu'r injan ddyrnu. Fel rheol byddai dau yn *gyrru dyrnwr*, y perchennog a gwas cyflogedig. Fe'u gelwid yn 'ddynion *gyrru dyrnwr*' neu'n 'ddynion canlyn dyrnwr'. Ar lafar yn Nyffryn Clwyd.
1990 FfTh 5, 4, Roedd ganddo ddwy injan, un yn cael ei *gyrru* gan fy nhad, Robert Evans (Bob Dyffryn) gyda thracsion 'Burrel', a'r llall gan Owen Vaughan, Tai Isaf, Saron.
eto, Roedd John Jones, Waen Glythau, Nantglyn hefyd yn berchennog ac yn *yrrwr dyrnwr* a thracsion, 'Marshall'.
Gw. CANLYN DYRNWR.

gyrru drwy'r dyrnwr *be.* Ymadrodd a ddefnyddid yn ganmoliaethus am y ffidiwr (un o'r ddau fyddai'n gyrru'r dyrnwr), diwrnod dyrnu, a'i waith yn gyrru'r ysgubau wedi eu hagor drwy'r dyrnwr. Byddai rhai o'r rheini yn well na'i gilydd. Am y sawl a lwyddai i ffidio'n wastad heb ruthro na chythru dywedid ei fod yn gampus am *yrru drwy'r dyrnwr*.
Ffig. Ym Môn defnyddid yr ymadrodd yn ffigurol am un yn mynd drwy lawer o waith mewn unrhyw gylch a maes.
'Mae gen i dipyn o waith ymchwil i'w wneud, ond 'rydw i wedi *gyrru drwy'r dyrnwr* yn dda y pythefnos dwaetha ma.'

gyrru gwartheg *be.* Ymadrodd yn disgrifio gwaith y porthmyn gynt yn cerdded gwartheg i'r marchnadoedd mor bell â de Lloegr, cerdded gwartheg ac, i siwrnai faith, wedi eu pedoli.

1933 H Evans: CE 124, Rhamant diddorol iawn yw hanes *gyrru gwartheg* . . . Anfonid llawer o wartheg o Gwm Eithin i Gaint i'w pesgi ar adnoddau y wlad fras honno, ar gyfer marchnad Llundain. Felly yr oedd y daith yn faith a chymerai ddyddiau lawer i'w cherdded. Yr oedd lleoedd priodol ar y ffordd i aros dros nos. Gwyddai'r hen *yrwyr* amdanynt yn dda.

1995 FfTh 15, 9, Golygfa gyffredin yn niwedd haf neu ddechrau Hydref oedd gweld y gofaint yn pedoli cannoedd o'r gwartheg hyn ar gyfer eu teithiau hirion, helbulus, i frasdiroedd Lloegr. Nid cannoedd yn wir, ond miloedd, oherwydd yn ei gyhoeddiad o dan y teitl 'Llyfr y Siarterau', amcangyfrifa . . . Lewis Morys fod oddeutu hanner can mil o'r gwartheg hyn yn teithio yn flynyddol o Gymru i Loegr yn ystod y cyfnod cynhyrfus hwn.

Gw. PEDOLI GWARTHEG, PEN GYRRWR, PORTHMON[1].

gyrru gwyddau *be.* Cerdded gwyddau i farchnadoedd Lloegr, yn union fel y cerddid gwartheg, er nad mor bell. Byddai marchnad barod i wyddau yng ngwastadeddau Lloegr tua diwedd Awst er mwyn eu cael i sofla neu soflio ar ôl y cynhaeaf ŷd. Gan amlaf, byddid yn pedoli'r gwyddau i'r daith.

1933 H Evans: CE 123, Yn ystod y cynhaeaf gwair gwelid y gwyddau yn pasio . . . ar eu ffordd i Loegr, i sofla i'w paratoi eu hunain ar gyfer y Nadolig. Gofynnid am amynedd mawr i *yrru* gwyddau gan mai cerddwyr araf ac afrosgo ydynt.

1928 G Roberts: AA 63-4, Peth arall a fyddai'n mynd drwodd yn flynyddol oedd gyr o wyddau . . . Ar fynyddoedd Arenig, Migneint, Brotos a Thir Ifan, y megid y gwyddau a thuag Awst y byddent yn mynd drwodd . . . Byddai digonedd o borfa gwyddau ar ochrau'r ffyrdd ym mis Awst. Gwyddai'r tri hen gono . . . am bob lle cyfaddas i'r gyr ymolchi . . . o'r Bala i Gaer. Yn y rhannau lle tyfid ŷd . . . yr oedd eu cwsmeriaid, yno ar y soflydd, a bwydydd eraill cyfaddas, y pesgid y gwyddau erbyn y gwyliau. Cymerai'r daith tua thair wythnos . . . cyfartaledd o ddim mwy na phum milltir y dydd.

Gw. PEDOLI GWYDDAU, SOFLA (SOFLIO).

gyrru moch *be.* Cerdded moch, fel y cerddid gwartheg, i farchnadoedd yn Lloegr, cyn dyddiau'r trên.

1928 G Roberts: AA 29, Gan mai creadur ystyfnig ac anodd ei *yrru* trwy heol lawn o wartheg, ceffylau, troliau a phobl oedd, ac ydyw, y mochyn, cynhelid ffair y moch stôr bob amser brynhawn y dydd Mawrth blaenorol (Corwen).

1928 G Roberts: AA 10, Aeth John Hough â miloedd o'r cyfryw (moch stôr) yn yrroedd o tua 100 drwy Landegla i Gaer cyn agoriad y rheilffordd o Gorwen i Riwabon.

gyrru'r wedd *be.* Ymadrodd cyfystyr â 'canlyn y wedd' ac â 'dilyn y wedd', sef gwaith y certmon neu'r wagner. Yn y cae âr mae'r certmon yn *gyrru'r wedd* ac yn 'canlyn y wedd'. Mae'r ddau ymadrodd mor fyw a'i gilydd. Ceir 'Yr Hogyn yn Gyrru'r Wedd' yn deitl cân i fariton gan Pencerdd Eifion, y geiriau (aralleiriad o 'The Farmer's Boy') gan Mynyddog. Ers blynyddoedd bellach gyrru'r tractor mae'r hogyn!

gyrru tractor *be.* Trin a thrafod tractor yn ei waith. Does nemor neb yn 'gyrru'r wedd' ers canol yr 20g. *Gyrru tractor* a wneir i bwrpas pob caledwaith ar y tir, ac mae hynny wedi peri newid sy'n cyfateb i chwyldro mewn amaethyddiaeth.

Ymad. a Dywed.
'Gyrru arni' – dod ymlaen yn dda efo gwaith e.e. y cynhaeaf, ayyb.
'Gyrru ar ddeunaw mis' – am ddynewaid yn barod i'w gwerthu.
'Gyrru ar y wedd' – gweithio'r ceffylau braidd yn galed, pwyso ar y mwyaf ar y goler.

gyrrwr gwartheg *eg.* ll. *gyrwyr gwartheg*. Y dyn a gerddai wartheg, ar ôl eu pedoli, i ffeiriau yn Lloegr, a chyn belled â Barnet ar gyrion Llundain, cyn dyddiau'r tren a'r lori anifeiliaid.

1931 R W Jones: BCCDdG 24, Prynid gwartheg ac yna gyrrid hwy i ffeiriau mawr Lloegr megis Ffair Farnet . . . Dywedir mai yng nghwmni'r *gyrwyr gwartheg* yr aeth William Morgan a'i Feibl i'w argraffu yn Llundain.

Gw. GYRRU GWARTHEG, PEN GYRRWR, PORTHMON[1].

gysb (y) *gw.* CYSB, DERA, Y DDERA, Y GIPYS.

gytin *eb.* Tywydd, tywydd drwg. Ar lafar yn yr ystyr hwn yng Ngheredigion a sir Gaerfyrddin.

16g HG 21, ar orau myd, hyd try *gythin*/or dwyrain vry, yr gorllewin.

hac *gw.* HAG.

haciau tethi *ell.* Doluriau ar dethau pwrs buwch, y tethi wedi cracio ac yn ddolurus.

hacnai *eg.* ll. *hacneiod, hacnis.* Ceffyl o faintioli canolig i'w farchogaeth ac i'w hurio i'r pwrpas hwnnw, hurfarch, crynfarch, march llog.

1975 R Phillips: DAW 59, Ymhlith y ceffylau ysgafn, roedd y cob Cymreig yn boblogaidd hyd nes i'r arfer o'i groesi â'r *Hackney* ddod yn ffasiynol iawn yn nhroad y ganrif . . . eto, 76, Yn oes aur y ceffylau (1890-1920) bu'r *Hackney* yn cystadlu â'r meirch Cymreig . . . ond o'r diwedd y Cymro a orfu.

hach (yr), hych *eg.* Afiechyd gwartheg, defaid a moch sy'n peri pesychiad dwfn, cras a chaled, a achosir gan euddon neu gynrhon yn heintio'r organau anadlu, hws, math parasitaidd o fronceitus. Ar lafar yn y gogledd. Dynwared y sŵn a wna'r anifail wrth besychu y mae'r enwau *hach* a *hych*.

1926-7 B Cyfr. 3 204, *Hach* – ar wyneb porfa ceir rhywbeth tebyg i we pry copyn ar farrug. Y 'we' honno yn troi yn bryfed yng nghorn llwnc y fuwch.

had *etf.* ll. *hadau*. bach. *hedyn, hadyn, haden.* Gronynnau bychain atgynhyrchiol y tyf planhigion ohonyn nhw, e.e. had gwair, had meillion, had maip, ayyb.

1620 Gen 1.11, Egined y ddaear egin, sef llysiau yn hadu *had*.
1620 Es 55.10, Fel y rhoddo *had* i'r hauwr a bara i'r bwyttawr.
Anad. Daw'r *had* aur rhywdro i dw'/O droi'r arad i'r erw.
Ffig. Yn yr unigol *hedyn* fel rheol am achos cyntaf, tarddiad achos neu fudiad, egwyddor sylfaenol rhywbeth.
1688 S Hughes: TSP 8, Meddyliau drwg yw *had* gweithredoedd drwg.
'Yn y Parc ger y Bala y plannwyd *hedyn* mudiad Merched y Wawr.'

had ardyst Had y gwarentir eu bod yn iach a phur. Dan ddylanwad y Fridfa Blanhigion yn Aberystwyth, magwyd diddordeb newydd yn yr had a heuir, yn enwedig had gwair ac ŷd. Ceisir hau yr had puraf ac addasaf – had sy'n gwarantu cnwd da ac yn gallu gwrthsefyll tymheredd yn ogystal â phlâu. Ar ben hynny, dan reolau'r Comisiwn Ewropeaidd, rhaid i bob had a werthir fod wedi ei ardystio, ei selio a'i labelu. Gw. ARDYSTIAD HADAU, ARDYSTIEDIG.

had carwe Yr had a gymysgir â blawd (peilliad) i wneud 'bara *had carwe*'.

had cywarch Had y planhigyn Asiaidd sydd â ffeibr gwydn yn ei goesyn ac a ddefnyddir i wneud rhaffau, llinyn, sachau, ayyb. Gw. CYWARCH.

had gwair Had a heuir i ailhadu tir at gael porfa haf a phorthiant gaeaf.

had llin, llinad (*llin* + *had*) Had planhigyn a dyfir i gael ffeibr brethyn o'i goes ac olew o'i had. Arferid credu'n gryf yng ngwerth had llin fel peth llesol i gorff dyn ac anifail, ac fe'i defnyddid yn helaeth mewn grual, ayyb, ac ym mwyd ceffylau. Credid hefyd ei fod yn dda i wneud powltris poeth.
1800 W O Pughe: CP 110, Dau chwart o laeth gyda chwanegiad o *linad* yn ferwedig mewn dŵr i wneud grual.
1981 W H Roberts: AG 38, Os oedd hen anwyd wedi troi'n bliwrisi . . . byddai'n rhaid wrth bwltis i'w dorri – pwltis bara efallai neu *had llin*.
Gw. LLIN, TEISFWYD HAD LLIN.

had masnachol *etf*. Had unrhyw wair, planhigyn oel a ffeibr, nas ardystiwyd fel had pur, ond yn had cywir ac onest.

had mwstard Had planhigyn o'r teulu *Brassica* (neu *Sinapsis*), megis rêp a chêl, yn fwyd anifeiliaid.
1992 FfTh 11, 36, Fe driniai fy nhad y tir unwaith eto a hau *hadau mwstard* ddiwedd Gorffennaf, wedyn ym mhen tair wythnos hau mwy o fwstard i gael crop arall i gario ymlaen ar ôl i'r planiad cyntaf ddod i ben.

hadaradr *eb*. ll. *hadaradrau, haderydr*. Dril ar lun aradr fechan at hau hadau rwdins, maip, mangls, ayyb, mewn rhesi neu rychau, dril hau rwdins (Môn). Byddai'n angenrheidiol teneuo (singlo) rwdins, ayyb, ar ôl eu hau â'r hadaradr. Ers blynyddoedd bellach ceir y dril-dra-chywir yn hau'r had yn unigol ac wedi llwyr ddileu'r angen am deneuo'r planhigion. Gw. HADWR TRA-CHYWIR.

had-ddail *etf*. Y dail cyntaf a dyf o'r hedyn pan fo'n egino (*Cotyledons*).

hadgnwd cyntaf *etf*. ac *eg*. Tatws plannu o frid a gradd ardystiedig, ac o ran arall o'r wlad, wedi eu tyfu ar fferm yn y ffordd normal, ac y bwriedir eu defnyddio yn hadyd y flwyddyn ddilynol. Hefyd hadyd wedi ei gael o blanhigion a dyfwyd o hadyd ardystiedig ac wedi eu bwriadu i'w defnyddio gan ffermwr ar ei fferm ei hun, ac nid i'w hailwerthu.

hadfaes *eg.* ll. *hadfeysydd.* Gwyndwn, gwndwn, tondir, tyndir. Gw. GWYNDWN.

hadlas *eg.* ll. *hadlasau, hadlesi, hadlesydd.* Gair rhai rhannau am y llestr a ddefnyddid gynt i hau had â llaw, llestr hau, hadlestr. Ar lafar ym Maldwyn.
1981 GEM 45, *Hadlas* – y llestr fydd gan yr heuwr dan ei gesail i ddal yr had, *hadlestr.*

hadlaswellt *etf.* Gwair hadau, gwair a dyfir am ei hadau yn fwy nag am ei wellt.

hadle *eg.* ll. *hadleoedd.* Gwely hadau, meithrinfa neu fagwrfa, bridfa, hadau.
Ffig. Tarddiad neu feithrinfa yn grefyddol ac addysgol. Sonnid gynt am ysgolion a cholegau fel hadleoedd dysgeidiaeth.
1792 H Harris: H 102, adeiladu coleg yn Nhrefeca . . . fel *hadle* i faethu dysgeidiaeth ysbrydol.

hadlestr *eg.* ll. *hadlestri.* Y twbyn, neu'r llestr, neu'r fasged a ddefnyddid gynt i hau ŷd, had gwair, ayyb, pan wneid hynny â llaw, llestr hau, lip, hadlip (Dyfed), hadlas (Maldwyn).
1722 Llst 189, *Hadlestr* = a seed-leep.

hadlip gw. HADLAS, HADLESTR.

hadlif *eg.* Yr hylif a gynhyrchir gan organ adgenhedlu y gwryw ac a ollyngir ym mru y fenyw wrth gyplu neu gypladu.

hadog
1. *eb.* Ysgubau ŷd wedi eu stycio neu eu bychu; hefyd tas fechan yn amrywio mewn nifer o ysgubau. Ar lafar yn sir Fflint (Treuddyn).

2. *a.* Toreithiog mewn had, llawn hadau, yn cynhyrchu had, ffrwythlon, hiliog. Ceir hefyd 'un*hadog*' am heuad neu dir ag un math o had wedi ei hau ynddo, ac 'aml*hadog*' lle ceir cymysgedd o hadau.
1780 W, *Hadog* – prolific, seed yielding.

hadoged *eb.* Og at lyfnu tir ar ôl ei hau, oged at gladdu'r had.

hadu
1. *be.* Cynhyrchu had, tyfu had, ffrwythloni (am blanhigion).
1620 Gen 1.11, Egined y ddaear egin, sef llysiau yn *hadu* had.

2. *be.* Hedeg, hodi, magu tywysennau, brigo (am ŷd), magu pen, mynd i hosan.
1620 Ecs 9.31, Canys yr haidd oedd wedi hedeg, a'r llin wedi *hadu.*

3. *be.* Hau had gwair mewn tir âr iddo luosogi a thyfu'n borfa neu'n borthiant, hau had gwair a meillion i gael croen newydd ar dir. Fe'i ceir yn aml yn y ffurf 'ail-*hadu*' ac yng nghyd-destun 'cylchdro cnydau'.
1795 J Thomas: AIC 345, Yn *hadu* bob ail flwyddyn.
'Dan gnwd o haidd y bydda' i'n *hadu* cae bob amser.'
Gw. AIL HADU, CYLCH GWRTEITHIO.

hadwair *eg.* ll. *hadweiriau.* Gwair hadau.
Gw. hefyd HADLASWELLT.

hadwely *eg.* ll. *hadwelyau.* Gwely hadau, grwn hadau, pâm hadau, pridd wedi ei baratoi i dderbyn hadau.

hadwerthwr *eg.* ll. *hadwerthwyr.* Gwerthwr hadau, masnachwr mewn hadau, siop neu asiant hadau.

hadwr, hadwraig *eg. eb.* ll. *hadwyr, hadwragedd.* Heuwr, un yn hau hadau, neu un yn gwerthu hadau.
1782 Llst 189, Hadwr – seeds-man, *had-wraig* – seeds-woman.

hadwr tra-chywir *eg.* Peiriant amaethyddol sy'n hau neu'n gosod hadau mân, megis hadau swêds, ayyb, yn unigol yn y pridd. Gellir gosod y peiriant fel bod dyfnder yr heuad a'r pellter rhwng pob hedyn, yn cael ei reoli'n fanwl. Gyda'r peiriant hwn arbedir yr holl lafur o deneuo neu singlo maip, ayyb. Daeth yn gyffredin yn ail hanner yr 20g.

hadyd (*had* +*ŷd*)
1. *etf.* Grawn ŷd (haidd, gwenith, ceirch) a gedwir ar gyfer ei hau. Gynt, cadwai'r ffermwyr grewyn o rawn o'r ansawdd gorau, i'w hau yn y gwanwyn. *Hadyd* y gelwid hwnnw. Sonnir am 'geirch *hadyd*', 'haidd *hadyd*', a 'gwenith *hadyd*'. Os prynu sydd raid, prynu 'ceirch *hadyd*', ayyb, a wneir. Yng Ngheredigion ceir 'cyrch hau' a 'gwenith had', 'hade cyrch' a 'hade gwenith'.
1480-1525 TA 22, Hir hoedl i fwyhau'r *hadyd*,/Hyd ym Mron Hued mae'r ŷd.
1795 R Crusoe 42, Gyda'r haidd yma yr oedd rhai tywysennau o rice . . . ac mi a'u cedwais yn ofalus yn *hadyd*.
Ffig. 1807 T Jones: YC 133, Mor wir yw'r dywediad, 'fod gwaed y merthyron yn *hadyd* i'r eglwys'.

2. *etf.* Tatws plannu. Er mai 'had ŷd' yw *hadyd* yn wreiddiol, daeth yn air hefyd am datws wedi eu cadw neu eu prynu ar gyfer eu plannu. Yn aml, tatws wedi eu pigo a'u gosod i fagu egin erbyn eu plannu.
Mae rheolaeth fanwl ar y fasnach datws *hadyd* ers blynyddoedd bellach. O ran maint, maent i fod ar draws 1¼" wrth 2¼" (32-37mm), ac fe'u hardystir am eu purdeb, eu hiechyd a'u hegni. Ardystir dau ddosbarth: (a) y famog sydd i gynhyrchu rhagor o hadyd; (b) hadyd a ddefnyddir i gynhyrchu cnydau i'w bwyta. Tyfir tatws hadyd yn bennaf yn y rhannau oeraf o wledydd Prydain, yr Alban, gogledd Iwerddon a rhai rhannau o ogledd Lloegr, lle mae ymosodiad oddi wrth affidiaid leiaf tebygol.
1981 GEM 45, Rhaid cadw'r tatws yma'n *hadyd*.

3. *eg.* Cnwd cyntaf cae gwair ar ôl ei hadu, croen cyntaf cae gwair neu borfa ar ôl ei ail hadu, cae gwair ifanc (Môn), sonnir am y 'cae *hadyd*'.
'Mae'r defaid wedi torri drwodd i'r *hadyd*.'
'Ma'r *hadyd* yn altro'n arw ar ôl y glaw.'

haearn

1. *eg.* Elfen hybrin (S. *trace element*) sy'n gwbl angenrheidiol i dyfiant ac iechyd planhigion ac anifeiliaid. Gall diffyg *haearn* arwain i afiechyd diffygiant (*clorosis*) mewn coed ffrwythau. Hefyd yn hanfodol i ffurfiant haemoglobin, a phrinder *haearn* yn peri anemia mewn anifail. Gw. ELFENNAU HYBRIN.

2. *eg.* ll. *haearnau, heyrn, heyrns.* Yn gyffredinol, un o'r meteloedd pwysicaf a mwyaf defnyddiol o Oes yr Haearn hyd heddiw. Fe'i cloddir o'r ddaear a'i doddi mewn ffwrneisi, ac wedi ei gymysgu ag elfennau eraill cynhyrchir tri math: '*haearn* bwrw', '*haearn* gyr' a 'dur'. Ohono gwneir peiriannau ac offer o bob math.
Diar. 'Taro'r *haearn* tra bo'n boeth' – gwneud rhywbeth tra bod y peth yn fyw yn y meddwl a chyn anghofio.
'*Haearn* a hoga *haearn*' (Diar. 27.17) – meddwl un yn rhoi min ar feddwl un arall.
Dywed. 'Gormod o *heyrn* yn tân' – ceisio gwneud gormod o bethau ar unwaith, a rhyw bethau'n dioddef mewn canlyniad.
'*Haearn* yn y gwaed' – un o benderfyniad di-ildio, cadernid neu gryfder cymeriad.
'Cyn g'leted â *haearn* Sbaen' – rhywbeth caled iawn.

haearn aradr Y rhannau haearn a geid gynt ar yr aradr bren, megis y swch a'r cwlltwr, a'r wadn a'r asgell yn eu tro.

haearn carthbren aradr Y badlen haearn (math o raw fach) a ddisodlodd y garthbren (rhaw bren fach) i lanhau swch ac adain aradr o bridd a gwreiddiau, ayyb. Byddai lle pwrpasol i gadw a chario'r garthbren ar yr aradr fel y gellid ei defnyddio'n ôl y galw. Gw. CARTHBREN.

haearn clwt Erfyn neu fath o raw bwrpasol i dorri tyweirch i'w rhoi ar frig to tŷ wrth ei doi i bwrpas cadw dŵr allan ac i ddal y to yn ei le.
1933 H Evans: CE 102, Meddai goes hir, mesen ar ei dop; tipyn o gamder ynddo, y pen neu'r haearn heb fod yn anhebyg i ben rhaw cul, ond bod ei flaen yn debyg i V, a min fel cyllell o bob tu iddo. Torrid ochrau a dau dalcen y dywarchen yn gyntaf, yna dechreuid gwthio'r haearn dan un pen, a throid y dywarchen i fyny a rholid hi yn gorn yn debyg i rôl llyfr.

haearn crochan Bach i hongian crochan (uwd, cawl, brwes, ayyb) uwchben y tân, yn enwedig lle'r oedd yr hen simdde fawr. Gw. hefyd CROCHAN, CROCHAN UWD.

haearn cyweirio Erfyn miniog i ddisbaddu anifail, haearn sbaddu.

haearn didonni, haearn donni Erfyn i ddigroeni daear, haearn digroeni, haearn gwthio. Ar lafar ym Meirionnydd yn y ffurf *haearn donni*. Gw. DIDONNI, DIGROENI, GWTHIO, LLADD MAWN.

haearn dyludo Haearn pwrpasol i ddigolio haidd, colier. Gw. COLIER, DYLUDO.

haearn ffrwyn Y rhan fetel o ffrwyn sydd yng ngheg y ceffyl, bit, genfa. Gw. BIT, GENFA.

haearn gwair
1. Cyllell fawr i dorri tringlenni o wair yn y das, cyllell a'i handlen yn sgwâr onglog i dringlennu gwair ym magwyr y das. Ar lafar yn y gogledd.
1928 G Roberts: AA 13, Dylid eto enwi yr *haearn gwair*, caff tail, dwy neu dair how faip a dau neu dri o docars.
Gw. CLENCEN, CYLLELL WAIR, MAGWYR, MAINC, TRINGLEN.
2. Yr haearn neu'r bach haearn i dynnu tringlen wair o'r afael neu o'r fagwyr yn y das wair.
Gw. BACH GWAIR.

haearn gwrymiog Shitiau sinc rhychiog, shitiau gwrym a phant (S. *corrugated iron*). Mae *haearn gwrymiog* yn sicr o fod yn enghraifft dda o Gymraeg byw! (Gw. B Cyfr. 1 192-23). Ar lafar yn sir Ddinbych.

haearn gwthio Haearn pwrpasol, a wthir â'r frest ac â'r dwylo, at ddigroeni tir, plow, plowbrest.
1992 FfTh 9, 46, . . . fe'i defnyddid ar un cyfnod un ai i ddigroeni wyneb rhostir yn yr ucheldir wrth arloesi, neu i ddigroeni sofl er mwyn cael gwared â chwyn a thrychfilod. Llosgid y tyweirch a dorrid a gwasgerid y lludw yn ôl i'r wyneb fel gwrtaith.
1933 H Evans: CE 103, Yr oedd pen yr *haearn gwthio* yn fflat . . . a min da arno. Rhaid oedd ei hogi'n aml. Ar ochr y llaw chwith iddo yr oedd yr ymyl yn troi i fyny, a min arni i dorri ochr y gwthin neu'r dywarchen yn rhydd, fel y tyr aradr ochr y gwys. Yr oedd coes hir iddo o bump i chwe troedfedd o hyd, a chamder ynddi yn debyg i goes rhaw. Ar ei ben yr oedd mesen hir o ddeg i bymtheng modfedd. Byddai gan y gwthiwr ddarn o ledr ar ei glun, ac â'i glun a'i ddwylo y gwthiai yr haearn nes torri'r dywarchen.
Gw. DIDONNI, DIGROENI, GWTHIO, PLOW.

haearn marcio Offeryn i farcio tonnen fawn i bwrpas lladd mawn, cyllell farcio. Ar lafar ym Meirionnydd.

haearn lladd mawn Erfyn dwy onglog pwrpasol at ladd mawn, rhaw fawn yn torri dwy ochr i'r dywarchen fawn ar y tro.

haearn nodi Haearn pwrpasol i roi nod perchenogaeth ar gorff anifail, y naill ai gyda phaent neu byg (fel gyda defaid) neu drwy boethi'r haearn yn iasboeth i serio'r nod ar ei groen. Gwneir hyn i bwrpas adnabod anifail lle bo wedi crwydro, ayyb.

haearn pedoli Heyrn y gof at bedoli ceffylau.

haearn sbaddu Ar lafar yng Ngheredigion.
Gw. HAEARN CYWEIRIO, HAEARN TORRI.

haearn smwddio (smwddo) Yr haearn gynt a roid yn y tân i'w boethi'n goch i'w roi mewn cas haearn i smwddio dillad, hetar smwddio. Ar lafar yn gyffredinol.

haearn torri Haearn cyweirio neu sbaddu. Ar lafar ym Mhenllyn.

haearn traul Gwadn haearn yr aradr i'w chadw rhag treulio neu wisgo.
Gw. hefyd HOELION ARADR.

haearn tylpie Offeryn i dorri mawn tylpie (gw. B Cyfr. 3, 203 1926-7).

haearn ysbaddu gw. HAEARN CYWEIRIO, HAEARN TORRI, HAERN YSBADDU.

haearnodd (Ceredigion) gw. ARNODD.

haearnwr, haearnydd *eg*. ll. *haearnwyr*. Un yn gwerthu nwyddau haearn yn bennaf, haearnfeistr, haearnwerthwr, haearnfaelwr.
1368 Caernarvon Court Rolls 42, His servant Ieuan *Haernour*.
eto, 95, he insulted and beat Ken' *Haearnwr*.
1760 ML 2, 173, Siac Huws yr *haiarnydd* wedi torri'n sprottas.

haeddel *eb*. ll. *haeddeli, haeddelau, haeddelion*. Braich aradr, hegl aradr, corn y gwŷdd, llyw aradr, pengamedd aradr. Yng Ngheredigion ceir y ffurf 'heiddel' a'r lluosog 'heiddele'; yn sir Gaerfyrddin ceir 'hiddil' (ll. 'hiddili') a 'heddel' (ll. 'hyddeli'); yn sir Benfro ceir 'eiddol' (ll. 'eiddolion').
Gw. hefyd BREICHIAU ARADR, CORN (CYRN) ARADR, HEGL.

haeddel fach gw. HAEDDEL FAWR.

haeddel fawr Un fraich neu haeddel oedd i'r aradr yn yr oesoedd cynt. Y fraich honno oedd y llyw. Yn araf a chynyddol gosodwyd braich arall debyg iddi ac yn gyfochrog â hi. Gelwid honno yn 'llaw-haeddel' neu 'llaw-lyw'. Mewn cyferbyniad galwyd yr un wreiddiol yn *haeddel fawr*, sef y brif haeddel, a'r llall yn 'haeddel fach' neu 'haeddel law'. Yn araf y gwelwyd gwerth yr 'haeddel fach' i bwrpas dal yr aradr ac i droi'r gwys drosodd.

haeddel gam, haeddel fach gw. HAEDDEL FAWR.

haeddel-law Haeddel fach.
Gw. HAEDDEL FAWR.

haeddel-lyw Haeddel fach.
Gw. HAEDDEL FAWR.

haemoglobin *eg*. Lliw coch yn cynnwys haearn a geir mewn celloedd gwaed cochion ag sy'n rhoi ei liw i'r gwaed. Mae *haemoglobin* yn amsugno ocsigen yn yr ysgyfaint a'i gario yn y gwaed i'r meinweoedd.

haen *eb*. ll. *haenau*. Gair a ddefnyddid gynt am 'gwrs' o wair neu ŷd wrth wneud llwyth neu wneud tas, llwyth wyth *haen* = wyth cwrs, ayyb.
Gw. CWRS.

haenell y carn *ebg*. Yr haen fyw, sensitif yn union tu mewn i garn anifail, y bywyn, y llyffant, mapgarn, y rhan feddal a amgeuir gan y carn, lamina.
Gw. BYWYN, LLYFFANT², MAPGARN.

haf *eg.* ll. *hafau.* Ail dymor y flwyddyn; yn swyddogol o Fehefin 21 i Fedi 20. I'r ffermwr fodd bynnag, Mehefin, Gorffennaf ac Awst. Tymor tyfu a chasglu porthiant at y gaeaf a thymor cneifio defaid. Sonnir am *'haf* da', sef haf da ei dwf a ffafriol ei dywydd i gael y gwair a'r ŷd i ddiddosrwydd. Ond sonnir hefyd am *'haf* drwg (sâl, gwael), sef haf o dywydd drwg i hel y porthiant a'r llafur.
Dywed. Diar.
'Darpar yr *haf* erbyn y gaeaf.'
'Dengys y gaeaf beth a wnaeth yr *haf* – yn ansawdd a swm y porthiant a heliwyd.
'Cadw lawnder yr *haf* at lymder y gaeaf.'
'Ar *hindda* mae cynufa/Rhag anwyd y gaeaf.'
'A lafur tra pery'r *haf*, a gân drwy gydol gaeaf' – Cf. 'Gofal yr *haf*, heddwch y gaeaf.'

hafn *egb.* ll. *hafnau.* Bwlch, agen, hollt, ceunant (yn amaethyddol). Ar lafar ym Mhenllyn yn yr ystyr 'bwlch rhwng mynyddoedd neu fryniau, cul'. 'Mi ddaw'r tŷ i'r golwg toc ym mhen draw'r *hafn* acw.' Yn ardal Abergeirw, fodd bynnag, golyga 'rigol cul ar hyd wyneb dibyn neu lethr' (GPC). Ym Maldwyn (fel yn y de) ceir y ffurf 'hafan', gydag 'a' ymwthiol. Sonia pobl Maldwyn am 'draw yn yr *hafan* acw'.
Gw. GEM 45 1981.

hafan gw. HAFN.

hafar *(haf + âr) eg.* Tir wedi ei aredig a'i lyfnu a'i adael drwy'r haf heb ei hau er mwyn rhoi gorffwys iddo, ac er mwyn difa chwyn, braenar haf. Ar lafar ym Môn. Ceir *Llawen Hafar* yn enw ar alaw Gymreig.
1▓▓ P, *Havar* – a summer tilage.
Gw. HAFARDDU, HAFRA, HAFRU.

hafarch *eg.* Ceffyl bychan, pynfarch (S. *pack-horse*), drwy gamgymryd 'summer' am 'sommer', o feddwl mai 'haf' + 'march' oedd y gair.
1547 WS, *Hafarch* – a sommer nagge.

hafarddu *(haf + arddu* [aredig]) *be.* Aredig yn yr haf.
1722 Llst 189, *Haf-arddu* – to plough up ground in the summer
Gw. HAFAR (haf + âr).

haf-bori *be.* Y dull o fwydo gwartheg yn yr haf drwy eu troi allan i bori porfa o hen groen.

hafdom *(haf + tom) eg.* Tail haf, y tail a gaiff y caeau pan fo'r anifeiliaid allan yn pori yn yr haf neu drwy fod yr anifeiliaid allan yn pori.
1762 ML 2 468, Na omeddwch ddodi gronyn o hen *hafdom* . . . yn wely iddynt (hadau, ayyb).

hafladd *(haf + lladd) be.* Lladd neu ddifa chwyn yn ystod yr haf. Ar lafar ym Morgannwg yn y ffurf 'hafledd'.
1815 W Davies: ASW 1 209, Thistles . . . are suffered to grow up untill coming into blossom in June; they are then mown, and to kill them in their venom, 'eu *hafladd* yn eu gwenwyn' as the Welsh phrase it, lime . . . is spread over the field.
Gw. hefyd HAFAR.

hafledd Ffurf lafar ar 'hafladd'.
Gw. HAFLADD.

haflug *eg.* Criw ynghyd, mintai fawr, cwmni lluosog (yn aml, yn ddiraddiol), haid, ciwed. Ar lafar ym Môn ac Arfon yn y ffurf 'haflig' (nifer) ac yn gyffredin mewn ystyr ddiraddiol.
'Wnaeth neb o'r teulu nemor ddim i Sara Hughes, ond roedden nhw yn ei hangladd yn un *haflig*.'
1677 R Jones: BB 107, *Haflug* ydynt hwy o Ragrithwyr.
1752 ML 1 190, Anifir iawn . . . o'r byd y mae yn ei fwynhau ymhlith y fath *haflug*.
1755 ML 1 380, Henaint . . . sydd yn hudo *haflug* o gymdeithion anynad i'w ganlyn.
'Roedd y defaid yn yr haidd yn un *haflig*.'

hafod (*haf* + *bod* [preswylio])
1. *eb.* ll. *hafodydd, hafodau*. Trigfan ar ucheldir dros yr haf dan yr hen drefn gynt o 'hafod a hendre'. Arferai'r ffermwr a'i dylwyth a'i anifeiliaid fudo i'r *hafod* dros dymor yr haf, h.y. o Galan Mai hyd fis Medi, mewn rhai ardaloedd. Dychwelent i'r 'hendref' (cartref sefydlog) dros y gaeaf. Ceir *hafod* yn britho enwau ffermydd dros Gymru, e.e. 'Hafod Fadog', 'Hafod Lwyfog', 'Hafod Esgob', 'Hafod-y-maidd', 'Hafodwen', ayyb.
14-15g IGE 142, A'i dda ar fynyddoedd ynt,/I'w *hafodydd* hy ydynt.
Hen Bennill. 'Mi af oddi yma i'r 'Hafod Lom',/Er bod yn drom fy swrne.'
1975 R Phillips: DAW 26, Gorwedd y rhan hon uwchlaw Clawdd y Mynydd – yr hen ffin rhwng yr *hafod* a'r hendre.
Ym Meirionnydd, sonnir am 'gadw *hafod*', sef cadw pentiriaeth, – goruchwylio fferm i ffermwr nad yw'n byw ar y lle.
GPC, *Cadw hafod* ym Mrynbedwag i John Evans, Pen-y-bont, yr oedd Dewyrth Dafydd cyn mynd i ffermio ar ei liwt ei hun.
Ffig. Lle dros dro, cyflwr dros dro.
Emrys ap Iwan 'Detholion', Os calon dyn ydyw *hafod* yr Iesu ar y ddaear, y nef ydyw ei hendre.
Gw. HENDRE.
2. Praidd neu fuches a yrrir i borfa haf.
14g RB 2 277, Ac anvon yr holl *havodydd* ac anifeiliait ac oludoedd i blith y brytanyeit.
14g BT 34, Dwyn eu preiddiau ay *havodyd* ay da oll i wlad y brytanyeid.

hafod unnos *eg.* ll. *hafodydd unnos*. Trigfan neu breswylfod a godwyd mewn un noson ar dir comin, a chysgu ynddo ddeugain nos, yn rhoi hawl perchenogaeth i'r sawl a'i cododd, ynghyd ag ychydig o dir o'i gwmpas gan dorri cwys i nodi ei derfynau
1803 P, *Hafodunnos* – Cot built on a common in one night, squater's cot.
Gw. CABAN UNNOS.

hafodi
1. **hafota** *be.* Byw dros dymor yr haf yn yr 'hafod' ar yr ucheldir (am amaethwr neu fugail) dan yr hen drefn o 'hafod a hendre'. Er fod tystiolaeth bod y Cymry yn bobl gymharol sefydlog erbyn y 12g, diau bod 'hafota' yn rhyw fath o barhad o'r elfen grwydrol, fugeiliol a nodweddai eu bywyd cyn hynny. Pery 'hafota' o hyd yn y Swisdir a mynyddoedd y Pyrenees.
Gw. HAFOD, HENDRE.

2. *be.* Goruchwylio fferm i ffermwr sy'n byw ar fferm arall, 'cadw hafod' (Meirionnydd), 'cadw pentiriaeth' (Môn). Gw. CADW HAFOD, CADW PENTIRIAETH.

hafodwr, hafodwraig
1. *eg.* ll. *hafodwyr.* Hefyd *hafodwraig, hafodreg,* ll. *hafodwragedd.* Goruchwyliwr hafod ar ran rhywun arall, beili fferm, hwsmon, magwr neu fugail anifeiliaid.

15g Bedo Aeddren: Gwaith 136, Dyvod a wnai'r *havodwr*/A dannod y bod heb ŵr.
15-16g Dafydd Trefor: Gwaith 280, A da gan wyrda 'i wedd/A drwg yr *hafod-wragedd.*
1752 ML 1 212, Digon anhawdd taraw wrth *hafodwr* gonest diwyd.
1907 M Fardd: GESG 178, Tri dyn a fyddant hir-oesog – *hafotwr* y mynydd, aradwr y tir, a physgotwr y môr.

2. Amaethwr mewn ystyr gyffredinol yn enwedig ffermwr llaeth, neu ffermwr â buches.

1722 Llst 189, *Hafodwr* = a dairy man.
1753 TR, *Hafodwr* = maerwr, a dairy man.
1770 W, *Hafodwr* = bailiff (a kind of under steward), dairy man, farmer.
1770 W, *Hafod-wraig* = dairy maid, dairy woman, a farmer's wife.

hafog, hafoc *eg.* Difrod, dinistr helaeth, llanast dirfawr. Sonnir am y gwynt wedi gwneud *hafog* neu *hafoc* ar y cnwd ŷd neu do adeilad, ayyb.
'Ma'r gwynt 'na neithiwr wedi gwneud *hafoc* golew ar do'r beudy.'
Ond defnyddir y gair hefyd am lanast neu ddifrod mewn ystyr dda, e.e. pan fyddai pladurwyr wedi bod wrthi drwy'r dydd yn lladd ŷd ac wedi gwneud eu hôl yn sylweddol ar y cae ŷd, clywid rhywbeth fel hyn:
'Rydan ni wedi gwneud *hafoc* arno heddiw.'
Pan welai ffermwr yng Ngheredigion anifeiliaid cymydog wedi torri drwodd i'w gae ŷd, ayyb, fe waeddai, 'Hei hifyn, hei *hafog*'.

hafota *be.* Preswylio mewn hafod neu drigfan haf, byw dros dro, bwrw neu dreulio'r haf, trigiad yn y wlad
Ffig. 1672 R Prichard: Gwaith 357, Nid oes lle in' aros ymma,/Ond dros ennyd i *hafotta.*
1685 T Jones: Alm 37, Nid yw'r byd ymma ond megis *hafotta.*
Gw. HAFOD, HAFODI.

hafoty
1. *eg.* ll. *hafotai.* Trigfan haf ar yr ucheldir, hafod, hafdy yn enwedig dan yr hen drefn o 'hafod a hendre'. Digwydd y gair, yn arbennig yn ei ffurf dalfyredig, sef 'foty' mewn enwau lleoedd yn bur gyffredinol, e.e. 'Y *Foty*' (Llanegryn), '*Foty* Ganol', '*Foty* Wen' (Llandderfel), 'Cae'r*foty*' (Llangywair), '*Foty*gerrig' (Cwmpenanner).
1588 Amos 3.15, Mi a darawaf y gaiaf-dy, a'r *hafodty.*
Gw. HAFOD, HAFODI, HAFOTA.

2. Ffermdy, llaethdy.
1722 Llst 189, *Hafodty* – a dairy house.
1722 W, *Hafodty* – dairy or dairy house.
16-17g LlGC 6434 135b, Saesnaeg mewn havoty (un o gasbethau Owain Cyfeiliog).

3. Sied neu gwt bychan mewn mawnog i storio mawn a laddwyd yn hwyr yn y tymor, i ddisgwyl cyfle i'w gario at y tŷ.
Gw. WVBD 566.

hafotir *eg.* ll. *hafod-diroedd.* Tir hafod, tir haf ar ucheldir, porfa haf.
Gw. HAFOD.

hafotref *eg.* gw. HAFOD.

hafotwr gw. HAFODWR.

hafra, hafru (*haf* + *aru*) *be.* Braenaru tir yn yr haf a'i adael i orffwys heb hau dim ynddo, ac er mwyn ei lanhau o chwyn drwy ei lyfnu lawer gwaith drosodd, i bwrpas tyfu gwenith.
Gw. HAFAR.

hafru gw. HAFRA.

haff
1. *eg.* ll. *haffiau.* Crafangiad sydyn, gafaeliad sydyn, cael gafael cyflym, cael crap, cael caff.
'Roedd ysgub yn mynd i ddisgyn ar war y gaseg wrth y das, ond mi gefais *haff* arni wrth lwc fawr.'
2. *eg.* Pladuro blêr, di-lun, arfod flêr, anghelfydd, sonnir am *'haffio'r* wanaf'*, ac am 'hen *haffiwr* o bladurwr'. Ar lafar yn y gogledd. Ym Mhenllyn clywir 'Dene lle'r oedd o'n rhoi rhyw *haff* bob hyn a hyn wrth docio'r gwrych' (GPC).

haffiad *eg.* ll. *haffiadau.* Gafaeliad neu grafangiad sydyn, brysiog; ysglyfiad neu doriad blêr â phladur.
Gw. HAFF[1] a [2].

haffin-haffowt *a.* Disgrifiad gwerinol llafar o ddafad ar ben clawdd, ar fin mynd drosodd. Ar lafar yng Ngheredigion.

haffio
1. *be.* Un yn cymryd gafael sydyn, crafangu'n sydyn a di-oed.
Gw. HAFF[1].
2. *be.* Pladuro anghelfydd wrth ladd ŷd neu wair, lladd blêr a di-lun â phladur. Sonnir am ambell un yn *'haffio* lladd' neu'n *'haffio* torri'.
Gw. HAFF[2].

haffiwr gw. HAFF, HAFFIO.

hag, hac *eg.* Ceffyl salw a diwerth, ceffyl wedi gweld ei ddyddiau gwell.
Gw. hefyd HACNAI.

hagen gw. CALEN HOGI, HOGFAEN.

haglo *be.* Dadlau am bris, heglan (yn enwedig anifeiliaid), bargeinio'n galed, methu cytuno ar bris (e.e. ffermwr a phorthmon). Does neb a ŵyr beth yw *haglo*'n well na ffermwyr a phorthmyn a arferai brynu anifeiliaid law yn llaw. Gallai'r *haglo* am y gwahaniaeth rhwng y pris a ofynnid a'r pris a gynigid barhau am ddarn o ddiwrnod. Tebyg hefyd fyddai'r *haglo* am gyflog rhwng meistr a gwas adeg pentymor, cyn i'r Bwrdd Cyflogau Amaethyddol yn y 30au osod graddfeydd.
'Mi fu'r gŵr 'ma a Dic y porthmon 'na'n *haglo* ynghylch pris y dynewaid drwy'r pnawn.'
Gw. BARGEINIO.

hagr *a.* Afrywiog, drycinog, ysgythrog, stormus, gethin, garw (am y tywydd a'r tymor). Weithiau disgrifir tywydd drycinog a garw fel 'tywydd *hagr*'.
'Ma' hi'n *hagr* heddiw' neu 'Ma hi'n edrych yn *hagr* (hyll) o'r gorllewin 'na'.
1683 T Jones: Alm 23, Stormus a *hagar* a gwyntiog.
1684 T Jones: Alm 28, Y tywydd a dry'n *hacrach*.

hangglen Ffurf dafodieithol ar 'handlen'. Ar lafar ym Maldwyn.
Gw. HANDL, HANDLEN.

hai, hei *ebg.* Ebychiad, a'i arwyddocâd yn dibynnu ar dôn y llais wrth ei swnio, i alw sylw neu i annog neu i beri brysio, i annos neu hysio (ci, ayyb). Clywir '*hai* gancar' (gresynu), '*hei* lwc' (gobeithio), '*hei* gebyst' (syndod). Hefyd gair i gymell ceffyl yn ei flaen.

hai (hei) ati Anogaeth i fynd ati o ddifri i gyflawni tasg neu orchwyl, anogaeth yn cyfateb i 'rwan amdani' neu 'ffwrdd â ni'.
'Ma hi'n mynd i wneud diwrnod da yn y gwair bois, '*hei ati*' ar unwaith.'

hai (hei) hifyn, hei hafog Y waedd neu'r ebychiad o weld gwartheg cymydog wedi torri drwodd i'r cae ŷd, neu i'r hadyd, ayyb.
'*Hai hifyn, hei hafog*, drychwch ar wartheg Bryn Gwyn yn yr haidd.'

hai (hei) lwc Ebychiad sy'n ddymuniad gobeithiol.
'*Hei lwc* mae hi'n clirio hogie' (am y tywydd).

hai pitrw ho Ebychiad cyffredin a nodweddiadol wrth yrru gwartheg.
1803 R Davies: Bardd 88, Ar hyd y ffordd, a'i bastwn derwen,/Yr oedd e'n gwaeddi, *Hai Pitw Ho*' (Jac, Glan-y-Gors i Ddic Sion Dafydd).

haid *eb.* ll. *heidiau.* Llu neu nifer o anifeiliaid (ac adar) o'r un rhywogaeth sy'n heidio neu â greddf i gadw efo'i gilydd, diadell o ddefaid, gyr o wartheg, cenfaint o foch, gre o geffylau, haid o wyddau, parri, praidd.
'Ma'r defaid yn y gwenith yn un *haid*.'
Ffig. Torf o bobl, nifer sylweddol o bobl.
'Roedd y tenantiaid taeog, moesymgrymgar yno yn *haid*.'
1703 E Wynne: BC 6, *Haid* . . . o Sipsiwn newynllyd.
1987 Alan Llwyd: Barddas 126, Dewr o fewn y dyrfa ŷm,/Llyfriaid heb yr *haid* ydym.

haidd *eg.* ac *etf.* ll. dwbl. *heiddiau.* un. *heidden.* Ŷd coliog neu farfog o deulu'r *Hordeum* (*Hordeum satirum*), barlys. Fe'i tyfir yn gyffredinol yng ngwledydd yr hemisffer gogleddol yn enwedig yn yr Almaen a Ffrainc.

Fe'i defnyddir yn bennaf i borthi anifeiliaid ac i wneud diodydd brag a gwirodydd yn enwedig yng ngwledydd Prydain a'r Unol Daleithiau. Mae'r enwau lled ddireidus a geir ar wisgi a diodydd brag eraill yn dystiolaeth i hynny – 'Sion yr *Haidd*', 'Sion *Heidden*', 'Syr John yr *Heidden*' – enwau sy'n personoli'r haidd. Ar y cyfan haidd yw'r enw cyffredin yn y gogledd a barlys (barlish) yn y de.

1928 G Roberts: AA 17, Ni chlywais ond am ddau fath o *haidd*, sef *Haidd* Hen Ffasiwn a *Haidd* Garw. Ychydig iawn heblaw'r cyntaf a heuid yn Edeyrnion y pryd hwnnw (1857-1870). Ond yr oedd math newydd a elwid 'Chevalier' yn dechrau dod i arferiad.

1981 Ll Phillips: HAD 39, 'Hen Gymro' debyg iawn ydoedd y math mwyaf adnabyddus (o haidd), ond dysgais, . . . enwau a nodweddion 'Spratt' ac 'Archer' a 'Plumage', a'r cyfuniadau ohonynt hefyd. Am wn i nad 'Abed Kenia' . . . ydoedd blaenllif penllanw'r mathau o haidd sy'n gorchuddio'r wlad ers blynyddoedd. Yr enwocaf yw 'Proctor' a fu'n bencampwr . . . cyn rhoi'r flaenoriaeth i fathau rhagorach fyth . . . , sef 'Maris Dove', 'Lofa Abed' a Julia . . . Gan gofio hefyd fod 'Sabarlis' o Aberystwyth ymhlith y cwmni dethol hwn.

1993 FfTh 12, 29, Ceirch oedd prif gnwd Cymru a'r Alban hyd yr ail ryfel byd, er y tyfid *haidd* ar rai tiroedd pan yn hadu lawr i dir glas.

Hen Bennill: 'Bum yn claddu hen gydymaith/A gododd yn fy mhen i ganwaith,/Ac rwy'n amau er ei briddo/Y cyfyd yn fy mhen i eto' (Sion *Heidden*).

Dywed. 'Yr amser gorau i guddio *heidden*/Pan fo dail y bedw fel clust llygoden' (yn fach). 'Hyd *heidden*' – ymadrodd am rywbeth byr.

haidd bragu Haidd at wneud cwrw.

1928 G Roberts: AA 17, Yr oedd y bragwyr yn barod i roi pris mwy am hwn (Chevalier) am ei fod yn cynhyrchu cwrw mwy lliwgar a gloew na'r llall (Haidd Hen Ffasiwn).

haidd clarach Haidd diarhebol o gynnar.

haidd coliog Haidd barfog (*Polystichous barley*).

haidd di-groen Haidd noeth ac yn amrywiad ar *Hordeum vulgare* – haidd garw.
Gw. HAIDD GARW.

haidd dirdwys Haidd â thywysennau hirion, ac o bosibl yn enw arall ar haidd henffasiwn.
Gw. HAIDD HENFFASIWN.

haidd du Hen fath o haidd a chanddo 4, 6, neu 8 rhes o dywysennau.
Gw. HAIDD GARW.

haidd Enlli Haidd a dyfid gynt ar Ynys Enlli.

1992 FfTh 10, 19, Cofiaf fath da iawn o haidd yn cael ei dyfu ar fferm Porth Gwylan . . . 'Haidd Enlli' y byddent yn ei alw, ac nid wyf yn meddwl bod cystal haidd ar gael yn unlle 'rwan.

haidd gaeaf Haidd a heuir dechrau gaeaf; haidd caled, ac yn dioddef oerni'r gaeaf yn dda. Cafwyd dau amrywiad ar y gwreiddiol gan y Fridfa Blanhigion yn Aberystwyth: Pipkin a Viscen.

haidd garw Hen fath o haidd ag iddo 4, 6 neu 8 rhes o dywysennau (*Hordeum vulgare*).
1839 Gweithiau Gethin 251, Dywedir mai yma yr heuwyd *haidd garw* gyntaf yn y Plwyf yn y flwyddyn 1761.

haidd gwanwyn Haidd a heuir yn y gwanwyn, yn llai caled na haidd gaeaf, ac a fedir diwedd haf. Cafwyd tri amrywiad gan y Fridfa Blanhigion yn Aberystwyth: Doublet, Corgi, Dandy.

haidd hen ffasiwn Haidd a dwy res o dywysennau hirfain. Dichon ei fod yr un haidd â 'haidd dirdwys' a 'haidd merlys'.
Gw. HAIDD DIRDWYS, HAIDD MERLYS.

haidd merlys Amrywiad ar haidd dwy-res (o dywysennau), haidd hen-ffasiwn.

haidd pen y bâl gw. HAIDD CLARACH.

haidd potes Haidd y gwneid potes ohono, haidd crochan, haidd pot.

haidd rhywiog Haidd â dwy res o dywysennau lletach a byrrach na haidd hen-ffasiwn. Ar lafar ym Meirionnydd.

haint *eg. ll. heintiau.* Unrhyw glefyd llŷn sydd â thuedd i ymledu, pla, clefyd neu afiechyd heintus – meicrobau yn cael i'r corff ac yn amlhau. Yn amaethyddol heintiau anifeiliaid, dofednod a phlâu cnydau. Ceir '*haint* dofednod' (afiechyd Newcastle), '*haint* gwyn' (afiechyd ŷd), '*haint* yr ebolion' (clwy'r bogail), 'yr *haint* felen' (afiechyd grawngnydau), '*haint* y tethau' (mastitis).
Gw. dan yr enwau. Gw. hefyd CLEFYD, CLWY.

haint dofednod *eg.* Enw arall ar Afiechyd Newcastle ac ar bla dofednod sy'n debyg i glefyd firal dofednod ag sy'n anaml yng ngwledydd Prydain.
Gw. BAD YR IEIR, CLEFYD NEWCASTLE.

haint yr ebolion *eg.* Afiechyd ebolion newydd-anedig, a achosir gan facteria yn cael i'r bogail cyn iddo galedu. Mae'r anhwylder yn peri llid yn y bogail a chwydd mewn rhai o'r cymalau. Fe'i gelwir yn gyffredin yn 'clwy'r bogail' neu 'clefyd y bogail'. Ei enw milfeddygol yw *Omphalophlebitis* a'r enw S. *joint-ill* neu *navel-ill*. Mae lloi ac ŵyn yn agored i ddal yr un afiechyd am yr un rheswm, dan yr enwau mwy cyffredin 'clwy'r bogail' a 'clefyd y bogail'.

haint felen (yr) *eg.* Afiechyd ffwngaidd sy'n taro grawngnydau megis haidd a gwenith (*Puccinia striiformis*). Ymosod ar y dail a'r coesau y mae'r haint ac yn effeithio ar gnydau gaeaf a gwanwyn sydd â'i sborau'n gallu goroesi'r gaeaf.

haint gwyn *eg.* Afiechyd ŷd (yn enwedig haidd a gwenith) a achosir gan ffwng yn y pridd ac yn effeithio ar y gwraidd a'r coesynnau drwy eu duo, yn atal y tyfiant ac yn peri i'r cnwd aeddfedu'n gynamserol ac felly'n cynnwys nemor dim grawn yn y tywysennau a wynwyd gan yr afiechyd, penwyn (*Gaumannomyces graminis*) (S. *whiteheads, take all*).

haint y tethau gw. MASTITIS.

hâl
1. *eb.* Rhos, gwaun, gweundir, rhostir. Erys mewn rhai enwau lleoedd, e.e. 'Llwch-yr-*hâl*', Llandyfriog, Ceredigion.

2. *eg.* ll. *halau.* Tail, tom, baw, budreddi, aflendid. Yn Nyfed clywir '*hala* mas' am gario tail i'r cae, a '*hala* dan tats' am gario tail i'r rhesi (rhychau) tatws.
1958 T J Jenkin: YPLl AWC, Am y tro gallwn adael y tir tato a mynd at oruchwylion eraill yr hydref a dechrau'r gaeaf ac yn enwedig yr '*hala* mas' a'r 'troi lawr'. Rhaid dechrau '*hala* mas' am fod o leiaf ddau can llwyth o bridd-a-dom i'w wasgar.

3. *eb.* ll. *alau.* Ffurf lafar yng Ngheredigion a sir Gaerfyrddin ar y gair 'âl', ac yn golygu epiliad anifail yn enwedig buwch yn bwrw llo. Yng Ngheredigion sonnir am fuwch 'ar ben ei *hâl*', sef buwch ar fin bwrw llo. Yna, yn Nyfed, ceir '*hâl* y fuwch' yn yr un ystyr.
Gw. ÂL, ALU.

hala dan tats gw. HÂL².

hala mas gw. HÂL².

hald *egb.* Trot ceffyl, tuth ceffyl, hanner rhedeg, symud rhwng cerdded a rhedeg. Sonnir am berson yn 'mynd ar ei *hald*' neu'n 'dod ar ei *hald*', neu'n 'galw ar ei *hald*'.
'Mi alwaf eto ar fy *hald* fel huddug i botes.'
1722 Llst 189, *Hald* – a trot, trotting, jolt.
1753 TR, *Hald* – the trotting or jogging of a horse.

halen *eg.* ll. *halenau.* Sylwedd gwyn i gyflasu bwyd ac i rwystro bwyd fynd yn ddrwg. Cyn dyddiau'r rhewgell fe'i defnyddid yn helaeth i halltu cigoedd, yn enwedig cig moch. Rhaid wrtho o hyd yn y ffatrïoedd bacwn, fel mae'n rhaid i fywyd o bob math wrtho.
1595 H Lewys: PA 89, Eithr yr *halen* a'i ceidw yn felus a dilwgr.
1620 Job 6.6, A fwyteir peth diflas heb *halen*?
1716-18 R Morris: Llsg 182, Mae chwech o foch yn yr *halen*.
Ffig. Rhagorolion y ddaear. Hefyd ffraethineb.
1567 Col 4.6, Byddet eich ymadrodd . . . wedi ei gyfansoddi â *halen*.
1588 Math 5.13, Chwi ydych *halen* y ddaear.
Dywed. 'Ddim gwerth ei *halen*'. Cyn bod arian yn cael eu defnyddio'n gyffredin i dalu cyflogau, dyledion, ayyb, gwneid hynny mewn nwyddau. Telid i filwyr Rhufain mewn halen, – nwydd prin a gwerthfawr yn y cyfnod hwnnw. Diau mai ystyr y dywediad 'ddim gwerth ei halen' yw un nad yw'n werth yr hyn a delir iddo.
Gw. HALLTU.

halendir (*halen + tir*) *eg.* ll. *halendiroedd.* Tir hallt, tir diffaith, diffeithwch.
1620 Job 39.6, A'r diffaethwch [:- *halen-dir*] yn drigfa iddo (anifail gwyllt).

halenu gw. HALLTU.

halsen *eb.* ll. *halsennod, halsenni, halsennau.* Styllen draws clwyd (llidiart), raelsen (Môn). Ar lafar yn sir Gaerfyrddin.
1966 D J Williams: ST 14, a nesaodd y siaradwr gan bwyso'i ddwy benelin yn hamddenol ar *halsen* ucha'r llidiart.
Gw. RAELS.

halu gw. ALU.

hallt *a.* Wedi bod mewn halen, neu mewn heli, wedi ei halltu, wedi ei biclo (am gig yn fwyaf arbennig), neu â blas halen yn drwm arno (bwyd, menyn, ayyb).
16g WLB 10, Ken *hallted* ar heli.
Ffig. Cerydd, dwrdio, dweud y drefn; codi crogbris.
'Roedd Miss yn 'i deud hi'n *hallt* heddiw.'
'Fe fu'n rhaid imi dalu'n *hallt* am y ffafr.'
Gw. HALEN.

halltu *be.* Trin â halen, yn enwedig cig mochyn, halenu, helïo, cyweirio â halen (am fwyd, yn enwedig cig), sesno, cyffeithio, pereiddio, cyflasu. Gynt, byddai gweithwyr a thyddynnod bach, yn ogystal â'r ffermydd mwy yn lladd mochyn at iws y cartref. Yn y dyddiau hynny, cyn bod rhewgelloedd, yr unig ffordd o gael y cig i gadw oedd drwy ei halltu. Ceid personau hyddysg yn y grefft o halltu yn mynd o gwmpas mewn ardaloedd i halltu moch yn ôl y galw. Yn aml, yr un rhai oedd y rhain â'r rhai a âi o gwmpas i ladd moch, cigyddion wrth eu gwaith fel rheol, er nad bob amser.
1994 FfTh 13, 23, Y cam nesaf oedd halltu. Byddai fy nhad wedi paratoi bocs neu gasgen i'r pwrpas a phwysi o halen. Prynai wyth neu ddeg o flociau o halen, tua phedwar pwys ar ddeg yr un . . . Fe rwbiai fy nhad yr halen i'r croen a phob rhan o'r ochrau, a'r harns a'r ysgwyddau, a hynny am oriau. Wedyn pacio'r gasgen efo halen a gosod y darnau oedd wedi eu *halltu* yn ofalus a'u pacio yn unigol rhwng haenen o halen nes i'r gasgen lenwi. Byddai wedyn yn lefelu trwch o halen ar dop y gasgen a lapio'r cyfan i gyd efo plancedi. Roedd rhaid gwneud yn siwr bod y gasgen yn cael ei chadw heb wynt.
Ffig. Ceryddu, dweud y drefn, neu arfer gormodiaeth.
'Ma'r hen Sam yn ddigon diddorol, dim ond cofio ei fod yn *halltu* tipyn wrth ddweud 'i stori.'
Cf. 'Cymryd popeth a dd'wed efo pinsied o halen.'
'Roedd Miss yn 'i dweud hi'n *hallt.*'

halltwr *eg.* ll. *halltwyr.* Un a âi o gwmpas gynt, yn ôl y galw, i halltu moch ar ôl eu lladd, gan godi hyn a hyn y mochyn am wneud hynny.
Gw. HALLTU.

ham *ebg.* ll. *hamiau.* Morddwyd mochyn, chwarter ôl mochyn ond wedi torri'r troed i ffwrdd, cig oddi ar forddwyd mochyn. Gan amlaf gwelid yr hamiau'n crogi oddi ar fachau pwrpasol dan nenfwd y gegin neu'r bwtri.

Cyfrifid yr hamiau hyn yn llawnder mawr ac yn rhywbeth i ddibynnu arno gefn gaeaf, boed hi dywydd y bo hi. Ac, wrth gwrs, roedd yr ham wrth law i roi sgram i Modryb Jane pe digwyddai alw.

1933 H Evans: CE 119, Cedwid y blawd ceirch mewn cist dderw hynafol. Stwffid ef yn galed a chadwai am hir amser; ac yn aml y cleddid *ham* neu ddwy yn ei ganol, y lle gorau posibl i gadw *ham* wedi ei sychu.

1989 P Williams: GYG 31, Torrid yr hanner mochyn yn dri – *ham*, ochr a phalfais.

Gw. HOB, HOB Y DERI.

hambwrdd *eg.* ll. *hambyrddau*. O'r S. *handboard*.
Gw. BWYD AMBOR.

hamog, hamoc *eg.* ll. *hamogau*. Car bara, basged o fath i gadw bara o afael llygod, ayyb. Ar lafar yng Ngheredigion.

hamper *eb.* ll. *hamperi*. Y gist neu'r fasged ddofn o wiail gyda chaead arni a ddefnyddid i anfon cwningod a ffowls wedi eu lladd a'u hagor, i'r trefi mawr. Byddai dwy neu dair roden tu mewn i'r gist fel bod y cwningod a'r ffowls yn hongian yn gyplau wrth eu traed ôl.

Ffig. '*Hamper* o eneth' – hogan lysti, gref.
'Hen *hamper* fudr' – dynes fler, rwydd, ddidrefn (Môn ac Arfon).

Gw. DAL CWNINGOD.

Hampshire *ep.* Brîd Americanaidd o fochyn du ond â'i war yn wyn ac yn ddigon tebyg i'r 'British Saddleback'. Mae'n bosibl mai o'r brîd hwnnw y deilliodd.

Hampshire Down *ep.* Brîd o ddefaid sy'n gyfuniad o'r 'South Down', 'Berkshire Knot' a'r 'Wiltshire Horn'. Fe'i nodweddir gan wyneb a choesau brown tywyll a gwlân clos a hwnnw'n ymestyn dros y talcen. Fe'i defnyddir lawer i gynhyrchu ŵyn tewion.

hân gw. HAEN.

handl, handlen Y rhan o'r erfyn neu'r offeryn y gafaelir ynddi i'w ddefnyddio; y rhan o'r peiriant y gafaelir ynddi i'w droi neu i'w weithio, *handlen* y corddwr (buddai), *handlen* yr injan falu gwair, *handlen* yr injan falu maip, *handlen* yr injan oel, ayyb, driwc. Gelwir hefyd glust y piser, y bwced, y siwg, y cwpan, ayyb yn *handl* neu'n *handlen*. Ym Maldwyn ceir y ffurf 'hanglen' a 'haglen'. Gw. GEM 45 (1981).

Ffig. Cynnig, neu addo cefnogaeth foesol i rywun yn siarad, canu, ayyb yn gyhoeddus.
'Paid a phoeni, mi fydda'i yno i droi'r *handlen* i ti.'

Gw. DRIWC.

handlo *be.* Trin neu ddefnyddio erfyn neu offeryn, *handlo*'r aradr, *handlo*'r wiell, *handlo*'r bladur, *handlo*'r bicwarch; trin a thrafod anifail yn enwedig ceffyl, *handlo*'r wedd.

'Nid pawb sy'n medru *handlo* pladur.'
'Roedd yn rhaid wrth nerth a medr i *handlo*'r gwŷdd main (aradr ddi-olwyn).'
'Bydd yn ofalus sut 'rwyt ti'n *handlo* Bess y gaseg, ma hi'n anghyffredin o nerfus.'

hanera, haneru *be.* Yn gyffredinol torri rhywbeth yn ei hanner, rhannu'n ddwy ran. Yn amaethyddol, yr hen arfer yn Nyfed o gadw defaid neu wartheg ar dir cymydog gan rannu'r elw. GDD 160 (GPC).
13g HGC 148 (1641), Rhifwyt ysgrybyl pob perchennawg ac anrheith ag oddyna eu *hanheru.*

hanerbrid (*hanner* + *brîd*) *a.* Anifail cymysgryw neu ledryw, epil cymysgryw (yn enwedig am ddefaid a gwartheg). Buwch o un brîd wedi cael tarw o frîd arall a ffrwyth hynny. Yr un fath am ddefaid.

hanereg
1. *eb.* ll. *haneregau.* Hanner mesur o dir, hanner erw.
13g AL 2 166, Sef yw henne (hynny) erw neu due (dwy) neu *enherec.*
1707 AB 216, *Hannereg* – half an acre.

2. *eb.* ll. *haneregau.* Hanner mochyn, ystlys mochyn wedi ei halltu, hanerob.
1803 P, *Hannereg* – . . . a flitch of bacon.
Gw. HANEROB.

hanerog gw. HANEROB.

Hanner Brîd Cymreig *ep.* Defaid mynydd Cymru wedi eu croesi â hwrdd 'Border Leicester'.

hanner pan, hanerpan *a.* Brethyn heb ei bannu'n iawn, brethyn *hanner pan.* Ceir hefyd y ffurf gywasgedig 'nerpan'.
1799 CM 513, 49, Ni feddai f'ewyrth Sion ap Meurig ab Morgan,/Ond crysbais o wlanen a chlos o frethyn *hanerpan.*
1933 H Evans: CE 89, . . . ac yn enwedig i wneud brethyn a elwid *nerpan,* a gwerthid llawer o hwnnw . . . i wneud dillad milwyr.
Ffig. Hanner call, gwirion, ffol.
'Dydi'r Twm 'na ddim *hannar pan* iti.'

hanner peth *eg.* Ceffyl sy'n groesiad o farch (stalwyn) a merlen. Ar lafar yn sir Ddinbych..
Ffig. Rhywbeth nad yw'n un peth na'r llall.

hannos gw. ANNOS.

hario *be.* Blino, diffygio, lluddedu; hefyd difetha, arafu twf.
GPC, Dwi'i wedi *hario*'n lân.
GPC, Ma' gwynt y Dwyrain 'ma'n *hario* popeth.

harn gw. HAEARN.

harnais, harnes *egb.* ll. *harneisiau.* Yr hyn y gwisgir ceffyl ag o at waith, gêr ceffyl, drecs (trecs), isbel, trasis. Cynnwys yr harnais y ffrwyn, y goler, y mwnci, y strodur ar ei gefn i dynnu'r drol, y gefndres dros ei gefn i lusgo'r aradr a'r og – y pethau y mae'n rhaid wrthyn nhw i bwrpas gwaith.
1455-85 LGC 354, Frwyn a *harnais* a geisiaf,/Cyvrwy'n nyfryn Gwy a gaf.
1976 G Griffiths: BHH 69, Byddai'r *harnais* fel newydd bob amser.

1998 Bethan Phillips: RhDF 219, . . . a gorfodwyd ef i godi am dri o'r gloch y bore i roi *harnes* ar y ceffylau cyn cychwyn am y caeau.
Ffig. Cyfrifoldeb, gwaith neu swydd.
Sonnir am un yn 'dal yn yr *harnes*', sef yn dal mewn gwaith neu heb ymddeol; un arall wedi 'taflu'r *harnes*', sef wedi ymddeol; ond ceir ambell un yn 'marw'n yr *harnes*', sef dal ati i'r diwedd.
'Wyt ti wedi ymddeol? Wel, na rydw i'n *dal yn yr harnes* fachgen.
Gw. DRECS, GÊR, ISBEL.

harnes ceffyl blaen gw. GÊR BLAEN.

harnes ceffyl bôn gw. GÊR BON.

harneisio *be.* Gwisgo ceffyl â harnais at ddaliad o waith, rhoi'r gêr neu'r drecs ar geffyl, traso ceffyl (Ceredigion).
Ffig. Peri i bwerau natur fod o wasanaeth i ddyn, – *harneisio*'r gwynt, *harneisio* dŵr, *harneisio* llanw'r môr, ayyb.
'Mae'r gwynt yn gwaeddi am gael ei *harneisio* i gynhyrchu trydan.'

harnes gw. HARNAIS.

harnodd Ffurf lafar ar 'arnodd' yng Ngheredigion.
Gw. ARNODD.

harstain, herstain (S. *hard-stone*) *eb.* Calen hogi, hogalen, carreg hogi, y math o galen hogi a ddefnyddir i hogi cryman, pladur, ayyb, olynydd y stric neu'r grutbren.
Gw. CALEN HOGI, GRUTBREN, STRIC.

harthryg *eb.* Math ar fat llawr neu ryg, yn aml wedi ei gwneud gartre o sach, ac a daenid o flaen y tân mewn ceginau. Weithiau byddai wedi ei gwneud ar ffurf 'mat rags' ond yn gyfangwbl o sach.
1923 T Davies: *Gŵr Pen y Bryn* 24, Defnydd yr *harthryg* oedd sach, ac arni'n argraffedig mewn llythrennau breision y geiriau HENRY TATE a SON, SUGAR REFINERS.
Gw. MAT.

Harvest Home gw. GWYLSANT Y CYNHAEAF.

hasled *eg.* Rhan o berfedd ac o organau mewnol bwytadwy'r mochyn, sef yr iau (afu), y galon, yr elwlod, ayyb. Ar lafar yng Ngheredigion a Dyfed (S. *haslet*).

haste pwdin *eg.* Pwdin brys, sef blawd wedi ei ferwi mewn dŵr i'w fwyta â thipyn o jam neu driagl ynddo, pwdin pum munud (Môn). Ar lafar ym Maldwyn. Gw. GEM 46 (1981).

hata (*had* + *ha*) *be.* Cardota had, casglu had, yn union fel yr arferid cardota blawd (blota), gwlân (gwlana), lloffion llafur (lloffa), haidd (heidda).
1250 B 4 9, Gwell yr gur (gŵr) a aeth ar vanec (maneg) y (i) *hata* nac (yd) ar sach (na chyda'r sach).
Gw. BLOTA, GWLANA, HEIDDA, LLOFFA.

320

hatish gw. HATRIS.

hatling, hatlin *ebg.* Y darn arian bath lleiaf ei werth yng ngwledydd Prydain hyd at ail hanner yr 20g, hanner ffyrling, un rhan o wyth o geiniog (yr hen geiniog cyn cael y drefn ddegol). Hyd ail hanner yr 20g, bu'n amlwg wrth brisio moch yn ôl eu pwysau. Sonnid am 'wyth a *hatling*' y pwys, ayyb.

1620 Marc 12.42, A rhyw wraig weddw dlawd a ddaeth ac a fwriodd i mewn ddwy *hatling*, yr hyn yw ffyrling.
Ffig. Dan ddylanwad stori'r wraig weddi dlawd daeth *hatling* yn air am gyfraniad ariannol diymhongar. Hefyd am gyfraniad i drafodaeth, dadl, ayyb.
'Doeddwn i ddim wedi bwriadu cyfrannu'r un gair i'r drafodaeth, ond mi fu'n rhaid imi gael bwrw fy *hatling* cyn y diwedd.'

hatris *eg. et.* Chwyn melyn eu blodau a dyf ar dir âr ac mewn llafur (ŷd) cadafarth, aur yr ŷd, bresych yr ŷd, maip gwylltion, mwstard gwyllt, goresgynnydd. Ar lafar yn Nyfed yn y ffurf 'hatrish'. Gw hefyd dan yr enwau uchod.

1958 T J Jenkin: YPL1 AWC, Ni phoenodd *hatrish* ni erioed yn Budloy . . .
1991 G Angharad: CSB 11, *Hatrish* yw'r chwyn melyn, 'charlock', sydd yn bla yn y caeau llafur.

hatsh, hatsied, hatsiaid *ebg.* ll. *hatseidiau.* Dehoriad neu nythiad o gywion ieir, gwyddau, tyrcwn, haid o gywion bach, *hatsied* o gywion. Weithiau clywir hefyd *hatsied* o foch (sir Fflint) a *hatsied* o wenyn, ayyb.

Ffig. Plant heb fod o'r un tad neu o'r un fam, heb fod o'r un llin.
'Mae ganddyn nhw ddwy *hatsied* o blant.'
'Bachgen o'r ail *hatsied* ydi Paul.'

hau, heu, hou *be.* Gwasgaru neu ledaenu had, gwrtaith anorganig, ayyb, *hau* ŷd (ceirch, haidd, gwenith), *hau* had gwair, *hau* llwch neu wrtaith artiffisial, *hau* tatws (y de), *hau* sweds, maip, rêp, cêl, mangls, mwstard. Gynt â'r llaw yr heuid popeth, ŷd, had gwair, giwana, basig slag, ayyb. Byddai hau ŷd â'r llaw yn wastad a heb ddyblygu na rhipio yn cael ei chyfri'n dipyn o grefft. Cefn (grŵn) o ryw bumllath a heuid ar y tro, a defnyddio dwy law i wneud hynny. Rhwymid cynfas wely am yr heuwr, un cwr ohoni dros ei ysgwydd a'r llall dan ei gesail gyferbyn. Yna âi'r heuwr ar ei benglin, taenu'r gynfas ar y llawr a thywallt swm o ŷd iddi. Yna rhwymo conglau rhydd y gynfas dros yr ysgwydd arall. Yn y modd hwn byddai dwylo a breichiau'r heuwr yn rhydd i hau â'r ddwy law drwy gael dyrnaid o'r gynfas bob yn ail law. Cerddai'r cefn o un pen i'r llall dan hau a chan lusgo ei draed, yna, yn y pen, camu rhyw bum cam i'r naill ochr, sef i ganol y cefn nesaf, gan ffeindio marc i anelu ato yn y pendraw yn ogystal ag ôl ei draed yn y cefn blaenorol. Y gamp, wrth gwrs, oedd hau heb ripio a heb fynd dros yr un lle ddwywaith. Cysondeb yr egin, neu fel arall, fyddai'n cyhoeddi medr neu ddiffyg medr yr heuwr. Yn ddiweddarach, yn ystod hanner cyntaf yr 20g daeth driliau i hau pob math o had a gwrtaith gan arbed llawer o lafur ac o amser. Clywir hefyd y ffurfiau 'heu' a 'hou' (y de).

1972 E Williams: TT 60, Nid gwaith hawdd oedd *hau â dwy law*. Rhaid cael rhythm. Y droed chwith ymlaen yr un pryd â thaflu efo'r llaw chwith, tra byddai'r llaw dde yn estyn dyrnaid o had o'r bwced, a'r un modd gyda'r troed a'r llaw dde. At hynny, rhaid rhoi hanner tro i'r fraich wrth daflu, a'r had yn disgyn ryw ddwylath o'r blaen.

Ffig. Lledaenu a gwasgaru unrhyw beth, hyd yn oed pethau haniaethol – sibrydion, ensyniadau, celwydd, clod, straeon, clecs, drygioni ayyb.

1620 Gal 6.7, Pa beth bynnag a *heuo* dyn hynny hefyd a fed efe.

1620 Hos 8.7, Canys gwynt a *heuassant* a chorwynt a fedant.

Dywed. '*Hau* yn brin, medi yn brin'.

'*Hau* gwenith yn y baw, *hau* haidd yn y llwch.'

'Ebrwydd *hau*, ebrwydd medi.'

Hen Ddoethineb. 'Os bydd y ddraenen ddu yn wych/*Hau* dy dir os bydd yn sych,/Os y ddraenen wen fydd wych/*Hau* dy dir boed wlyb boed sych.'

'Pan y gwelych ddraenen wen/A gwallt 'i phen yn gwynnu,/Mae hi gynnes dan i gwraidd,/*Hau* dy haidd os mynni.'

Gw. HADARADR, HADWR TRA CHYWIR.

hau basig slag gw. BASIG SLAG.

hau giwana (giwano) Yn wreiddiol, hau'r gwrtaith o dail adar o Dde America, ayyb. Mewn rhai ardaloedd glynodd '*hau* giwana' yn ymadrodd am hau unrhyw wrtaith celfyddydol.

1992 FfTh 9, 30, Ni chlywais i erioed am y gair *ciwano* yma yn cael ei ddefnyddio i ddisgrifio gwrtaith anorganig (fertiliser). Gweryd yw'r gair a arddelir yn arferol yn yr ardal. '*Hou* gweryd' y gwna amaethwyr y fro hon' (sir Benfro).

1998 E Richards PM 22-3, Yn ddiddorol iawn cydiodd y gair *giwana* ym Môn i olygu pob gwrtaith cemegol, tra mabwysiadodd pobl Llŷn y gair 'llwch' am yr un peth.

hau llwch Ymadrodd llafar am hau gwrtaith artiffisial. Ar lafar yn Llŷn. Gw. GIWANA, LLWCH.

hau mewn llwch Hau pan fo'r pridd yn sych (haidd).

Dywed. 'Hau gwenith yn y baw, *hau haidd yn y llwch'*.

hau tatws Plannu tatws (gogledd), gosod tatws mewn rhychau (rhesi). Ar lafar yng Ngheredigion.

1958 I Jones: HAG 63, Wedi gorffen hau llafur, byddai'n bryd '*hau tatws'*.

1975 R Phillips: DAW 52, . . . trin y tir, rhychio, cario a gwasgar dom yn y rhesi, *hau'r tatws* bob yn un . . .

haw, haw-haw *Ebych.* Gair neu ebychiad a ddefnyddid wrth yrru gwartheg. Ar lafar yn Nyfed.

Gw. hefyd HAI PTRW HO.

hawd, hod *eg.* Y cyflwr o fagu tywysennau neu hedeg (am ŷd). Fe'i defnyddir yn unig yn yr ymadrodd 'yn ei *hawd'* neu 'yn ei lawn *hawd'* neu 'yn ei lawn *hod'*. Ar lafar yn y de.

1803 P, *Hawd* . . . mae'r ŷd yn ei *hawd,* – the corn is in its time of earing.

hawdd-dir *eg.* ll. *hawdd-diroedd.* Tir brac, llac, brau a hawdd ei drin. Gw. BRAC.

hawliau bridwyr planhigion *ell.* Trefn debyg i drefn patent, sy'n gwobrwyo bridiwr planhigyn newydd am ei waith. Mae cais llwyddiannus am y fath hawliau yn rhoi i'r bridiwr yr hawl llawn a llwyr i gynhyrchu a gwerthu ffrwyth ei lafur.

hawl tramwy *eg.* Llwybr neu dramwyfa gyhoeddus, hawl cyhoeddus i groesi tir yn gyfreithlon a heb dresbasu, hynny, fel rheol ar draed neu ar gefn ceffyl, er bod hawliau tramwy â cherbydau hefyd wrth gwrs. Mae llawer o'r hawliau hyn yn hen a chânt lawer o sylw heddiw yn wyneb y galw cynyddol oddi wrth bobl y trefi a'r dinasoedd am gael mwynhau'r wlad a'i cherdded heb dresbasu. Gwelwyd llawer o ail-gadarnhau'r hawliau tramwy hyn ac o ail-ddiffinio llwybrau cyhoeddus yn ystod chwarter olaf yr 20g.
1975 R Phillips: DAW 44, Yn nes ymlaen yn yr un mis, cododd cwestiwn *hawl tramwy* o gwmpas Llyn Eiddwen . . .

'hay sweep' *egb.* Peiriant hel gwair llydan yn sgubo lled mawr o gae gwair ar unwaith. Oes fer a fu iddo (iddi), heliwr gwair (Môn), twmbler (Ceredigion).
1989 D Jones: OHW 169, 'Stifin y Rhos' a'r *'hay sweep'* enfawr honno a fu mewn bri am ryw ddau dymor, a bwrw ynghyd tua chwarter erw ar y tro am wn i.
Gw. AMERICAN TUMBLER, HELIWR GWAIR.

hear gw. HYAR.

heawdr (*heu + awdr*) *eg.* Heuwr, gwasgarwr.
Gw. HAU, HEUWR.

hebrwng *be.* Danfon, cyd-deithio, mynd gyda rhywun beth o'r ffordd. Yn y gymdeithas wledig, gymdogol gynt, pan deithiai pawb ar draed, byddai'n arfer i ddanfon cymydog neu gymdoges a alwai, ran o'r ffordd adref, yn enwedig yn y tywyllwch (Cf. cyn*hebrwng* = angladd).
'Mi ddo'i i'ch *hebrwng* chi damed o'r ffordd.'

hectar *eb.* ll. *hecterau.* Arwynebedd o dir yn mesur 2.471 acer neu erw. Heddiw defnyddir y gair *hectar* yn gynyddol yn y cylchoedd amaethyddol, a chan y cyrff sy'n ymwneud ag amaethyddiaeth, i bwrpas cymorthdaliadau, premiwm, ayyb, yn enwedig dan ddylanwad Polisi Amaethyddol Cyffredin y Gymuned Ewropeaidd.

hecterw ll. *hecterwau.* Cyfaddasiad Cymry Patagonia o'r Sbaeneg 'hectarea' – cyfuniad o 'hecter' ac 'erw'. Tir yn mesur 2.471 erw neu acer.

hectolitar *eg.* ll. *hectolitrau.* Mesur Ffrengig gwlyb yn cyfateb i 100 litar neu 3.531 troedfedd cubic, a ddefnyddir gan y Gymuned Ewropeaidd i bwrpas mesur llaeth, ayyb.

hector *eb.* ll. *hectorau.* (Yn ôl GPC gair sy'n llygriad o 'rhagddor', neu fenthyciad S *heck-door* – the lower half of a door). Hanner isaf drws dau hanner, rhagddor, y math o ddrws a welid yn aml gynt ar y tŷ fferm yn

ogystal ag ar y beudai.
Gw. RHAGDDOR.

hedeg *be.* Ffurf ar 'ehedeg' yn golygu magu hadau (am blanhigion a llysiau), egino neu fagu tywysennau (am ŷd), hadu, hodi (Ceredigion), brigo, magu pen (Môn). Sonnir hefyd am y cabaits yn hedeg, y tatws yn hedeg, ayyb.
14g GDG 95, Hydwf y mae'n *ehedeg,*/Had tew, llyna head teg.
1620 Ecs 9.31, Yr haidd oedd wedi *hedeg* a'r llin wedi hadu.
Gw. BRIGO, EHEDEG, HAWD, HODI.

hedion, ehedion *ell.* Tywys gweigion, us, peiswyn, gwehilion ŷd.
1722 Llst 189, *Hedion* – tail o'r light corn, chaff.
Ffig. Geiriau, arferion, dynion tywyllodrus (neu ddiwerth).
1480-1525 TA 178, O'r had nid o'r *ehedion,*/O dywys ieirll y dôi Sion.
17g Huw Morus: EC 2 131, Nid yw'r rhai drwg gerbron Duw Tad, ond *hedion.*
17g Huw Morus: EC 2 181, Peth yn hadyd, peth yn *hedion.*
Gw. EHEDION, PEISWYN, US.

hedyn *eg.* ll. *had, hadau.* Un gronyn o had unrhyw blanhigyn neu lysieuyn, ŷd, erfin, maip, gwair, meillion, ayyb.
1620 1 Cor 15.38, I bob *hedyn* ei gorff ei hun.
1988 Math 13.31, Y mae teyrnas nefoedd yn debyg i *hedyn* mwstard.
Ffig. Cychwyn neu darddiad rhywbeth – syniad, mudiad, ymgyrch, cynllun, ayyb. Ffurf neu stâd elfennol annatblygedig rhywbeth, dechreuad.
'Ddatblygodd yr Athro ddim llawer ar y syniad, ond roedd *hedyn* y peth mwy yno.'
1672 R Prichard: Gwaith 530, Ond Iesu Grist yr *hedyn* dinam/Addawodd Duw o lwyne Abram.

heel rake Ar lafar yn sir Faesyfed.
Gw. CRIBIN DELYN.

hefer gw. EFRAU.

hefr *ebg.* Egwyl, neu ysbaid o orffwys, lled-orweddian yn ddioglyd wedi ysbaid o waith. Ar lafar ym Môn.
1971 I Gruffydd: C 69-70, . . . ei ddrws bob amser ar agor led y pen i groesawu llanciau ffarmwrs a ddeuai yno wedi noswyl am *hefr* i lacio a llaesu'r hen gorff wedi baich a phwys y dydd.

heffer *eb.* ll. *heffrod.* Buwch ifanc heb erioed ddod â llo, anner (Dyfed a de Ceredigion), aneirfuwch, treisiad (Morgannwg, Brycheiniog, Caerfyrddin), anner, meinoles. Ar lafar ar draws y gogledd. Ceir hefyd y ffurfiau 'hether' a 'hethrod' (Ceredigion).
1716-18 R Morris: Llsg 61, Fel *heffer* ddu fae'n llyfu'i llo.
1972 E Williams: TT 137, Mynnodd mam roi dwy *heffer* yn anrheg iddo (anrheg priodas i was) . . . *Heffer* am bob saith mlynedd o wasanaeth oedd yr arferiad ers talwm . . .
Dywed. 'Brefu fel *heffer* am ei llo cyntaf' – rhywun yn wylo'n hidl ac yn llafar.
'Roedd o bron â mynd yn *heffer*' – wedi hen alaru disgwyl.
'Rhaid i bob buwch fod yn *heffer* unwaith.'
Gw. ANEIRFUWCH, ANNER, TREISIAD.

hegal *eb.* Llain fain hir o dir yn cysylltu cae neu ffridd â chyflenwad o ddŵr (afon, nant) neu â ffordd. Ar lafar ym Meirionnydd. Gw. FfTh Rhif 13, 34 (1994).
Gw. RHYDDID, SLANG, SLING.

hegl
1. *ebg.* ll. *heglau.* Rhan isaf coes, esgair, gar, egwyd.
16g LLEG Mos 158, 107b, Edward goesse neu *hegle* hirion.
16g LLEG Mos 158, 627b, Ynghloff oherwydd bod y naill *heegyl* yn vyrach na'i gymar.

2. *ebg.* ll. *heglau.* Coes mochyn wedi ei halltu.
1722 Llst 189, *Hegl* – a gammon of bacon.
1766 CD 66, Hwy dorren ei *hegle*, go lân wrth y glinie.

3. Ar lafar yn y gogledd am goesau neu draed, ac yn aml yn gellweirus a difrïol am draed mawr.
'Tyn dy *hegla* atat odd' ar y ffordd.' (WVBD 199)
'Mi roth yr hen fuwch goch 'na i *hegal* yng nghanol y bwced.'

4. Braich neu haeddel aradr geffyl. Ar lafar yn sir Ddinbych.
Gw. BRAICH ARADR, HEGLGAM.

heglan
1. *be.* Dadlau am bris, haglo, bargeinio'n galed am bris anifeiliaid, ayyb. Ar lafar yn y de.
GPC, Pwy *heglan* obitu'r peth wyt ti o hyd.

2. Ffurf lafar fachigol ar *hegl* aradr geffyl, sef, braich aradr. Ar lafar yn Edeirnion.

heglgam *eb.* ll. *heglau cam.* Haeddel aradr geffyl, braich aradr, llyw aradr, corn aradr, pengamedd aradr. Yn sir Ddinbych sonnid gynt am fod 'rhwng *hegle*'r aradr'. Cf. 'rhwng cyrn yr aradr'.
1722 Llst 189, *Hegl gam* – the plough-handle or tail.
16g WLl (Geir.) 280, *Hegl gam* – llawlyw.
1814 W Davies, ASW 1, 189, The *hegl gam*, or right handle . . .
Gw. HAEDDEL.

heidio *be.* Yr hyn sy'n reddfol i anifeiliaid ac adar o'r un rhywogaeth, ymffurfio'n haid, rhedeg yn haid, hel yn haid, hel i unfan, ymdyrru.
1588 Nah 3.17, Y rhai a *heidiant* yn y caeau (ceiliogod rhedyn).
'Mae'r gwartheg wedi *heidio* dan y coed rhag y pryfed.'
Ffig. Pobl yn tyrru i'r un lle, yn efelychu ei gilydd, yn dilyn ffasiwn, yn gwrthod meddwl yn annibynnol.
'Roedd pobol yn *heidio* i'r gêm oriau cyn yr amser.'
1677 R Holland: AB 146, Gwlad . . . yn *heidio* â rhai sy'n gollwng Duw yn angof.
1987 A Llwyd, Barddas 126, Dewr o fewn y dyrfa ŷm,/Llyfriaid heb yr *haid* ydym.
Gw. HAID.

heidda *be.* Cardota haidd, casglu haidd, yr hyn a wneid gan y tlodion gynt.
15g Glam. Bards 282, Gwelais ddyn golas (gwelw) o dda/Danheddir doe yn *heidda*.
Gw. GWLANA, LLOFFA, YTA.

heidd-ddŵr *eg.* Diod a wneir drwy ferwi haidd mewn dŵr a'i hidlo, dŵr barlys.

heidden gw. HAIDD.

heiddflawd (*haidd* + *blawd*) *eg.* Blawd a geir o falu haidd, blawd haidd. Fe'i defnyddir yn bennaf fel bwyd anifeiliaid.
1722 Llst 189, *Heiddflawd* – barley-meal.

heiddfrag (*haidd* + *brag*) *eg.* Haidd wedi ei fragu, brag haidd. Bregir deg y cant o holl gynnyrch haidd y byd. Cwrw haidd.
16g Gr Hiraethog: Gwaith 274, Tra rhwyddfraisg troi ar heiddfrag.

heiddgnu (*haidd* + *cnu*) *eg.* Cnu gwlân bras, caled, cnu pigog, coliog, garw.
14-15g IGE² 332, Arwydd yw ar y ddwyen,/Wrth dy dynnu *heiddgnu* hen (i'r farf).

heiddgol (*haidd* + *col* [barf]) *etf.* ac *eg.* Col haidd, y farf bigog ar flaenau'r gronynnau haidd.

heiddgwrw gw. HEIDDFRAG.

heiddlyn gw. HEIDDFRAG.

heiddwellt (*haidd* + *gwellt*) *ell.* Tyfiant gwyllt tebyg i haidd sy'n tyfu gydag ymyl ffyrdd a chloddiau, dynwarediad o haidd, efrau.

heiddwellt y weirglodd *eg.* Gwair tebyg i haidd a dyf ar weirgloddiau.

heiddyd (*haidd* + *ŷd*) *eg.* Math o haidd garw, grawn haidd garw.
1722 Llst 189, *Heiddyd* = barley, bear-barley.

heigiad *eg.* ll. *heigiadau.* Tyriad lluosog o greaduriaid neu o unrhyw bethau. Pla o unrhyw fath, pla llygod, pla euddon, pla gwiddon, ayyb, rhywbeth sy'n ymddangos mewn niferoedd mawr ac yn achosi difrod a cholledion. Sonnir am *heigiad* gweryd sef y lympiau ar gefn gwartheg a achosir gan y pryf gweryd.
1803 P, *Heigiad* – a producing in shoals.
'Mae'r pryf du yn un *heigiad* ar y ffa.'

heigio *be.* Heidio, tyrru, hel ynghyd mewn nifer mawr, hilio, ac yn peri difrod a cholled.
1588 Gen 9.7, *Heigiwch* ar y ddaiar a lluosogwch ynddi.
1620 Ecs 8.3, A'r afon a *heigia* lyffaint . . ac a ddeuant i'th dŷ.
1620 Salm 105.30, Eu tir a *heigiodd* lyffaint yn ystafelloedd eu brenhinoedd.

heinar gw. HEINIAR.

heiniar (*hen* + *âr* [iâr yn amrywiad ar âr]) *eg.* Cynnyrch y flwyddyn, cnwd llafur, cynhaeaf, cynhaliaeth.
1567 Luc 10.2, Diau fod y cynayaf [:-*heiniar*] yn vawr.
1672 R Prichard: Gwaith 163, Rwyf fi yn mynd i drin y ddaiar,/Ac i hau yn hon fy *heiniar*.

heiniardy (*heiniar* + *tŷ*) *eg.* ll. *heiniardai.* Ysgubor, granar, llofft storws, ystordy ŷd, grawndy.
1722 Llst 189, *Heiniardy* – a garner, store-house.

heintiad *eg.* ll. *heintiadau.* Y weithred o heintio, halogiad, inffecsiwn.
1803 P, *Heintiad* – a causing, a contagion.

heintiedig *a.* Wedi ei heintio.

heintio *be.* Rhoi haint i un arall, halogi, llygru.

heintiog, heiniog *a.* Yn dioddef o haint, yn glaf o haint.
1803 P, *Heinniawg* – having a contagion.

heintiol, heiniol, heintlyd, heintllyd gw. HEINTIOG.

heintrydd (*haint* + *rhydd*) *a.* Yn glir o haint, yn rhydd oddi wrth haint, yn imiwn neu'n imiwnaidd, cyflwr o heintryddid neu imiwnedd. Gynt, ceisio delio â'r haint, a cheisio gwella'r anifail ohono, oedd yr unig ffordd. Heddiw gellir heintryddu neu imiwneiddio anifeiliaid a chnydau rhag heintiau drwy drinaieth gemegol, yn union fel gyda phobl a phlant.

heintryddid *eg.* Y cyflwr o fod yn rhydd oddi wrth haint. Sonnir am *'heintryddid* naturiol' (cynhenid) a *'heintryddid* datblyg' (acquired), *'heintryddid* gweithredol' a *'heintryddid* goddefol'.

heintus, heinus
1. *a.* Yn hawdd ei gael neu'n hawdd ei ddal (am haint), afiechyd *heintus*, ymledaenol.
2. *a.* Un wedi ei heintio neu wedi dal yr haint, un yn dioddef o'r haint neu'n cario'r haint.
1346 LLA 29, Yn dlodyonn, yn wann ac yn *heinus*.
1771 D Jones: CDB 27, Un ddafad *heintus* lygra'r praidd.

heislan, heisyllt *eb.* ll. *heislanau, heistyllod.* Crib mawr cryf, ag iddo ddannedd miniog o haearn i gribo llin neu gywarch, crib cardio, crib gwlân. Amr. 'heisglen'.
1722 Llst 189, *Heislan* = a hackle or brake for flax.
1722 Llst 189, *Heislan* = a card for wool.

heislanu, heisylltu *be.* Cribo llin, cywarch neu wlân â heislan. Yn Arfon ceir y gair yn y ffurf 'slanu' am sleifio o'r golwg, neu ysgubo o'r neilltu. Ym Môn 'slanu' a wneir wrth roi cosfa neu gweir i rywun.
1722 Llst 189, *Heislannu* – to brake or to hackle flax.

heislanwr *eg.* ll. *heislanwyr.* Cribwr llin neu gywarch, cardiwr, un yn trin a thrafod heislan.

heislau gw. HEUSLAU.

heisyllt gw. HEISLAN.

hel *be.* Casglu ynghyd, crynhoi, *hel* defaid, *hel* sgubau ŷd (gynt), *hel* byrnau gwair (heddiw), *hel* cerrig (gynt), ayyb. Gw. y cyfuniadau i ddilyn.

hel i bac Madael, newid lle (am was), madael o'i le ac, yn aml, mynd oherwydd rhyw anhapusrwydd neu'i gilydd.

'Mi benderfynodd y giaffer wneud i ffwrdd â'r ail-gertmon, a bu raid i'r hen Guto *hel i bac.*'

hel blawd y gloch Yr hyn a gâi clochydd eglwys am ganu'r gloch neu ganu cnul ar ddyddiau angladd. Âi o gwmpas y ffermydd i gasglu ysgubau adeg y cynhaeaf neu i gael cyfran o rawn ŷd diwrnod dyrnu.

1933 H Evans: CE 166, Defod hynafol iawn, . . . oedd *hel blawd y gloch* . . . bu'r arferiad hwn ym mhob rhan o Gymru. Dywaid William Davies ei bod yn hen arfer ym Meirion i'r clochydd fyned o gwmpas y ffermydd y cynhaeaf ŷd i hel 'ysgub y gloch', ac yr arferai pob amaethwr roddi ysgub neu ddwy iddo. Dro arall âi â'i gwd ar ei gefn pan ddeallai fod y ffermwr wedi dechrau dyrnu, a dyna oedd ei dâl am ganu cnul ar ddydd angladd.

hel briff Yr arfer o gynnal ymryson saethu at gocyn hitio, a'r elw'n mynd at unrhyw angen neu golled mewn cymdogaeth.

1933 H Evans: CE 168, Cynhelid yr hyn a elwid cocyn saethu, sef saethu at nod am y gorau, i gynorthwyo'r rhai oedd wedi cyfarfod â rhyw anffawd megis damweiniau a cholledion drwy i anifail farw . . . Gelwid hynny yn *hel briff.*

hel brwyn Brwyna, lladd a chasglu brwyn at doi'r teisi gwair, ŷd, ayyb. Gw. BRWYN, BRWYNA.

hel bwyd Yr arfer gynt mewn dyddiau o dlodi a phrinder blawd i ferched tlawd (yn bennaf) fynd o gwmpas y wlad, a hynny weithiau lawer tu hwnt i'w cwmwd eu hunain, i *hel bwyd*, h.y. hel blawd.

1933 H Evans: CE 168, Clywais John Hughes . . . yn dywedyd y cofiai ei fam yn adrodd ei hanes, iddi hi yn 1817, pan oedd yn eneth bur ieuanc, a nifer eraill fyned o Fetws y Coed i Sir Fôn i gardota blawd. Dywedai eu bod wedi cael cynhaeaf gwell ym Môn . . . ac y byddai'r merched yn dychwelyd â llond cwd o flawd ceirch, wedi ei gael gan ffermwyr, neu yn hytrach fferm-wragedd caredig Môn.

hel bwyd cennad y meirw Hen arfer nad oes neb yn sicr o'i arwyddocâd, ond y digwyddai ddydd Calan Gaeaf a'r dyddiau ar ôl hynny. Y tlodion, fel rheol, a âi o gwmpas i hel bwyd ac arian. 'Hel bwyd dydd gŵyl y meirw' (Llanuwchllyn).

1933 H Evans: CE 167, Cerddai llawer o wragedd tlodion o gwmpas, a gofalai gwragedd y ffermydd bobi a chrasu nifer o deisennau bychain i'w rhoddi . . . ac i rai fod o gwmpas mor ddiweddar â 1876. Arferai plant fyned yn gwmnïau i *hel bwyd cennad y meirw.* Dywaid fy nai, John Edwards, fod yr arfer yn fyw ym Metws Gwerfyl Goch yn 1900 neu'n ddiweddarach.

hel calch *be.* Ymadrodd yn sir Frycheiniog am nôl calch o'r Mynydd Du, sir Gaerfyrddin. Byddai 'calcho' hefyd yn dwyn yr un ystyr.

1999 FfTh 23, 44, Ar 24 Medi, 1808, pan aeth amryw o wŷr Cwm Cnyffiad, Abergwesyn, i *hel calch* o'r Mynydd Du . . .

hel calennig Hen arfer, ar ddydd Calan, yn enwedig ymhlith pobl dlawd, o fynd o gwmpas ardal i ddymuno blwyddyn newydd dda, ac i

gasglu rhoddion o fwyd ac arian.
1933 H Evans: CE 165, Yn yr hen amser, arferai'r tlodion a'r plant fyned o gwmpas y wlad i *hel calennig* ar ddydd Calan, a gofalai'r amaethwyr am fara a chaws ar eu cyfer. Cenid un neu ddau o benillion fel a ganlyn. 'Calennig i mi, Calennig i'r ffon,/Calennig i fwyta'r noswaith hon:/Calennig i'm tad am glytio'm sgidia',/Calennig i mam am drwsio'm sana'. Os gwrthodid hwy dywedid – 'Blwyddyn Newydd Ddrwg/Llond y tŷ o fwg'.
1998 Bethan Phillips: RhDF 50, Gwelwyd bod 189 o blant wedi galw ym Mlaenplwyf yn 1839, a nodir bod rhwng tri a phedwar cant wedi galw heibio i Drecefel yn 1850, a phob un yn cael cynnig bara a chaws yn ogystal â cheiniogau newydd.

hel cardod Yr hen arfer ymhlith y tlodion o fynd o gwmpas i loffa a chardota ŷd. Diau mai llyfr Lefiticus yn yr Hen Destament yw cefndir yr arfer. Yno cymhellir amaethwyr i beidio hel cynnyrch eu meysydd na'u gwinllannoedd yn rhy lwyr, ond ei adael i'r tlawd i'w loffa (Lef. 19.9-10).
1928 G Roberts: AA 36, Hen bobl o'r ddau ryw wedi mynd yn annalluog i weithio . . . oedd mwyafrif y cardotwyr . . . Gan mai tua chwart o wenith neu haidd oedd yn gardod gyffredin, bwrid y naill a'r llall i'r un cwd ac elent ag ef i'r felin i'w falu a'i wneud yn flawd at fara amyd (bara cymysg). Byddai ganddynt gwd arall ar gyfer cardod o flawd ceirch at wneud uwd.

hel carnau, hel ei garnau Mynd i ffwrdd yn ddi-oed, diflannu'n ddisymwth (am geffyl yn wreiddiol yn ddiau). Ceir hefyd 'cymryd y carnau' am geffyl wedi mynd ar grwydr, ac yn ffigurol am un (mab neu ferch) wedi dianc o'r cartref.

hel cen cerrig Casglu'r cen gwyn sy'n tyfu ar gerrig, y darganfuwyd ei werth a'i rinwedd fel moddion o lifo dillad ar ddechrau'r 19g, a hynny wedi cadw llawer teulu rhag llwgu, yn ôl yr hanes.
1933 H Evans: CE 94, Daeth y 'cen gwyn', sydd yn tyfu ar gerrig, yn nwydd i fasnachu ynddo. Cesglid ef oddi ar y cerrig, a gwerthid ef i fasnachwyr am geiniog y pwys, ceiniog a ffyrling y pwys, ceiniog a dimai y pwys, ac ychwaneg na hynny, pan y byddai galwad uchel amdano . . . Casglai y tri rhyngddynt oddeutu deunaw pwys (y dydd) yr hyn oedd yn gryn gymorth i'r rhieni a'r plant allu byw, a thalu eu ffordd.

hel cerrig Gynt, wrth gadw cae ar gyfer cnwd o wair, yn enwedig gwair hadau (gwair ifanc), byddid yn hel y cerrig oddi ar ei wyneb, rhag iddynt ddifetha min y bladur neu fynd i'r gyllell wrth ladd y gwair a bylchu llafnau'r gyllell, carega. Ceir hefyd 'hela cerrig' (Ceredigion), 'casglu cerrig' (Dyfed).
1981 W H Roberts: AG 51, Fe gadwai fy nhad rhyw dri o'r caeau dan wair. Cyn eu cadw yn y gwanwyn, byddem wedi *hel cerrig*. Roedd hel cerrig tir gwair yn un o'r swyddi yr oedd yn rhaid eu gwneud yr adeg honno, a gwaith diflas a blin ar y cefn oedd hwnnw hefyd. Pwced, a chymryd y cae o'i gwr fesul cefn, a bwrw'r cerrig yn bentyrrau. Eu llwytho i'r drol wedyn a'u cario i balmantu'r ffordd i'r lon fawr, neu i gau tyllau yn y cowrt. *Hel cerrig* a thynnu rwdins oedd y ddau waith a gasawn fwyaf.
1975 R Phillips: DAW 52, . . . a hefyd *hela'r cerrig* o'r cae hadau ddechrau mis Mai i hwyluso torri'r gwair . . .
Gw. CAREGA, CASGLU CERRIG.

hel defaid Nôl neu gasglu'r defaid, yn enwedig o'r mynydd, i bwrpas eu dipio, eu golchi, eu cneifio, eu didoli, eu wintro.

hel ffeiriau Mynychu ffeiriau'n gyson (am ffermwr neu borthmon), yn aml, mynychu ffeiriau'n amlach nag sydd raid a rhywbeth arall yn dioddef mewn canlyniad.

'Dwn i ddim sut ma' gŵr y Bwlch 'na yn medru fforddio'r amser i *hel ffeiria'* fel y mae o.'

hel glaw Yn tebygu i law, am law, arwyddion glaw.

hel gleuad Casglu tail gwartheg, wedi iddo sychu a chaledu ar y cae, yn danwydd.

1963 I Gruffydd: GOB 35, Oherwydd imi weld mam lawer gwaith yn mynd i'r llain . . . i *hel gleuad.*

Gw. GLEIAD, GLEUAD.

hel gwair

1. Casglu'r gwair yn rhenciau,yn gociau neu'n fydylau yn y cae, hel y gwair yn barod i'w gario.

'Os gwnei di *hel* y cae yma, mi a' *inna'* i ladd y cae acw.'

2. Cywain y gwair, sef ei ladd, ei droi neu ei ysgwyd, ei hel yn rhenciau, ei gocio neu ei fydylu, a'i gario i gyfarchwyl.

'Rydan ni wedi cael tywydd campus i *hel y gwair* 'leni.'

1979 W Owen: RRL 33, Fo fyddai'r cyntaf i *hel* '*i wair* bob blwyddyn.

hel gwartheg

1. Cerdded gwartheg i'r farchnad cyn dyddiau'r trên a'r lori wartheg, gyrru gwartheg.

Gw. GYRRU GWARTHEG, PEDOLI GWARTHEG, PORTHMON.

2. Cael y buchod i fewn i'w godro, nôl y gwartheg godro. Ar lafar ym Meirionnydd.

GPC, Ma hi bron yn amser *hel gwartheg.*

hel mwg i sach Bod ynglŷn â gorchwyl di-fudd ac amhosibl.

hel olion Hel neu gribinio (crafu) olion (cribinion) yn y cae ar ôl cario'r gwair, cywain y llafur, ayyb.

hel peiswyn Casglu'r peiswyn glanaf dan y dyrnwr ar ddiwrnod dyrnu at wneud gwelyau peiswyn, cyn dyddiau'r gwely perfedd spring. Merched a wnâi hyn gan amlaf.

hel rhedyn Torri a chynaeafu rhedyn at ei wneud yn wely anifeiliaid.

hel sofl Cribinio cae ŷd ar ôl cario'r llafur, hel y lloffion, hel y sgolffion. Ar lafar yn Nyffryn Ardudwy.

1958 D Jones: Nod. i AWC, *Hel sofl* – hel olion ŷd ar ôl gorffen hel yr ysgubau.

Gw. CRIBINIO, HEL OLION.

hel eu tamaid Hel eu bwyd (am anifeiliaid), eu gyrru allan dechrau haf, wedi misoedd o gario porthiant iddynt, i *hel eu tamaid.*

'Ma hi'n hen bryd iddi gynhesu inni gael hel y penna' allan i *hel* '*i tama'd*.'

hel tatws Codi tatws, tynnu tatws (Dyfed). Ar lafar yn Arfon.

hel to Torri a chasglu deunydd addas at doi'r teisi gwair ac ŷd, ayyb. Yn aml iawn, â brwyn y byddid yn toi, a chyfeiria'r ymadrodd *hel to* at y gorchwyl o ladd brwyn, eu cynnull a'u cario i'r ydlan.

1981 W H Roberts: AG 60, Roedd gofyn cael gwelyau iawn iddynt (teisi) a gweithio rhaffau ac ymorol am *frwyn toi.*

hel wyau Mynd o gwmpas y nythod ieir, ayyb, i gasglu'r wyau yn ddyddiol. Gallai'r nythod fod ar wasgar yn y beudai, yn y gowlas, yn y gwrych, ar bennau cloddiau, yng nghanol dail poethion, ayyb.

hel wyau Pasg gw. CLAPIO.

helem gw. HELM.

helfa
1. *eb.* ll. *helfeydd.* Tiriogaeth ar fynydd-dir sy'n 'gynefin' defaid, heb na chlawdd na ffens rhyngddo â 'chynefin' arall, tir mynyddig di-glawdd, ond nid di-derfynau, i bori defaid ac i'w *hel* yn ôl y galw. Tiriogaeth y ceidw'r ddafad ato ar ôl ymhinsoddi neu ymgynefino.

1981 Ll Phillips: HAD 16, Nid oedd rith o ffens neu glawdd rhwng yr *helfeydd* hyn, ac eto yr oedd pob oen, fel ei fam o'i flaen, yn ymhinsoddi ar un o'r pum *helfa* o genhedlaeth i genhedlaeth.

Gw. CYNEFIN, RHOSFA, RHOSFEIO, YMHINSODDI.

2. Y ddiadell ddefaid o'u hel oddi ar y mynydd, yr helfa ddefaid, y praidd wedi eu hel oddi ar y mynydd.

1999 FfTh 23, 29, Edward Roberts yn dweud bod defaid i ni wedi crwydro o'u cynefin ar Garnedd Llewelyn ac wedi dod i mewn yn *helfa* Glan Llugwy.

helfwyd (*hel* + *bwyd*) *eg.* ll. *helfwydydd.* Bwyd sy'n cael ei hel yn yr haf yn borthiant gaeaf i anifeiliaid – y gwair, y silwair, y gwellt. Yn aml, mae *helfwyd* mewn cyferbyniad i fwydydd cyfansawdd a dwysfwydydd, porfwyd, gogor, porthiant, ebran.

Gw. GOGOR, PORTHIANT.

heli *eg.* Y gwlybwr hallt at halltu cig, brein, dŵr halen.

1938 T J Jenkin: AIHA AWC, Defnyddid y gair halen am halen sych at halltu, ond *heli* am yr halen llaith a gwlyb ar ôl hynny, a thrwy hynny 'codi o'r *heli*' oedd 'codi mochyn'.

Gw. HALLTU.

helion gw. CRAFION, CRIBINION, OLION. Hefyd LLOFFION, TINION.

heliwr gwair *eg.* Peiriant pren i hel gwair yn rhenciau ar y cae i hyrwyddo'r gwaith o'i gocio neu ei fydylu, rhagflaenydd y gribin geffyl. Peiriant yn llusgo oedd yr *heliwr* ag iddo ddwy set o ddannedd hirion trwynfain, gyda metel blaenfain am eu blaen. Roedd dwy fraich o'r tu ôl iddo, ac yn y rheini y gafaelid i'w ddal a'i weithio. Pan lenwai'r dannedd blaen â gwair byddai'r sawl a'i gweithiai'n lledu'r breichiau at allan, dymchwelai'r peiriant drosodd, doi'r set arall o ddannedd ar waith, a gadewid y llwyth gwair fel ei fod yn rhan o renc ar hyd y cae. Digon i'r sawl a'i gweithiai fyddai trafod y peiriant ac felly rhaid fyddai wrth rywun i dywysu'r ceffyl a'i llusgai.

1962 T J Davies: G 22, Un yn llusgo ar ei fol oedd hwn gyda dannedd hirion gwancus yn ôl ac ymlaen. Rhofio'r gwair o'i flaen a wnâi a phan fyddai llwyth golew gennych, gwasgu'r lifar a byddai'n troi a'i ben ôl am ei ben. Ystyrid hwn yn un da ar lechweddau.

1992 FfTh 10, 46, Y ffordd arferol i hel gwair yn y cyfnod oedd gwneud rhenci gyda'r *heliwr* (neu lusgan) – teclyn hwylus iawn yn ei ddydd yn gwneud rhenci yn gyflym ac yn flêr.

Gw. LLUSGAN, RHACA TWMBLER, TWMBLER.

helm

1. *eb. ll. helmydd, helmi, helmau.* Tas gron o wair neu o ŷd yn y cae yn ogystal ag yn yr ydlan neu'r gadlas. Ar dywydd drwg rhaid fyddai helmio gwair yn y cae i ddisgwyl tywydd a chyfle i'w gario i'r ardd wair. Ceir hefyd y ffurf 'helem' (Ceredigion a Dyfed) ac yn golygu tas ŷd yn ddieithriad.

1981 GEM 105, Un fawr gron ar lun 'helmet'. Felly'r cysylltiad.

1994 FfTh 13, 28, Yn yr ydlan gellid adeiladu naill ai *helm* neu das – un gron oedd yr *helm*, ond roedd corneli sgwâr i'r das.

1980 J Davies: PM 67, Pan fyddai'r cynhaeaf drosodd, byddai rhyw hanner dwsin o *helmydd* crynion yn yr ydlan, wedi eu gosod yn yr un lle'n union bob blwyddyn.

1989 P Williams: GYG 18, a'r cwn yn sgathru pan fyddai ambell i lygoden ffrengig yn ceisio dianc o'i lloches yn yr *helem* wrth i'r ysgubau gael eu taflu i'r dyrnwr.

2. *eb. ll. helmydd, helmi, helmau.* Tŷ gwair agored, sied wair, gweirllan, sied a nifer o bileri (yn ôl ei maint) yn cynnal ei tho, ac wedi ei rhannu gan y pileri yn ddau, tri, pedwar, ayyb 'golau' neu 'gowlas' neu 'dduad'. Weithiau ceir un ochr ac un neu'r ddau dalcen wedi eu cau. O ddauddegau'r 20g y daeth yr *'helm* wair' yn yr ystyr hwn yn beth cyffredin. Teisi gwair wedi eu toi a welid ym mhobman cyn hynny. Erbyn yr Ail Ryfel Byd (1939-45) roedd yr *helm* (tŷ gwair) wedi dod yn bur gyffredin.

3. *eb. ll. helmydd, helmi, helmau.* Sied yn y caeau i'r gwartheg ymochel ar ôl eu troi allan i bori. Gw. WVBD 201.

helm fach gw. COGWRN.

helem ocshon *eb.* Tas o 96 o sgubau, sef pedair drefa (24 ysgub) wedi ei gwneud yn arbennig ar gyfer arwerthiant mewn achos o newid fferm neu fudo, pan fo cael prisiad yn angenrheidiol.

helem sofl *eb.* Tas ŷd fach, gron yn y cae yn hytrach nag yn yr ydlan (cadlas, yr ardd ŷd).

helm droliau *eb. ll. helmydd troliau.* Sied gymharol agored i gadw'r troliau (certi) ac offer amaethyddol eraill, huwal, hofel, hoywal.

Gw. HOFEL, HOYWAL.

helmio, helmo

1. *be.* Tasu ŷd, gwneud neu weithio tas ŷd gron. Ar lafar yn Nyfed.

1989 P Williams: GYG 49, Tomos a gofiaf yn *helmo* (adeiladu'r helem) . . .

Gw. HELM[1].

2. *be.* Gwneud mwdwl mawr o wair yn y cae ar dywydd drwg i'r cynhaeaf. Ar lafar ym Môn.

1954 J H Roberts: *Môn*, Ar dywydd gwan rhaid fyddai mydylu neu *helmio*, sef gwneud mwdwl mawr.

helmwr *eg.* ll. *helmwyr.* Un yn gwneud helm (tas gron), taswr. Ar lafar ar draws y de.

helyg *eb.* un. *helygen.* Coed o'r teulu *Salix* sy'n tyfu gan amlaf mewn lleoedd gwlyb, ac yn enwog am eu canghennau hyblyg, gwyrog a'u dail hirgul. Fe'i defnyddid lawer iawn gynt at wneud coesau offer, handlenni, hoelion dodrefn, ayyb. Byddai coes y brws, y fwyell, yr ysgub lawr, y rhaw, y fforch, y bicwarch, ayyb, yn aml o *helyg* gan ei fod yn goedyn gwydn ac ysgafn yr un pryd a heb fod â chroesgoed (graen croes) ynddo. Peth cymharol ddiweddar yw coesau offer o goed wedi eu llifio. Ceir sawl math o *helyg: helyg* llwydion, *helyg* duon, *helyg* ffreinig, *helyg* y cŵn, *helyg* y gors, *helyg* crynddail, *helyg* melyn (aur), *helyg* Babilon (wylofus), ayyb.

1620 Salm 137.2, Ar yr *helyg* o'u mewn y crogasom ein telynau.
1620 Esec 17.5, Gosododd ef wrth ddyfroedd lawer . . . fel *helygen.*
16g CRC 163, A gyrru gwŷr i'r mwythig/I niol hoelion *helig.*

helltydd gw. HALLTWR.

henbob (*hen + pobi*) *a.* Bara hen, bara â blas hen arno, bara ymhell o fod yn ffres. Ar lafar yng Ngheredigion a sir Gaerfyrddin.

1794 W, *Bara hen-bob* – stale bread.

henboeth *a.* Wedi ei losgi neu slecio (am galch).
Gw. CALCH BRWD, LLOSGI CALCH, SLACIO CALCH.

hen borfa *eb.* ll. *hen borfeydd.* Hen groen (am dir), gwyndwn, hendir, tyndir, tir ton, llaethdwn, tir heb ei aredig ers blynyddoedd.
Gw. GWYNDWN, TONDIR, TYNDIR.

hencen *eb.* Oen blwydd, llo blwydd, blwyddiad. Ystyr 'henc' yw cloffni, herc, symudiad afrosgo. Awgrym GPC d.g. yw mai o 'henc' y cafwyd *hencen* oherwydd symudiadau herciog ac afrosgo anifeiliaid ifainc.

1725 SR, *Hengcen* = yearling.

henclo (*hen + llo*) *eg.* Hŷn na llo, iau na dyniawed (am lo).

1926-27 BBGC 3 203, Un rhy hen i fod yn llo, ac yn rhy ifanc i fod yn ddyniawed.

hendir (*hen + tir*) *eg.* ll. *hendiroedd.* Tir â hen groen, gwyndwn, tyndir, tir ton.

1594-6 B 3 277, Teilaw *hendir* a arverant.
1814 W Davies: ASW 1 285, When they break up gwyndon or *hendir* (old land).
Gw. GWYNDWN, HEN BORFA, TONDIR.

hendo (*hen + do*) *eg.* ll. *hendoion.* Gynt, byddid weithiau'n cadw'r to a dynnid oddi ar y das wair a'r das ŷd i'w ail ddefnyddio'r tymor dilynol. Gelwid y to hwnnw yn *hendo*, sef to wedi ei ddefnyddio o'r blaen.

hendon (*hen* + *ton* [tir â hen groen]) *eg.*
Gw. GWYNDWN, HENDIR, TONDIR.

hendref (*hen* + *tref* [trigfan, Cf. car*tref*]) *eb.* ll. *hendrefydd, hendrefi.* Trigfan gaeaf ar lawr gwlad, mewn cyferbyniad i 'hafod', sef trigfan haf ar y mynydd. I'r *hendref* y dychwelai'r teulu a'r anifeiliaid ar ôl treulio'r haf yn yr hafod, dan yr hen drefn o 'hafod a hendref', cartref sefydlog, yr hoff gartref. Fe'i ceir yn aml mewn enwau ffermydd a phlasdai, megis '*Hendre* Gadog', '*Hendre* Hywel', '*Hendre* Urien', '*Hendre* Vorion', '*Hendre*'r Mur', '*Hendre*'r Coed', '*Hendre* Cennin'.
1300 LLB 108, Teir rwyt tayawc ynt: y warthec, a'e voch, a'e *hentref.*
Ffig. Emrys ap Iwan: 'Detholion', Os calon dyn ydyw hafod yr Iesu ar y ddaear, y nef ydyw ei *hendre.*
Gw. HAFOD.

hendrefa, hendrefu *be.* Gynt, bwrw'r gaeaf yn yr 'hendref' (gw. HENDREF), gaeafu, trawsdrefu. Ond magodd ystyr mwy cyffredinol. Sonnir heddiw am *hendrefu* yn Sbaen neu unrhyw wlad dyner ei thymheredd, sef bwrw'r gaeaf yn Sbaen, ayyb.
Ffig. Trigo yn y nef neu ystâd o wynfyd.
17g LlGC 10249, Awn i'r nef i *hendrefa,*/Tan law Duw, dyna le da.
17g Huw Morus: EC 2 417, Ti gei nef i *hendrefa.*
Gw. HAFOTA, HENDRE, TRAWSDREFU.

hendrefol *a.* Ynglŷn â hendre, ym ymwneud â hendre, yn perthyn i hendre neu dir isel. Datblygodd yr ystyr i olygu rhywun cysurus ei fyd a'i amgylchiadau.
GPC d.g., Yn sir Gaern. dywedir am ddyn gweddol gefnog "ei bod hi'n bur *hendrefol* arno' (Datblygiad ystyr digon naturiol wrth gofio mai yn yr *hendref,* nid yn yr hafod, y mwynheid cysuron y cartref sefydlog).

hendrefu gw. HENDREFA.

henfaes gw. GWNDWN, GWYNDWN, HENDIR.

henflew (*hen* + *blew*) *ell.* un. *henflewyn.* Y blew a fwrir gan anifail wrth gael côt newydd, hen gôt anifail. Sonnir am anifail yn 'colli' neu'n 'bwrw'i *henflew*'.

henfon (*hen* + *bôn*) *eb.* ll. *henfoniaid.* Buwch, hen fuwch, buwch fagu. Un ystyr i 'bôn' yw pen ôl, rhan ôl neu fontin anifail, cynffon anifail. Ym Môn ceir 'y gynffon' yn air llafar am 'y buchod' neu'r 'gwarheg godro'. Edrych ar ôl 'y gynffon' y byddai'r porthwr neu'r cowman.
16g WLl (Geir.) 279, *Henfon:-* buwch.
1722 Llst 189, *Henfon:-* a cow.

henfona *be.* Lladrata buchod i'w cael i fagu.

Henffordd gw. GWARTHEG HENFFORDD, HEREFORD.

hen Galan *ep.* I'r mwyafrif o Gymry, y 13eg o Ionawr. Byddai rhai ardaloedd fodd bynnag yn mynnu mai'r 11eg o Ionawr, neu hyd yn oed y 12fed, yw'r *hen Galan.*

1938 T J Jenkin: AIHA AWC, Yn ein plwyf ni, Castell Hendri, Ionawr 12 oedd yr hen ddydd Calan, ond ym mhlwyf y Mot yn cydio ag ef i'r de, Ionawr 11, ac ym mhlwyf y Morfil (i'r gogledd-orllewin), Ionawr 13 . . . Hwn ydoedd y dydd gŵyl yn fy nghartref hyd tua 1910. Ni wneid sylw o gwbl o ddydd Nadolig nac o ddydd Calan.

hen gam *gw.* YR HEN GAM.

hengaul *(hen + ceulo) a.* Wedi hen droi a cheulo (am laeth), wedi ceulo ers tro.

1783 W d.g., *Hên-gaul* – shotten milk (that is curdled by being long kept).

Gw. HENSEFYLL.

Hen Gymro
1. *egp.* Enw ar fath cyffredin o haidd (a gwenith?) oedd gynt yn 'hen ŷd y wlad' yng Nghymru. Fe'i tyfid yn gyffredinol drwy Gymru.

1992 FfTh 9, 39, Roedd peth barlys yr *Hen Gymro* yn cael ei hau yn gymysg â cheirch gwyn i'w ddyrnu a'i falu yn fwyd i besgi moch.

2. *egb.* Afal gwyrdd heb fod yn fawr a gysylltir â Chymru.

heniar *gw.* HEINIAR.

henlor *gw.* HEULOR.

hensefyll *a.* Sefyll yn hir ac wedi ceulo (am laeth, ayyb). Gw. HENGAUL.

heod *(hau + od) eg.* Lluwch eira, eira'n lluwchio'n lluwchfeydd.

14g GDG 86, Adarwr o rew dwyrain,/Neu *heod,* eiry gawod gain.

heol
1. *eb.* ll. *heolydd.* Buarth, ffald, clos, iard fferm. Yn Nyfed ceir y ffurf 'hiol'. Yn Arfon sonnid gynt am '*heol* yr efail', sef buarth yr efail lle'r arhosai'r ceffylau i aros eu tro i'w pedoli. Gw. WVBD 204.

1991 G Angharad: CSB 9, Wên i'n godro mas ar *hiol* 'efyd, â stôl fach a'r pail. Eto 9, We rhaid câl i da ddo' gartre i'r *hiol.*

2. *eb.* ll. *heolydd.* Ffordd, tramwyfa, stryd. Ar lafar yn y de.

1588 2 Sam 1, 20, Na fynegwch yn *heolydd* Ascalon.
1588 Act 9.11, Dos i'r *heol* a elwir Iniawn.

heol angladd Ffordd neu dramwyfa gyhoeddus wedi ei sefydlu gan y gred bod tramwyfa'n dod yn gyhoeddus unwaith yr eid ag angladd ar hyd-ddi. Ar lafar ym Morgannwg.

heol fach *eb.* ll. *heolydd bach.* Fel rheol, y ffordd at y fferm o'r ffordd fawr, 'lôn bach' (Môn), 'lôn fain' (Uwchaled), 'wtra' (Maldwyn), 'meidr' (Dyfed), 'stryd' (Llanuwchllyn). Gw. dan yr enwau uchod am ragor o wybodaeth.

335

heol ffrwyn Llwybr ceffyl, ffordd geffyl.

heol galchu Llwybr ceffyl. Ar lafar ym Morgannwg.

heol gart Ffordd drol, ffordd heb fod a wyneb da iawn, ffordd roncioc, ffordd gul. Ar lafar yn y de.

heol gefn Ffordd gefn, ffordd arall, ffordd heblaw'r brif-ffordd.

heol geffyl Llwybr ceffyl, ffordd galchu, heol ffrwyn. Ar lafar ym Morgannwg.

heol goch Y llwnc, ffordd yr â bwyd a diod o'r genau i'r cyllau, lôn goch (Môn ac Arfon). Ar lafar yn y de.

heol gwadd Llwybr twrch daear, twnnel gwahadden.

heolan, hewlan gw. HEOL FACH, HEOLIG, MEIDR, WTRA.

heolig *(heol + ig)* eb. Ffurf fachigol ar 'heol' ac yn golygu lôn fach, wtra, meidr, lôn fain, heolan.
1701 E Wynne: RBS 14, 'R unig *heolig* hylwydd:/Os heol heb reol rwydd.
Gw. HEOL FACH, MEIDR, WTRA.

heon *(heu + on)* ell Yr hyn sydd wedi ei hau ac wedi egino, neu'r hyn sydd i'w hau, hadyd. Gelwir had gwair wedi ei hau ac wedi egino a thyfu a chadeirio ychydig, yn hadyd, gwair ifanc. Sonnir am droi'r defaid i'r hadyd (heon). Fe'i defnyddir hefyd am y crewyn ŷd yn y llofft storws wedi ei gadw i'w hau.

hercyd be. Nôl, cyrchu; estyn, cyrraedd. Mewn rhai rhannau o'r de sonnir am 'ercyd dŵr' (nôl dŵr) ac 'ercid y da' (nôl y gwartheg).
1993 FfTh 11, 29, Gyda fi oedd y cyfrifoldeb o *ercid* y gwartheg byrgorn o'r cae pori bob bore a phob prynhawn.

Herdwick ep. Brîd o ddefaid mynydd caled yn medru dal tywydd gethin, ac yn hannu o Ardal y Llynnoedd yng ngogledd-orllewin Lloegr. Mae gan hyrddod y brîd gyrn. Gellir gwybod oed yr Herdwick yn weddol agos oddi wrth eu lliw. Genir yr ŵyn bron yn ddu ond ânt yn oleuach gydag amser.

Hereford ep. Y brîd o wartheg biff mwyaf poblogaidd. O'r brîd hwn y ceir y naill hanner o'r enhadiadau biff a roir gan y gwasanaeth hwnnw. Mae'n hen, hen frid o swydd Henffordd, a'i liw coch a'i wyneb gwyn yn nodwedd hawdd ei hadnabod. Fe'i defnyddir yn helaeth er mwyn osgoi problemau lloia neu 'dystocia' (anhawster bwrw llo).

hereg Ffurf lafar ar 'hanereg'.
Gw. HANEREG.

hernod Ffurf lafar ar 'arnodd' (aradr). Ar lafar yn sir Gaerfyrddin.
Gw. ARNODD.

hersio (berf o 'hers' [crwper, pen ôl]) *be.* Tindaflu, prancio, crychneidio, dangos ei garnau (ceffyl), gwilhersio, gwilhersu.
18g Bangor 1733 21, 'rwi'n well na sion-hors am *hersio.*
Gw. GWILFF, GWILHERS.

hesb Ffurf fenywaidd 'hysb'.
Gw. HYSB.

hesbaol *a.* Yn dihysbyddu nerth a ffrwythlonder y tir, cnydau, o beidio'u hamrywio, yn tlodi adnoddau'r ddaear.

hesbáu gw. HYSBIO, HYSBU.

hesbeiddio *be.* Hysbyddu, 'sbyddu, gwagio. Sonnir am 'sbyddu'r ffynnon', sef gwagio ffynnon i bwrpas ei glanhau, 'sbydu'r ffynnon' (Môn). Sonnir hefyd am fochyn yn 'sbyddu ei gafn', sef gwagio'i gafn ac am y bustych yn 'sbyddu eu rheseli', ayyb.
Ffig. Gwagio cyfrif banc neu gronfa ariannol.
'Rhaid imi wylio, mae'r cyfri cyfredol wedi ei *sbyddu*'n barod.'

hesben
1. *eb.* ll. *hesbennau, hesbennon.* Math o glicied drws, un o glustiau neu o fachau clo, gwaeg, cloig, bwcl. Ar lafar yn y gogledd yn y ffurf *hesban*, ac yn y ffurf *hesbin* yn Edeirnion (S. *hasp*). Hefyd y pin a roid drwy dyllau brân y drol i ddal y drol ar ei brân.
1620 Can 5.5, A'm dwylaw a ddiferasant gan fyrr, a'm bysedd gan fyrr yn diferu ar hyd *hesbennau* y clo.
1985 W H Jones: HOGM 49, Gwyddai'r ffordd i agor pob llidiart (Dic y ceffyl) – defnyddiai'i ddannedd neu'i drwyn nes y llwyddai i godi'r *hesbin.*

2. *eb.* ll. *hesbennau.* Mewn canlyniad i gam ddarllen 'hatch' yn lle 'latch' gan Minsheu daeth i gynrychioli hanner uchaf drws-dau-hanner.
1617 Minsheu 230a, *Hesben* – a hatch of a doore.

3. gw. HESBIN.

hesbin *eb.* ll. *hesbinod.* Dafad ifanc, dafad flwydd heb fod yn magu, dafad rhwng ei chneifiad cyntaf a'r ail, oen fanw flwydd. Yn y de ceir y ffurfiau 'hesben' a '(h)esban', ac yn y gogledd y lluosog 'sbinod'. Ceir hefyd 'hesbin blwydd'.
1620 Gen 21.18, Abraham a osododd saith o *hespinod* o'r praidd wrthynt eu hunain.
1620 Lef 14.10, . . . cymered ddau oen perffaith-gwbl, ac un *hesbin* flwydd berffaith-gwbl.
1958 T J Jenkin: YPLl AWC, Pan yn tynnu at y diwedd, daeth *hesben* dorddu ymlaen, ond gorfod inni dalu 19/- amdani a hithau ar y mwyaf ddim mwy o werth na 12/-.
1990 FfTh 6, 32, Hwnna wedi ei sgwennu ar amlen ar ôl i Wil gael hyd i *hesbin* yn perthyn i'r Carneddi allan o'i chynefin.

hesbinwch (*hesbin* + *hwch*) *eb.* ll. *hesbinychod.* Hwch ifanc, yn enwedig un heb erioed ddod a moch ac heb ddechrau magu, neu hwch sydd wedi cael un torllwyth, banwes, manwes. Ar lafar ceir y ffurf 'sbinwch'.

hesbio *be.* Mynd yn hysb neu wneud yn hysb (am fuwch neu unrhyw famog). Weithiau mae buwch yn hysbio, sef mynd yn hysb, ohoni ei hun.

Dro arall mae'n rhaid ei hysbio drwy ei godro'n anamlach, ayyb. Ceisir gofalu bod buwch drom o lo yn cael ei hysbio'n fwriadol rhyw chwech wythnos cyn dod â llo, er mwyn iddi gael ei chefn ati, ac er mwyn prifiant y llo yn y bru. Gweir hynny hefyd pan yn bwriadu gwerthu buwch fel byswynog.

Ffig. Bod yn brin o syniadau ar gyfer anerchiad, pregeth, ayyb.
'Rydw'i wedi *hysbio*'n lân, heb un syniad.'

hesbrwydd *eg.* Y cyflwr o fod yn hysb neu'n sych (am fuwch, dafad, caseg).

hesbwrn *eg.* ll. *hesbyrniaid, sbyrniaid*. Oen blwydd gwryw, llwdn dafad. Ceir y ffurf lafar 'sbyrniaid'.
1588 Lef 14.10, Cymered ddau *hesbwrn* perffaith gwbl.
1688 TJ, *Hespwrn* – a He-lamb of a year old.
1722 Llst 189, *Hespwrn* . . . a yearling weather.
1928 G Roberts: AA 8-9, Aeth ffermwyr eraill i gymryd ŵyn mynydd i bori dros y gaeaf . . . yr hyn a elwir ar lafar gwlad yn 'cadw *sbyrniaid*'.

hesg *ell.* un. *hesgyn, hesgen*. Math o wair bras, cwrs sy'n tyfu mewn tir gwlyb o deulu'r *Cyperaceae*, elystr, brwyn. Ceir sawl math. Digwydd 'hesgen' a 'hesgin' mewn enwau lleoedd. Gw. Ifor Williams, *Enwau Lleoedd* 47 (1945).
1620 Es 19.6, Torrir ymaith bob corsen a *hesgen*.
1696 CDD 47, Fe'i rhoed yn yr *hesgoedd* (Moses), dan dorlan y dyfroedd.
hesg blaenfain – rhai tena pigfain, *Carex Acuta*.
hesg cynnar – hesg y gwanwyn.
hesg y chwain – hesg yn magu math o chwain, *Carex pulicaris*.
hesg llydan – papurfrwyn.
hesg melfedog – llafrwyn, *Typha latifolia*.
hesg y môr – gwellt cryf fel brwyn, *Psamma arenaria*.
hesg y tywod – hesg a dyf mewn twyni tywod neu dywyn, *Carex arenaria*.

hesgle (*hesg* + *lle*) *eg.* ll. *hesgleoedd*. Lle tyf hesg, gwlyble, hesglwyn, gwely hesg.

hesglwyn (*hesg* + *llwyn*) gw. HESGLE.

hesgoed (*hesg* + *coed*) *ell.* Coed a dyf mewn hesgle neu mewn lle gwlyb, helyg o ryw fath.
15g Llawdden: Gwaith 11, Cysgu wna ar frig *hesgoed* / Cael cwymp a wna'r ceiliog coed.

hesgog *a.* Lle llawn hesg, lle a hesg yn tyfu yno. Ceir 'Nant *Hesgog*' yn Llansantffraid Cwmdeuddwr, sir Faesyfed.

hesgyn, hesgin
1. *eg.* ll. *hesgynau*.
1592 J 10, 115a, *Hescin* – cunnog.
2. *eg.* ll. *hesgynnau*. Gogr, rhidyll.

hestor *egb.* ll. *hestoriau.* Mesur sych neu wlyb yn cyfateb i ddau fwysel neu un galwyn ar bymtheg, neu'r llestr o bren neu o wellt sy'n dal y mesur hwnnw. Amr. 'estawr'.

1803 P, Yr oedd dau *hestor* a hanner yn gwneud un sach.
1953 TR, *Hestor* – a corn measure in Anglesey, containing two bushels Winchester.

hestoriaid *eg.* ll. *hestoreidiau.* Llond hestor, dau fwysel, cymaint ag a ddeil hestor.

18g L Morris: LW 41 4, Cibyns heapd make an *Hestoraid.*
1747 ML 1 109, *Hestoraid* is a word peculiar to Anglesey.

hetar smwddio *eg.* Yr haearn smwddio hen ffasiwn cyn dyddiau'r haearn smwddio trydan a nwy. O ran ei ffurf, roedd yn debyg i'r rhai trydan cyfoes, ond yn cael ei dwymo'n wahanol. Cas o haearn ydoedd a darn o haearn tu mewn iddo yr un siâp a'r un faint â'i du mewn. Rhoid y darn haearn (yr *hetar* fel y'i gelwid) yn y tân ac wedi iddo boethi'n goch, fe'i rhoid yn y cas, a chymerai'r gwaelod ei wres oddi wrtho. Y gof lleol, fel rheol a wnai'r *hetar.*

1993 FfTh 12, 22, Rhyw declyn du tebyg o ran siap i un heddiw, ond yn drymach, oedd yr *hetar.* Rhoddid dau ddarn bychan yn y tân a'u rhoi bob yn ail ym mol yr *hetar* i'w boethi . . .
1994 FfTh 13, 39, Gwaith arall a oedd angen llawer o guro fyddai gwneud *hetar smwddio* (yn yr efail) . . . o hen echel trol neu droi hen gylch trol lawer gwaith dros ei gilydd a chodi twymiad arno.
Dywed. 'Mor dwp â *heter.*' Ar lafar yng Ngheredigion.

heterosygaidd *a.* Gair genetigol am blanhigyn neu anifail â genyn trechol sydd yn meithrin nodwedd arbennig megis lliw, wedi ei etifeddu oddi wrth un o'r rhieni a genyn enciliol oddi wrth y llall, mewn cyferbyniad i ddau enyn unieithol (Homosygaidd).
Gw. HOMOSYGAIDD.

heth
1. *eg.* (S.C. *heth, heath.* Cf. '*Blac Heth*') Lle diffaith, anialwch, lle sâl. Ym Môn, dywedir am fferm ddiffaith, 'hen *heth* o le'. Gw. JHR 'Môn' (1954).

2. *egb.* Tywydd caled o rew ac eira, neu storm o eira. Ar lafar yn y gogledd. Gw. hefyd WVBD 204.
'Ma' hi'n *heth* hir leni' – cyfnod hir o rew ac eira.
'Fe gawsom *heth* enbyd ddoe' – storm o eira.

heu gw. HAU.

heuad, head *eg.* ll. *heuadau.* Gwasgariad o had, taeniad o rawn ŷd neu o had gwair, had rêp, had cêl, had erfin, ayyb. Yr hyn a heuwyd neu a heuir, neu i'w hau.

14g GDG 95, Hydwf y mae'n ehedeg,/Had tew, llyna *heuad* teg.
1620 Lef 27.16, Bydded dy bris yn ôl ei *hauad.*

heuedig, heedig *a.* Wedi ei hau (am dir), wedi ei wasgaru neu ei ledaenu (am had).

1620 Lef 11.37, Os syrth dim o'i burgyn hwynt ar ddim had *hauedic*, yr hwn a heuir.
1728 T Baddy: DDG 33, Gwastadeddau yn *hauedig* o wenith.

heuedydd, heedydd *eg.* Un yn hau, heuwr.
1783 W, *Heuedydd* – sower.
Gw. HEUWR.

heuldir *(haul + tir) eg.* ll. *heuldiroedd.* Tir heulog, tir yn llygaid haul o'i gyferbynnu â thir yng nghysgod haul neu gil haul.

heulog gw. HULOG.

heulor
1. *eg.* Gorddrws, rhagddor, y drws mwyaf allanol o ddau, drws dau hanner (ar dŷ), y drws y gellid cau ei ddau hanner yn y gaeaf i gadw'r oerni allan, ond y gellid gadael ei hanner uchaf ar agor yn yr haf a chau ei hanner isaf i gadw'r ieir ayyb allan.
15g Pen 51 191, *Heulor* – gorddrws.
1707 AB 217, *Heulor* – gorddrws.
1803 P, *Heulor* – a half door.

2. *eb.* Aerwy, gwarrog preseb, yr hyn sy'n clymu anifail (gwartheg) wrth y fuddel.
1592 J 10 113b, *Heulor* – gwarrog preseb.

3. *eg.* Preseb, rhesel.
16g WLl (Geir.) 279, *Heulor* – preseb.
1688 TJ, *Heulor* – preseb, rhesel.
1725 SR, *Heuler* – a manger.

heuog, heuol *a.* Yn ymwneud â hau, ynglŷn â hau; y gellir ei hau, wedi ei hau, yn barod i'w hau.
Ffig. Ar led (newyddion da a drwg, clod, celwydd, ayyb).
16g HG 148, Kelwydd *hauog* yw trwy'r byd.

heuslau, hislau, hislannod *(heus + llau.* Cf. *heusor* = bugail) *ell.* un. *heusleuen, hisleuen.* Llau defaid, llau sy'n magu ar ddefaid, torogod, *Melophagus ovinus.* Mae'r syniad yn bod, fod gwres eu gwlân yn magu llau ar ddefaid. Yn y gogledd ceir y ffurfiau llafar 'hislau', 'hyslau', 'hislod', 'hyslod', 'hysleuod', 'yslau' (dan ddylanwad y gair 'ysu'), a'r unigol 'hislan', 'hisleuen', 'chwislen'.
Ffig. Yn anaml am rai drwg.
1786 Twm o'r Nant: PCG 28, 'Rwy fi'n cyff'lybu yn barod,/Y rhai drwg i'r *huslau* a'r drogod.

heusor *eg.* ll. *heusoriaid, heusorion.* Bugail anifeiliaid, yn enwedig gwartheg, defaid a moch. Ceir '*heusor* gwartheg', '*heusor* defaid', '*heusor* moch', ond weithiau gyda theitlau gwahanol: 'meichiad (*heusor* moch), 'bugail' (gwartheg, defaid), 'grëwr' (ceffylau).
14-15g B 2 14, Na chymer wrth dy ddeveit *heussawr* dic.
16g WLl (Geir.) 279, *Heusor* – bugail anifeiliaid.
1592 J 10 113b, *Heusor* – pastor.

heusori *be.* Bugeilio anifeiliaid, gwarchod gwartheg.

heuwal gw. HOYWAL.

heuwr, hëwr, hëydd, howr *eg.* ll. *heuwyr.* Un sy'n hau, un sy'n gwasgaru had. Ceir hefyd y ffurfiau 'hëwr', 'hëydd', 'howr' (Dyfed).
1620 Math 13.3, Wele, *hauwr* a aeth allan i hau.
1620 Es 55.10, Fel y rhoddo had i'r *hauwr.*
1722 Llst 189, *Heuwr, hëwr* – a sower of seed.
Ffig. Lledaenwr unrhyw beth.
17g Huw Morus: EC 2 430, Huw rywiog *hauwr* awen.
'Mae Dic yn *heuwr* c'lwyddau heb ei ail.'

hicell *eb.* ll. *hicelli.* Bilwg hirgoes a ddefnyddir i dorri drysi a drain.
1803 P, *Hicell* – long handled billhook used in cutting briers.

Hickson Edwards *ep.* Cwmni yn Lerpwl a arferai gyflenwi anghenion gefeiliau lleol yng ngogledd Cymru â haearn.
1994 FfTh 14, 30, Roeddem yn cael haearn i wneud pedolau o ffyrm yn Lerpwl – Hickson Edwards. Fe ddeuai trafaelwyr rownd bob hyn a hyn i gymryd ordors, a'r haearn yn dwad ar y tren i'r Fali.

hidl
1. **hiddl, hidlen** *ebg.* ll. *hidlon, hiddlon.* bach. *hidlen.* Llestr pwrpasol gyda'i waelod yn fân rwyll at hidlo hylif (gwlybwr) megis llaeth, math o ogor mân, yn aml yn ffurf twmffat (twndis). Gynt, byddai ar waith bore a nos ar y ffermydd i hidlo'r llaeth, ar ôl ei odro, i botiau pridd, i'w gadw ar gyfer ei gorddi ar ôl iddo suro. Yn aml, rhoid darn o fwslin ar ei waelod i wneud yn sicr nad âi dim baw drwodd. Digwyddai hyn yn rheolaidd pan ddaeth gwerthu'r llaeth i'r Bwrdd Marchnata Llaeth yn gyffredin o ganol tridegau'r 20g. Byddai'n rhan o oruchwylion y forwyn neu'r gwas bach i olchi'r *hidl* ar ôl ei defnyddio fore a nos. Ceir hefyd y ffurf 'hidil', 'hidlan', 'hidlen', 'rhidil' (yr hidil), 'hidlwr'. Yn sir Benfro, Caerfyrddin a Morgannwg clywir 'hiddil', ac ym Mrycheiniog 'hilydd', yng Ngheredigion 'hil'.
1903 O M Edwards (gol.): BB 76, Piser, budde, *hidil,* curnen/Rhaid eu cael i fyw'n ddiangen.
1998 Bethan Phillips: RhDF 38, Mae Betti wedi 'i dysgu/I hela bara a golchi,/Fe odra'r fuwch, fe *hil* y lla'th,/Does dim o'i bath yng Nghymru.
Ffig. Beichio wylo, torri calon, methu cadw dagrau'n ôl.
14g HMSS 1 74-5, Wylaw yn *hidyl* a oruc (a wnaeth).
1620 Gal Jer 1.2, Y mae hi'n wylo yn *hidl* liw nos (Jeriwsalem).
Gw. hefyd GOGAR (Maldwyn), GOGOR, STRAENAR (Cwm Gwaun).

2. *egb.* ll. *hidlon.* Gogr neu ridyll i ogrwm gronynnau ac i wahanu'r bras oddi wrth y mân, e.e. gro, grawn.
1543 B 8 298, Y ddwy *hidil,*un uwch y velin ac un is y velin.

hidlad, hidliad *eg.* ll. *hidladau, hidliadau.* Y weithred o hidlo, ffiltrad; hefyd yr hyn a'r swm a hidlwyd.
'Mae'n cymryd deng munud i bob *hidlad.*'

hidlo
1. *be.* Tywallt gwlybwr neu hylif megis llaeth drwy hidl, defnynnu, distyllio, diferu, er mwyn gwahanu unrhyw sylwedd tewach oddi wrth y

gwlybwr, ffiltro. Amr. 'hil(i)o' < 'hiddlo'. Yn sir Gaerfyrddin ceir 'hilo llath'.

1346 LLA 23, Megys yd *hidlir* y gwin o'r soec.
1545 CM 1 178, llwyaid or sugyn yma gwedi *hidlo* trwy gadach lliain.
1972 E Williams: TT 12, *Hidlo*'r llefrith i'r pot llaeth cadw, a oedd mewn bocs pren y tu ôl i'r setl yn y gaeaf, – surai ynghynt yno.
1989 FfTh 3, 30, *Hidlo*'r llaeth i'r potia, ond gogro'r llaeth i gael y menyn fyddai heb dyrru, fyddai'r arfer.
Ffig. Tywallt y glaw a cholli dagrau.
'Mae hi'n *hidlo* bwrw' Ym Morgannwg clywir yr ymadrodd 'Ma hi'n *hidlach* y glaw' (GPC).
1703 T Baddy: PCh 105, Ni *hidlasoch* ddeigr am eich pechodau.
Hefyd am berson na fedr gadw unrhyw gyfrinach.
'Paid a dweud dim wrth Sian, mae hi'n *hidlo*.'
Gw. hefŷd RHIDYLLU.

2. *be.* Colli, disgyn oddi ar y planhigyn (am hadau – hadau gwair, grawn ŷd, ayyb) wth eu trafod. Sonnir am y gwair hadau yn 'hidlo' wrth ei symud a'i gario ac am y llafur yn 'hidlo' wrth ei gario, ayyb. Ar lafar ym Môn. Gwneir defnydd cyfystyr o'r gair 'tywallt', e.e. yn sir Benfro.
Gw. TROWR GWAIR, TYWALLT.

hidlai *eg.* Hidl â mwslin ynddo, ffilter.
1800 W O Pughe: CP 124, Y llian a wasanaetha fel *hidlai*, ac a ddeil yr holl ddefnydd anhoddadwy.
Gw. HIDL.

hidlen *eb.* bach. o 'hidl'.
Gw. HIDL.

hidlon, hidlion *ell.* Yr hyn sy'n aros yn yr hidl wrth hidlo, yr hyn na all fynd drwy fanrwyll gwaelod yr hidl.
Ffig. Yr hyn sy'n weddill wedi i'r gorau fynd.
'Now gafodd y pic o'r llyfrau, yr *hidlion* gefais i.'

hidlwr gw. HIDL.

hiddil gw. HIDL.

hifio
1. hufio *be.* Tynnu gwlân neu flew o'r gwraidd, ginio, plicio. Yn y gogledd defnyddir *hifio* am gneifio heb lawer o fin ar y wallaif, '*hifio* yn lle cneifio'. Gw. WVBD 208.
1688 TJ, *HIFIO* – to pluck off wool, to make bare.
17g R Davies: CG 65, Llwm yw'r llwdn newydd *hifio*.
Ffig. Pluo neu gneifio yn ariannol.
1736-55 IICRC 3 270, Chwi welsoch mor bybur y byddai'n cyfreithwyr,/Yn *hifio* truanwyr trwy enwir a dysc.

2. *be.* Codi rhywbeth i fyny drwy gyfrwng rhaff neu gadwyn a dynnir dros drawst, neu drwy osod tri pholyn yn drybedd dros yr hyn sydd i'w godi a defnyddio tacl (tecl – Môn) pwrpasol, e.e. i godi anifail sy'n rhy wachul i'w godi ei hun.

'Dydi'r hen Frithan ddim wedi bygwth codi ar 'i thraed ers echdoe. Mi rigiwn ni'r tecl i'w *hifio*'i ar 'i thraed.'

hifyn gw. HAI, HAI HIFYN.

hiff, hyff *eg.* bach. *hiffyn.* ll. *hiffoedd, hiffiau.* Lluwch eira, a'r bach. *hiffyn* yn golygu pluen eira. Ar lafar ym Morgannwg yn y ffurf 'iff'; clywir '*iffodd* ar ochor y mynydd' (GPC d.g.).
1803 P, *Hiff* – a flake, a drift.

hiffio, hyffio *be.* Lluwchio (am eira), eira'n hel yn bentyrrau. Ar lafar yn y de yn y ffurf, 'hiffo', 'hwffo', 'hyffo'.
1772 W, *Hiffio* – lluchio (hyffo) eira.

Highland *ep.* Brîd caled, gwydn o wartheg a welir bron yn llwyr yn Ucheldiroedd ac Ynysoedd yr Alban. Fe'i nodweddir gan gyrn hirion a mwng neu wallt cedennog sy'n amrywio o ran lliw rhwng brown golau a brown tywyll a choch. Ei brif rinwedd fel brîd yw ei wytnwch yn llwyddo i fyw ar borfa uchel, sâl, ac yn medru dal tymheredd isel a hinsawdd caled.

higol gw. RHIGOL.

hil gw. HIDL.

hilo gw. HIDLO.

hilaid, hilaidd *a.* Llaith, heb ei sychu (am flawd o rawn heb ei sychu neu ei grasu o'i gyferbynnu â blawd cras odyn). Ar lafar yn y de fel 'blawd *hiledd*'.
1722 Llst 189, Bara barlis *hiled* – bread made of the meal of undry'd barley.

hilgeirch *ell.* Y ceirch a'r eisin sy'n weddill yn y gogor ar ôl gogryn, rhynion, ceirch wedi ei silio a'i ogryn.
16g WLB 33, berw *hilgeirch* mewn dwfr yn hir.
1803 P, *Hilgeirch* – oats cleared of the husks.

hilion gw. HIDLON.

hilydd gw. HIDL.

hilyn gw. HULING.

him *eg.* ll. *himiau.* Un o'r clustiau neu'r ystyffylod haearn ar ochr trol i ddal y wasbwysi, sef yr ystyllenod pwrpasol a roir ar ochrau trol i'w hestyn at i fyny er mwyn medru rhoi mwy o lwyth (tail, maip ayyb) arni. Ar lafar ym Môn. Gw. LlLlM 97 (1963).
Gw. WASBAN, WASBWS.

hin *eb.* ll. *hinoedd.* Y sefyllfa atmosfferaidd lywodraethol ar adeg arbennig ac mewn lleoedd arbennig, tywydd. Bu'r hin a'i hansawdd yn hollbwysig i ffermwr erioed. Fel rheol, mae'r gair *hin* ar ei ben ei hun (heb ansoddair) yn golygu hin neu dywydd drwg, neu dywydd mawr.

14g GDG 244, Wb o'r *hin* o'r wybr heno.

15g B 2 15, Wrth mal y bo yr *hin* porth dy ddeveit y mywn tŷ.

1713 PTY 6, Fel nas dygir monynt (llongau) ymmaith gan wynt na *hinoedd*.

Gw. TYWYDD.

hindreuliad pridd *eg*. Y broses sy'n braenu a malurio creigiau ac yn y diwedd yn cynhyrchu pridd drwy effaith y tywydd ac elfennau megis glaw, rhew, gwynt, newid yn y dymheredd, planhigion ac anifeiliaid.

hindda (*hin + da*) *eb*. Tywydd braf, tywydd teg, tywydd ffafriol i bwrpas arbennig megis cywain y gwair a'r ŷd. Mae'n gwbl gredadwy mai'r ffermwr wrth ei waith yn cynaeafu gwair ac ŷd a ynganodd y gair *hindda* gyntaf wrth fwynhau *hin-dda*, neu wrth ddyheu am dywydd ffafriol. Defnyddir y gair hefyd am ysbaid sych rhwng cawodydd, neu pan fo wedi peidio glawio.

GPC, Mae'n *hindda*, alli di fynd nawr (y de). Ma' hi'n codi'n *hindda* (Môn ac Arfon). *Hindda* godro – yn ardal y chwareli am godi'n braf tuag amser godro. Wnaeth hi ddim 'ton o *hindda*' heddiw – glaw dibaid.

16-17g CRC 190, Vo vydd y flwyddyn nessa/Weithie yn law, weithie'n *hindda*.

Hen Ddoethineb. 'Os cyll y glaw/O'r dwyrain daw,/Os cyll yr *hindda*/O'r dwyrain daw hitha.'

hinddanu *be*. Troi'n hindda, codi'n braf, rhoi gorau i fwrw glaw, sychino, hinoni. Ar lafar mewn rhannau o'r de.

hinoer *eg*. Tywydd oer.

hinon gw. HINDDA.

hinsawdd (*hin + sawdd* [Cf. ansawdd]) *ebg*. ll. *hinsoddau*. Ansawdd y tywydd neu'r hin mewn gwlad neu fro ar adeg arbennig yn cynnwys nodweddion tymheredd, gwyntoedd, glaw, ayyb. Cyfanswm neu gyfartaledd nodweddion y tywydd mewn lle arbennig.

Ffig. Tymheredd teimladau yn ymwneud pobl â'i gilydd, ayyb.

'Mi fydd yn rhaid gwneud rhywbeth ynglŷn â'r mater, ond ar y funud dydi'r *hinsawdd* ddim yn ffafriol.'

hiol *eb*. Ffurf lafar yn Nyfed ar 'heol',yn golygu buarth, ffald, clos, iard.

1991 G Angharad: CSB 9, Wên i'n godro mas ar *hiol* 'efyd, a stôl fach a'r pail.

hirad *eg*. Ffurf lafar ar iraid.

Gw. IRAID.

hir-bara *be*. ac *a*. Rhywbeth yn dal i'w ddefnyddio'n hir, rhywbeth yn gwisgo'n dda, rhywbeth parhaol, durol, ac yn mynd ymhell, megis menyn, bara, glo, ayyb. Ar lafar yng Ngheredigion.

1958 I Jones: HAG 61, Pan oeddwn i'n hogyn yr oedd glo carreg yn rhad – rhyw naw ceiniog y cant yn Llanybydder. Yr oedd yn lo glân, di-fwg a *hir-bara*.

hirbraff (*hir + praff* [cryf]) *a*. Rhywbeth hir a chryf yr un pryd, yn enwedig o bren, e.e. postyn, polyn peiriant lladd gwair, llorpiau trol, ayyb. Yng Ngheredigion ceir y ffurf 'hirbrath', a defnyddir y gair am bersonau tal, cryf:

1958 I Jones: HAG 30, ac yr oedd ganddo *hirbrath* o grwt a anfonodd i'r ysgol.

hirbren gw. BONBREN, SGILBREN, TINBREN.

hirfen (*hir* + *men*) *eb. ll. hirfenni*. Men hir, men bedair olwyn, gwagen, y math o gerbyd a ddefnyddid gynt i gario gwair, ŷd, ayyb, ac a dynnid gan geffyl.

1794 W d.g., *Hirfen* – waggon.

hir hel gw. BLAS HIR HEL.

hiriau (*hir* + *iau*) *eb. ll. hirieuau, hirieuoedd*. Yr iau hwyaf o bedair, sef beriau, ailiau, geseiliau a hiriau. Byddai oddeutu deuddeg troedfedd o hyd at ieuo pedwar o ychen yn wedd gyfochrog.

1753 TR d.g., *Hiriau* – a long yoke.

Ffig. Fel gyda'r gair iau, yn ffigurol, yn golygu baich.

14g IGE 43, Minnau'n dal *hiriau* fy hun (Marwnad Llywelyn Goch).

Gw. AILIAU, BERIAU, CESEILIAU, IAU.

hirlaw (*hir* + *glaw*) *eg. ll. hirlawogydd*. Glaw dibaid a hir ei barhad, ysbaid hir o law neu o dywydd gwlyb; hefyd glaw gyrru, curlaw, glaw a yrrir gan y gwynt.

1672 R Prichard: Gwaith 371, Clyw gwynfan tosturiol, ac achwyn dy bobol,/Gan dywydd dryg-hinol a *hir-law*.

hirlwm (*hir* + *llwm*) *eg*. Diwedd tymor gaeaf prin ei borthiant a phrin ei borfa, – y gwair yn brin a'r ddaear yn llwm. Hefyd am dir neu fynydd noethlwm, moel. Tlawd o borthiant (am dymor) noethlwm (am dir). Bu'n air ar lafar yn gyffredinol, ac yn air lled-fyw yn Saesneg sir Faesyfed ganrif yn ôl, a barnu oddi wrth ddyddiadur Francis Kilvert, Curad Clairwy 1886-1893.

1977 *Kilvert's Diary* 1 305, March was reckoned a severe, trying month . . . Old fashioned folks called March *'heir-loun'*, or some such name.

1978 D Jones: SA 13, Pan ddaw eira yn *hirlwm*/A'r sguboriau'n lloriau llwm,/Mor hir yw'r tymor eira,/Mor hwyr yn dyfod mae'r ha'.'

Ffig. Prinder ariannol, gwasgfa, dim wrth gefn.

'Mi ddylwn gael siwt newydd, ond mae'n *hirlwm* yn y banc.'

Dywed. '*Hirlwm* y gwanwyn' – Mawrth – Ebrill.

'Steil a *hirlwm*' – gwasgu ar y stumog i gael dillad newydd.

hirlwm y Grawys *eg*. Ymadrodd am ympryd y Grawys eglwysig. Ar lafar yng Ngheredigion.

1980 J Davies: PM 80, Dim ond ar ddiwrnod pen-blwydd un o'r teulu ac ar Fawrth Ynyd y caem ni grempogau . . . Byddent hefyd yn ernes o *hirlwm* y Grawys a fyddai'n dechrau trannoeth ar ddydd Mercher y Lludw.

hiro gw. IRO.

hirwaun (*hir* + *gwaun*) *eb. ll. hirweunydd*. Llain hirgul o dir, slang, slangen o dir, dryll, sling, dad, ysgwthr. Ar lafar yng Ngheredigion.

Gw. hefyd SLANG, SLANGEN.

hirwedd (*hir* + *gwedd*) *eb*. Nifer o ychen (pedwar, chwech neu wyth) wedi eu hieuo bob yn ddau,gydag un pâr (gwedd) o flaen y llall, i wneud gwedd hir,yn aml mewn cyferbyniad i bedwar neu fwy ochr yn ochr.

1975 Ff Payne: YAG 145, Arferent ieuo eu hychen i'r aradr mewn dau ddull o leiaf, sef (1) yn ddeuoedd, a drefnid mewn *hirwedd* pan fyddai mwy nag un pâr, (2) â'r cwbl o'r ychen ochr yn ochr mewn rhes o dan un iau hir.

eto 147, Pan ieuid yr ychen yn ddeuoedd fel hyn, fe drefnid y naill bâr o flaen y llall gan ffurfio'r *hirwedd* y sonnir amdani yn y Gyfraith.

hisian *be*. Chwythu'n fygythiol (am geiliagwydd a neidr).

hislen, hisleuen *gw*. HEUSLAU, HISLAU.

hisw Y sŵn a wneid wrth yrru moch.

1989 P Williams: GYG 30, Rhoid rhaff am un goes ôl iddi (hwch) a'i gyrru ymlaen gan ddweud '*hisw*'.

hitoc *eg*. Caead pren trwm.

1926-7 B Cyfr. 3 204, Caead pren mawr a roddir uwchben y badell efydd wrth wneud caws.

hiwal *eb*. Rhiwal (yr hiwal), hofel.
Gw. HOYWAL.

hiwmws, hwmws *eg*. Mater organig wedi pydru a throi'n bridd, rhan organig y pridd, deilbridd, llufadron. Dail, tail, gwlydd, gwair, ayyb wedi lled bydru, ac yn dda i sylwedd ac ansawdd y pridd ac yn gymorth i gadw lleithder yn y pridd.

hob
1. *egb*. ll. *hobau, hobiaid*. bach. *hoben*. Mochyn, hwch. Roedd y gair hwch gynt yn golygu mochyn yn gyffredinol ac nid mochyn benyw yn unig, fel y mae heddiw. Cf. hanerob (hanner + hob).

16g WLl (Geir.) 279, *Hob, hobau* – moch.
1722 Llst 189, *Hob* – a sow, pig.
Gw. HANEROB.

2. *eg*. Y pentan. Ar lafar ym Maldwyn. Gw. GEM 47 (1981).

3. *eg*. ll. *hobau*. Mesur sych gynt a amrywiai yn ei faint o ranbarth i ranbarth, mesur o ŷd, bwysel, neu'r llestr a ddaliai'r cyfrwy fesur.

1567 Math 5.14, Nid enyn neb ganwyll a'i dodi . . . dan vail [:-*hob*, bwsiel].
1599 Cer RC 121, Rhoi saith goron, chwedl chwith,/Am *hob* o wenith Rhuthyn.
1722 Llst 189, *Hob, hobaid* – a bushel (measure).
1803 P, *Hob* – a measure of various capacities in different parts of Wales; it is a peck in Glamorganshire; four bushels in Caermarthenshire, and two bushels generally in North Wales.
Gw. PWN².

4. **hob y deri (dando), hob y diri** Yn ôl GPC, cyfaddasiad o 'Hobbididance'. (hobby [horse + Ffr. de danse]) sef enw cymeriad yn y ddawns forisg. Ond dywed hefyd "diau fod y ffurf Hob y Deri dando, yn adffufiad sy'n cyfeirio at ystlysau o gig (moch) ynghrog ar fachau yn y to".

GPC, "Ro'n i'n hongian nhw *hob y deri dando* 'ma' – yn eu hongian blith drafflith (gogledd Cymru).

Ffig. GPC, 'Hen *hob y deri dando* yw e' – person anwadal, di-ddal. Ar lafar yn y de.

Gw. HAM, HANEROB.

hobaid, hobed *eg*. ll. *hobeidiau*. Llond hob, sef mesur sych a'i faint yn amrywio o ardal i ardal. Gynt, sonnid am *hobaid* Abergele, *hobaid* Conwy, *hobaid* Bangor, *hobaid* Caernarfon, *hobaid* Llundain, *hobaid* Rhuthun, *hobaid* y Waun, ayyb. Hefyd y llestr yn dal y cyfryw fesurau.

1595 M Kyffin: DFf 112-113, Rhoi dan *hobaid* y ganwyll a ddyle sefyll mewn canwyll-pren.

1928 G Roberts: AA 24 (nodyn gan C Bryner Jones), Mesur arferedig yn Edeyrnion a sir Ddinbych oedd hob a *hobaid*. Pwysai *hobaid* o wenith yr un faint ym mhob man, ond amrywiai pwysau *hobaid* o haidd ac o geirch yn ôl traddodiad y farchnad leol. Erbyn hyn y mae'n drefn gyffredin i werthu ŷd o bob math wrth y cant o 112 pwys.

1933 H Evans: CE 118, Taenid yr odynaid ŷd o ryw bymtheg neu ugain *hobaid* ar y teils cynnes, a throid ef unwaith neu ddwy â rhaw bren (mewn odyn).

1959-60 Y Genhinen, *Hobaid* gwenith o fesur Rhuthyn (1587).

Ceir hefyd ddwy alaw Gymreig dan yr enwau: '*Hobaid* o Hilion' a '*Hobaid* o Hoelion'.

Gw. HOB³.

hobyn *eg*. Math o fwdwl bychan neu stacan o ŷd a wneid â'r llaw yn unig, heb ddefnyddio'r glun, stwc o ŷd neu bwch (gogledd), sopyn (Ceredigion), hobyn llaw (Dyfed).

hoc, hoca, hog *eg*. Bilwg, gwddi, math o gryman i dorri eithin, drain, mieri, ayyb, pladur eithin, pladur mieri.

1803 P, *Hoc* – a scythe for cutting brambles.

Gw. GWDDI, GWDDYF.

hocsaid, hocsiad *eg*. Casgenaid, bariliad, tybiad, llond casgen, llond hocsied.

Gw. HOCSIED¹a².

hocsied
1. *eb*. ll. *hocsiediau*. Casgen, baril, twb, cerwyn, casgen neu faril i ddal bwyd moch neu i gadw'r golchian moch, stwc moch, stond y moch.

2. *eb*. Casgen wrth ddrws cefn tŷ i ddal dŵr glaw ac yn bur werthfawr mewn cyfnod pan nad oedd cyflenwad dŵr yn y cefn gwlad. Yn draddodiadol deil 52 o alwyni.

Dywed. (difrïol)
'Yr hen *hocsiad* ddulio' (Arfon).
'*Hocsiad* o drol' – am froliwr (Môn).
'*Hocsiad* o ddyn' – dyn boliog braf.

3. *ebg*. Mesur sych neu wlyb yn amrywio yn ôl y cynnwys a'r ardal. Byddai hocsed win yn cynnwys 63 o alwyni, sef 52½ o alwyni heddiw.

hoch, hochian, hychian *egb*. a *be*. Dynwarediad o sŵn mochyn, y sŵn a wneir gan fochyn, hefyd y sŵn a ddefnyddir i alw mochyn at ei fwyd ac wrth ei yrru.

'Dyma hen hwch fawr yn *hochio*'i ffordd rhwng y drol a'r wal.'
Ffig. Dau yn hochian ffraeo.
'Dydi'r ddau yn gwneud dim ond *hochian-hychian* ar 'i gilydd yn barhaus.'

hod *egb.* Tywysennau ŷd, brig, hedegiad ŷd, pen. Ceir y gair yn unig yn yr ymadrodd 'yn ei lawn *hod*' am ŷd wedi hedeg.
Gw. hefyd PWMPI.

hodad *eb.* Llestr pren i ddal glybwr neu hylif, powlen bren. Ar lafar gynt yn Llŷn.

hodi *be.* Magu brig (am ŷd), magu tywysennau, tywysennu, hedeg, hadu, cadeirio. Yn y de mae'r 'llafur yn *hodi*', yn y gogledd mae'r 'ŷd yn 'hedag'.
1773 W, *Hodi* – to ear (to shoot into ears as corn), to run to seed.
Gw. BRIGO[3], CADEIRIO[1], HADU[2], MYND I HOSAN.

hodyn *eg.* Tywysen newydd.
1803 P, *Hodyn* – that breaks out, or shoots.
Ffig. Llanc neu lencyn ifanc yn datblygu.
GPC, *Hotyn* o fachgen piwr yw e (y de).

hoe *eb.* ll. *hoeau*. Sbel, seibiant (mewn gwaith), sbel o hamdden neu orffwys, cael gwynt neu gymryd gwynt. Sonnir am 'gael *hoe* fach' ac am 'gymryd *hoe*' (y de a Meirionnydd). Ceir y ffurfiau 'ho' (Dyfed) a 'hwe' (Ceredigion).
Diar. 'Mae newid gwaith cystal â *hoe*.'

hoe hogi *eb.* Egwyl neu saib wrth ladd ŷd neu wair i hogi'r bladur (neu cyn hynny, y cryman medi). Wrth ladd ŷd âi'r bladur yn fwy-fwy di-fin, a'r pladuro'n galetach ac yn fflerach. Rhaid fyddai cael *hoe* (saib) i hogi bob hyn a hyn. Ar lafar yng Ngheredigion.
1958 I Jones: HAG 68, Byddai'r crymanau'n pylu ar ôl medi am rhyw awr neu awr a hanner, ac wedyn byddai'n rhaid cael *hoe hogi*. Eisteddai'r cwmni i gyd ymhlith y seldremau, a'r gwrywod yn hogi eu crymanau eu hunain ac eiddo'r benywod. Y rhan fynychaf byddai mwy o fenywod nac o wrywod yn y fedel.

hoel bottom gw. SGIDIAU HOELION.

hoelbren *eb.* ll. *hoelbrennau*. Hoelen bren, peg pren, y math o hoelen bren a ddefnyddir i osod coed yn ei gilydd, fel mewn trawstiau to adeilad, neu fframwaith adeilad o bren, neu ddodrefn tŷ (S. *dowel*).
1722 Llst 189, *Hoelbren* – a wooden nail or peg.

hoelen *eb.* ll. *hoelion, hoilon* (Dyfed). Pin blaenfain o fetel (yn amrywio yn ei hyd) â phen fflat neu gnapiog i'w gwneud yn haws ei tharo â morthwyl, cethr, peg, pin, rhybed. Fe'i defnyddir i gysylltu dau goedyn, neu ei churo i fur i hongian lluniau ayyb. Olynydd hwylus yr hoelbren. Yn Nyfed ceir y lluosog 'hoilon'.
Dywed. 'Mynd fel *hoel* dân' – yn rhwydd, yn hawdd, yn ddidrafferth.
Gw. HOELBREN.

348

hoelion aradr Yr hoelion â phennau mawr a gurid i bren gwadn aradr bren i'w chadw rhag gwisgo wrth grafu ochr y tir. Cf. yr hoelion dan sgidiau hoelion mawr, neu sgidiau gwaith. Gw. HOELEN GLOPA.

hoelen bedol Hoelen pedol ceffyl, hoelen sgwâr flaenfain a phen mawr sgwâr, a hwnnw, wrth guro'r hoelen i'r carn, yn suddo i dwll sgwâr yn y bedol. Fe'i defnyddir lawer iawn gynt gan weision ffermydd yn lle pin cau i glymu sach am eu canol neu dros eu hysgwyddau ar dywydd gwlyb.

1966 I Gruffydd: TYS 117, Ei raw fawr yn loew lân ar ei ysgwydd, a'r sach giwano tew hwnnw dros ei war fel arfer, ac wedi ei binio'n dwt o dan yr ên gyda *hoelen bedol* ceffyl.

hoelen bren – gw. HOELBREN.

hoelen dôl – y pin a ddefnyddid i gau dolen yr iau am wddf yr ych.

hoelen droi – sgriw, heoldro, hoelen a droir wrth ei gyrru yn hytrach na'i churo.

hoelen durnen – pin olwyn troell.

hoelen ddeupen – rhybed, hoelen y clensir y ddau ben ar ôl ei rhoi yn ei lle.

hoelen ddwbl – stapal, stwffwl.

hoelen glopa – hoelen â phen mawr dan wadn esgid waith, sgidiau hoelion mawr (gogledd); hoelen Twm Paen (Tom Pain's nail). Ar lafar yng Ngheredigion. Hefyd hoelion pennau mawr a roid ar bedol ceffyl i'w gadw rhag llithro (calcyn).

hoelen rew – eb. Un o'r hoelion pennau mawr a roir dan bedol ceffyl i'r troed gael gwell gafael ar rew. Gw. CALCYN, CEWCYN.

hoelen stroc – y math o hoelen a ddefnyddid i sicrhau'r cylch ar gamogau olwyn trol. Ar lafar ym Meirionnydd.

hoelen wyth – hoelen wyth modfedd o hyd, yr hoelen hwyaf a'r fwyaf.

Ffig. Y pregethwyr mwyaf, hoelion wyth y pwlpud.

'Does yng Nghymru ddim *hoelion wyth* bellach, dim ond tintacs.'

hoelen ddaear – math o lyngyren yn y pridd sy'n ymosod ar wraidd llysiau (S. *wire worm*).

1958 T J Jenkin: YPLL AWC, Hwyrach i'r brain fwyta mwy o *hoelion daear* a chynrhon gwyrdd nag o geirch.

hoewal gw. HOYWAL.

hoelyd Ffurf gywasgedig ar 'dihoelyd'. Gw. DIHOELYD.

hoenyn
1. *eg.* ll. *hoenynnau*. Magl, telm, croglath. Ar lafar ym Môn.

14g RB 2 157, ef e hun a dygwyd yny magl ac yn yr *hoenyn*.
1620 Job 18.10, *Hoenyn* a guddied iddo ef yn y ddaiar.
Gw. CROGLATH, MAGL, TELM.

2. *eg*. ll. *hoenynnau*. Cebystr, tennyn, penffrwyn, cortyn. Ar lafar ym Môn.
Gw. CEBYSTR[1].

3. *eg*. Rhawn cynffon neu fwng ceffyl. Ar lafar ym Môn.
16g WLl (Geir.) 279, *Hoenyn* – rhownyn (rhawnyn).
1688 TJ, *Hoenŷn* – Rhownyn, the Hair of the Tail.
Gw. RHAWN.

hof *eb*. ll. *hofiau, hofie*. Teclyn neu erfyn i chwynnu, i deneuo erfin, maip, ayyb, chwynnogl, how. Ar lafar yn gyffredinol. WVBD 212. (S. *how* ac 'f' wedi ymgyfnewid ag 'w'.)
hof Caergaint – hof â thri pigyn hir, fflat a miniog, a ddefnyddir i falu tyweirch.
hof ceffyl – offeryn a dynnid gynt gan geffyl, ar ffurf aradr, i hofio rhwng y rhesi (rhychau) tatws, sweds, ayyb, scyfflar.
Gw. SCYFFLAR.
hof dynnu – y math o hof sydd â'i phen at i mewn neu at yn ôl, mewn cyferbyniad i hof wthio. Tyn yr hofiwr y pridd ato wrth ddefnyddio'r *hof dynnu*.
Gw. HOF WTHIO.
hof tractor – *eb*. Math o hof â llamlafnau wedi ei bachu wrth fachfar tractor cnydau rhych. Mae iddi lafnau siâp A sy'n llacio'r pridd rhwng y rhesi (rhychau), ac yna tu ôl i'r rheini lafnau siâp 'L' sy'n torri gwreiddiau chwyn. Weithiau gosodir disciau ar ongl rhwng y ddwy set o lafnau i amddiffyn yr egin rhag niwed oddi wrth bridd yn disgyn arnynt.
hof wthio – hof â'i phen at ymlaen, i wthio dan y pridd yn hytrach na'i dynnu, mewn cyferbyniad i hof dynnu, hof Iseldirol.
Gw. HOF DYNNU.

hofel *eb*. ll. *hofelau*. Sied agored, yn aml heb ddrws yn cau arni, i gadw'r troliau ac offer amaethyddol eraill, hoewal neu hoywal drol, cartws (y de), wanws (Meirionnydd a Maldwyn), mendy. Ceir hefyd y ffurfiau 'hiwal', 'rhiwal' (yr hiwal) (Môn), 'hoewal', 'hofal'. Yn Nyffryn Elai defnyddir *hofel* am 'ffald'.
Gw. HOYWAL.

hofel droliau Sied agored i gadw'r troliau, ayyb, dan do. Ar lafar yng ngogledd-ddwyrain Cymru.

hofel o dŷ Fel rheol, bwthyn tlawd, gwael ei gyflwr, neu dŷ sâl, oer a drafftiog.
'Ma' Catrin yn byw mewn hen *hofel o dŷ* gwael, er na ŵyr hi mo'i gwerth.'

hofel faip *eb*. Cwt neu adeilad i gadw erfin rhag rhew. Ar lafar yn yr ystyr hwn yn Nyffryn Tanat.

hofel wair Tŷ gwair, sied wair (S. *Dutch barn*).

hofelaidd *a.* Yn debyg i sied neu hofel o ran ei gyflwr a'i adeiladwaith (am ambell i dŷ truenus ei gyflwr).
Gw. HOFEL O DŶ.

hofio *be.* Defnyddio hof, chwynnu â hof (cnwd, rhesi tatws, ayyb). Yn Nyfed ceir y ffurf 'howo'.
Gw. HOF.

hog
1. *eb.* Dafad ifanc, dafad o'r amser y paid a bod yn oen hyd ei chneifiad cyntaf.

2. *ebg.* Y weithred o hogi neu roi min neu awch ar offeryn megis cryman, pladur, ayyb, blaenllymiad, hogiad, y weithred o hogi offeryn.
1803 P, *Hog* – the act of sharpening, to whet.
Gw. HOGBREN, HOGFAEN, HOGI.

3. *eb.* Cladd datws, y gyrnen datws, cwtsh tatws. Ar lafar yn sir Ddinbych.
Gw. CLADD DATWS.

4. **hogyn** *eg.* Cryn dipyn o rywbeth, ond hefyd dim o rywbeth.
1688 TJ, *Hogg, hogyn* – 'of an indifferent bigness'.
1760 ML 2 267, Un troedfyr, a *hogyn* o gorff gantho (ceiliog).
Dywed. 'Wna'n nhw 'run *hog*' (yr un strôc o waith – Arfon).
'Deith o'r un *hog*' (am gloc, peiriant ayyb – Penllyn).

5. **hogyn** *eg.* ll. *hogiau.* bach. *hogynnyn.* Hoglanc, llencyn ifanc, crwt, gwas, hogyn hyd tua 21 oed. Ar lafar yn y gogledd a gogledd Ceredigion.
1722 Llst 189, *Hogg – hoggyn* – a stripling.
18g LlGC 83 24, Ni cheir un *hogg* o honunt (gweision) na ofyn yn ddiboen ddwybunt.

hogalen *(hog + calen) eb.* ll. *hogalennau.* Calen hogi, carreg hogi, hogfaen, harstain. Olynydd hwylus a didrafferth y stric neu'r grutbren.
1759 ML 2 133, Mae gennyf dri math ar *hogalanau* o Nant Ffrancon.
Gw. HARSTAIN, HOGFAEN.

hogdduryn *eg.* Dernyn hir o ddur, tebyg i ffeil gron a ddefnyddir i hogi'r gyllell gig, y twca bara, ayyb, duryn bwtsiar.
1794 W, *Hogdduryn* – steel, a butcher's steel.

hogedig *a.* Wedi ei hogi, wedi cael min, wedi ei awchlymu (cryman pladur, ayyb).

hogen *eb.* bach. *hogenig.* Ffurf fenywaidd 'hog', yn cyfateb i'r ffurf wrywaidd 'hogyn'. Yn amaethyddol, 'yr *hogen*', sef y forwyn fach, neu'r drydedd forwyn (yn aml). Ceid cymaint â thair morwyn ar rai o'r ffermydd mawr, – pen morwyn, ail forwyn a'r forwyn fach. Clywid hefyd yr ymadroddion '*hogen* weini' a '*hogen* lances' (Môn) am 'yr *hogen*'.
1928 G Roberts: AA 20, Cedwid ar y ffermydd mwyaf nifer o forwynion, yn cynnwys pen morwyn . . . ail forwyn . . . a *hogen*.

hogfaen *eb.* ll. *hogfeini.* Carreg hogi, hogfen, hagen, rhagen las, agalen, harstain, y garreg hogi garabwndwm a ddisodlodd y stric (grutbren) at hogi pladur.

hogfen *gw.* CALEN HOGI, HOGFAEN.

hogi *be.* Rhoi min ar offeryn sy'n dibynnu ar ei fin i'w weithio'n effeithiol – pladur, cryman, cyllell wair, ayyb, awchu, minio, awchlymu, blaenllymu, siarpio. Ystyrid rhoi min ar bladur yn grefft hollbwysig. Byddai'n lladd y cnwd yn lanach ac yn ysgafnu gwaith y pladurwr.

1958 I Jones: HAG 65, Tynnu'r rhip (stric) yn gyflym dros y llafn o'r cefn i'r min ac o fôn y llafn tua'r blaen, oedd yr *hogi*, ac yr oedd ambell bladurwr yn fwy deheuig na'i gilydd gyda'r *hogi*.

Hen Rigwm. '*Hogi*'r bladur ddur yn chwyrn/A gyfyd gyrn ar ddwylo,/A'i chael wedyn yn ddrwg ei min/A bair i Sionyn swnio.'

Diar. 'Os na chwysi di wrth *hogi*, mi wnei wrth ladd.'

'Pwyso wrth *hogi* i arbed chwysu wrth dorri.'

Dywed. 'Edrych ar ôl dy bladur, ac fe edrych y bladur ar d'ôl di' – llawer llai o draul ar gorff y pladurwr o gadw min da.

Ffig. '*Hogi*'i gryman' – paratoi at ymgyrch neu frwydr o unrhyw fath.

'Mae Twm yn brysur yn *hogi*'i *gryman* at yr etholiad lleol.'

1620 Diar 27.17, 'Haearn a *hoga* haearn' – y naill feddwl yn hogi'r llall.

Gw. MIN.

hogi'n grwn *be.* Hogi min y llafn yn grwn yn hytrach nag yn syth, troi'r stric wrth hogi pladur, ayyb, yn hytrach na'i wthio a'i dynnu'n syth, dull o hogi a ystyrid yn anghelfydd. Byr iawn ei barhad oedd min crwn.

hogiad, hogad *eg.* ll. *hogiadau.* Y weithred o hogi neu o roi min, awchlymiad, blaenllymiad.

'Rydw'i wedi rhoi *hogiad* i'r gyllell.'

'Mi f'asa'r llif 'ma'n medru gwneud efo *hogiad*.'

hogl *eg.* ll. *hoglau, hogle.* Rhych neu rigol neu rowt olwyn trol, rhigol a wneir gan olwyn wrth deithio ar gae, ayyb. Ar lafar yn Nyfed a sir Gaerfyrddin yn yr ystyr hwn.

1989 P Williams: GYG 43, Eid â'r cerrig i lenwi *hogle* yn y bylchau ac ar y feidr.

hoglanc *eg.* ll. *hoglanciau.* Llanc ifanc, glaslanc, llefnyn, bachgen ifanc hŷn na 'chrwmffast o hogyn'.

1752 Gron 108, Cofio wna *hoglanc* ifanc/Yn llwyd hyn a glybu'n llanc.

1967 G W Griffiths: CBG 29, Ein huchelgais ni *hoglanciau*, a fyddai'n gyrru'r cerbydau, fyddai bod yn gyntaf wrth y capel gyda'n llwyth o saint. Caem ein llwyth amhrisiadwy yn stesion Llannerchymedd.

1923 T Davies: *Gŵr Pen y Bryn* 33, Meddyliodd ei rieni pan oedd ef yn *hoglanc* am wneuthur cerddor ohono.

hogsied, hogsiad *gw.* HOCSIAD, HOCSIED.

hogwr *eg.* ll. *hogwyr.* Un yn hogi neu'n rhoi min ar erfyn, hogwr pladur, hogwr cryman, un yn medru'r grefft o hogi.

'Dic oedd ar yr injan wair a Wil yn *hogwr*.'

'Dyna *hogwr* ydi Twm Wilias.'

hogyn gw. HOG[5].

hogyn (yr) *eg.* Dull rhai ardaloedd o gyfeirio at y gwas bach neu'r hogyn cadw. Ar lafar ym Maldwyn.
'Gwaedda ar *yr hogyn*' (gw. GEM 47).
Gw. hefyd HOGYN CADW, HOGYN GWEINI.

hogyn buches Cowmon, porthwr (Môn), bugail gwartheg.

hogyn cadw Hogyn newydd adael yr ysgol, yn ifanc, ac yn cytuno i fynd i weithio ar fferm am ei gadw'n unig, sef am ei fwyd a'i wely.
1995 FfTh 15, 14, Cyn bod yn ddeg oed cafodd Ap Fychan le yma fel *hogyn cadw* gyda Evan Davies a'i wraig.

hogyn gweini Gwas bach, bachgen newydd adael yr ysgol (gynt yn 14 oed ac iau na hynny) ac yn troi allan i weini, hogyn o was. Ar lafar ym Môn.
1981 W H Roberts: AG 17, Cadwai fy nhad *hogyn o was* hefyd . . . ac erbyn ei fod newydd adael yr ysgol yr oedd yn llawn chwarae.
1990 LLG 6, Felly roedd yr *hogia gweini* yn set o weithwyr ar eu pennau eu hunain. Roedd yn hawdd eu hadnabod mewn ffair a Sadiwn . . . byddai'r cap ar ochr y pen, a gwisgent glos a legins gan amlaf, a'r dwylo'n ddwfn yn y pocedi . . .

hogyn yn gyrru'r wedd Disgrifiad traddodiadol a braidd yn rhamantus o gertmon neu wagner.
1963 R J Williams: LlLlM 26, Mentrais ofyn iddo beth oedd ei waith pan oedd yn llencyn. A chyda chryn ymffrost yn ei lais cryglyd meddai "*Hogyn yn gyrru'r wedd*".

hongiad *eg.* Y ddyfais dan bedair cornel cerbyd (car modur, tractor, ayyb) i'w glustogi mewn lle garw ac anwastad. Mae'n ymddangos mai gair bath yr 20g yw'r gair ac heb gyrraedd tafodau'r Cymry, dim ond eu geiriaduron (TAM 1994), ac felly hefyd 'crogiant' a 'croglin' a geir yn *Y Geiriadur Termau* (1973) (S. *suspension*).

hongian *be.* Rhoi ar fach neu ar hoel (am giât, am fochyn wedi ei ladd, am yr harnais, ayyb).
'Rhaid inni ail osod y giât acw, dydi hi ddim yn *hongian* yn iawn.'
'Dos i roi'r rhaff 'ma dros y trawst 'na inni gael *hongian* y mochyn 'ma.'

honglad *eg.* Math o hof i dorri'r ysgall, ayyb, sy'n tyfu'n gymysg â'r ŷd. Ar ei flaen y mae llafn i dorri drwy wthio, a chan fod yr erfyn ar ffurf bach gellir hefyd dorri ag ef drwy dynnu at y sawl a'i defnyddia. Ar lafar yn sir Gaerfyrddin.

honglath *eb.* ll. *honglathau.* Carfan clorian, trawst tafol, clorian drawst.

honglo *be.* Defnyddio honglad, chwynnu â honglad, hofio. '*Honglo* swêds' (sir Gaerfyrddin).
Gw. HONGLAD.

hoi hogi *eb.* Egwyl neu seibiant wrth ladd ŷd â phladur i'r pladurwyr (y fedel) hogi, a chael ennyd o orffwys ac o hamdden.
Gw. HOE HOGI.

hoit *eb.* Chwip hir fel gwialen bysgota a ddefnyddir i yrru cerbyd â thri neu bedwar o geffylau. Ar lafar ym Môn ac Arfon, chwip trillun o geffylau.

16-17g Llst 125 371, torthau afrlladau llydain,/Trwy yrru *hoit* y try rhain.

holbren, holbran *gw.* RHOLBREN.

Holstein *ep.* Isfrid o'r gwartheg Friesian o'r Iseldiroedd ar y cyntaf a fewnforiwyd i Ganada ar ddiwedd yr 19g. Heddiw y mae'n frîd o wartheg llaeth da, du a gwyn ei liw. Fe'i gelwir hefyd yn '*Holstein* Canada ac yn '*Holstein*-Friesian'.

homysygaidd *a.* Y term a ddefnyddir am drosglwyddo nodweddion y gwryw a'r fenyw i'r epil: lliw, y cyrn neu'r digyrn, ayyb, lle bo'r ffactorau sydd yn eu trosglwyddo yr un rhai yn y ddau. Mae'r llo a enir o darw a buwch o liw du purliniaethol yn ddu. Mae'r llo felly yn ddu *homosygaidd*. Gw. hefyd HETEROSYGAIDD.

holltgarn *gw.* FFORCHDROED, HOLLTROED.

hollti *be.* Aredig darn o gae gan weithio o'r ddau agoriad i'r canol nes hollti'r rhimyn olaf i ddau gyfeiriad gwahanol, gan ffurfio rhych hanner y ffordd rhwng dau agoriad, chwalu (Penllyn).

hollti blaen *be.* Torri clust dafad o'r blaen wrth roi iddi nod clust.

hollti'r bôn *be.* Hollti clust dafad ar ôl torri ei blaen wrth roi nod clust iddi.

hollti'r ewin *be.* Fforchi'r carn, fforchogi'r ewin (am fuwch, dafad, mochyn, gafr).

holltroed *a.* Yn fforchogi'r ewin, yn hollti'r ewin (am fuwch, dafad, mochyn), yn garnaflog.

hollysydd *eg.* Anifail sy'n bwyta llysiau a bwydydd anifeiliaid (*Omnivore*), e.e. mochyn, mewn cyferbyniad i anifail sy'n bwyta cig neu gnawd (*Carnivore*) – cigysydd, neu anifail yn bwyta gwellt a llysiau eraill (defaid, gwartheg, gwningod) (*Herbivore*) – llysysydd.

hôn *eb.* ll. *honiau.* Calen hogi, carreg hogi.

16g WLl (Geir.) 271, *Hôn* – craflech, *hôn* ellyn.

honio *be.* Hogi, rhoi min, awchlymu, defnyddio hôn. Ar lafar yn Nyfed yn y ffurf 'hono'.

hopran *ebg.* ll. *hoprenni, hoprau, hoprod.* Y llestr pren (fel rheol) yn ffurf twmffat neu dwndis sgwâr mawr ar ben y felin i dywallt y grawn drwyddo i'w falu, ceg y felin, mulgre, shŵt, goddeg. Hefyd llestr tebyg ar ben y felin sgubor (crysiar) ac ar ben y pwlper rwdins. Defnyddir y gair hefyd am y 'geg' ar waelod y felin y daw'r blawd drwyddi, ac am binnau'r dyrnwr mawr y daw'r grawn drwyddynt ar ôl ei ddyrnu a'i ogrynu yn 'rawn gorau', yn 'rawn eilradd', ac yn 'fanyd'. Ceir hefyd y ffurf 'hopren' (Meirionnydd).

14g GDG 421, O'r kul i'r felin, o'r sach i'r *hopran*.

16g Gr Hiraethog: Gwaith 38, *Hopran* safn llydan ar lled.

1933 H Evans: CE 117, Gyda honno (peiriant nithio) ond ei throi a thywallt yr ŷd i mewn, hi a'i gwahanai, a deuai'r grawn, y gwehilion a'r manus allan ohoni trwy *hoprenni* gwahanol.

1981 W H Roberts: AG 55, Mi ddringais i ben y sgrapar ac eistedd ar ei *hopran*.

Ffig. Y safn neu'r geg ddynol.

1653 MLl 1 249, bwrw yr ymborth . . . i *hopran* y corff.

1795 Jac Glan y Gors: SG 34, Lledu ei *hopran* ar yr achos.

'Cau dy *hopran* bendith y Tad iti' (rhywun yn siarad yn ffol).

hopran bach (fach) Y cafn dan yr 'hopran' mewn melin.

hoprenni Lluosog hopran.
Gw. HOPRAN.

hopys *eg.* Planhigyn dringo (*Humulus lupulus*) o deulu'r morwydden a nodweddir gan goesyn hir, garw a dail garw, ac yn dwyn ffrwyth chwerw sy'n cael ei ddefnyddio i gyflasu cwrw. Fe'i tyfir gan mwyaf o lawer yn ne-ddwyrain a chanolbarth gorllewinol Lloegr, rhyw 15,000 o aceri (6,000 hectar) ohono.

hormon *eg.* ll. *hormonau.* Sylwedd sy'n cael ei gynhyrchu gan chwaren, ayyb, ac a gludir yn y gwaed (neu'r nodd mewn planhigion) i'r organau lle mae'n rheoli'r prosesau ffisiolegol, ac yn gyfrifol am ddatblygiad corfforol; hefyd sylwedd synthetig sy'n cael yr un effaith.

Hornsby *ep.* Enw cwmni sy'n cynhyrchu offer a pheiriannau amaethyddol, yn cynnwys tractorau. Yn 1918 unwyd Ruston, Proctor & Co, Lincoln â Hornsby.

horob Ffurf lafar ar 'hanerob'.
Gw. HANEROB.

hors *eg.* Offeryn pren, fforchiog, a theircoes iddo (fel tribod) i ddal llwyth gwair neu ŷd ar y drol ar ôl tynnu'r ceffyl o'r siafftiau. Fe'i gosodid dan fraich neu lorp y drol, standard (Môn), twm (Clwyd), cnaf (Maldwyn). Mae'n debyg iddo gael ei alw'n *hors* am mai gweithredu yn lle'r ceffyl y mae. Ar lafar ym Maldwyn. Gw. GEM 105 (1981).
'Estyn yr *hors* imi gael dadfachu'r gaseg.'
Gw. CNAF, STANDARD[1], TWM.

horsbloc, horsblog *eg.* Carreg farch, esgynfaen, disgynfaen, carreg i neidio ar gefn ceffyl oddi arni neu i ddisgyn arni wrth ddod oddi ar ei gefn, horsin(g), hosbins. Ar lafar yng Ngheredigion a gogledd Caerfyrddin.

1966 D J Williams: ST 37, ac ni orffennai byth heb dynnu o boced ei drowser rib . . . y darn grôt gloyw a gawsai gan Williams, Pantycelyn wrth estyn awenau Dic i'w law ger yr *horsblog* o flaen y tŷ.

horsbocs, hors bocs *egb.* Lorri gaeëdig i gario ceffylau. Fan bwrpasol i gludo ceffylau, ar reilffordd neu ar y ffordd.

1992 T D Roberts: BBD 59, Pan agorodd Gaenor ddrws yr *hors bocs* yn stesion Bangor, fe'i gwelodd am y tro cyntaf, a mwgwd am ei ben (stalwyn).

horsing, horsin gw. ESGYNFAEN, GORSIN, HORSBLOC.

horslaw (*hors* + *glaw*) *eg.* ll. *horslawiau.* Glaw mawr, tresio bwrw, stido bwrw, hidlo glawio.

GPC, *Horslaw* mawr na welis i mo'i debyg erioed (Môn ac Arfon).

hosan pot llaeth *eb.* Y rhaff wair a chwipid am bot llaeth cadw gefn gaeaf yn y tŷ llaeth i'w insiwleiddio rhag i'r oerni rwystro'r llaeth dwchu ac er mwyn cael ei gorddi. Ar lafar ym Môn.

1989 FfTh 3, 30, Ffordd arall a gofiaf oedd gwneud *hosan* i'r pot, sef chwipio (coilio) rhaff wellt am y potia o'r gwaelod hyd y wefl ar dop y pot. Fel y gwyddoch, lle oer ar y gorau fyddai'r tŷ llaeth, a rhaid fyddai cadw'r rhew o'r potia.

Gw. NYTH POTIAU LLAETH.

hosbins (S. *horse-bench*) *eg.* Llwyfan cerrig i gael ar gefn ceffyl oddi arno, esgynfaen, carreg farch, horsbloc (Ceredigion a Chaerfyrddin), horsin (Penllyn). Ar lafar yn Nyfed.

hosler Ffurf lafar ar 'osler'.
Gw. OSLER.

hoto gw. CITIO.

Houdan *ep.* Ieir du a gwyn, pinc eu coesau, pum ewinog eu traed, ac yn hannu o Houdon yn Ffrainc. Mae iddynt facsiau ar eu pennau a than eu pigau. Yn dodwy wyau gwynion.

hotsh, hotsh, hotsh Sŵn a wneir mewn rhai rhannau (e.e. sir Gaerfyrddin) wrth alw caseg, yn hytrach na 'cop, cop, cop', neu 'cyp, cyp, cyp' a ddefnyddir wrth alw ceffyl.

1996 Cofio Leslie Richards 17, Pan fydde 'nhad yn galw ceffyl . . . gwaeddi 'Cop, cop, cop' neu 'Cyp, cyp, cyp' . . . ond os ma' caseg fydde fe'n alw 'Hotsh, hotsh, hotsh' fydde fe'n weud.

housin, hwsin gw. HWSING.

houwal gw. HOYWAL.

Howard gw. ARADR HOWARD.

how

1. **how-how** Ebychiad neu sŵn annog a wneir wrth yrru gwartheg. Gw hefyd 'trw-trw' neu 'trw bach' wrth eu galw. Ceir *how-how* a 'how-fach' ar lafar yn gyffredinol. Yn Nyfed clywir 'how'r lan' wrth yrru defaid, a 'howb' ym Meirionnydd.

1996 Cofio Leslie Richards 18, I hala y da y ffordd fydde gweiddi 'How, how' arnyn'nhw.

2. *eb.* *ll.* *howiau.* Ffurf dafodieithol ar y gair 'hof' neu 'hoe'. Erfyn i chwynnu fel math o fatog fechan. Ceir dau fath: un i'w gwthio a'r llall i'w thynnu, chwynnogl. Ar lafar yn gyffredinol. Sonnir am '*how* faip', '*how* swêds', ayyb.
Gw. CHWYNNOGL, HOF.

howo Ffurf dafodieithol ar 'hofio'. Ar lafar yn sir Frycheiniog.
Gw. HOFIO.

howr *eg.* Ffurf dafodieithol Dyfed ar y gair 'heuwr'.
Gw. HEUWR.

howsen *eb.* Gair yn Nyfed a sir Gaerfyrddin am y ben forwyn ar fferm.
Gw. SC 6 119 (1895).
Gw. PEN MORWYN.

howsgipar *eb.* Dynes a gyflogir i gadw tŷ (S. *house-keeper*), teuluyddes.
'Mi fu Leisa'n *howsgipar* i Jôs am yn agos i hanner can mlynedd.'

hoywal *eb.* *ll.* *hofelau, hofeli.* Sied lled agored ar fferm a, chan amlaf, heb ddrws arni, at gadw'r troliau (certi) ac offer eraill, cartws, wanws, weinws, mendy. Ceir y ffurfiau 'hiwal', 'huwal' a 'rhiwal' (yr huwal) yn gyffredin ym Môn. Ar lafar yn y gogledd WVBD 212. Gw. hefyd 'houwal' (Llŷn, Maldwyn, Meirionnydd), 'hofel' (Dinbych), 'hofel', 'hofal' (Arfon), 'weinws' (Dyffryn Ceiriog), 'cartws' (y de).
1976 G Griffiths: BHH 124, Hwyrach mai troi i mewn i *heuwal* y siop y byddem i orffen y noson: *Heuwal* heb ddrws iddi ydoedd. A byddai dwy drol ynddi . . .
1992 E Wiliam: HAFf 37, Rhaid mai mewn *hofeli* dros-dro o goed, eithin a thywyrch y cedwid yr offer fferm gynt, oherwydd prin iawn yw'r adeiladau parhaol i lochesu troliau neu'r gwŷdd neu'r aradr, yr og, ag ati, cyn canol y 19g. O hynny ymlaen yr oedd yn arferol cael *hoewal, hofel*, cartws neu weinws ar bob fferm.

hual *egb.* *ll.* *hualau.* Yn amaethyddol y llyffethair a roid gynt am draed anifail, ac am y ddau droed blaen gan amlaf, yn enwedig ar geffyl i'w gadw rhag crwydro, cloffrwym, troedog, gefyn.
1938 T J Jenkin: AIHA AWC, O'r naill goes flaen i'r llall y gosodid yr *hual.* Ni welais *hual* ond ar geffyl.
Ffig. Rhwystr, ataliad, cyfyngiad o unrhyw fath. Sonnir am '*hualau* traddodiad', '*hualau* trefn', '*hualau* rheolau', ayyb.
'Mae'r pwyllgor wedi gosod *hualau* tynion iawn ar y defnydd y gellir ei wneud o'r neuadd.'
Gw. CLOFFRWYM, GEFYN, LLYFFETHAIR.

hualu *be.* Llyffetheirio, gefynnu, carcharu, cloffrwymo.
Gw. HUAL, LLYFFETHEIRIO.

hualedig, hualog *a.* Wedi ei hualu, wedi ei gloffrwymo, â llyffethair arno.
Gw. HUAL.

hudwg, hwdwg, hydwg *eg.* *ll.* *hudwgau.* Dynwarediad sy'n creu dychryn, drychiolaeth, bwgan, bwbach, bwgan brain, bwbach brain. Ar lafar yn y de yn y ffurf *hwdwg.*

1722 Llst 189, *Hudwg* – a bug-bear, a scare-crow.
Dywed. '*Hudwg* o ddynes' – yn ddifrïol am ddynes dew.

huddo *be.* Gorchuddio, cuddio, claddu (yn enwedig tân) a hwyrach yn dalfyriad o 'anhuddo'. Ar lafar yn y gogledd, Ceredigion a sir Gaerfyrddin. Am '*huddo*'r tân' y sonnir fwyaf.
1958 FfFfPh 31, Nid wyf yn credu y gellir cael tân gwell na thân mawn, ac ond i'r sawl a fyddai'n olaf yn dod i'r gwely ofalu ei *huddo*, nid oedd berygl iddo ddiffodd.

huddoni gw. EUDDONI, EUDDON.

huddyg(l) *eg.* Parddu, y llwch du o'r tân sy'n hel mewn simnai, ac weithiau'n disgyn yn damchwa lychlyd ar y tân ac ar yr aelwyd, tropan (Ceredigion). Pan goginid bwyd ar y tân – cawl, potes, uwd – gallai cwymp annisgwyl o huddyg achosi llawer o ofid a thrafferth i wraig y tŷ.
Dywed. 'Fel *huddyg* i botes' – dod yn annisgwyl, rhywun yn taro i mewn heb ei ddisgwyl.

huelyn bach. *hual.* gw. HUAL.

hufen *eg.* Y rhan fwyaf maethlon o'r llaeth (llefrith); y rhan frasterog o'r llaeth, y rhan o'r llaeth sy'n hel ar yr wyneb; y rhan o'r llaeth y ceir menyn ohono. Cyn dyfeisio'r gwahanydd neu'r separetor, rhaid fyddai corddi'r llaeth drwyddo. Ond wedi i'r separetor gyrraedd corddi'r hufen yn unig a wneid ar y ffermydd, ac a wneir heddiw yn y ffatri laeth.
Ffig. Y gorau o unrhyw beth.
1798 T Roberts: CG 21, Ac yr oedd y cyfreithwyr yn cael *hufen* bywoliaeth.
'Mae *hufen* ein hieuenctid yn gorfod gadael eu bro.'
Anhysbys. 'E fyn y bedd *hufen* byd,/ A'r *hufen* gorau hefyd.'
Diar. '*Hufen* doethineb yw meddwl diniwed.'
'Y gwir, fel *hufen*, a geidw ar yr wyneb.'

hufendy *eg.* ll. *hufendai.* Lle y corddir hufen yn fenyn (gynt, tŷ llaeth, bellach, y ffatri laeth neu'r hufenfa); lle i werthu hufen, llaeth, ayyb.

hufenfa *eb.* ll. *hufenfeydd.* Y ffatri laeth, lle gwahenir yr hufen oddi wrth y llaeth a'i droi'n fenyn neu'n gaws. Cafwyd rhwydwaith o'r rhain dros y wlad pan ddaeth gwerthu'r llaeth i'r Bwrdd Llaeth yn gyffredin yn 30au'r 20g, gan roi gwaith i gannoedd yn yr ardaloedd gwledig. Ond wedi i'r cyfyngu drwy gwotâu ar yr hyn y gall ffermwr ei gynhyrchu o laeth, daeth llai o alw am yr hufenfeydd a chaewyd nifer ohonynt.

hufengaws (*hufen* + *caws*) *eg.* Caws hufen, caws drwy hufen.
15g LlGC 719 68a, Nid oedd nenn heb *hufengaws*/Na chell na bai faidd a chaws.

hufenlaeth (*hufen* + *llaeth*) *eg.* Llaeth hufennog, llaeth llawn hufen.

hufenllyd *a.* gw. HUFENLLAETH.

hufennog *a.* gw. HUFENLLAETH.

hufennu *be.* Hufen yn hel ar wyneb y llaeth, y llaeth yn hufennu (fel mewn potel neu siwg); hel yr hufen oddi ar wyneb y llaeth i'w ddefnyddio arwahan i'r llaeth (fel mewn coffi neu ar darten, ayyb). Yn sir

Gaerfyrddin ceir "fennu llath' a 'llath yn hufenno'.
16g WLB 41, Cymer lefrith . . . a gad i *hufennu.*
1688 TJ, *Hufennu* – to cream or skim.
1759 J Evans: PF 38, Hanner peint o laeth wedi *hufennu.*
Ffig. Cymryd y gorau o rywbeth.
'Erbyn i mi gyrraedd 'roedd Cadi wedi *hufennu*'r llestri.'

hugwd, hwgwd (Amr. ar 'hudwg') gw. HUDWG.

huling *ebg.* ll. *hulingod, hulingau.* Math o gynfas neu lywanen i gario gwair wrth borthi yn y gaeaf. Ceir hefyd y ffurf 'hilyn' (Meirionnydd). Gw. CYNFAS², NITHLEN.

huller *eg.* Peiriant i ddyrnu gwair, meillion ac unrhyw hadau mân, peiriant i wahanu'r had oddi wrth wellt y gwair, meillion, ayyb. Bu ar waith yn yr ardaloedd mwyaf porfaog a thoreithiog o Gymru hyd nes i gwmnïau mawr feddiannu'r busnes o gynhyrchu hadau gwair, hadau meillion ayyb.
1990 FfTh 5, 5, Erbyn y gaeaf canlynol roeddwn yn dyrnu clofer gyda 'Ransomes Clover *Huller*' . . . Os byddai y clofer yn bwrw i lawr yn dda, byddai'r tractor yn gorfod gweithio'n galetach i droi yr *Huller* gan fod dwy ddrwm iddi.

hulo Ffurf dafodieithiol ar dihidlo.
Gw. DIHIDLO.

hulog, heulog *eg.* ll. *hulogod, heulogod.* Tomen neu bentwr yn enwedig o wair; tas wair fechan ar y cae, mwdwl mawr, cocyn gwair mawr. Yn draddodiadol roedd *hulog* yn llwyth trol. Ar lafar ym Meirionnydd am das gymharol fechan wedi ei gwneud ar y cae, pan fo llawer o wair wedi ei ladd a'r tywydd yn anwadal. Yng nghanolbarth Cymru defnyddir *hulog* am domen gwaith plwm. Ceir hefyd y ffurfiau 'heulog' a 'hylog'.
1985 W H Jones: HOGM 7, Cofiaf weld *heulogydd* gwair yn dod ar wyneb y lli ac yn aros ar fryncyn ar ganol Dôl Uchaf, Glanrafon.
1990 Erwyd Howells: DOPG 10, '*Hylog* – tomen o wastraff cerrig o waith mwyn, neu bentwr anferth o gerrig . . .

hulogu, hulogi *be.* Gwneud hulog o wair, sef tas fechan, ar y cae gwair. Sonnir am '*hulogi*'r ddôl', '*hulogi*'r werglodd', ayyb. (GPC)

humog Ffurf ar 'hulog'.
Gw HULOG.

hunanffrwythloni *be.* Y broses lle mae planhigyn neu flodyn â'r gallu i ffrwythloni drwy gyfrwng ei baill ei hun, o'i gyferbynnu â'r planhigyn y mae'n rhaid ei groesffrwythloni â phaill o blanhigyn arall, e.e. gwenith, haidd, ceirch a phys.
Gw. HUNANBEILLIO.

hunanbeillio *be.* Trosglwyddo paill o organ wryw planhigyn i organ fenyw yr un planhigyn, hunan ffrwythloni.
Gw. HUNANFFRWYTHLONI.

hunangodwr *eg.* Y ddyfais fecanyddol sy'n galluogi aradr neu offeryn arall, i'w godi ei hun o'r ddaear wrth gyrraedd y dalar.

hunangynhaliol *a.* Abl i'w gynnal ei hun (yn economaidd); yn amaethyddol fferm yn ei chynnal ei hun drwy gynhyrchu ei bwydydd ei hun, fel y gwnai ffermydd, i bob pwrpas, cyn yr Ail Ryfel Byd (1939-45). Does dim yn newydd yn y gogwydd at hyn heddiw.

1975 R Phillips: DAW 20, Amcanai pob lle fod yn *hunan-gynhaliol* yn yr hen amser heb brynu ail i ddim oddi allan ond angenrheidiau'r tŷ.

1981 W H Roberts: AG 57, Arferai ffermydd fod y nesaf i hunangynhaliol cyn belled ag yr âi porthiant yr anifeiliaid. Casgenaid o driog du oedd bron yr unig bryniant a gofiaf arwahan i India-corn i'r ieir.

hurfarch *(hur + march) eg.* ll. *hurfeirch.* Ceffyl wedi ei hurio neu ei logi, ceffyl hur, hacnai.

1774 W, *Hurfarch* – hackney . . . a hired horse.

Gw. HACNAI.

hurgerbyd *(hur + cerbyd) eg.* ll. *hurgerbydau.* Cerbyd wedi ei hurio neu ei logi, cerbyd hur, cerbyd hacnai.

hurio

1. *be.* Llogi, benthyg am dâl (am gerbyd, peiriant, anifail, ayyb), *hurio allan, hurio* car (Morgannwg).

1774 W, *Hurio* – hackney (let out for hire).

2. *be.* Defnyddio gwasanaeth person am gyflog, cyflogi gwas neu forwyn. Mewn rhai ardaloedd ceid *'hurio* gwas' am 'gyflogi gwas'.

huslau gw. HEUSLAU.

husor gw. HEUSOR.

huwal gw. HOYWAL.

hwannen Ffurf dafodieithol ar 'chwannen'. Ar lafar yn sir Benfro.

hwcio *be.* Bachu, dal, yn enwedig ceffylau at ddaliad o waith, hwcio ceffyl wrth yr aradr – bachu'r ceffyl. Ar lafar ym Maldwyn.

1981 GEM 48, *Hwcio* – bachu, 'to hook'. *Hwcio* cyffyle wrth y rhaff.

hwch *ebg.* ll. *hychod.* bach. *hychan, hychig.* Yn wreiddiol, mochyn fel y cyfryw (gwryw a benyw), hob. Yn ddiweddarach y cyfyngwyd y gair i fochyn benyw, tolb, gwŷs (Maldwyn), cynar.

Ffig. Gwraig fudr lac ei moes – 'hen *hwch* o ddynas'.

Diar. 'A aned o *hwch* a ymdroes yn y dom.'

'Mae natur yr *hwch* yn y porchell.'

'A elo'n *hwch* i Rydychen, yn *hwch* y daw'n ôl.'

'Mor suful â *hwch* mewn sofl' – uwchben ei ddigon.

Dywed. 'Fel cŵn a moch' – methu dioddef ei gilydd.

'Fel mesen ym mola *hwch*.'

'Morwyn gwŷr mawr a *hwch* melinydd' – uwchben eu digon.

'Yr *hwch* fud sy'n bwyta'r bwyd i gyd' – dim angen gwaeddi arni am ei bwyd.

'Trotian fel *hwch* at y baedd' - tuthio mynd, mynd yn fân a buan.
'Yr *hwch* drwy'r siop' – mynd yn fethdalwr.
'Amlach *hwch* na mochyn.'
'Gorau iau, iau *hwch*,/Gwaethaf iau, iau bwch.'
'*Hwch* melinydd sydd yn wastad dewa.' gw. HWCH MELIN.
'Clywed fel *hwch* yn yr haidd' – ddim yn gwrando, uwchben ei digon.
Gw. CYNAR, GWŶS, HOB.
Ceir nifer o gyfuniadau:
hwch agored – heb ei sbaddu, heb ei chotio.
hwch at y baedd – ambell i fferm a gadwai faedd. Byddai'n rhaid mynd a hychod yn gofyn baedd i'r fferm agosaf a gadwai faedd, trwy drefniant â'r perchennog, a'i gadael yno am ddeuddydd neu dri.
1966 D J Williams: ST 43, Rhyw dri ohonynt . . . a welid yn mynd ar y tro â cheffyl i'r efail, yn hol burum o'r Crown, neu'r *mynd â hwch at y baedd*.
hwch dorrog – hwch drom o foch, hwch ar ddod â moch.
hwch dwrch – tyrches, hwch wedi ei sbaddu.
hwch ddisbaidd – hwch wedi ei chotio neu ei sbaddu.
hwch ddu gwta – yr hwch wneud, yr hwch mewn dychymyg ofergoelus a erlidiau bobl ar eu ffordd adref oddi wrth y coelcerthi a gynheuid ar y bryniau a'r ffriddoedd nos Galan Gaeaf. Credid mai'r diafol yn y ffurf o hwch ddu a chynffon gwta fyddai'n eu hymlid.
1933 H Evans: CE 160, Nid oes dri ugain mlynedd er pan yr oedd pobl yn credu fod gan yr '*hwch ddu*' nodwyddau blaenllymion gyda'r rhai y byddai yn trywanu yr hwn a fyddai yr olaf yn myned dros ben camfa.
hwch fagu – hwch i fagu moch.
1975 R Phillips: DAW 52, Heblaw hynny hwy oedd yn gofalu am y moch, yn enwedig yr *hwch neu'r hychod magu*.
hwch focha – ar lafar ym Môn.
Gw. HWCH FAGU.
hwch lodig – hwch lawd, hwch ryderig, hwch yn gofyn baedd. Ar lafar ym Maldwyn, Ceredigion a Dyfed.
1989 P Williams: GYG 30, . . . ni fu gennym faedd erioed, a rhaid oedd cerdded yr *hwch lodig* naill ai i Fagwr-las, Fferm Llanychar neu Gilglynen.
hwch melin – am resymau amlwg byddai hwch a baedd ym mhob melin – digonedd o fwyd moch ar gael (tinion, manyd, gwehilion). Yn draddodiadol edrychai hwch y melinydd yn well na hwch neb arall. Cf. y dywediad '*hwch* y melinydd sydd wastad dewa'. Hwyrach fod yn y dywediad gyfeiriad hefyd at y gred gyffredin y byddai'r melinydd yn cymryd ychydig yn fwy na'r doll ofynnol o'r grawn am ei falu, i bwrpas pesgi moch yn ogystal â'i werthu.
Dywed. 'Morwyn gwŷr mawr, a *hwch* melinydd' – am ferch uwchben ei digon.
hwch ryderig – hwch lodig, yn gofyn baedd.
hwch tref – hwch tŷ preifat, mewn cyferbyniad i hwch fferm.

hwchfa *eg.* Llanast, stomp, annibendod. Yng Ngheredigion clywir 'Mi wnath *hwchfa* o bethe' (GPC).

hwda *bf.* ac *eg.* Yn gyffredin, gair a ddefnyddir wrth gyrraedd rhywbeth, neu roi rhywbeth i rywun yn golygu, 'dyma ti', 'cymer hwn' neu '*hwda*

hwn'. Yn amaethyddol, gwneud peth wmbredd o waith neu gael pentwr o rywbeth. Ar lafar yn y gogledd.
'Rydan ni wedi cael *hwda* o wair i mewn heddiw.'
'Fe wnaiff Dan *hwda* o waith am dd'wrnod neu ddau, ond wnaiff o'r un strôc wedyn am ddyddia.'
Diar. 'Gwell un *hwda* na dau *ti gei'* – Cymh. 'aderyn mewn llaw yn well na dau mewn llwyn'.
'*Hwde* i ti a 'moes' i minnau' – rhaid cymryd a rhoi.

hwgwd Amr. ar 'hudwg'.
Gw. HUDWG.

hwilen, hwilod Ffurf lafar ar 'chwilen', 'chwilod'. Ar lafar yn sir Benfro

hwilen bwmp 'Chwilen bwm'. Ar lafar yn sir Benfro.

hwmlog gw. CHWYNGAIB.

hwmws gw. HIWMWS.

hwper Ffurf dafodieithol ar 'cwper'. Ar lafar yn y de.
Gw. CWPER.

hwrdd *eg.* ll. *hyrddod, hwrddod.* ll. bach. *hyrddiach.* Gwryw llawn dwf ac heb ei sbaddu o rywogaeth y ddafad, maharen, myharen. Ar lafar yn gyffredinol.
13g Cy 17, 133, Ny thal tarw y llall Na baedd y gilydd Na *hwrdd* Na cheilawc Na cheilacwydd.
1620 Gen 22.13, Ac Abraham a aeth ac a gymmerth *hwrdd* ac a'i hoffrymodd . . . yn lle ei fab.
1620 Gen 31.38, Ni fwyteais *hyrddod* dy braidd.
Ffig. Person hurt. 'Mae Jac mor hurt â *hwrdd*.'
Dywed. 'Ffoi rhag yr *hwrdd*' – mynd o ddrwg i waeth.
'Mae rhyw *hwrdd* caglog ar gyfer pob hesben ffislog.'
'Tebyg i *hwrdd* fydd ei lwdn.'
'Fel *hwrdd* mewn niwl' – ar goll yn lân, mewn cyflwr diymadferth.

hwrdd mynydd *eg.* ll. *hyrddod mynydd.* Maharen neu hwrdd corniog o frid defaid mynydd. Ar lafar yn sir Gaerfyrddin.
1939 D J Williams: HW 88, Rhyw ddydd ym marchnad Llanybydder neidiodd hen *hwrdd mynydd* yn sydyn o'i loc.

hwrdda *be.* Cymryd hwrdd, gofyn hwrdd, maharena, marena (Môn). Yn y de clywir – 'ma'r defed wedi *hwrdda* 'leni' a 'Ma'r (h)wrdd yn'u (h)*wrdda* nw' (GPC).

hwrddod Amr. yn Nyfed ar 'hyrddod'.
Gw. HWRDD.

hwrican *eb.* ll. *hwricans, hyricans.* Lamp baraffîn fyddai'n gyffredin iawn ar ffermydd cyn cael y cyflenwad trydan ar ôl yr Ail Ryfel Byd (1939-45). Roedd wedi ei llunio'n arbennig at gadw'n olau ar storm o wynt, ac felly ei henw – 'Hurricane'. Enw arall cyffredin iawn arni oedd 'lanter stabal' neu 'lamp stabal' (gogledd).

1989 P Williams: GYG 17, Deuai i fyny drwy'r allt a'r caeau ar bob tywydd a thywyllwch y bore a'r nos yn y gaeaf gyda lantar gannwyll neu *hwrican* yn ei law.

hws *eb. un. bach. hwsan.* Y gorchudd neu'r fantell a roir dros gefn ceffyl ar dywydd oer, carthen ceffyl, cefnlliain march, cwrlid ceffyl.
1672 R Prichard: Gwaith 461, Nawr gwae finne na bae garthen,/Neu *hws* ceffyl am fy nghefen'.
Yn estynedig am ddillad cynnes:
'Cofia di roi digon o *hws* amdant.'

hwsin(g)
1. *eg. ll. hwsins.* Gorchudd a roid am gefn ceffyl er diogelwch ac fel addurn.
1730 Thos Lloyd: D (LlGC), *Hwsing* – the hoosings of a cart horse.
1856 S Roberts: Gwaith 97, Yr oedd yn hoff iawn hefyd o wê hir y pum ceffyl, ac o'r *hwshings* a'r martingals.

2. *eg.* Caead mynci ceffyl, y strap lledr sy'n clymu dau ben uchaf y mynci – hwsin mynci, caead mynci (Môn), tugall (Môn). Ar lafar ym Maldwyn. Gw. GEM 48 (1981).
Gw. CAEAD MWNCI, GWARBWYTH, TUGALL.

hwsmon
1. *eg. ll. hwsmyn, hwsmen, hwsmoniaid.* Amaethwr, ffermwr, un sy'n diwyllio neu'n gwrteithio'r tir.
1455-85 LGC 75, Troi yno eu *hwsmyn* tir yn esmwyth.
1630 R Vaughan: Y Dd 365, Llafurwr [:-*hwsmon*] wrth falu ei ŷd ar ddydd yr Arglwydd a gafas ei flawd wedi ei losci.
Gw. AMAETHWR, HWSMONAETH.

2. *eg. ll. hwsmyn, hwsmoniaid.* Goruchwyliwr fferm, pen gwas, beili, fel rheol, dyn medrus ac yn pontio rhwng y meistr a'r gweision eraill, gwrwas. Yn yr hen ddyddiau, yr hwsmon fyddai'n blaenori wrth ladd gwair neu ŷd â'r bladur, yn gwneud y teisi gwair ac ŷd ac yn eu toi, yn hau â llaw, plygu gwrych, ayyb – pob gwaith yr oedd crefft ynglŷn ag o. Efô hefyd a osodai waith i'r gweision eraill o ddydd i ddydd ac, wrth gwrs, yn cael mwy o gyflog na'r lleill. Yr oedd i bawb ei le arbennig yn y maes, wrth y bwrdd ac yn y llofft stabal. Yr agosaf at y meistr oedd yr *hwsmon* yr ymgynghorai ag ef parthed trefnu gwaith ar gyfer bob dydd.
1928 G Roberts: AA 19, Ar ffermydd mawr . . . lle cedwid tair gwedd, cyflogid, fel rheol, *hwsmon*, dyn dibriod o 25 i fyny, cymhwyster pennaf yr hwn oedd y gallu i droi ei law at bob gwaith a'i fod yn fedrus i drin pobl.
1971 I Gruffydd: C 108, . . . trowsus melfared a gwasgod lewys, cap ar ochr fy mhen a Joi baco yn fy nheg, yn *hwsmon* o'm corun i'm sawdl mewn ystum ac ymadrodd.
1963 Hen Was: RC 36, Wmffra'n torri'r newydd trist i mi, 'i fod yn madael o Lwynbrith; i fod wedi cyflogi fel *hwsmon* yn Tyddyn Isgaer.
Ffig. Am oruchwyliwr mewn unrhyw faes.
1445-75 GGI 300, Ni chaed uwch eglwys na chor/*Hwsmon* well is maen allor (I Abad Glyn Egwestl).
Gw. GWAS PENNAF, GWRWAS, LEDIO.

hwsmon tafod *eg.* ll. *hwsmyn tafod*. Un yn siarad yn fwy ac yn well nag y mae'n ffarmio, dyn yn siarad mwy nag y mae'n ei wneud.

hwsmona *be.* Amaethu, ffermio, trin tir (am yr amaethwr), goruchwylio fferm (am y gwas).
Gw. HWSMON.

hwsmonaeth
1. *ebg.* Ffermwriaeth, arddwriaeth, triniaeth tir, diwylliad tir, amaethyddiaeth.
'Os oes ffermwr erioed wedi llwyddo drwy *hwsmonaeth* dda, Dafydd yn sïwr ydi hwnnw.'
17g MLL 1 85, Pregethu ni allant, cardotta ni fynnant, *hwsmonaeth* ni fedrant oddi wrthi.
1959 Ecclus 7.15, Na chasâ waith poenus, na *hwsmonaeth*, yr hon a greodd y Goruchaf.
1989 D Jones: OHW 247, Fel mae'r hyn a alw'n ni'n ffermio yn nesáu at berffeithrwydd mewn effeithiolrwydd, yr ydym yn ymbelláu oddi wrth yr hyn a ystyriaf fi yn egwyddorion *hwsmonaeth*. Mae'r rheini, onid wyf yn methu, yn ddigyfnewid, sef bod dyn yn medru *hwsmona* tir ac anifail yn gyd-ddibynnol ar ei gilydd yn y fath fodd ag i ddarparu bywoliaeth iddo'i hun, ac ychydig dros ben ar gyfer ei gyd-ddyn mewn galwedigaeth arall, gan adael y tir a'r anifail yn well nag y cafodd hwynt.

2. Anrhefn, llanast, annibendod, 'smonaeth, gwneud *smonaeth* o bethau, sef gwneud llanast o bethau. Ceir 'smonach' a 'smona' yn ffurfiau hefyd.
1960 K Roberts: YLW 11 19, Mi wnes i '*smona* wrth helpu y diwrnod o'r blaen.
'Dach chi wedi gwneud *smonath* glân o bethau.'

hwsmonaeth cnydau *eg.* Yr arfer o dyfu a chynaeafu cnydau, a gwneud hynny'n fasnachol heb dlodi ac andwyo'r tir.

hwsmonaethu *be.* Ffermio, amaethu, diwyllio tir (am y ffermwr); goruchwylio fferm, cadw pentiriaeth, gwneud gwaith beili neu hwsmon (am y gwas).
Gw. HWSMON, HWSMONAETH[1].

hwsmonaethwr *eg.* ll. *hwsmonaethwyr*. Hwsmon, sef y ffermwr ei hun neu ei ben gwas.
16g Yst Kym 6, fal i gwna *hwsmonhaeddwr* synhwyrol am gasglu parodrwydd o fewn misoedd Mehefin a Gorffenna.
Gw. HWSMON, HWSMONAETH[1].

hwtsh Y sŵn a wneir i alw ceffyl atom – *hwtsh, hwtsh, hwtsh*, yn enwedig caseg. Ar lafar yn Nyfed, ac yn sir Gaerfyrddin.
Gw. HOTSH, HOTSH, HOTSH.

hwyaden *eb.* ll. *hwyaid, hwyad*. Aderyn dof cyfandroed o deulu'r *Anas* gyda phig fflat llydan, coesau byrion a cherddediad afrosgo yn siglo o ochr i ochr; y fenyw o'r rhywogaeth hwn o'i chyferbynnu â'r ceiliog hwyad, yr '*hwyaden* ddof' o'i chyferbynnu â'r '*hwyaden* wyllt'. Cedwid llawer iawn o hwyaid ar y ffermydd gynt yn union fel y cedwid llawer o wyddau a thyrcwn. Yn y lluosog *hwyaid* cynhwysir y rhai benyw, y ceiliogod a'r cywion gan amlaf.
Amr. 'chwaden', 'chwiaid', 'chwiaden', 'chwîd', 'chwied', 'hwied'.
1928 G Roberts: AA 10, Yr *Hwyaid*, neu yn ôl llafar gwlad, chwîd neu chwied.

hwyaid (chwiaid) Niwbwrch Enw direidus, beth bynnag am ddifrïol, pobl Môn ar bobl Niwbwrch.
Gw. BRAIN BRYNSIENCYN, GEIFR ARFON, MOCH MÔN.

hwyl
1. *eb.* ll. *hwyliau.* Fel rheol, carthen (nithlen – Môn), lliwionen (Ceredigion) o sachau wedi eu hagor a'u gwnio ynghyd i'w rhoi dros y das wair, y das ŷd neu'r das wellt, i ddisgwyl cyfle i'w toi. Ar lafar ym Môn, yn aml yn y lluosog.
Gw. CARTHEN, CYNFAS, NITHLEN.

2. *eg.* Cyflwr a chyfeiriad swch aradr geffyl, gosodiad ac osgo'r swch, rhediad y swch.
1998 FfTh 21, 41, Mae gosodiad ac osgo yr arnodd a'r cebystr a chwant y cwlltwr a *hwyl* a brathiad y swch yn hanfodol bwysig i rediad a chydbwysedd cywir yr aradr.

3. *eb.* ll. *hwyliau.* Esgyll neu freichiau y ripar a'r beindar. Sonnid gynt am *hwyliau'r* ripar, sef esgyll y ripar.
Gw. ASGELL RIPAR, BEINDER, RIPAR.

hwylfa *eb.* ll. *hwylfeydd.* Ffordd at fferm o'r ffordd fawr, lôn bach (Môn), lôn fain (Uwchaled), meidr, meidir, moidir (Dyfed), stryd (Penllyn), hwylfa, hwylyfa (gorllewin Meirionnydd).
1972 E Williams: TT 33, Os digwyddai cymdogion ddod acw fin nos, aem i'w danfon i waelod yr *hwylyfa* at giât y ffordd.

hwylio berfa Rowlio berfa, gwthio berfa. Ar lafar ym Maldwyn.
1981 GEM 48, *Hwylio* – to wheel. Hwylio'r ferwa.

hwylio'r bladur Paratoi'r bladur ar gyfer ei defnyddio – gosod y llafn a'r dyrnau i ateb i ofynion y pladurwr, a'i hogi, ayyb.

hwylio bwyd Paratoi bwyd gan gynnwys gosod y bwrdd, darparu pryd o fwyd, hwylio'r bwrdd. Ar lafar ym Môn.

hwyliog *a.* Yn dueddol i dwlcio (buwch, tarw, ayyb), tueddol i gornio, tuedd i ymosod drwy bendaro neu gornio.
1547 W Salesbury: OSP, Da gwna Deo roi cyrn byron i vuwch *hwylioc*.
1722 Llst 189, *Hwyliog* – butting with the horns.

hwyrllo *eg.* ll. *hwyrlloi.* Llo diweddar, llo eiddil, llo Gorffennaf.
14g R 1278 26-7, pryt horllyd (lleuog) *hwyrllo* Gorffennaf.

hyar, hear *a.* Aradwy, llyfn, gwastad, hawdd ei aredig.
1722 Llst 189, *Hyar*, hëar, – arable, plain, level.
1773 W, *Hyar* – even (level, plain, smooth) ploughable.

hybori *be.* Pori neu ymborthi'n awchus a da (am anifail).
16g Gr Hiraethog: Gwaith 84, Iach *hybawr* keirch a braghaidd (i ofyn march).

hychaidd *a.* Fel hwch neu fel mochyn, mochaidd, anghynnes, ffiaidd. Yng Ngheredigion ceir hwchedd, sef ffiaidd o frwnt.

1630 R Llwyd: LLH 190, pechod *hychaidd* ydyw meddwdod.
1755 Gron 74, Ac ael fel cammog olwyn,/*Hychaidd*, anfedrusaidd drwyn.

hychan bach. *hwch.* Gw. HWCH.

hychgig (*hwch + cig*) *eg.* Cig hwch (hwch yn ddiau pan olygai'r gair fochyn yn gyffredinol), porc.

1632 D, Selsigen o *hychgig*.

hychian, hychio, hwchian, hwchio *be.* Y sŵn a wna mochyn, rhochian, sŵn hwch.

Ffig. Dau yn ffraeo'n barhaus.
'Ma'r ddau frawd yn *hychian* ar 'i gilydd yn barhaus.'

hychig bach. *hwch.* Gw. HWCH.

hydfed (*hyd + medi*) *eg.* Medi'r ŷd gyda'r grwn (y cefn), neu ar hyd y grwn o'i gyferbynnu ag ar draws y grwn.
Gw. GRWN, LLEDFED, MEDI.

hydomog (*hy + tomog*) *a.* Wedi ei lygru neu ei ddifwyno gan dom (tail) budr, brwnt.

hydref *eg.* ll. *hydrefau.* Y trydydd tymor o'r flwyddyn ac yn ymestyn yn swyddogol o Fedi 21 i Rhàg 20. I ffermwyr, fodd bynnag golyga Medi, Hydref a Thachwedd. Y tymor rhwng yr haf a'r gaeaf. Y tymor pan fo'r gwryw (baedd, tarw, stalwyn) yn ei wres.

Ffig. Y tymor o oes dyn a nodweddir gan lawn ddatblygiad a ffrwythlondeb, pan fo ieuenctid drosodd a nodau dirywiad heb eto fod yn amlwg.
Diar. '*Hydref* teg, erthylu'r gaeaf'
'*Hydref* teg wna aeaf gwyntog.'

hydroffobia gw. Y GYNDDAREDD.

hydrolig *a.* Yn gyffredinol, yr hyn sy'n ymwneud â dŵr, yn enwedig y pŵer a gynhyrchir gan ddŵr yn rhedeg drwy bibellau. Heddiw, fodd bynnag, defnyddir 'hydrolig' am bŵer a gynhyrchir o unrhyw hylif, e.e. olew. Sonnir am frêc hydrolig (ar gerbyd) a weithir ag olew a wthir drwy bibellau. Hydrolig yw'r pŵer sy'n gweithio'r rhaw ar flaen y tractor, a'r aradr (i'w chodi a'i gostwng) tu ôl iddo.

hydwf (*hy + twf*) *eg.* Yn ei lawn dwf, da ei dyfiant, talgryf, bras, toreithiog (am wair, ŷd, ayyb).

hydynnus (*hy* [fel yn *hy*law] + *tynnus* [tyndra]) *a.* Llawn tensiwn, yn dal tensiwn mawr. Bathwyd gan PBG PC am '*high-tensile*'.

hyddgant (*hydd + cant*) *eb.* Haid o geirw, gyr o geirw, hyddgant o geirw, carw, ewig, hydd. Cf. Diadell o ddefaid, gyr o wartheg, cenfaint o foch, gre o geffylau.

14g Bren Saes 92, Gorchymyn iddaw seithu y mwyaf a welei o'r *hyddgant*.
1455-85 LGC 345, Gostwng i'r nant *hyddgant* teg/Gwyliaw rhyd i gael rhedeg.

hyddfre, hyddre (*hydd* + *gre* [haid]) *eb.* Gyr o geirw.
Gw. hefyd HYDDGANT.

hyfaes (*hy* + *maes*) *a.* Yn llenwi maes neu gae, dros y lle i gyd, yn gorchuddio maes (am hadyd, meillion, ayyb).
14g R 1188 19-20, *hyfaes* ymeillion hyfues.
1803 P, *Hyfaes* – apt to appear in the fields.

hyfed (*hy* + *med*[i]) *a.* Parod i'w fedi, hawdd ei fedi, aeddfed i'w fedi (am ŷd [llafur]).
1688 TJ, *Hyfed* – hawdd ei fedi, easie to be reaped.
1722 Llst 189, *Hyfed* – easily reapt or cut down.

hyfriw (*hy* + *briwio* [malu]) *a.* Brac, brau (am dir neu bridd), hawdd ei falu, hawdd ei drin (S. *friable*).
Gw. BRAC.

hyfyw
1. (*hy* + *byw*) *a.* Yn fyw iawn, bywiog, llawn bywyd.
2. *a.* Y gellir byw arno neu arni (am uned amaethyddol neu fferm), uned hyfyw, tyddyn hyfyw, lle sy'n gallu rhoi bywoliaeth, fferm weithiadwy (cyfateb i'r S. *viable*).
1982 R J Evans: LlFf 10, Ychwanega di at hyn holl feddylfryd y cyfnod; bod y mawr yn well na'r bach, a bod angen unedau *hyfyw* mewn amaethyddiaeth, ac i goroni'r cwbl, bod pob llywodraeth er y rhyfel wedi hybu drwy eu cynlluniau, a'u cymorthdaliadau, y duedd hon i gynyddu maint ffermydd.

hyfforddi *e.* Dangos y ffordd (i wneud rhywbeth neu i arfer crefft yn cynnwys 'crefft gyntaf dynolryw'). Yn ystod ail hanner yr 20g aeth amaethu yn llawer mwy gwyddonol (i gael y gorau o'r tir a'r stoc) a mecanyddol. Canfuwyd bod mantais o gynnig hyfforddiant i ddarpar-amaethwyr ifainc, yn feibion ffermydd ar ffermydd teuluol, yn ogystal â'r gwas neu'r gweithiwr amaethyddol. Ceir hyfforddiant o'r math hwn mewn nifer o golegau dros Gymru yn ogystal ag adrannau amaethyddol Prifysgol Cymru.

hyffrwyn (*hy* + *ffrwyn*) *a.* Yn hawdd ei ffrwyno (am geffyl), yn cymryd y ffrwyn, ffrwynadwy, wedi ei dorri i mewn, yn cymryd y byt neu'r enfa, ceffyl hywedd.
1722 Llst 189, *Hyffrwyn* – easily bridled.

hygnaif (*hy* + *cnaif* [o cneifio]) *a.* Hawdd ei gneifio (neu ei chneifio), parod i'w chneifio, dafad hygnaif.
1722 Llst 189, *Hygnaif* – easily shorn.
1803 P, *Hygnaiv* – easily sheared, or clipped.

hylog gw. HULOG.

hyllig *a*. Bygythiol (am y tywydd), arwyddion tywydd mawr, edrych yn hyll (am yr awyr), gaeafol yr olwg. Ar lafar yn Ardudwy.
1972 E Williams: TT 37, I'r beudy isaf yr aeth John Dafis i agor y drws i'r gwartheg hesbion, 'mae golwg go *hyllig* arni heno,' meddai.

hypocalcaemia gw. CLWY'R LLAETH.

hypomagnesaemia gw. DERA'R BORFA, DDERA (Y).

hyrdlen *eb*. ll. *hyrdlennau, hyrdlenni, hyrdlau, hyrdls*. Math o glwyd rwyllog symudol a ddefnyddir i gau bylchau mewn gwrychoedd i gadw'r anifeiliaid o fewn terfynau. Hefyd (ym Môn) 'giât dynnu a rhoi'.
Ffig. Unrhyw fath o rwystr neu anhawster.
'Unwaith y ca'i dros yr *hyrdlen* yna, mi fydda'i ar i fyny.'
Gw. AELEN.

hyrddawd gw. HWRDD, HYRDDOD.

hyrddio, hyrddu (o hwrdd [maharen]) *be*. Ergydio'n nerthol, twlcio, pwnio, pwyo, penio. Dau hwrdd yn twlcio (hyrddio) ei gilydd oedd achlysur gwreiddiol y ferf *hyrddio* (hwrddio) yn sicr. Cf. *to ram* yn Saesneg. Ceir hefyd y ffurfiau 'hyrddian', 'hyrthu'.
1722 Llst 189, *hyrddu, hyrddio* – to push (drive, thrust) forward, butt with the horns, ramm.
Ffig. Ergydio'n galed.
Eben Fardd: 'Maes Bosworth', Bu galed y bygylu,/ A'r *hyrddio* dewr o'r ddau du.

hyrddod Lluosog hwrdd.
Gw. HWRDD.

hyrlan gw. HYRDLEN.

hýs *egb*. ll. *hysiau*. Gair i annos ci ar anifail, ei annog i fynd am gynffonau neu sodlau gwartheg, hys, hwi, hyr!, iddo!, cydia fo!, hysio ci. Yn Nyfed ceir y ffurf 'hes'. Ceir hefyd ffurf fel 'hysgi' (hýs y ci).
Dywed. '*Hys* efo'r ci a *hys* efo'r gath.' Ar lafar yn Arfon. Gw. WVBD 220.
'*Hys* da'r ci a how (hai) da'r cadno (sgwarnog).' Ar lafar yn sir Gaerfyrddin a Cheredigion (GPC).

hysb, hesb *a*. ll. *hysbion*. Heb laeth (am fuwch, dafad neu unrhyw famog), buwch *hesb*, dafad *hesb*. Mae tuedd ddiweddar i'r benywaidd *hesb* ddisodli'r gwrywaidd *hysb*, am fod cymaint mwy o ddefnyddio arno, gan mai anifail benywaidd (dafad, buwch, ayyb) sydd yn hysbio. Ar lafar yn gyffredinol. Hefyd am ffynnon neu afon yn sychu.
13g B 4 10, Gwell buarth *hesp* nac un gwac.
14-15g IGE 223, Pan êl Nanhwynen yn *hesb*,/Neu hen Lyn Tegid yn *hysb*.
1620 Es 19.5, A'r dyfroedd a ddarfyddant o'r môr, yr afon hefyd a â yn *hesb* ac yn sech.
1620 Hos 13.15, A'i ffynhonnell a sych, a'i ffynnon a â yn *hesb*.
Ffig. Unrhyw beth sy'n wag.
'Mae'r cyfri banc yn *hysb*.'
'Rwy'n *hysb* o syniad am bregeth erbyn y Sul.'
Diar. 'Ni char buwch *hesb* lo.'

hysbedd, hysbrwydd *eg.* Y cyflwr o fod yn hysb, hysbedd buwch, hysbrwydd dafad.

1722 Llst 189, *Hysbrwydd* – barreness, dryness.

hysbio, hysbu *be.* Mynd heb laeth neu fynd yn sych (am fuwch, dafad, ayyb), neu beri i fuwch fynd heb laeth, drwy ei godro'n gynyddol anamlach, ayyb. Ceir ambell i fuwch yn mynd yn hysb yn naturiol ac yn ei phwysau, rhyw chwech wythnos cyn dod â llo. Buwch arall, mae'n ofynnol ei swcro i *hysbio*. Ceir hefyd y ffurfiau, 'thysbyddu' a 'hysbiddo', a defnyddir y gair yn aml am ffynnon neu afon wedi mynd yn sych. Ar lafar yn gyffredinol.

Ffig. 1762 D Rowlands: PAAD, Mor bell oeddwn oddi wrth *hysbiddo*'m testun.
Dywed. 'Paid a *hysbio* buwch ar y Sul' – yr ofergoel y byddai buwch a hysbid ar y Sul yn sicr o ddod â llo yn ystod y nos.

hysbyddiad *eg.* Gwacâd, sychiad, hysbiad, disbyddiad. Datblygodd *hysbyddiad* ail ystyr o 'ludded' neu 'lesgedd', sef gwacâd o egni neu nerth, ac yn yr ail ystyr hwn daeth yn air a arferir am y S. *exhaustion*.

hysfa *eb.* ll. *hysfeydd, hysfeuon, hysfaoedd*. Ffurf gywasgedig ar 'arhosfa', sef cynefin defaid. Libart mynydd ynghlwm wrth fferm neilltuol a hawl gan y ffermwr i droi ei ddefaid (anifeiliaid) yno, lluest y mynydd, porfa ar dir mynyddig. Ym Morgannwg ceir y ffurf 'ysfa'. Ceir hefyd 'Yr *Hysfa*' yn enw ar ddarn o dir rhwng Gwastedyn a Rhiw Gwraidd, Nantmel, sir Faesyfed. Gw. Ff Payne, *Crwydro Sir Faesyfed*, 100 (1968).

1803 P, *Ysfa* – a sheepwalk.

hysgat, hysgath, hysgit (*hys + cat, cath, cit*) Gair i erlid cath, y sŵn a wneir i yrru cath i ffwrdd. Ceir y ffurfiau *hysgat, hysgit* yn y gogledd a Cheredigion (WVBD 482). Yn nwyrain Morgannwg clywir 'sgiat', ac yn y de-orllewin 'whisgit', 'hyshgit' a 'hwshgit'. Cawn hefyd 'hysgiath' yng ngogledd-ddwyrain Cymru, yn ogystal â Morgannwg a Gwent.

hysgit gw. HYSGAT.

hysian, hysio *be.* Annos ci, annog ci wrth yrru anifeiliaid, hel defaid, ayyb. Ceir hefyd y ffurfiau 'hyss', 'hiso' (Ceredigion), 'hysan' (Cwm Tawe), 'hisian', 'hisio'.

Hen Bennill. 'Fe ddaeth ryw hwsmon heibio/Mi *hysiodd* arni gi (dafad).

hysmonaeth, hysmonaethu gw. HWSMONAETH, HWSMONAETHU.

hysóch, soch Gair i erlid moch neu i yrru moch i ffwrdd. Ym Maldwyn ceir 'hys-ôch' ac mewn rhai mannau *soch* a *soch-soch*, i alw'r moch at eu bwyd.

1786 Twm o'r Nant: PCG 41, A'r moch a'r gwydde yn y Llafur Glân/*Hai Soch* mi lyncan sached.

hysw, hyshiw Gair i yrru moch a ieir i ffwrdd. Cawn hefyd y ffurfiau 'whishw' (Ceredigion), 'hesw' (wrth yrru moch) a 'hwsho' (wrth yrru ieir – Dyfed); 'hyshw' (Caerfyrddin).

1996 Cofio Leslie Richards 18, Gyda'r moch y gair i hala nhw bant o'dd 'Hysw'.
Gw. HYSOCH, SIW.

hytir *(hyd + tir) eg.* ll. *hytiroedd*. Hyd cefn neu rwn o dalar i dalar, hyd cwys o dalar i dalar. 'Hyd cae y ffordd yr erddir ef' (GPC). Ceir y ffurf 'hitir' yng Ngheredigion. Yn draddodiadol, yr wythfed ran o filltir.

hytrawst *eg.* ll. *hytrawstiau*. Trawst dur, ayyb, a ddefnyddir i gynnal llawr adeilad, neu yn rhan o fframwaith pont, ayyb, gyrder.

hywedd *a.* Wedi ei hyfforddi, wedi ei ddisgyblu, wedi ei dorri i mewn (am geffyl), wedi ei ddal (Môn), yn cymryd y ffrwyn neu'n cymryd yr enfa; hyffrwyn, wedi ei ddwyn dan yr iau (am ych); hydrin, hydyn, gwâr, tirion, tawel, dymunol, ufudd, parod, hyblyg (am berson dynol). Ceir *hŵedd* yng Ngheredigion.
13g LlI 98, Pwybynnac a wnel kyvar ac na del en *hywedd* i eredyc.
16g W Cynwal: Gwaith 207, Carlamwr a cherddwr chwyrn,/Tynnu *hywedd*, cnoi hëyrn.
1703 YGDB 17, Nid oes anifail *hyweddach* na chyfrwysach nag ef (yr ych).
1721 S Thomas: HB 36, Yr ydys yn gobeithio y bydd y Rheolwr . . . o dymmer fwy *hywedd* a thirion.

hyweddfalch *(hywedd + balch) a.* Nwyfus, llawn bywyd, ond yn ddisgybledig yr un pryd (am geffyl).
13g WM 433 11-12, March mawr uchel ymdeithwastat *hyweddvalch*.
1774 W, *Hyweddfalch* – high mettled . . . crafu'r llawr a'r troed blaen (fel y gwna march nwyfus hyweddfalch).
1803 P, *Hyweddfalch* – tractably proud . . . a high mettled tractable steed.

hyweddfrys *(hywedd + brys* [cyflym]) *a.* Hywedd a chyflym (am geffyl).
15g H 109a 21, Ac emys (march) *hywetvrys* hywet.
1803 P, *Hyweddfrys* – of tractable haste.

hyweddu *be.* Dwyn dan yr iau (am ych gwaith), ei dorri i mewn (am geffyl), arfer ceffyl mewn harnais ac mewn gwahanol safleoedd mewn gwaith,e.e. wrth ochr ceffyl arall (gwedd ddwbl); o flaen neu ar ôl ceffyl arall; (gwedd fain): yn siafftiau'r drol; yn llusgo aradr, og, ayyb, gwarhau, dofi.
13g WM 33, 16-18, Ponyt oedd da iti . . . peri y *hyweddu* (ebol) a y roddi yr mab.
1551 W Salesbury: KLl 53b, Mi brynais pemp iau o ychen, ac ydd wyf vi yn mynet ew provi [:-*hyweddy*] wy.
Gw. DOFI, GWARHAU, TORRI I MEWN.

hyweddwr, hyweddydd (meirch) *eg.* ll. *hyweddwyr*. Dofwr ceffylau, un yn torri ceffylau i mewn, joci, hyfforddwr ceffylau, un yn hyfforddi ac yn arfer ceffylau yn yr harnais ac mewn gwaith. Fe'i defnyddir hefyd am athro plant, 'hyweddwr plant'.
1730 T Lloyd: D, *Hyweddwr* – a tamer, a trainer.
1794 W, *Hyweddwr* – tutor, one who has the care and instruction of youth committed to him.
Gw. HYWEDDU.

iachusol *a.* Gair a ddefnyddir yn gynyddol heddiw am lysiau a bwydydd, ayyb, a dyfir mewn modd organig (heb wrtaith artiffisial ac heb blaleiddiaid), bwyd iachusol, bwyd organig.

iafu Ffurf dafodieithol ar 'afu' (iau). Ar lafar ym Maldwyn. Gw. AFU, IAU.

iâl *eb.* ac *a.* Tir agored, tir iâl, tir wedi ei glirio, llannerch, ucheldir wedi ei drin, tir cynhyrchiol ond heb fod ar lawr gwlad. Fel ansoddair golyga clir, agored, hyfryd, dymunol.
Mae'n enw ar gwmwd a chantref ym Mhowys Fadog gynt, sef y rhan o'r hen sir Ddinbych (cyn 1974) a oedd yn cynnwys Bryneglwys, Llandysilio, Llandegla, Llanarmon a Llanferres. Fe'i ceir yn elfen mewn enwau ffermydd yn yr un rhan o'r wlad, e.e. 'Blaen *Iâl*', 'Plas-yn-*Ial*'. Ehedydd Iâl a roes William Jones, Tafarn y Gath yn enw barddol arno'i hun (awdur yr emyn 'Er nad yw 'nghnawd ond gwellt').
1803 P, *Ial*, – a clear or open space, a fair region.

ialdir *eg.* ll. *ialdiroedd.* Tir comin, tir cyffredin, tir cyd.

ialem *eb.* Ffurf lafar ar gwialen. Ar lafar ym Maldwyn (GEM 48). Gw. GWIALEN.

ialen (ialem) pladur *eb.* Y trwch o haearn sy'n rhedeg ar hyd cefn llafn y bladur, ac yn rhoi cryfder i'r llafn mewn gwaith, asgwrn cefn llafn pladur. Ar lafar ym Maldwyn.
1981 GEM 49, *Ialem Pladur* – y trwch tew o haearn sydd ar hyd ei chefn.

ialffust (cywasgiad o gwialenffust) gw. GWIALENFFUST.

iâr, giâr *eb.* ll. *ieir, gieir.* bach. *ierig, iaren.* Y fenyw o dylwyth y dofednod cyffredin (*gallus*) a'r amrywiol adar eraill, dofednod. Ceid ieir ar bob fferm gynt, a'u hwyau, yn ogystal â bod yn rhan o'r fwydlen, yn cyfrannu at yr incwm o'u gwerthu. Ceid sawl brîd ond nid oedd y brîd o bwys tra'u bod yn dodwy ac yn talu am eu bwyd. Y bridiau mwyaf poblogaidd fyddai 'Rhode Island Red', 'Light Sussex', 'Wyandott', 'Plymoth Rock', 'White Leghorn', 'Black Leghorn'.
Dywed. 'Fel talcen *iâr*' – dim cig. Ffig. am anerchiad neu bregeth denau.
'Ara deg mae dal *iâr*, gwyllt gynddeiriog mae dal ceiliog' – rhaid wrth bwyll i wneud rhyw bethau, ond rhaid brysio i wneud pethau eraill.
'Edrych mor ddiflas â *iâr* ar storm.'
'Wyddoch chi ddim pwy *iâr*, pwy geiliog' – pwy yw'r gwas a phwy yw'r meistr.
'Weithiau'n *iâr*, weithiau'n geiliog' – oriog ei fŵd.
'Lle crafa'r *iâr* y piga'r cyw.'
'*Iâr* ddu a ddodwy ŵy gwyn' – nid wrth yr olwg allanol mae barnu.
'Nid oes ganddo *iâr* i grafu'r buarth' – wedi mynd heb ddim.

iâr benrhydd Iâr sy'n rhydd i symud o gwmpas y buarth, iâr buarth o'i chyferbynnu â iâr gwasarn dwfn neu iâr batri, iâr sy'n rhydd i grwydro, pigo, crafu fel y mynno, a'i hwyau, yn ôl y dybiaeth gyffredin, yn felynach eu melynwy ac yn fwy blasus.

iâr ar ben domen Iâr yn gogordroi ac yn crafu'n ddiamcan. Yn gymariaethol am rywun lletchwith, dilun, yn troi yn ei unfan yn ddiamcan.

iâr buarth gw. IÂR BENRHYDD, IÂR FACH Y DOMEN.

iâr bumbys Iâr dda am ddodwy. Sonnid gynt am wair pumbys neu borfa bumbys, ayyb, wedi cadeirio'n dda, porfa dda.
1926-7 B Cyfr. 3 204, *Iâr bumbys* – credai'r hen bobl ei bod yn well am ddodwy nag ieir eraill.

iâr dan badell Iâr a roir dan lestr cymharol gyfyng i'w rhwystro i ori neu i ladd y clwy gori, ac mewn canlynad yn iâr anfoddog a sorllyd.
Ffig. 1. Person pwdlyd, sorllyd. 2. Rhywun a'i fyd yn fach a chyfyng, heb symud nemor ddim o'i filltir sgwâr. 3. Dynes a het â chantel gyfled â'i ysgwyddau.
1938 W J Gruffydd: SYFH 95, Rydw'i wedi byw fel *iâr dan badell* yn y lle acw, a'r byd tu allan yn gwybod dim amdana'i.
1971 I Gruffydd: C 86, Hwyrach mai rhyw fywyd *dan badell* megis fuasai mywyd i wedi bod onibai i rywun . . . geisio fy nhynnu allan . . .

iâr ddandi Iâr o'r brîd bach, corachaidd o ieir dof, hefyd iâr o un o'r amrywiol fridiau o'r cyfryw ieir.

iâr ddeor Iâr ori, iâr glwc, iâr yn eistedd ar wyau.

iâr ddodwy Iâr yn dodwy, ac yn diflannu'n slei bach i ddodwy.
Ffig. Am berson yn diflannu o'r golwg yn ddistaw bach neu sydyn a dirybudd, yn union fel y gwna iâr pan ddaw'r clwy dodwy.

iâr fach y domen Iâr buarth, iâr benrhydd.
1975 R Phillips: DAW 58, Does neb a ŵyr o ble y daeth *iâr fach y domen* neu'r edn drws y sgubor.

iâr ar farwor Iâr yn troedio'n ysgafn ar ludw newydd ei daflu i'r domen rhag ofn cael colsyn poeth.
Ffig. Person gwyliadwrus, gochelgar yn dweud ei feddwl.
'Fuo neb erioed mor ochelgar yn dweud ei farn â Harri, mae o 'fel *iâr ar farwor*'.

iâr fflagan Disgrifiad pobl Môn o iâr ddisut a diraen ei phlu a'i gwedd. Cf. 'iâr ar y glaw'.

iâr Ffrainc Iâr flêr ei phlu. Yn ffigurol ym Mhenllyn am wraig rwydd a blêr.

iâr Guinea Iâr neu ffowl a fegir am eu cig blasus, megis cig ffesant. Fe'u ceir yn adar gwylltion yn rhanbarthau safanna o Affrica.

iâr ar y glaw Iâr yn edrych yn aflêr a thorcalonnus. Mae'n ymddangos fod ieir yn casáu glaw. Cf. y ddihareb 'na werth dy *iâr ar y glaw*', h.y. pan fo'n edrych ar ei gwaethaf ac yn llai o werth.
Ffig. Person di-raen, aflêr, llipa a thorcalonnus yr olwg.
'Roedd o'n edrach mor llipa â *iâr ar y glaw*.'

iâr ar ei hurddas Dywediad rhai cylchoedd (e.e. Llanberis) am berson yn cerdded yn sydêt ac yn fân ac yn fuan. Dyna ddisgrifiad T Rowland Hughes o Rosie Stephens yn *O Law i Law* – yn brysio'n fân ac yn fuan, ac yn biwis, allan o'r capel pan ddaeth Twm Twm y trempyn i'r oedfa – *fel iâr ar ei hurddas*.

iâr glwc Iâr ori, iâr ddeor. Ar lafar yn y de.
1989 P Williams: GYG 33, Pan ffansiai mam rhyw frid o ieir, prynai eu hwyau a'u rhoi o dan *iâr glwc* i ori arnynt . . .

iâr ori Iâr ddeor, iâr eistedd, iâr glwc.
Ffig. O'r syniad nad yw iâr ori'n gwneud dim ond eistedd ar ei wyau, ei phethau ei hun, ddydd a nos.
'Ma' Iolo 'ma efo'i lyfrau ddydd a nos, mae o fel *iâr ori*.'

iâr siagan Disgrifiad pobl Llŷn o iâr afler a di-raen ei golwg. Cf. 'iâr fflagan' (Môn).

iâr uncyw Yr iâr a wna fwy o helynt ac o glegar efo un cyw na iâr efo deg.
Ffig. Mam yn gwneud mwy o ffys ac o ffwdan efo un plentyn na phe bai ganddi dyad o blant. Hefyd person yn ffysio a ffwdanu ynglŷn â pheth dibwys, gan ei berswadio'i hun a cheisio perswadio pawb arall fod y peth yn holl bwysig.

iarbren *egb.* Clwyd ieir, esgynbren ieir, lle clwyda'r ieir y nos.

iard *eb.* ll. *ierdydd, iardiau.* Buarth, clos, cadlas, cowrt, cwrt. Ar lafar yn y gogledd am fuarth fferm – iard ffarm. Ym Mrycheiniog ceir '*iard tŷ gwair*' am yr ardd wair neu'r gadlas wair. Yn aml mae *iard* fferm wedi ei hamgylchu gan y tŷ fferm ar un ochr a chan y beudái (tai mas) ar y tair ochr arall. Erbyn heddiw, mae'r mwyafrif mawr o ierdydd fferm wedi eu palmantu â choncrit i ddau bwrpas. Ar y naill law mae'n llawer haws eu cadw'n lân, ac ar y llaw arall mae'n haws casglu a sianelu'r dŵr tail, ayyb i un lle diogel megis carthbwll fel nad yw'n llifo i unrhyw ffrydiau dyfroedd.

iardy, ieirdy (*iâr* + *tŷ*) *eg.* ll. *iardai.* Cwt ieir, cut ieir, tŷ ieir.
1400 ChO 17, Catno gynt a doeth i'r *ieirdy* yn ymyl cwrt uchelwr.

iares (*iâr* + *es* [terfyniad enw torfol. Cf. buches, ayyb]) *eb.* Haid o ieir, y stoc ieir.

iargyw
1. *eg.* ll. *iargywion, ieirgywion.* Cyw iâr, ffowlyn.
2. *ebg.* Defnyddir 'iargyw' mewn rhai rhannau am iâr yn newid yn geiliog, iâr yn newid ei rhyw. Credid yn gryf gynt bod hynny'n darogan gwae neu anlwc neu aflwyddiant.
1992 FfTh 9, 28, *Iargiw* yw'r enw yn Eifionydd ar iâr sy'n newid ei rhyw i fod yn geiliog . . . Yr arwydd cyntaf bod rhywbeth yn dechrau newid ynghylch yr iâr oedd ei bod yn ceisio camu fel ceiliog. Rhaid oedd ei dal a'i lladd ar unwaith rhag iddi ddod ag anlwc i'r fferm.

iau

1. *eg.* Chwarren fwyaf corff dyn ac anifail, ag sy'n cynhyrchu bustl ac yn puro'r gwaed. Bwyteir iau rhai anifeiliaid, megis gwartheg, moch ac ŵyn, ar ôl eu coginio. Mae'n rhan o'r 'cig mân' neu'r 'mangig' ar ôl lladd anifail. Ceir 'Braenedd yr *Iau*' (afu) yn enw yn Gymraeg am y S. *fluke*. Ar y cyfan gair y gogledd yw *iau*, ac 'afu'n' air y de. Ceir hefyd y ffurf 'iafu' (Maldwyn).

Dywed. 'Gorau *iau, iau* hwch,/Gwaethaf *iau, iau* bwch.'

Gw. BRAENEDD YR AFU, CIG MÂN.

2. *eb.* Dyfais i gadw dafad farus rhag torri drwy wrych neu glawdd, sef cangen o goeden wedi ei rhwymo ar draws ei phen blaen fel na all wthio drwy'r gwrych, *iau* dafad. Ar lafar yn sir Ddinbych.

3. *eb.* ll. *ieuau, ieuoedd.* Darn o bren wedi ei lunio a'i saernïo'n bwrpasol i'w roi ar draws gwarrau (ac weithiau'r cyrn) dau neu fwy o ychen fyddai'n ffurfio gwedd ac yn cydweithio i dynnu aradr, ayyb, gwarrog. Byddai hyd yr iau yn dibynnu ar faint o ychen fyddai yn y wedd. Ceid y 'feriau' (iau fer) pedair troedfedd o hyd (er yn amrywio) i ieuo dau ychen yn gyfochrog; yr 'ailiau' (ail iau), neu 'y feiau', wyth troedfedd i ieuo pedwar; y 'geseiliau' (cesail iau), deuddeg troedfedd i ieuo chwech; yr 'hiriau' (hir iau) un troedfedd ar bymtheg, i ieuo wyth. Ceid hefyd '*iau* flaen' pan fyddai un pâr o'r ychen o flaen y pâr arall mewn gwedd, a iau fôn ar gyfer y pâr fyddai yn y bôn. Gelwid honno'n 'boniau'. Diflannodd y 'geseiliau' a'r 'ailiau' (meiau) yn y Canol Oesoedd. O hynny ymlaen am y 'feriau' a'r 'hiriau' y sonnir.

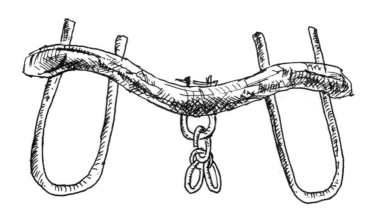

Beriau i ieuo gwedd ychen

1620 1 Sam 6.7, Gwnewch fenn newydd, a chymmerwch ddwy fuwch flith y rhai nid aeth *iau* arnynt.
Ffig. Awdurdod, llywodraeth, disgyblaeth, gormes.
1620 Deut 28.48, Ac efe a ddyry *iau* haiarn ar dy wddf.
1620 Gal 5.1, Na ddalier chwi drachefn dan *iau* caethiwed.
1620 Gal Jer 3.27, Da yw i ŵr ddwyn yr *iau* yn ei ieuenctid.
1620 Math 11.29-30, Cymmerwch fy *iau* arnoch . . . canys fy *iau* sydd esmwyth.
1959 D J Williams: YChO 20, Credaf mai'r ddau 'gentleman farmer' pennaf a 'nabyddais erioed . . . ydoedd Pegi fy chwaer a finnau . . . cyn i *iau* y ffarmwr cyffredin ddisgyn yn esmwyth a diarwybod ar ein hysgwyddau ifanc.
Gw. GWARRÒG.

4. *eb.* ll. *ieuau, ieuoedd.* Gwedd o ychen, pâr o ychen.
1588 1 Sam 11.7, Ac efe a gymmerth *iau* o ychain.
1620 Luc 14.19, Mi a brynais bum *iau* o ychen.

5. *eb.* Ffram bren ysgafn i gario swrne o ddŵr, gwarrog dros yr ysgwyddau i gario dwy fwced yn llawn o ddŵr o'r ffynnon, ayyb, ac yn trosglwyddo'r baich o'r breichiau i'r ysgwyddau.

iddyrnwr biswail *eg.* Offer neu beiriant at iddyru neu fewnsaethu biswail i'r tir (S. *slurry-infecter*), a dynnir gan dractor.

ieirdy gw. IARDY.

ieirwr *eg.* ll. *ieirwyr.* Un yn prynu a gwerthu ieir, un yn cadw ieir i'w gwerthu, masnachwr ieir.
1780 W, *Ieirwr* – poulterer, one who keeps fowls to sell.

ielffust gw. GWIALENFFUST.

ielstyn *eg.* ll. *ielstod.* Llencyn neu lefnyn tal, tena, sgilffyn main o lanc, llipryn, llabwst, lleban. Ar lafar yng Ngheredigion a sir Gaerfyrddin.
1989 D Jones: OHW 115, Dilynai John, y mab hynaf, ei dad o ran pryd a gwedd – *ielstyn* tal, main, digon garw'i ffordd y pryd hwnnw, ond a'i galon yn y man iawn.

ierig *eb.* Iâr ifanc, cywen.
Gw. hefyd IÂR.

ierthi, erthi, gerthi *eb.* ll. *ierthion.* Y wialen flaenfain a ddefnyddiai'r geilwad gynt i yrru ychen neu i annog ychen wrth aredig, ayyb, gwialen ychen, gwialen alw, irai, cethr. Cerddai'r geilwad (cethreiniwr) ar y blaen i'r ychen a mwy neu lai wysg ei gefn gyda gwialen alw yn ei law i gethreinio'r (sbardynnu) wedd yn ôl y galw. Bu *ierthi* yn air am chwip hefyd ac yn Nyfed pery'n air am goes chwip.
1588 Barn 3.31, Efe a darawodd o'r Philistiaid – chwechan-wr ag irai [*ierthi*] ychain.

iet *eb.* ll. *ietau.* Llidiart, clwyd, giât yn cau ac yn agor ar fachau neu fach a cholyn ac yn arwain i fuarth neu gowrt neu gae. Ar lafar yn Nyfed.
1938 T J Jenkin: AIHA AWC, *Iet* – cyn bod peth yn *iet*, rhaid iddi droi ar fachau neu ar fach a cholyn.
1991 G Angharad: CSB 9, a *iet* yw gair y de-orllewin am giât neu glwyd.

ieuad *eg.* Y weithred o ieuo, cyplysiad, cypliad, ffurfio gwedd, uniad.
1803 P, *Ieuad* – a putting in a team; a yoking.
Ffig. Y weithred o uno dau berson mewn priodas.

ieuo *be.* Gosod iau ar warrau dau (neu fwy) o ychen gynt i ffurfio gwedd at bwrpas aredig, ayyb. Ieuid ych mewn dwy ffordd, ar ei war neu ar ei gyrn. Rhoi'r iau ar y gwar a fu fwyaf cyffredin o lawer yng Nghymru hyd ddechrau'r 19g. Fel y rhoid coler am wddf y ceffyl yn ddiweddarach, rhoid 'dôl' (dolen) yr iau am wddf yr ych â phin i'w chau. Pan ieuid yr ych wrth ei gyrn rhoid yr iau wrth fôn ei gyrn a'i rhwymo i'r cyrn â rhaff. Ar y cyfan *ieuo* ychen a wneid, ond cyplysu neu cyplu ceffylau.
Ffig. Priodi dau berson, tôn ac emyn, deuawd leisiol, ayyb.
1620 2 Cor 6.14, Na *ieuer* chwi'n anghymarus â'r rhai digred.
'Ma'r dôn a'r emyn yn *ieuo*'n berffaith.'

ieuwr, ieuydd, ieuedydd *eg.* ll. *ieuwyr, ieuyddion*. Un yn gosod iau ar ychen, hyfforddwr ychen, un yn torri ychen i mewn, cyplyswr, joci.
1722 Llst 189, *Ieuwr* – a yoker, coupler.

iewydd, ewydd (*iau* + *gwŷdd* [aradr]) *egb.* ll. *iewyddion, ewyddion*. Rhan (mwy na thebyg) o'r gêr tynnu, neu o'r iau, wrth aredig ag ychen, coler (dôl) yr iau neu hwyrach y did (tres) a gysylltai glust yr aradr wrth ganol yr iau. Gw. Ff Payne, *Yr Aradr Gymreig* 150-1 (1975).
1753 TR, *iewydd* – torch o wdyn, – a collar, or chain made with wyths.
1934 T Gwynn Jones, *Caniadau* 117, Ond enwi Iau ni ddaw â dyn o'i *iewydd*,/Ni thry mo'r caeth yn rhydd, na phrydydd dwl yn ffraeth.

ildio, ildo, gildio *be.* Dwyn ffrwyth, cnydio, cynhyrchu (am dir neu gnwd), bwrw i lawr (Dyffryn Clwyd), bwrw (Edeirnion). Dyma'r gair a ddefnyddid diwrnod dyrnu wrth weld faint o rawn fyddai'n disgyn i'r sachau – 'Mae'r gwenith 'ma'n *gildio*'n dda 'leni'. Ar lafar yng Ngwynedd a Chlwyd.
1842 E T Rhys: DA 116, Yr hyn a fyddo'r haf yn *ildio*,/Efe â trwyddo fôn a brig.
1928 G Roberts: AA 17, Dau fath yn unig o wenith gaeaf a heuid a gelwid hwy yn Coch y Maes a'r Pen Sgwâr. Plygai'r cyntaf ei ben wrth aeddfedu . . . ond y llall oedd y gorau am *fwrw*, neu *ildio*, ddiwrnod dyrnu.
1990 FfTh 5, 5, Os byddai clofer yn *bwrw i lawr* yn dda, byddai'r tractor yn gorfod gweithio'n galetach i droi yr 'Huller' gan fod dwy ddrwm iddi.
Gw. BWRIWR, BWRW[1].

impio *be.* Trosglwyddo toriad o un planhigyn a'i grafftio i dyfu ar blanhigyn arall.
1620 Es 17.10, ac yr *impi* hwynt (planhigion) â changhennau dieithr.
1709 H Powell: G 41, Yr arfer wrth *himpio* yw, gosod impin da mewn pren drwg.

imwnedd, imunedd, imiwnedd *eg.* Rhyddid oddi wrth haint neu afiechyd arbennig, heintryddid (am ddyn ac anifail). Peth cymharol ddiweddar yw brechu anifeiliaid rhag amrywiol heintiau ac afiechydon, h.y. rhoi imwnedd rhag heintiau, ayyb. Gair yr 20g yw *imiwnedd*. Ceir '*imiwnedd* naturiol' neu '*imiwnedd* cynhenid' – yn naturiol rydd rhag haint

neilltuol, ac *'imiwnedd* datblygedig' – imiwnedd y mae'r corff yn ei adeiladu.
Gw. HEINTRYDD, HEINTRYDDID.

inciwbator, inciwbetor *eg.* Dyfais neu gyfarpar i ddeor wyau drwy eu cadw mewn gwres sy'n cyfateb i'r gwres a geir dan iâr ori.
1962 T J Davies: G 20, Rhaid oedd gweld yr *inciwpetor*. Ei lond o wyau, rhwng dwy a thair mil ohonynt . . . A'r wyau'n cael eu troi bum gwaith y dydd.
Gw. DEOR, DEORFA.

incwm *eg.* Yr enillion neu'r derbyniadau. Yr hyn y mae'n ofynnol i ffermwr roi cyfrif amdano i awdurdodau'r dreth incwm, ayyb.

India-corn, Indian-corn, indrawn *eg.* Y grawn Americanaidd a ddefnyddir yn fwyd ieir, anifeiliaid (a phobl), indrawn (gair yr 20g), grawn India. Ceir hefyd y ffurf 'injia-corn' ac 'injian-corn'.
1981 W H Roberts: AG 57, Arferai ffermydd fod y nesaf i hunan-gynhaliol cyn belled ag yr âi porthiant yr anifeiliaid. Casgenaid o driog du oedd bron yr unig bryniant a gofiaf arwahan i *India Corn* i'r ieir.

indrawn *eg.* Gair yr 20g am 'India-corn'. Bathwyd gan PCG am y S *india-corn*.
1981 Ll Phillips: HAD 31, Un arall o eiriau Tom Rees yw *indrawn* am 'India-Corn' neu maize, sef grawn yr Indiaid, a'r ymadrodd yn hunan-esboniadwy, ac, os dim, yn fwy cryno na'r ffurf Saesnig hir-arferedig.
Gw. INDIA-CORN.

Indian mêl, India-mîl *eg.* Blawd cymharol fras wedi ei falu o rawn India neu indrawn neu India-corn, ar gyfer bwydo moch, yn enwedig hychod. Ar lafar ym Maldwyn yn y ffurf *India mêl*. Ceir y ffurf *India-mîl* yn gyffredinol.
1989 P Williams: GYG 22, Middlins (blawd mân iawn i berchyll), *Indian mêl* (blawd gweddol fras o gorn i'w roi'n wlych i'r hychod).

ingoing *eg.* Y prisiad a delid am wair, gwellt, tail, gwrtaith (ac weithiau anifeiliaid), ayyb, wrth ddilyn ffermwr arall mewn fferm. Fel rheol, ceid prisiwr swyddogol, fyddai hefyd yn ganolwr, i wneud y prisiad.
1971 I Gruffydd: C 70, Wedi ca'l gafa'l ar le 'swtabl' i fewn a fi, dwy heffar gyflo i stocio, a thorllwyth arall o foch wedi dod yn y cyfamser, i dalu'r *'in-going'* a be dachi isio well.

ingwys *eb.* Y gwys ddiwethaf yn y rhych. Ar lafar ym Môn. Gw. JHR 'Môn' 1954.

injan, injian
1. **injin, enjin** *eb.* Peiriant sy'n troi tanwydd yn rym mecanyddol, peiriant sy'n rhan o beiriant mwy ac yn ei yrru neu ei weithio (car, tractor, awyren, ayyb), *injian* y car, *injian* y dyrnwr medi, *injian* y tractor, ayyb.
'Mae o'n dechra' rhydu ond mae 'na *injian* dda arno fe.'
2. Yr injan a'r cerbyd, neu'r peiriant y mae'n ei yrru neu yn ei weithio,

yn eu cyfanrwydd, e.e. yr *injan* ladd gwair, yr *injan* odro, yr *injan* ddyrnu, ayyb.

injian droi Injan falu gwellt neu wair gyda dwy gyllell neu ddau lafn ar olwyn, a ddilynodd yr 'injan glec' (un gyllell).
Gw. INJAN GLEC.

injian ddeuben Injan ladd gwair a dynnid gan ddau geffyl wedi ei cyplysu'n wedd ddwbl o boptu i'r llorp neu'r polyn (pawl).

injian ddyrnu Y dyrnwr mawr (hyd at 50au'r 20g) dan wahanol enwau, a âi ar gylchdaith mewn ardaloedd i ddyrnu'r ŷd, 'y bocs' (Clwyd). Weithiau, mewn rhai ardaloedd, ceid *injan ddyrnu* yn enw ar y dyrnwr ei hun, weithiau ar y dyrnwr a'r injan stêm fyddai'n ei droi efo'i gilydd, ac weithiau am yr injian stêm ei hun.
'Pryd ma'r *injan ddyrnu* yn dwad acw?'
1991 FfTh 8, 23, Rhaid felly oedd trefnu i'r *injan ddyrnu* alw yn o fuan . . .
Dywed. 'Traethu fel *injan ddyrnu'* – yn ddibaid.
Gw. DYRNWR MAWR.

injian eithin Injian falu gwair a gwellt a ddefnyddid hefyd i falu eithin yn fwyd i'r anifeiliaid.
Gw. EITHIN, MALU EITHIN.

injian falu gwair / gwellt Injan tsiaffio, peiriant â dwy gyllell neu ddau lafn ar olwyn a ddefnyddid i falu gwair a gwellt ac eithin, a droid â llaw yn wreiddiol, injan droi, olynydd yr injan glec (un gyllell) (S. *chaff-cutter*).
Gw. INJIAN DROI, MALU GWELLT.

injian geffyl (at gorddi) gw. GERYN, PART MAS, PIT CORDDI, PŴER CEFFYL, PŴER CORDDI.

injian glec Hen fath cyntefig o injan falu gwellt ag un gyllell iddi. Fe'i disodlwyd gan yr injian droi neu'r injian falu ddwy gyllell.
Gw. INJIAN DROI.

injian nithio Dyfais (yn y sgubor) i wahanu'r us oddi wrth y grawn wrth ddyrnu'r ŷd, y peiriant a ddisodlodd y wyntyll law a'r nithlen neu'r lywionen.
1933 H Evans: CE 117, Yr oedd y *'machine' nithio* wedi dyfod i arferiad yn y rhan fwyaf o ffermydd pan gofiaf gyntaf . . . (g. 1854).
1943 I C Peate: DGC 122, Yn ddiweddarach cafwyd *peiriant nithio*, sef creu gwynt, ar egwyddor ysgwyd y nithlen, stand bren ac arni adenydd wedi eu gorchuddio â sachliain, ac o'u troi'n gyflym ceint gwynt cryf, cyson. Ceir enghreifftiau o'r rhain yn yr Amgueddfa Werin yn Sain Ffagan.
Gw. NITHIO, NITHLEN.

injian odro gw. PEIRIANT GODRO, PWMP GODRO.

injian oel Peiriant wedi ei angori wrth lawr y sgubor, fel rheol, yn mynd ar betrol, ac a ddefnyddid gynt (cyn i'r cyflenwad trydan gyrraedd y ffermydd ym 50au'r 20g) i droi'r crysiar, y pwlper, a'r injan falu gwellt, olynydd a disodlydd y pŵer ceffyl a'r olwyn ddŵr.

injian stêm Peiriant yn llosgi glo yn danwydd ac yn gweithio ar stêm ac a ddefnyddid i droi'r dyrnwr mawr, injian ddyrnu. Fe'i disodlwyd yn gynyddol ym mlynyddoedd 20au a 30au yr 20g gan y tracsion, yntau'n beiriant stêm ond yn ei yrru ei hun, ac yn llusgo'r dyrnwr o fferm i fferm. Gw. DYRNWR, INJIAN DDYRNU.

Yr Injan Stêm

injian wair, injian ladd gwair Peiriant at dorri gwair a ddaeth yn gyffredin yn ystod ail hanner y 19g a dechrau'r 20g, gan ddisodli'r bladur yn y maes hwnnw, ac a dynnid gan amlaf gan ddau geffyl yn wedd ddwbl o boptu i'w pholyn neu ei llorp. Cafwyd rhai er hynny i'w tynnu gan un ceffyl, gyda llorpiau (siafftiau) fel trol.

1958 FfFfPh 53, Clywais fy nhad yn dweud mai yn y flwyddyn 1864 y cafodd ef beiriant at dorri gwair. Cyn hynny, torrent y gwair i gyd â phladuriau . . . nid oedd ond un peiriant at dorri gwair yn Nyffryn Aeron cyn hynny . . . Roedd y peiriant hwn yn gweithio yn yr amser a gofiaf (g. 1885). Ffram bren oedd iddo, ond gwaith caled i ddau geffyl cryf oedd ei dynnu . . .
1967 G W Griffith: CBG 105, O America y daeth y peiriant lladd gwair. 'Deering' oedd enw'r peiriant cyntaf o'r math yma a gofiaf fi. Yna daeth y 'Bamford', peiriant trymach oedd hwnnw a gynhyrchid gan gwmni yn y wlad hon.
1972 E Williams: TT 10, Digwyddiad pwysig oedd prynu peiriant i dorri gwair – yr *injan ladd gwair*. Chwe phunt oedd ei phris, a hynny yn straen ar y cyllid. Golygai ei chael lai o waith i nhad, a mwy i Bess.
1981 W H Roberts: AG 55, Roedd gan fy nhad hen injan ladd gwair gadarn iawn. 'Pierce Wexford' oedd ei mecar hi, yr oedd sŵn yr hen wyddeles i'w glywed dros yr ardaloedd.

injian wair â thacl *eb.* Injian ladd gwair y rhoed bwrdd neu lawr tu ôl i'w bar i bwrpas lladd ŷd a'i adael yn seldremi. Byddai'r ŷd wrth ei ladd yn disgyn ar y bwrdd, yna byddai'r sawl a eisteddai ar yr injan yn ei grafu oddi yno bob hyn a hyn â chribin fach. Yn aml hefyd cerddai un arall tu ôl i'r injan i wneud y gwaith o dynnu'r ŷd oddi ar y 'tacl'. Byddai'r Saesneg 'attachment' yn air aml am y 'tacl' hefyd.

injianïar, injinïar *eg.* ll. *injiniars.* Un o'r ddau ddyn fyddai'n canlyn y dyrnwr mawr ar ei gylchdaith mewn ardaloedd. Eu gwaith oedd bod yn gyfrifol am symud y dyrnwr a'r injan stêm o fferm i fferm; gosod y ddau beiriant yn yr ydlan fel bod olwyn fawr neu chwilolwyn yr injan stêm yn union gyferbyn a phrif bwli ar ochr y dyrnwr; tanio'r injan stêm ar ôl ei llenwi â dŵr; iro neu oelio'r treuliau'n ofalus; canu ffliwt yr injan stêm i alw'r cymdogion ynghyd, ac yna ffidio'r dyrnwr ac edrych ar ôl y peiriannau bob yn ail.

Institiwt Cenedlaethol Llysieueg Amaethyddol Corff statudol sy'n gyfrifol am brofion ac asesiad annibynnol ar unrhyw amrywogaeth cnwd newydd yng Nghymru a Lloegr. Yng Nghaergrawnt y mae ei bencadlys ond gyda chanolfannau rhanbarthol i wneud profion a chymharu amrywogaethau. Caiff pob amrywogaeth sy'n pasio'r prawf fynd ar y Rhestr Genedlaethol i'w gwerthu. Caiff y rhai gorau, fodd bynnag, fynd ar y Rhestr Gymeradwyedig. Arwahan i'w waith statudol mae'r corff hwn hefyd yn taenu gwybodaeth berthnasol a defnyddiol ar gynhyrchu cnydau trwy gyfrwng sgyrsiau, cyrsiau a chylchgrawn, ayyb.

International Harvester *ep.* Cwmni Americanaidd a arloesodd lawer gyda datblygu a chynhyrchu tractorau amaethyddol. Dau o gynhyrchion enwog y Cwmni oedd y 'Titan' (gw. TITAN) a'r 'Farmall' (1924). Llyncwyd McCormick-Deering gan International yn 1902.

ioc, iôc *eg.* bach. *iocyn.* Math o goler bren, neu fforch bren, a roid gynt am wddf dafad, ac weithiau mochyn, i'w cadw rhag gwthio drwy wrych, magl, iau, carchar ar ddefaid.

18g D Jones(Caeo): Traeth 5 380, Mi fynnaf ioc o dderi,/A gwyrs o Aberhonddu,/Mi ddalaf fi'r hen hwch mewn mwyth/Cyn caffo hi ffrwyth fy ngerddi.

ioco *be.* Rhoi ioc (iôc) neu fagl ar ddafad neu fochyn. Gw. IOC, IÔC.

iocyn
1. gw. IOC, IÔC.
2. gw. OCYN.

iogwrt *eg.* Bwyd lled soled a wneir o laeth wedi ei bastereiddio ac wedi ei geulo drwy ychwanegu'r bacteria *Streptococcus thermophilus* a *Lactobacillus bulgaricus*, a gadael iddo nes ei fod wedi cyrraedd y radd o surni gofynnol. Daeth yn enllyn poblogaidd yn chwarter olaf yr 20g, ac yn un ffordd o arallgyfeirio mewn amaethyddiaeth yn nyddiau'r cwotâu ar y llaeth y gellir ei gynhyrchu i'w werthu.

iorcs *ell.* bach. *iorcen.* Yr hen ffordd o godi ac o gadw godre'r trowsus o'r baw, sef clymu strap lledr neu linyn am goes y trowsus yr ochr isaf i'r penglin. Arferai fod yn boblogaidd iawn ymhlith gweision ffermydd cyn dyddiau'r 'wellingtons'. Mae tarddiad yr enw *yorks* yn anodd ei olrhain. Ffurf luosog Saesneg ar yr enw lle 'York' neu'r enw personol 'Yorke', medd GPC. Ond onid yw'n bosibl mai o *yoke* gyda'r 'r' yn ymwthiol y daeth? Un ystyr i'r gair *yoke* yw rhan o ddilledyn a wneir i gynnal y gweddill fel tros yr ysgwydd neu o gwmpas y cluniau. 'London *Yorks*' yw'r enw ym Môn.

1963 I Gruffydd: GOB 81, gan ymhyfrydu wrth feddwl am y dydd a ddeuai ar fyrder y cawn wisgo trowsus melfared, 'bell bottoms' a London *Yorks*.

ir, iraidd

1. *a.* Newydd, ffres, glas (am dyfiant megis porfa Mai), tirf, llawn sudd, gwyrddlas, digrin, heb sychu (am ffrwythau), tyner, mwyn, tirion (am y tywydd a'r tymor).

14g YCM 44, Gwellt *ir* y eu meirch.
14-15g DGG^2 29, Arwyl o fedw *irion*/Yfory a gaf dan frig on.
1620 Num 6.3, ac na fwytâed rawnwin *irion*, na sychion.
Ffig. Personau oedrannus ond yn sionc a heini o gorff a meddwl.
1620 Salm 92.13, Ffrwythant eto yn eu henaint, tirfion ac *iraidd* fyddant.

2. *a.* Ffres, heb eu halltu (am gig, pysgod, ayyb), heb fod yn hallt nac yn ferllyd (am ddŵr), croyw.

13g WM 467 5-9, Pan elhynt y west . . . nid edewynt wy . . . na sur na chroyw nac *ir* na hallt.
13g YBH 3a, pei kawn beth o gic y baedd coet yn *ir* mi a gawn iechyt.
15g Llawdden: Gwaith 64, Mae'n dew ei fron mewn dwfr *ir* (alarch).
1677 C Edwards: FfDd 341, *ir* fydd y pyscod byw yn y môr hallt, ond blâs y meirw a newidir gan yr heli.

irai *egb.* ll. *ireiau.* Gwialen neu ffon flaenfain a ddefnyddid gan y 'geilwad' gynt i annog gwedd o ychain yn ei blaen wrth aredig a thrin y tir, gwialen ychen, gwialen alw, ierthi, cethr.

1588 Ecclus 33.26, Iau ac *irai* a ostwng warr yr ych.
17g Huw Morus: EC 2 13, Gwerthu'r cleddau a chario'r *irai.*
Gw. CETHR, GALW, GEILWAD, IERTHI.

iraid

1. *eg.* ll. *ireidiau, ireidion.* Braster, saim, gwêr anifeiliaid, saim gŵydd, ayyb, a ddefnyddir i iro treuliau peiriannau, h.y. lle mae dau haearn yn rhwbio neu'n troi ar ei gilydd (e.e. olwyn yn troi ar echel) ayyb. Ceir hefyd y ffurfiau 'irad' ac 'ired' (Maldwyn). Gynt, yn nyddiau'r drol (hyd at ganol yr 20g), gorchwyl hollbwysig cyn dechrau ar y cynhaeaf gwair a'r cynhaeaf ŷd, a chyn dechrau cario tail, oedd iro'r troliau. Byddai i olwynion trol fod yn gwichian yn dwyn ei warth. Yn yr un modd byddai'r tebot oel allan i oelio treuliau'r injan ladd gwair cyn pob daliad o ladd gwair. Gorchwyl cyson arall i weision ffermydd fyddai rhoi irad

(saim gŵydd, fel arfer) i'r 'sgidiau gwaith i gadw'r gwlith a'r gwlybaniaeth allan. Weithiau ceir yr ymadroddion 'esgidiau *iraid*' ac 'offer *iraid*', sef gêr y ceffylau. Ym Môn a sir Gaernarfon 'saim' yw'r gair arferol am *iraid* a 'sâm' yng Ngheredigion, Caerfyrddin, Brycheiniog, Morgannwg, Gwent.

2. gw. IREIDWST.

i'r cynhaea *eg.* Ymadrodd yn Edeirnion am fynd i sir Amwythig i fedi llafur â chryman medi neu'n ddiweddarach â'r bladur. Arferai mintai o ddynion fynd am gyfnod o rhyw dair wythnos. Cyn i'r rheilffordd gyrraedd y rhan hon o Gymru, cerdded a wnaent bob cam yn ôl a blaen. Ai'r mwyafrif i'r un ffermydd bob blwyddyn gyda sicrwydd am waith. Fel rheol, cymerid yr ŷd i'w fedi wrth yr acer ac ar dasg. Golygai hynny ei ladd a'i rwymo. Carient y bladur ar eu hysgwyddau, wedi tynnu'r llafn a'i rwymo wrth y coes gan orchuddio'r min â phren ysgafn, ac felly hefyd y stric a dau bâr o ddillad.
Gw. I LAWR I'R CYNHAEAF.

irdwf, irdyfiant *eg.* ll. *irdyfiannau.* Tyfiant cyflym, toreithiog, o borfa neu wair, twf y gwanwyn wedi iddi gynhesu,neu ar ôl cael glaw wedi cyfnod o sychder.
1722 Llst 189, *Irdwt* – growing kindly, flourishing.

ireidwst *eb.* Clefyd ar eġwydydd a sodlau ceffyl, yr iraid, y goes, afiechyd yn achosi crach, yn cael ei achosi gan ormod gwres yn yr egwydydd. Yn Nyfed ceir yr enw 'gresh' arno, ac yng Ngheredigion 'gres'. Yn TAM (1994) cynigir 'llid yr egwyd' yn enw.
Gw. GRES, LLID YR EGWYD.

irfwyd (*ir + bwyd*) *eg.* ll. *irfwydydd.* Ymborth neu borthiant ffres, maethlon.
1800 W O Pughe: CP 128, Yr amryw ymborthiadau o *irfwyd* a gaffer at eisieu y gauaf.

irgig (*ir + cig*) *eg.* Cig ffres, yn enwedig cig mochyn neu borc heb ei halltu, cig ffres mewn cyferbyniad i gig hallt.
16-17g CRC 403, Y pendefig a fagwyd ar *irgig* (y llwynog).

iriad
1. **irad** *eg.* ll. *ireidiau, iradau.* Y weithred o iro, rhoi iraid ar dreuliau peiriannau, sgidiau, ayyb.
Gw. IRAID, IRO.

2. *eg.* Y weithred o fynd yn iraidd, yn ffres, neu'n wyrddlas (am dyfiant a phlanhigion).

irigeiddio *be.* Dyfrio neu ddyfrhau tir drwy foddion artiffisial i dyfu cnydau, ayyb. Gwneir hyn y naill ai drwy system o ffosydd a sianelau wedi eu cloddio i'r pwrpas, neu, erbyn hyn, drwy system o bibellau dŵr ac offer mecanyddol symudol, yn y ffurf o daenellau dŵr yn troelli ac yn taenellu'r dŵr dros arwynebedd arbennig ar y tro. Gair yr 20g ac fe'i defnyddiwyd gyntaf yn 1963 yn ôl GPC.

irlaeth, irlath *eg.* Y llaeth cyntaf, melyn, ar ôl i'r fuwch ddod â llo, llaeth tor, llaeth toro (Ceredigion a Chaerfyrddin), llaeth newydd, llaeth llo bach (y gogledd), cynllaeth, llaethwysg. Yn Nyfed ceir y ffurf 'irlath'. Gw. CYNLLAETH, LLAETH LLO BACH, LLAETH MYSG, LLAETH TOR.

irnodd *eg.* Y braster a'r sudd a ddaw o gig wrth ei goginio.

iro *be.* Rhoi iraid neu saim ac oel ar dreuliau peiriannau ac offer, e.e. lle mae olwyn yn troi ar echel neu ddwy olwyn yn rhwbio'n ei gilydd, – olwyn trol, olwynion cocos, neu ddau haearn yn rhwbio'n ei gilydd wrth weithio, e.e. y gyllell ar far injan ladd gwair. Hefyd rhoi irad i sgidiau gwaith. Mewn rhai ardaloedd ceir 'gresio' yn lle *iro*, gresio'r drol – *iro*'r drol. Amr. 'hiro'.
1813 Twm o'r Nant: FF 42, Yn fy ngweld fy hun yn *iro*'r drol.
1983 T D Roberts: BLlIF 43, Mi glywais Wil Jôs, . . .yn dweud lawer gwaith mai insylt â throl dda fa'i *iro'i* hechel â saim bwrdd y wyrcws.
Gw. IRAID.

iro blonegen
Ffig. Gwneud rhywbeth ofer a difudd a gwrthun, cario dŵr dros afon, rhoi lle mae digon yn barod.

iro cildwrn, iro dwylo Llwgrwobrwyo.
1786 Twm o'r Nant: PCG 18, *Hiro* dulo a seboni/Dyna'r pethe'n awr sy'n ffynu.

iro tin hwch dew Ar lafar yng Ngheredigion.
Gw. IRO BLONEGEN.

irwellt *eg.* a *tf.* a *ll.* bach. *irwelltyn*. Glaswellt, gwelltglas, porfa, gwellt y meysydd.
1620 Deut 32.3, Fel gwlith-wlaw ar *ir-wellt*, ac fel cawodydd ar laswellt.
196 CDD 170, Yr *ir-wellt* glas a wywodd.

irwelltog *a.* Gweiriog, glaswelltog, porfaog, llawn porfa, llawn gwair.

irwlydd (*ir* + *gwlydd*) *a.* Tyner, mwyn, agored, tirion (am dywydd ac am dymor, ayyb).
1778 W, gauaf mwyn (tirion *irwlydd* . . .) open (applied to the season, weather, etc.), an open winter.

irwr *eg.* ll. *irwyr*. Un yn iro.
Gw. IRO, IRAD.

isbel *eb.* Harnais ceffyl gwedd, gêr tynnu, tresi, treciau, drecs (Môn).
1722 Llst 189, *Isbel* – all the harness of draught horses.
1774 W, *Isbel* – halsers (the traces of draught horses).
Gw. GÊR, HARNAIS.

isbridd, istir *eg.* Yr haen o bridd sy'n gorwedd yn union o dan bridd y wyneb, isweryd, ac heb lawer o fater organig. Sonnir am 'ddŵr yr isbridd', sef y dŵr sy'n cael ei ddal dan yr wyneb.

isbriddydd, isbriddwr *eg.* Offeryn ar ffurf aradr, ond heb aden neu styllen bridd, sy'n rhyddhau isbridd mewn tir ond heb ei dynnu i'r wyneb, aradr isbridd.

isbrisiad *eg.* Gostyngiad (mewn gwerth), gwerth gostyngol offer, peiriannau, ayyb, fel yr heneiddiant, cymaint ag y mae peiriannau, offer, a stoc, ayyb. yn llai o werth eleni na'r llynedd, ac yn cael ei gyfrif fel gwariant neu golled i bwrpas y cyfrifon blynyddol. Gw. GOSTYNGIAD GWERTH.

isdyfiant *eg.* ll. *isdyfiannau.* Y tyfiant o wair a meillion cwta mewn porfa mewn cyferbyniad i'r planhigion talach.

iseldir *eg.* ll. *iseldiroedd.* Tir llawr gwlad, dyffryndir o'i gyferbynnu ag ucheldir neu fynydd-dir, tir gwaelod gwlad. Fel enw priod fe'i ceir yn y lluosog am Holland – yr '*Iseldiroedd*' (Isalmaen).
1707 AB, Enwe'r Avonydd a'r mynyddoedd yn *Iseldir* yr Alban.

isfugail *eg.* ll. *isfugeiliaid.* Ail fugail, bugail o dan fugail arall (hŷn a mwy profiadol yn aml).
1797 B Evans: CG 95, Ei ewyllys yw, fod goruchwylwyr ar y praidd, *is-fugeiliaid* i borthi ei ddefaid a'i ŵyn.

isgib Ffurf dafodieithol Dyfed ar 'ysgub'.
Gw. YSGUB.

istir gw. ISBRIDD.

iswas *eg.* ll. *isweision.* Gwas bach, is-swyddog.
1794 W (Geir.), *Iswas* – under-servant.
Gw. GWAS, GWAS BACH.

isweryd *eg.* Isbridd, y pridd is na phridd yr wyneb, pridd coch, pridd sâl.

iswerydu *be.* Troi isbridd i'r wyneb, codi isweryd cae, ayyb, i'r wyneb.

ithin Ffurf lafar ar 'eithin'.
Gw. EITHIN.

iwmon *eg.* ll. *iowmyn, iymyn, iwmyn.* Gwas is ei safle na sgweier, rhydd-deiliad tir heb fod yn uchelwr.
1445-75 GGI 124, Gorau meirch y gŵr a'u myn/A grwms a gorau *iwmyn.*
1480-1525 TA 361, Cwyn Tomos, cant o *iowmyn.*

iyco gw. IOC, IOCO.

jac *eg.* ll. *jaciau, jacs.* Dyfais neu declyn at godi pwysau trwm, yn enwedig cerbyd neu beiriant (car, tractor, ayyb), pan fo angen newid olwyn, ayyb. Ceir jaciau'n sgriwio ac eraill yn hydrolig.

jacbin *eg.* ll. *jacbinau.* Y ddolen neu'r stwffwl haearn cryf dan lorp (siafft) y drol, i fachu tresi'r ceffyl blaen lle bo gwedd o ddau geffyl, y naill o flaen y llall, yn tynnu'r drol. Ar lafar ym Môn.

1963 LlLlM 98, *Jackin* – y ddau haearn a geir fel cadwyn o dan y ddau lorp. Wrth y rhain y bachir cadwyni'r ceffyl blaen.

jacbwts *ell.* un. *jacbwtsen.* Math o dros-esgidiau (S. *Wellington Boots*) yn cyrraedd hyd ben y cluniau a wisgir i weithio mewn lle gwlyb megis agor ffosydd, sgwrio clawdd, ayyb.

Jac Codi Baw Enw llafar gwneud, ond hynod o addas ar y peiriant hydrolig anferth cymharol ddiweddar i gloddio ac i symud pridd, ayyb – y JCB. Llythrennau enw'r gŵr a gynhyrchodd y peiriant yw JCB – Joseph Cyril Bamford (g. 1916). O'r llythrennau hyn y rhoed *Jac Codi Baw* yn enw llafar athrylithgar ar y peiriant.

1981 Ll Phillips: HAD 19, Bu'n rhaid llunio mynedfeydd newydd i'r mynydd a cherfio sawl pwt o ffordd hefyd, a hynny gyda chaib a rhaw yn bennaf gan nad oedd y bwldoser na'r *Jac-codi-baw* yn bod.

1989 D Jones: OHW 263, Fe'i sgubwyd (tail gwartheg) i'r llyn biswail a phan aeth hwnnw yn llawn gwnaed legŵn i'w dderbyn a'i godi mewn bwced *Jac Codi Baw* i'r mycspredar a'i wasgar hyd y caeau.

jac pren Yr hen jac o bren, syml, cyntefig, gyda lifar hir arno i godi trol at bwrpas iro'i hechel. Dibynnai'r *jac pren* yn gyfangwbl ar hyd y lifar ac ar nerth braich. Fe'i disodlwyd gan y jac sgriw ac yn ddiweddarach gan y jac hydrolig – y ddau jac a ddatblygwyd i gyfarfod gofynion oes offer a pheiriannau llawer trymach na'r drol megis y tractor, ayyb.

jacmon *eg.* ll. *jacmyn.* Prynwr a gwerthwr gwartheg, porthmon anifeiliaid, delar, gyrrwr gwartheg. Ceir hefyd y ffurfiau 'siacmon', 'siacmyn'.
Gw. PORTHMON.

jacmona *be.* Porthmona, prynu a gwerthu anifeiliaid; hefyd gyrru anifeiliaid, gweithredu fel drofars. Ar lafar gynt yng Ngheredigion.
Gw. JACMON, JACMONA.

Jacob *ep.* Brîd cyntefig o ddefaid, amlgorniog, canolig o faint, a'r gwlân yn wyn ond gyda chlytiau a smotiau duon. Mae'n un o'r bridiau prin.

jacsbafan *eg.* Sbafen, sbafin, afiechyd ar goesau ôl ceffyl, yn y ffurf o lwmp neu chwydd meddal ar ochr i mewn i'r goes, sbafin gwaed ac nid sbafin sy'n dyfiant esgyrnaidd. Ar lafar ym Môn ynghyd â'r ffurf 'sbafan'.

1954 J H Roberts: 'Môn', *Jacsbafan* – chwydd yr ochr fewnol i goes ôl ceffyl.

jagers *ell.* un. *jager*. 'Cariwrs' a arferai brynu glo wrth y llwythi (llwythi trol) ac yn ei ail werthu wrth y cant, ayyb.
Gw. CARIWRS.

jagiaid *eg.* Llwyth bychan, darn o lwyth, jegyn (gwair, ŷd, crafion, tail, erfin, ayyb), yn aml, y llwyth olaf o gae gwair neu gae ŷd, neu lwyth bychan o gribinion. Ar lafar yn sir Ddinbych.
'Mae 'na rhyw un *jagiad* ar ôl yn y cae pella.'
Gw. JEGYN, SGUBLWYTH.

James Crichton *eg.* Gwneuthuriad dyrnwr mawr (y bocs, y drym, injan ddyrnu) cyn dyddiau'r dyrnwr medi. Byddai dau bwli iddo, un i'r belar a'r llall i'r tractor, ac yn ei ffidio'i hun. Gallai hefyd chwythu'r us drwy bibell i domen ac yn arbed y gwaith o'i gario â chynfas.

jarmon *eg.* Burum (S. *German barm*). Ar lafar ym Maldwyn. Sonnid yno am 'moen *jarmon* o'r siop'. Gw. GEM 49.
Gw. hefyd BURUM.

jegyn, siegyn *eg.* Llwyth bychan o wair neu ŷd, llai na'r hyn a ddeil y drol ar y tro, darn o lwyth (gwair, tail, glo, ayyb). Clywir hefyd y ffurfiau 'jagyn' (Dyfed), 'jygyn' (Gwynedd), 'siegyn' (Dinbych, Edeirnion, Penllyn).
1953 F Wynne Jones: *Wrth Odre'r Berwyn* 72, (mewn ysgol Sul) Beth yw eich barn am yr hanner llwyth Manase 'ma? . . . Wel, wn i ddim yn iawn . . . os nad rhyw *siegyn* un ceffyl.
Gw. JAGIAID, SGUBLWYTH.

Jersey Brîd pwysig o wartheg llaeth sy'n wreiddiol o Ynys Jersey. Ar y cyfan y mae nhw'n fuchod llai na'r rhelyw o fridiau eraill, ond yn godro'n dda, a'u llaeth yn llaeth da am fenyn. Amrywia'r lliw o frown golau i goch ac i ddu (bron iawn).

ji Y sŵn a wneir wrth orchymyn i geffyl droi neu ddal i'r chwith pan yn llusgo aradr, og, ayyb, 'shi' (Ceredigion). Weithiau clywir 'ji bach'. Ar lafar yn bur gyffredinol.
1983 E Richards: YAW 15, . . . a Saesneg oedd iaith y gorchymynion 'move there', 'gee up', 'come by'.

ji-tro Y sŵn a wneir mewn rhai ardaloedd e.e. Edeirnion, wrth orchymyn i geffyl ddal neu droi i'r chwith.
1995 W H Jones, Y Cyfnod (Y Bala), Pan fyddai am droi i'r chwith y gorchymyn fyddai '*ji-tro*'.
Gw. JI, MO-DDER.

jibio *be.* Nogio, styfnigo, gwrthod symud yn ôl neu ymlaen (am geffyl). Ar lafar yn y de ac yn cyfateb i 'nogio' yn y gogledd.
GPC, Elli di ddim gorwitho'r ceffyl hyn, fe *jibith* e wedi iddo orflino.
Gw. LLWYGUS, NOG, NOGIO.

jiblets *ell.* Organau mewnol bwytadwy ieir, gwyddau, tyrcwn, ayyb – y galon,yr iau, y crombil, y gwddf, yr elwlod.

jibog *a.* Tueddol i jibio neu nogio (am geffyl), chwannog i styfnigo. Ar lafar yn y de.
Gw. JIBIO.

jobiwr
1. *eg.* ll. *jobwyr.* Un yn prynu a gwerthu gwartheg, porthmon. Ceir hefyd y ffurf 'jober'. Ar lafar yng Ngheredigion a'r de.
2. **jobwr** *eg.* ll. *jobwyr.* Un yn gwneud mân oruchwylion, un yn medru troi ei law at nifer o oruchwylion gwahanol, mân jobiwr (Môn).

joci *eg.* ll. *jocis.* Yn amaethyddol dyn yn torri ceffyl i mewn i waith, un yn dofi a hyweddu ceffyl ifanc, – ebol tua thair oed fel arfer – ac yn ei arfer ym mhob gwaith ac ymhob safle – yn siafftiau'r drol (ceffyl bôn); safle ceffyl blaen, llusgo'r aradr yn rhan o wedd yn y rhych neu ar y cefn, ayyb. Gynt, cerddai'r *joci* o fferm i fferm i wneud yr union waith hwn o 'ddal ceffylau' (Môn), sef eu hyweddu i waith. Ar lafar yn gyffredinol.
1996 E Hughes: *Tair Bro a Rownd y Byd* 96, Dynion eraill a ddoi'n achlysurol o gwmpas y ffermydd fyddai'r *jocis* i hyfforddi ceffylau.

jocio *be.* Torri ceffyl i mewn i waith, hyweddu ceffyl ifanc.
Gw. JOCI.

jomiau *ell.* Pentannau adwy, cilbostiau porth i gae ar fferm. Ar lafar yn Nyfed.
1958 T J Jenkin: YPLL AWC, Yr oedd angen tri chlawdd newydd a chodwyd y tri hyn o dyweirch (chotas), ond gyda *jomiau* cerrig i'r tri bwlch oedd ynddynt.

Johnson's Baby Powder *ep.* ac *eg.* Powdwr babi a ddefnyddid gan ddynion ceffylau sioe i wynnu bacsiau'r ceffylau.
1997 FfTh 19, 23, Fe roddai rhai *Johnson's Baby Powder* i'w gwynnu . . .

Junotrac *ep.* Enw math o aradr a luniwyd gan y Meistri Ransomes, Sims and Jeffreys, i'w dynnu gan dractor-cripian (caterpillar) i droi tir garw a charegog. Fe'i lluniwyd gyntaf ar gyfer 'Cahn Hill', un o ffermydd Coleg Prifysgol Cymru, Aberystwyth.
1981 Ll Phillips: HAD 20, Arddodd hon gannoedd ar gannoedd o erwau'r moelydd, a chodi cannoedd ar gannoedd o dunelli o gerrig mawrion heb ddioddef dim namyn plygu blaen ambell swch. Mae'r aradr hon yn rhan o ddiwylliant materol Cymru ac am hynny mae nghadw yn un o sguboriau'r Amgueddfa Werin yn Sain Ffagan.
1990 FfTh 6, 15, Nid oes raid pwysleisio gymaint o adennill tir garw fel yn ystod yr amser yma, (cyfnod yr Ail Ryfel Byd, 1935-45), ffriddoedd rhedynog ac eithinog gan amlaf . . . Rhaid oedd wrth erydr un gwys cryf o'r math Ransome *Junotrac* a'r Prairie Buster yn aml.
Gw. PRAIRIE BUSTER.

jyco-jyco-jyco Y sŵn a wneir i alw ieir at eu bwyd. O'r S. *chick.* Cf. dic, dico, jico. Ar lafar yn y de. Yn Arfon ceir 'tsic', ac yng Ngheredigion 'jic-jic'. Yn iaith plant clywir 'jicos' am ieir.

jygyn gw. JEGYN, JAGIAID.

jyjo *be.* Y ffurf lafar a ddefnyddir yn aml iawn mewn sioeau amaethyddol, ayyb am waith y beirniad yn mesur a phwyso a dewis y goreuon ym mhob adran o'r sioe, *'jyjo'r* gwartheg', *'jyjo'r* ceffylau', *'jyjo'r* cynnyrch', ayyb. Mae'n arwyddocaol na chlywir am neb yn *jyjo* mewn eisteddfod! Beirniadu mae'r beirniad yno.

Kerry *ep.* Brîd o wartheg llaeth duon a welir yn ne-orllewin Iwerddon, ac yn enwog am eu gwytnwch mewn tymheredd isel ac mewn tywydd caled, ond nid mor dda am gynhyrchu llaeth.

Kerry Hill *ep.* Defaid gwlad y gororau rhwng Cymru a Lloegr, a chanddynt wynebau brych o ddu a gwyn. Maent yn epilio'n dda ac yn cael eu defnyddio'n aml i groesfridio â hyrddod o'r bridiau Down i bwrpas cael ŵyn da i'w lladd. Mae'n un o'r bridiau a ddefnyddiodd J Bryn Owen i gynhyrchu'r brîd 'Cambridge'.
Gw. CAMBRIDGE.

kilo *eg.* Mesur pwysau sydd bellach yn gyffredin drwy Ewrop. Talfyriad yw *kilo* o kilogram. Yng Nghymru bydd rhai am sillafu'r gair ag 'c' – cilo.

labro *be.* Gwneud gwaith corfforol, gwneud gwaith caib a rhaw, gweini ar grefftwr, tendio, gwneud gwaith nad yw'n hawlio crefft, gweithio'n gorfforol. Yn sir Benfro ceir yr ymadrodd *'labro'n* dda' am ymdopi (llwyddo i wneud).
'Harri ydi'r saer maen a Glyn yn *labro.*'
'Pan ddechreuir ar y gwaith mi fydd angen nifer o ddynion i *labro.*'

labar *eg.* Gwaith caled, caledwaith, llafur caled, ymdrech, llafur. Yn Nyfed mae'n air am 'waith da' (gw. GPC).
'Mae'r cynhaea'n llawer llai o *labar* heddiw.'
GPC, 'Dina bishyn o *labar* pert.'

lach gw. LLACH.

ladis
1. *ell.* Wasbwysi trol, sef y styllenod a roir ar ochrau a chaead (tinbren) trol, i wneud y trwmbal (cist) yn ddyfnach at rhyw ddibenion megis cario tail, cario erfin, ayyb. Ar lafar ym Môn.
Gw. WASBAN, WASBWS, WASTRACS.

2. *ell.* Sypynnau neu ddeisi bychain o ŷd ar y cae. Ar lafar yng Ngheredigion (Llanafan).

ladl, ledl *eb.* ll. *ladlenau.* bach. *ledlan.* Llwy fawr at droi bwyd megis lobscows, cawl, uwd, ayyb, pan fo'n coginio, ac i'w godi i ddysglau o'r

388

crochan, lletwad, ledfed (Maldwyn), mwndill, uwtbren, mopren, ysbodol, ladlwy. Gw. dan y geiriau.

1903 O M Edwards (gol.): BB (1700-50) 76, Desgil, gowser a chanhwyllbren,/*Ledel*, ffiol a chrwth halen.

1933 I C Peate: YCNG 34, Yn Eifionydd gwahanieithid gynt rhwng *ladlwy* a *ladal* – *ladlwy*, rhyw bymtheg i ddeunaw modfedd o hyd at droi uwd neu sgows mewn crochan, a'r *ladal* at godi llaeth o'r pot llaeth enwyn neu at godi unrhyw fath o fwyd poeth gwlyb o grochan.

laddr *eg.* Yn gyffredin, trochion sebon. Yn amaethyddol ffroth chwys ar geffylau mewn gwaith ar dywydd tesog. Golygfa gyffredin gynt oedd gwedd o geffylau yn '*laddr* o chwys' wrth ladd gwair, ayyb ym mhoethder haf. Ceir hefyd y ffurf *laddar* – 'yn *laddar* o chwys' (Môn). Sonnir hefyd ym Môn ac Arfon am rhywun yn '*laddar* o faw'.

lafrwyn gw. LLAFRWYN.

lama, llama *eg.* Anifail gwddw hir o dde America a fegir am ei wlân, yn cnoi ei gil ac o deulu'r camel, ond heb grwbi.

laminitis *eg.* Llid yn haenedd neu dafell carn anifail, yn enwedig gwartheg a cheffylau, y tybir ei fod yn adwaith alergaidd i orfwydo â haidd, neu yn ganlyniad bacteria, llid y carn, y llid llafniog.

lampas gw. MINTAG.

lamri *eg.* Dolur ar draed gwartheg a achosir gan laid yn glynu yn hollt yr ewin, llaid, llaith, y gibi, troed glonc, llŷr. Ar lafar yn Nyfed, Ceredigion a Chaerfyrddin. Clywir hefyd y ffurf 'lambri'.
Gw. hefyd GIBI, LLAID², LLAITH.

Landrace *ep.* Brîd o fochyn a hannu o wledydd Llychlyn yn enwedig Denmarc ac a fewnforiwyd i wledydd Prydain o Sweden yn 1949 i bwrpas bridio. Mae'n wyn ei liw, clustiau'n gwyro at i lawr, pen cymharol fychan a chorff hir. O ran niferoedd mae'n ail i'r 'Large White'. Fe'i cedwir fwyaf am ei gig, ond yn un o'r rhai pwysicaf i bwrpas croesfridio hefyd.

landrover *egb.* ll. *landrofars*. Cerbyd modur a ddaeth i fri ar ffermydd ar ôl yr Ail Ryfel Byd (1939-45). I bwrpas y fyddin y'i lluniwyd yn wreiddiol. Mae iddo yriant pedair olwyn sy'n ei gwneud yn bosibl i'w ddefnyddio ar dir garw, tir lled wlyb, ac ar lechweddau. Prin bod yr un fferm hebddo erbyn heddiw.

1981 Ll Phillips: HAD 24, Mae'n anodd sylweddoli hynny heddiw efallai, ond nid oedd y fath beth â *landrofer* ar ffermydd y wlad bryd hynny (1947).

lanolin *eg.* Sylwedd olewaidd (seimlyd) a geir o wlân defaid (Ll. *lana* [gwlân] + *oleum* [olew].

lansed
1. *eb.* ll. *lansedau, lansedi.* Ffenestr fach neu olau neu dwll hirgul ym muriau beudái ar ffermydd, clöer, agen, agoriad pwrpasol ym muriau tŷ

gwair cerrig, sgubor, ayyb i ollwng awyr a golau i fewn, twll colomen, twll tylluan. Ar lafar ym Morgannwg. Yno ceir *'lawnsad* y scipor' a *'lawnsedi'*r clochdy'. Clywir hefyd y ffurf 'lownsed', 'lwnsied' (Maldwyn) a 'lowsied' (Ceredigion).
'Ma digonedd o *lownsedi* 'ma.'
17g (Gesta Rom) LlGC 13076 62a, Bu ef yn hir heb weld golau yn y byd ond ychydig drwy *lawnsed* fechan.
Gw. AGEN², CLOER.

2. gw. FFLAIM.

3. lanseid *eg.* Plat haearn ar ochr yr aradr y tu ôl i'r cwlltwr a chyferbyn â'r ystyllen bridd, plowplat. Mae'n debyg mai o'r S. *land-side* y cafwyd y gair yn yr ystyr hwn, sef ochr y gwellt (i'r aradr) wrth aredig. Ar lafar yn y de yn y ffurf 'lanseid'.
1958 T J Jenkin: YPLL AWC, Y tu ôl i'r cwlltwr sicrheid y *lanseid* (= *land-side*?) gyda byllt sefydlog. Platyn (= plate) go drwm o haearn-bwrw oedd y *lanseid* ac wrthi hi y sicrheid yr aden (mwlbwrd = mould board?) a'r blaen am yr hwn yr elai y swch . . .
Gw. PLOWPLAT.

lantar(n), lantar(n) *eb.* ll. *lanterni, lanteri, lanternau.* Yn wreiddiol, y lamp gannwyll, y lamp y llosgid cannwyll ynddi i gael golau, llusern, llugorn. Yn ddiweddarach fe'i haddaswyd i losgi olew (paraffin) drwy gyfrwng wig.

lantar paraffîn Lamp yn llosgi paraffîn drwy gyfrwng wig, ac yn rhoi llawer mwy o olau na'r lantar gannwyll, a'i rhagflaenodd.

lantar gannwyll Y math cyntefig o lamp y llosgid cannwyll ynddi. Fe'i disodlwyd gan y lamp oel.
1989 P Williams: GYG 17, Deuai i fyny drwy'r allt a'r caeau ar bob tywydd a thywyllwch, bore a nos, yn y gaeaf gyda *lantar gannwyll* neu hwrican yn ei law.

lantar gar Y lantar a roid ar ddwy gornel flaen car-a-cheffyl i deithio'r nos.

lantar stabal Y lantar law symudol a ddefnyddid yn y beudái ar ffermydd, cyn i'r cyflenwad trydan gyrraedd (ym mhumdegau'r 20g). Fe'i defnyddid i odro, porthi, ayyb wedi nos, yn enwedig yn y stabal lle ceid y certmyn wrthi'n golchi coesau'r ceffylau, eu brwsio a'u sgrafellu a'u bwydo hyd oddeutu wyth bob nos. Diau mai am ei bod yn cael ei defnyddio fwyaf i bwrpas y stabl y'i galwyd yn lantar stabal.

lapsen *eb.* Cowlaid o wellt, ayyb ac wedi ei chyrsio neu ei *lapio.* Ar lafar ym Mhenllyn. Gwneid lapsenni wrth weithio cornelau'r llwyth a'r das wair.
1926-7 B Cyfr. 3 204, *Lapsen* – cowlaid o wellt wedi troi ei blaen i'w chanol.

lardio
1. *be.* Gweithio'n galed ond yn llafurus a braidd yn drwsgl, lardio gweithio, bustachu gweithio, diwyd ond lletchwith. Sonnir am *'lardiwr* o weithiwr'.

'Ma' Now 'ma'n *lardiwr* o weithiwr ond yn stompio gweithio.'

2. *be.* Hollti coed, lardio coed. Gw. WVBD 335.

Large Black *ep.* Brîd deuddiben, mawr, caled o fochyn gyda blew mân, sidanaidd, clustiau hir, disgynedig dros ei lygaid. Mae'r hychod yn hynod o epilgar, a phan y'i croesir â baedd gwyn, ceir moch gleision neu laswynion. Mae'n frîd prin iawn erbyn hyn.

Large White *ep.* Y brîd o fochyn mwyaf poblogaidd yng ngwledydd Prydain ac fe'i hallforir ar raddfa helaeth. Mae'n fochyn mawr a hychod llawn-dwf yn pwyso 204-272 kg (450-600 pwys). Gwyn ei liw, hir o gorff, fflat ei ochrau, clustiau sythion yn gwyro at ymlaen a thrwyn hir. Mae'r hychod yn arbennig o epilgar ac yn cynhyrchu digonedd o laeth. Fe'i defnyddir fwyaf i gael bacwn, ond hefyd yn un o'r bridiau pwysicaf i bwrpas croesfridio. Fe'i gelwir hefyd yn 'Yorkshire' neu 'Large Yorkshire'.

larts *a.* Talog, balch, torsyth, penuchel, bocsachus (am bobl). Ar lafar ym Môn am geffyl penuchel, balch yr olwg.
'Ma' Cyrnol yn edrych yn go *larts* bore 'ma.'
1971 I Gruffydd: C 46, . . . ac i minnau golli'r rhialtwch o weld Waganet y Borth yn cyrraedd gyda'r pedwar ceffyl du, *larts* rheiny a wyddai mor dda i bwy 'roeddynt yn perthyn.

latched *eb.* CliciED drws neu lidiart. Ar lafar yng Ngheredigion. Gw. CLICIED.

latsho *be.* Curo'r breichiau ar draws y frest ar dywydd oer, rhewllyd, i gynhesu'r dwylo, curo breichiau. Ar lafar ym Maldwyn.
1981 GEM 50, Welest ti'r hen gieliog yn *latsho* (lashing) i adenydd ar ôl ciâl torri i ben.

law yn llaw gw. LLAW YN LLAW.

lawnter(n) gw. LANTER(N).

lawr i'r cynhaeaf (i) *bf.* ac *eg.* Yr arfer gynt ymhlith ffermwyr y tir uchel, o fynd am rhyw dair wythnos i gynhaeaf ŷd ar ffermydd llawr gwlad, ffermydd a'u tymor dair wythnos yn gynharach. Manteisiai ffermwyr y tir uwch ar eu cyfle i ennill ceiniog ychwanegol. Partnerai nifer o ddynion i gymryd caeau i'w lladd a'u rhwymo ar dasg, yn ôl hyn a hyn yr acer, neu dros eu pennau. Weithiau, yn ogystal â'i ladd a'i rwymo, byddid yn stycio'r cnwd hefyd yn bedeiriau, yn chwechau, yn nawiau, ayyb, yn ôl ansawdd y tymor a'r tywydd a dymuniad y cyflogwr. Cymerid ansawdd a chyflwr y cnwd i ystyriaeth wrth wneud cytundeb. Os ar ei draed byddai'r cnwd yn lladd ac yn cynnull yn rhwyddach, ac yn golygu llai o lafur ac o amser. Ond os wedi gorwedd, byddai'r cnwd yn hawlio llawer mwy o lafur ac amser. Gwelid dynion, e.e. o ucheldir Uwchaled yn sir Ddinbych yn mynd *i lawr i'r cynhaeaf* yn Nyffryn Clwyd, a rhai o Edeirnion yn mynd i sir Amwythig, ac o Geredigion i Swydd Henffordd.
Gw. I'R CYNHAEA.

lecian *be.* Diferu, gollwng (am lestr i ddal hylif) (S. *to leak*). Ar lafar ym Maldwyn. 'Mae'r badell yn *lecian'*, gwllwng, gwllwn. Gw. GEM 106 (1981).

lecio *be.* Gollwng, dadfachu gwedd ar ddiwedd daliad o aredig, sonnir am 'amser *lecio'* (Edeirnion), sef amser gollwng. Ar lafar yn Edeirnion.

ledfed *eb.* Ffurf lafar ar 'lletwad', sef ladl, ladlwy – llwy fawr i godi bwydydd (uwd, scows, ayyb) poeth o grochan neu i godi llaeth enwyn o'r pot llaeth. Byddai ganddi goes hir o rhyw 18 modfedd a thro ar ben y goes i'w hongian ar ymyl y pot llaeth neu'r crochan poeth. Ar lafar ym Maldwyn (Pen-y-Bont Fawr), GEM 50 (1981).
Gw. LADL, LLETWAD.

ledinren *eb.* Rhan o gêr ceffyl blaen, rên ledio, rên yn llaw chwith y certmon i arwain neu gyfeirio ceffyl blaen mewn gwedd fain (hir) (S. *leading reins*). Ar lafar ym Meirionnydd.

ledio *be.* Arwain, blaenori, mynd ar y blaen (am hwsmon neu'r gwas mawr). Trwy rym arfer a thraddodiad yr hwsmon fyddai'n *ledio* wrth bladuro, teneuo rwdins (swêds), mynd i'r tŷ am fwyd, codi oddi wrth y bwrdd, ayyb. Nid gwiw oedd i neb arall, hyd yn oed y giaffer, feddwl am fod ar y blaen mewn unrhyw sefyllfa. Sonnid hefyd am *ledio'r* ceffyl (t'wysu, arwain ceffyl). Byddai'n ofynnol *ledio'r* ceffyl i hel gwair â'r heliwr (twmbler), sgyfflo rhwng y rhesi tatws, ayyb. Ar lafar ym Maldwyn.
Gw. HWSMON, TYWYSU.

ledl, ledel *gw.* LADL.

lefain *gw.* LEFEN.

lefar, lifar *eg.* Ffurf lafar ym Maldwyn ar *lifer* yn golygu polyn y pŵar corddi.
1981 GEM 50, *Lefar* – y fraich bren y cylymir ceffyl wrthi i gorddi.

lefen *eg.* Ffurf lafar ar *lefain*, sef y sylwedd (darn o hen does a gadwyd i'r pwrpas) a ychwanegir at flawd neu does i beri iddo eplesu a'i wneud yn ysgafnach bara ar ôl ei grasu, burum, surdoes.
1981 GEM 50, Arferid gwneud *bara lefen,*ond y mae o'r ffasiwn er ys talm.
1620 Lef 6.17, Na phober ef trwy *lefain*.
1620 Math 13.33, . . . *surdoes*, yr hwn a gymerodd gwraig ac a'i cuddiodd mewn tri phecaid o flawd hyd oni surodd y cwbl.
17g E Morris: B 89, Y naill a fyn deisen heb furum na *lefen*.
Ffig. Dylanwad (da a drwg) ymledol, hydreiddiol.
1735 S Thomas: HP 35, I attal y *lefain* honno (heresi Pelagius) rhag tannu ym mhellach.

lefi llaeth *eb.* Lefi a osodwyd yn 1977 drwy wledydd y Gymuned Ewropeaidd ar bob llaeth a âi i hufenfeydd er mwyn ariannu ymdrech i estyn a chynyddu'r farchnad laeth a chynhyrchion llaeth gyda'r bwriad o leihau'r gwarged (*surplus*). Roedd yn ffordd o osod y cyfrifoldeb am y gwarged llaeth ar y ffermwyr.

lefren *eb.* ll. *lefrod.* Cwningen neu sgwarnog ifanc. Ar lafar yn y gogledd.
'Mae 'na ddwy *lefran* yn bwyta'r letus yn fan'cw.'
Ffig. Merch yn ei harddegau neu gariadferch. Ym Môn clywir 'lefryn' hefyd am fachgen yn ei arddegau.
LLGC, CM 122 41, A Dan a gafodd ddigon ar *lefren* ddi-foes.
'Roedd Twm wedi cael gafael ar *lefren* handi neithiwr.'
Gw. LEFRET.

lefret *eb.* Cwningen neu sgwarnog ifanc. Ar lafar yng Ngheredigion a'r de. Yn Nyfed ceir y ffurf 'lifret'.
1941 D J Williams: STC 28, Cnawd tyner, mwyth *lifret* cwningen.
Ffig. Merch ifanc yn ei harddegau.
GPC, Mae hi wedi dod yn *lefret* fach bert.
Gw. LEFREN.

Legbar *ep.* Brîd o ieir o ryw hunan-gysylltiedig a geir o groesi Leghorn brown â'r Rock brith. Maent yn frith eu lliw, yn felynion eu coesau, yn sengal eu crib ac yn dodwy wyau gwynion.

legins *ell.* un. *legen, leginsen.* Cyfarpar o ledr neu o gynfas i'w roi am y coesau o'r penglin hyd gefn yr esgid, coesarnau, coeswisg. Byddai llawer o wisgo ar y rhain gynt gan feistr a gwas, cyn oes y 'wellingtons', gyda chlos penglin. Sonnid am 'glos penglin a *legins*', 'clos a chetars' (S. *gaiters*) ac am 'brijin a *legins*'.
1885 D Owen: RL 21, Saith o fotymau oedd ar bob *leggen*.

Leghorn *ep.* Brîd bychan, swil a nerfus, o ieir ac yn amrywio o ran lliw gan gynnwys du, du a gwyn, brown, lliw aur ac arian, a gwyn. Y Leghorn gwyn a fu fwyaf poblogaidd o lawer. Maent yn felyn eu coesau, yn sengl eu crib, ac yn ddodwyog iawn. Yn dodwy wyau gwynion.

lengid (*llen* + *cig*) *egb.* Yn gorfforol y diaffram sy'n gwahanu'r thoracs oddi wrth yr abdomen, llengig. Yn amaethyddol darn o wlad neu o dir, llain o dir, rhyddid. Ar lafar ym Môn yn yr ystyr hwn.
1971 I Gruffydd: C 46, Mae'r hyn a welais ac a glywais gan wreng a bonedd, ar y *lengid* hirsgwar dair-milltir-wrth-un honno, yn anfarwol byth i mi.

leibart gw. LIBART.

Leicester *ep.* Brîd o ddefaid mawr, digorn, gwynebwyn a chyrliog eu gwlân. Fe'i defnyddiwyd cryn lawer gan Robert Blakewell yn y 18g wrth geisio gwella bridiau o anifeiliaid. Erbyn hyn mae'n frid prin.
Gw. hefyd BLUE FACED, BORDER LEICESTER.

lein *eb.* ll. *leiniau.* Yn amaethyddol afwyn, rêns, y rhaff ysgafn gymharol fain, a ddefnyddir i yrru ac i arwain ceffyl gwedd pan yn aredig, ayyb. Ar lafar yng Ngheredigion, Dyfed a Chaerfyrddin.
1966 D J Williams: ST 56, Rhoddai ambell binsiad gas ar ochr y gaseg â'r *lein* hir honno a gyrhaeddai o'r ffrwyn yn ei phen hyd at ei ddwrn caeedig ef am gorn yr arad.

1989 D Jones: OHW 155, A thrafodai Joe ef gydag un awen yn unig, fel y byddai'n arfer gwneud gartref. Y *lein* i'w reoli a'i droi i'r chwith, a'r gorchymyn 'Daac' i'w droi i'r dde. Gw. CORN ARADR.

leinio *be*. Taro ceffyl a'r afwyn, rhoi cosfa iddo, ei chwipio.

'Doedd dim modd cael yr hen gaseg i dynnu 'i phwysa' – mi fu'n rhaid imi 'i *leinio* hi'n go arw.'

1966 D J Williams: ST 56, A rhoddai ambell binsiad gas ar ochr y gaseg â'r *lein* . . .

lêio *be*. Gair yn Nyfed am adnewyddu swch a chwlltwr aradr yn yr efail drwy eu blaenllymu ac asio dur newydd fel bo'r angen (S. *to lay*).

1958 T J Jenkin: YPLL AWC, Yr oedd y swch a'r cwlltwr wedi treulio tipyn . . . a rhaid mynd â hwy i'r efail i gael eu *leio* (= to lay) – h.y. nid yn unig blaenllymu ond i asio dur newydd ynddynt i'w cael yn ôl i'w cyflwr gwreiddiol.

leisens *gw*. TRWYDDED.

lemffust, lenffust (cywasgiad o gwialenffust) *gw*. GWIALENFFUST.

leno *be*. Penblygu, plygu pen, pengrymu (am gnwd ŷd), gwyro pen (S. *to lean*). Ar lafar yn Nyfed.

1958 T J Jenkin: YPLL AWC, Os byddai y llafur yn sefyll yn dda, gellid dewis y cyfeiriad yn ôl y cyfleustra (wrth ladd ŷd a phladur), ond os y byddai wedi *leno* heb fynd i led-orwedd byddai rhaid ei ddilyn. Gw. PENGRYMU.

lês *eb*. Dull o osod eiddo am gyfnod penodol mewn cyferbyniad i'w osod am rent blynyddol, prydles, daliad prydlesol o'i gyferbynnu a daliad rhydd-ddaliadol, dal tir neu fferm ar lês.

1770 P Williams: BS Salm 37, derfydd y *les*, llosgir y ddinas.

Ffig. Bywyd, oes, einioes.

1770 P Williams: BS Dan 7, Y mae'r Pab a Mahomet ym mron treulio eu *lês* allan.

lesio *be*. Gosod neu gymryd tir ar lês. Gw. LÊS.

leucemia gwartheg Math o gancr ar wartheg (*Leucosis*). Gall aros ynghwsg drwy'i hoes neu ddod yn effro mewn buchod (yn arferol) o 4 – 8 oed, ac yn y diwedd eu lladd.

libert, libart *egb*. Tir neu fuarth o gwmpas tŷ, weithiau am dir arbennig, '*libart* y moch', '*libart* y gwartheg', '*libart* yr ieir', '*libart* y defaid', ayyb. Iard neu fuarth fferm. Ar lafar yn y gogledd.

'Un farus ydi'r hen ddafad benddu 'na. Does dim modd ei chadw yn 'i *libart*.'

GPC, Ma digon o *libert* 'da'r ponis 'co i bori.

libert defaid *eg*. Cynefin defaid ar y mynydd-dir, libart y mynydd, tir uchel agored a hawl pori cyffredin, tir comin, cyn cau llawer ohono yn ffriddoedd ar ddechrau'r 19g.

1928 G Roberts: AA 8, . . . ond oherwydd i'r oll o'r comins, ynghyd â chyrion y mynyddoedd gael eu cau i mewn a'u diwyllio yn nechrau'r ganrif (19g), collodd llawer yr hyn a elwid yn *libart defaid*.

lifer
1. *eg.* ll. *lifars.* Bar haearn neu bren a symudir â llaw i reoli gweithrediad peiriant neu offeryn, lifar cribin, lifar gêr, lifar brêc.
2. Trosol, neu ddarn hir o haearn neu bren i symud rhywbeth trwm.

lifin(g) *ebg.* Bywoliaeth, moddion byw, ffon bara, moddion cynhaliaeth. Yn y Frongoch ger y Bala ceir fferm fach o'r enw 'Y Lifin'.
16-17g (Gesta Rom) LlGC 13076, 67a, Cynnull briwydd i ennill 'i *living*.
1913 WVBD 397, Mae hwnna mewn *lifin* go dda rwan.

Light Sussex *ep.* Brîd o ieir gwynion a smotiau duon ar eu gyddfau, ar flaen eu hesgyll ac ar eu cynffonnau. Maent yn ieir deuddiben, yn rhoi cig gwyn o ansawdd dda, ac yn dodwy wyau brown braf.

ling agored *eb.* ll. *lingiau (lings) agored.* Un o'r dolennau neu'r modrwyau mewn cadwyn sy'n fwriadol yn agored neu'n agoradwy i bwrpas trwsio'r gadwyn pan fo angen. Ar lafar ym Môn yn y ffurf 'linc gorad' a 'ling agored'.
1963 LlLlM 98, *Ling agored* – ling heb ei chau mewn cadwyn er mwyn medru trwsio'r gadwyn pe mynnid. *Ling gorad* a ddywedir.

limbwr *eg.* ll. *limbyrau.* Un o'r pennau coed sy'n ymestyn allan oddeutu chwech i wyth modfedd ym mhedair cornel trwmbal trol, bodiau'r drol (Môn). Ar lafar yn Nyfed. Ceir hefyd y ffurfiau 'limwr' a 'lwmbwr'.
1958 T J Jenkin: YPLL AWC, Elai'r rhaff dros ben blaen y llwyth, o amgylch y bach ac yn ôl i'r ochr arall ar draws-ongl ac o amgylch *limbwr* y gist.
Gw. BAWD Y DROL.

Limousin *ep.* Brîd o wartheg biff o ardal Limoges yng ngorllewin canolbarth Ffrainc. Mae'n anifail mawr ac yn rhoi carcas da. Cynyddodd poblogrwydd y brîd gyda ffermwyr llaeth hefyd am ei fod yn frid da at groesfridio a chynhyrchu lloi croesfrid da.

limpin, linpin, limpyn *eg.* ll. *limpinnau.* Y pin haearn a roir drwy dwll ym mlaen echel i gadw olwyn yn ei lle, e.e. olwyn trol, olwyn cribin geffyl, olwyn dril hau, olwyn aradr, gwarllost, echelbin.
1973 B T Hopkins: Nod. i AWC, Gosodid darn bach o haearn yn y ddau dwll i gadw'r whilen yn ei lle. Yr enw ar y darn yma oedd *limpyn*.
Ffig. Colli tymer. Sonnir am 'golli'r *limpin*'. Pan 'gollir y *limpin*', daw'r olwyn i ffwrdd a chollir pob rheolaeth ar y drol, ayyb. Pan fo person yn 'colli'r *limpin*' mae'n colli rheolaeth ar ei dymer.
'Doedd y peth ddim wrth ei fodd yn amlwg, a chyn pen dim roedd o wedi *colli'r limpin* yn lân.'

limrig, llymrig *a.* Ffurf dafodieithol Dyfed ar *llymrig*, sef noeth, llwm, heb wlân (am ddafad), heb ddillad (am berson), dafad limrig – dafad wedi colli'i gwlân.
1772 David Risiart: HFB 74, dafad *limrig* fo wedi ei dwyn i lawr o'r mynydd.
1989 P Williams: GYG 27, Pan oedd dafad yn *limrig* wedi colli ei gwlân, nid oedd oes hir iddi gyda'r ddiadell, gan fod ei chymeriad yn hysbys a'i bod yn gwthio drwy berthi a chloddiau.

linc bocs *eg.* Y car neu'r bocs metal i gario pethau, a roir ynghlwm y tu ôl i dractor ac y gellir ei godi a'i ostwng yn hydrolig yn ôl y galw.
1994 FfTh 14, 33, I gyrraedd yno roedd taith o chwe milltir, . . . y rhan fwyaf ar hyd ffordd drol gyda merlen a thrap, ac yn ddiweddarach gyda David Brown a *linc-bocs*.
Gw. BOCS TRACTOR.

Lincoln *ep.* Gwartheg cochion, cyrniog yn perthyn i'r gwartheg byrgorn, ac yn hanu o swydd Lincoln. Gynt, fe'u hystyrid fel gwartheg deuddiben, ond nid cymaint felly heddiw. Fe'u defnyddir yn fwy bellach i groesfridio â gwartheg llaeth at gynhyrchu lloeau bîff.

Lincoln Longwool *ep.* Dafad fwyaf gwledydd Prydain. Fe'u nodweddir gan wyneb gwyn a hwnnw'n cael ei ddarnguddio gan wlân yn tyfu dros y talcen. Mae i'r ddafad wlân hir, claer. Mae'n frîd prin ac yn swydd Lincoln y'i ceir bron yn llwyr heddiw.

lindorch gw. LLINDORCH.

linter
1. **lintar** (S. *lintel*) *eb.* ll. *lintelydd, linterydd, linteri, lintars, lintarnau.* Y garreg, neu'r coedyn cryf, neu'r bar haearn uwchben ffenestr a drws, capan drws, capan ffenestr.

2. *eb.* Sil ffenestr, silff ffenestr. Ar lafar yn gyffredinol yn y ffurf 'lintar' yn y gogledd. Gw. WVBD 337. Yng Ngheredigion ceir y ffurf 'lintarn' ac ym Môn, 'lintan'.
1776 W, *Lintar* – cap-ddarn, gwar-ddarn drws neu ffenestr.

lip *eb.* ll. *lipiau.* Math o fasged wellt a ddefnyddid gynt i gario siaff mân (gwair neu wellt wedi ei falu) a blawd, ayyb, i gafnau bwyd neu bresebau'r anifeiliaid, yn enwedig ceffylau. Hefyd hadlestr (llestr hau), a elwir yn Nyfed yn 'had*lip*'. Ar lafar yng Ngheredigion a sir Benfro.
1962 Pict Davies: ADPN 38-9, William Banc, . . . oedd gwneuthurwr pob *lip* newydd a ddeuai i'n cartre ni (math o fasged wellt oedd y *lip*) . . . Defnyddid y *lip* i gario bwyd fel siaff mân yn gymysg â blawd i breseb ceffylau. Gwnai gwyntell y tro i gario siaff bras i'r gwartheg.
Gw. HADLESTR, SIAFF.

liter, litar, lyter *ebg.* Y gwellt, rhedyn, brwyn, ayyb a roir yn wely dan anifeiliaid, gwasarn, gwely, llaesodr.
16-17g GST 1 487, A theg ystabl a thŷ,/A *liter* yn ei lety.
Gw. GWASARN, GWELY ANIFAIL.

litr *eg.* ll. *litrau.* Mesur cynnwys metrig yn cyfateb i 1000 cm. ciwbig neu ychydig yn fwy na pheint a thri chwarter (1.76 o beint). Yn y mesur hwn y gwerthir ac y prynir pob hylif yng ngwledydd Prydain ar ôl mabwysiadu'r drefn fetrig yn y 70au cynnar (20g) – hyn a hyn y litr am laeth, petrol, diesel, paent, oel, ayyb.

literog *a.* Blêr, di-drefn, anhrefnus, anniben – ffermwr *literog*, dynes *literog*, ayyb.

GPC, Gwraig *literog* iawn ydi hi a'i thŷ bob amser yn fler.
1917 Cymru 52 102, Odd y tŷ mewn *litar* i gyd (dwyrain Maldwyn).

liwsern *eg.* Llysieuyn codog o deulu'r pys a dyfir yn borthiant i anifeiliaid, maglys, 'alfalfa'.

lobsgows *eg.* Pryd o fwyd o gig, tatws a llysiau wedi eu berwi efo'i gilydd, math o gawl tew wedi ei wneud o datws, llysiau a chig. Arferai fod yn rhan o'r fwydlen wythnosol ar y ffermydd, ac mewn cartrefi'n gyffredinol, yn ystod tymor y gaeaf. Yn y ganrif ddiwethaf byddai llongwyr Lerpwl yn enwog am eu lobsgows, yn ddiarhebol hoff ohono, ac oherwydd hynny gelwir pobl Lerpwl byth oddi ar hynny yn 'scowsiaid' (S. *scousers*).
lobsgows dall – Heb lygadau saim ar ei wyneb.
lobsgows troednoeth (Môn) – Heb gig ynddo, dim ond esgyrn.
Ffig. Cymysgfa, cawdel, wrth gyfeirio at anerchiad, pregeth, ayyb.
'Wel dyna *lobsgows* o bregeth.'
1930 Ll 9 3, Llys y Brifysgol a'r Bwrdd Canol, y ddau *logscows* y teflir popeth iddynt.
1995 J Davies: CB 21, Yn fras dyna gynnwys y tŷ pair . . . *lobscows* o le, digon diddorol . . .
Hefyd – dyn gwirion.
'Tydi Huwcyn yn hen *lobsgows* gwirion.'

loder *eg.* ll. *loderi, loderod.* Llwythwr gwair, dyfais fecanyddol i lwytho gwair a arbedai ei godi â phicwarch.
1989 D Jones: OHW 162, Swydd gyntaf pob crwtyn ifanc fyddai arwain y ceffyl pawl. Yna graddiai i ddilyn y *loder* – y teclyn hwnnw a ddirwynai'r gwair i fyny i'r traeler i'w lwytho – gan godi â'i bicwarch unrhyw gudyn a syrthiasai o'r llwyth.
1992 FfTh 9, 31, Yn ôl yr arolwg fe ddaeth y '*loader*' cyntaf i'r ardal (ardal Aberaeron) yn 1946.

loes *egb.* ll. *loesau, loesion, loesydd.* Yn gyffredinol poen, gwewyr, artaith, archoll. Yn amaethyddol gair y gogledd am ŷd yn ei wendid, h.y. pan fo'i ddail yn tueddu i felynu ymhen ychydig ar ôl iddo egino. Mae'r egin yn gorfod newid o fod yn byw ar faeth o'r dywysen, i fyw ar faeth a dyn o'r pridd. Mae mewn gwendid neu loes yn y newid hwnnw. Sonnir am 'ŷd yn ei *loes*'.
Gw. ŶD YN EI LOES.

loesi (talf. o arloesi) *be.* Trin neu wrteithio tir o'r newydd, loesi tir, yn enwedig mynydd-dir, arloesi tir. Golygai hyn, yn y dyddiau a fu, wthio neu ddigroeni'r tir â'r haearn gwthio, casglu'r tywyrch a'u llosgi, gwasgaru'r lludw dros wyneb y tir, ei aredig, ei galchio, a'i hadu.

lofft (y) *egb.* Gyda'r fannod o'i flaen mae *lofft* yn golygu'r cyfan i fyny'r grisiau (staeriau), ceir 'ar *y lofft*' ac 'yn *y llofft*' yn ymadroddion am y llawr uwchben y llawr gwaelod i gyd.
1937 T J Jenkin: AIHA AWC, Y *Lofft* –upstairs.

long body gw. CAR HIR.

Longhorn *ep.* Brîd o wartheg caled a nodweddir gan gyrn hirion a'u camedd neu eu plygiad at ymlaen ac ar i lawr. Amrywia mewn lliw (coch neu frown), ac er ei fod ar un adeg yn anifail biff a llaeth tra phwysig, aeth yn frid prin iawn erbyn hyn.

loig
1. *ebg.* Caead trol sy'n gorffwys ar fodiau ôl y drol ac y gellir ei dynnu a'i roi fel bo'r angen, tincart, tincar, caead (Môn ac Arfon).

2. Y ddolen sy'n cysylltu'r naill ben i'r fondid wrth y tinbren, a'r ddolen a'r pin sy'n cysylltu'r pen arall wrth glust yr aradr geffyl.

loig fach, loig bach – (Môn) Y ddolen sy'n cysylltu tsiaen yr aradr wrth yr arnodd, y gadwyn sy'n cyrraedd o ganol yr arnodd i'r glust. Ar lafar ym Môn.

Gw. LOIG FAWR.

loig fawr – Y ddolen sy'n cysylltu tsiaen yr aradr geffyl wrth glust yr aradr. Ar lafar ym Môn.

3. Y pin pwrpasol a roir yn un o dyllau brân y drol wrth godi pen blaen y trwmbel (cist) i ddal y drol ar 'i brân, i bwrpas ei dadlwytho.

lôm *eg.* ll. *lomau.* Pridd sy'n gymysgedd cydbwys o tua 25% o glai, 40% o dywod a 35% o waddod. Mae iddo fanteision pridd cleiog a phridd tywodlyd, a heb fod â nemor ddim o'u hanfanteision. Fe'i ceir yn dir hawdd ei drin ond yn lynedig pan fo'n wlyb. Fel rheol, y mae wedi ei ddraenio.

lôn
1. *eb.* ll. *lonydd.* Ffordd, ac mewn rhannau o Gymru, pan fo'r gair heb ansoddair ar ei ôl, golyga, fel rheol, y ffordd at fferm o'r ffordd fawr, wtra, meidr, ffordd fain (Uwchaled). Fe'i ceir yn yr ystyr hwn yng Ngheredigion.

1980 J Davies: PM 43, Wedi ffarwelio â'r olaf o'm ffrindiau a throi i lawr y *lôn* a arweiniai at y tŷ, . . . byddwn yn teimlo'n ofnus iawn.

1989 D Jones: OHW 253, Buasai gyda mi am ddarn diwrnod neu ddau yn crymanu'r *lôn.*

2. *eb.* Unrhyw ffordd yn cynnwys y 'ffordd fawr'. Ar lafar yn yr ystyr hwn ym Môn ac Arfon.

'Ma'r gwarthaig yn y *lôn'* h.y. yn y 'ffordd fawr'.

'Paid ti a mynd i'r *lôn* efo'r beic 'na' – i'r ffordd fawr.

lôn fach, lôn bach Ymadrodd Arfon a Môn am y ffordd at fferm o'r ffordd fawr, wtra, meidr.

Gw. LÔN[1], LÔN FAIN (Uwchaled), WTRA (Maldwyn), Y FEIDIR (Penfro).

lôn fawr Y ffordd fawr, ffordd gyhoeddus (Môn ac Arfon).

lôn bost Yr enw mewn rhannau o'r gogledd ar y ffordd fawr,yn enwedig o Gaergybi i Lundain, yr A5 neu'r Holihed, neu Ffordd Telford, – y ffordd y dôi'r 'goets fawr' a gariai'r post gynt. Ar lafar ym Môn.

lôn goch Enw ffigurol ar y llwnc dynol.
'Fydda' i ddim chwinciad yn ei roi i lawr y *lôn goch.'*

London Yorks gw. IORCS.

Lonk Brîd o ddefaid mynydd a geir ym mhen gogleddol mynyddoedd y Pennines, yn perthyn i'r Swaledale ac yn debyg i'r brîd hwnnw, ond yn fwy na'r amryw fathau o Swaledales.. Mae gan y Lonk wlân manach na defaid mynydd cyffredin. Mae'r wyneb a'r coesau'n wynion ond gyda darnau tywyll.

lori anifeiliaid *eb.* ll. *lorïau gwartheg.* Y moddion cyfoes o symud anifeiliaid o un lle i'r llall. Daeth yn ddatblygiad amheuthun erbyn dyddiau'r drafnidiaeth ddi-dor ar y ffyrdd ac yn ei gwneud yn amhosibl cerdded anifeiliaid arnyn nhw mwyach. Ceir hefyd y ffurf 'lyri wartheg', 'lyri anifeiliaid'.

lori garan *eb.* ll. *lorïau garan.* Lori â garan neu graen ynghlwm wrthi i godi neu ddirwyn anifeiliaid marw i'r lori.
1989 D Jones: OHW 200, Roedd y fuwch wedi cael gormod o niwed ac wedi trigo. Llusgwyd hi allan yn barod i'r *lori garan.*

lori laeth *eb.* ll. *lorïau llaeth.* Y lori sy'n cario'r llaeth o'r ffermydd i'r hufenfa. Bu'r *lori laeth* yn rhan annatod o'r olygfa ddyddiol ar ffyrdd ein cefn gwlad oddi ar sefydlu'r Bwrdd Marchnata Llaeth yn 1933. Yn nyddiau'r cwotâu llaeth, fodd bynnag, a llawer o ffermwyr wedi rhoi'r gorau i odro a gwerthu llaeth, mae'r lori laeth, hithau, yn anamlach ar ein ffyrdd.
1980 J Davies: PM 50, Mae'n debyg fy mod yn perthyn i'r genhedlaeth a welodd oes aur menyna (gwneud menyn) yn dirwyn i ben, cyfnod a welodd y *lori laeth* yn disodli'r separetor a'r fuddai gorddi.
1989 D Jones: OHW 195, Aem a'r llaeth i'r ffordd fawr mewn stenau yr adeg honno, a'r *lori laeth* yn galw am chwarter wedi wyth y bore, fel y gwnaeth am yr ugain mlynedd nesaf.
Gw. GWERTHU LLAETH.

lowsed, lowshed *ebg.* ll. *lowsedau, lowsedi.*
Gw. LANSED[1].

Luing *ep.* Brîd gwydn o wartheg bîff wedi eu croesfridio o'r gwartheg bîff byrgorn a'r brîd Highland yng ngogledd-orllewin yr Alban. Coch yw eu lliw gyda pheth lliw gwinau, melyn a gwyn.

lur, llur, lŷr, llŷr *eg.* Pwrs neu gadair buwch, piw. Fe'i hystyrid gynt yn fwyd danteithiol ar ôl lladd buwch. Ar lafar yn ardal Bangor am bwrs buwch wedi ei lladd.
1936 Y *Cymro* Ion. 11, 8, Fe'i hystyrid gynt yn ddanteithfwyd yn enwedig pan fyddai wedi ei biclo.

lwc, lwc dda *eg.* Yr ewyllys da mewn swm bach o arian a rydd y gwerthwr i'r prynwr (y porthmon) ar ôl taro bargen am anifeiliaid. Fel rheol byddai'n hyn a hyn y pen gyda gwartheg, ond swm dros eu pennau gyda defaid neu ŵyn. Ar lafar yn gyffredinol.
1989 P Williams: GYG 27, Byddai dadlau wedyn (ar ôl bargeinio) ynglŷn â faint o *lwc* ddylai nhad ei roi i'r deler . . .
1985 W H Jones: HOGM 87, Mawr fyddai'r dadlau wedyn ynglŷn â'i *lwc*; ef a fyddai'n cario'r dydd y rhan amlaf.
1998 E Richards: PM 326, Cafodd Evan Jones swllt gwyn o *lwc*.

lwfans
1. *eg.* ll. *lwfansau.* Arian cymhorthdal, cymhorthdal rheolaidd. Gw. hefyd CYMHORTHDAL.

2. *eg.* ll. *lwfansau.* Arian sy'n rhydd o anghenion trethiannol, y swm a ganiateir yn rhydd o'r dreth incwm

Lwfansau Cyfadferol Da Byw Tir Uchel Taliad blynyddol am bob pen o dda byw dan nawdd y Comisiwn Ewropeaidd i gyfadferu neu wneud iawn am ffermio mewn amgylchiadau anfanteisiol, yn economaidd a chymdeithasol, sef yn yr 'Ardaloedd Llai Ffafredig'. Rhoir hyn a hyn y pen am wartheg sugno, am bob pen o famogiaid o frid cydnabyddedig, a swm llai am bob pen o fridiau eraill. Cyfyngir y lwfans i chwe dafad yr hectar. Yn 1985 cafodd llawer o dir ymylol statws Ardaloedd Llai Ffafredig, a gwneir taliadau cyfadferol tebyg am anifeiliaid ar hwnnw.

lwlen, elwlen gw. ELWLEN.

lwmp *eg.* Talp, telpyn, clap, cnap, cwlff (o unrhyw beth), ceir 'lwmp o bridd' (clai), 'lwmp o garreg', 'lwmp o gig', 'lwmp o does', 'lwmp o fenyn', 'lwmp o halen', 'lwmp o siwgr'. Yn bur anaml, clywir y ffurf 'llwmp'.
1981 W H Roberts: AG 13, Cadwai hwnnw (*lwmp* o fenyn) rhag ofn i rywun alw am biseraid o laeth enwyn – nofiai darn o hwnnw ar ei wyneb.
Ffig. Chwydd caled sy'n aml yn datblygu mewn canlyniad i daro neu ergydio rhan o'r corff. 'Mi drawais fy mhen yn y drws, clyw'r *lwmp* sy wedi codi.'

lws-bocs *eg.* Adeilad i gadw anifeiliaid, lle gallant symud o gwmpas yn rhydd, mewn cyferbyniad i'r beudy lle'r aerwyir y buchod neu'r stabl lle rhwymir y ceffylau. Ym Môn a Llŷn lle i gadw ceffylau'n rhydd oedd y *lws-bocs*. Yn y 'cwt' y byddai'r lloiau, ac yn y 'sied' y byddai'r bustych (gwartheg stôr).
1975 R Phillips: DAW 61, Roedd lle i bedwar ebol yn *lẁs-bocs* y stabal.
1992 E Wiliam: HAFF 29, Daeth y *lws-bocs* yn gyffredin yn ystod y 19g, gydag amrywiol ddibenion. Eu defnydd cyntaf oedd i gadw lloi,a gelwir hwy yn 'dŷ' neu'n 'gut lloi'. Yr ail ddefnydd oedd i gadw gwarthteg tewion, pryd y gelwir hwy yn 'hofel warthteg' yn sir Ddinbych. Fel arfer gall yr anifeiliaid symud yn rhydd oddi mewn i'r adeiladau hyn.
Gw. LLOCIAU RHYDD.

lwtsh *eg.* Gair tafodieithol yn Nyfed am lith, sef bwyd gwlyb, soeglyd, i anifail (llo fel arfer).(gw. LLITH). Hefyd, unrhyw fwyd soeglyd, neu unrhyw beth gwael, diwerth. Yn sir Benfro clywir 'lwtsh fawr o gawl' a

'*lwtsien* fach' am ychydig o wlybwr. Ceir wedyn '*lwtshyn*' am ddilledyn neu ran o ddilledyn di-siâp – 'Ma' pen ôl i drowser e'n *lwtshyn* mawr'. (gw. GPC).
1977 E ap Lewys: HYG 28, Hen *lwtshyn* bolog o ddyn odd Tomos.
Gw. BERWI LWTSH.

lwtsian *be*. Slotian neu golli dŵr, llaeth, ayyb dros y lle, slaprach, slwmpian; neu'r sŵn a geir o ysgwyd hylif mewn llestr megis llaeth mewn buddai. Ar lafar yng Ngheredigion a sir Benfro. Clywir pethau fel '*paid lwtshan* y gasgen 'na' neu 'ma'r hufen yn *lwtshan* yn y fudde' (GPC).

lwyn (y lwyn)
1. *eg*. ll. *lwynau, lwyni*. Y rhan o gorff dyn ac anifail o boptu i'r asgwrn cefn a rhwng yr asennau a'r glun.
1620 1 Bren 12.10, Fy mys bach fydd breisgach na *llwynau* fy nhad.

2. *eg*. Darn o gig anifail, sef y naill ochr i'r meingefn wedi ei dorri ar gyfer ei goginio, y mae'n cynnwys y tenewyn, y gyfran berthnasol o asgwrn y cefn ac un o'r elwlod.
1547 WS, Llwyn ar gic, a *loyne*.
1778 J Hughes: BB 320, Galw'r chwart arall yn ddiball a'i ddwyn,/Hel bwyd ac arlwyo ac ystexio yno *lwyn*.

lympin gw. LIMPIN.

lympio *be*. Codi blaen trwmbel (cist) y drol neu'r lori i wagio'r llwyth yn bentwr ar lawr, mowntio'r llwyth, tipio, neu'r blaen yn codi drwy ddilynwch neu ar ddamwain a'r llwyth yn cael ei *lympio*.

lynsh *eg*. Bwyd rhwng brecwast a chinio. Ar lafar ym Maldwyn a sir Frycheiniog a Cheredigion yn yr ystyr hwn.
1975 T J Davies: NBB 78, Wedi rhyw awr o hela yn y bore (hel tatws), disgwyl am *lunch* neu'r te deg. *Lynsh* a alwem ni arno.
1981 GEM 52, *Lynsh*: luncheon rhwng brecwast a chinio.

lyri *eb*. Ffurf dafodieithol neu lafar ar *lori*.
Gw. LORI ANIFEILIAID, ayyb.

Llyfryddiaeth

(Yn ychwanegol at Lyfryddiaeth Cyfrol 1)

AL	*Ancient Laws and Institutes of Wales*, Gol., Aneirin Owen, 1841.
ALW	*Royal Commission on Labour. The Agricultural Labourer*, Vol. 2, Wales, 1893.
Bedo Brwynllys	gw. Bedo Aeddrem.
Bowen, Geraint: CGB	Geraint Bowen: *Cerddi Geraint Bowen*, 1984.
Ceiriog: CG	J Ceiriog Hughes: *Cant o Ganeuon*, 1863.
Ceiriog: OB	J Ceiriog Hughes: *Oriau'r Bore*, 1862.
Ceiriog: OE	J Ceiriog Hughes: *Oriau Eraill*, 1868.
Ceiriog: OO	J Ceiriog Hughes: *Yr Oriau Olaf*, 1888.
Davies, W.: ASW a GVADESW	Walter Davies: *General View of Agricultural and Domestic Economy of South Wales*, 1814.
Davies, W.: ANW a GVADENW	Walter Davies: *General View of Agricultural and Domestic Economy of North Wales*, 1810.
DE	*Gwaith Dafydd ap Edmwnd*.(Cywiriad)
Ioan Siencyn	*Bywyd a Gwaith Ioan Siencyn (1716-1796)*, Traethawd MA, E G Roberts, 1984.
GNB	*Good News Bible*, 1976.
GTP	*Gwaith Tudur Penllyn (15g) ac Ieuan ap Tudur*, Gol., Thomas Roberts, 1958.
Harries, H: H	*Hanes Ferr o Fywyd Howell Harries Ysgweier*, 1792.
Jenkins, Dafydd: LlC	Dafydd Jenkins: *Llyfr Colan*, 1963.
Jones, D.: Nod. i AWC	Dafydd Jones: Nodiadau i Amgueddfa Werin Cymru, 1958.
Jones, D.: CC	Dic Jones: *Caneuon Cynhaeaf*, 1969.
Jones, J.R.: CM	J R Jones: *Crafion Medi*, 1992.
Jones, R.W. (Erfyl Fychan): BCCDdG	R W Jones (Erfyl Fychan): *Bywyd Cymdeithasol Cymru yn y Ddeunawfed Ganrif*, 1931.
Kyffin, R: GA	Roger Kyffin (1581-1609), *Gofyn Aradr*.
LlS	*Llysieulyfr Salesbury*, Gol., Iwan Rhys Edgar, 1997.
Morgans, T. a M.M.: Nod. i AWC	T a MM Morgans: Nodiadau i Amgueddfa Werin Cymru, 1973.
Morus Dwyfech: GB	*Gweithiau Barddonol Morus Dwyfech (16g)*, Traethawd MA, Owen Owens, 1944.
OBWV	*Oxford Book of Welsh Verse*, Gol., Thomas Parry, 1976.
Owen, J. Bryn: Defaid	J Bryn Owen: *Defaid*, 1984.
Owen, G.: Ll	*Llythyrau Goronwy Owen 1723-69*, Gol., J H Davies, 1924.
Phillips, Bethan: RhDF	Bethan Phillips: *Rhwng Dau Fyd*, 1998.
PDPh	gw. PDPhH – *Pob Dyn ei Physigwr ei Hun*, 1771.
Richards, William: Geir	William Richards: *Geiriadur Saesneg a Chymraeg*, 1798.
Richards, E.: ROF	Emlyn Richards: *Rolant o Fôn*, 1999.
Roberts, E.: CD	Elis Roberts (Elis y Cowper): *Cristion a Drygddyn*, 1788.
Roberts, J.: C	John Roberts (Sion Robert Lewis): *Cyfaill Ufudd*, 1771-79.
Roberts, J.: R	John Roberts (Sion Robert Lewis): *Rhyfyddeg neu Arithmetic*, 1768.
Roberts, Janet D.	Janet D Roberts: *O Ben Llŷn i Lle Bu Lleu*, 1985.

Roberts, S.: Gwaith   Samuel Roberts: *Gweithiau*, 1856.
Rowlands, D.: CG   Daniel Rowlands: *Camni yn y Goelbren*, 1769.
GBF   *Gwaith Bleddyn Fardd a Beirdd Eraill Ail Hanner y Drydedd Ganrif ar Ddeg*, Gol., Rhian M Andrews, 1996.
SR: GC   Sion Rhydderch: *Grammadeg Cymraeg*, 1728.
Salesbury, W.: KLl   William Salesbury: *Kynnifer Llith a Bann*, 1551, Adarg. 1931.
Salesbury, W.: Ll (ac LlM)   William Salesbury: *Llysieulyfr Meddyginiaethol (16g)*, Gol., E S Roberts, 1913.
Sion Tudur: CMSS   Sion Tudur: *Cywydd Moliant Sion Salsbri*, 1522-62.
Tibbott, M.: GG   Minwel Tibbot: *Geirfa'r Gegin*, 1983.
Thomas, C, GNG   Ceinwen H Thomas: *Geirfa Nantgarw* (Llyfrau 1-3), 1993.
Thomas, I.: Alm   Ifan Thomas: *Almanaciau*, 1783.
TP   *Gwaith Tudur Penllyn a Ieuan ap Tudur Penllyn (15g)*, Gol., Thomas Roberts, 1958.
TP: CG   TP: *Cas gan Gythraul*, 1711.
TR   Thomas Richards: *Welsh-English Dictionary*, 1827.
Vaughan, R.: YDd   Rowland Vaughan: *Yr Ymarfer o Dduwioldeb*, 1629, Adarg. 1929. (Cywiriad)
Wiliam, D. W.: Cof. L.M.   Dafydd Wyn Wiliam: *Cofiant Lewis Morris*, 1997.
Williams, E.: TT   Emlyn Williams: *Tynfa'r Tir*, 1972 (ail argraffiad).
Williams, M: P   Moses Williams: *Pregeth a Barablwyd yn Eglwys Crist*, 1717, 1718.
Williams, R.: EE   Robin Williams: *Esgyrn Eira*, 1972.
Williams, T.: YB   Thomas Williams (Dinbych): *Ymadroddion Bucheddol Ynghylch Marwolaeth*, 1691 (1777). (Cywiriad)
WR: Geir   William Richards: *Geiriadur Saesneg a Chymraeg*, 1798.
WVBD   *Welsh Vocabulary of the Bangor District*, Gol., O H Fynes-Clinton, 1913.